撰稿人简介

张新宝　中国人民大学法学院教授

曹权之　中国人民大学法学院博士研究生

昌雨莎　中国人民大学法学院博士研究生

魏艳伟　中国人民大学法学院博士研究生

彭肃华　中国人民大学法学院博士研究生

洪延青　北京理工大学法学院教授

葛　鑫　中国信息通信研究院安全研究所研究员

任　彦　中国法学杂志社副编审

许　可　对外经济贸易大学数字经济与
　　　　法律创新研究中心主任、副教授

孙　莹　西南政法大学民商法学院副教授

《中华人民共和国个人信息保护法》
释 义

张新宝 ◎主编

许 可 洪延青 葛 鑫 孙 莹 任 彦 ◎副主编

撰稿人（以撰写章节条文为序）：

张新宝 曹权之 昌雨莎 魏艳伟 彭肃华

洪延青 许 可 任 彦 葛 鑫 孙 莹

人民出版社

前　　言

第十三届全国人民代表大会常务委员会第三十次会议于 2021 年 8 月 20 日通过的《中华人民共和国个人信息保护法》(以下简称《个人信息保护法》)将于 2021 年 11 月 1 日实施。《个人信息保护法》的制定,以习近平法治思想为指导,及时回应广大人民群众的关切,为保护个人的个人信息权益、规范个人信息处理活动、促进个人信息的合理利用,提供了基本的法律制度。

《个人信息保护法》共计 8 章 74 条,对个人信息保护的基本原则和处理规则、个人信息跨境提供规则、个人在个人信息处理活动中的权利、个人信息处理者的义务、履行个人信息保护职责的部门以及违法处理个人信息的法律责任等作出了规定,是我国保护个人信息的基本法律。《个人信息保护法》将在个人宪法权利和人格权保护方面发挥重要作用,同时为个人信息的合理利用以服务于国家治理和数字经济的健康发展提供制度供给,为处理个人信息活动包括个人信息的跨境提供,提供规范准绳。

从世界范围来看,我国《个人信息保护法》是一部具有鲜明中国特色并引领互联网法治潮流的法律。《个人信息保护法》颁布以来,受到了国内外舆论的广泛好评,有些国家在制定或者修改法律时也参考或者关注到了我国《个人信息保护法》的相关创新规定。①

本人作为长期研究个人信息保护法的学者,近 20 年来在这一领域出版了一系列著作和译著,发表多篇论文,特别是出版过作为国家社科基金重大项目

---

① 例如,2021 年 9 月 10 日,日本个人信息保护委员会宣布更新关于《个人信息保护法》指南的问答,新增了人脸识别信息使用的相关具体规定。更新后的问答要求商场等公共场所出于预防犯罪目的采集顾客人脸识别信息的,应当在入口或摄像头安装位置,提前公告或显著标识(类似于《个人信息保护法》第 26 条的规定)。数据处理者如果想将出于预防犯罪目的采集的人脸识别信息用于商业营销目的,应当事前取得个人同意。参见 CAICT 互联网法律研究中心:《聚焦四大问题,日本更新〈个人信息保护法〉指南问答》,载安全内参网,https://www.secrss.com/articles/35270,2021 年 10 月 22 日访问。

最终成果的《个人信息保护法(专家建议稿)及立法理由书》(与葛鑫合著),为个人信息保护法治建设和理论研究贡献了微薄之力。近三年来,本人有机会参加《个人信息保护法》的立法进程,对诸多条文的形成和完善提出相关专家意见和建议,得到有关领导和立法部门的重视,有些最终成为法律条文(如第58条)。我十分感激身处这样一个时代——互联网技术和数字经济高速发展并深刻影响人们生产和生活的时代;全面依法治国、强化互联网法治的时代——让我有机会将自己所学的知识和所研的成果贡献给社会。

我邀请我国网络信息和数据法治领域部分优秀青年学者和实务工作者参与本书的写作,希望为读者提供一本学习和理解《个人信息保护法》的高端参考读物。追求准确性、系统性、专业性、实用性的统一是写作本书的主要目标:(1)本书的写作以习近平法治思想为指导,力争准确解读《个人信息保护法》的立法精神、原则和各项制度。(2)对各章的主要规定进行提纲挈领的梳理,对各条文进行系统解释,特别是注重条文之间的内在联系以及条文与其他法律规定的相互协调配合关系,全面系统地揭示全部条文的立法原意和精神。(3)作为一本严格按照法解释学原理和方法撰写的法律条文释义著作,除了遵循一整套学术规范之外,本书还力图介绍个人信息保护领域的前沿理论和相关知识,为这一领域的研究者和从事数据合规工作的律师、法务人员提供必要的比较法资料和相关指引。(4)为了便于读者对个人信息保护法的司法有一定实感,本书在多数条文释义后面附加了相关的案例和事例,有些是国内的,有些则是国外或者境外的。

徒法不足以自行。《个人信息保护法》的实施面临以下主要问题:第一,《个人信息保护法》是个人信息保护领域的基本法律,在制度建设方面还有很多需要细化的地方。第二,在《个人信息保护法》颁布实施前,个人信息处理者可能以不符合《个人信息保护法》规定的方式收集、存储了大量的个人信息,在《个人信息保护法》实施后还会对其进行后续处理。第三,一些企业、机构甚至个人,从商业利益等出发,随意收集、违法获取、过度使用、非法买卖个人信息,利用个人信息侵扰人民群众生活安宁、危害人民群众生命健康和财产安全等问题仍十分突出。[1] 第四,《个人信息保护法》对个人信息保护主管部

---

[1] 刘俊臣(全国人大常委会法制工作委员会副主任):《关于〈中华人民共和国个人信息保护法(草案)〉的说明》,2020 年 10 月 13 日在第十三届全国人民代表大会常务委员会第二十二次会议上。

门的规定较为复杂,其中既有集中进行统筹协调的监管机构,也有分散于国务院、地方政府有关部门中的监管机构,"九龙治水"或者多个部门都不作为的情形有可能发生。第五,人民群众对个人信息保护一直保持着较高的关注热情,但是普遍缺乏相关的科学知识和法律知识,难以行使其参与社会治理的权利。因此,我们建议:(1)抓紧制定出台相应的配套规定和标准;(2)出台存量个人信息处理的法律政策;(3)适时开展严格的集中执法活动;(4)加强不同部门之间的执法配合,强化国家网信办的统筹、协调职能;(5)全方位推进相关宣传教育工作。

《中华人民共和国网络安全法》《中华人民共和国数据安全法》《中华人民共和国个人信息保护法》的颁布与实施,连同《中华人民共和国民法典》《中华人民共和国刑法》等重要法律的有关规定,构成个人信息保护的法律基本框架和体系。在这个框架和体系中,《个人信息保护法》担任"主攻手"的重任。我们衷心希望,通过这些法律以及配套规定的实施,个人信息处理活动得到有效规范,个人的个人信息权益得到保护,个人信息得到合理利用,在国家治理和数字经济建设中发挥更大作用。①

张　新　宝

中国人民大学法学院教授　网络与信息法中心主任

教育部长江学者特聘教授

中国法学会网络与信息法学研究会副会长兼学术委员会主任

2021 年 10 月 25 日

---

① 《习近平在中共中央政治局第三十四次集体学习时强调　把握数字经济发展趋势和规律　推动我国数字经济健康发展》,载中国网信网,http://www.cac.gov.cn/2021 - 10/19/c_1636237156626623.html,2021 年 10 月 22 日访问。

目　　录

第一部分

法 律 全 文

中华人民共和国个人信息保护法

（2021 年 8 月 20 日第十三届全国人民代表大会
常务委员会第三十次会议通过）

目　　录

第一章　总　　则

第一条　为了保护个人信息权益,规范个人信息处理活动,促进个人信息合理利用,根据宪法,制定本法。

第二条　自然人的个人信息受法律保护,任何组织、个人不得侵害自然人的个人信息权益。

第三条　在中华人民共和国境内处理自然人个人信息的活动,适用本法。

在中华人民共和国境外处理中华人民共和国境内自然人个人信息的活动,有下列情形之一的,也适用本法:

(一)以向境内自然人提供产品或者服务为目的;

(二)分析、评估境内自然人的行为;

(三)法律、行政法规规定的其他情形。

第四条　个人信息是以电子或者其他方式记录的与已识别或者可识别的自然人有关的各种信息,不包括匿名化处理后的信息。

个人信息的处理包括个人信息的收集、存储、使用、加工、传输、提供、公开、删除等。

第五条　处理个人信息应当遵循合法、正当、必要和诚信原则,不得通过误导、欺诈、胁迫等方式处理个人信息。

第六条　处理个人信息应当具有明确、合理的目的,并应当与处理目的直接相关,采取对个人权益影响最小的方式。

收集个人信息,应当限于实现处理目的的最小范围,不得过度收集个人信息。

第七条　处理个人信息应当遵循公开、透明原则,公开个人信息处理规则,明示处理的目的、方式和范围。

第八条　处理个人信息应当保证个人信息的质量,避免因个人信息不准确、不完整对个人权益造成不利影响。

第九条　个人信息处理者应当对其个人信息处理活动负责,并采取必要措施保障所处理的个人信息的安全。

第十条　任何组织、个人不得非法收集、使用、加工、传输他人个人信息,不得非法买卖、提供或者公开他人个人信息;不得从事危害国家安全、公共利益的个人信息处理活动。

第十一条　国家建立健全个人信息保护制度,预防和惩治侵害个人信息权益的行为,加强个人信息保护宣传教育,推动形成政府、企业、相关社会组织、公众共同参与个人信息保护的良好环境。

第十二条　国家积极参与个人信息保护国际规则的制定,促进个人信息保护方面的国际交流与合作,推动与其他国家、地区、国际组织之间的个人信息保护规则、标准等互认。

第二章 个人信息处理规则

第一节 一般规定

第十三条 符合下列情形之一的,个人信息处理者方可处理个人信息:

(一)取得个人的同意;

(二)为订立、履行个人作为一方当事人的合同所必需,或者按照依法制定的劳动规章制度和依法签订的集体合同实施人力资源管理所必需;

(三)为履行法定职责或者法定义务所必需;

(四)为应对突发公共卫生事件,或者紧急情况下为保护自然人的生命健康和财产安全所必需;

(五)为公共利益实施新闻报道、舆论监督等行为,在合理的范围内处理个人信息;

(六)依照本法规定在合理的范围内处理个人自行公开或者其他已经合法公开的个人信息;

(七)法律、行政法规规定的其他情形。

依照本法其他有关规定,处理个人信息应当取得个人同意,但是有前款第二项至第七项规定情形的,不需取得个人同意。

第十四条 基于个人同意处理个人信息的,该同意应当由个人在充分知情的前提下自愿、明确作出。法律、行政法规规定处理个人信息应当取得个人单独同意或者书面同意的,从其规定。

个人信息的处理目的、处理方式和处理的个人信息种类发生变更的,应当重新取得个人同意。

第十五条 基于个人同意处理个人信息的,个人有权撤回其同意。个人信息处理者应当提供便捷的撤回同意的方式。

个人撤回同意,不影响撤回前基于个人同意已进行的个人信息处理活动的效力。

第十六条 个人信息处理者不得以个人不同意处理其个人信息或者撤回同意为由,拒绝提供产品或者服务;处理个人信息属于提供产品或者服务所必需的除外。

第十七条 个人信息处理者在处理个人信息前,应当以显著方式、清晰易懂的语言真实、准确、完整地向个人告知下列事项:

(一)个人信息处理者的名称或者姓名和联系方式;

(二)个人信息的处理目的、处理方式,处理的个人信息种类、保存期限;

(三)个人行使本法规定权利的方式和程序;

(四)法律、行政法规规定应当告知的其他事项。

前款规定事项发生变更的,应当将变更部分告知个人。

个人信息处理者通过制定个人信息处理规则的方式告知第一款规定事项的,处理规则应当公开,并且便于查阅和保存。

第十八条 个人信息处理者处理个人信息,有法律、行政法规规定应当保密或者不需要告知的情形的,可以不向个人告知前条第一款规定的事项。

紧急情况下为保护自然人的生命健康和财产安全无法及时向个人告知的,个人信息处理者应当在紧急情况消除后及时告知。

第十九条 除法律、行政法规另有规定外,个人信息的保存期限应当为实现处理目的所必要的最短时间。

第二十条 两个以上的个人信息处理者共同决定个人信息的处理目的和处理方式的,应当约定各自的权利和义务。但是,该约定不影响个人向其中任何一个个人信息处理者要求行使本法规定的权利。

个人信息处理者共同处理个人信息,侵害个人信息权益造成损害的,应当依法承担连带责任。

第二十一条 个人信息处理者委托处理个人信息的,应当与受托人约定委托处理的目的、期限、处理方式、个人信息的种类、保护措施以及双方的权利和义务等,并对受托人的个人信息处理活动进行监督。

受托人应当按照约定处理个人信息,不得超出约定的处理目的、处理方式等处理个人信息;委托合同不生效、无效、被撤销或者终止的,受托人应当将个人信息返还个人信息处理者或者予以删除,不得保留。

未经个人信息处理者同意,受托人不得转委托他人处理个人信息。

第二十二条 个人信息处理者因合并、分立、解散、被宣告破产等原因需要转移个人信息的,应当向个人告知接收方的名称或者姓名和联系方式。接收方应当继续履行个人信息处理者的义务。接收方变更原先的处理目的、处理方式的,应当依照本法规定重新取得个人同意。

第二十三条 个人信息处理者向其他个人信息处理者提供其处理的个人信息的,应当向个人告知接收方的名称或者姓名、联系方式、处理目的、处理方式和个人信息的种类,并取得个人的单独同意。接收方应当在上述处理目的、处理方式和个人信息的种类等范围内处理个人信息。接收方变更原先的处理目的、处理方式的,应当依照本法规定重新取得个人同意。

第二十四条 个人信息处理者利用个人信息进行自动化决策,应当保证决策的透明度和结果公平、公正,不得对个人在交易价格等交易条件上实行不合理的差别待遇。

通过自动化决策方式向个人进行信息推送、商业营销,应当同时提供不针对其个人特征的选项,或者向个人提供便捷的拒绝方式。

通过自动化决策方式作出对个人权益有重大影响的决定,个人有权要求个人信息处理者予以说明,并有权拒绝个人信息处理者仅通过自动化决策的方式作出决定。

第二十五条 个人信息处理者不得公开其处理的个人信息,取得个人单独同意的除外。

第二十六条 在公共场所安装图像采集、个人身份识别设备,应当为维护公共安全所必需,遵守国家有关规定,并设置显著的提示标识。所收集的个人图像、身份识别信息只能用于维护公共安全的目的,不得用于其他目的;取得个人单独同意的除外。

第二十七条 个人信息处理者可以在合理的范围内处理个人自行公开或者其他已经合法公开的个人信息;个人明确拒绝的除外。个人信息处理者处理已公开的个人信息,对个人权益有重大影响的,应当依照本法规定取得个人同意。

第二节 敏感个人信息的处理规则

第二十八条 敏感个人信息是一旦泄露或者非法使用,容易导致自然人的人格尊严受到侵害或者人身、财产安全受到危害的个人信息,包括生物识别、宗教信仰、特定身份、医疗健康、金融账户、行踪轨迹等信息,以及不满十四周岁未成年人的个人信息。

只有在具有特定的目的和充分的必要性,并采取严格保护措施的情形下,个人信息处理者方可处理敏感个人信息。

第二十九条 处理敏感个人信息应当取得个人的单独同意;法律、行政法规规定处理敏感个人信息应当取得书面同意的,从其规定。

第三十条 个人信息处理者处理敏感个人信息的,除本法第十七条第一款规定的事项外,还应当向个人告知处理敏感个人信息的必要性以及对个人权益的影响;依照本法规定可以不向个人告知的除外。

第三十一条 个人信息处理者处理不满十四周岁未成年人个人信息的,应当取得未成年人的父母或者其他监护人的同意。

个人信息处理者处理不满十四周岁未成年人个人信息的,应当制定专门的个人信息处理规则。

第三十二条 法律、行政法规对处理敏感个人信息规定应当取得相关行政许可或者作出其他限制的,从其规定。

第三节 国家机关处理个人信息的特别规定

第三十三条 国家机关处理个人信息的活动,适用本法;本节有特别规定的,适用本节规定。

第三十四条 国家机关为履行法定职责处理个人信息,应当依照法律、行政法规规定的权限、程序进行,不得超出履行法定职责所必需的范围和限度。

第三十五条 国家机关为履行法定职责处理个人信息,应当依照本法规定履行告知义务;有本法第十八条第一款规定的情形,或者告知将妨碍国家机关履行法定职责的除外。

第三十六条 国家机关处理的个人信息应当在中华人民共和国境内存储;确需向境外提供的,应当进行安全评估。安全评估可以要求有关部门提供支持与协助。

第三十七条 法律、法规授权的具有管理公共事务职能的组织为履行法定职责处理个人信息,适用本法关于国家机关处理个人信息的规定。

第三章 个人信息跨境提供的规则

第三十八条 个人信息处理者因业务等需要,确需向中华人民共和国境

外提供个人信息的,应当具备下列条件之一:

(一)依照本法第四十条的规定通过国家网信部门组织的安全评估;

(二)按照国家网信部门的规定经专业机构进行个人信息保护认证;

(三)按照国家网信部门制定的标准合同与境外接收方订立合同,约定双方的权利和义务;

(四)法律、行政法规或者国家网信部门规定的其他条件。

中华人民共和国缔结或者参加的国际条约、协定对向中华人民共和国境外提供个人信息的条件等有规定的,可以按照其规定执行。

个人信息处理者应当采取必要措施,保障境外接收方处理个人信息的活动达到本法规定的个人信息保护标准。

第三十九条 个人信息处理者向中华人民共和国境外提供个人信息的,应当向个人告知境外接收方的名称或者姓名、联系方式、处理目的、处理方式、个人信息的种类以及个人向境外接收方行使本法规定权利的方式和程序等事项,并取得个人的单独同意。

第四十条 关键信息基础设施运营者和处理个人信息达到国家网信部门规定数量的个人信息处理者,应当将在中华人民共和国境内收集和产生的个人信息存储在境内。确需向境外提供的,应当通过国家网信部门组织的安全评估;法律、行政法规和国家网信部门规定可以不进行安全评估的,从其规定。

第四十一条 中华人民共和国主管机关根据有关法律和中华人民共和国缔结或者参加的国际条约、协定,或者按照平等互惠原则,处理外国司法或者执法机构关于提供存储于境内个人信息的请求。非经中华人民共和国主管机关批准,个人信息处理者不得向外国司法或者执法机构提供存储于中华人民共和国境内的个人信息。

第四十二条 境外的组织、个人从事侵害中华人民共和国公民的个人信息权益,或者危害中华人民共和国国家安全、公共利益的个人信息处理活动的,国家网信部门可以将其列入限制或者禁止个人信息提供清单,予以公告,并采取限制或者禁止向其提供个人信息等措施。

第四十三条 任何国家或者地区在个人信息保护方面对中华人民共和国采取歧视性的禁止、限制或者其他类似措施的,中华人民共和国可以根据实际情况对该国家或者地区对等采取措施。

第四章　个人在个人信息处理活动中的权利

第四十四条　个人对其个人信息的处理享有知情权、决定权,有权限制或者拒绝他人对其个人信息进行处理;法律、行政法规另有规定的除外。

第四十五条　个人有权向个人信息处理者查阅、复制其个人信息;有本法第十八条第一款、第三十五条规定情形的除外。

个人请求查阅、复制其个人信息的,个人信息处理者应当及时提供。

个人请求将个人信息转移至其指定的个人信息处理者,符合国家网信部门规定条件的,个人信息处理者应当提供转移的途径。

第四十六条　个人发现其个人信息不准确或者不完整的,有权请求个人信息处理者更正、补充。

个人请求更正、补充其个人信息的,个人信息处理者应当对其个人信息予以核实,并及时更正、补充。

第四十七条　有下列情形之一的,个人信息处理者应当主动删除个人信息;个人信息处理者未删除的,个人有权请求删除:

(一)处理目的已实现、无法实现或者为实现处理目的不再必要;

(二)个人信息处理者停止提供产品或者服务,或者保存期限已届满;

(三)个人撤回同意;

(四)个人信息处理者违反法律、行政法规或者违反约定处理个人信息;

(五)法律、行政法规规定的其他情形。

法律、行政法规规定的保存期限未届满,或者删除个人信息从技术上难以实现的,个人信息处理者应当停止除存储和采取必要的安全保护措施之外的处理。

第四十八条　个人有权要求个人信息处理者对其个人信息处理规则进行解释说明。

第四十九条　自然人死亡的,其近亲属为了自身的合法、正当利益,可以对死者的相关个人信息行使本章规定的查阅、复制、更正、删除等权利;死者生前另有安排的除外。

第五十条　个人信息处理者应当建立便捷的个人行使权利的申请受理和处理机制。拒绝个人行使权利的请求的,应当说明理由。

个人信息处理者拒绝个人行使权利的请求的,个人可以依法向人民法院提起诉讼。

第五章　个人信息处理者的义务

第五十一条　个人信息处理者应当根据个人信息的处理目的、处理方式、个人信息的种类以及对个人权益的影响、可能存在的安全风险等,采取下列措施确保个人信息处理活动符合法律、行政法规的规定,并防止未经授权的访问以及个人信息泄露、篡改、丢失:

（一）制定内部管理制度和操作规程;

（二）对个人信息实行分类管理;

（三）采取相应的加密、去标识化等安全技术措施;

（四）合理确定个人信息处理的操作权限,并定期对从业人员进行安全教育和培训;

（五）制定并组织实施个人信息安全事件应急预案;

（六）法律、行政法规规定的其他措施。

第五十二条　处理个人信息达到国家网信部门规定数量的个人信息处理者应当指定个人信息保护负责人,负责对个人信息处理活动以及采取的保护措施等进行监督。

个人信息处理者应当公开个人信息保护负责人的联系方式,并将个人信息保护负责人的姓名、联系方式等报送履行个人信息保护职责的部门。

第五十三条　本法第三条第二款规定的中华人民共和国境外的个人信息处理者,应当在中华人民共和国境内设立专门机构或者指定代表,负责处理个人信息保护相关事务,并将有关机构的名称或者代表的姓名、联系方式等报送履行个人信息保护职责的部门。

第五十四条　个人信息处理者应当定期对其处理个人信息遵守法律、行政法规的情况进行合规审计。

第五十五条　有下列情形之一的,个人信息处理者应当事前进行个人信息保护影响评估,并对处理情况进行记录:

（一）处理敏感个人信息;

（二）利用个人信息进行自动化决策;

（三）委托处理个人信息、向其他个人信息处理者提供个人信息、公开个人信息；

（四）向境外提供个人信息；

（五）其他对个人权益有重大影响的个人信息处理活动。

第五十六条 个人信息保护影响评估应当包括下列内容：

（一）个人信息的处理目的、处理方式等是否合法、正当、必要；

（二）对个人权益的影响及安全风险；

（三）所采取的保护措施是否合法、有效并与风险程度相适应。

个人信息保护影响评估报告和处理情况记录应当至少保存三年。

第五十七条 发生或者可能发生个人信息泄露、篡改、丢失的，个人信息处理者应当立即采取补救措施，并通知履行个人信息保护职责的部门和个人。通知应当包括下列事项：

（一）发生或者可能发生个人信息泄露、篡改、丢失的信息种类、原因和可能造成的危害；

（二）个人信息处理者采取的补救措施和个人可以采取的减轻危害的措施；

（三）个人信息处理者的联系方式。

个人信息处理者采取措施能够有效避免信息泄露、篡改、丢失造成危害的，个人信息处理者可以不通知个人；履行个人信息保护职责的部门认为可能造成危害的，有权要求个人信息处理者通知个人。

第五十八条 提供重要互联网平台服务、用户数量巨大、业务类型复杂的个人信息处理者，应当履行下列义务：

（一）按照国家规定建立健全个人信息保护合规制度体系，成立主要由外部成员组成的独立机构对个人信息保护情况进行监督；

（二）遵循公开、公平、公正的原则，制定平台规则，明确平台内产品或者服务提供者处理个人信息的规范和保护个人信息的义务；

（三）对严重违反法律、行政法规处理个人信息的平台内的产品或者服务提供者，停止提供服务；

（四）定期发布个人信息保护社会责任报告，接受社会监督。

第五十九条 接受委托处理个人信息的受托人，应当依照本法和有关法律、行政法规的规定，采取必要措施保障所处理的个人信息的安全，并协助个人信息处理者履行本法规定的义务。

第六章　履行个人信息保护职责的部门

第六十条　国家网信部门负责统筹协调个人信息保护工作和相关监督管理工作。国务院有关部门依照本法和有关法律、行政法规的规定,在各自职责范围内负责个人信息保护和监督管理工作。

县级以上地方人民政府有关部门的个人信息保护和监督管理职责,按照国家有关规定确定。

前两款规定的部门统称为履行个人信息保护职责的部门。

第六十一条　履行个人信息保护职责的部门履行下列个人信息保护职责:

(一)开展个人信息保护宣传教育,指导、监督个人信息处理者开展个人信息保护工作;

(二)接受、处理与个人信息保护有关的投诉、举报;

(三)组织对应用程序等个人信息保护情况进行测评,并公布测评结果;

(四)调查、处理违法个人信息处理活动;

(五)法律、行政法规规定的其他职责。

第六十二条　国家网信部门统筹协调有关部门依据本法推进下列个人信息保护工作:

(一)制定个人信息保护具体规则、标准;

(二)针对小型个人信息处理者、处理敏感个人信息以及人脸识别、人工智能等新技术、新应用,制定专门的个人信息保护规则、标准;

(三)支持研究开发和推广应用安全、方便的电子身份认证技术,推进网络身份认证公共服务建设;

(四)推进个人信息保护社会化服务体系建设,支持有关机构开展个人信息保护评估、认证服务;

(五)完善个人信息保护投诉、举报工作机制。

第六十三条　履行个人信息保护职责的部门履行个人信息保护职责,可以采取下列措施:

(一)询问有关当事人,调查与个人信息处理活动有关的情况;

（二）查阅、复制当事人与个人信息处理活动有关的合同、记录、账簿以及其他有关资料；

（三）实施现场检查，对涉嫌违法的个人信息处理活动进行调查；

（四）检查与个人信息处理活动有关的设备、物品；对有证据证明是用于违法个人信息处理活动的设备、物品，向本部门主要负责人书面报告并经批准，可以查封或者扣押。

履行个人信息保护职责的部门依法履行职责，当事人应当予以协助、配合，不得拒绝、阻挠。

第六十四条 履行个人信息保护职责的部门在履行职责中，发现个人信息处理活动存在较大风险或者发生个人信息安全事件的，可以按照规定的权限和程序对该个人信息处理者的法定代表人或者主要负责人进行约谈，或者要求个人信息处理者委托专业机构对其个人信息处理活动进行合规审计。个人信息处理者应当按照要求采取措施，进行整改，消除隐患。

履行个人信息保护职责的部门在履行职责中，发现违法处理个人信息涉嫌犯罪的，应当及时移送公安机关依法处理。

第六十五条 任何组织、个人有权对违法个人信息处理活动向履行个人信息保护职责的部门进行投诉、举报。收到投诉、举报的部门应当依法及时处理，并将处理结果告知投诉、举报人。

履行个人信息保护职责的部门应当公布接受投诉、举报的联系方式。

第七章 法律责任

第六十六条 违反本法规定处理个人信息，或者处理个人信息未履行本法规定的个人信息保护义务的，由履行个人信息保护职责的部门责令改正，给予警告，没收违法所得，对违法处理个人信息的应用程序，责令暂停或者终止提供服务；拒不改正的，并处一百万元以下罚款；对直接负责的主管人员和其他直接责任人员处一万元以上十万元以下罚款。

有前款规定的违法行为，情节严重的，由省级以上履行个人信息保护职责的部门责令改正，没收违法所得，并处五千万元以下或者上一年度营业额百分之五以下罚款，并可以责令暂停相关业务或者停业整顿、通报有关主管部门吊销相关业务许可或者吊销营业执照；对直接负责的主管人员和其他直接责任人员处十万元以上一百万元以下罚款,并可以决定禁止其在一定期限内担任相关企业的董事、监事、高级管理人员和个人信息保护负责人。

第六十七条 有本法规定的违法行为的,依照有关法律、行政法规的规定记入信用档案,并予以公示。

第六十八条 国家机关不履行本法规定的个人信息保护义务的,由其上级机关或者履行个人信息保护职责的部门责令改正;对直接负责的主管人员和其他直接责任人员依法给予处分。

履行个人信息保护职责的部门的工作人员玩忽职守、滥用职权、徇私舞弊,尚不构成犯罪的,依法给予处分。

第六十九条 处理个人信息侵害个人信息权益造成损害,个人信息处理者不能证明自己没有过错的,应当承担损害赔偿等侵权责任。

前款规定的损害赔偿责任按照个人因此受到的损失或者个人信息处理者因此获得的利益确定;个人因此受到的损失和个人信息处理者因此获得的利益难以确定的,根据实际情况确定赔偿数额。

第七十条 个人信息处理者违反本法规定处理个人信息,侵害众多个人的权益的,人民检察院、法律规定的消费者组织和由国家网信部门确定的组织可以依法向人民法院提起诉讼。

第七十一条 违反本法规定,构成违反治安管理行为的,依法给予治安管理处罚;构成犯罪的,依法追究刑事责任。

第八章 附　　则

第七十二条 自然人因个人或者家庭事务处理个人信息的,不适用本法。

法律对各级人民政府及其有关部门组织实施的统计、档案管理活动中的个人信息处理有规定的,适用其规定。

第七十三条 本法下列用语的含义:

(一)个人信息处理者,是指在个人信息处理活动中自主决定处理目的、处理方式的组织、个人。

(二)自动化决策,是指通过计算机程序自动分析、评估个人的行为习惯、兴趣爱好或者经济、健康、信用状况等,并进行决策的活动。

(三)去标识化,是指个人信息经过处理,使其在不借助额外信息的情况下无法识别特定自然人的过程。

（四）匿名化，是指个人信息经过处理无法识别特定自然人且不能复原的过程。

第七十四条 本法自 2021 年 11 月 1 日起施行。

第二部分

释　义

第一章 总 则

本法第 1 章总则从第 1 条到第 12 条共计 12 个条文,未分节。本章是关于《个人信息保护法》最核心基本内容的规定,包括立法目的和立法依据(第 1 条)、自然人个人信息受法律保护(第 2 条)、本法的适用范围(第 3 条)、对个人信息及个人信息处理等基本概念的界定(第 4 条)、处理个人信息应当遵循的基本原则(第 5—9 条)、禁止非法处理个人信息及不得从事危害国家安全和公共利益的个人信息处理活动(第 10 条)、个人信息保护的"综合治理"模式(第 11 条),以及参与个人信息保护国际合作与交流(第 12 条)。

本章将个人信息保护立法的依据提高到宪法层面,表明了立法对个人信息保护的高度重视和个人信息保护的综合性。法律确认对个人信息的保护、禁止任何单位和个人违法处理个人信息、侵害个人的个人信息权益,体现了立法对建设相关法律秩序的意志,也为本法第 4 章和第 5 章规定相关权利义务及第 7 章设定法律责任奠定了基础。对本法适用范围的相关规定,为本法第 3 章"个人信息跨境提供的规则"提供了制度基础。法律规定处理个人信息的基本原则与国际趋势一致并反映了这一领域的最新研究成果,这些原则将在本法以后各章得到具体展开和落实。本法将个人信息保护与国家安全和公共利益相关联、推行个人信息保护的"综合治理"模式以及强调个人信息保护的国际合作与交流,反映了我国个人信息保护法治的中国特色及面向世界、开放合作的法律政策,同时为第 6 章"履行个人信息保护职责的部门"提供了制度基础。

第一条(立法目的与立法依据)

第一条 为了保护个人信息权益,规范个人信息处理活动,促进个人信息合理利用,根据宪法,制定本法。

【本条主旨】

本条是关于《中华人民共和国个人信息保护法》立法目的与立法依据的规定。

【核心概念】

个人信息

1. 个人信息也称为个人数据（欧盟 personal data）或者个人资料（我国台湾地区），是指是以电子或者其他方式记录的与已识别或者可识别的自然人有关的各种信息，不包括匿名化处理后的信息（第 4 条第 1 款）。匿名化处理，是指个人信息经过处理无法识别特定自然人且不能复原的过程（第 73 条第 1 款第 4 项）。

2.《民法典》第 1034 条第 2 款也对个人信息的概念进行了界定。该款规定：个人信息是以电子或者其他方式记录的能够单独或者与其他信息结合识别特定自然人的各种信息，包括自然人的姓名、出生日期、身份证件号码、生物识别信息、住址、电话号码、电子邮箱、健康信息、行踪信息等。《网络安全法》第 76 条第 1 款第 5 项对个人信息的界定与《民法典》第 1034 条第 2 款的规定大致相同。

3. 对个人信息的界定虽然在理论上有所谓"识别说"和"关联说"的不同学说，认为《民法典》和《网络安全法》采用了"识别说"而《个人信息保护法》则采取了关联说。而在具体适用中，用两种不同的理论判断同一信息是否属于个人信息，得出的结论在绝大多数情况下是一致的。

个人信息权益

1. 个人信息权益，是指个人基于个人信息所享有的实体性权利和利益，以及在个人信息处理活动中依法享有的保护此等权利和利益的程序性权利。

2. 依据立法解释和本法相关条文的规定，个人基于个人信息所享有的实体性权利和利益包括宪法规定的人权、公民的人格尊严、通信自由和通信秘密，公民的人身和财产安全等（本法第 28 条）基本权利、公法上的权利和利益以及民法上的人格尊严和人格权益特别是隐私权、名誉权、姓名权、肖像权等，具有综合性特征。

3. 程序性权利是指不具有实际的人身、财产等利益内容,是在个人信息处理活动中个人享有用以保护上述实体性权利和利益的权利,包括同意(拒绝)权,删除、复制、更正请求权,转移个人信息的"携带权"等。

个人信息处理

1. 个人信息处理,包括个人信息的收集、存储、使用、加工、传输、提供、公开、删除等(第4条第2款)。"处理"是一个集合概念,包含收集、存储、使用、加工、传输、提供、公开、删除等各种处理活动,其中任何一种活动均可称为个人信息处理活动。

2. 法律通过规范个人信息处理者的个人信息处理活动,实现立法目的。个人信息处理活动是个人信息保护法所规范的对象。在个人信息处理活动中,个人与个人信息处理者之间存在"非对称权力结构"①或"持续性不平等信息关系"②。企业或国家机关在处理个人信息时,为了追求其商业价值或公共管理价值的实现,容易忽视对其承载的人格尊严、人身和财产安全以及通信自由和通信秘密等个人利益的保护,进而导致个人的个人信息权益遭受侵害。如果个人信息处理活动缺乏法律的规范,势必引发个人信息处理的"丛林法则"和对个人信息的肆意滥用,个人也可能通过用脚投票等方式保护自己的个人信息安全,导致个人、企业与国家之间的双输或多输局面。③ 只有通过规范个人信息处理活动,承认与确保个人、企业与国家三方主体核心利益的实现,引导其让渡自身非核心利益而使他方的核心利益得以实现,才能在保护个人信息权益的同时促进个人信息合理利用,从而实现个人信息保护中三方主体的多赢与共和。④

【条文详解】

一、立法目的

1. 立法目的,是指立法者通过制定和实施某一法律所要实现的法律秩序。通过立法目的的规范表达,本条集中体现了立法者的价值取向,对本法基

---

① 参见王锡锌:《个人信息国家保护义务及展开》,载《中国法学》2021年第1期,第147页。

② 参见丁晓东:《个人信息权利的反思与重塑　论个人信息保护的适用　前提与法益基础》,载《中外法学》2020年第2期,第341—345页。

③ 参见周汉华:《探索激励相容的个人数据治理之道——中国个人信息保护法的立法方向》,载《法学研究》2018年第2期。

④ 参见张新宝:《从隐私到个人信息:利益再衡量的理论与制度安排》,载《中国法学》2015年第3期。

本原则的确立和具体制度架构的确定具有重要的指导作用,有利于司法者准确地理解与适用本法,同时也可以为社会成员如何遵守本法的规定提供价值指引,促使其正确地行使权利、履行义务。①

2. 本法用"为了保护个人信息权益,规范个人信息处理活动,促进个人信息合理利用"表达立法目的。可以理解为三重目的:保护个人的个人信息权益、规范个人信息处理活动、促进个人信息合理利用。也可以理解为:保护个人信息是本法的基本目的,而在保护个人信息的基本目的得以实现的情况下,为个人信息的合理利用确定了范围、方法等,进而能够促进个人信息的合理利用。实现保护个人信息和促进个人信息合理利用双重目的的手段和方法,是规范个人信息处理活动:通过规范个人信息处理活动,包括规定个人信息处理的原则和基本规则、相关主体的权利和义务、个人信息跨境流动规则、履行个人信息保护职责的部门、法律责任等,规范个人信息处理者的个人信息处理活动,实现对个人的个人信息权益之保护和处理者合理利用个人信息的双重目的。

二、立法依据

在我国,全国人民代表大会及其常务委员会依据宪法规定的立法权限和立法法等法律规定的立法程序制定法律。在本法起草过程中,一审稿和二审稿没有对立法依据进行专门规定。在第三次审议会议上,《全国人民代表大会宪法和法律委员会关于〈中华人民共和国个人信息保护法(草案)〉审议结果的报告》(中国人大网,2021 年 8 月 20 日 16∶57∶27)指出:"有的常委委员和社会公众、专家提出,我国宪法规定,国家尊重和保障人权;公民的人格尊严不受侵犯;公民的通信自由和通信秘密受法律保护。制定实施本法对于保障公民的人格尊严和其他权益具有重要意义,建议在草案二次审议稿第一条中增加规定'根据宪法'制定本法。宪法和法律委员会经研究,赞同上述意见,建议予以采纳。"最终通过的法律将立法依据规定为"根据宪法,制定本法"。

三、我国个人信息保护法治概述

(一) 个人信息保护法立法进展情况

我国的个人信息保护立法实践最早可追溯至 2000 年 12 月 28 日通过的

---

① 参见刘风景:《立法目的条款之法理基础及表述技术》,载《法商研究》2013 年第 3 期。

全国人大常委会《关于维护互联网安全的决定》,其第 4 条规定"非法截获、篡改、删除他人电子邮件或者其他数据资料,侵犯公民通信自由和通信秘密"可构成犯罪。2009 年 2 月 28 日通过的《刑法修正案(七)》增设第 253 条之一,对出售、非法提供公民个人信息罪和非法获取公民个人信息罪作出规定,个人信息由此成为一项受刑法保护的法益。2012 年 12 月 28 日全国人大常委会通过《关于加强网络信息保护的决定》,规定国家保护能够识别公民个人身份和涉及公民个人隐私的电子信息,并对网络服务提供者和其他企业事业单位收集、使用公民个人电子信息的基本原则、规则以及违法行为的法律责任作出初步规定。2015 年 8 月 29 日通过的《刑法修正案(九)》对《刑法》第 253 条之一作出修改,将该条文规定的罪名重新表述为"侵犯公民个人信息罪",并取消了《刑法修正案(七)》对犯罪主体的特殊限定。2016 年 11 月 7 日通过的《网络安全法》第 4 章对网络信息安全作出专门规定,并在附则中首次明确了个人信息的概念。2020 年 5 月 28 日通过的《民法典》第 111 条和第 1034—1039 条将自然人的个人信息作为一项人格权益予以保护,并对个人信息的概念、个人信息处理的概念、个人信息处理的一般规则及免责事由、个人信息与隐私权的关系等问题作出规定。2021 年 6 月 10 日通过的《数据安全法》对与个人信息保护高度相关的数据的保护与利用作出规定。2021 年 8 月 20 日第十三届全国人大常委会第三十次会议通过《个人信息保护法》,开启了我国个人信息保护领域法治建设的新时代。

(二)《个人信息保护法》的制定

在信息化时代,个人信息保护已成为广大人民群众最关心最直接最现实的利益问题之一。虽然近年来我国个人信息保护力度不断加大,但在现实生活中,一些企业、机构甚至个人,从商业利益等出发,随意收集、违法获取、过度使用、非法买卖个人信息,利用个人信息侵扰人民群众生活安宁、危害人民群众生命健康和财产安全等问题仍十分突出,社会各方面广泛呼吁出台专门的个人信息保护法。2018 年制定个人信息保护法进入十三届全国人大常委会立法规划,被列为"条件比较成熟、任期内拟提请审议的法律草案"。2020 年10 月 13 日、2021 年 4 月 26 日和 2021 年 8 月 17 日个人信息保护法草案分别提请全国人大常委会会议进行第一次、第二次和第三次审议。在对草案三次审议稿进行适当修改的基础上,《个人信息保护法》于 2021 年 8 月 20 日由第十三届全国人大常委会第三十次会议表决通过。作为个人信息保护方面的专门法律,制定实施《个人信息保护法》对于实现好、维护好、发展好广大人民群众的个人信息权益,进一步加强个人信息保护法制保障,维护网络空间良好生态以及促进数字经济健康发展等,都具有重要意义。

（三）《个人信息保护法》的主要内容和体系

《个人信息保护法》共 8 章 74 条,其主要内容包括:1. 明确本法适用范围,对个人信息、个人信息处理等相关用语作出界定,明确在我国境内处理个人信息的活动适用本法的同时,赋予本法必要的域外适用效力。2. 健全个人信息处理规则,确立个人信息处理的基本原则,规定以"告知—同意"为核心的个人信息处理一系列规则,根据个人信息处理的不同环节以及处理行为的不同性质,对特定类型的个人信息处理活动提出有针对性的要求,设专节对处理敏感个人信息作出更严格的限制,以及设专节规定国家机关处理个人信息的规则。3. 完善个人信息跨境提供规则,明确个人信息处理者向境外提供个人信息的前提条件,对跨境提供个人信息的"告知—同意"作出更严格的要求,规定我国可以对从事损害我国公民个人信息权益等活动的境外组织、个人,以及在个人信息保护方面对我国采取不合理措施的国家和地区采取相应的措施。4. 明确个人、个人信息处理者以及国家三方主体在个人信息处理活动中的权利义务,对个人在个人信息处理活动中的权利、个人信息处理者的义务以及履行个人信息保护职责的部门作出规定。5. 明确法律责任,对违反本法规定行为的民事责任、刑事责任、行政责任以及国家机关不履行个人信息保护义务而应当承担的行政系统内部责令改正、给予处分等公法上的责任作出规定。

与前述主要内容相对应,《个人信息保护法》采取了如下体例:

第一章　总　　则

第二章　个人信息处理规则

　　第一节　一般规定

　　第二节　敏感个人信息的处理规则

　　第三节　国家机关处理个人信息的特别规定

第三章　个人信息跨境提供的规则

第四章　个人在个人信息处理活动中的权利

第五章　个人信息处理者的义务

第六章　履行个人信息保护职责的部门

第七章 法律责任

第八章 附则

【参考条文】

一、国内立法

1.《中华人民共和国民法典》

第一百一十一条 自然人的个人信息受法律保护。任何组织或者个人需要获取他人个人信息的,应当依法取得并确保信息安全,不得非法收集、使用、加工、传输他人个人信息,不得非法买卖、提供或者公开他人个人信息。

2.《中华人民共和国网络安全法》

第一条 为了保障网络安全,维护网络空间主权和国家安全、社会公共利益,保护公民、法人和其他组织的合法权益,促进经济社会信息化健康发展,制定本法。

3.《中华人民共和国数据安全法》

第七条 国家保护个人、组织与数据有关的权益,鼓励数据依法合理有效利用,保障数据依法有序自由流动,促进以数据为关键要素的数字经济发展。

4.《全国人民代表大会常务委员会关于加强网络信息保护的决定》

(2012 年 12 月 28 日第十一届全国人民代表大会常务委员会第三十次会议通过)

为了保护网络信息安全,保障公民、法人和其他组织的合法权益,维护国家安全和社会公共利益,特作如下决定……

二、比较法

1. 欧盟《通用数据保护条例》

(2016 年 4 月 27 日 欧洲议会及欧盟理事会 2016/679 号法规)

第 1 条 主题与目标

1. 针对个人数据处理中的自然人保护及个人数据的自由流动制定本条例。

2. 本条例保护自然人的基本权利和自由,尤其是自然人的个人数据保护权。

3. 不得以保护与处理的个人数据相关的自然人为由,限制或禁止个人数据在欧盟境内的自由流动。

2. 俄罗斯《联邦个人数据法》

(2006 年 7 月 8 日 国家杜马通过 2006 年 7 月 14 日 联邦委员会赞成)

第 2 条 本联邦法律的目的

本联邦法律的目的是保障在处理个人数据时对包括私人生活、个人和家庭秘密不受侵犯权在内的人和公民的权利与自由的保护。

3. 日本《个人信息保护法》

(平成十五年法律第 57 号;2017 年 5 月 30 日全面实施)

(目的)第 1 条 在高度信息通信社会的深化所带来的对个人信息的使用显著扩大的背景下,通过对个人信息的正当处理的基本理念、由政府制定基本方针以及其他个人信息保护措施的基本事项作出规定,对国家以及地方公共团体的职责等予以明确,并对个人信息处理业者应遵守的义务等作出规定,从而重视个人信息的正当且有效使用在促进新兴产业的创造、实现充满活力的经济社会和富足的国民生活上的作用以及个人信息的其他作用,保护个人的权利或利益。

4. 韩国《个人信息保护法》

[行政安全部(个人信息保护政策)02-2100-4105;2017 年 7 月 26 日生效]

第 1 条 目的

本法以保护个人权利与自由为目的规范个人信息处理活动,进一步实现个人的尊严和价值。

5. 印度《个人数据保护法案》

(由下议院人民院引入,2019 年第 373 号法案)

鉴于,隐私权是一项基本权利,且有必要将个人数据保护作为信息隐私权的基本方面予以保护;

以及鉴于,数字经济的增长扩大了数据作为人与人之间重要通信手段的运用;

以及鉴于,对于与其有关或附带的事项,有必要通过数字治理和包容,建立一种集体文化,以培育自由和公平的数字经济、尊重个人信息的隐私以及保障赋权、进步和创新。

……

6. 菲律宾《数据隐私法》

（于 2011 年 7 月 25 日，星期一，在马尼拉大都会举行的菲律宾共和国、菲律宾国会、马尼拉大都会第十五次大会第二届例会通过）

第 2 条 政策声明。国家的政策是在确保信息自由流动的同时保护隐私和通信的基本人权，以促进创新和增长。国家认识到信息和通信技术在国家建设中的重要作用，以及国家的固有义务应确保政府和私营部门信息和通信系统中的个人信息受到保护。

第二条（个人信息受法律保护）

第二条 自然人的个人信息受法律保护，任何组织、个人不得侵害自然人的个人信息权益。

【本条主旨】

本条是关于自然人个人信息受法律保护，任何组织、个人不得侵害自然人的个人信息权益的规定。

【核心概念】

自然人

《民法典》将自然人、法人和非法人组织规定为我国的三种民事主体。自然人指具有自然生物属性的人，在近现代法治下，自然人从出生开始就获得民事主体资格。借助生殖辅助技术出生的人，也同样属于自然人。

任何组织、个人

1. "任何组织、个人"是我国法律和行政法规等常用的主体概念，包括两种：任何组织、任何个人。"任何组织"包括《民法典》规定的法人和非法人组织及其分支机构、内设机构等，也包括不属于法人或者非法人组织的政治、社会、经济（商业）组织体及其分支机构和内设机构。国家机关属于本条规定的组织（第 33 条），法律、法规授权的具有管理公共事务职能的组织也属于本条规定的组织（第 37 条）。

2. "任何个人"指任何自然人，既包括具有中国国籍的自然人，也包括没有中国国籍的外国人和无国籍人。

3. 法律使用"任何组织、个人"的概念，往往适用于禁止性的规范，表达的意思是此等禁止性规范在主体适用上不存在例外。

【条文详解】

1. 本条是赋权性（授权性）规定，即赋予个人信息受法律的保护，并享有不受任何组织、个人侵害的权益。自然人是个人信息的主体，故法律对个人信息的保护，仅针对自然人，不涉及法人和非法人组织的任何财产或人身权益。本条及《民法典》的相关规定并没有使用"个人信息权利"的字样，而是将个人信息规定为一种权益，但这并不意味着其保护的力度要低于权利的保护力度。个人信息权益是公民在现代社会享有的重要权益，明确对个人信息的保护对于保护公民的人格尊严，使公民免受非法侵扰，维护正常的社会秩序具有现实意义。

2. 个人信息权益是法定权益，即自然人享有的个人信息权益是法律确定的权益，而非当事人自主约定的权益。法定权益，顾名思义就是由宪法和法律明文规定，受宪法和法律的明确保障。与之对应的是法定义务，是宪法和法律的规定所应承受的行为约束，具有法定性与强制性。约定权益，是指当事人通过合意确立的权益，权益的效力仅及于约定人之间，对外不产生效力。个人信息权益作为一种法律规定的权利，是一种对世权，任何组织或者个人都不能侵犯，违反者将受到法律的惩罚。

3. 本条属于禁止性规定，是当事人不得为一定行为之法律规定。在法律条文上，通常表现为使用"禁止""严禁""不得"等词来表述。任何组织、个人不得侵害自然人的个人信息权益，行为人违反禁止性规定实施侵害行为，将承担不利的法律后果，包括承担损害赔偿责任。

4. 关于本条规定中的"侵害"，既包括积极侵害也包含消极侵害。积极侵害是指行为人采取主动行为，有目的的实施侵害个人信息的行为，例如非法收集、使用、加工、传输他人个人信息，非法买卖、提供或者公开他人个人信息以及实施危害国家安全、公共利益的个人信息处理活动等。与积极侵害相对的是消极侵害，消极侵害也称为不作为侵害，指应当履行法律规定保护个人信息的义务而没有履行，造成对个人信息权益的侵害。如个人信息的处理目的已实现，个人信息处理者应当及时主动删除收集的个人信息而没有删除；又如，个人信息处理者应该采取必要的安全保护措施而没有采取，导致个人信息泄露、丢失或者被篡改。

【参考条文】

一、国内立法

1.《中华人民共和国民法典》

第一百一十一条　自然人的个人信息受法律保护。任何组织或者个人需要获取他人个人信息的,应当依法取得并确保信息安全,不得非法收集、使用、加工、传输他人个人信息,不得非法买卖、提供或者公开他人个人信息。

2.《中华人民共和国刑法》

第二百五十三条之一【侵犯公民个人信息罪】　违反国家有关规定,向他人出售或者提供公民个人信息,情节严重的,处三年以下有期徒刑或者拘役,并处或者单处罚金;情节特别严重的,处三年以上七年以下有期徒刑,并处罚金。

违反国家有关规定,将在履行职责或者提供服务过程中获得的公民个人信息,出售或者提供给他人的,依照前款的规定从重处罚。

窃取或者以其他方法非法获取公民个人信息的,依照第一款的规定处罚。

单位犯前三款罪的,对单位判处罚金,并对其直接负责的主管人员和其他直接责任人员,依照各该款的规定处罚。

3.《中华人民共和国网络安全法》

第四十四条　任何个人和组织不得窃取或者以其他非法方式获取个人信息,不得非法出售或者非法向他人提供个人信息。

4.《中华人民共和国消费者权益保护法》

第十四条　消费者在购买、使用商品和接受服务时,享有人格尊严、民族风俗习惯得到尊重的权利,享有个人信息依法得到保护的权利。

5.《中华人民共和国电子商务法》

第二十三条　电子商务经营者收集、使用其用户的个人信息,应当遵守法律、行政法规有关个人信息保护的规定。

二、专家建议稿

1. 周汉华:《中华人民共和国个人信息保护法(专家建议稿)》

第三条　信息主体有权要求政府机关或其他个人信息处理者公开其所掌

据的关于本人的个人信息。信息主体发现个人信息记录的内容有错误或不准确的,可以要求政府机关或其他个人信息处理者予以更正或者停止使用。

2. 齐爱民:《中华人民共和国个人信息保护法(学者建议稿)》

第十一条　自然人的个人信息权包括信息决定、信息保密、信息查询、信息更正、信息封锁、信息删除、信息可携、被遗忘,依法对自己的个人信息所享有的支配、控制并排除他人侵害的权利。

3. 张新宝、葛鑫:《个人信息保护法(专家建议稿)》

第十二条　信息业者、政务部门进行个人信息处理活动,应当尊重并保护信息主体人格权益,遵守本法及其他法律、行政法规有关个人信息处理的规定,不得非法处理他人个人信息。

三、比较法

1. 欧盟《统一数据保护条例》

第1条　主体和目标

1. 本条例旨在确立个人数据处理中的自然人保护和个人数据自由流通的规范。

2. 本条例旨在保护自然人的基本权利和自由,尤其是个人数据保护的权利。

2. 日本《个人信息保护法》

第3条　鉴于应当在尊重个人人格的理念之下慎重处理个人信息,有关方面必须设法正当处理个人信息。

【参考案例】

2015 年被告人肖某通过向他人购买等途径,获取大量展会展览商的公民个人信息,经其本人编辑整理后,在未获得当事人授权的情况下通过其个人QQ 邮箱对外出售公民个人信息,并大量牟利。2020 年 7 月 20 日,被告人肖某还通过微信,以人民币 500 元的价格向史某某购买个人信息,经司法鉴定共计 6158 条。法院认为,被告人肖某违反国家有关规定,向他人出售公民个人信息,并以其他方法非法获取公民个人信息,情节特别严重,其行为已构成侵犯公民个人信息罪,依法应予刑事处罚。

评析:个人信息与信息主体的人身、财产利益密切相关。非法获取、非法出售或者非法向他人提供公民个人信息的违法行为泛滥,并由此形成个人信息黑灰产业链和犯罪利益链条,导致骚扰电话、垃圾短信、精准电信诈骗、身份欺诈等问题屡禁不止,不仅侵扰了公民的生活安宁,对公民的人身、财产权益保护构成威胁,也成为民生问题,社会危害严重。因此,个人信息保护已成为广大人民群众最关心、最直接、最现实的利益问题之一。本案中,被告人肖某以非法方法获取公民个人信息,未经信息主体同意出售个人信息,侵害众多信息主体的权益,情节特别严重,受到刑事处罚。该案判决也对社会的普遍关切作出了回应,即个人信息是自然人一项基本民事权益,任何组织、个人不得侵害。违法处理个人信息的,需要承担相应的法律责任,情节严重的还需要承担刑事责任。

第三条（适用范围）

第三条 在中华人民共和国境内处理自然人个人信息的活动,适用本法。

在中华人民共和国境外处理中华人民共和国境内自然人个人信息的活动,有下列情形之一的,也适用本法:

（一）以向境内自然人提供产品或者服务为目的;

（二）分析、评估境内自然人的行为;

（三）法律、行政法规规定的其他情形。

【本条主旨】

本条是关于个人信息保护法适用范围的规定。本条有两款,第1款是关于在中华人民共和国境内处理自然人个人信息的活动的规定;第2款是关于在中华人民共和国境外处理中华人民共和国境内自然人个人信息的活动的规定。

【条文详解】

一方面,互联网是一个开放的全球系统,没有国界和地域限制,境外数据处理活动的效果直接作用于本国领土内,包括境外企业处理本国公民的个人信息已成为一种必然。另一方面,跨国互联网企业往往会在世界范围内进行技术研发、数据存储和处理、产品/服务提供、运营、市场推广等经营活动的合理布局,企业注册地、经营活动发生地、数据存储地、数据处理地和数据影响发生地等在地域上的分离也成为一种必然。在上述两个背景下,传统的属地管辖和属人管辖的基础被动摇,各国立法机构通过扩大个人信息保护法的域外效力来增强对本土市场和本国公民个人数据的控制力已成为普遍共识。本条特别是第 2 款正是对于此种趋势的中国回应。本条借鉴了 GDPR 的立法思路,确立了中国版的"境内处理"和"境外适用"标准。2019 年 11 月 15 日,EDPB 正式发布了《关于 GDPR 第 3 条关于适用地域范围的解释指南》(《指南》),EDPB 通过该指南明确阐释和澄清了确定 GDPR 地域适用范围的标准。本条的释义中将会结合该指南说明《个人信息保护法》在适用方面采取的认定路径。

一、境内适用

GDPR 第 3(1)款规定,本例适用于在欧盟内部设立的数据控制者或处理者对个人数据的处理,不论其实际数据处理行为是否在欧盟内进行。该条被称为"实体标准(establishment criteria)",该条款保证了 GDPR 对控制者或处理者在其欧盟境内的实体进行的个人数据处理行为的规制,不论实际发生的处理的所在地为何。因此,EDPB 建议在根据该条款来确定个人数据的处理是否属于 GDPR 的规制范围时应从三个维度进行评估。

首先应考虑在欧盟数据保护法意义下"实体"的定义,序言第 22 条对"实体"存在如下说明,即"实体"意味着通过稳定的安排有效且真实地开展活动,而该等安排的法律形式(无论是通过分支机构或具有法律人格的子公司)并非判断其是否可以成为实体的决定性因素。这一措辞与 95/46/EC 指令的"序言"第 19 条的措辞相同,并被欧洲法院在多个判决中引用。与企业的实体为其公司登记地的形式主义方法不同,欧洲法院扩大了对"实体"一词的解释。事实上,欧洲法院通过判决将实体的概念延伸到任何通过稳定的安排进行真正有效活动的场所,即便活动量极少。为了确定设立在欧盟境外的实体(特别是专门通过互联网提供服务的企业)在欧盟成员国内是否有实体,必须基于活动和提供服务的特定性质来判断安排的稳定程度和在该成员国从事活动的有效性。当数据控制者的活动涉及在线提供服务时,"稳定安排"的门槛实际上可能相当低。因此,在某些情况下,如果该雇员或代理人的行为具有足够的稳定性,则非欧盟实体在欧盟境内拥有一名雇员或代理人可能足以满足

"稳定的安排"（符合 GDPR 第 3 条第（1）款规定的"实体"）这一要求。与之相反，如果一名员工在欧盟工作，但数据处理行为并不是此在欧盟境内的员工的活动范围（即该处理活动与欧盟境外控制者的活动范围相关），则该员工在欧盟境内的存在并不会导致该数据处理行为适用 GDPR。换言之，仅凭在欧盟境内存在雇员这一条件，不足以触发 GDPR 适用，所涉处理活动必须属于欧盟境内雇员的营业活动范围才能适用 GDPR。

其次应考虑"在欧盟境内的实体营业范围内进行的个人数据处理"的含义；第 3 条第（1）款的适用不以由设立在"欧盟境内的实体"进行处理为必要条件。如果该处理行为属于"欧盟境内实体的营业范围"，则控制者或处理者就该处理行为应承担 GDPR 规定的义务。EDPB 建议，某处理行为是否属于GDPR 第 3 条第（1）款规定的欧盟境内实体的营业活动应进行个案分析，每种情况都必须结合案件的具体事实和相关背景进行确认。EDPB 认为，应根据相关判例理解第 3 条第（1）款规定的在"控制者或处理者在欧盟境内的实体营业活动范围内进行的对个人数据处理"的含义。一方面，为了实现全面有效的保护目标，不应对其含义进行限缩性解释；另一方面，也不应进行过于宽泛的解释，以致欧盟境内实体的营业活动与非欧盟实体的数据处理活动的关联度非常弱时，也将这种处理纳入欧盟数据保护法的适用范围。例如，非欧盟实体在成员国内进行的某些商业活动可能与该实体的数据处理活动关联性极弱，故而该实体在欧盟内进行的商业活动中涉及的数据处理活动不应受欧盟数据保护法的规制。

最后确认无论此实体进行的数据处理行为是否发生在欧盟境内，GDPR都将适用。

例如：某电子商务网站由一家中国公司运营。该公司的个人数据处理活动仅在中国进行。这家中国公司已在柏林设立了欧洲办公室，以领导并实施针对欧盟市场的商业拓展和营销活动。

在此案中，鉴于在欧洲市场开展商业拓展和营销活动的营利性，柏林欧洲工作室进行的商业拓展和市场营销活动可以被认定为与该中国公司在中国进行的数据处理行为密切关联。

因此，中国公司处理与欧盟销售有关的个人数据可以被认定为是在欧盟的实体进行的营业活动。因此，中国公司进行的处理活动应遵守 GDPR 第 3条第（1）款的规定。

本条第 1 款并未完全采用 GDPR 的"实体标准"的思路,采用了更广的行为标准的思路,规定在境内发生的个人信息处理行为均适用本法,与 GDPR 相似的部分在于亦不要求该等安排的法律形式(无论是通过分支机构或具有法律人格的子公司),重点在于在境内开展自然人的个人信息处理活动;此处的自然人,而非公民,强调了境内的管辖权,不以国籍为区分;此处也借鉴了 GDPR 的规定,同时也与《民法典》一脉相承。

二、境外适用

在欧盟境内不存在实体并不一定意味着第三国的数据控制者或处理者进行的处理活动将不适用 GDPR 的规定。GDPR 第 3 条第(2)款则针对设立于欧盟境外的控制者或处理者的适用条件作出规定。GDPR 第 3 条第(2)款规定,本条例适用于由未在欧盟设立的控制方或处理方处理在欧盟内的数据主体的个人数据,如果处理活动涉及:(a)向欧盟境内的数据主体提供产品或服务,不论数据主体是否需要支付费用;或(b)对数据主体在欧盟境内的行为进行监控。

GDPR 第 3 条第(2)款,规定了"目标指向标准"。欧盟境外的控制者或处理者的两种特定的与欧盟境内数据主体相关的处理行为可能触发该条款的规定,从而受到 GDPR 的规制。

GDPR 关于地域管辖的第 3 条第(2)款是否适用的关键取决于有关的处理活动性质。因此,在评估是否适用目标指向标准时,EDPB 建议采用双重方法,第一,确定处理是否与在欧盟境内的数据主体的个人数据有关;第二,处理是否与提供的产品或服务有关,或与监测数据主体在欧盟的行为有关。

关于数据主体的判定,目标指向标准的适用不受正在处理个人数据对应的数据主体的公民身份、居住地或其他类型法律地位的限制,反映了欧盟法律保护个人数据的广泛性,即不限于欧盟公民。《欧盟基本权利宪章》第 8 条规定,人人均享有个人数据得到保护的权利。

数据主体是否在欧盟境内必须在提供产品或服务,或在发生监测行为的语境下进行分析。提供产品或服务,或监测行为发生的时长在所不论。

但是,EDPB 认为,就与服务提供有关的处理活动而言,该规定针对的是有意而非无意或偶然地针对欧盟境内个人的活动。

因此,如果处理涉及仅向欧盟以外的个人提供的服务,但当这些个人进入欧盟境内时,服务并未撤回,则相关处理将不受 GDPR 的约束。

在这种情况下,这一行为并非故意指向欧盟境内的个人,而是指向欧盟境外的个人,无论这些个人是留在欧盟境外还是欧盟境内。

例如,澳大利亚某公司根据用户的喜好和兴趣提供移动新闻和视频内容服务。用户每日或每周收到更新。此项服务仅提供给位于澳大利亚的用户,用户在订阅时必须提供澳大利亚电话号码。该服务的一位澳大利亚订阅者在德国度假期间继续使用该服务。尽管该澳大利亚用户在欧盟境内期间继续使用该服务,但该服务并非针对欧盟内的个人,而是仅针对澳大利亚境内的个人,因此澳大利亚公司对个人数据的处理不属于 GDPR 的规制范围。

关于提供产品或服务,最为关键的标准为"Targeting",判断该针对性的相关因素包括:提供的商品或服务中至少指明了欧盟或一个成员国;数据控制者或处理者向搜索引擎运营商支付互联网参考服务的费用,以方便欧盟消费者访问其网站;或者控制者或处理者已针对欧盟国家的受众发起营销和广告活动;有关活动的国际性质,如某些旅游活动;欧盟国家可访问的地址或电话号码;使用不同于控制者或处理者的第三个国家/地区以外的顶级域名,例如".de",或使用中立的顶级域名,例如".eu";从一个或多个其他欧盟成员国到提供服务地点的旅行说明;由多个欧盟成员国的客户组成的国际客户,特别是通过展示此类客户书面的账户;使用交易者所在国家/地区以外的语言或货币,尤其是一个或多个欧盟成员国的语言或货币;数据控制者可在欧盟成员国内交付货物。

该指南并未声明 GDPR 的适用必须同时满足所有这些因素中的任何一个或全部,而是这些因素是数据保护机构在确定是否有足够意图针对欧盟境内主体提供服务要考虑的指标。

《个人信息保护法》本条第 2 款第 1 项的规定中位于境外,但以向境内自然人提供产品或者服务为目的的处理行为,借鉴了上述 GDPR 的思路。

关于"监控"行为,所监控的行为必须首先与欧盟内的数据主体有关,且所监控的行为必须在欧盟境内发生,二者须同时满足。监控主体行为的处理活动的性质在"序言"第 24 条中做了进一步的规定,其中要求"为了确定是否可以将处理活动视为监控数据主体的行为,应查明是否在互联网上对自然人进行跟踪,包括随后可能使用的个人数据处理技术,这些技术包括对自然人进行特征分析,特别是为了对自然人作出决定,或分析或预测自然人的个人偏好、行为和态度。"EDPB 认为在线收集或分析欧盟境内的个人数据不会自动被视为"监控"。这将有必要考虑控制者处理数据的目的,特别是涉及该数据的任何后续行为分析或识别分析技术。EDPB 钻研了第 24 条的措辞,该措辞表明要确定数据处理是否涉及监控数据主体的行为,对互联网上自然人的跟踪(包括随后可能使用的识别分析技术)是关键考虑因素。因此,根据第 3 条第(2)款(b)项的规定,数据控制者或处理者监控在欧盟境内数据主体的行为可包括广泛的监控活动,特别是包括:

- 用户行为广告
- 地理定位,特别是用于营销
- 通过使用 cookies 或其他跟踪技术(如指纹识别)进行在线跟踪
- 个性化饮食和健康在线分析服务
- 闭路电视
- 基于用户画像的市场调查和其他行为研究
- 监控或定期报告个人健康状况

例如:在美国成立的零售咨询公司通过 Wi-Fi 追踪收集顾客在购物中心的移动情况,为法国某购物中心提供零售布局方面的建议。通过 Wi-Fi 追踪分析顾客在购物中心内的活动相当于监控主体的活动。在本例中,由于购物中心位于法国,故数据对象的行为发生在欧盟境内。因此,作为数据控制者的该资讯公司以此为目的处理该等数据时,须根据 GDPR 第 3 条第(2)款(b)项的规定受 GDPR 约束。

《个人信息保护法》本条第 2 款第 2 项的规定中位于境外的个人信息处理活动,但涉及评估、分析境内自然人的行为也将适用本法的情形,借鉴了上述 GDPR 的思路,需要结合具体情况分析涉及评估、分析的可能性,与"监控"的概念非常相似。

最后,本条第 2 款第 3 项规定法律、法规另有规定的情形,留下了后续扩展适用和调整的空间。

【参考条文】

一、国内立法

1.《中华人民共和国数据安全法》
第二条　在中华人民共和国境内开展数据处理活动及其安全监管,适用本法。

在中华人民共和国境外开展数据处理活动,损害中华人民共和国国家安全、公共利益或者公民、组织合法权益的,依法追究法律责任。

2.《中华人民共和国网络安全法》

第二条 在中华人民共和国境内建设、运营、维护和使用网络,以及网络安全的监督管理,适用本法。

二、比较法

1. 欧盟《通用数据保护条例》

第2条 适用范围

1.本条例适用于全自动个人数据处理、半自动个人数据处理,以及形成或旨在形成用户画像的非自动个人数据处理。

2.本条例不适用以下情形:

(a)欧盟法管辖之外的活动中所进行的个人数据处理;

(b)欧盟成员国为履行《欧盟基本条约》(TEU)第2章第5款所规定的活动而进行的个人数据处理;

(c)自然人在纯粹个人或家庭活动中所进行的个人数据处理;

(d)有关主管部门为预防、调查、侦查、起诉刑事犯罪、执行刑事处罚、防范及预防公共安全威胁而进行的个人数据处理。

3.欧盟机构、实体、办事处和规制机构所进行的个人数据处理,适用(EC)第45/2001条例。根据本条例第98条,(EC)第45/2001条例和其他适用于此类个人数据处理的欧盟法案应当进行调整,以符合本条例的原则和规则。

4.本条例不影响2000/31/EC指令的适用,特别是2000/31/EC指令第12—15条所规定的中间服务商的责任规则的适用。

第3条 地域范围

1.本例适用于在欧盟内部设立的数据控制者或处理者对个人数据的处理,不论其实际数据处理行为是否在欧盟内进行。

2.本条例适用于如下相关活动中的个人数据处理,即使数据控制者或处理者不在欧盟设立:

(a)为欧盟内的数据主体提供商品或服务——不论此项商品或服务是否要求数据主体支付对价;或

（b）对发生在欧洲范围内的数据主体的活动进行监控。

3.本条例适用于在欧盟之外设立,但基于国际公法成员国的法律对其有管辖权的数据控制者的个人数据处理。

【参考案例】

欧盟法院:谷歌西班牙(Google Spain)案

一名西班牙公民要求谷歌在搜索他的名字时不要显示与他有关的某些信息。该案判决,尽管谷歌西班牙本身并没有参与搜索引擎的功能设定,也因此未参与数据的实际处理,谷歌西班牙代表谷歌公司(Google Inc.)促进和销售广告空间的活动仍然足以满足《个人数据保护指令》第4(1)(a)条(即 GDPR 颁布之前的法规)。欧盟法院认定,谷歌西班牙的活动与搜索引擎的数据处理活动之间存在足够的联系:"……【西班牙】中的活动……有着不可分割的联系(inextricably linked),因为与广告空间相关的活动构成了使搜索引擎具有经济效益的手段,而该引擎同时又是使这些活动得以执行的手段"。

EDPB 在这些规定的基础上指出,"如果对具体事实进行的具体分析表明由非欧盟数据控制者或处理者进行的个人数据处理与欧盟营业地的活动之间有着密不可分的联系,欧盟法律将适用于非欧盟组织或机构的处理,无论其欧盟营业地是否在数据处理中发挥作用。"

美国 Locatefamily.com 未设置欧盟代表被处罚案

2021 年 5 月 12 日,荷兰数据保护监管机构对一家总部位于美国的网站 Locatefamily.com 作为欧盟境外的数据控制者,未在欧盟境内依据 GDPR 第 27 条任命代表(representative)的行为,处以 52.5 万欧元罚款。

Locatefamily.com 是一个免费寻人平台,任何人都可以在该平台上提交对方的个人信息,诸如姓名、地址、有时也包括电话号码等,以重获失联者的联系方式。Locatefamily.com 网站上既包括欧盟居民的信息,也包括非欧盟居民的信息。Locatefamily.com 有多种信息渠道来源,如社交媒体账号、政府记录和电信服务提供商等,而且并不需要相关个人成为平台会员或注册平台账号。

自 GDPR 生效以来,荷兰数据保护监管机构已收到多起关于 Locatefamily. com 的投诉,包括未回应个人行使权利的请求、未设立 GDPR 代表等不合规行为,也有隐私保护方面更普遍的顾虑,如对网站目的正当性的质疑、潜在跟踪行为等。根据上述投诉,荷兰数据保护监管机构自行查找该公司所在地,却发现实际情况尤为困难:向 Locatefamily.com 发出初步请求后,该公司却声称其并不位于欧盟地区,且在欧盟地区无任何业务关系、未设立办公室、无指定代表,也不向欧盟提供任何商品或服务。在屡次尝试获取更多相关信息无果后,荷兰数据保护监管机构联系了其他欧盟国家的数据保护部门,希望获得更多信息。之后证实,Locatefamily.com 在欧盟并没有代表,并且在其他欧盟成员国也有大量类似投诉。

后来,荷兰数据监管保护机构认定,Locatefamily.com 是该平台上处理个人信息的数据控制者,该网站的服务对象包括欧盟居民,并且在多个欧盟成员国境内提供服务,因此根据 GDPR 第3(2)(a)条规定,GDPR 适用于 Locatefamily.com。

GDPR 适用于 Locatefamily.com 的直接后果是,根据 GDPR 第27条,Locatefamily.com 须任命位于欧盟的 GDPR 代表,而不得适用该项要求的有限豁免条件。

第四条(个人信息概念)

第四条　个人信息是以电子或者其他方式记录的与已识别或者可识别的自然人有关的各种信息,不包括匿名化处理后的信息。

个人信息的处理包括个人信息的收集、存储、使用、加工、传输、提供、公开、删除等。

【本条主旨】

本条规定了个人信息和个人信息的处理的定义。本条有两款,第1款是对个人信息的定义;第2款是对个人信息的处理的定义。

【核心概念】

匿名化

通过对个人信息的技术处理,使得个人信息主体无法被识别或者关联,且处理后的信息不能被复原的过程。

【条文详解】

一、个人信息的定义

根据对于现行各国立法的路径进行总结分析,学界存在两种最为主要的对个人信息界定的思路:关联说和识别说。

就"识别说"而言,"可识别性"是个人信息最为重要的特征,即个人信息与信息主体存在某一客观确定的可能性。识别说在各国个人信息保护立法中一直占据通说地位,我国的《网络安全法》采取了该等思路,规定"个人信息,是指以电子或者其他方式记录的能够单独或者与其他信息结合识别自然人个人身份的各种信息"。

而 GDPR 则是"识别+关联"的典型代表。GDPR 关于"个人数据"的定义的英文原文为:"'personal data'means any information relating to an identified or identifiable natural person('data subject');an identifiable natural person is one who can be identified,directly or indirectly,in particular by reference to an identifier such as a name,an identification number,location data,an online identifier or to one or more factors specific to the physical,physiological,genetic,mental,economic,cultural or social identity of that natural person;"

第一个分号前的句子,可作如下理解:

存在一个"已识别出(identified)或可被识别(identifiable)的自然人"(假定为特定自然人 A);与 A 相关的任何信息(any information relating to)都应该是个人数据。

第二个分号翻译如下:

可被识别的自然人指,借助标识符,例如姓名、识别号码、位置数据、网上标识符,或借助与该个人生理、心理、基因、精神、经济、文化或社会身份特定相关的一个或多个因素,可被直接或间接识别出的个人。在此,我们用"信息集合 1"来指代能够直接或间接识别自然人的个人信息,即第二个分号中,能够用于识别的信息集合。根据这两句话,并结合一个例子,可以看到:GDPR 定义中第一个分号提出的"any information">第二个分号的用于识别自然人的"信息集合 1"。

假设有一个课程班,班里只有四人,且四人姓名相同,某培训机构中掌握这四人的下列数据：

	姓名	性别	年龄
某自然人 A	张三	女	18
某自然人 B	张三	男	20
某自然人 C	张三	男	18
某自然人 D	张三	女	20

对于培训机构来说，通过"性别+年龄"的方式，可以识别出不同的自然人。毫无疑问，按照识别型的说法，性别和年龄属于个人信息。因为这两个信息都对识别作出了贡献（contribution）。

在这个例子中，姓名对识别特定个人来说，完全给不出任何贡献。例如，张三+18，存在两个雷同的情况。张三+20，存在两个雷同的情况。张三+女，存在两个雷同的情况。张三+男，存在两个雷同的情况。

按照识别型的说法——"个人信息是以电子或者其他方式记录的能够单独或者与其他信息结合识别特定自然人的各种信息"，姓名（即张三）不应当属于个人信息。因为其对识别特定自然人，没有作出任何贡献。

但是按照 GDPR 的说法，由于"女+18"有且仅有一人，因此特定自然人 A 被识别出来了，那由于特定自然人 A 的名字叫张三（属于第一个分号中所说的，any information relating to），所以张三，在 GDPR 里面，属于个人信息。由此，GDPR 的定义实质上包含了识别+关联的因素。

在《个人信息安全规范》和《最高人民法院、最高人民检察院关于办理侵犯公民个人信息刑事案件适用法律若干问题的解释》中，个人信息的定义也是识别+关联。

因此，根据 GDPR、《最高人民法院、最高人民检察院关于办理侵犯公民个人信息刑事案件适用法律若干问题的解释》和《个人信息安全规范》，个人信息的界定实际上有两条路径，一为"识别"（identify）；二为"关联"（link）：

识别（identify）路径是从信息到个人，即如前述，由信息本身的特殊性直接回溯到特定个人。

关联（link）路径是从个人到信息，即已知既定个人，知晓"关于"该个人的进一步信息；能够关联到特定个人的信息并不以特殊性为前提，其作用是丰富给定个人既有的人格图像(profile),使他人知晓更多关于该个人的情况。

本条第一款采取的正是识别+关联一说,其定义与 GDPR 基本一致。

二、个人信息的处理

本条第 2 款关于个人信息的处理的界定,也参考了 GDPR 的定义,实际上是指任何一项或多项针对单一个人数据或系列个人数据所进行的操作行为。

【参考条文】

一、国内立法

1.《中华人民共和国民法典》

第九百九十九条　为公共利益实施新闻报道、舆论监督等行为的,可以合理使用民事主体的姓名、名称、肖像、个人信息等;使用不合理侵害民事主体人格权的,应当依法承担民事责任。

第一千零三十四条　自然人的个人信息受法律保护。

个人信息是以电子或者其他方式记录的能够单独或者与其他信息结合识别特定自然人的各种信息,包括自然人的姓名、出生日期、身份证件号码、生物识别信息、住址、电话号码、电子邮箱、健康信息、行踪信息等。

个人信息中的私密信息,适用有关隐私权的规定;没有规定的,适用有关个人信息保护的规定。

第一千零三十五条　处理个人信息的,应当遵循合法、正当、必要原则,不得过度处理,并符合下列条件:

(一)征得该自然人或者其监护人同意,但是法律、行政法规另有规定的除外;

(二)公开处理信息的规则;

(三)明示处理信息的目的、方式和范围;

(四)不违反法律、行政法规的规定和双方的约定。

个人信息的处理包括个人信息的收集、存储、使用、加工、传输、提供、公开等。

2.《中华人民共和国网络安全法》

第七十六条　个人信息,是指以电子或者其他方式记录的能够单独或者与其他信息结合识别自然人个人身份的各种信息,包括但不限于自然人的姓名、出生日期、身份证件号码、个人生物识别信息、住址、电话号码等。

3.《最高人民法院、最高人民检察院关于办理侵犯公民个人信息刑事案件适用法律若干问题的解释》

第一条　刑法第二百五十三条之一规定的“公民个人信息”,是指以电子或者其他方式记录的能够单独或者与其他信息结合识别特定自然人身份或者反映特定自然人活动情况的各种信息,包括姓名、身份证件号码、通信通讯联系方式、住址、账号密码、财产状况、行踪轨迹等。

4.《个人信息安全规范》

3.1　个人信息 personal information

以电子或者其他方式记录的能够单独或者与其他信息结合识别特定自然人身份或者反映特定自然人活动情况的各种信息。

注1　个人信息包括姓名、出生日期、身份证件号码、个人生物识别信息、住址、通信通讯联系方式、通信记录和内容、账号密码、财产信息、征信信息、行踪轨迹、住宿信息、健康生理信息、交易信息等。

注2　关于个人信息的判定方法和类型参见附录A。

注3　个人信息控制者通过个人信息或其他信息加工处理后形成的信息,例如,用户画像或特征标签能够单独或者与其他信息结合识别特定自然人身份或者反映特定自然人活动情况的,属于个人信息。

附录A　个人信息示例

个人信息是指以电子或者其他方式记录的能够单独或者与其他信息结合识别特定自然人身份或者反映特定自然人活动情况的各种信息,如姓名、出生日期、身份证件号码、个人生物识别信息、住址、通信通讯联系方式、通信记录和内容、账号密码、财产信息、征信信息、行踪轨迹、住宿信息、健康生理信息、交易信息等。

判定某项信息是否属于个人信息,应考虑以下两条路径:一是识别,即从信息到个人,由信息本身的特殊性识别出特定自然人,个人信息应有助于识别出特定个人。二是关联,即从个人到信息,如已知特定自然人,由该特定自然人在其活动中产生的信息(如个人位置信息、个人通话记录、个人浏览记录等)即为个人信息。符合上述两种情形之一的信息,均应判定为个人信息。

表A.1给出了个人信息举例。

表 A.1 个人信息举例

个人基本资料	个人姓名、生日、性别、民族、国籍、家庭关系、住址、个人电话号码、电子邮件地址等
个人身份信息	身份证、军官证、护照、驾驶证、工作证、出入证、社保卡、居住证等
个人生物识别信息	个人基因、指纹、声纹、掌纹、耳廓、虹膜、面部识别特征等
网络身份标识信息	个人信息主体账号、IP 地址、个人数字证书等
个人健康生理信息	个人因生病医治等产生的相关记录,如病症、住院志、医嘱单、检验报告、手术及麻醉记录、护理记录、用药记录、药物食物过敏信息、生育信息、以往病史、诊治情况、家族病史、现病史、传染病史等,以及与个人身体健康状况相关的信息,如体重、身高、肺活量等
个人教育工作信息	个人职业、职位、工作单位、学历、学位、教育经历、工作经历、培训记录、成绩单等
个人财产信息	银行账户、鉴别信息(口令)、存款信息(包括资金数量、支付收款记录等)、房产信息、信贷记录、征信信息、交易和消费记录、流水记录等,以及虚拟货币、虚拟交易、游戏类兑换码等虚拟财产信息
个人通信信息	通信记录和内容、短信、彩信、电子邮件,以及描述个人通信的数据(通常称为元数据)等
联系人信息	通讯录、好友列表、群列表、电子邮件地址列表等
个人上网记录	指通过日志储存的个人信息主体操作记录,包括网站浏览记录、软件使用记录、点击记录、收藏列表等
个人常用设备信息	指包括硬件序列号、设备 MAC 地址、软件列表、唯一设备识别码(如 IMEI/Android ID/IDFA/OpenUDID/GUID/SIM 卡 IMSI 信息等)等在内的描述个人常用设备基本情况的信息
个人位置信息	包括行踪轨迹、精准定位信息、住宿信息、经纬度等
其他信息	婚史、宗教信仰、性取向、未公开的违法犯罪记录等

二、比较法

1. 欧盟《通用数据保护条例》

第 4 条 定义

就本条例而言:

(1)"个人数据"指的是任何已识别或可识别的自然人("数据主体")相关的信息;一个可识别的自然人是一个能够被直接或间接识别的个体,特别是通过诸如姓名、身份编号、地址数据、网上标识或者自然人所特有的一项或多项的身体性、生理性、遗传性、精神性、经济性、文化性或社会性身份而识别个体。

（2）"处理"是指任何一项或多项针对单一个人数据或系列个人数据所进行的操作行为，不论该操作行为是否采取收集、记录、组织、构造、存储、调整、更改、检索、咨询、使用、通过传输而公开、散布或其他方式对他人公开、排列或组合、限制、删除或销毁而公开等自动化方式。

【参考案例】

余某某诉查博士隐私权、
个人信息保护纠纷案〔（2021）粤 0192 民初 928 号〕

一、案件事实

2020 年 12 月，余某某有意出售自己的车辆，在与有意向购买人洽谈的过程中，知悉自己车辆的信息可以在查博士 App 上查询，因为查询记录中有较多维修记录，导致余某某车辆的出售价格受到影响。

在查博士 App 中，可以查询到余某某车辆的基本信息以及车况概要。车况概要包括历史车况综合评级、解析顺序及年均行驶里程、年均保养次数、最后保养时间、最后记录时间的详细数据。相关信息均属真实信息。

作为证据查博士提交了与数据提供方签署的《补充协议》。因为查博士的要求，裁判文书并没有揭示查博士的协议完整内容。公开部分的协议显示查博士与数据提供方及关联方达成汽车数据的分析和合作，并且数据提供方及其关联公司向查博士承诺汽车维修保养数据来源合法，不侵犯任何协议外自然人、法人或其他组织权益，并且数据提供方及其关联公司负责对汽车维修保养数据中涉及自然人隐私的敏感信息进行脱敏处理。

二、法院判决

1. 历史车况不属于个人信息

案涉历史车况信息无法单独识别特定自然人。首先，从内容上看，案涉历史车况报告重点信息包括了车架号、车辆基本行驶数据、维保数据、碰撞数据、评分项目及具体评分等，未出现自然人身份信息、行踪信息、通信联系方式等能直接识别特定自然人的信息。其中,车架号显示在汽车车身外观,车架号仅为识别特定车辆的编码,无法识别到特定自然人。车辆基本行驶数据仅记录了里程数,而维保数据和碰撞数据中也未显示车辆维修保养机构的位置信息和保养的具体日期,不能以此识别出自然人的行踪轨迹……其次,从特征上看,案涉历史车况信息能综合反映所查车辆的日常损耗程度、未来发生故障可能性、未来使用寿命、损坏程度、安全系数等。……余某某作为车辆所有人,其对于自有车辆车况数据的敏感度更高,但从社会公众的一般认知来看,案涉历史车况信息仅能反映所查车辆的使用情况,其内容不涉及具体个人,也不用于评价具体个人的行为或状态,无法关联到车辆所有人等特定自然人。

法院也专门指出车辆数据的复杂性:"产生车况信息的主体,不一定是特定自然人。根据日常生活经验,多个自然人使用同一车辆的情况较为常见,如代驾司机、维修工勤人员、近亲朋友等。这种情况会进一步模糊特定自然人的行踪信息等细节,无法通过车况信息精准识别到车辆的实际使用人是否是余某某本人。因此,案涉历史车况信息无法单独识别特定自然人。"

对于历史车况信息与第三方信息结合可能识别特定自然人的可能性,法院并不否认。但是,法院指出:"一般理性人在实现上述目的时会综合考虑行为成本,比如技术门槛、第三方数据来源、经济成本、还原时间等,综合上述因素后再进行结合识别成本较高。"法院认为鉴于查博士与数据提供方协议属于商业秘密,且不对外披露,降低了一般公众将车况信息与第三方信息结合重新识别特定自然人的可能性。因此案涉车况信息不能被认定为个人信息。

2. 案涉历史车况数据信息不具有私密性

……车架号是可以通过观察车身直接获取的,并非处于隐秘状态。基本行驶及维修保养数据产生于公开汽修经营场所,虽然在公共场所发生的事件也可以成为隐私权的客体,但如果凡是自己不希望被他人知晓的信息都被界定为隐私,将会给社会政策带来不必要的负担,故应当合理界定隐私权的边界,保证社会正常交往。如前所述,案涉历史车况信息并非个人信息,并不具有私密性。

此外,法院还认为:

"历史车况信息的开放共享关乎机动车运行安全、公众的人身安全和不特定消费者合法权益,将历史车况信息纳入隐私权保护范围,有可能增加二手车交易市场的信息不对称风险和交易安全隐患,不能充分保障消费者的知情权,损害社会公共利益。"

第五条(合法、正当、必要和诚信原则)

第五条 处理个人信息应当遵循合法、正当、必要和诚信原则,不得通过误导、欺诈、胁迫等方式处理个人信息。

【本条主旨】

本条是关于个人信息处理合法、正当、必要与诚信原则的规定。

【核心概念】

合法

合法是指法律法规对处理个人信息有规定的,处理者应当遵循法律法规的规定,其中基础性规范包括《个人信息保护法》《民法典》《网络安全法》《数据安全法》的相关规定。合法的内涵具体可以分为两个方面:其一,处理者处理个人信息必须具备法律法规规定的合法性基础。依照《个人信息保护法》第 13 条的规定,如不存在该条第 1 款第 2—7 项规定的情形,处理者处理个人信息应当取得个人的同意。《个人信息保护法》第 29 条对敏感个人信息的处理提出了更为严格的要求,处理者只有在取得个人单独同意时方可处理。其二,处理者在处理个人信息时必须履行法律法规为其设定的义务。《个人信息保护法》以及相关法律法规为处理者设定了广泛的个人信息保护义务。例如,《个人信息保护法》第五章规定了处理者采取必要措施保障个人信息安全、指定个人信息保护负责人、对个人信息处理活动进行定期合规审计并进行事前风险评估、当发生个人信息泄露时及时采取补救措施等义务。依照《个人信息保护法》第 58 条的规定,作为互联网生态"守门人"的大型在线企业还负有个人信息保护方面的特殊义务。[①]

正当

正当包括目的正当与手段正当,处理者处理个人信息的目的和手段均应

[①] 参见张新宝:《互联网生态"守门人"个人信息保护特别义务设置研究》,载《比较法研究》2021 年第 3 期。

当符合正向价值判断。① 通过个人信息处理,处理者旨在实现的目的应当是增进个人利益或者社会公共利益等正当目的,而非损害他人权益、破坏公共秩序等不正当目的。例如,美国"梅根法"规定,已确定有罪的性犯罪人必须向执法机关登记,并根据性犯罪人对社区可能的危险程度、信息的变更等提供各种层次的社区公告,以提醒社区公众提高警惕,预防犯罪的发生。② 执法机关公开性犯罪人行踪、住址、体貌特征等个人信息的目的在于保护社区居民尤其是未成年人的安全,③属于正当目的。而诈骗或者帮助他人诈骗等目的则属于不正当目的,处理者如基于此等目的向他人出售或者提供公民个人信息,可能构成《刑法》第 253 条之一所规定的侵犯公民个人信息罪。④ 手段正当要求处理者处理个人信息所采用的方式方法应当符合社会公众的一般期待以及公序良俗的要求。例如,部分经营者利用消费者个人数据画像,采取算法应用,锁定特殊消费群体,实施价格歧视、价格混淆等销售策略,⑤导致消费者遭受会员用户支付的价格反而比普通用户更高等不合理差别待遇。⑥ 经营者为了实现其经济利益的最大化进行大数据杀熟,其采用的手段破坏了市场交易的公平公正,属于不正当手段。

必要

必要是指处理者处理个人信息不应当超过可以实现处理目的的最低限度,其处理的个人信息应当限于满足处理目的的最小范围之内。⑦ 个人信息承载着个人的人格尊严、人身和财产安全以及通信自由和通信秘密等利益,处理者对个人信息进行过度处理容易对此等利益造成难以预测的危险和损害。

---

① 参见袁雪石:《民法典人格权编释论:条文缕析、法条关联与案例评议》,中国法制出版社 2020 年版,第 531 页。

② 参见刘军:《性犯罪记录之社区公告制度评析——以美国"梅根法"为线索》,载《法学论坛》 2014 年第 2 期。

③ 参见杨立新、韩煦:《被遗忘权的中国本土化及法律适用》,载《法律适用》2015 年第 2 期,第 29 页。

④ 参见高富平、王文祥:《出售或提供公民个人信息入罪的边界——以侵犯公民个人信息罪所保护的法益为视角》,载《政治与法律》2017 年第 2 期,第 53—54 页。

⑤ 参见《中消协:加强网络消费领域算法规制　保障消费者知情权、选择权和公平交易权》,载中国消费者协会网,http://www.cca.org.cn/zxsd/detail/29897.html,2021 年 9 月 2 日访问。

⑥ 参见《浙江一女子以携程采集非必要信息"杀熟"诉请退一赔三获支持》,载《人民法院报》 2021 年 7 月 13 日。

⑦ 参见陈甦、谢鸿飞主编:《民法典评注·人格权编》,中国法制出版社 2020 年版,第 377 页。

个人信息保护法草案一审稿和二审稿第 5 条均未规定必要原则。为了凸显必要原则在个人信息处理中的重要性,草案三审稿在第 5 条中补充规定了必要原则,①与《全国人民代表大会常务委员会关于加强网络信息保护的决定》第 2 条第 1 款、《网络安全法》第 41 条第 1 款、《民法典》第 1035 条第 1 款等条款的规定保持一致。实践中,手机等智能终端的 App 非法获取个人信息、超范围收集个人信息、过度索取权限等现象普遍存在。对于违反必要原则处理个人信息的 App,国家网信部门责令其下架,要求 App 运营者依法整改,对于个人信息权益的保护有重要意义。② 此外,必要与《个人信息保护法》第 6 条所规定的目的原则也有密切的联系。

诚信

诚信,即诚实信用,是我国《民法典》规定的基本原则。在个人信息保护领域,诚信是指行为人正直行事,且相对人可以对其信赖,具有一定的伦理性,③集中体现处理者处理个人信息应当遵循的价值要求。诚信要求处理者对个人保有基本的善意,尊重个人的合理信赖,④在价值取向上优先保护个人信息权益,恪守个人信息处理活动的规范化。诚信贯穿于个人信息处理的各个环节。例如,依照《个人信息保护法》第 24 条第 1 款的规定,处理者利用算法进行自动化决策,应当保证决策的透明度和结果公平、公正,这就要求处理者在选择算法时对个人保有基本的善意。又如,依照《个人信息保护法》第 58 条的规定,提供重要互联网平台服务、用户数量巨大、业务类型复杂的个人信息处理者,应当成立主要由外部成员组成的独立机构对个人信息保护情况进行监督,并定期发布个人信息保护社会责任报告,接受社会监督,体现出此等处理者在个人信息处理活动中应当尊重个人以及社会公众的合理信赖。再如,处理者还应当尽到性质上类似于"附随义务"的个人信息保护义务。依照《个人信息保护法》第 18 条第 2 款的规定,当出现紧急情况无法及时向个人履行告知义务时,处理者应当在紧急情况消除后及时告知。依照《个人信息

---

① 参见《全国人民代表大会宪法和法律委员会关于〈中华人民共和国个人信息保护法(草案)〉审议结果的报告》,载北大法宝网 https://www.pkulaw.com/protocol/85f9202330bfd1d41-6293206208bd50bbdfb.html,2021 年 9 月 2 日访问。

② 参见程啸:《收集个人信息应严格遵循必要原则》,载《法治日报》2021 年 6 月 23 日。

③ 参见陈甦主编:《民法总则评注》,法律出版社 2017 年版,第 45 页。

④ 参见张新宝:《〈中华人民共和国民法典·总则〉释义》,中国人民大学出版社 2020 年版,第 14 页。

保护法》第 47 条第 1 款的规定,当个人信息处理活动已停止或者不再必要时,处理者应当主动删除个人信息。

误导、欺诈、胁迫

误导是指行为人故意实施的,通过使用模糊性、歧义性或者片面性的语言以及其他方式引起他人误解的行为;欺诈是指行为人故意实施的,以引起、强化或维持他人的错误认识并使其基于此错误认识而作出意思表示为目的的欺骗行为;① 胁迫是指胁迫人事先告知被胁迫人,他将影响被胁迫人未来的不利的发生。② 实践中(特别是在处理者基于个人同意处理个人信息的情形),通过误导、欺诈、胁迫等方式处理个人信息属于违反合法、正当、必要与诚信原则的典型行为,故法律对此作出针对性禁止规定。例如,App 不得以"默认勾选"的方式误导个人同意提供个人信息,不得以隐瞒个人信息的真实用途等欺诈方式处理个人信息,也不得以捆绑服务、强制停止服务等手段胁迫取得个人同意。③ 由于误导、欺诈、胁迫等手段会妨害个人的表意自由,处理者基于此等手段取得的个人同意无效。

【条文详解】

一、集中规定个人信息处理基本原则的意义

个人信息处理的基本原则是处理者开展个人信息处理活动的基本遵循,也是构建个人信息保护具体规则的制度基础。④ 在《个人信息保护法》第一章"总则"部分集中规定个人信息处理的基本原则,可以彰显个人信息保护法的主旨和基本准则,集中表达个人信息处理最一般的行为规范和价值判断标准。⑤ 基本原则对于某部法律的理解与适用通常来说具有两个方面的重要作用:其一,基本原则可以为具体法律规则的解释提供价值取向上的指引;其二,

---

① 参见张新宝:《〈中华人民共和国民法典·总则〉释义》,中国人民大学出版社 2020 年版,第 299 页。
② 参见张新宝:《〈中华人民共和国民法典·总则〉释义》,中国人民大学出版社 2020 年版,第 304 页。
③ 参见黄薇主编:《中华人民共和国民法典人格权编解读》,中国法制出版社 2020 年版,第 217 页。
④ 参见《权威解读:杨合庆主任论个人信息保护法十大亮点》,载中国民商法律网,https://www.civillaw.com.cn/gg/t/? id=37928,2021 年 9 月 2 日访问。
⑤ 参见王利明:《民法总则研究》(第 3 版),中国人民大学出版社 2018 年版,第 88 页。

基本原则可以为法律规范的续造提供规范基础。①

二、个人信息处理基本原则的构成

个人信息处理的基本原则具有高度抽象性,贯穿于个人信息处理的各个方面以及各个环节,集中凝练个人信息保护的价值取向。以此为标准,《个人信息保护法》第 5—9 条是对个人信息处理基本原则的规定,包括合法、正当、必要与诚信原则、目的原则、公开透明原则、质量原则和责任原则。

三、如何理解本条规定的合法、正当、必要与诚信之间的关系

本条所规定的合法、正当、必要与诚信所蕴含的制度价值彼此间相互关联,具有体系上的周延性。一方面,在四项子原则中,合法是处理者处理个人信息最基本的要求。但是,法律不可能对个人信息处理的各个方面作出穷尽式规定,因此对于法律法规未能予以规定的事项,还需要正当、必要和诚信作为补充,为个人信息处理活动的规范化提供价值指引。另一方面,随着个人信息保护法治建设的不断发展,法律可能会将正当、必要与诚信所具有的制度价值规则化,从而更有利于此等价值的实现。例如,在对个人信息保护法草案进行二次审议的过程中,一些常委会组成人员和地方、部门、社会公众建议,进一步完善个人信息处理规则,特别是对 App 大数据杀熟等作出有针对性规范。基于此,草案三审稿增加规定,利用个人信息进行自动化决策,不得对个人在交易价格等交易条件上实行不合理的差别待遇,②将违反正当原则的大数据杀熟行为规定为法律所禁止的行为。由此可见,合法与正当、必要、诚信具有逻辑上的递进关系,前者与后者动态互补、相辅相成。

四、如何理解本条与第 6—9 条的关系

在个人信息处理的五项基本原则中,本条规定的合法、正当、必要与诚信原则对其他基本原则具有统领作用。例如,合法所指向的法律规范不仅包括

---

① 参见约瑟夫·拉兹:《法律原则与法律的界限》,雷磊译,载《比较法研究》2009 年第 6 期,第 141—142 页。

② 参见《全国人民代表大会宪法和法律委员会关于〈中华人民共和国个人信息保护法(草案)〉审议结果的报告》,载北大法宝网,https://www.pkulaw.com/protocol/85f9202330bfd1d416293-206208bd50bbdfb.html,2021 年 9 月 2 日访问。

具体的法律规则,也包括《个人信息保护法》第6—9条规定的其他基本原则;由正当和必要可共同引申出个人信息处理的目的原则,处理者如进行与处理目的无关的个人信息处理,此等处理行为既不正当,也无必要;处理者在个人信息处理活动中落实公开透明原则、质量原则与责任原则是其遵守诚信的具体体现。与其他基本原则相比,合法、正当、必要与诚信原则蕴含的制度价值具有更高位阶。如在理解与适用其他基本原则的过程中出现疑问,应当诉诸合法、正当、必要与诚信原则来寻求适当的解释路径,从而维护法律制度价值的统一性。

五、如何理解与民法典有关条文(第7条、第148条、第150条)的关系

《民法典》第7条是对诚实信用原则的规定,其第148条和第150条是对以欺诈、胁迫手段,使对方在违背真实意思的情况下实施的民事法律行为之效力的规定。诚信作为法治的基本原则,在民法和个人信息保护法中均有相应的体现,其蕴含的制度价值具有一定的共通性。故此,在对本条规定的诚信进行理解时,应当借鉴《民法典》第7条的规定。本条与《民法典》第148条和第150条均涉及对欺诈和胁迫的理解与适用。虽然《民法典》第148条和第150条的规范对象和法律效果与本条的规定有所不同,但是其对于本条依然有一定的借鉴意义。例如,本条所规定的欺诈、胁迫的构成要件,可借鉴《民法典》第148条和第150条的规定予以认定。

【参考条文】

一、国内立法

1.《中华人民共和国民法典》

第七条　民事主体从事民事活动,应当遵循诚信原则,秉持诚实,恪守承诺。

第一百四十八条　一方以欺诈手段,使对方在违背真实意思的情况下实施的民事法律行为,受欺诈方有权请求人民法院或者仲裁机构予以撤销。

第一百五十条　一方或者第三人以胁迫手段,使对方在违背真实意思的情况下实施的民事法律行为,受胁迫方有权请求人民法院或者仲裁机构予以撤销。

第一千零三十五条第一款 处理个人信息的,应当遵循合法、正当、必要原则,不得过度处理,并符合下列条件:

(一)征得该自然人或者其监护人同意,但是法律、行政法规另有规定的除外;

(二)公开处理信息的规则;

(三)明示处理信息的目的、方式和范围;

(四)不违反法律、行政法规的规定和双方的约定。

2.《中华人民共和国网络安全法》

第四十一条 网络运营者收集、使用个人信息,应当遵循合法、正当、必要的原则,公开收集、使用规则,明示收集、使用信息的目的、方式和范围,并经被收集者同意。

网络运营者不得收集与其提供的服务无关的个人信息,不得违反法律、行政法规的规定和双方的约定收集、使用个人信息,并应当依照法律、行政法规的规定和与用户的约定,处理其保存的个人信息。

3.《全国人民代表大会常务委员会关于加强网络信息保护的决定》

第二条第一款 网络服务提供者和其他企业事业单位在业务活动中收集、使用公民个人电子信息,应当遵循合法、正当、必要的原则,明示收集、使用信息的目的、方式和范围,并经被收集者同意,不得违反法律、法规的规定和双方的约定收集、使用信息。

4.《深圳经济特区数据条例》

第十条 处理个人数据应当符合下列要求:

(一)处理个人数据的目的明确、合理,方式合法、正当;

二、比较法

1. 欧盟《通用数据保护条例》

(2016 年 4 月 27 日 欧洲议会及欧盟理事会 2016/679 号法规)

第 5 条 与个人数据处理相关的原则

1. 个人数据应:

(a)以对数据主体合法、公平和透明的方式而被处理("合法性、公平性和透明性");

2. 经济合作与发展组织《隐私保护和个人数据跨境流通指南》

（2013 年经济合作与发展组织修订）

第 7 条　收集限制原则

个人数据的收集应受限制，获得数据的手段必须合法和公平，情形允许时应经数据主体知晓或同意。

3. 俄罗斯《联邦个人数据法》

（2006 年 7 月 8 日　国家杜马通过　2006 年 7 月 14 日　联邦委员会赞成）

第 5 条　个人数据处理原则

1. 个人数据的处理应以法律和公平原则为基础。

4. 韩国《个人信息保护法》

（行政安全部（个人信息保护政策）02-2100-4105；2017 年 7 月 26 日生效）

第 3 条　个人信息保护原则

8. 个人信息控制者应当遵守并履行本法和其他有关法律的规定，并努力取得数据主体的信任。

【参考案例】

黄某诉腾讯科技（深圳）有限公司等隐私权、
个人信息权益网络侵权责任纠纷案

案号：北京互联网法院（2019）京 0491 民初 16142 号民事判决书

案件事实（节选）

2015 年 8 月腾讯公司推出阅读应用"微信读书"。原告在使用微信登录微信读书时，在微信读书获得原告个人信息的授权页面中，原告必须选择同时授权微信读书获得其头像、昵称、性别、位置及共同使用应用的微信好友，否则无法以微信账号登录使用微信读书。原告主张，微信读书采用账户信息和好友关系一次性授权、用户无法分别进行选择、不同意就无法使用应用的登录方式，实际上剥夺了用户的选择权，原告并非自愿选择，故被告腾讯公司未获得其有效同意。

法院判决(节选)

北京市互联网法院认为,微信读书收集用户的微信好友列表,其用途是在微信读书中开展基于微信好友关系的社交功能。腾讯公司对成功开发及运营微信所积累的用户关系数据,可以在其关联产品中予以合理利用,如在部分软件中开发或增强社交功能,微信读书中若要开展微信好友间的阅读社交,收集原告好友列表并不违反必要原则。从合法性、正当性看,当事人的主要争议焦点在于是否获得原告的有效同意。微信读书为一款阅读应用,在不违反法律规定及公序良俗的前提下,腾讯公司可以对服务内容进行选择,并在征得用户有效同意前提下收集与服务相关的信息。用户若不同意收集某项信息则无法使用该应用,这是腾讯公司对微信读书运营模式的选择。与微信已实际成为大多数网络用户必不可少的社交应用、不使用会带来明显不便有所区别的是,移动阅读的需求并非为广大用户所必需,用户不使用微信读书不会感到生活明显不便,亦不会被实质上剥夺在市场上选择同类型产品的权利,用户可以以"用脚投票"的方式在市场竞争中作出选择。因此,法院认定,仅就本案中微信读书收集原告好友列表信息的方式来看,腾讯公司不违反法律规定。

案例点评

该案中,被告腾讯公司在原告使用微信账号登录微信读书时,要求原告必须授权其收集微信好友列表等个人信息,对原告的表意自由作出了一定的限制。但是,根据法院作出的判决,此种程度的限制尚不足以构成本条所规定的胁迫。理由在于,微信读书不是大多数网络用户必不可少的社交应用,原告在登录微信读书时也可以使用微信账号之外的其他账号。因此,在判断处理者的行为是否构成本条所规定的胁迫时,应当综合考虑处理者所采取的处理方式的合理性以及个人拒绝同意可能导致的不利后果,结合案件具体情况判断原告的表意自由是否受到妨害,从而实现处理者的经营自由以及个人利益之间的平衡。

第六条(目的原则)

第六条 处理个人信息应当具有明确、合理的目的,并应当与处理目的直接相关,采取对个人权益影响最小的方式。

收集个人信息,应当限于实现处理目的的最小范围,不得过度收集个人信息。

【本条主旨】

本条是关于个人信息处理目的原则的规定。本条有两款,第 1 款是关于目的限制原则的规定;第 2 款是关于个人信息最小化原则的规定。

【核心概念】

个人信息处理的目的

个人信息处理的目的是指处理者通过个人信息处理所追求的处理目标和结果。例如,医疗机构在救治危重患者时处理患者的医疗健康信息等个人信息,其目的在于保护患者的生命权与健康权;企业通过处理个人信息获得海量个人信息数据并加以利用,其目的在于获得经济利益;国家机关等处理者在疫情防控工作中处理个人的生物识别信息、行踪轨迹信息等个人信息,其目的在于保护公共卫生安全。依照《个人信息保护法》第 5 条的规定以及本条的规定,个人信息处理的目的应当具有合法性、正当性与合理性。

目的原则

本条规定的个人信息处理基本原则可概括提炼为目的原则。在比较法上,部分立法例围绕个人信息处理的目的规定了两项或者更多的个人信息处理基本原则。例如,欧盟《通用数据保护条例》第 5 条第 b 项和第 c 项分别规定了目的限制原则与数据最小化原则,前者指处理者应当为特定、明确和合法的目的收集个人数据,并且个人数据的后续处理不得违反此等目的;后者指处理者处理个人数据应当相对于处理目的而言适当、相关并在必要范围内。《韩国个人信息保护法》第 3 条第 1 款规定:"个人信息控制者应当明确处理个人信息的目的;并应在达到上述目的所需的最低限度内合法、公平地收集个人信息。"其第 3 条第 2 款规定:"个人信息控制者应以与处理个人信息的目的相一致的方式处理个人信息,不得将个人信息用于该目的之外。"前述比较法规定所涵盖的内容与本条规定的目的原则基本相同。以个人信息处理的目的为核心,目的原则对处理者处理个人信息的限度提出了全面的要求。

【条文详解】

一、处理个人信息应当具有明确、合理的目的

首先,处理者处理个人信息应当具有明确的目的。个人信息处理会给个人的个人信息权益带来一定风险,处理者如在无明确目的的情况下处理个人信息,其行为属于对个人信息的滥用。其次,处理者处理个人信息的目的还应当合理,即在满足合法、正当要求的前提下,不为个人带来过重的负担或者过高的风险。例如,处理者通过自动化决策方式向个人进行信息推送、商业营销,可以为个人提供个性化服务,其目的在于改善用户体验、提高商业效率。虽然此等处理活动可能导致个人只能接受到有限的、定制化的信息,进而将个人自治置于危险之中,但是个人自治遭受侵害的风险可通过为个人提供不针对其个人特征的选项或者便捷的拒绝方式得到控制,因而整体上具有目的合理性。

二、处理个人信息应当与处理目的直接相关

《个人信息保护法(草案二审稿)》第6条规定,个人信息处理者不得进行与处理目的无关的个人信息处理。与前述规定相比,本条规定采用正面规定的方式,通过"直接"二字强调对处理者超出原有处理目的进行后续处理的限制。因此,如处理者超出原有处理目的对个人信息作后续处理,则后续处理行为应当被视为与原有处理行为相独立的另一处理行为或者被视为处理目的的变更。依照《个人信息保护法》第13条和第14条第2款的规定,处理者原则上不得进行此等后续处理,除非其另行取得个人同意或者后续处理具备其他合法事由。但是,个人信息具有巨大的潜藏价值。在基本用途完成后,个人信息的价值仍然存在,只是处于休眠状态,直到它被二次利用并重新释放它的能量。[1] 故此,在对约束个人信息处理活动的处理目的进行解释时,应当留有必要的弹性空间,以促进行业创新和个人信息的合理利用。[2] 尤其是在处理者

---

[1] 参见[英]迈尔-舍恩伯格、[英]库克耶:《大数据时代》,盛杨燕、周涛译,浙江人民出版社2013年版,第135页。

[2] 参见梁泽宇:《个人信息保护中目的限制原则的解释与适用》,载《比较法研究》2018年第5期,第22页以下。

基于个人同意处理个人信息的情形,如将处理目的限定地过于狭窄,不仅会导致处理者需要频繁取得个人同意,不利于充分发挥个人信息的价值尤其是二次利用的增值价值,[1]限制大数据产业的发展,同时也与个人可对一般个人信息的处理作出概括同意的个人信息处理规则相冲突,给个人带来较重的负担。在比较法上,欧盟《通用数据保护条例》"前言"部分第50条规定,除初始收集个人数据所为的目的外,只有在数据处理与初始收集个人数据的目的不相抵触的条件下,方允许以其他目的进行个人数据的处理。在此情况下,除允许收集个人数据的法律依据外,不需要提供其他法律依据。为了确定做进一步处理的目的是否与初始收集个人数据的目的不相抵触,在满足确保初始数据处理合法的所有要求后,控制者应考虑:初始收集个人数据的目的与拟定的进一步处理的目的之间是否存在任何联系;收集个人数据的背景,特别是数据主体根据其与控制者间的关系对个人数据的进一步使用所作的合理预期;个人数据的性质;针对数据主体作进一步数据处理产生的后果;原定的和拟定的进一步处理操作是否有适当的保障措施。

三、"两个最小"的处理限制

本条规定,处理个人信息应当采取对个人权益影响最小的方式。收集个人信息,应当限于实现处理目的的最小范围,不得过度收集个人信息。个人信息处理可能对个人信息权益造成难以预测的危险和损害,因此为保护个人的个人信息权益,应当对个人信息处理的限度作出最小化限制。处理者过度收集个人信息,是实践中处理者违反"两个最小"的限制处理个人信息的典型行为,《个人信息保护法(草案二审稿)》第6条对此未作出针对性规定。在对个人信息保护法草案三审稿进行审议的过程中,一些常委委员建议,根据最小必要原则,在草案已有规定的基础上,进一步强调不得过度收集个人信息。宪法和法律委员会经研究,建议采纳上述意见,在草案三审稿第6条中增加相应规定。[2]对于本条规定的"两个最小"的限制,《深圳经济特区数据条例》第11

---

[1]　参见张新宝、葛鑫:《个人信息保护法(专家建议稿)及立法理由书》,中国人民大学出版社2021年版,第38页。

[2]　参见《全国人民代表大会宪法和法律委员会关于〈中华人民共和国个人信息保护法(草案三次审议稿)〉修改意见的报告》,载北大法宝网,https://www.pkulaw.com/protocol/85f9202330bfd1d46bbf757d105d0562bdfb.html,最后访问日期2021年9月7日。

条作出了更为细致的规定:"本条例第十条第二项所称限于实现处理目的所必要的最小范围、采取对个人权益影响最小的方式,包括但是不限于下列情形:(一)处理个人数据的种类、范围应当与处理目的有直接关联,不处理该个人数据则处理目的无法实现;(二)处理个人数据的数量应当为实现处理目的所必需的最少数量;(三)处理个人数据的频率应当为实现处理目的所必需的最低频率;(四)个人数据存储期限应当为实现处理目的所必需的最短时间,超出存储期限的,应当对个人数据予以删除或者匿名化,法律、法规另有规定或者经自然人同意的除外;(五)建立最小授权的访问控制策略,使被授权访问个人数据的人员仅能访问完成职责所需的最少个人数据,且仅具备完成职责所需的最少数据处理权限。"

目的原则要求处理者采取的处理手段是实现其处理目的的唯一手段,或者是在能够实现此等目的的多个手段中对个人权益侵害最小的手段,且其促进的个人利益或者公共利益应当与被侵害的权益成比例。[1] 例如,在刑事司法领域,干预公民个人信息权益的执法、司法行为即使具有明确、合理的目的,也应当受到最小必要的限制,其规模与范围应当限制在嫌疑人群范围内,截取与使用的公民信息应当具有范围限制而非扩展至通信、交通、金融消费等各类数据库的全部。[2] 又如,《常见类型移动互联网应用程序必要个人信息范围规定》(国信办秘字〔2021〕14 号,以下简称《规定》)第 3 条规定:"本规定所称必要个人信息,是指保障 App 基本功能服务正常运行所必需的个人信息,缺少该信息 App 即无法实现基本功能服务。具体是指消费侧用户个人信息,不包括服务供给侧用户个人信息。"其第 4 条规定:"App 不得因为用户不同意提供非必要个人信息,而拒绝用户使用其基本功能服务。"依照《规定》第 5 条的规定,地图导航类 App 基本功能服务为"定位和导航",必要个人信息为位置信息、出发地、到达地。此类 App 无需知晓用户身份即可提供其基本功能服务,故用户移动手机号码等个人信息对于此类 App 而言均属于非必要个人信息。而浏览器类、输入法类、安全管理类等类型的 App 无须收集个人信息即可提供基本功能服务。如 App 要求用户提供与其基本功能服务无关的非必要个人信息,否则拒绝用户使用其基本功能服务,则其处理个人信息超出了实

---

[1] 参见刘权:《目的正当性与比例原则的重构》,载《中国法学》2014 年第 4 期。

[2] 参见程雷:《大数据背景下的秘密监控与公民个人信息保护》,载《法学论坛》2021 年第 3 期,第 21 页。

现处理目的所必要的最小范围,未能采用对个人权益影响最小的方式,违反了目的原则。

【参考条文】

一、国内立法

1.《中华人民共和国民法典》

第一千零三十五条第一款　处理个人信息的,应当遵循合法、正当、必要原则,不得过度处理,并符合下列条件:

(一)征得该自然人或者其监护人同意,但是法律、行政法规另有规定的除外;

(二)公开处理信息的规则;

(三)明示处理信息的目的、方式和范围;

(四)不违反法律、行政法规的规定和双方的约定。

2.《中华人民共和国网络安全法》

第四十一条　网络运营者收集、使用个人信息,应当遵循合法、正当、必要的原则,公开收集、使用规则,明示收集、使用信息的目的、方式和范围,并经被收集者同意。

网络运营者不得收集与其提供的服务无关的个人信息,不得违反法律、行政法规的规定和双方的约定收集、使用个人信息,并应当依照法律、行政法规的规定和与用户的约定,处理其保存的个人信息。

3.《全国人民代表大会常务委员会关于加强网络信息保护的决定》

(2012年12月28日第十一届全国人民代表大会常务委员会第三十次会议通过)

第二条第一款　网络服务提供者和其他企业事业单位在业务活动中收集、使用公民个人电子信息,应当遵循合法、正当、必要的原则,明示收集、使用信息的目的、方式和范围,并经被收集者同意,不得违反法律、法规的规定和双方的约定收集、使用信息。

4.《深圳经济特区数据条例》

(2021年6月29日深圳市第七届人民代表大会常务委员会第二次会议通过)

第十条　处理个人数据应当符合下列要求：

（一）处理个人数据的目的明确、合理,方式合法、正当;

（二）限于实现处理目的所必要的最小范围、采取对个人权益影响最小的方式,不得进行与处理目的无关的个人数据处理;

第十一条　本条例第十条第二项所称限于实现处理目的所必要的最小范围、采取对个人权益影响最小的方式,包括但是不限于下列情形:

（一）处理个人数据的种类、范围应当与处理目的有直接关联,不处理该个人数据则处理目的无法实现;

（二）处理个人数据的数量应当为实现处理目的所必需的最少数量;

（三）处理个人数据的频率应当为实现处理目的所必需的最低频率;

（四）个人数据存储期限应当为实现处理目的所必需的最短时间,超出存储期限的,应当对个人数据予以删除或者匿名化,法律、法规另有规定或者经自然人同意的除外;

（五）建立最小授权的访问控制策略,使被授权访问个人数据的人员仅能访问完成职责所需的最少个人数据,且仅具备完成职责所需的最少数据处理权限。

二、比较法

1. 欧盟《通用数据保护条例》

（2016 年 4 月 27 日　欧洲议会及欧盟理事会 2016/679 号法规）

第 5 条　与个人数据处理相关的原则

1. 个人数据应:

（b）为指定的明确而合法的目的收集,及不以与该类目的不相符的方式做进一步处理;为公共利益存档目的、科学或历史研究目的或统计目的的进一步处理应按照第 89 条第 1 款不被认为是与最初的目的不相符（“目的限制”）;

（c）相对于处理目的而言适当、相关并在必要范围内（“数据最小化”）;

2. 经济合作与发展组织《隐私保护和个人数据跨境流通指南》

（2013 年经济合作与发展组织修订）

第 9 条　目的特定化原则

个人数据收集的目的应当在收集时确定,随后的使用限制在实现该目的的必要范围内,或者用于实现其他与该目的不冲突的目的和每次更改时确定的目的。

第10条 使用限制原则

个人数据不得被公开、被他人获取或被使用超出前款规定的特定目的,除非:(a)数据主体同意,或(b)法律授权。

3. 俄罗斯《联邦个人数据法》

(2006年7月8日 国家杜马通过 2006年7月14日 联邦委员会赞成)

第5条 个人数据处理原则

2. 个人数据的处理应限于具体的、预定的和合法的目的。不允许处理与收集个人数据目的不符的个人数据。

3. 若个人数据的处理目的不一致,不允许合并含有相关个人数据的不同数据库。

4. 只能处理符合处理目的的个人数据。

5. 已处理的个人数据在内容与数量上应与已申报的处理目的相符,已处理的个人数据不应超出已申报的处理目的范围。

4. 日本《个人信息保护法》

(平成十五年法律第57号;2017年5月30日全面实施)

第15条(使用目的的特定)

1. 个人信息处理业者在处理个人信息时,应尽可能在特定的使用目的(以下称为使用目的)范围内。

2. 个人信息处理业者变更其使用目的的,与变更前使用目的的关联性不得超出合理范围。

第16条(使用目的上的限制)

1. 个人信息处理业者处理个人信息时,未经本人事先同意,不得超出前一条中规定的为达到特定的使用目的所需的合理范围,处理个人信息。

2. 个人信息处理业者因合并以及其他事由自其他个人信息处理业者处承袭业务并取得个人信息的,未经本人事先同意,不得超出承袭该业务前为达到该个人信息的使用目的所必要的范围,处理该个人信息。

3. 前两款的规定不适用于下述情形:

(1)根据法令规定可以超出使用范围的;

（2）对于保护人的生命、身体或者财产确有必要但又难以得到本人同意的；

（3）对于提高公众卫生或者推进儿童的健康成长特别必要但又难以得到本人同意的；

（4）国家机关、地方公共团体或者受其委托的当事人对于完成法令所规定的事务有必要进行协助且得到本人的同意有可能对完成该事务造成障碍的。

5. 韩国《个人信息保护法》

（行政安全部（个人信息保护政策）02-2100-4105；2017 年 7 月 26 日生效）

第 3 条 个人信息保护原则

1. 个人信息控制者应当明确处理个人信息的目的；并应在达到上述目的所需的最低限度内合法、公平地收集个人信息。

2. 个人信息控制者应以与处理个人信息的目的相一致的方式处理个人信息，不得将个人信息用于该目的之外。

6. 印度《个人数据保护法案》

（由下议院人民院引入，2019 年第 373 号法案）

第 4 条 处理个人数据的禁止

除非出于任何特定、明确和合法的目的，否则任何人不得处理任何个人数据。

第 5 条 处理个人数据目的的限制

所有处理个人数据的主体均应按照以下方式处理这些个人数据：

（a）以公平合理的方式并确保数据主体的隐私；且

（b）出于数据主体同意的目的或与该目的附带或相关的目的，并且，考虑到该目的以及收集个人数据的情境，该个人的使用目的应在数据主体的合理预期内。

第 6 条 收集个人数据的限制

收集个人数据只能在处理该个人数据所必需的范围内进行。

7. 菲律宾《数据隐私法》

（于 2011 年 7 月 25 日，星期一，在马尼拉大都会举行的菲律宾共和国、菲律宾国会、马尼拉大都会第十五次大会第二届例会通过）

第 11 条第 2 款　个人信息必须是:

(a)为先前确定及声明的指定合法目的而收集,或在收集后合理可行的情况下尽快处理,并且此后的处理仅以符合此类声明、指定和合法目的的方式进行。

(d)就收集和处理这些信息的目的而言,适当而不过分。

(e)仅在为了获取数据或建立、行使、抗辩合法申诉的目的,或出于合法商业目的,或法律规定才保留该等信息。

【参考案例】

凌某某诉北京微播视界科技有限公司隐私权、
个人信息权益网络侵权责任纠纷案

案号:北京互联网法院(2019)京 0491 民初 6694 号民事判决书

案件事实(节选)

原告于 2019 年 2 月 9 日注册使用抖音 App,被告通过读取其他手机用户通讯录的方式获得原告姓名和手机号码,并在原告注册后向其推荐可能认识的人。被告对原告姓名和手机号码的处理可以分为三个阶段:第一阶段是 2019 年 2 月 9 日前被告通过向其他手机用户申请授权收集并存储了其他手机用户的手机通讯录信息,其中包含了原告的姓名和手机号码,此时原告尚未注册使用抖音 App。第二阶段是 2019 年 2 月 9 日原告使用手机号码注册抖音 App 时,被告收集并存储了原告注册时提供的手机号码。第三阶段是被告使用原告第二阶段注册使用的手机号码与第一阶段从其他手机用户手机通讯录中收集、存储的手机号码进行匹配,并向原告推荐"可能认识的人"。原告主张被告于 2019 年 2 月 9 日原告注册使用抖音 App 前收集、存储、使用其姓名及涉案手机号码的行为构成侵权。

法院判决(节选)

北京市互联网法院认为,虽然被告读取其他用户手机通讯录时不可避免地会读取原告的手机号码,但读取和匹配行为并不会对原告产生打扰,通常亦不会不合理地损害原告利益,且有利于满足其他有社交需求用户的利益及行业和社会发展的需要,属于对该信息的合理使用。但要注意的是,该合理使用亦应符合处理个人信息的合法、正当、必要原则。本案中,在原告未注册时,其不存在在抖音 App 中建立社交关系的可能,被告从其他用户手机通讯录收集到原告的姓名和手机号码后,通过匹配可以知道软件内没有使用该手机号码作为账户的用户,应当及时删除该信息。但被告并未及时删除,直至原告起诉时,该信息仍然存储于被告的后台系统中,超出必要限度,不属于合理使用,构成对原告该项个人信息权益的侵害。

案例点评

该案中,法院虽然认定被告对原告的姓名和手机号码进行读取和匹配属于对此等个人信息的合理使用,但是,被告通过匹配可以知道软件内没有使用该手机号码作为账户的用户,此后被告依然将原告的个人信息存储后台系统中,超出了帮助用户在抖音 App 中建立社交关系这一处理目的的必要限度,违反了目的原则。

第七条（公开、透明原则）

第七条　处理个人信息应当遵循公开、透明原则,公开个人信息处理规则,明示处理的目的、方式和范围。

【本条主旨】

本条是关于个人信息处理公开透明原则的规定。

【核心概念】

个人信息处理的方式

个人信息处理的方式,包括处理个人信息的具体行为类型(如收集、存储、使用、加工、传输、提供、公开、删除等中的一种或多种),以及在每种具体的个人信息处理行为中使用的具体处理手段(如在使用环节是否采用自动化决策手段,在公开环节是否进行匿名化处理)等内容。

个人信息处理的范围

个人信息处理的范围主要是指被处理的个人信息的范围(种类)。当被处理的个人信息中包含非必要个人信息或者敏感个人信息时,处理者应当作出重点提示。

【条文详解】

一、公开透明原则的含义与意义

公开透明原则是指处理者应当对有关个人信息处理与利用的一般政策、事项等予以公开,个人有权知悉本人个人信息处理的一般情况。[①] 在个人信息处理活动中,处理者掌握个人所不具备的技术优势,个人难以知晓其何种个人信息将以何种方式被处理,也难以了解其个人信息被用于何种处理目的,更难以预测个人信息处理活动可能产生的效果与影响。基于算法的自动化决策或者辅助决策还有可能威胁个人的自主性或自主选择,[②]对个人的行为进行控制或者对其施加不公正待遇,而个人却无法看清其中的规则,无法提出不同意见,也不能参与决策过程,只能被迫接受最终的结果。[③] 为了强化个人在个人信息处理活动中的主体地位,保护个人对其个人信息以公平、公正的方式被处理的合理信赖,处理者应当在个人信息处理活动中严格遵循公开透明原则。

确立个人信息处理的公开透明原则,对于保护个人信息权益、促进个人信息合理利用有重要意义。其一,在处理者基于个人同意处理个人信息的情形,处理者落实公开透明原则、履行告知义务是个人行使决定权的前提,也是处理者取得个人有效同意的前提。个人只有在对个人信息处理的性质以及可能产生的后果等要素充分知悉的情况下,才能作出有效的同意。如处理者未履行或者未充分履行告知义务,则个人实际上不具有作出同意的能力,也无法授权处理者处理其个人信息,导致处理行为缺乏合法性。[④] 其二,不论个人信息处理是否基于个人同意,公开透明原则都是个人行使其权利的必要保障。个人在个人信息处理活动中享有的同意(或拒绝)、知情、查阅、复制、转移、更正、补充、删除、请求解释说明等权利之行使,都依赖于个人对处理活动相关事项的知情。[⑤] 即使在处理者不基于个人同意处理个人信息的情形,个人虽然无

① 参见张新宝、葛鑫:《个人信息保护法(专家建议稿)及立法理由书》,中国人民大学出版社2021年版,第31页。

② 参见丁晓东:《论算法的法律规制》,载《中国社会科学》2020年第12期,第139页。

③ 参见马长山:《智慧社会背景下的"第四代人权"及其保障》,载《中国法学》2019年第5期,第6页。

④ 参见万方:《隐私政策中的告知同意原则及其异化》,载《法律科学(西北政法大学学报)》2019年第2期,第63页。

⑤ 参见叶名怡:《论个人信息权的基本范畴》,载《清华法学》2018年第5期,第152页。

法拒绝处理者进行个人信息处理,但是在公开透明原则的保障下,个人可以通过查阅其个人信息及时了解处理活动的进展情况,更正、补充其个人信息以避免处理行为得出不符合实际情况的处理结果,当处理目的已实现或不再必要,或者处理个人信息的合法事由不再存在时要求处理者删除其个人信息,或者请求处理者对其个人信息处理规则进行解释说明以理解处理活动会对其产生何种影响,从而确保相关处理行为公平合理及其个人信息不被滥用,①维护自身个人信息权益不受侵害。

二、公开透明原则的具体要求

公开透明原则要求处理者对个人信息处理活动相关的重要事项予以全面披露,并贯穿于处理活动的各个环节,从而促进个人对个人信息处理活动相关事项的知情与理解。为实现此目的,法律为处理者设定了一系列作为义务,其中最为重要的就是处理者的告知义务。《个人信息保护法》第 17 条、第 18 条第 2 款、第 22 条、第 23 条、第 30 条、第 35 条、第 39 条、第 57 条等条文都对处理者的告知义务作出了规定。欧盟《通用数据保护条例》"前言"部分第 39 条规定:"公开透明原则要求个人数据处理相关的任何信息和交流应易于获得、便于理解,使用清晰平实的语言,尤其应向数据主体告知控制者身份、处理的目的及与有关自然人相关的,或与该自然人就其正在被处理的个人数据获得确认沟通的权利相关的,确保处理行为公允透明的其他相关信息。自然人应被告知个人数据处理的风险、规则、防范和权利,以及如何行使其与数据处理行为相关的所有权利。"

应当注意的是,法律同时也规定了处理者不需要履行告知义务的例外情形。《个人信息保护法》第 18 条第 1 款规定:"个人信息处理者处理个人信息,有法律、行政法规规定应当保密或者不需要告知的情形的,可以不向个人告知前条第一款规定的事项。"其第 35 条第 1 款规定:"国家机关为履行法定职责处理个人信息,应当依照本法规定履行告知义务;有本法第十八条第一款规定的情形,或者告知将妨碍国家机关履行法定职责的除外。"原因在于,个人对个人信息处理活动相关事项知情的利益应当与实现此等利益的成本以及公共利益相平衡。例如,在刑事司法领域,个人信息处理的公开透明原则可能

---

① 参见张金平:《欧盟个人数据权的演进及其启示》,载《法商研究》2019 年第 5 期,第 191 页。

会与刑事司法的封闭秘密特征相冲突。① 欧盟《通用数据保护条例》"前言"部分第 62 条规定："数据主体已掌握相关信息的、法律在个人数据的记录或披露方面有明确规定的、或者向数据主体提供信息被证明是不可能的或所需工作量是不相称的,则没有必要迫使控制者履行提供信息的义务。"

此外,由于个人信息处理是一个持续的过程,处理者的告知义务应当随着处理活动的变化而不断更新。处理者只有根据个人信息处理活动的进展情况,结合个人获取并理解信息的能力、自身履行告知义务的成本以及社会公共利益的要求,合理确定告知义务的内容和履行方式,才能充分实现个人信息处理的公开透明。

【参考条文】

一、国内立法

1.《中华人民共和国民法典》

第一千零三十五条第一款　处理个人信息的,应当遵循合法、正当、必要原则,不得过度处理,并符合下列条件:

（一）征得该自然人或者其监护人同意,但是法律、行政法规另有规定的除外;

（二）公开处理信息的规则;

（三）明示处理信息的目的、方式和范围;

（四）不违反法律、行政法规的规定和双方的约定。

2.《中华人民共和国网络安全法》

第四十一条第一款　网络运营者收集、使用个人信息,应当遵循合法、正当、必要的原则,公开收集、使用规则,明示收集、使用信息的目的、方式和范围,并经被收集者同意。

3.《全国人民代表大会常务委员会关于加强网络信息保护的决定》

（2012 年 12 月 28 日第十一届全国人民代表大会常务委员会第三十次会议通过）

第二条第二款　网络服务提供者和其他企业事业单位收集、使用公民个

---

① 参见郑曦:《刑事诉讼个人信息保护论纲》,载《当代法学》2021 年第 2 期,第 118 页。

人电子信息,应当公开其收集、使用规则。

4.《深圳经济特区数据条例》

(2021 年 6 月 29 日深圳市第七届人民代表大会常务委员会第二次会议通过)

第十条 处理个人数据应当符合下列要求:

(三)依法告知个人数据处理的种类、范围、目的、方式等,并依法征得同意;

二、比较法

1. 欧盟《通用数据保护条例》

(2016 年 4 月 27 日 欧洲议会及欧盟理事会 2016/679 号法规)

第 5 条 与个人数据处理相关的原则

1. 个人数据应:

(a)以对数据主体合法、公平和透明的方式而被处理("合法性、公平性和透明性");

2. 经济合作与发展组织《隐私保护和个人数据跨境流通指南》

(2013 年经济合作与发展组织修订)

12. 公开原则

应当公开有关个人数据的开发、应用和操作规则的一般政策。应当提供现实可行的手段以确定个人数据的存在状况、性质、使用目的以及数据控制者的身份和住址。

3. 韩国《个人信息保护法》

(行政安全部(个人信息保护政策)02-2100-4105;2017 年 7 月 26 日生效)

第 3 条 个人信息保护原则

5. 个人信息控制者应当公开其隐私政策以及其他个人信息处理事项;并保障数据主体的权利,包括信息访问权。

4. 菲律宾《数据隐私法》

(于 2011 年 7 月 25 日,星期一,在马尼拉大都会举行的菲律宾共和国、菲律宾国会、马尼拉大都会第十五次大会第二届例会通过)

第 11 条第 1 款 一般数据隐私原则。允许处理个人信息,应遵守本法案和其他法律允许向公众披露信息的法律要求并应遵守透明度、合法目的和比例原则。

【参考案例】

黄某诉腾讯科技(深圳)有限公司等隐私权、个人信息权益网络侵权责任纠纷案

案号:北京互联网法院(2019)京 0491 民初 16142 号民事判决书

案件事实(节选)

原告使用微信账号登录腾讯公司推出的阅读应用"微信读书"后,微信读书会向原告共同使用该应用的微信好友公开原告的读书信息。《微信读书软件许可及服务协议》中,与好友列表及读书信息处理有关的条文包括第 2.1条:"你启用本软件后,可以阅读、赠送、分享、评论你通过本服务购买的电子读物,你也可以浏览你的微信好友通过本服务阅读、分享的读物及其读书想法等。"第 5.5 条:"你理解并同意,本服务默认生成软件使用信息(包括但不限于你的书架、你正在阅读的读物、你推荐的读物及你的读书想法等信息)并向与你有微信好友关系的其他用户开放浏览可见。"原告主张,微信读书收集原告的微信好友列表、向共同使用微信读书的微信好友公开读书信息的行为未取得其有效同意,侵害了其个人信息权益。

法院判决(节选)

北京市互联网法院认为,知情及同意不仅包括信息主体对收集信息内容的知情,还包括对收集、使用的目的、方式和范围的知情及同意。知情同意的质量,可以从信息处理者告知信息主体的"透明度"来衡量,即一般理性用户在具体场景下,对信息处理主体处理特定信息的目的、方式和范围知晓的清晰程度,以及作出意愿表示的自主、具体、明确程度。从微信读书中的告知和获取同意的方式来看,《微信读书软件许可及服务协议》中与好友列表及读书信息处理有关的条文不仅没有显著提示,并且,两处"好友"更容易让一般用户想到的是微信读书软件内的好友,而难以联想到注册微信读书即可在没有微信读书好友关系的情况下,将微信好友关系迁移到微信读书,且读书信息默认

被公开。因此,关于微信好友列表与读书信息的使用方式上,微信读书的告知是不充分的。微信读书收集原告微信好友列表,向原告并未主动添加关注的微信好友自动公开读书信息,并未以合理的"透明度"告知原告并获得原告的同意,侵害了原告的个人信息权益。

案例点评

处理者落实公开透明原则的关键在于充分履行告知义务。依照《个人信息保护法》第 17 条第 1 款的规定,处理者应当以显著方式、清晰易懂的语言真实、准确、完整地向个人告知个人信息处理的相关事项。该案中,腾讯公司使用的告知语言使原告难以准确地理解其个人信息处理规则,未能满足公开透明原则的具体要求,因而其获取的个人同意为无效同意。

第八条(质量原则)

第八条 处理个人信息应当保证个人信息的质量,避免因个人信息不准确、不完整对个人权益造成不利影响。

【本条主旨】

本条是关于个人信息处理质量原则的规定。

【核心概念】

个人信息的质量

个人信息的质量是指个人信息的准确性、完整性和时效性。准确性是指处理者处理的个人信息必须与个人的事实相符,其要求处理者所收集的个人信息不应出现错误和偏差,或应当及时予以更正。完整性是指为特定目的收集的个人信息应保证全面和无遗漏,避免因任何原因导致的个人信息收集上的片面性。时效性是指为特定目的利用而收集的个人信息应保持时新,处理者收集的个人信息应该是最新的个人信息,在必要情况下应该实时更新个人信息,以保障该个人信息实质上的正确性。①

---

① 参见张新宝、葛鑫:《个人信息保护法(专家建议稿)及立法理由书》,中国人民大学出版社 2021 年版,第 40—41 页。

【条文详解】

一、质量原则的含义和意义

质量原则是指处理者处理个人信息应当保证个人信息的质量,保障个人信息在其处理目的范围内的正确性、完整性和时效性。[①] 我国《全国人民代表大会常务委员会关于加强网络信息保护的决定》《网络安全法》《民法典》均未规定个人信息处理的质量原则,但《网络安全法》第 43 条和《民法典》第 1037条第 1 款规定了个人在处理者处理的个人信息存在错误时请求其及时采取更正等必要措施的权利。随着我国个人信息保护制度的不断完善,保证个人信息的质量也从个人在个人信息处理活动中享有的权利上升为一项个人信息处理的基本原则。

质量原则旨在避免个人信息权益在个人信息处理活动中因个人信息不准确、不完整或不具有时效性而遭受侵害,同时为发展数字经济以及运用大数据提升国家治理现代化水平提供基础保障。其一,个人信息的核心要素是可识别性,而处理者利用个人信息识别特定个人的过程,就是针对该特定个人构建其信息化形象的过程。如处理者依据的个人信息不准确、不完整或者不具有时效性,则作为个人人格外在标识的信息化形象可能与个人的客观真实情况不相符,由此损害信息时代下个人"自知"与"他知"的一致性,[②]导致其个人信息权益在个人信息处理活动中遭受侵害。因此,在保证个人信息质量的前提下处理个人信息,是保护个人的个人信息权益不受侵害的必然要求。其二,个人信息的质量是发掘和释放其潜在价值的重要影响因素之一。在数字经济时代,数据是企业的核心竞争力。但是,如企业收集的个人信息在质量上存在问题,企业通过处理此等个人信息得到的数据反而会成为自身的负担,难以发挥其基础资源作用和创新引擎作用。国家机关利用收集得到的个人信息实行"循数决策""循数管理",可以使决策走向科学化、使社会治理实现精准化。[③]这一发展目标的实现同样离不开个人信息的准确性、完整性和时效性。同时,

---

① 参见张新宝、葛鑫:《个人信息保护法(专家建议稿)及立法理由书》,中国人民大学出版社2021 年版,第 40 页。

② 参见高富平:《论个人信息保护的目的——以个人信息保护法益区分为核心》,载《法商研究》2019 年第 1 期,第 98 页。

③ 参见周文彰:《数字政府和国家治理现代化》,载《行政管理改革》2020 年第 2 期,第 7—8 页。

国家机关处理个人信息所得的数据资源蕴含着巨大的经济价值和社会管理价值,"深藏闺中"是极大浪费。[①] 故此,国家机关应当将其控制的数据资源依法依规向社会有序开放,促进数据要素的全社会流动和开发利用,提高作为公共资源的数据的利用效率,释放政府数据红利。在此过程中,数据质量是公共数据价值实现的关键。[②]《数据安全法》第 37 条规定:"国家大力推进电子政务建设,提高政务数据的科学性、准确性、时效性,提升运用数据服务经济社会发展的能力。"因此,保证个人信息的质量同时也是促进数据作为生产要素的开发利用,加快建设数字经济、数字社会、数字政府的关键一环。

二、质量原则的具体要求

首先,质量原则要求处理者应当在个人信息处理活动中建立相应的机制,主动核实并保障个人信息的质量。例如,企业应当把数据质量管理作为其持续、例行的工作,企业数据质量管理水平将直接影响数据应用的效果和数字化转型的成效。[③] 又如,国家机关在开放公共数据的过程中,应当建立公共数据质量管理制度。《深圳经济特区数据条例》第 39 条规定:"市政务服务数据管理部门应当组织制定公共数据质量管理制度和规范,建立健全质量监测和评估体系,并组织实施。公共管理和服务机构应当按照公共数据质量管理制度和规范,建立和完善本机构数据质量管理体系,加强数据质量管理,保障数据真实、准确、完整、及时、可用。市公共数据专业委员会应当定期对公共管理和服务机构数据管理工作进行评价,并向市数据工作委员会报告评价结果。"

其次,当个人依照法律的规定行使其在个人信息处理活动中享有的相关程序性权利时,处理者应当根据个人的请求对个人信息的质量予以核实,并及时履行相应的法律义务。《个人信息保护法》第 46 条和第 47 条规定了个人在个人信息处理活动中享有更正权、补充权和删除权,处理者的个人信息处理活动受此等个人权利的制约。例如,当个人的信用卡被他人非法利用并导致个人姓名被列入银行不良信用记录时,该不良记录不能反映个人的真实信用

---

① 《李克强:信息数据"深藏闺中"是极大浪费》,载中国政府网,http://www.gov.cn/xinwen/2016-05/13/content_5073036.html,最后访问日期:2021 年 9 月 2 日。

② 参见童楠楠:《我国政府开放数据的质量控制机制研究》,载《情报杂志》2019 年第 1 期。

③ 华为公司数据管理部:《华为数据之道》,机械工业出版社 2020 年版,第 256 页。

情况,银行应当主动或者根据个人的请求将该不良记录更正或删除。①

【参考条文】

一、国内立法

1.《中华人民共和国民法典》

第一千零三十七条第一款 自然人可以依法向信息处理者查阅或者复制其个人信息;发现信息有错误的,有权提出异议并请求及时采取更正等必要措施。

2.《中华人民共和国网络安全法》

第四十三条 个人发现网络运营者违反法律、行政法规的规定或者双方的约定收集、使用其个人信息的,有权要求网络运营者删除其个人信息;发现网络运营者收集、存储的其个人信息有错误的,有权要求网络运营者予以更正。网络运营者应当采取措施予以删除或者更正。

3.《深圳经济特区数据条例》

(2021 年 6 月 29 日深圳市第七届人民代表大会常务委员会第二次会议通过)

第十条 处理个人数据应当符合下列要求:

(四)保证个人数据的准确性和必要的完整性,避免因个人数据不准确、不完整给当事人造成损害。

二、比较法

1. 欧盟《通用数据保护条例》

(2016 年 4 月 27 日 欧洲议会及欧盟理事会 2016/679 号法规)

第 5 条 与个人数据处理相关的原则

1. 个人数据应:

(d)准确且在必要的情形下保持不断更新;应采取一切合理行为以使就实现数据处理目的而言不准确的个人数据及时被删除或者修正("准确性")。

---

① 参见《王春生诉张开峰、江苏省南京工程高等职业学校、招商银行股份有限公司南京分行、招商银行股份有限公司信用卡中心侵权纠纷案》,《最高人民法院公报》2008 年第 10 期。

2. 经济合作与发展组织《隐私保护和个人数据跨境流通指南》

（2013 年经济合作与发展组织修订）

第 8 条 数据质量原则

个人数据应当与使用的目的有关,限于该目的的使用范围,个人数据应当准确、完整并适时更新。

3. 俄罗斯《联邦个人数据法》

（2006 年 7 月 8 日 国家杜马通过 2006 年 7 月 14 日 联邦委员会赞成）

第 5 条 个人数据处理原则

6. 处理个人数据时应保证个人数据的准确性和充分性,在必要情况下就个人数据处理目的还应保证其现实性。处理者应采取必要措施或保证采取措施删除或明确不完整或不准确的信息。

4. 日本《个人信息保护法》

（平成十五年法律第 57 号;2017 年 5 月 30 日全面实施）

第 19 条 对数据内容正确性的确保

个人信息处理业者应在实现使用目的所必要的范围之内努力确保个人数据具备正确且最新的内容。

5. 韩国《个人信息保护法》

（行政安全部（个人信息保护政策）02-2100-4105;2017 年 7 月 26 日生效）

第 3 条 个人信息保护原则

3. 个人信息控制者应确保个人信息的准确性和完整性,并且对于处理目的而言信息是最新的。

6. 印度《个人数据保护法案》

（由下议院人民院引入,2019 年第 373 号法案）

第 8 条 处理个人数据的质量

（1）考虑到数据处理的目的,数据受托者应采取要措施确保处理的个人数据完整、准确、不具误导性并且是最新更新的。

（2）在采取第（1）款规定的任何措施时,数据受托者应考虑个人数据是否：

（a）可能被用于作出与数据主体相关的决定；

（b）可能被披露给其他个人或实体,包括其他数据受托者或数据处理者;或

（c）以区分基于事实的个人数据和基于观点或个人评价的个人数据的方式保存。

（3）当个人数据被披露给任何其他个体或实体,包括其他数据受托者或数据处理者,并且数据受托者发现该数据不符合第（1）款的要求时,数据受托者应采取合理措施向该个人或实体通知这一事实。

7. 泰国《个人数据保护法》

[B.E.2562(2019)]

第 35 条　数据控制者应确保个人数据的准确性、即时性、完整性和无误导性。

8. 菲律宾《数据隐私法》

（于 2011 年 7 月 25 日,星期一,在马尼拉大都会举行的菲律宾共和国、菲律宾国会、马尼拉大都会第十五次大会第二届例会通过）

第 11 条第 2 款　个人信息必须是:

（c）准确、相关,并在必要时用于处理个人信息的目的而备存最新资料;必须纠正、补充、销毁不准确或不完整的数据或限制其进一步处理。

9. 南非《个人信息保护法》

（英文文本经总统签署;2013 年 11 月 19 日批准）

第 16 条　信息质量

（1）责任方必须采取合理可行的措施确保个人信息的完整性、准确性,没有误导,并在必要时予以更新。

（2）责任方采取第（1）款所规定的措施时,必须考虑收集和处理个人信息的目的。

【参考案例】

任甲玉与北京百度网讯科技有限公司名誉权、
姓名权、一般人格权纠纷上诉案

案号:北京市第一中级人民法院（2015）一中民终字第 09558 号民事判决书

案件事实

原告任甲玉曾于 2014 年 7 月 1 日至 2014 年 11 月 26 日期间在陶氏相关企业从事教育工作。此段业务关系结束后,任甲玉发现在百度搜索引擎中搜索其姓名时,在"相关搜索"处依然会显示将任甲玉与"陶氏教育"联系在一起的词条。原告任甲玉主张,"陶氏教育"在业界口碑不好,百度公司在"相关搜索"中推荐的词条会对其个人业界声誉造成不良影响,进而导致其遭受经济损失,故请求百度公司删除相关词条。

法院判决

北京市海淀区人民法院一审认为,百度公司在"相关搜索"功能中显示出的相关搜索词系由过去一定时期内使用频率较高且与当前搜索词相关联的词条统计而由搜索引擎自动生成,并非由于百度公司人为干预。就相关搜索服务模式而言,其初始功能仅系动态反映过去特定期间内网络用户所使用检索词的内容与频率等客观情况,为当前用户的信息检索提供相关度及关注度等特定指标的参考指引或推荐,该模式本身并无实质性的侵权之目的。百度公司作为搜索引擎运营企业,也应当向网络用户提供客观、中立、准确的相关搜索词汇使用状态信息,提供比原有关键词搜索服务更加便捷、智能的升级服务,以方便用户检索查找相关信息。案涉词条虽然将任甲玉与"陶氏教育"联系在一起,但是这些词条本身并无表面及实质性的褒贬含义,本质仍属供网络信息检索使用之参考词汇,且系对广大网络用户检索与"任甲玉"这一词条相关内容的客观反映,其既非被检索的网络信息本身,又非百度公司针对任甲玉主观控制或创造的负面词汇。

从庭审查明的事实看,任甲玉从事过"教育"工作,而且与"陶氏"相关企业之间存在过现实的业务合作与媒体宣传,有关"任甲玉"与"陶氏""教育"等关键词的信息反映在互联网上,不仅会出现在与检索词"任甲玉"有关的第三方网页链接上,当然也会按照相关搜索特定算法而自动出现在与检索词"任甲玉"相关的"相关搜索"的推荐词条上,这正是对任甲玉从事与陶氏相关企业教育工作的历史情况的客观反映。由于任甲玉目前依然在企业管理教育行业工作,涉诉工作经历信息作为任甲玉近期的工作情况,是其行业经历的组成部分,与其目前的个人行业资信具有直接的相关性及时效性。任甲玉希望通过自己良好的业界声誉在今后吸引客户或招收学生,但是包括任甲玉工作经历在内的个人资历信息正是客户或学生借以判断的重要信息依据,也是作为教师诚实信用的体现,这些信息的保留对于包括任甲玉所谓的潜在客户或学生在内的公众知悉任甲玉的相关情况具有客观的必要性。因此,一审法院对于原告任甲玉请求百度公司删除相关词条的诉讼请求未予支持。

北京市第一中级人民法院二审认为,原审判决认定事实清楚,适用法律正确,应予维持。

案例点评

个人信息的质量可能受到多重因素的影响,而时间是其中一个重要因素。随着时间的推移,大部分个人信息都会失去一部分基本用途,在此等情况下,旧的个人信息可能会损害新收集的个人信息的准确性、完整性和时效性,这就需要处理者不断地更新其处理的个人信息并淘汰无用的个人信息。① 而旧的个人信息是否依然具有准确性、完整性与时效性,应当根据其与处理目的之间的关联性程度作出判断。依照《个人信息保护法》第47条第1款第1项的规定,当处理目的已实现、无法实现或者为实现处理目的不再必要时,处理者应当主动删除个人信息;处理者未删除的,个人有权请求删除。例如,网络电商平台处理消费者商品浏览记录信息的主要目的在于为其推荐其最有可能想要购买的商品,而消费者多年以前的商品浏览记录对于判断其现在想要购买的商品而言几乎已无参考价值,因此网络电商平台应当主动删除此等信息,避免此等信息干扰或者破坏最新收集得到的消费者商品浏览记录信息的价值。在该案中,百度公司通过自动化决策方式处理任甲玉的姓名以及近期相关工作经历信息,并将处理结果以相关词条形式呈现出来,其目的在于向网络用户提供客观、中立、准确的相关搜索词汇使用状态信息,以方便用户检索查找相关信息。百度公司对任甲玉的姓名以及近期相关工作经历信息进行处理,可以为网络用户迅速了解原告任甲玉的近期工作情况提供便利,保障社会公众的知情权,对于实现处理目的而言是必要的。因此,任甲玉的近期工作经历信息虽然属于旧的个人信息,但是对于处理目的的实现而言依然具有准确性、完整

---

① 参见[英]迈尔-舍恩伯格、[英]库克耶:《大数据时代》,盛杨燕、周涛译,浙江人民出版社2013年版,第142—143页。

性与时效性。

第九条（责任原则）

第九条　个人信息处理者应当对其个人信息处理活动负责，并采取必要措施保障所处理的个人信息的安全。

【本条主旨】

本条是关于个人信息处理责任原则的规定。

【核心概念】

责任原则

责任原则是指处理者应当对其个人信息处理活动的规范化负责，并将安全作为其负责的重点内容，在其处理活动违法时还承担相应的法律责任。在比较法上，部分立法例将负责与安全分别作为个人信息处理的基本原则予以单独规定。例如，欧盟《通用数据保护条例》第 5 条第 1 款第 f 项规定，个人数据应以能够确保个人数据安全的方式而被处理，包括使用适当的技术性或组织性措施以防止未经授权的或者非法的处理、意外遗失、灭失或损毁（"完整性和保密性"）。其第 5 条第 2 款规定："控制者应该遵守本条第 1 款的规定，并能够证明之（'问责制'）。"《OECD 指南》第 11 条规定了安全保护原则："个人数据应当得到合理的安全保护，防止丢失或未经授权的访问、毁坏、使用、修改或泄露。"其第 14 条规定了责任原则："数据控制者对是否有效地实施上述原则承担责任。"我国《全国人民代表大会常务委员会关于加强网络信息保护的决定》第 4 条、《网络安全法》第 42 条第 2 款以及《民法典》第 1038 条第 2 款等条款均对处理者确保个人信息安全的义务作出了规定。《个人信息保护法》第 9 条在承继前述规定的基础上，综合考量负责与安全两方面的内容，将其总结提炼为一项具有我国特色的基本原则。

【条文详解】

一、处理者应当对其个人信息处理活动负责

处理者应当在个人信息处理活动中落实责任制，确保个人信息处理活动

的规范化。法律法规为个人信息处理活动的规范化提出了各个方面的要求，处理者应当是贯彻执行此等要求的第一责任人。例如，处理者应当确保其个人信息处理活动具备法律规定的合法性基础；两个以上的处理者共同处理个人信息的，应当约定各自的权利和义务并对各自的处理活动负责；处理者委托处理个人信息的，应当与受托人约定《个人信息保护法》第 21 条第 1 款所规定的相关事项，并对受托人的个人信息处理活动进行监督；提供重要互联网平台服务、用户数量巨大、业务类型复杂的处理者应当对其平台内产品或者服务提供者的个人信息处理活动负责；国家机关处理个人信息应当确保其处理活动符合法律、行政法规的规定，不超出履行法定职责所必需的范围和限度。欧盟《通用数据保护条例》"前言"部分第 74 条规定："对于控制者进行的，或代表控制者进行的任何个人数据处理行为，应当确定控制者的责任和义务。控制者有义务实施适当有效的措施，且应当能够证明其处理活动遵守本条例的规定（包括该等措施的有效性）。"

二、处理者应当采取必要措施保障所处理的个人信息的安全

保障个人信息的安全是处理者在个人信息处理活动中应当重点负责的内容。"网络安全和信息化是相辅相成的。安全是发展的前提，发展是安全的保障，安全和发展要同步推进。"[1]个人信息的安全包括个人信息的秘密性、完整性与可用性等方面。[2] 如处理者的个人信息处理活动存在安全隐患，将导致个人的人格尊严、人身和财产安全以及通信秘密等利益遭受严重威胁。因此，处理者应当采取技术措施和其他必要措施，确保其收集、存储的个人信息的安全，防止个人信息泄露、篡改、丢失。依照《个人信息保护法》第 51 条的规定，处理者应当采取的措施包括制定内部管理制度和操作规程、对个人信息实行分类管理、采取相应的加密、去标识化等安全技术措施、合理确定个人信息处理的操作权限，并定期对从业人员进行安全教育和培训、制定并组织实施个人信息安全事件应急预案等。当个人信息安全事件发生后，处理者应当立即采取补救措施，并按照规定告知自然人并向有关主管部门报告，尽可能避免

---

[1] 中共中央党史和文献研究院编：《习近平关于网络强国论述摘编》，中央文献出版社 2021 年版，第 90 页。

[2] 参见高富平、张英、汤奇峰：《数据保护、利用与安全：大数据产业的制度需求和供给》，法律出版社 2020 年版，第 166 页以下。

危害后果的发生或者扩大。

三、处理者应当对其违法处理个人信息的行为承担相应的法律责任

处理者的法律责任基于其不履行或不完全履行本法规定的义务而产生，具有法律上的强制力。依照《个人信息保护法》第 7 章的规定，处理者违法处理个人信息的责任包括民事责任、行政责任和刑事责任。在处理者处理个人信息侵害个人信息权益造成损害的情形，个人难以证明处理者存在过错，也难以证明其损失的具体数额。故此，《个人信息保护法》第 69 条规定了处理者的过错推定责任和个人财产损失的计算方法。为了提高法律的威慑力，《个人信息保护法》第 70 条对个人信息保护公益诉讼制度作出了规定。《个人信息保护法》第 66 条还规定了处理者违法处理个人信息的行政责任，其中的高额罚款对于遏制大规模侵害个人信息的发生具有重大意义。① 此外，处理者违法处理个人信息，构成侵犯公民个人信息罪或者非法获取计算机信息系统数据、非法控制计算机信息系统罪等犯罪的，应当承担相应的刑事责任。

【参考条文】

一、国内立法

1.《中华人民共和国民法典》

第一千零三十八条第二款　信息处理者应当采取技术措施和其他必要措施，确保其收集、存储的个人信息安全，防止信息泄露、篡改、丢失；发生或者可能发生个人信息泄露、篡改、丢失的，应当及时采取补救措施，按照规定告知自然人并向有关主管部门报告。

2.《中华人民共和国网络安全法》

第四十二条第二款　网络运营者应当采取技术措施和其他必要措施，确保其收集的个人信息安全，防止信息泄露、毁损、丢失。在发生或者可能发生个人信息泄露、毁损、丢失的情况时，应当立即采取补救措施，按照规定及时告知用户并向有关主管部门报告。

3.《全国人民代表大会常务委员会关于加强网络信息保护的决定》

（2012 年 12 月 28 日第十一届全国人民代表大会常务委员会第三十次会

---

① 参见孙莹：《大规模侵害个人信息高额罚款研究》，载《中国法学》2020 年第 5 期。

议通过)

第四条　网络服务提供者和其他企业事业单位应当采取技术措施和其他必要措施,确保信息安全,防止在业务活动中收集的公民个人电子信息泄露、毁损、丢失。在发生或者可能发生信息泄露、毁损、丢失的情况时,应当立即采取补救措施。

4.《深圳经济特区数据条例》

(2021 年 6 月 29 日深圳市第七届人民代表大会常务委员会第二次会议通过)

第十条　处理个人数据应当符合下列要求:

(五)确保个人数据安全,防止个人数据泄露、毁损、丢失、篡改和非法使用。

二、比较法

1. 欧盟《通用数据保护条例》

(2016 年 4 月 27 日　欧洲议会及欧盟理事会 2016/679 号法规)

第 5 条　与个人数据处理相关的原则

1. 个人数据应:

(f)以能够确保个人数据安全的方式而被处理,包括使用适当的技术性或组织性措施以防止未经授权的或者非法的处理、意外遗失、灭失或损毁("完整性和保密性")。

2. 控制者应该遵守本条第 1 款的规定,并能够证明之("问责制")。

2. 经济合作与发展组织《隐私保护和个人数据跨境流通指南》

(2013 年经济合作与发展组织修订)

第 11 条　安全保护原则

个人数据应当得到合理的安全保护,防止丢失或未经授权的访问、毁坏、使用、修改或泄露。

第 14 条　责任原则

数据控制者对是否有效地实施上述原则承担责任。

3. 日本《个人信息保护法》

(平成十五年法律第 57 号;2017 年 5 月 30 日全面实施)

第 20 条　安全管理措施

个人信息处理业者应采取必要且适当的措施防止其所处理的个人数据的泄露、灭失或毁损并采取其他措施对个人数据进行安全管理。

4. 印度《个人数据保护法案》

（由下议院人民院引入，2019 年第 373 号法案）

第 10 条 数据受托者的责任

数据受托者应负责遵守本法案就由其自身或代表其所做的任何处理的规定。

5. 菲律宾《数据隐私法》

（于 2011 年 7 月 25 日，星期一，在马尼拉大都会举行的菲律宾共和国、菲律宾国会、马尼拉大都会第十五次大会第二届例会通过）

第 11 条第 3 款 个人信息控制者必须确保执行本文件所载的个人信息处理原则。

6. 南非《个人信息保护法》

（英文文本经总统签署；2013 年 11 月 19 日批准）

第 8 条 确保合法处理的责任主体

责任方必须确保处理目的、处理方式以及在处理过程中，都能遵守本章规定的条件以及各项措施。

【参考案例】

案例名称：庞理鹏诉中国东方航空股份有限公司、北京趣拿信息技术有限公司隐私权纠纷案

案号：北京市第一中级人民法院（2017）京 01 民终 509 号民事判决书

案件事实

原告庞理鹏委托案外人鲁超通过去哪儿网平台订购了 10 月 14 日 MU5492 泸州至北京的东航机票。其后，原告的姓名、手机号、行程安排（包括起落时间、地点、航班信息）等个人信息被泄露，导致其收到声称涉案航班因飞机故障取消并要求其改签的诈骗短信。原告主张被告东航公司以及被告趣拿公司泄露了其个人隐私信息，侵犯其隐私权，请求法院判令二被告赔礼道歉并赔偿精神损害抚慰金。

法院判决

北京市第一中级人民法院二审认为,从机票销售的整个环节看,庞理鹏自己、鲁超、趣拿公司、东航公司、中航信都是掌握庞理鹏姓名、手机号及涉案行程信息的主体。但庞理鹏和鲁超不存在故意泄露信息的可能,这表明东航公司和趣拿公司存在泄露庞理鹏个人隐私信息的可能性。从收集证据的资金、技术等成本上看,作为普通人的庞理鹏根本不具备对东航公司、趣拿公司内部数据信息管理是否存在漏洞等情况进行举证证明的能力。结合本案事实以及本案所涉事件发生前后的一段时间,东航公司、趣拿公司和中航信被多家媒体质疑存在泄露乘客信息的情况,法院认定东航公司、趣拿公司存在泄露庞理鹏隐私信息的高度可能。虽然东航公司和趣拿公司都提供证据证明其对客户的个人信息采取了一定的安全管理措施,但二者并未举证证明本案中庞理鹏的信息泄露的确是归因于他人。在本案事件所处时间段内,东航公司和趣拿公司都被媒体多次质疑泄露乘客隐私,国家民航局公安局甚至发文要求航空公司将当时的亚安全模式提升为安全模式。这些情况都表明,东航公司和趣拿公司的安全管理并非没有漏洞,而是存在提升的空间。因此,东航公司和趣拿公司的反证不足以推翻上述高度可能。东航公司和趣拿公司在被媒体多次报道涉嫌泄露乘客隐私后,即应知晓其在信息安全管理方面存在漏洞,但二者却并未举证证明其在媒体报道后迅速采取了专门的、有针对性的有效措施,以加强其信息安全保护。而本案泄露事件的发生,正是其疏于防范导致的结果,因而可以认定东航公司和趣拿公司具有过错,理应承担侵犯隐私权的相应侵权责任。

案例点评

处理者保障其所处理的个人信息的安全是责任原则的重要内容。本案中法院结合案件事实认定东航公司和趣拿公司未尽到保护个人信息安全的义务,二被告的行为导致原告庞理鹏的个人信息遭到泄露,对其个人信息权益构成侵害。依照《民法典》第 179 条第 1 款以及第 995 条的规定,原告有权请求被告赔礼道歉。原告如主张被告赔偿损失,依照《个人信息保护法》第 69 条第 1 款的规定,处理者损害赔偿责任的认定适用过错推定。

第十条（禁止的个人信息处理行为）

第十条　任何组织、个人不得非法收集、使用、加工、传输他人个人信息，不得非法买卖、提供或者公开他人个人信息；不得从事危害国家安全、公共利益的个人信息处理活动。

【本条主旨】

本条是关于处理个人信息不得非法收集、使用、加工、传输他人个人信息，不得非法买卖、提供或者公开他人个人信息以及不得从事危害国家安全、公共利益的个人信息处理活动的规定。

【核心概念】

国家安全

《国家安全法》第 2 条规定："国家安全是指国家政权、主权、统一和领土完整、人民福祉、经济社会可持续发展和国家其他重大利益相对处于没有危险和不受内外威胁的状态，以及保障持续安全状态的能力。"维护国家安全是中华人民共和国公民、一切国家机关和武装力量、各政党和各人民团体、企业事业组织和其他社会组织的责任和义务。

公共利益

一般认为，公共利益是指有关国防、教育、科技、文化、卫生等关系国计民生的、不特定多数人的利益。[1] 公共利益具有以下特性：其一，直接相关性。即特定的利益关系的安排，只有直接涉及公共利益，方有公共利益的判断问题。其二，可还原性。即公共利益必须最终能够还原为特定类型、特定群体民事主体的私人利益。其三，内容的可变性。随着社会的发展，人们价值共识的改变，公共利益的内容也会随之发生变化。其四，类型的不可穷尽性，即使通过立法机构的立法行为、司法机构的司法行为两个途径对公共利益进行具体的确定，公共利益的类型仍然是无法穷尽的。[2]

---

[1]　参见王利明：《民法上的利益位阶及其考量》，载《法学家》2014 年第 1 期，第 86 页。

[2]　参见王轶、关淑芳：《认真对待民法总则中的公共利益》，载《中国高校社会科学》2017 年第 4 期，第 84 页。

【条文详解】

一、任何组织、个人不得非法收集、使用、加工、传输他人个人信息,不得非法买卖、提供或者公开他人个人信息

本条前半句中的两个"不得"都属于禁止性规定,既是给任何个人和组织设定的具有对世性的普遍消极不作为义务,也是给特定主体(如已经依法取得他人个人信息的个人或者组织)设定的相对性的特别不作为义务。这两组禁止性行为的区别在于,前者仅发生在该行为人(收集、使用、加工、传输者)和信息主体之间,并不涉及第三方民事主体。换言之,这里所说的"收集、使用、加工、传输"的行为都是该行为人自身的(限于其内部)的行为。而后者禁止的则是数个行为人(非信息主体)之间的行为,这些行为都涉及了第三方民事主体。所涉及的第三方主体或者是特定的(如买卖、提供),或者是不特定的(如公开)。这里的消极义务之设定是以该行为"非法"为前提,禁止的是非法行为;相反,合法的收集、使用、加工、传输他人个人信息的行为以及合法的买卖、提供或者公开他人个人信息的行为,并不受到限制或者禁止。①

《个人信息保护法》第2条规定,任何组织、个人不得侵害自然人的个人信息权益。本条前半句中的两个"不得"重点针对侵害自然人的个人信息权益的行为作出禁止性规定。《个人信息保护法(草案二审稿)》第10条规定:"任何组织、个人不得违反法律、行政法规的规定处理个人信息,不得从事危害国家安全、公共利益的个人信息处理活动。"在对草案二审稿进行审议的过程中,一些常委会组成人员和地方、部门、社会公众建议,应当进一步完善个人信息处理规则。宪法和法律委员会经研究,建议增加规定,任何组织、个人不得非法收集、使用、加工、传输他人个人信息,不得非法买卖、提供或者公开他人个人信息,②由此形成本条的规定。新增部分借鉴了《民法典》第111条的规定,表明本条中的两个"不得"重在保护自然人的个人信息权益。对于本条规定的"非法"所指向的法律规范应当采取广义理解,不仅包括法律、行政法

---

① 张新宝:《〈民法总则〉个人信息保护条文研究》,载《中外法学》2019年第1期,第70页。
② 《全国人民代表大会宪法和法律委员会关于〈中华人民共和国个人信息保护法(草案)〉审议结果的报告》,载北大法宝网,https://www.pkulaw.com/protocol/85f9202330bfd1d41629-3206208bd50bbdfb.html,最后访问日期2021年9月10日。

规,也包括部门规章以及地方性法规等。

二、任何组织、个人不得从事危害国家安全、公共利益的个人信息处理活动

本条后半句重点针对危害国家安全、公共利益的个人信息处理活动作出禁止性规定。处理者的某些个人信息处理活动可能不侵害某个特定自然人的个人信息权益,但是会侵害社会中不特定多数人的利益,此等个人信息处理活动同样为法律所禁止。例如,处理者采用带有歧视性的算法进行个人信息处理,其处理结果可能导致社会中的某一群体普遍遭受不平等待遇,损害公共利益。除了自然人的个人信息权益以及由不特定多数人的利益组成的公共利益外,处理者的某些个人信息处理活动还可能危害国家安全。例如,一个平台收集的生物识别信息、行踪轨迹,即使所有用户都同意跨境流动,符合"告知—同意"规则,平台也不能随意跨境流动,因为这些个人信息影响着国家安全。如果境外机构知道了一个核物理科学家的行踪轨迹,就可以推测国家重点实验室的位置,甚至可以定点清除顶级科研人员。[1] 又如,2021 年 6 月 30 日"滴滴出行"(以下简称滴滴)在美国纽约证券交易所上市,股票代码为"NYSE:DIDI",IPO 发行定价为 14 美元,上市首日市值最高达 800 亿美元。2021 年 7 月 2 日网络安全审查办公室对"滴滴出行"启动网络安全审查,其后"滴滴出行""滴滴企业版"等 App 因存在严重违法违规收集使用个人信息问题被下架。[2] 据滴滴 IPO 招股书显示,滴滴目前用户总量近 5 亿,国内出行业务日均交易量达 2500 万次,掌握日活跃量 1.5 亿用户的行程、订单等信息,甚至还有车内录音等数据。滴滴掌握的交通大数据信息包含真实坐标的地理道路数据、道路交通流量、人口产业聚集区、人员流动轨迹等,这些数据可以使隐藏在数据中的人类行为模式被识别出来,通过自由的数据跨境流动,利用大数据分析,他国可能对我国的社会状况进行精准画像,并有针对性地开展情报收集和

---

[1] 参见高艳东:《国家安全是数据保护的王牌法则》,载微信公众号"民主与法制社",2021 年 7 月 7 日。

[2] 参见韩洪灵、陈帅弟、刘杰、陈汉文:《数据伦理、国家安全与海外上市:基于滴滴的案例研究》,载《财会月刊》2021 年第 15 期,第 13 页。

政策研判等工作,威胁我国国家安全。① 个人信息与数据的跨境流动等处理活动可能给国家安全带来重大风险,从国家安全角度对个人信息与数据处理活动进行监管,已经成为我国个人信息与数据保护制度的重要组成部分。《个人信息保护法》第40条规定:"关键信息基础设施运营者和处理个人信息达到国家网信部门规定数量的个人信息处理者,应当将在中华人民共和国境内收集和产生的个人信息存储在境内。确需向境外提供的,应当通过国家网信部门组织的安全评估;法律、行政法规和国家网信部门规定可以不进行安全评估的,从其规定。"《数据安全法》第24条规定:"国家建立数据安全审查制度,对影响或者可能影响国家安全的数据处理活动进行国家安全审查。依法作出的安全审查决定为最终决定。"《网络安全审查办法》第2条规定:"关键信息基础设施运营者(以下简称运营者)采购网络产品和服务,影响或可能影响国家安全的,应当按照本办法进行网络安全审查。"2021年7月10日,国家互联网信息办公室发布《网络安全审查办法(修订草案征求意见稿)》,其第6条规定:"掌握超过100万用户个人信息的运营者赴国外上市,必须向网络安全审查办公室申报网络安全审查。"②

【参考条文】

一、国内立法

1.《中华人民共和国民法典》

第一百三十二条 民事主体不得滥用民事权利损害国家利益、社会公共利益或者他人合法权益。

第五百三十四条 对当事人利用合同实施危害国家利益、社会公共利益行为的,市场监督管理和其他有关行政主管部门依照法律、行政法规的规定负责监督处理。

第一千零九条 从事与人体基因、人体胚胎等有关的医学和科研活动,应当遵守法律、行政法规和国家有关规定,不得危害人体健康,不得违背伦理道

---

① 参见张新宝、洪延青:《"滴滴"事件背后:数据出境存在重大风险!》,载微信公众号"民主与法制社",2021年7月10日。

② 《国家互联网信息办公室关于〈网络安全审查办法(修订草案征求意见稿)〉公开征求意见的通知》,载北大法宝网,https://www.pkulaw.com/protocol/f8cb40ac011b50c2cbce62-d78e9038a2bdfb.html,最后访问日期2021年9月10日。

德,不得损害公共利益。

2.《中华人民共和国刑法》

第一百一十一条 【为境外窃取、刺探、收买、非法提供国家秘密、情报罪】为境外的机构、组织、人员窃取、刺探、收买、非法提供国家秘密或者情报的,处五年以上十年以下有期徒刑;情节特别严重的,处十年以上有期徒刑或者无期徒刑;情节较轻的,处五年以下有期徒刑、拘役、管制或者剥夺政治权利。

3.《中华人民共和国国家安全法》

第二条 国家安全是指国家政权、主权、统一和领土完整、人民福祉、经济社会可持续发展和国家其他重大利益相对处于没有危险和不受内外威胁的状态,以及保障持续安全状态的能力。

第三条 国家安全工作应当坚持总体国家安全观,以人民安全为宗旨,以政治安全为根本,以经济安全为基础,以军事、文化、社会安全为保障,以促进国际安全为依托,维护各领域国家安全,构建国家安全体系,走中国特色国家安全道路。

第十三条第二款 任何个人和组织违反本法和有关法律,不履行维护国家安全义务或者从事危害国家安全活动的,依法追究法律责任。

第二十五条 国家建设网络与信息安全保障体系,提升网络与信息安全保护能力,加强网络和信息技术的创新研究和开发应用,实现网络和信息核心技术、关键基础设施和重要领域信息系统及数据的安全可控;加强网络管理,防范、制止和依法惩治网络攻击、网络入侵、网络窃密、散布违法有害信息等网络违法犯罪行为,维护国家网络空间主权、安全和发展利益。

4.《中华人民共和国网络安全法》

第十二条第二款 任何个人和组织使用网络应当遵守宪法法律,遵守公共秩序,尊重社会公德,不得危害网络安全,不得利用网络从事危害国家安全、荣誉和利益,煽动颠覆国家政权、推翻社会主义制度,煽动分裂国家、破坏国家统一,宣扬恐怖主义、极端主义,宣扬民族仇恨、民族歧视,传播暴力、淫秽色情信息,编造、传播虚假信息扰乱经济秩序和社会秩序,以及侵害他人名誉、隐私、知识产权和其他合法权益等活动。

5.《中华人民共和国数据安全法》

(2021年6月10日第十三届全国人民代表大会常务委员会第二十九次

会议通过）

第四条　维护数据安全，应当坚持总体国家安全观，建立健全数据安全治理体系，提高数据安全保障能力。

第八条　开展数据处理活动，应当遵守法律、法规，尊重社会公德和伦理，遵守商业道德和职业道德，诚实守信，履行数据安全保护义务，承担社会责任，不得危害国家安全、公共利益，不得损害个人、组织的合法权益。

第二十四条　国家建立数据安全审查制度，对影响或者可能影响国家安全的数据处理活动进行国家安全审查。

依法作出的安全审查决定为最终决定。

6.《深圳经济特区数据条例》

（2021年6月29日深圳市第七届人民代表大会常务委员会第二次会议通过）

第4条　自然人、法人和非法人组织对其合法处理数据形成的数据产品和服务享有法律、行政法规及本条例规定的财产权益。但是，不得危害国家安全和公共利益，不得损害他人的合法权益。

二、比较法

1. 韩国《个人信息保护法》

（行政安全部（个人信息保护政策）02-2100-4105；2017年7月26日生效）

第59条　禁止的行为

任何处理或曾经处理个人信息的人员，不得从事下列活动：

（1）以欺诈、不适当或不公平的手段获取个人信息或同意处理个人信息；

（2）泄露在经营过程中知悉的个人信息，或者未经授权提供给他人使用；

（3）未经法定授权或者超越法定权限，损坏、更改、伪造或者泄露他人的个人信息。

2. 印度《个人数据保护法案》

（由下议院人民院引入，2019年第373号法案）

第86条　中央政府发布指令的权力

（1）中央政府可向保护局发布其认为必要的，旨在维护印度主权和完整、国家安全、对外友好关系或公共秩序的指令。

（2）在不违反本法案前述规定的前提下，保护局依本法案履行职权时，应遵守中央政府以书面形式发布的有关政策问题的指令；在可行范围内，保护局应有机会就中央政府依本款提出的指令表达意见。

（3）中央政府对某一问题是否为政策问题行使最终决定权。

3. 越南《网络安全法》

（2018 年 6 月 12 日，根据《越南社会主义共和国宪法》，国民大会特此公布）

第 6 条　国家网络空间保护

国家采取措施保护国家网络空间；防范和处理侵犯国家安全、社会秩序和安全，以及网络空间中组织和个人合法权益的行为。

【参考案例】

2021 年 7 月 2 日，网络安全审查办公室发布《关于对"滴滴出行"启动网络安全审查的公告》："为防范国家数据安全风险，维护国家安全，保障公共利益，依据《中华人民共和国国家安全法》《中华人民共和国网络安全法》，网络安全审查办公室按照《网络安全审查办法》，对'滴滴出行'实施网络安全审查。为配合网络安全审查工作，防范风险扩大，审查期间'滴滴出行'停止新用户注册。"[1]2021 年 7 月 4 日，国家互联网信息办公室发布《关于下架"滴滴出行"App 的通报》："根据举报，经检测核实，'滴滴出行'App 存在严重违法违规收集使用个人信息问题。国家互联网信息办公室依据《中华人民共和国网络安全法》相关规定，通知应用商店下架'滴滴出行'App，要求滴滴出行科技有限公司严格按照法律要求，参照国家有关标准，认真整改存在的问题，切实保障广大用户个人信息安全。"[2]2021 年国家互联网信息办公室发布《关于下架"滴滴企业版"等 25 款 App 的通报》："根据举报，经检测核实，'滴滴企业版'等 25 款 App 存在严重违法违规收集使用个人信息问题。国家互联网信息办公室依据《中华人民共和国网络安全法》相关规定，通知应用商店下架上述 25 款 App，要求相关运营者严格按照法律要求，参照国家有关标准，认真整

---

[1]　《网络安全审查办公室关于对"滴滴出行"启动网络安全审查的公告》，载中国网信网，http://www.cac.gov.cn/2021-07/02/c_1626811521011934.html，最后访问日期 2021 年 9 月 10 日。

[2]　《关于下架"滴滴出行"App 的通报》，载中国网信网，http://www.cac.gov.cn/2021-07/04/c_1627016782176163.html，最后访问日期 2021 年 9 月 10 日。

改存在的问题,切实保障广大用户个人信息安全。各网站、平台不得为'滴滴出行'和'滴滴企业版'等上述 25 款已在应用商店下架的 App 提供访问和下载服务。"①2021 年 7 月 16 日,国家网信办会同公安部、国家安全部、自然资源部、交通运输部、税务总局、市场监管总局等部门联合进驻滴滴出行科技有限公司,开展网络安全审查。② 2021 年 9 月 1 日上午,交通运输部会同中央网信办、工业和信息化部、公安部、国家市场监管总局等交通运输新业态协同监管部际联席会议成员单位,对 T3 出行、美团出行、曹操出行、高德、滴滴出行、首汽约车、嘀嗒出行、享道出行、如祺出行、阳光出行、万顺叫车等 11 家网约车平台公司进行联合约谈。约谈要求各平台公司保障用户信息和数据安全,严格落实用户信息和数据安全相关法律法规要求,认真履行个人信息保护责任,未征得用户同意,不得向第三方提供用户个人信息。各平台公司在用户数据收集、传输、存储、处理等环节,要依法建立相关数据安全管理制度,采取必要的安全技术和管理措施。③

第十一条(综合治理)

第十一条 国家建立健全个人信息保护制度,预防和惩治侵害个人信息权益的行为,加强个人信息保护宣传教育,推动形成政府、企业、相关社会组织、公众共同参与个人信息保护的良好环境。

【本条主旨】

本条是关于国家建立个人信息保护制度,预防、惩治相结合,加强宣传教育推进多方参与综合治理的规定。

【核心概念】

---

① 《关于下架"滴滴企业版"等 25 款 App 的通报》,载中国网信网,http://www.cac.gov.cn/2021-07/09/c_1627415870012872.html,最后访问日期 2021 年 9 月 10 日。

② 参见《国家互联网信息办公室等七部门进驻滴滴出行科技有限公司开展网络安全审查》,载中国网信网,http://www.cac.gov.cn/2021-07/16/c_1628023601191804.html,最后访问日期 2021 年 9 月 10 日。

③ 参见《五部门联合约谈 11 家网约车平台公司》,载中国网信网,http://www.cac.gov.cn/2021-09/02/c_1632170514951189.html,最后访问日期 2021 年 9 月 10 日。

个人信息保护制度

个人信息保护制度是指与个人信息保护相关的,一定范围内所有主体共同承认和普遍遵守的规范或行为准则,包括宪法、法律、行政法规、党的政策以及其他非正式制度等。[①] 党的十八大以来,全国人大及其常委会在制定关于加强网络信息保护的决定、网络安全法、电子商务法、修改消费者权益保护法等立法工作中,确立了个人信息保护的主要规则;在修改刑法中,完善了惩治侵害个人信息犯罪的法律制度;在编纂民法典中,将个人信息受法律保护作为一项重要民事权益作出规定,逐步建立起我国的个人信息保护法律制度。[②]个人信息保护法作为个人信息保护方面的专门法律,对于完善我国个人信息保护制度具有重要意义。

多方参与共治

治理与传统意义上的统治或者管理不同,是指各种公共的或私人的个人和机构管理其共同事务的诸多方式的总和。治理的主体既可以是公共机构,也可以是私人机构,还可以是公共机构和私人机构的合作。[③] 多元主体合作共治,促进政府治理和社会治理相辅相成,是国家治理现代化的重要标志。[④]在个人信息保护法治中,为了妥善地实现信息社会中个人、信息业者和国家三方主体之间的利益平衡,应当确立国家主导、行业自律与个人参与的个人信息保护法治模式,[⑤]营造良好的制度环境。

【条文详解】

一、国家建立健全个人信息保护制度

在个人信息处理活动中,个人面对的不是普通的私人主体,而是强大的、组织化的信息处理机构;加之信息时代下个人信息处理往往是动态化、复杂

---

① 参见俞可平:《中国公民社会:概念、分类与制度环境》,载《中国社会科学》2006 年第 1 期,第 112 页。
② 参见刘俊臣(全国人大常委会法制工作委员会副主任):《关于〈中华人民共和国个人信息保护法(草案)〉的说明》,2020 年 10 月 13 日在第十三届全国人民代表大会常务委员会第二十二次会议上。
③ 参见俞可平:《治理和善治引论》,载《马克思主义与现实》1999 年第 5 期,第 38 页。
④ 参见张文显:《法治与国家治理现代化》,载《中国法学》2014 年第 4 期,第 15—16 页。
⑤ 参见张新宝:《从隐私到个人信息:利益再衡量的理论与制度安排》,载《中国法学》2015 年第 3 期,第 53—55 页。

化、风险不确定的过程,因此个人难以在参与及作出选择的过程中保持清醒、警惕、知情及自治。为使个人免于受到信息处理机构的支配,就需要国家履行个人信息国家保护义务,在个人信息处理活动中积极保护相关个人。① 个人信息国家保护义务可分为消极义务和积极义务两个层面,国家建立健全个人信息保护制度属于后者的重要组成部分。②

国家建立健全个人信息保护制度,首先应当承认与保障个人在个人信息处理活动中享有的个人信息权益,为个人充分行使其权利提供制度基础;其次应当充分发挥国家规制在个人信息保护中的重要作用,培育处理者的内部治理机制并构筑有效的外部执法威慑,③从而弥补权利进路可能存在的不足。④《个人信息保护法》的出台标志着我国个人信息保护基本制度的建立,其具体落实则需要国家通过进一步制定相关法律以及行政法规等方式予以细化。在比较法上,部分立法例设立了专门的个人信息保护机构(例如欧盟《通用数据保护条例》中的欧洲数据保护委员会、《印度个人数据保护法案》中的印度数据保护局、《泰国个人数据保护法》中的个人数据保护委员会、《日本个人信息保护法》中的个人信息保护委员会、《韩国个人信息保护法》中的个人信息保护委员会等等),负责具体细化个人信息保护的相关制度。在我国,依照《个人信息保护法》第 62 条的规定,国家网信部门应当统筹协调有关部门推进个人信息保护相关制度的细化工作。

二、预防和惩治侵害个人信息权益的行为

除了建立健全个人信息保护制度之外,个人信息国家保护义务的落实还指向侵害防止义务,通过构建预防机制和协同法律责任来营造保护个人信息权益不受侵害的法秩序环境。⑤ 在预防方面,首先,国家应当通过宣传教育增

---

① 参见王锡锌:《个人信息国家保护义务及展开》,载《中国法学》2021 年第 1 期,第 152 页。
② 参见王锡锌:《个人信息国家保护义务及展开》,载《中国法学》2021 年第 1 期,第 157—165 页。
③ 参见周汉华:《探索激励相容的个人数据治理之道——中国个人信息保护法的立法方向》,载《法学研究》2018 年第 2 期,第 12—20 页。
④ 参见张新宝:《我国个人信息保护法立法主要矛盾研讨》,载《吉林大学社会科学学报》2018 年第 5 期,第 49—50 页。
⑤ 参见王锡锌:《个人信息国家保护义务及展开》,载《中国法学》2021 年第 1 期,第 163—165 页。

强个人保护其个人信息的意识以及维权意识,充分发挥个人对处理者开展个人信息处理活动的制衡作用;其次,应当对作为特殊个人信息处理者的国家机关处理个人信息的权限和程序作出明确、具体的规定,防止其过度处理个人信息,侵害个人信息权益;最后,国家应当充分调动处理者参与个人信息保护的积极性,鼓励处理者所在行业实行自律管理,引导处理者将合法合规处理个人信息作为其内生机制的一部分。[1] 在惩治方面,国家应当通过司法和执法手段落实《个人信息保护法》《民法典》《刑法》《消费者权益保护法》以及其他法律规定的法律责任,有效遏制非法侵害个人信息权益的行为,彰显社会公平正义。

三、加强个人信息保护宣传教育

个人是维护自身个人信息安全的第一道防线,个人信息权益的保护离不开其个人信息保护意识以及维权意识的提高。习近平总书记指出:"举办网络安全宣传周、提升全民网络安全意识和技能,是国家网络安全工作的重要内容。"[2]自 2014 年起,国家网络安全宣传周每年举办一次,通过开展网络安全进社区、进校园、进军营等活动,有效提升了全民网络安全意识和防护技能,"网络安全为人民,网络安全靠人民"的理念深入人心。[3] 此外,由于未成年人对个人信息处理的风险、后果、防范及其相关权利的意识较为薄弱,应当重点加强未成年人个人信息保护方面的宣传教育工作。《未成年人保护法》第 64 条规定:"国家、社会、学校和家庭应当加强未成年人网络素养宣传教育,培养和提高未成年人的网络素养,增强未成年人科学、文明、安全、合理使用网络的意识和能力,保障未成年人在网络空间的合法权益。"2020 年 9 月 15 日,国家网络安全宣传周校园日活动在郑州九中启动。在郑州师范学院、郑州九中、郑州四中、中原区伏牛路小学四所"主题校园"带动下,郑州市各级各类学校通过专家主题报告、主题校园剧展演、科普大赛、互动体验、主题班会等形式,宣

---

[1] 参见周汉华:《探索激励相容的个人数据治理之道——中国个人信息保护法的立法方向》,载《法学研究》2018 年第 2 期,第 15 页。

[2] 中共中央党史和文献研究院编:《习近平关于网络强国论述摘编》,中央文献出版社 2021 年版,第 101 页。

[3] 参见《让互联网更好造福人民,习近平这样强调网络安全》,载中国网信网,http://www.cac.gov.cn/2020-09/18/c_1601988130087647.html,2021 年 9 月 13 日访问。

传网络安全知识。①

四、多方参与共治

个人信息保护需要多方联手协同共治。能够接触到公民个人信息的主体多元而广泛,从政府职能部门到企业,任一关口把不严、守不牢、管不住都会出现严重后果。② 在个人信息保护法治中,国家应当发挥主导作用,建立健全个人信息保护制度,并通过专门机构(履行个人信息保护职责的部门)负责个人信息保护制度的执行、监督等各方面事务;③处理者应当对其个人信息处理活动的规范化负责,作为移动互联网生态"守门人"的处理者还应当尽到《个人信息保护法》第58条规定的个人信息保护特别义务,对其平台内其他处理者的个人信息处理活动负责;消费者组织等相关社会组织应当对处理者的个人信息处理活动进行社会监督,必要时可以依照《个人信息保护法》第70条的规定对处理者违法处理个人信息的行为向人民法院提起个人信息保护公益诉讼;个人也应当积极参与个人信息保护的社会治理,对实践中存在的违法违规行为进行投诉、举报,并向政府部门、相关社会组织以及处理者充分表达其利益诉求。国家应当推动形成前述主体各司其职、共同参与的个人信息保护治理机制,从而在保护个人信息权益与促进个人信息合理利用之间实现持久平衡。

【参考条文】

一、国内立法

1.《中华人民共和国数据安全法》

第九条 国家支持开展数据安全知识宣传普及,提高全社会的数据安全保护意识和水平,推动有关部门、行业组织、科研机构、企业、个人等共同参与数据安全保护工作,形成全社会共同维护数据安全和促进发展的良好环境。

---

① 参见《"网安周"遇见"校园日":让网络安全在青少年心中落地生根》,载中国网信网,http://www.cac.gov.cn/2020-09/17/c_1601904339103557.html,2021年9月13日访问。

② 参见韩思宁:《个人信息保护"安全锁"不容撬动》,载中央纪委国家监委网站,https://www.ccdi.gov.cn/pl/202108/t20210825_248870.html,2021年9月13日访问。

③ 参见张新宝:《从隐私到个人信息:利益再衡量的理论与制度安排》,载《中国法学》2015年第3期,第53—54页。

2.《中华人民共和国网络安全法》

第六条　国家倡导诚实守信、健康文明的网络行为,推动传播社会主义核心价值观,采取措施提高全社会的网络安全意识和水平,形成全社会共同参与促进网络安全的良好环境。

第十三条　国家支持研究开发有利于未成年人健康成长的网络产品和服务,依法惩治利用网络从事危害未成年人身心健康的活动,为未成年人提供安全、健康的网络环境。

3.《中华人民共和国未成年人保护法》

第六十四条　国家、社会、学校和家庭应当加强未成年人网络素养宣传教育,培养和提高未成年人的网络素养,增强未成年人科学、文明、安全、合理使用网络的意识和能力,保障未成年人在网络空间的合法权益。

4.《深圳经济特区数据条例》

(2021年6月29日深圳市第七届人民代表大会常务委员会第二次会议通过)

第六条　市人民政府应当建立健全数据治理制度和标准体系,统筹推进个人数据保护、公共数据共享开放、数据要素市场培育及数据安全监督管理工作。

第七条　市人民政府设立市数据工作委员会,负责研究、协调本市数据管理工作中的重大事项。市数据工作委员会的日常工作由市政务服务数据管理部门承担。

市数据工作委员会可以设立若干专业委员会。

二、比较法

1.《通用数据保护条例》

(2016年4月27日　欧洲议会及欧盟理事会2016/679号法规)

第68条　欧盟数据保护委员会

1. 特此组建欧盟数据保护委员会("数据保护委员会"),作为欧盟机构。数据保护委员会应具有法人资格。

2. 数据保护委员会的代表人为委员会的主席。

3. 数据保护委员会由每个成员国的一个监督机构的主管、欧盟数据保护监督组织的主管或其各自的代表构成。

4. 如果在某一成员国有多个监督机构负责监督本条例规定的施行,则应根据相关成员国的法律委派联合代表。

5. 欧委会有权参与数据保护委员会的活动,并列席数据保护委员会会议。欧委会应指定一位代表。数据保护委员会的主席应将委员会的活动转达给欧委会。

6. 在第65条规定的情况中,欧盟数据保护监督组织仅有权对涉及欧盟机构、组织、办事处和代理机构且基本相当于本条例规定的原则和规定之有关决议作出表决。

2. 经济合作与发展组织《隐私保护和个人数据跨境流通指南》

(2013年经济合作与发展组织修订)

第19条 各成员国可采取下列方式实施本指南:

(a)发展各政府部门之间相互协调的国家隐私战略;

(b)制定保护隐私的法律;

(c)建立和维持隐私执法机构,该机构应当拥有能够有效行使其权力的管理机构、资源和技术专家,作出客观、公正和具有持续性的决策;

(d)鼓励和支持自治,可以采取行为准则或其他方式;

(e)为个人提供行使其权利的合理手段;

(f)在违反保护隐私的法律时,提供充分的制裁和救济手段;

(g)考虑采取补充措施,包括教育、警示、有助于保护隐私的技能开发和技术措施的推广等;

(h)考虑赋予数据控制者之外的其他主体与其地位相适应的个人数据保护角色;

(i)确保对数据主体不存在不公正的歧视。

3. 俄罗斯《联邦个人数据法》

(2006年7月8日 国家杜马通过 2006年7月14日 联邦委员会赞成)

第4条 关于个人数据的俄罗斯联邦立法

1. 关于个人数据的俄罗斯联邦立法以俄罗斯联邦宪法和俄罗斯联邦国际条约为基础,由本联邦法律和其他规定个人数据处理情形和特殊性的联邦法律构成。

2. 依据并执行联邦法律的国家机关、俄罗斯银行和自治地方机关在各自权限范围内可以对涉及个人数据处理的具体问题通过规范性法律条例、规范性法令和法规(以下为法律法规)。涉及个人数据处理具体问题的法律法规不包括限制个人数据主体权利的条款、非联邦法确立的限制处理者活动或委托处理者联邦法规定外的义务的条款,上述法律法规必须正式公布。

3. 不使用自动化方式处理个人数据的特殊性可由联邦法律和其他依据本联邦法律的规定而通过的俄罗斯联邦法律法规规定。

4. 如果俄罗斯联邦参加的国际条约规定了与本联邦法律不同的规则,则以国际条约为准。

4. 日本《个人信息保护法》

(平成十五年法律第 57 号;2017 年 5 月 30 日全面实施)

第 4 条　国家的职责

国家有责任根据本法的规定制定确保正当处理个人信息所必需的综合性政策,并加以实施。

第 59 条　设置

1. 根据《内阁府设置法》第 49 条第 3 款规定,设立个人信息保护委员会(以下称为委员会)。

2. 委员会归内阁总理大臣管辖。

5. 韩国《个人信息保护法》

(行政安全部(个人信息保护政策)02-2100-4105;2017 年 7 月 26 日生效)

第 5 条　国家义务

1. 国家和地方政府应当制定政策,防止控制者在处理目的之外收集、滥用、误用个人信息,不间断地监视和追踪个人信息,以维护人格尊严和个人隐私保护程度。

2. 国家和地方政府应制定必要的政策措施、完善相关法律以保护第 4 条规定的数据主体权利。

3. 国家和地方政府应当尊重、促进和支持个人信息控制者的数据保护自律活动,控制者通过自律活动改进不合理的数据处理行为。

4. 国家和地方政府应制定或修订符合本法宗旨的法规或市政条例。

第 13 条　促进和支持自律活动

为促进和支持数据控制者的数据保护自律活动,内政和安全部部长应为以下事项制定政策：

1. 个人信息保护的教育和公共关系；

2. 促进和支持个人信息保护机构与组织；

3. 引进和推行隐私标识制度；

4. 协助数据控制者建立和执行自律规则；

5. 支持数据控制者进行数据保护自律活动所必需的其他事项。

6. 印度《个人数据保护法案》

（由下议院人民院引入，2019 年第 373 号法案）

第 41 条　建立保护局

（1）中央政府应下达通知，建立印度数据保护局，以贯彻和实施本法案。

（2）上述第（1）款所指的保护局系法人团体，具有永久存续性，持有公章，依本法案规定有权收购、持有和处置财产（包括动产和不动产），有权以保护局名义起诉或应诉。

（3）保护局总办事处需依法设立在规定地点。

（4）保护局可在中央政府事先批准下，在印度其他地方设立办事处。

7. 泰国《个人数据保护法》

［B.E.2562（2019）］

第 8 条　应设立个人数据保护委员会，组成成员包括：

（1）主席。应在个人数据保护、消费者保护、信息技术和通信、社会科学、法律、卫生、金融或任何其他与个人数据保护相关且对保护有用的领域里选举并任命具有杰出知识、技能和经验的人员；

（2）数字经济和社会部常任秘书长为副主席；

（3）五名理事由总理办公室常任秘书长、国务院秘书长、消费者保护委员会秘书长、权利与自由保护部总干事和司法部长组成；

（4）九名名誉理事，由在个人数据保护、消费者保护、信息技术和通信、社会科学、法律、卫生、金融或任何其他与个人数据保护相关且对保护有用的领域中产生，并应具有杰出知识、技能和经验。

秘书处由一名主任及一名秘书组成，秘书处应从办公室官员中任命助理秘书，且不得超过两人。

有关遴选与任命主席和名誉理事的规则与程序，包括选择主席和名誉理事以接任根据本法第 13 条离任的主席与名誉理事，应顾及选择的透明度及公平性,并按照内阁发出的通知进行规定。

第16条 委员会具有以下权力和职责:

(1)根据国家政策、国家战略和相关国家计划,制定促进和保护个人数据的总体规划,根据数字经济和社会发展的法律规定依法向国家数字经济和社会委员会提出建议;

(2)促进和支持政府机构和私营部门,按照第(1)项的总体规划开展活动,并对该总体规划的运行结果进行评估;

(3)确定与个人数据保护有关的措施或方法,以确保遵守本法;

(4)为执行本法发出通知或者规则;

(5)公布并制定保护跨境个人数据转移或输送的标准;

(6)公布并确立保护个人数据的指南,作为数据控制者和数据处理者应遵守的准则;

(7)向内阁建议制定或修订适用于个人数据保护的现行法律或规则;

(8)建议内阁颁布皇家法令,或至少每五年重新考虑该法的适用性;

(9)就政府机构和私营机构在遵守本法时保护个人数据的任何行动提供建议或咨询;

(10)解释和作出有关本法执行问题的裁决;

(11)提高并支持公众对个人数据保护的学习能力及认知水平;

(12)促进及支持有关保护个人数据技术发展的研究;

(13)本法或其他法律规定的其他委员会的职责。

第十二条(国际参与和交流合作)

第十二条 国家积极参与个人信息保护国际规则的制定,促进个人信息保护方面的国际交流与合作,推动与其他国家、地区、国际组织之间的个人信息保护规则、标准等的互认。

【本条主旨】

本条是关于在个人信息保护领域国家积极参与国际规则制定、促进国际合作与交流、推动规则和标准等互认的规定。

【核心概念】

个人信息保护的国际规则

个人信息保护的国际规则是指与个人信息保护相关的、对世界各国国际行为和国际互动有约束力的指令性规定。[1] 经济合作与发展组织于 1980 年颁布并于 2013 年修订的《隐私保护和个人数据跨境流通指南》(*OECD Guidelines on the Protection of Privacy and Transborder Flows of Personal Data*)、欧洲委员会于 1981 年通过并于 2012 年修订的《个人数据处理中的个人保护公约》(*Convention for the Protection of Individuals with regard to the Processing of Personal Data*)以及《亚太经合组织隐私框架》(*APEC Privacy Framework*)等均属于个人信息保护的国际规则。

个人信息保护规则、标准的互认

在个人信息保护原则实质趋同的背景下,[2]世界各国、各地区、各组织对于个人信息的保护模式和保护水平目前依然存在一些差异。个人信息保护规则的域外效力以及个人信息跨境流动等问题也可能引发国际争议,其妥善解决需要世界各国、各地区、各组织达成国际合作与多边共识。个人信息保护规则、标准的互认,是个人信息保护国际合作中的关键一环,其既包括不同国家、地区、组织之间个人信息保护规则与标准的相互借鉴与统一,也包括主权国家对他国个人信息保护规则与标准之效力的承认,并在与本国利益不相冲突的前提下为此等规则与标准的执行提供协助。

【条文释义】

一、参与个人信息保护国际规则的制定

信息技术的发展和普及形成了"无国界""无中心"的全球互联网络空间,每个国家都属于网络空间的一员,面临着共同的风险和挑战。[3] 因此,个人信

---

[1] 参见潘忠岐:《广义国际规则的形成、创制与变革》,载《国际关系研究》2016 年第 5 期,第 4 页。

[2] 参见张新宝:《我国个人信息保护法立法主要矛盾研讨》,载《吉林大学社会科学学报》2018 年第 5 期,第 54 页。

[3] 参见张新宝、葛鑫:《个人信息保护法(专家建议稿)及立法理由书》,中国人民大学出版社 2021 年版,第 25 页。

息保护早已突破了国内法的藩篱,成为国际法上的重要议题。在个人信息保护的全球治理中,我国应当争取做国际规则制定的构建者,而不应成为规则的被动接受者。① 目前我国加入的国际组织所制定的个人信息保护国际规则包括《联合国计算机处理的个人数据文档规范指南》(*Guidelines for the Regulation of Computerized Personal Data Files*)以及《亚太经合组织隐私框架》等。我国通过积极参与个人信息保护国际规则的制定,可以树立与我国国际地位相匹配的互联网大国、数据大国的国际形象,在维护我国的国家安全利益、提升我国公民个人信息的国际保护水平以及促进我国大数据产业持续健康发展等方面抢占先机。

二、促进个人信息保护方面的国际交流与合作

国家应当促进个人信息保护方面的国际交流与合作,包括政府间合作、民间合作与学术交流等多个层面。例如,2021 年 1 月 12 日,国家互联网信息办公室与印度尼西亚共和国国家网络与密码局在印尼签署了《关于发展网络安全能力建设和技术合作的谅解备忘录》,双方一致同意进一步加强在网络安全领域的合作。② 2020 年 11 月 9 日,在联合国互联网治理论坛上,中国互联网发展基金会发言人表示,未来中国互联网发展基金会将持续关注数据安全、个人信息和隐私保护等互联网发展问题,继续发挥好社会组织优势和桥梁纽带作用,推动个人信息和隐私保护形成国际共识。③ 2019 年 11 月 29 日,中欧数据安全与个人信息保护研讨会在比利时布鲁塞尔举行,来自欧盟委员会、中欧数字协会、南开大学、比利时自由大学、复旦大学、西安交通大学、都灵大学、比雷埃夫斯大学、欧洲大学佛罗伦萨研究院、人民网、阿里巴巴、中兴等约 60 位政府官员、专家学者、企业代表和律师参会,与会专家就有关议题进行了热

---

① 参见许多奇:《个人数据跨境流动规制的国际格局及中国应对》,载《法学论坛》2018 年第 3 期,第 137 页。

② 参见《中国国家互联网信息办公室与印尼国家网络与密码局签署网络安全领域合作备忘录》,载中国网信网,http://www.cac.gov.cn/2021-01/15/c_1612286687720936.html,2021 年 9 月 14 日访问。

③ 参见联合国互联网治理论坛讨论"全球新冠肺炎疫情防控中的个人信息和隐私保护",载中国网,http://news.china.com.cn/2020-11/11/content_76900788.html,2021 年 9 月 14 日访问。

烈研讨。①

　　2020年9月8日,我国在"抓住数字机遇,共谋合作发展"国际研讨会上提出《全球数据安全倡议》,欢迎政府、国际组织、信息技术企业、技术社群、民间机构和公民个人等各主体秉持共商共建共享理念,齐心协力促进数据安全;强调各方应在相互尊重基础上,加强沟通交流,深化对话与合作,共同构建和平、安全、开放、合作、有序的网络空间命运共同体。② 我国提出的《全球数据安全倡议》得到了东盟各国的高度重视,中国—东盟关系协调国菲律宾外长洛钦代表东盟表示,信息安全对包括东盟在内的各国未来发展至关重要,东盟愿同中方加强全球数字治理、网络安全合作。③

三、推动个人信息保护规则、标准等的互认

　　国家推动与其他国家、地区、国际组织之间的个人信息保护规则、标准等的互认,对于保障我国个人信息保护法的域外适用、提升我国个人信息保护制度的国际影响力、增强我国大数据企业的国际竞争力以及加强个人信息保护国际合作等具有重要意义。例如,依照《个人信息保护法》第38条第2款的规定,处理者应当采取必要措施,保障境外接收方处理个人信息的活动达到本法规定的个人信息保护标准。在比较法上,欧盟《通用数据保护条例》第45条将充分性认定作为个人信息跨境流动的首要途径。当欧盟委员会决定第三国、第三国境内的地区或一个或多个特定行业、国际组织能够确保充分的保护程度时,处理者可向该第三国或国际组织传输个人数据且无须任何特别授权。推动我国与欧盟个人信息保护规则与标准的互认,可以为中欧之间个人信息的跨境流动提供良好的制度环境,在确保我国公民个人信息能够得到充分保护的前提下,增强国内企业在欧洲市场的竞争力。

---

① 《中欧数据安全与个人信息保护研讨会在比利时布鲁塞尔举行》,载中国网信网,http://www.cac.gov.cn/2019-12/08/c_1577343902894045.html,2021年9月13日访问。

② 参见《全球数据安全倡议(全文)》,载新华网,http://www.xinhuanet.com/world/2020-09/08/c_1126466972.html,2021年9月14日访问。

③ 参见《东盟高度重视中方提出的〈全球数据安全倡议〉》,载央视网,http://m.news.cctv.com/2020/09/10/ARTIOddGGdaaahMPNILeRtnT200910.shtml,2021年9月14日访问。

【参考条文】

一、国内立法

1.《中华人民共和国网络安全法》

第七条　国家积极开展网络空间治理、网络技术研发和标准制定、打击网络违法犯罪等方面的国际交流与合作,推动构建和平、安全、开放、合作的网络空间,建立多边、民主、透明的网络治理体系。

2.《中华人民共和国数据安全法》

第十一条　国家积极开展数据安全治理、数据开发利用等领域的国际交流与合作,参与数据安全相关国际规则和标准的制定,促进数据跨境安全、自由流动。

二、专家建议稿

1. 张新宝、葛鑫:《个人信息保护法(专家建议稿)》

第十一条　个人信息保护国际合作

国际积极开展个人信息保护治理、个人信息保护技术研发和标准制定、打击个人信息违法犯罪等方面的国际交流与合作,建立多边、民主、透明的个人信息保护治理体系。

三、比较法

1. 欧盟《通用数据保护条例》

(2016 年 4 月 27 日　欧洲议会及欧盟理事会 2016/679 号法规)

第 50 条　个人数据保护的国际合作

对于第三国家和国际组织,欧盟委员会和监督机构应采取合适措施,以便:

(a)建立国际合作机制,促进个人数据保护法律的有效执行;

(b)提供有关个人数据保护法律执行的国际互助,包括通过通知、申诉移交、调查援助和信息交流,具体取决于个人数据保护的相应保障措施和其他基本权利与自由;

(c)吸引相关利益相关者参与以加强国际个人数据保护法律合作为目标

的讨论和活动;

（d）促进个人数据保护法律和实践的交流与文件记录,包括第三国司法冲突。

2. 经济合作与发展组织《隐私保护和个人数据跨境流通指南》

（2013年经济合作与发展组织修订）

第六部分 国际合作和协调

第20条 成员国应当采取适当的措施保护跨境隐私法的执法合作,尤其是促进隐私执法机构之间的信息共享。

第21条 成员国应当鼓励和支持达成各种国际协议,形成相互协调的隐私制度框架,以落实本指南。

第22条 成员国应当鼓励发展国际性比较指标,通告隐私和个人数据跨境流通的有关政策的制定程序。

第23条 成员国应当公开其遵守本指南的细节。

3. 日本《个人信息保护法》

（平成十五年法律第57号;2017年5月30日全面实施）

第6条 法制上的措施等

政府应当采取必要的法制上的措施以及其他措施,以便根据个人信息的性质和使用方法,对于进一步保护个人的权利利益、特别是确保对个人信息严格地进行正当处理所必需的个人信息,采取加以保护所必需的特别措施。在采取必要的法制上的措施的同时,通过与国际机构及其他国际组织的合作、为建立与各国政府共同整合个人信息的制度而设置必要的措施。

4. 韩国《个人信息保护法》

（行政安全部（个人信息保护政策）02-2100-4105;2017年7月26日生效）

第14条 国际合作

1. 政府应制定必要的政策措施,提高国际环境中个人信息保护标准。

2. 政府应制定相关政策措施,确保数据主体权利不会因个人信息跨境转移而受到侵犯。

5. 菲律宾《数据隐私法》

（于2011年7月25日,星期一,在马尼拉大都会举行的菲律宾共和国、菲律宾国会、马尼拉大都会第十五次大会第二届例会通过）

第7条 国家隐私委员会的职能。为了管理和实施本法案的规定,并监

督和确保国家遵守数据保护的国际标准,特此设立一个独立机构,称为国家隐私委员会,应具有以下职能:

(n)确保与其他国家的数据隐私监管机构和私营问责机构进行适当和有效的协调,参与国际和区域数据隐私保护行动。

(o)与其他国家的其他数据隐私机构谈判并签订合同,以便跨境应用和实施各自的隐私法。

(p)协助在国外开展业务的菲律宾公司回应外国隐私或数据保护法律法规。

(q)通常执行可能必要的行为,以促进数据隐私保护的跨境实施。

【参考案例】

1. 2019 年 11 月 29 日,中欧数据安全和个人信息保护研讨会在比利时布鲁塞尔举行。此次研讨会由中国互联网发展基金会、中国网络空间安全协会和布鲁塞尔隐私研究中心共同主办,旨在推动搭建中欧民间层面在数据安全和个人信息保护领域的沟通平台,交流优秀实践案例和经验等。开幕式上,中国网络空间安全协会秘书长李欲晓表示,数据治理逐渐成为全球热点议题,具有高度复杂性,中欧民间层面应通过建立长期、有效的交流机制增进互信,发挥好各自优势,共同为全球数据治理新格局、新问题提出解决方案。中国互联网发展基金会秘书长魏正新表示,未来将继续发挥好基金会公益属性,不断推进中欧数字交流合作,积极整合资源、努力牵线搭桥,让互联网发展成果惠泽双方。新任欧洲数据保护负责人沃基克·威维罗思基表示,在当前中欧关系背景下举办本次国际间关于数据保护的交流活动非常有意义,有利于促进双方互信。数据保护不仅事关个人尊严,也应考虑不同文化之间的差异性。布鲁塞尔隐私研究中心联合主任克里斯托弗·库勒表示,数据保护不单单是一个成本问题,它能够为企业带来效益。加强数据保护已成全球趋势,但必须承认它是很复杂的问题,非常乐意与中国有关方面加强合作交流,共同开展研究。①

2. 2020 年 8 月 24 日,以"共谋发展,共享安全,携手构建网络空间命运共同体"为主题的中非互联网发展与合作论坛以线上方式举办。中国国家网信

---

① 参见《中欧数据安全与个人信息保护研讨会在比利时布鲁塞尔举行》,载中国网信网,http://www.cac.gov.cn/2019-12/08/c_1577343902894045.html,2021 年 9 月 13 日访问。

办网络数据管理局负责人表示,个人信息保护是中非数字经济发展中共同面临的严峻问题,中国愿与非洲一道,加强个人信息保护合作,推动实现数字经济可持续发展和互利共赢。论坛期间,中国国家计算机网络应急技术处理协调中心(CNCERT/CC)与贝宁计算机安全事件应急响应中心签署了合作备忘录。对此,CNCERT/CC 负责人表示,近年来,CNCERT 持续强化与非洲的网络安全合作交流,与贝宁、埃及、埃塞俄比亚、毛里求斯等 10 国 CERT 组织或相关政府部门建立联系,强化了跨境网络安全事件处置协作。贝宁网络安全局局长瓦尼洛·梅德根表示,加强国际交流和合作非常重要,一方面可以结识行业内相关机构的专家,同时也有利于汇集能力和知识,集思广益,共同为打击网络犯罪、维护网络安全作出贡献。21 世纪以来,信息技术的蓬勃发展带动互联网日益成为创新驱动发展的先导性力量。与此同时,数据安全和个人隐私保护成为关键问题,维护安全可靠的网络空间尤为重要。对此,塞内加尔数字经济和电信部长扬科巴·迪亚塔拉表示,中国在数字经济发展方面已经成为塞内加尔最重要的合作伙伴,相信与中国的合作可以帮助塞内加尔建立更加安全的网络空间。①

---

① 参见《共谋发展 共享安全 携手构建网络空间命运共同体——中非互联网发展与合作论坛综述》,载中国网信网,http://www.cac.gov.cn/2021-09/02/c_1632170544184347.html,2021 年 9 月 13 日访问。

第二章　个人信息处理规则

本法第二章个人信息处理规则,从第13条到第37条共计25个条文,是本法条文最多的一章。本章分为三节,包括"一般规定""敏感个人信息的处理""国家机关处理个人信息的特别规定"。

第一节一般规定,详细规定了处理个人信息的同意规则(第13条至第16条)和告知规则(第17条至第18条)、处理的个人信息保存期限规则(第19条)、共同处理个人信息的规则(第20条)和委托处理个人信息的规则(第21条)、向他人提供个人信息的规则(第22条)、个人信息的转移规则(第23条)。本节还对个人信息处理者利用个人信息进行自动化决策(第24条)、在公共场所安装图像采集、个人身份识别设备处理个人信息(第26条)以及对处理的个人信息进行公开等作出了规定(第25条、第27条)。

第二节敏感个人信息的处理,对敏感个人信息进行了界定(第28条第1款),规定了处理敏感个人信息的特别规则(第28条第2款、第29条至第32条)。不满14周岁未成年人的个人信息均为敏感信息,受到强化保护。

第三节国家机关处理个人信息的特别规定,该节规定:国家机关处理个人信息适用本法的规定,有特别规定的适用特别规定(第33条);国家机关为履行法定职责处理个人信息,应当依法依规进行(第34条);国家机关为履行法定职责处理个人信息的告知规则(第35条);国家机关处理个人信息的境内存储及出境安全评估规则(第36条);法律、法规授权的具有管理公共事务职能的组织为履行法定职责处理个人信息,适用本法关于国家机关处理个人信息规定的规则(第37条)。

第一节 一般规定

第十三条（同意与除外）

第十三条 符合下列情形之一的,个人信息处理者方可处理个人信息:

(一)取得个人的同意;

(二)为订立、履行个人作为一方当事人的合同所必需,或者按照依法制定的劳动规章制度和依法签订的集体合同实施人力资源管理所必需;

(三)为履行法定职责或者法定义务所必需;

(四)为应对突发公共卫生事件,或者紧急情况下为保护自然人的生命健康和财产安全所必需;

(五)为公共利益实施新闻报道、舆论监督等行为,在合理的范围内处理个人信息;

(六)依照本法规定在合理的范围内处理个人自行公开或者其他已经合法公开的个人信息;

(七)法律、行政法规规定的其他情形。

依照本法其他有关规定,处理个人信息应当取得个人同意,但是有前款第二项至第七项规定情形的,不需取得个人同意。

【本条主旨】

本条是关于处理个人信息合法性基础的规定。共两款,第1款规定了处理个人信息取得个人同意(第1项)和取得个人同意之外的6种情况(第2—7项)作为处理个人信息的合法性基础;第2款是关于处理个人信息取得个人同意与不需同意的关系之规定。

【核心概念】

同意

目前,在中国的个人信息保护法律法规相关制度框架下并没有针对"同意"的明确定义。根据基于《网络安全法》制定的国家标准《个人信息安全规范》3.7条的规定,授权同意("consent")是指个人信息主体对其个人信息进行特定处理作出明确授权的行为,包括通过积极的行为作出授权(即明示同意),或者通过消极的不作为而作出授权(如信息采集区域内的个人信息主体在被告知信息收集行为后没有离开该区域),意即包含明示同意和默示同意两种类型。《个人信息安全规范》3.6条规定了明示同意("explicit consent"),是指个人信息主体通过书面、口头等方式主动作出纸质或电子形式的声明,或者自主作出肯定性动作,对其个人信息进行特定处理作出明确授权的行为。肯定性动作包括个人信息主体主动勾选、主动点击"同意""注册""发送""拨打"、主动填写或提供等。

由于《个人信息保护法》采取了与《网络安全法》不同的合法性判断方式,从《网络安全法》项下单一的"同意"扩展到目前七种合法基础,意图破解合法性基础单一而导致的捆绑授权和强迫授权的问题,由此此处的同意不包含默示同意的情形,更偏重于个人的主动性动作。

订立合同

合同是民法制度中债权产生的原因之一(《民法典》第118条),依法成立的合同,对当事人具有法律约束力(《民法典》第119条)。当事人订立合同,可以采用书面形式、口头形式或者其他形式(《民法典》第469条)。当事人订立合同,可以采取要约、承诺方式或者其他方式(《民法典》第471条)。

履行法定职责/法定义务

法律明确规定的需要履行的职责和义务,例如《反洗钱法》中规定了金融机构应当按照规定建立客户身份识别制度等。

突发公共卫生事件

根据《突发公共卫生事件应急条例》,突发公共卫生事件(以下简称"突发事件"),是指突然发生,造成或者可能造成社会公众健康严重损害的重大传染病疫情、群体性不明原因疾病、重大食物和职业中毒以及其他严重影响公众健康的事件。

已公开的个人信息

根据《个人信息安全规范》3.11条规定,公开披露是指向社会或不特定人群发布信息的行为。已公开的个人信息是指经过公开披露能够被社会或者不特定人群处理的个人信息。

【条文详解】

一、处理个人信息的合法性基础

在之前的"一法一决定"框架之下,仅规定了收集、使用个人信息应当取得同意这一合法基础,《民法典》适当的扩展合法基础到"法律、行政法规另有规定的除外"。在实践中,特别是在《民法典》出台前,由于该等合法性基础的规定,例如履行法律义务所必须进行的个人信息收集等实质无须获得个人信息主体同意的其他具备合法性和正当性的个人信息处理活动在实践中面临必须通过"隐私政策"等授权文本获得授权同意的困境,甚至出现了将多个实质上合法基础不同的个人信息处理活动的描述统一安置在"隐私政策"中进行捆绑同意或者获得概括同意的问题,极大地影响了个人信息主体权益的有效保障。

相比之下,GDPR 第 6 条规定了个人信息处理合法的六项合法性基础:一是数据主体对出于单个或多个特定目的而处理其个人数据表示同意;二是处理对向身为合同当事人的数据主体履行合同而言是必需的,或在缔约前,应数据主体的要求所必须采取的步骤;三是因履行数据控制者承担的法律义务而必须处理个人数据的;四是为保护数据主体重大利益或其他自然人重大利益而必须处理个人数据的;五是为公共利益而执行任务,或数据控制者履行赋予的公共职能时,必须处理个人数据的;六是因数据处理者正当利益或第三方正当利益而必须处理个人数据的,但当数据主体的利益或基本权利和自由(特别当数据主体尚未成年时)高于上述正当利益时,不得使用该事由。

在 GDPR 项下,控制者基于特定目的而开始收集个人信息之前,需要事先确定自己所依赖的合法性基础,且不能在后期随意更改。而且每项合法性基础的使用有着严格的限制,不同合法性基础后期搭配的个人信息主体的权利也不尽相同。因此,可以说选择合法事由,是控制者开展业务前最核心的工作。

本条第 1 款吸取了 GDPR 立法的精髓,突破了原有单一"授权同意"的合法性基础框架,除了"正当利益"这一合法基础之外,基本吸收了 GDPR 合法性基础规定的核心内容。这一设置在很大程度上破除了服务或功能的强制捆绑。例如当个人用户要求物流公司送货到其住所时,这是用户主动要求的服务,因此物流公司处理个人信息(个人用户的姓名、地址、电话等)的合法性基础是"合同所必需"。如果物流公司将其特定时期收集的个人信息汇总分析,目的是优化其配送服务,此时物流公司不能够再依赖"合同所必需",转而应该要求"个人信息主体的同意"。

除此之外,本条第 1 款第(四)项还结合疫情这一突发公共卫生事件涉及的大规模处理个人信息的正当需求的背景,在为保护自然人的生命健康和财产安全所必需这一合法性基础下新增了突发公共卫生事件的情形。第(二)项中体现了典型的人力资源管理场景中采用同意作为合法基础与企业合法、正当的管理目的可能有所冲突的情形。第(五)项以及第(六)项在通常也无法取得个人信息主体同意的情形下,规定在合理范围内处理已公开的个人信息,以及为公共利益实施新闻报道、舆论监督等行为,在合理的范围内处理个人信息,对于该等场景均强调目的的正当性和合理性原则,避免因为未经授权同意而对个人信息主体造成远超其预期范围内的不恰当的危害。

由于《个人信息保护法》并未采纳"正当利益"作为合法基础之一,由此在实践中自动驾驶收集周围行人数据、大数据风控等业务活动可能很难进行合法性论证,由此本条第 1 款还额外增加了法律、行政法规规定的其他情形,从而为实践中可能出现的无法归类的场景找到合法性依据。例如,近期发布的《汽车数据安全管理若干规定(试行)》中第 8 条所规定的汽车数据处理者处理个人信息应当取得个人同意或者符合法律、行政法规规定的其他情形。因保证行车安全需要,无法征得个人同意采集到车外个人信息且向车外提供的,应当进行匿名化处理,包括删除含有能够识别自然人的画面,或者对画面中的人脸信息等进行局部轮廓化处理等。

二、个人同意与其他合法性基础的关系

第二款特别规定,有前款第二项至第七项规定情形的,不需取得个人同意。

该款明确区分了同意与其他合法基础的关系。此外,《个人信息保护法》第 16 条规定了基于个人同意而进行的个人信息处理活动,个人有权撤回其同意。通过该等设置,本条更加明显地打破了原来单一的"授权同意"框架,并再次重申合法基础和实现"透明性"原则进行个人信息处理规则的告知和公示的区别,实践中,后者往往与同意这一合法基础混同。

【参考条文】

一、国内立法

1.《中华人民共和国民法典》

第九百九十九条 为公共利益实施新闻报道、舆论监督等行为的,可以合理使用民事主体的姓名、名称、肖像、个人信息等;使用不合理侵害民事主体人格权的,应当依法承担民事责任。

第一千零三十五条 处理个人信息的,应当遵循合法、正当、必要原则,不得过度处理,并符合下列条件:

（一）征得该自然人或者其监护人同意,但是法律、行政法规另有规定的除外;

（二）公开处理信息的规则;

（三）明示处理信息的目的、方式和范围;

（四）不违反法律、行政法规的规定和双方的约定。

个人信息的处理包括个人信息的收集、存储、使用、加工、传输、提供、公开等。

第一千零三十六条 处理个人信息,有下列情形之一的,行为人不承担民事责任:

（一）在该自然人或者其监护人同意的范围内合理实施的行为;

（二）合理处理该自然人自行公开的或者其他已经合法公开的信息,但是该自然人明确拒绝或者处理该信息侵害其重大利益的除外;

（三）为维护公共利益或者该自然人合法权益,合理实施的其他行为。

2.《中华人民共和国网络安全法》

第四十一条 网络运营者收集、使用个人信息,应当遵循合法、正当、必要的原则,公开收集、使用规则,明示收集、使用信息的目的、方式和范围,并经被收集者同意。

网络运营者不得收集与其提供的服务无关的个人信息,不得违反法律、行政法规的规定和双方的约定收集、使用个人信息,并应当依照法律、行政法规的规定和与用户的约定,处理其保存的个人信息。

3.《全国人民代表大会常务委员会关于加强网络信息保护的决定》

二、网络服务提供者和其他企业事业单位在业务活动中收集、使用公民个人电子信息,应当遵循合法、正当、必要的原则,明示收集、使用信息的目的、方式和范围,并经被收集者同意,不得违反法律、法规的规定和双方的约定收集、使用信息。

网络服务提供者和其他企业事业单位收集、使用公民个人电子信息,应当公开其收集、使用规则。

二、比较法

1. 欧盟《通用数据保护条例》

第6条　处理的合法性

1.只有满足至少如下一项条件时,处理才是合法的,且处理的合法性只限于满足条件内的处理:

(a)数据主体已经同意基于一项或多项目的而对其个人数据进行处理;

(b)处理对于完成某项数据主体所参与的契约是必要的,或者在签订契约前基于数据主体的请求而进行的处理;

(c)处理是控制商履行其法定义务所必需的;

(d)处理对于保护数据主体或另一个自然人的核心利益所必要的;

(e)处理是数据控制者为了公共利益或基于官方权威而履行某项任务而进行的;

(f)处理对于控制者或第三方所追求的正当利益是必要的,这不包括需要通过个人数据保护以实现数据主体的优先性利益或基本权利与自由,特别是儿童的优先性利益或基本权利与自由。

第1段(f)点不适用公共机构在履行其任务时的处理。

2.对于第1段(c)和(e)所规定的处理,成员国可以维持或新制定更多具体条款,以适应本条例规则的适用,成员国为了确保合法与合理处理,可以制定更为明确的规定,包括第9章所规定的其他特定的处理情形。

3.第1段(c)和(e)所规定的处理的基准应当通过如下法律进行规定:

(a)欧盟法;或者

(b)控制者所属的成员国的法律。

处理的目的应当在此法律基准上进行确定,而对于第1段(e)所规定的处理,处理的目的应当是控制者为了公共利益或基于官方权威而履行某项任务。此法律基准可以包含如下特定条款,以适应对本条例规则的适用:对控制者处理的合法性进行监控的一般条件;可以被处理的数据类型;相关数据主体;个人数据公开的目的,以及其可能被公开给的对象;目的限定;储存期限;包括第9章所规定的其他特定的处理情形在内的处理操作和处理程序。欧盟或成员国的法律应当满足公共利益的目标,且应当与实现正当目的成比例。

4.若处理是出于收集个人数据以外的其他目的,如果该目的未经数据主体同意或并非是基于联盟或成员国的法律(在一个民主社会中,若要实现第23(1)条中的目的,法律是必要且合适的),那么为确保该目的与初始目相容,控制商应当考虑以下因素,但不限于以下因素:

(a)个人数据收集时的目的与计划进一步处理的目的之间的所有关联性;

(b)个人数据收集时的语境,特别是数据主体与控制者之间的关系;

(c)个人数据的性质,特别是某些特定类型的个人数据是否符合第9条的规定,或者与刑事定罪和刑事违法相关的个人数据是否符合第10条的规定;

(d)数据主体计划进一步处理可能造成的结果;

(e)是否具有加密与匿名化措施等恰当保护措施。

【参考案例】

2019年7月,因其违反GDPR第5条数据处理的基本原则和第6条数据处理的合法依据,希腊数据保护执法机构(Hellenic Data Protection Authority,"HDPA")对其管辖区域内的普华永道(PRICEWATERHOUSE COOPERS BUSINESS SOLUTIONS SA)公司罚款150000欧元。

普华永道是一家国际知名的咨询公司,在其处理其员工的个人数据前,要求员工签署由公司提供的《个人数据处理同意声明》,以满足依据GDPR第6条(1)(a)项规定的处理数据的合法性基础。经过调查,监管机构认为普华永道的这一行为存在以下问题:

1. 所征得的员工同意不是员工"自由作出的"

HDPA认为,用人单位依据同意原则处理员工信息,应仅限于员工有自由选择的情况下,即员工选择不同意也不会遭受任何损害的情况。但大部分情况下由于劳资关系的不平衡,员工很少有真正的选择自由,员工可能会迫于就业压力而选择同意用人单位处理他们的个人数据。而这违背了GDPR第7条规定的"同意须为……自由作出(freely given)"这一要求,所以,该等同意并不符合 GDPR 规定。

2. 违反了透明性原则

HDPA 认为,在本案中,普华永道实际依据的处理依据不是 GDPR 第 6 条第(1)(a)项的"同意",而是第(f)项"处理对于控制者所追求的正当利益是必要的"。然而在本案中,员工从未被告知普华永道处理其数据的另一合法依据。这违反了 GDPR 第 5 条(1)(a)项规定的处理个人数据的透明性要求。

除此之外,普华永道还违反了"可问责性"原则。

第十四条(同意的实质与形式及重新同意)

第十四条　基于个人同意处理个人信息的,该同意应当由个人在充分知情的前提下自愿、明确作出。法律、行政法规规定处理个人信息应当取得个人单独同意或者书面同意的,从其规定。

个人信息的处理目的、处理方式和处理的个人信息种类发生变更的,应当重新取得个人同意。

【本条主旨】

本条是关于同意前提和同意之实质与形式的规定。本条共两款,第 1 款是关于作为同意前提以及同意的实质与形式的规定;第 2 款是关于重新取得同意的规定。

【核心概念】

充分知情

个人信息主体的同意是在了解其个人信息被处理的目的、方式、范围的前提下所作出的,应当能够使得个人信息主体了解相关处理行为对其产生的影响和潜在的安全风险,通过简明易懂的方式确保个人信息主体充分知情,也是对于个人信息主体知情权的保障。

自愿、明确的同意

自愿,即表示个人信息主体不是被迫同意,同时可以在不受损害的情况下拒绝或撤回其同意。任何对其施加不适当的压力或影响而直接或间接地迫使个人信息主体作出的同意,均不构成有效的同意。

明确,即表示个人信息主体的同意不是笼统的、概括的,是针对处理活动的特定目的作出的,确保个人信息主体可以就每一个目的进行单独的选择。

单独同意(各种组合情况)

单独同意实质上是对于特定数据处理行为与其他数据处理活动的再次区分,是对"明确"要求的强调,从而保障个人信息主体对于特定数据处理活动的控制权。在《个人信息保护法》中,对于个人信息处理者提出取得单独同意的场景主要包括处理敏感个人信息、向第三方提供其处理的个人信息、公开个人信息、公开或向他人提供公共场所安装图像采集、个人身份识别设备所收集的个人图像、个人身份特征信息、向境外提供个人信息。如果上述情形处理个人信息的目的的合法性基础并非同意,例如基于履行实名制验证的法定义务的目的收集个人身份证信息(敏感个人信息)的情况下,该等情形应当满足单独告知用户收集敏感个人信息的目的并取得其同意的要求。

书面同意

书面形式是合同书、信件、电报、电传、传真等可以有形地表现所载内容的形式。以电子数据交换、电子邮件等方式能够有形地表现所载内容,并可以随时调取查用的数据电文,视为书面形式(《民法典》第 469 条)。采用书面形式获取的同意在记录和证明已经获得同意方面具备更强的效果。

重新同意

对于超出原个人信息处理活动所涉及的授权同意范围之外的处理活动,包括个人信息的处理目的、处理方式和处理的个人信息种类发生变更的,需要重新获得同意。

【条文详解】

一、作为同意基础的充分知情要求与同意应当是自愿的和明确的

作出同意的前提在于个人信息主体对于相关个人信息处理动作充分知情,是在了解其个人信息被处理的目的、方式、范围的前提下所作出的,应当能够使得个人信息主体了解相关处理行为对其产生的影响和潜在的安全风险。例如在个性化推荐广告的场景下,用户既需要知悉采用何种个人信息、通过何种方式进行个性化广告推荐以及同意可能带来的影响和风险(例如提供给广告服务提供商,使得广告主和提供商等多方主体可以了解用户的爱好和倾

向），也知悉不同意该等处理活动面临的潜在影响（例如不能享受个性化广告推荐，看到的广告相关度下降），充分知情后方能自愿、明确地作出判断。

自愿作出，即表示个人信息主体不是被迫同意，同时可以在不受损害的情况下拒绝或撤回其同意。任何通过施加不适当的压力或影响而直接或间接地迫使个人信息主体作出的同意，均为无效。为确保个人信息主体的同意是其自愿做出的，个人信息处理者应当注意以下问题：

第一，个人信息处理者应当充分考虑与个人信息主体之间关系的不平等性，避免"强迫同意"。举例而言，大型互联网平台在开展服务处理用户信息时，由于部分服务的基础性和通用性，用户可能很难拒绝相关服务捆绑同意收集个人信息的设置。另外，雇佣关系下雇主处理雇员的个人信息也是典型的例子，鉴于雇主与雇员之间关系的特殊性，雇员通常无法拒绝同意其雇主对其个人信息进行处理，且可能因为拒绝而遭受降薪甚至受到处罚等威胁，因此在雇佣场景下通常同意不是一个恰当的合法性基础。

第二，个人信息处理者应当避免将同意与接受合同或协议捆绑而使个人信息主体产生混淆。订立、履行合同所必要和同意作为个人信息处理活动的两种合法性基础，不能被合并，也不能模糊二者之间的界限。

第三，个人信息处理者应当充分考虑同意的针对性和颗粒度。当个人信息处理活动存在多种目的时，个人信息处理者应当针对每项目的进行合法性评估，在需要获得用户同意的情形下获得用户的同意。实践中一项服务往往会因多种目的（多个业务功能）而涉及多项处理操作，在此种情形下，个人信息处理者应当对目的进行分离，对为每个目的所进行的每项个人信息处理活动所依据的合法性基础进行判断，需要获得个人信息主体同意的，应当针对每项具体目的获取个人信息主体的同意。

第四，个人信息处理者应当充分保证个人信息主体可以"自由"地，在不受任何损害的情况下拒绝或撤回同意。如果个人信息处理者能够证明可以允许个人信息主体撤回同意，且撤回同意后不会产生任何不利后果（例如不会降低服务质量或者造成拒绝提供服务的后果而损害个人信息主体），就足以证明个人信息主体的同意是自愿作出的。《个人信息保护法》第16条正是对于"自愿"要件的保障，该条规定，基于个人同意而进行的个人信息处理活动，个人有权撤回其同意。个人信息处理者应当提供便捷的撤回同意的方式。个人撤回同意，不影响撤回前基于个人同意已进行的个人信息处理活动的效力。

明确,即表示个人信息主体的同意不是笼统的,而是具体的。个人信息主体做出的同意必须与一个或多个特定目的相关,并且个人信息主体可以就每一个目的进行具体地选择。为获取个人信息主体具体的有效同意,个人信息处理者所采取的措施需同时满足以下条件:

首先,个人信息处理者应当将使用目的具体化以进行后续的目的限定。一旦已经获得个人信息主体的同意而收集个人信息,如个人信息处理者意图将此类个人信息用于其他目的,除非该项个人信息处理活动可基于其他合法性基础进行,否则个人信息处理者应当为此目的另行获得个人信息主体的同意,此种可视为原处理活动已变更。

其次,个人信息处理者应当细化请求同意的颗粒度。若存在不同的个人信息处理目的均以同意为合法性基础,应当就每个目的提供单独的主动性选择,允许个人信息主体就具体的目的作出针对性同意。

最后,个人信息处理者应当将与获得同意相关的信息与其他处理活动下的信息进行区分,同时应在每个单独的同意请求中向个人信息主体提供为实现每个具体目的所需处理的个人信息的详细情况。

与此处的"同意"相比,民法制度下的"意思表示"的范围较大,包含明示和默示、对话及非对话的形式(《民法典》第137条、第140条),有具备相对人和无相对人两种情形(《民法典》第137条),存在按照所使用的词句,结合相关条款、行为的性质和目的、习惯以及诚信原则解释的空间(《民法典》第142条),"意思表示"可以随时撤回(《民法典》第137条、第141条),总结而言,"意思表示"的定义较为中性,一个无效的同意也是一种意思表示,构成《个人信息保护法》项下有效的同意需要满足个人信息主体充分知情、自愿、明确作出的要件。

法律、行政法规规定处理个人信息应当取得个人单独同意或者书面同意的,从其规定。针对个人信息类型较为敏感,或者处理活动对于个人信息主体影响较大的情形下,法律、行政法规通常会专门规定"书面同意"以及"单独同意"。前者有如下示例:根据《中华人民共和国人类遗传资源管理条例》第12条规定,采集我国人类遗传资源,应当事先告知人类遗传资源提供者采集目的、采集用途、对健康可能产生的影响、个人隐私保护措施及其享有的自愿参与和随时无条件退出的权利,征得人类遗传资源提供者书面同意。

后者的举例如下:根据《寄递服务用户个人信息安全管理规定》第15条,

未经法律明确授权或者用户书面同意,邮政企业、快递企业及其从业人员不得将其掌握的寄递用户信息提供给任何单位或者个人。

根据《网络交易监督管理办法》第 13 条规定,网络交易经营者不得采用一次概括授权、默认授权、与其他授权捆绑、停止安装使用等方式,强迫或者变相强迫消费者同意收集、使用与经营活动无直接关系的信息。收集、使用个人生物特征、医疗健康、金融账户、个人行踪等敏感信息的,应当逐项取得消费者同意。

二、"变更"的各种情况与变更后重新同意

此处所指变更包括以下三种元素的变更:个人信息的处理目的、处理方式和处理的个人信息种类。变更带来的后果包含两种情形:需要重新取得同意的以及需要论证采取其他合法基础的。其中个人信息处理的目的这一元素最为关键,如果目的的变更导致合法性基础发生变更,例如原先基于同意而收集的个人信息被用来分析以应对突发公共安全事件,那么该等情形无需获得同意,而是需要满足公示处理规则等透明性要求以及必要性要求等其他要求;如果目的的变更仍然是属于需要获得个人信息主体同意的情形,那么需要重新获得同意。在后一种重新同意的情形下,关于处理方式的变更,可能包括从直接方式变为间接方式,由主动提交变为自动化收集,关于处理的个人信息种类的变更有可能是种类的增减或者导致数据敏感度的提升,为了保证个人信息主体的正当权益,能够实现对于自身个人信息的控制,需要保证其可以重新选择是否同意。

【参考条文】

一、国内立法

1.《中华人民共和国民法典》

第一千零三十五条　处理个人信息的,应当遵循合法、正当、必要原则,不得过度处理,并符合下列条件:

(一)征得该自然人或者其监护人同意,但是法律、行政法规另有规定的除外;

(二)公开处理信息的规则;

(三)明示处理信息的目的、方式和范围;

(四)不违反法律、行政法规的规定和双方的约定。

个人信息的处理包括个人信息的收集、存储、使用、加工、传输、提供、公开等。

2.《中华人民共和国网络安全法》

第四十一条网络运营者收集、使用个人信息,应当遵循合法、正当、必要的原则,公开收集、使用规则,明示收集、使用信息的目的、方式和范围,并经被收集者同意。

3.《个人信息安全规范》

5.4 收集个人信息时的授权同意

对个人信息控制者的要求包括:

a)收集个人信息,应向个人信息主体告知收集、使用个人信息的目的、方式和范围等规则,并获得个人信息主体的授权同意;

注1:如产品或服务仅提供一项收集、使用个人信息的业务功能时,个人信息控制者可通过个人信息保护政策的形式,实现向个人信息主体的告知;产品或服务提供多项收集、使用个人信息的业务功能的,除个人信息保护政策外,个人信息控制者宜在实际开始收集特定个人信息时,向个人信息主体提供收集、使用该个人信息的目的、方式和范围,以便个人信息主体在作出具体的授权同意前,能充分考虑对其的具体影响。

注2:符合5.3和a)要求的实现方法,可参考附录C。

b)收集个人敏感信息前,应征得个人信息主体的明示同意,并应确保个人信息主体的明示同意是其在完全知情的基础上自主给出的、具体的、清晰明确的意愿表示;

c)收集个人生物识别信息前,应单独向个人信息主体告知收集、使用个人生物识别信息的目的、方式和范围,以及存储时间等规则,并征得个人信息主体的明示同意;

注:个人生物识别信息包括个人基因、指纹、声纹、掌纹、耳廓、虹膜、面部识别特征等。

d)收集年满14周岁未成年人的个人信息前,应征得未成年人或其监护人的明示同意;不满14周岁的,应征得其监护人的明示同意;

e)间接获取个人信息时:

1）应要求个人信息提供方说明个人信息来源，并对其个人信息来源的合法性进行确认；

2）应了解个人信息提供方已获得的个人信息处理的授权同意范围，包括使用目的，个人信息主体是否授权同意转让、共享、公开披露、删除等；

3）如开展业务所需进行的个人信息处理活动超出已获得的授权同意范围的，应在获取个人信息后的合理期限内或处理个人信息前，征得个人信息主体的明示同意，或通过个人信息提供方征得个人信息主体的明示同意。

二、比较法

1. 欧盟《通用数据保护条例》

第7条　同意的条件

1.当处理是建立在同意基础上的，控制者需要能证明，数据主体已经同意对其个人数据进行处理。

2.如果数据主体的同意是在涉及其他事项的书面声明的情形下作出的，请求获得同意应当完全区别于其他事项，并且应当以一种容易理解的形式，使用清晰和平白的语言。任何违反本条例的声明都不具有约束力。

3.数据主体应当有权随时撤回其同意。在撤回之前，对于基于同意的处理，其合法性不受影响。在数据主体表达同意之前，数据主体应当被告知这一点。撤回同意应当和表达同意一样简单。

4.分析同意是否是自由作出的，应当最大限度地考虑一点是：对契约的履行——包括履行条款所规定的服务——是否要求同意履行契约所不必要的个人数据处理。

第十五条（撤回同意）

第十五条　基于个人同意处理个人信息的，个人有权撤回其同意。个人信息处理者应当提供便捷的撤回同意的方式。

个人撤回同意，不影响撤回前基于个人同意已进行的个人信息处理活动的效力。

【本条主旨】

本条是关于撤回同意的规定。本条共两款，第1款是关于撤回同意的一般规定,第 2 款是关于撤回同意无溯及力的规定。

【核心概念】

撤回

当个人信息处理是基于个人信息主体的同意进行时,信息主体有权随时撤回其同意,从而终止个人信息处理者进行个人信息处理行为。

溯及力

撤回同意的溯及力指的是撤回同意是否对已经发生的个人信息处理活动的合法性产生影响。

【条文释义】

一、"撤回同意"

(一) 适用范围

"撤回同意"适用的范围是"基于个人同意处理个人信息",此时通常不涉及他人权益保护、社会公共利益等场景,应当尽可能尊重信息主体的意愿、保障其对个人信息的控制权。若个人信息处理的合法性基础为《个人信息保护法》第13条第1款第2—7项所规定的情形,如为了订立或履行个人作为一方当事人的合同、应对突发公共卫生事件、为履行法定职责或法定义务等,信息主体对服务于上述目的的信息处理活动并未作出过有效同意,自然没有撤回权行使的前提。

另外,个人信息处理者在个人信息处理规则中明晰数据处理目的及其法律依据尤为必要,以免以无需同意的个人信息处理活动捆绑需经同意的个人信息处理活动,不当限缩同意撤回的范围。例如使用酒店服务类应用软件所需必要个人信息包括注册用户移动电话号码、住宿人姓名和联系方式、入住和退房时间、入住酒店名称,[①]收集上述信息无需经过个人同意,但个人信息处理者如欲利用入住酒店名称为用户推荐个性化的旅游攻略,该处理活动则需要。在后一情形下,个人信息处理者不得以入住酒店名称是履行合同所必要的信息为由,排除信息主体的同意撤回权。因此,撤回权针对的是信息主体在特定场景下对特定个人信息的处理所作出的同意,不得混淆诸多信息处理目

---

① 必要信息范围参见《常见类型移动互联网应用程序必要个人信息范围规定》。

的与法律依据。

（二）撤回同意的意义

我国对个人信息的保护采取了个体赋权与风险规制相结合的进路，一方面强调信息主体对个人信息的支配权，其在私人领域内享有的信息保有权、知情权、同意权、撤回权、更正权、删除权、利用权和公开权等权能，是保障个人私人生活安宁和个人幸福生活的重要内容，也使得权利人在私生活的领域内自主发展其个性人格成为可能。① 另一方面，根据个人信息保护情景和面临风险，对企业、国家机关等不同个人信息处理主体，有的放矢地采取风险监测、风险评估、风险监督管理、风险交流在内的风险管理措施。② 同意的撤回无疑是个人信息支配权的重要组成部分，是信息主体决定其信息何时被利用的手段。这是因为在实践中，个人信息的处理具有动态性与场景化的特征，信息主体作出初始同意之后，或意识到信息使用规则所采一般化的语言不足以描述复杂的现实活动，③ 或为商家频繁推送广告信息所困扰，④ 或改变了对产品或服务的需求。为适应信息主体基于自身或外部环境影响所产生的变化，有必要允许其撤回初始同意以确保对个人信息的进一步控制。

（三）撤回权概述

1. 撤回权的概念与性质

撤回权，即撤回同意的权利的性质为何？ 有学者指出"同意的撤回"虽名为撤回，实则为意思表示的撤销。⑤ 因为通常情况下，撤回针对未生效意思表示，撤销针对已生效意思表示。显然，此种对"同意的撤回"之理解建立在意思表示理论的基础之上。⑥ 但目前立法与学界对此均存争议，首先，《个人信息保护法（一审稿）》第 14 条规定，"处理个人信息的同意，应当由个人在充分

---

① 参见王利明：《数据共享与个人信息保护》，载《现代法学》2019 年第 1 期，第 49 页。
② 参见张新宝：《我国个人信息保护法立法主要矛盾研讨》，载《吉林大学社会科学学报》2018年第 5 期，第 50 页。
③ 参见丁晓东：《论个人信息法律保护的思想渊源与基本原理——基于"公平信息实践"的分析》，载《现代法学》2019 年第 3 期，第 104 页。
④ 参见万方：《个人信息处理中的"同意"与"同意撤回"》，载《中国法学》2021 年第 1 期，第174 页。
⑤ 参见万方：《个人信息处理中的"同意"与"同意撤回"》，载《中国法学》2021 年第 1 期，第174 页。
⑥ "同意"在法律性质上属于意思表示的观点，参见陆青：《个人信息保护中"同意"规则的规范构造》，载《武汉大学学报（哲学社会科学版）》2019 年第 5 期，第 122 页。

知情的前提下,自愿、明确作出意思表示。"而随后的二审稿与最终出台的《个人信息保护法》删除了"意思表示"一词,对"同意"之性质未置可否。其次,有观点认为产生排除行为不法性效果的同意不以行为具有法效意思为必要,不属于意思表示。①

即便将"撤回同意"置于意思表示的框架下讨论,并界定为"撤销",亦存在如下疑问:首先,意思表示的撤销有着严格的限制,如要约的撤销需在相对方尚未作出承诺前到达相对人,可撤销法律行为一般存在效力瑕疵,这就意味着在缺乏其他法定事由的情形下,行为人难以对有效的意思表示行使撤销权。其次,撤销权行使之后因否定已成立法律行为的效力,一般具有溯及力,即便是以持续履行的债务为内容的继续性合同,已履行的部分无法恢复原状,对该部分的处理仍是在不当得利返还的基础上参照有效合同处理,②而非排除溯及力的适用,若将对个人信息处理"同意的撤回"定位为此,不免要增设例外情形。

本书认为,个人信息主体撤回同意是个人对其个人信息支配的一种方式。在个人信息处理活动中,信息处理者本负有不得非法处理个人信息的义务,但获得信息主体的同意之后,便有了处理个人信息的特权,故"同意"对个人信息的处理更接近《民法典》第 1019 条第 2 款中肖像权人同意他人对其肖像的使用或公开,属于侵权法意义上的责任抗辩事由,即"受害人同意"。而个人信息主体的同意可以表现为对单项个人信息处理活动的同意,也可表现为对连续处理个人信息活动的同意,前者以每次打开地图 App 均被征求使用地理位置信息为典型,后者以签订概括性授权条款为代表。就各项处理行为的单独同意与就连续处理行为的概括同意与同意撤回,二者实则产生了相似的法效果。如若排除了个人信息主体对持续性的同意行为的控制,则意味着个人信息权益被个人永久抛弃,与人格权的固有性与专属性相悖。赋予个人信息主体撤回权,无疑是让个人实际享有决定其个人信息权益是否被处分以及何时被处分的权利。在《民法典》中可与之类比的为第 173 条第 2 项,即"被代理人取消委托"时,委托代理终止,此处"取消委托"在学理上被解释为撤回代

① 参见程啸:《论侵权行为法中受害人的同意》,载《中国人民大学学报》2004 年第 4 期,第 111 页。

② 参见最高人民法院民事审判第二庭编著:《〈全国法院民商事审判工作会议纪要〉理解与适用》,人民法院出版社 2019 年版,第 261 页。

理权,以防止"自治"沦为"他治"。① 由此,单纯从个人信息权益的视角看待同意的撤回,是权利人在法定限度内按照自己的意志行使支配权的体现。

在实践中,个人信息处理行为多为合同所包容,合同的实质拘束力在稳定合同当事人的预期、提高经济效益的同时,大大挤压了个人信息权益内生的"同意撤回权"的生存空间,并转由当事人意思自治、合同解除权与违约责任来平衡合同履行阶段的利益关系。但撤回权受到限制的状态并不影响事实上的存续,《个人信息保护法》仅强调个人信息权益保护与规范个人信息处理活动的面向,至于权益的处分经由受害人承诺还是以免责条款的形式作出,以及以合同方式作成之后个人信息主体应当采用何种途径免受在先同意的约束并非本法关注的重点,具体解释尚需结合《民法典》,进而得出妥适的解释结论。

因此,从权利角度而言,撤回同意是个人行使个人信息支配权的方式。

2. 撤回权不是删除权

信息主体撤回同意后,在缺乏其他合法性基础时,个人信息不得被进一步处理,处理包括收集、存储、使用、加工、传输、提供、公开等,如此,同意的撤回是各项处理活动能否合法进行的界分点,而不是已收集个人信息与未收集个人信息的分割线。也就意味着,若非属《个人信息保护法》第 13 条规定的其他法定情形,已收集的个人信息的存储活动亦被禁止。这是《个人信息保护法》第 47 条的逻辑前提,即当个人撤回同意时,个人信息处理者应当主动删除个人信息;个人信息处理者未删除的,个人有权请求删除。根据《信息安全技术·个人信息安全规范》的要求,此处删除至少应当是在实现日常业务功能所涉及的系统中去除个人信息,确保个人信息不可被检索、访问。由此,撤回同意是删除权行使的条件,而删除权是撤回同意之后的结果,二者相互独立,并不等同。

但撤回同意并不必然导致个人信息存储的合法性基础丧失,进而使个人信息主体取得删除权。为了提起、行使或辩护法律性主张的需要,为了保护第三人合法利益,或者为了公共利益等法定情形均可作为数据存储的依据。

3. 撤回权的行使

撤回权行使的对象为个人信息处理者。但实践中个人信息处理者可能将

---

① 参见王利明:《民法总则研究(第二版)》,中国人民大学出版社 2012 年版,第 672 页;张新宝:《〈中华人民共和国民法典·总则〉释义》,中国人民大学出版社 2020 年版,第 370 页;朱庆育:《民法总论》,北京大学出版社 2013 年版,第 347 页。

个人信息委托给受托方处理,亦可能向第三方提供个人信息,所涉主体众多,此时,所有其他从信息处理者处获得信息的主体都应遵从权利递减原则,既不得超出原始许可的范围处理个人信息,也不得要求个人信息主体对每一个关联方进行单独的同意撤回通知。① 故个人信息主体仅需向个人信息处理者撤回同意即可。

撤回权的行使没有期限限制。同意撤回权是个人基于对个人信息的支配权而享有的决定其个人信息是否被处理、何时被处理的权利,是支配权效力的必然延伸,与个人信息支配权同其命运。二者密不可分,原则上不应对撤回权的行使期限进行限制,否则存在无法取消同意的风险,支配权名存实亡。如此,信息流通的范围失控,阻碍人格发展,不利于维护人格尊严。

撤回权的行使方式应当便捷。个人信息处理者不仅要提供撤回同意的途径和方式,且该途径和方式不得比初始同意流程更加复杂。② 在应用界面上,初始同意如果是在 App 主界面或者网站首页获取的,那么个人至少能在同样的界面撤回同意,而无需经过多次点击才能访问到;在服务时段上,初始同意如果是在一周七天每天二十四小时的全天候环境下获取的,那么个人至少能在同样的时段撤回同意,而无需受工作日与工作时间的限制;在具体操作上,初始同意如果是通过鼠标点击、滑动图片验证、点选图片、输入字符等方式获取的,那么个人也应能以同样甚至更简易的步骤撤回同意,而无需输入手机验证码、编辑短信并发送等。③

撤回权的行使应当受到《民法典》第 7 条诚实信用原则的限制。它要求个人信息主体在撤回同意时应当遵循最基本的道德要求,考虑对方利益,否则,个人信息主体构成权利滥用。④ 若信息主体行使撤回权过于频繁、且证据足以表明其具有明显的恶意,个人信息处理者可以请求损害赔偿。

二、"撤回同意"原则上没有溯及力

第二款规定了撤回同意之后的法律效果。个人撤回同意后,不影响撤回

---

① 参见万方:《个人信息处理中的"同意"与"同意撤回"》,载《中国法学》2021 年第 1 期,第185 页。
② 参见欧盟第二十九条资料保护工作组《对 GDPR 下同意的解释指南》。
③ 参见欧盟第二十九条资料保护工作组《对 GDPR 下同意的解释指南》。
④ 参见王利明主编:《民法》,中国人民大学出版社 2020 年版,第 46 页。

前基于个人同意已进行的个人信息处理活动的效力。如若同意的撤回可以溯及既往，否定在此之前所有处理行为的合法性，那么个人信息处理者需对基于原始数据加工形成的数据产物重新作出处理，而用户群体庞大，撤回通知繁多，反复多次地将数据还原、整合无疑会增加企业成本，浪费人力资源，打击企业改善产品服务、进行技术革新的积极性。即便个人信息剥离与剔除在技术与成本上可行，数据处理活动对个人所造成的影响在事实上也不可能恢复至初始状态。而且，个人通过同意处理个人信息，换取了与之对等的增值服务，双方当事人的权益并未失衡，亦无必要溯及既往。

信息主体行使同意撤回权之后，除非有违诚实信用原则，一般不会产生损害赔偿的问题。实践中，个人信息处理者多会以发放优惠券的形式吸引个人同意对其个人信息的收集，事后信息主体撤回同意自然违背了商家给予优惠减免的初衷，又或者在精准营销时，平台先将用户打上标签，并把人群分类制作人群包，进而投放至后台和商家，用户撤回同意后，平台需重新调整人群包，会产生额外费用。个人信息处理者不得以发生这些损失为由请求损害赔偿，因为个人的同意撤回权是由法律明确规定的，个人信息处理者在处理信息时应当能充分预见到个人会随时行使该项权利，同时也并没有对个人放弃撤回同意的信赖与确信，故因合理撤回同意而生的损失应为个人信息处理者自行承担。

【参考条文】

一、国内立法

1.《中华人民共和国民法典》

第一百四十一条　行为人可以撤回意思表示。撤回意思表示的通知应当在意思表示到达相对人前或者与意思表示同时到达相对人。

第四百七十五条　要约可以撤回。要约的撤回适用本法第一百四十一条的规定。

第四百八十五条　承诺可以撤回。承诺的撤回适用本法第一百四十一条的规定。

第一千一百四十二条　遗嘱人可以撤回、变更自己所立的遗嘱。立遗嘱后，遗嘱人实施与遗嘱内容相反的民事法律行为的，视为对遗嘱相关内容的撤回。

2.《信息安全技术　个人信息安全规范》

8.4 个人信息主体撤回授权同意

对个人信息控制者的要求包括：

a)应向个人信息主体提供撤回收集、使用其个人信息的授权同意的方法。撤回授权同意后，个人信息控制者后续不应再处理相应的个人信息；

b)应保障个人信息主体拒绝接收基于其个人信息推送商业广告的权利。对外共享、转让、公开披露个人信息，应向个人信息主体提供撤回授权同意的方法。

注：撤回授权同意不影响撤回前基于授权同意的个人信息处理。

3.《深圳经济特区数据条例》

第二十二条　自然人有权撤回部分或者全部其处理个人数据的同意。

自然人撤回同意的，数据处理者不得继续处理该自然人撤回同意范围内的个人数据。但是，不影响数据处理者在自然人撤回同意前基于同意进行的合法数据处理。法律、法规另有规定的，从其规定。

第二十三条　处理个人数据应当采用易获取的方式提供自然人撤回其同意的途径，不得利用服务协议或者技术等手段对自然人撤回同意进行不合理限制或者附加不合理条件。

二、比较法

1. 欧盟《通用数据保护条例》

第 7 条　同意的条件

1. 若处理基于同意，控制方应能证明数据主体已同意对其个人数据的处理。

2. 如果数据主体在一份还涉及其他事项的书面声明中表示同意，请求同意应以从其他事项中清晰可辨的方式及可理解和方便获取的形式提出，并采用清楚明白的语言。构成违反本条例的声明的任何部分均不具有约束力。

3. 数据主体有权在任何时候撤回其同意。撤回同意不得影响撤回前基于同意的处理的合法性。在表示同意之前，应告知数据主体相关内容。表示同意和撤回同意应同样方便。

4. 在评估同意是否自愿时，应最大程度考虑（除其他外）合同的履行（包括提供服务）是否取决于同意对该合同履行非必要的个人数据处理。

2. 印度《个人数据保护法案》

11. 处理个人数据所必须的同意

（2）数据主体的同意无效，除非该同意是：

（a）自愿的，考虑其是否符合《1872 年印度合同法》第 14 条规定的标准；

（b）知情的，考虑数据主体是否已经被告知第 7 条规定要求的信息；

（c）具体的，考虑数据主体是否可以决定同意数据处理的目的的范围；

（d）清楚的，考虑其在特定的背景下是否通过肯定行动表明是有意义的；

（e）可撤回的，考虑撤回的便捷性是否与作出同意的便捷性相当。

（6）如果数据主体无任何有效理由撤回其对任何个人数据处理的同意，该撤回的所有法律后果应由该数据主体承担。

23. 个人数据处理的透明度

（3）数据主体可以通过同意管理者作出或撤回其对数据受托者的同意。

（4）数据主体通过同意管理者作出或撤回对数据主体的同意时，应视为该同意或撤回已经由数据主体直接传达。

第十六条（不得拒绝提供服务）

第十六条　个人信息处理者不得以个人不同意处理其个人信息或者撤回同意为由，拒绝提供产品或者服务；处理个人信息属于提供产品或者服务所必需的除外。

【本条主旨】

本条是关于个人信息处理者不得拒绝提供产品或者服务的规定。

【核心概念】

个人不同意处理个人信息

个人信息主体通过书面、口头等方式作出纸质或电子形式的声明，或者作出勾选、点击"不同意""取消""下次再说"等否定性动作，或者以沉默的方式，对处理其个人信息表示拒绝。

个人撤回对其个人信息处理的同意

当个人信息处理是基于个人信息主体的同意进行时，信息主体撤回其同意，从而终止个人信息处理者的个人信息处理活动。

拒绝提供产品

个人信息处理者拒绝与个人订立或履行以给付特定物为内容的合同。例如个人不同意提供眼睛状况的信息时,个人信息处理者可以拒绝提供定制的眼镜。

拒绝提供服务

个人信息处理者拒绝与个人订立或履行以作出特定行为为内容的合同。此处服务是具体的、特定的,以微信为例,其包含社交、支付等自带功能,亦包含打车、购物、票务等与第三方合作的功能,上传身份证件或银行卡号仅仅为支付功能所必需,指向的是这一个具体的服务类型,而非微信 App 的整体。实践中,满足个人信息主体的具体使用需求的服务类型包括地图导航、网络约车、即时通讯、网络社区、网络支付、新闻资讯、快递配送、交通票务等。

【条文详解】

一、个人不同意处理其个人信息或者撤回其对个人信息处理的同意

个人信息处理者提供或拒绝提供产品、服务的直接原因为"个人不同意处理其个人信息或者撤回同意"。所谓个人不同意,是指信息主体拒绝处分个人信息权益。未获个人同意的非必要个人信息处理活动缺乏合法性基础,无法为该侵权行为提供免责的依据。拒绝同意的行为可以通过书面、口头如形成纸质或电子版的声明、以及勾选、点击"不同意""取消""下次再说"等明示的方式,特定行为如在进入监控区域前绕道行走等默示的方式,以及在没有当事人约定或交易习惯的情况下以沉默的方式作出。

所谓撤回同意,是指信息主体不再继续同意处分个人信息权益。个人撤回同意后,其效力仅向未来发生,同意撤回前基于个人同意已进行的个人信息处理活动的效力不受影响。同意的撤回需以明示或默示的方式作出,单纯的沉默在此无法产生积极变更法律关系的效果。

另外,个人信息处理者拒绝提供产品或服务的行为需与"个人不同意处理其个人信息或者撤回同意"之间具有因果关系。个人不同意的可能是其中某一项、某几项、甚至整体信息的处理,而个人信息处理者不让个人使用的也可能是单一的支付功能、社交功能或应用软件中所有功能,只要二者之间存在因果关系,即可援引本条进行处理。若个人因违反合同的其他约定如定期支付费用,或者违背法律规定如利用信息网络从事犯罪活动而无法使用特定的

服务,则不属于本条的调整范围。

二、个人信息处理者原则上不得拒绝提供产品或者服务

目前实践中面临着过度收集个人信息的问题,主要包括隐秘收集与强制收集,①后者体现在:其一,强制捆绑多项服务或功能,征求"一揽子"的同意,如 App 新增业务功能申请收集的个人信息超出用户原有同意范围,若用户不同意,则拒绝提供原有业务功能(新增业务功能取代原有业务功能的除外)。其二,扩大单个服务或功能的信息收集范围,如收集的个人信息类型或打开的可收集个人信息权限与现有业务功能无关,又如因用户不同意收集非必要个人信息或打开非必要权限,拒绝提供业务功能。② 本条即是对过度收集中的强制收集的规制,目的在于落实"告知—同意"的制度框架,确保个人能在充分知情的基础上发挥意思自治,自由地作出同意、撤回同意,使得个人自主决定个人信息处理的范围、目的、时间、方式。

强制收集的共通点在于就特定的产品或服务类型,个人信息处理者要求获取的信息超出为提供产品或服务所必需的范围,否则拒绝提供。现行法将对该行为予以禁止的理论依据如下:

第一,根据《个人信息保护法》第 6 条的规定,处理个人信息应当遵循必要性原则,即在从事某一特定活动可以使用也可以不使用个人信息时,应尽量不使用;在必须使用并征得权利人许可时,要尽量少使用;获取的信息量,以满足使用目的为必要;为达到目的只需要使用权利人的非私密个人信息的,就不应该扩大信息收集和使用的范围。③ 一般认为,为履行合同所必要的个人信息意指收集的个人信息的类型应与实现产品或服务的业务功能有直接关联,若没有上述个人信息的参与,产品或服务的功能便无法实现。④ 就其具体评

---

① 参见洪延青:《过度收集个人信息如何破解》,载《中国信息安全》2019 年第 1 期。

② 参见《App 违法违规收集使用个人信息行为认定方法》,国信办秘字〔2019〕191 号。

③ 参见王利明:《论个人信息权在人格权法中的地位》,载《苏州大学学报》2012 年第 6 期,第 74 页;张新宝:《个人信息收集:告知同意原则适用的限制》,载《比较法研究》2019 年第 6 期,第 14 页。

④ 5.2 收集个人信息的最小必要对个人信息控制者的要求包括:a)收集的个人信息的类型应与实现产品或服务的业务功能有直接关联;直接关联是意味着没有上述个人信息的参与,产品或服务的功能无法实现;b)自动采集个人信息的频率应是实现产品或服务的业务功能所必需的最低频率;c)间接获取个人信息的数量应是实现产品或服务的业务功能所必需的最少数量。

估,欧盟采取了确定服务的本质、合同的确切目的和必要要素、合同各方的相互理解和期待等多项指引,①而我国,依《常见类型移动互联网应用程序必要个人信息范围规定》的第4条和《信息安全技术·个人信息安全规范》附录C.2的规定,则区分了基本功能服务和扩展功能服务。当个人信息处理者将必要个人信息与非必要个人信息混同、基本功能与拓展功能捆绑时,其所获取的信息超出了为使用基本功能服务所必要的范围,并不符合必要性原则的要求。

第二,个人信息处理者以个人不同意对非必要个人信息的处理或者撤回同意为由,拒绝提供产品或者服务的,会影响个人同意的效力。个人作出有效的受害人同意需满足内容明确具体、同意真实自愿、受害人具有同意能力、加害人充分告知说明、不违反法律禁止性规定与公序良俗等要件。② 而强制收集影响了同意的自愿性,本法与《最高人民法院关于审理使用人脸识别技术处理个人信息相关民事案件适用法律若干问题的规定》第4条对此均予无效认定,在制度上与受胁迫的可撤销法律行为作出不同的安排,以降低诉讼成本,更好地保护信息主体的合法权益。③

第三,该行为可能会侵害《消费者权益保护法》下消费者的自主选择权。消费者享有自主选择商品或者服务的权利,具体包括自主选择经营者、合同缔结与否、商品种类或服务方式、接受或不接受任何一项服务以及购买或不购买任何一种产品的权利。④ 当个人信息处理者将对基本功能与拓展功能的同意与撤回同意合并处理时,个人信息主体行使权利只能产生"全有或全无"的效果,无法单独就某项具体的服务类型进行选择。在实践中,通常会出现扫码点餐的现象,若商家将扫码点餐作为唯一的点餐方式,且关注商家公众号、授权微信登录或者利用手机号码注册是进入点餐界面的必要途径,这同样侵犯消费者自主选择服务方式的权利。

第四,个人信息处理者的行为可能涉嫌垄断。《关于平台经济领域的反垄断指南》第16条指出,"具有市场支配地位的平台经济领域经营者""强制

---

① 参见《EDPR第2/2019号指引〈关于在向数据主体提供在线服务时依据GDPR第6(1)(b)条规定处理个人数据〉(公开征求意见稿)》。

② 参见程啸:《侵权责任法教程(第三版)》,中国人民大学出版社2017年版,第126页。

③ 参见朱虎:《人脸信息保护的司法维度:现实考量与规则表达》,载《人民法院报》2021年7月29日。

④ 参见张守文主编:《经济法学(第七版)》,北京大学出版社2018年版,第304页。

收集非必要用户信息或者附加与交易标的无关的交易条件、交易流程、服务项目"的,可能构成滥用市场支配地位。因此,若用户对平台的依赖性较大,市场上几乎难有可替代性平台,而平台以个人同意处理非必要个人信息为交易条件,否则便拒绝提供产品或服务,该附加不合理交易条件的行为可能会触发反垄断条款。

基于上述缘由,个人拒绝同意个人信息处理者收集非必要个人信息或者撤回对其同意具有合理性,个人信息处理者不得以此拒绝提供产品或服务。此时,个人信息主体所作出的受害人承诺无效,个人信息处理者自然无权对个人信息进行进一步的处理。

值得注意的是,本条的"拒绝提供产品或者服务"应作扩张解释,也即对个人产生的任何实质性损害或不合理的差异对待如明显降低服务质量,频繁征求个人信息主体的同意等,都应被包含在内,否则对个人的不利益会不当干扰拒绝同意与撤回同意权利的行使,同样构成变相强制。因此,个人拒绝同意非必要个人信息的处理时,个人信息处理者提供的产品或者服务可以具有差异,但是需要符合产品或者服务的基本功能。在具体判断标准上,需准确把握"基本功能服务"的内容,如在线影音类为"影视、音乐搜索和播放",运动健身类为"运动健身训练",即便个人未提供任何个人信息,也应当可以使用前述应用程序中除会员专区等特殊类别以外的基本功能。[1]

根据上文所述,个人信息处理者以个人不同意或撤回对非必要个人信息的同意为由,拒绝提供产品或服务的行为有违个人信息收集的必要性原则、影响了同意的效力、并在特定情况下有触犯消费者权益保护法与反垄断法的嫌疑。因此,个人信息处理者原则上便不得拒绝提供产品或服务,提供的产品或者服务也不得存在明显的差异。

三、可以拒绝提供产品或者服务的例外

当个人拒绝同意或撤回同意的信息处理活动为提供产品或服务所必需时,个人信息处理者可以表示拒绝。此时,个人信息主体提供必要的个人信息的义务为产品或服务合同的主给付义务,个人信息处理者交付产品或提供服

---

[1] 再如个人信息主体拒绝同意门户网站收集其浏览信息,并利用该信息进行个性化推荐,该用户在门户网站以非登录的状态可以浏览到的新闻总量与以登录状态可以浏览的范围应当一致,只是不能享受个性化的新闻推荐服务。

务的义务亦为合同的主给付义务,且双方的债务之间存在有机的牵连关系,信息主体的履行为个人信息处理者履行的当然前提,①否则后一主体的给付难以实现。个人信息处理者拒绝的意思表示可以视为行使先履行抗辩权。

个人信息处理者的债务履行必须利用信息主体提供的个人信息,就该必要个人信息的范围,前文已有部分提及,即为了实现基本功能服务所必要的信息,否则该服务无法完成,如使用地图导航类应用程序所必要的信息为位置信息、出发地、到达地;用于网上购物必要信息则为注册用户移动电话号码,收货人姓名(名称)、地址、联系电话,支付时间、支付金额、支付渠道等支付信息。

【参考条文】

一、国内立法

1.《信息安全技术　个人信息安全规范》

5.3　多项业务功能的自主选择

当产品或服务提供多项需收集个人信息的业务功能时,个人信息控制者不应违背个人信息主体的自主意愿,强迫个人信息主体接受产品或服务所提供的业务功能及相应的个人信息收集请求。对个人信息控制者的要求包括:

a)不应通过捆绑产品或服务各项业务功能的方式,要求个人信息主体一次性接受并授权同意其未申请或使用的业务功能收集个人信息的请求;

b)应把个人信息主体自主作出的肯定性动作,如主动点击、勾选、填写等,作为产品或服务的特定业务功能的开启条件。个人信息控制者应仅在个人信息主体开启该业务功能后,开始收集个人信息;

c)关闭或退出业务功能的途径或方式应与个人信息主体选择使用业务功能的途径或方式同样方便。个人信息主体选择关闭或退出特定业务功能后,个人信息控制者应停止该业务功能的个人信息收集活动;

d)个人信息主体不授权同意使用、关闭或退出特定业务功能的,不应频繁征求个人信息主体的授权同意;

e)个人信息主体不授权同意使用、关闭或退出特定业务功能的,不应暂停个人信息主体自主选择使用的其他业务功能,或降低其他业务功能的服务质量;

---

① 参见韩世远:《合同法总论(第四版)》,法律出版社 2018 年版,第 392 页。

f)不得仅以改善服务质量、提升使用体验、研发新产品、增强安全性等为由,强制要求个人信息主体同意收集个人信息。

2.《深圳经济特区数据条例》

第十二条 数据处理者不得以自然人不同意处理个人数据为由,拒绝向其提供相关核心功能或者服务。但是,该个人数据为提供相关核心功能或者服务所必需的除外。

二、专家建议稿

1. 张新宝、葛鑫:《个人信息保护法(专家建议稿)》

第三十二条 有效同意

信息业者据本法第二十九条第一项规定收集信息主体个人信息时,应当以清晰、易懂的用语,通过信息主体易于选择和操作的方式,征求信息主体对处理其个人信息的同意。

信息业者在征求信息主体同意时,事实上排除信息主体拒绝同意的权利的,该同意无效:

(一)未根据个人信息处理的具体情形征得信息主体同意,而以概括式条款征求信息主体同意;

(二)以信息主体对处理其个人信息的同意作为订立或履行合同的条件,超出为合同必要范围处理信息主体个人信息;

(三)其他事项一并征求信息主体的同意,未采取合理的方式显著标识有关个人信息处理事项条款,并为信息主体提供单独的同意选项。

信息主体虽未作出有效同意,但向信息业者提供其个人信息,且依具体情形,信息主体提供其个人信息的行为存在合理性,视为信息主体同意对其个人信息的收集。

三、比较法

1. 欧盟《通用数据保护条例》

第7条 同意的条件

4. 在评估同意是否自愿时,应最大程度考虑(除其他外)合同的履行(包括提供服务)是否取决于同意对该合同履行非必要的个人数据处理。

2. 韩国《个人信息保护法》

第16条　收集个人信息的限制

1. 数据控制者根据第15条第1款收集个人信息时,应按照达到目的所需要的最低限度收集个人信息,并且数据控制者应承担收集的个人信息是最低限度的证明责任。

2. 数据控制者在收集个人信息时,须具体告知数据主体有权在数据收集时拒绝提供最低限度以外的个人信息。

3. 数据控制者不得因数据主体拒绝提供最低限度以外的个人信息而拒绝向数据主体提供商品或服务。

3. 印度《个人数据保护法案》

11. 处理个人数据所必须的同意

(4)任何商品或服务的提供或其质量,或者任何合同的履行,或者任何合法权利或请求的享受不得以同意处理任何非为该目的所必需的个人数据为条件。

【参考案例】

案件背景:

胡女士以上海携程商务有限公司采集其个人非必要信息,进行"大数据杀熟"等为由诉至法院,要求退一赔三,并要求携程 App 为其增加不同意"服务协议"和"隐私政策"时仍可继续使用的选项,以避免被告采集其个人信息,掌握原告数据。①

案件分析:

新下载携程 App 后,用户必须点击同意携程"服务协议""隐私政策"方能使用,如不同意,将直接退出携程 App,是以拒绝提供服务形成对用户的强制。根据本条规定,用户即便未同意该个人信息处理规则,携程 App 亦不得拒绝提供服务,除非处理个人信息属于提供服务所必需。故在此需确定携程 App 通过"服务协议""隐私政策"所收集的信息是否超出必要个人信息范围。携

---

① 参见《大数据杀熟,携程被判退一赔三!》,载《人民法院报》2021 年 7 月 13 日。

程 App 为酒店服务类应用程序,其基本功能服务为"酒店预订",必要个人信息包括注册用户移动电话号码,住宿人姓名和联系方式、入住和退房时间、入住酒店名称。然而携程 App 的"服务协议"要求用户同意收集的个人信息有包括日志信息、设备信息、软件信息、位置信息等,以形成用户画像,进行营销活动和个性化推荐。显然,携程 App 捆绑了基本功能服务与附加服务,让用户作出"一揽子"的选择,所收集个人信息远远超出为提供基本功能服务所必需的范围,不符合本条的要求。

第十七条(告知)

第十七条 个人信息处理者在处理个人信息前,应当以显著方式、清晰易懂的语言真实、准确、完整地向个人告知下列事项:

(一)个人信息处理者的名称或者姓名和联系方式;

(二)个人信息的处理目的、处理方式,处理的个人信息种类、保存期限;

(三)个人行使本法规定权利的方式和程序;

(四)法律、行政法规规定应当告知的其他事项。

前款规定事项发生变更的,应当将变更部分告知个人。

个人信息处理者通过制定个人信息处理规则的方式告知第一款规定事项的,处理规则应当公开,并且便于查阅和保存。

【本条主旨】

本条是关于告知的规定。本条有三款,第 1 款规定以显著方式、清晰易懂的语言向个人告知的事项;第 2 款规定事项发生变更的告知义务;第 3 款规定以处理规则方式告知的,应当公开以及便于查阅和保存。

【核心概念】

告知

将与个人信息处理活动相关信息提供给个人信息主体,使其了解信息处理活动的有关规则。

个人信息处理规则

实践中亦称用户协议、隐私政策等,是信息处理者对其所展开的收集、存储、使用、加工、传输、提供、公开等个人信息处理行为的说明。

【条文详解】

一、告知的适用范围

不论个人信息处理的合法性基础为何,亦不论处于信息处理周期的何种阶段,除本法第 19 条所规定的免于告知的情形外,个人信息处理者处理个人信息都需符合本条要求。

首先,凡以本法第 13 条项下情形为个人信息处理的法律依据者,数据处理者均要履行告知义务。我国《个人信息保护法》第 18 条已明确"紧急情况下为保护自然人的生命健康和财产安全"而进行的个人信息处理活动属于迟延及时告知的情形,根据本法第 13 条,此时无需取得个人同意。故从文义与体系上来看,告知的情形既包括以个人同意为合法性基础,也包括基于公共利益、法定职责、法定义务或其他法定情形而进行的信息处理活动。此外,将非同意机制下的个人信息处理行为纳入本条适用范围,有利于信息主体行使《个人信息保护法》第 44 条至第 50 条的各项权利。

其次,本条适用于信息处理的各个环节,如收集、存储、使用、加工、传输、提供、公开等,以及个人信息泄露、软件停止运营等特殊情况。若公权力机关出于维护公共利益的需要而调取企业的数据库,此时企业亦需告知特定主体。

二、告知的事项与方式

1. 告知的意义

信息处理者的告知与信息披露义务对应着信息主体的知情权,知情权源于信息主体身份的相关性,是基于其身份而享有知悉与其信息处理相关的一切事项的权利。① 信息主体明确知晓其个人信息收集的范围、利用的方式对个人人格的建构与发展有着至关重要的作用,如下社会学理论可为支撑:其一为戈夫曼的"日常生活中的自我呈现",人总是依据他对外界的经验认识采取

---

① 参见张新宝、葛鑫:《个人信息保护法(专家建议稿)及立法理由书》,中国人民大学出版社 2021 年版,第 33 页。

行动,并有意或无意地借助形象传达来控制交往对象的行为。① 如此,当个人无法从环境中有效获知他人对自身的期待时,人格的自由全面发展将受到干扰。其二为边沁设想的"全景式监狱"模型,狱警能在犯人不知道自己是否被监控、何时被监控的情况下监视犯人,犯人即会陷入"自我监禁"的心理状态,②进而刺激个人保持警惕,塑造行为。由此可见,赋予信息处理者告知的义务和信息主体知情的权利有利于打破信息霸权的壁垒,克服信息不对称,促进人格健全发展,否则信息主体无论在前台还是幕后都难以得到真正的喘息。

信息处理者的有效告知也是行使同意权、查询权、更正权、删除权、撤回权等个人信息权能的基础。尤其是在当个人信息处理的合法性基础为个人同意时,告知更是落实同意权,实现意思自治的有力工具。意思自治处于民法的核心地位,但只有在民事主体独立、平等的基础之上,才能保障当事人从事民事活动的意志自由。③ 一方面,面对经济实力雄厚的企业或者拥有公权力的国家机关等数据处理者,信息主体交涉能力不足,处于弱势地位,故需对之予以倾斜性保护,强制信息处理者对相关事项以显著、合理的方式进行告知,经此弱势意义的平等对待让信息主体知悉理解条款内容并权衡利弊作出选择成为可能。另一方面,有学者指出隐私条款冗长艰涩,个人难以理解,使得告知流于形式,且即便领会条款内容,概括式同意模式也限制了自由意志的表达,④而这些问题可以通过优化告知内容、改善告知方式等途径进行缓解。概言之,告知是信息自决权行使的前提,也是判断个人"同意"合法性的重要依据。

此外,所公开和告知的个人信息处理相关事宜越全面,颗粒度越细,透明度越高。个人信息处理者的信息披露一则对公众而言,是增强公众信任的手段,公众与企业或政府的良性互动驱动着技术革新与市场繁荣。二则从社会

---

① 参见欧文·戈夫曼:《日常生活的自我呈现》,黄爱华、冯钢译,浙江人民出版社1989年版,第3页及以下。

② 参见周建明、马璇:《个性化服务与圆形监狱:算法推荐的价值理念及伦理抗争》,载《社会科学战线》2018年第10期,第172页。

③ 参见王轶:《论民法诸项基本原则及其关系》,载《杭州师范大学学报(社会科学版)》2013年第3期,第93—94页。

④ 参见范为:《大数据时代个人信息保护的路径重构》,载《环球法律评论》2016年第5期,第93页。

监督角度来看,是形成公众、舆论压力的最佳切入路径。① 典型的如2017年公众向网络运营者的隐私条款亮剑的《花呗用户服务合同》事件,根据该条款,用户需同意并授权花呗收集电话号码余额、通话对象、通话时间、社保及公积金缴费信息、银行卡刷卡地等个人信息,信息范围之广在几日之内引起了网民的激烈讨论,最终花呗被迫修改该合同内容。三则对监管机构来说,是加强个人信息监管的有力抓手。② 依据本法第7章追责的违法行为多需与法律规定和告知的内容进行比对之后方能判定,也即数据处理者公开与告知的事项(隐私条款)是其处理个人信息的准则,而公开与告知的内容、形式则受法律规制。如此,个人信息处理者的告知义务在强化公众信任、社会监督、国家监管等方面亦有着举足轻重的地位。

2. 告知的事项

个人信息处理者需告知的具体事项如下:第一,个人信息处理者的基本情况,如身份和联系方式,以便利个人行使由《个人信息保护法》第44—50条所赋予的知情权、决定权、查阅复制权、更正补充权、删除权、解释说明权、救济权等各项权利,或根据第69条请求侵权损害赔偿。

第二,个人信息的处理目的、处理方式,处理的个人信息种类、保存期限,以让个人充分知悉不同信息所服务的不同目的,处理个人信息后的可得利益、安全风险及个人影响。

第三,个人行使本法规定权利的方式和程序,包括查询方法、更正方法、删除方法、注销账户的方法、撤回同意的方法、获取个人信息副本的方法、约束信息系统自动决策的方法等,以及争议解决机制、负责机构及联系方式。

第四,法律、行政法规规定应当告知的其他事项,例如根据《个人信息保护法》第30条前句规定,"个人信息处理者处理敏感个人信息的,除本法第十七条第一款规定的事项外,还应当向个人告知处理敏感个人信息的必要性以及对个人权益的影响。"《个人信息保护法》第39条规定,"个人信息处理者向中华人民共和国境外提供个人信息的,应当向个人告知境外接收方的名称或者姓名、联系方式、处理目的、处理方式、个人信息的种类以及个人向境外接收

---

① 参见洪延青:《网络运营者隐私条款的多角色平衡和创新》,载《中国信息安全》2017年第9期,第47页。

② 参见洪延青:《网络运营者隐私条款的多角色平衡和创新》,载《中国信息安全》2017年第9期,第47页。

方行使本法规定权利的方式和程序等事项,并取得个人的单独同意。"《个人信息保护法》第 57 条第 1 款规定,"发生或者可能发生个人信息泄露、篡改、丢失的,个人信息处理者应当立即采取补救措施,并通知履行个人信息保护职责的部门和个人。通知应当包括下列事项:(一)发生或者可能发生个人信息泄露、篡改、丢失的信息种类、原因和可能造成的危害;(二)个人信息处理者采取的补救措施和个人可以采取的减轻危害的措施;(三)个人信息处理者的联系方式。"

3. 告知的时间

本条第 1 款要求个人信息处理者在处理个人信息之前履行告知义务,而没有采纳欧盟《通用数据保护条例》与《个人信息保护法(张新宝、葛鑫版专家建议稿)》的做法,即区分直接收集与间接收集的情形,其中直接收集个人信息时应当在收集前告知,而间接收集的告知的最长期限则取一个月内的合理期限与初次联络或初次披露中的较早时点。

4. 告知的方式

个人信息处理者采取书面、口头或电子数据等告知形式中何者可依所提供产品或服务的类型及特征而定,但告知义务的履行应当用显著方式、清晰易懂的语言以及真实、准确、完整的内容。其中显著方式是告知的形式要求,意指足以提请信息主体注意的方式,如对于信息的提示,收集个人信息时可采用弹窗、填写框、提示音等交互页面,发生信息安全事件、跨境传输个人信息时可通过短信、邮件等临时性方式告知;对于页面的呈现,则需根据不同设备的屏幕大小和显示容量而利用诸如分层隐私通知、控制面板、下拉菜单等布局,并区分隐私条款与非隐私条款、敏感信息与非敏感信息,将对个人信息主体权益影响较大的内容特别标识,如加粗、斜体、下划线;对于内容展示,文字符号字体、字号、颜色合适,文本清晰易读,根据目标用户的特征而调整相应的告知方式,如提供语言、图片、音频、视频等。[①]

清晰易懂的语言是告知的表达要求。清晰意味着信息应当明确具体,不

---

① 参见中华人民共和国国家质量监督检验检疫总局、中国国家标准化管理委员会《信息安全技术　个人信息安全规范》,GB/T 35273—2020;欧盟第二十九条资料保护工作组《第2016/679 号条例下的透明度准则的指引》;中华人民共和国国家质量监督检验检疫总局、中国国家标准化管理委员会《信息安全技术　个人信息告知同意指南》,征求意见稿;《企业如何告知与保护用户的个人信息主体权利》,载微信公众号"网安寻路人",2018 年 9 月 3 日。

应该用抽象或者矛盾的措辞来表达,也不应为不同的解释留出空间。[1] 例如个人信息处理的目的应当是特定且具体的,笼统、概括的诸如"提高服务质量"之类的目的需进一步细化。易懂意味着告知内容易于被常人而不是在某领域具有专业知识的人理解,《App 违法违规收集使用个人信息行为认定方法》中指出有关收集使用规则的内容不得"晦涩难懂、冗长烦琐,用户难以理解,如使用大量专业术语等",为确定语言是否清晰易懂,个人信息处理者可以进行调研与测试,以符合用户的一般理解能力。[2]

真实、准确、完整是告知的内容要求。真实是指个人信息处理者告知的内容与客观事实相符,不存在虚假陈述的情况。在个人信息处理者需披露的事项中,个人信息处理目的与方式等决定了个人同意与否的作出,名称或姓名、联系方式直接影响到个人行权的可能性,提供错误信息有诱导用户形成非自愿决策,并在事实上排除其程序性权利的嫌疑。准确与清晰一样,均是对用语精细度的强调,例如处理敏感个人信息需告知对个人权益的影响,若简单描述为会侵害人身安全,虽达到了真实性标准,但该描述不够精准确切,无法满足个人决策对充分知情需求。甚至可言,不准确的信息告知堪比无告知。完整是指个人信息处理者应当全面、不偏颇地告知所有的信息,不可避重就轻,不可断章取义。故意隐瞒与遗漏重大信息同样存在欺诈的可能。

三、变更事项的告知

本条第 2 款规定:"前款规定事项发生变更的,应当将变更部分告知个人。"首先,需区分对事项的实质性变更与非实质性变更,若因拼写错误而产生非实质性变更,个人信息处理者可不用告知。其次,个人信息处理者的基本信息、个人信息处理活动的信息以及个人信息主体行权方式与程序发生实质性变更的,应当采取显著的方式、清晰易懂的语言真实、准确、完整地告知,例如用弹窗、浮窗、电子邮件、推送等即时性通知方式将变更的信息予以单独通知并附上告知事项完整版本和历史版本的链接,防止变更的内容与其他信息一体捆绑而丧失可识别性。如《网络交易监督管理办法》第 28 条规定,网络交易平台经营者修改平台服务协议和交易规则的,应当完整保存修改后的版

---

[1] 参见欧盟第二十九条资料保护工作组《第 2016/679 号条例下的透明度准则的指引》。

[2] 参见欧盟第二十九条资料保护工作组《第 2016/679 号条例下的透明度准则的指引》。

本生效之日前三年的全部历史版本,并保证经营者和消费者能够便利、完整地阅览和下载。

需特别指出的是,第一,为回应大数据时代个人信息再利用的实践需求,充分发挥个人信息的价值,对个人信息处理目的的变更的解释不应过于严格,后续个人信息处理活动若与初始目的存在合理的关联性,并未超出个人信息主体的"合理预期",则不被视为对个人信息处理目的的变更。第二,处理个人信息的合法性基础发生变更属于需要告知的情形,如个人信息处理者基于个人同意收集、存储并加工个人信息以满足信息主体接收个性化推送的需求,信息主体事后解除服务协议并卸载应用软件,而信息处理者并未删除所收集的个人信息,却基于证据留存的法定义务而继续存储,此时发生的个人信息处理目的与法律依据的变更需通知信息主体。第三,个人信息处理者因合并、分离或向他人提供个人信息等原因而变更的,应分别遵照《个人信息保护法》第22条与第23条的规定,防止产生以单纯的告知取代需经个人同意的情形。

四、个人信息处理规则应当公开且便于查阅保存

在实践中,因受众群体庞大,为提高经济效率,降低磋商成本,信息处理者多以个人信息处理规则的形式进行告知,对其个人信息处理活动作出公开的承诺和声明,具体体现为"隐私政策"。数据环境下的"隐私政策"通常包括收集、使用个人信息的目的与方式,共享、转让、公开披露的增强提示与具体信息,控制个人信息的权利如访问权、删除权等及其程序,对广告、个性化定制等事项的管理和设置等内容。但在性质上,"隐私政策"是对个人信息收集和使用等活动规则的说明,不宜将之视为合同,[①]不过实践中为求便捷,数据处理者通常会采取综合性手段将告知义务与告知后的同意合并处理,但依然不影响"隐私政策"的定性。

个人信息处理规则应当公开,便于查阅和保存。公开意味着在数字化场景下可以通过搜索引擎查询,且隐私政策及其历史版本的链接呈现在应用软件的各个页面;在非数字化的场景下以店堂告示的形式展示,如隐私政策张贴于经营场所的前台及其他引人注意的地方。便于查询和保存则指隐私政策等收集使用规则易于访问与下载,不应该四处找寻,通常经过不超过2次点击的

---

① 《信息安全技术·个人信息安全规范》持此种观点,参见5.6。

操作便能获取完整的信息。当出现信息披露的法定情形时,隐私政策的内容或链接及时显现,而其他情形下链接设置的位置需符合一般人的阅读习惯,如web 网页的页尾处或 App 客户端的专门地方,再如将堂贴告示附上二维码,经扫描即可阅读电子版隐私政策。①

【参考条文】

一、国内立法

1.《中华人民共和国民法典》

第一千零三十五条　处理个人信息的,应当遵循合法、正当、必要原则,不得过度处理,并符合下列条件:

(一)征得该自然人或者其监护人同意,但是法律、行政法规另有规定的除外;

(二)公开处理信息的规则;

(三)明示处理信息的目的、方式和范围;

(四)不违反法律、行政法规的规定和双方的约定。

2.《信息安全技术　个人信息安全规范》

5.5　个人信息保护政策

对个人信息控制者的要求包括:

a)应制定个人信息保护政策,内容应包括但不限于:

1)个人信息控制者的基本情况,包括主体身份、联系方式;

2)收集、使用个人信息的业务功能,以及各业务功能分别收集的个人信息类型。涉及个人敏感信息的,需明确标识或突出显示;

3)个人信息收集方式、存储期限、涉及数据出境情况等个人信息处理规则;

4)对外共享、转让、公开披露个人信息的目的、涉及的个人信息类型、接收个人信息的第三方类型,以及各自的安全和法律责任;

5)个人信息主体的权利和实现机制,如查询方法、更正方法、删除方法、注销账户的方法、撤回授权同意的方法、获取个人信息副本的方法、对信息系

---

① 参见《App 违法违规收集使用个人信息行为认定方法》,《信息安全技术·个人信息安全规范》,《第 2016/679 号条例下的透明度准则的指引》。

统自动决策结果进行投诉的方法等;

6)提供个人信息后可能存在的安全风险,及不提供个人信息可能产生的影响;

7)遵循的个人信息安全基本原则,具备的数据安全能力,以及采取的个人信息安全保护措施,必要时可公开数据安全和个人信息保护相关的合规证明;

8)处理个人信息主体询问、投诉的渠道和机制,以及外部纠纷解决机构及联络方式。

b)个人信息保护政策所告知的信息应真实、准确、完整;

c)个人信息保护政策的内容应清晰易懂,符合通用的语言习惯,使用标准化的数字、图示等,避免使用有歧义的语言;

d)个人信息保护政策应公开发布且易于访问,例如,在网站主页、移动互联网应用程序安装页、附录 C 中的交互界面或设计等显著位置设置链接;

e)个人信息保护政策应逐一送达个人信息主体。当成本过高或有显著困难时,可以公告的形式发布;

f)在 a)所载事项发生变化时,应及时更新个人信息保护政策并重新告知个人信息主体。

3.《深圳经济特区数据条例》

第十四条　处理个人数据应当在处理前以通俗易懂、明确具体、易获取的方式向自然人完整、真实、准确地告知下列事项:

(一)数据处理者的姓名或者名称以及联系方式;

(二)处理个人数据的种类和范围;

(三)处理个人数据的目的和方式;

(四)存储个人数据的期限;

(五)处理个人数据可能存在的安全风险以及对其个人数据采取的安全保护措施;

(六)自然人依法享有的相关权利以及行使权利的方式;

(七)法律、法规规定应当告知的其他事项。

处理敏感个人数据的,应当依照前款规定,以更加显著的标识或者突出显示的形式告知处理敏感个人数据的必要性以及对自然人可能产生的影响。

二、专家建议稿

1. 张新宝、葛鑫:《个人信息保护法(专家建议稿)》
第三十条　信息业者的告知义务

信息业者收集个人信息,应当通过用户协议、隐私政策、即时通知等方式,以清晰、易懂的用语告知信息主体下列事项:

（一）信息业者的名称、联系方式、个人信息保护规则等基本信息；

（二）个人信息处理的基本事项,包括个人信息的性质、处理目的、方式、范围和存储期限等；

（三）个人信息处理的特殊事项,包括可能进行的个人信息自动化决策、个人信息对外提供、个人信息处境、去识别化、匿名化处理等情况；

（四）信息主体同意或拒绝个人信息的处理,可能对其造成的影响；

（五）信息主体享有的同意、查询、更正、删除等各项权利及行使途径；

（六）收集个人敏感信息时,还应当特别提醒信息主体所收集的为个人敏感信息；

（七）收集未成年人个人信息时,还应当告知其监护人；

（八）间接收集个人信息时,还应当向信息主体告知个人信息的来源。

信息业者从信息主体处收集其个人信息时,应当在收集个人信息前告知信息主体前款事项;信息业者间接收集信息主体个人信息时,应当在收集个人信息后不超过一个月的合理期限内告知信息主体前款事项;间接收集的个人信息用于联络信息主体时,应当在除此联络信息主体时告知其前款事项。

三、比较法

1. 欧盟《通用数据保护条例》
第 12 条　数据主体行使权利的信息、交流、模式的透明度。

1. 数据控制者应当采取适当措施,通过简单易懂、易于获取的方式,以清晰的用语向信息主体提供第 13 条、第 14 条规定的各项信息和第 15 条至第 22 条、第 34 条中涉及的关于数据主体处理过程沟通相关信息,特别是与儿童相关的信息。数据控制者应当以书面方式或其他方式,如适当时的电子方式提供前述信息。如可以通过其他方式证明数据主体身份,应数据主体的请求可以以口头方式提供前述信息。

第13条　个人数据从数据主体收集要提供的信息

1.当收集和数据主体相关的个人数据时,控制者应当为数据主体提供如下信息:

（a）控制者的身份与详细联系方式,以及如果适用的话,控制者的代表;

（b）数据保护官的详细联系方式,如果适用的话;

（c）处理将要涉及的个人数据的目的,以及处理的法律基础;

（d）当处理是基于（f）点或第6（1）条的时候,控制者或第三方的正当利益;

（e）个人数据的接收者或者接收者的类型,如果有的话;

（f）如果适用的话,控制者期望将数据转移到第三国或国际组织的事实、欧盟委员会作出或未作出充分决定的事实,或者,在第46条或47条或者第49（1）条的第二小段所规定的转移情形中,所采取的适当保障措施的参考资料、获取它们备份的方式,或者在那里可以获取它们。

2.除了第1段所规定的信息,控制者应当在获取个人数据时为数据主体提供确保合理与透明处理所必要的进一步信息:

（a）个人数据将被储存的期限,以及确定此期限的标准;

（b）数据主体所拥有的权利:可以要求控制者提供对个人数据的访问、更正或擦除,或者限制或反对相关处理的权利;数据携带权;

（c）当处理是根据第6（1）条或第9（2）条的（a）点而进行的,数据主体拥有可以随时撤回——这种撤回不会影响撤回之前根据同意而进行处理的合法性——同意的权利;

（d）向监管机构进行申诉的权利;

（e）提供个人数据是一项制定法还是合同法的要求,是否对于缔结一项契约是必要的,数据主体是否有责任提供个人数据,以及没有提供此类数据会造成的可能后果。

（f）存在自动化的决策,包括第22（1）和（4）条所规定的用户画像,以及在此类情形下,对于相关逻辑、包括此类处理对于数据主体的预期后果的有效信息。

3.若控制者进一步处理个人信息的目的与收集个人信息的目的不一致,那么,控制者应当在进一步处理之前向数据主体提供此类目的的信息,以及提供第2段所规定的相关进一步信息。

4.在数据主体已经拥有信息的情况下,第1,2,3段不应当适用。

第14条　未获得数据主体个人数据的情形下,应当提供的信息

1.当个人数据还没有从数据主体那里收集,控制者应当向数据主体提供如下信息:

(a)控制者的身份与详细联系方式,以及如果适用的话,控制者的代表;

(b)如果适用的话,数据保护官的详细联系方式;

(c)处理将要涉及的个人数据的目的,以及处理的法律基础;

(d)相关个人数据的类型;

(e)个人数据的接收者或者接收者的类型,如果有的话;

(f)如果适用的话,控制者期望将数据转移到第三国或国际组织、欧盟委员会作出或未作出的充足保护的认定,或者,在第46条或第47条或者第49(1)条的第二小段所规定的转移情形中,所采取的适当保障措施的参考资料、获取它们备份的方式,或者在那里可以获取它们。

2.除了第1段所规定的信息,控制者应当向数据主体提供如下确保涉及数据主体的处理是合理与透明的必要信息:

(a)个人数据将被储存的期限,或者如果不可能的话,用来确定此期限的标准;

(b)当处理是根据第6(1)条(f)点而进行的,控制者或第三方所追求的正当利益;

(c)数据主体存在如下权利,可以要求控制者提供对个人数据的访问、更正或擦除,或者限制或反对相关处理,数据携带权;

(d)当处理是根据第6(1)条或第9(2)条的(a)点而进行的,数据主体拥有可以随时撤回——这种撤回不会影响撤回之前根据同意而进行处理的合法性——同意的权利;

(e)向监管机构进行申诉的权利;

(f)个人数据的来源,以及如果适用的话,其来源是否可以是公开性的资源;

(g)存在自动化的决策,包括第22(1)和(4)条所规定的用户画像,以及在此类情形下,对于相关逻辑、包括此类处理对于数据主体的预期后果的有效信息。

3.控制者应当按如下方式提供第1段和第2段所规定的信息:

（a）应当在获得个人数据后的一段合理期限内提供信息，如果考虑到个人数据处理的特定情形，应当至少在一个月以内；

（b）如果个人数据是被用来和数据主体进行沟通的，最晚应当在其和数据主体进行第一次沟通时提供信息；

（c）如果个人数据将被计划披露给另一个接收者，那么最晚应当在个人数据被第一次披露时提供信息。

4.当控制者因为与收集个人信息时不一致的目的进一步处理个人信息，控制者应当在进一步处理之前向数据主体提供此类目的的信息，以及提供第2段所规定的相关进一步信息。

5.在如下情形中，第1至第4段不适用：

（a）数据主体已经拥有信息；

（b）此类信息的提供是不可能的，或者说需要付出某种不相称的工作，在如下情形中尤其不适用：为了实现公共利益、科学或历史研究目的或统计目的，为了保障数据主体的权利和自由，并采取了本条例第89(1)条所规定的合理技术与组织措施；或者本条第1段所规定的责任会严重妨碍实现处理的目标。在此类情形中，控制者应当采取恰当的措施保护数据主体的权利与自由与正当利益，包括使得信息可以公开获取；

（c）欧盟或成员国为控制者特别制定了获取或公开信息的法律，并且已经对保护数据主体的正当利益制定了恰当的措施；

（d）当个人数据必须保密，必须遵守欧盟或成员国法律所规定的职业秘密责任，包括制定法上的保守秘密责任。

2. 泰国《个人数据保护法》

第23条 在收集个人数据时，数据控制者应在收集开始前或收集时通知数据主体以下详细信息，但数据主体已知道此类详细信息的情况除外：

（1）收集个人数据的目的。包括本法第24条规定的个人数据收集之目的，但未经数据主体同意的；

（2）告知数据主体必须提供个人数据的情形，包括基于法律规定要求、合同约定，或出于订立合同的目的而必须提供个人数据的，同时应告知数据主体不提供此类个人数据可能造成的后果；

（3）收集的个人数据及个人数据的使用期限。若无法明确规定该期限，则应根据一般的数据保留期限标准确定其预期使用期限；

（4）可能向其披露个人数据的个人或实体的类别；

（5）数据控制者或其代表、数据保护管的信息、地址及具体联系方式；

（6）数据主体根据第 19 条第 5 款、第 30 条第 1 款、第 31 条第 1 款、第 32 条第 1 款、第 33 条第 1 款、第 34 条第 1 款、第 36 条第 1 款及第 73 条第 1 款所享有的权利。

【参考案例】

法国数据监管机构 CNIL 对谷歌开出 5000 万欧元的罚单①

案件背景：

2018 年 5 月 25 日与 28 日，法国数据保护监管机构国家信息与自由委员会（CNIL）收到了来自 NOYB 与 LQDN 两个组织的集体投诉，2018 年 9 月，CNIL 启动线上调查，通过分析用户的浏览模式与可访问的文件，以确定谷歌的个人信息处理活动是否符合欧盟《通用数据保护条例》的要求。

案例分析：

谷歌违反 GDPR 的透明度原则和信息提供义务，主要原因如下：第一，谷歌的隐私政策不易查阅。隐私条款中如个人信息处理目的、用于个性化广告的信息种类、存储期限等重要内容都分散在不同的文件之中，需经 5—6 次点击才能获取完整的信息。这与 GDPR 第 12.1 中"控制者应当以一种……容易获取的形式……来提供"的规定相悖，在我国《个人信息保护法》的语境下，也不满足第 17 条第 1 款"显著方式"和第 3 款"便于查询"的标准。

第二，谷歌的隐私政策未利用清晰易懂的语言。谷歌所处理的数据来源广泛，数量庞大，且处理技术复杂，但谷歌仅在隐私政策中对处理目的及服务于该目的的数据类型作出笼统含糊的说明，违反了 GDPR 第 12.1 中"以清晰明了的语言来提供"的规定。根据《个人信息保护法》第 18 条第 1 款，谷歌的

---

① *The CNIL's restricted committee imposes a financial penalty of 50 Million euros against GOOGLE LLC.* 载 CNIL.，https：//www. cnil. fr/EN/CNILS - RESTRICTED - COMMITTEE - IMPOSES - FI-NANCIAL-PENALTY-50-MILLION-EUROS-AGAINST-GOOGLE-LLC，2021 年 7 月 24 日访问。本案例仅对其中与本条相关的部分内容进行介绍。

隐私条款中"我们收集的信息将用于改进我们的服务"这类的目的描述并没有达到"清晰"程度,即足以让个人信息主体获知信息所服务的特定、具体目的以及提供个人信息后的可得利益。

第十八条（告知的除外规定）

　　第十八条　个人信息处理者处理个人信息,有法律、行政法规规定应当保密或者不需要告知的情形的,可以不向个人告知前条第一款规定的事项。

　　紧急情况下为保护自然人的生命健康和财产安全无法及时向个人告知的,个人信息处理者应当在紧急情况消除后及时告知。

【本条主旨】

　　本条是关于不需要告知和延后及时告知的规定,是前条规定的"告知"义务的例外规则。本条有2款,第1款是关于依据法律和行政法规规定不需要告知(前条规定的事项)的规定。第2款是关于紧急情况下为了保护自然人的生命健康和财产安全无法及时告知的,应当在紧急情况消除后及时告知。

【核心概念】

法定豁免

　　个人信息处理者在处理个人信息时,若存有法律、行政法规规定应当保密或者不需要告知的情形,可以免除告知义务。

紧急情况

　　由于急病、突发险情等原因,个人信息处理者无法及时向个人告知,若不立即处理个人信息,会危及自然人的生命健康和财产安全。

【条文详解】

一、"告知"法定豁免的适用

　　设定个人信息处理者告知义务的原因在于保障个人的知情权,以让个人在此基础上行使查询权、更正权等多项个人信息自决权能。但个人信息保护并非意味着信息主体对其个人信息的绝对控制,①其所涉法益还有个人信息处理者的利益、他人的合法利益、市场经济以及公共利益等。② 故在具体场景中,若存在足够充分且正当理由,可以对个人的个人信息控制权予以适当限制、适时划定权利边界。由此,国家利益、社会公共利益以及个人信息利用的效率都构成判断需否履行告知义务的衡量因素。

在内容上,本条规定了在"法律、行政法规规定应当保密"以及"不需要告知的情形"下,个人信息处理者免除告知义务。此外,本法第35条还专门对国家机关处理个人信息时告知义务的豁免情形作出规定,即"国家机关为履行法定职责处理个人信息,应当依照本法规定履行告知义务;有本法第十八条第一款规定的情形,或者告知将妨碍国家机关履行法定职责的除外"。这两个条文共同构成了个人信息处理者告知义务免除的体系。

其中,本条所指法律、行政法规包括但不限于《刑事诉讼法》第150条③、《人民警察法》第16条④、《反恐怖主义法》第45条⑤等,这些均是对技术侦查措施的规定,国家机关出于维护公共安全和秩序的必要,经过严格的批准程序,对犯罪嫌疑人采取电子侦听、电子监控等秘密的专门技术手段,该信息处理活动无需告知个人。⑥ 另外,《反洗钱法》第8条也规定,接受举报的机关应当对举报内容保密。

而"不需要告知的情形"缺乏清晰可辨的标准,若参考比较法与《个人信

---

① 参见张新宝、葛鑫:《个人信息保护法(专家建议稿)及立法理由书》,中国人大学出版社2021年版,第95页。

② 参见丁晓东:《个人信息权利的反思与重塑》,载《中外法学》2020年第2期,第348—352页。

③ 第一百五十条　公安机关在立案后,对于危害国家安全犯罪、恐怖活动犯罪、黑社会性质的组织犯罪、重大毒品犯罪或者其他严重危害社会的犯罪案件,根据侦查犯罪的需要,经过严格的批准手续,可以采取技术侦查措施。人民检察院在立案后,对于利用职权实施的严重侵犯公民人身权利的重大犯罪案件,根据侦查犯罪的需要,经过严格的批准手续,可以采取技术侦查措施,按照规定交有关机关执行。追捕被通缉或者批准、决定逮捕的在逃的犯罪嫌疑人、被告人,经过批准,可以采取追捕所必需的技术侦查措施。

④ 第十六条　公安机关因侦查犯罪的需要,根据国家有关规定,经过严格的批准手续,可以采取技术侦察措施。

⑤ 第四十五条　公安机关、国家安全机关、军事机关在其职责范围内,因反恐怖主义情报信息工作的需要,根据国家有关规定,经过严格的批准手续,可以采取技术侦察措施。依照前款规定获取的材料,只能用于反恐怖主义应对处置和对恐怖活动犯罪、极端主义犯罪的侦查、起诉和审判,不得用于其他用途。

⑥ 参见程啸:《论个人信息处理者的告知义务》,载《上海政法学院学报(法治论丛)》2021年第5期,第7页。

息保护法（专家意见稿）》的相关条款,则大致囊括了数据主体已经拥有该信息、提供该类信息证明不可能或会涉及不相称的努力（代价极高）、目标受到严重损害、合理使用合法公开的个人信息等情况。基于个人信息利用效率的考量,并结合实践做法,就本条的外延可以作出如下两种不穷尽的列举:其一,个人信息主体已经知晓相关信息。"北京淘友天下技术有限公司等与北京微梦创科网络技术有限公司不正当竞争纠纷案"①确定了第三方合作平台通过API接口获取个人信息时的三重授权模式,即"用户授权+平台授权+用户授权",其中第二次的"用户授权"是指个人信息处理者共享个人信息时需根据《个人信息保护法》第24条履行特别告知义务,此时信息接收方除非变更原先的处理目的、处理方式,无需再次告知。其二,履行告知义务代价极大。比如高校在假期前多会要求学生填写出行计划、紧急联系人及其联系方式,以强化对学生的保护,若高校需联系每一位紧急联系人并告知其个人信息的处理事项,将会产生巨大的成本,不利于社会资源的合理分配。

当符合上述法定情形时,个人信息处理者"可以"不向个人告知个人信息处理的事宜,也即,除非告知会影响目的实现,个人信息处理者"可以"告知。

二、紧急情况下的"告知"适用

在紧急情况下为保护自然人的生命健康和财产安全,个人信息处理者根据本法第13条无需取得个人同意即可处理个人信息,但应当在紧急情况消除后及时向个人告知。该紧急情况一般是指自然人的生命健康和财产安全面临着紧迫的危险,急需处理个人信息,此时处理者或在物理上能联系个人,但该接洽时间会明显减损自然人的利益,或因网络、通讯阻断等原因而客观上不能联系,或因自然人陷入昏迷,失去判断能力而主观上不能联系。在此情形下,个人信息处理者无需在处理个人信息之前告知,待到个人恢复意识、通讯信号恢复正常、自然人的生命健康和财产安全不再处于被侵害的危险状态之后及时采取行动亦可。对于"及时"的认定,一般是指紧急情况消除后的合理期间,需具体结合所处理的个人信息的类型、危险所波及的自然人范围、联络所耗费人力物力等因素综合判断。例如在新冠肺炎疫情防控过程中,自然人因

---

① 北京淘友天下技术有限公司等与北京微梦创科网络技术有限公司不正当竞争纠纷案,北京知识产权法院(2016)京73民终588号民事判决书。

患新冠肺炎而陷入昏迷状态,医护人员一方面从其他医院调取该自然人的既往病史以决定治疗方案,另一方面调取轨迹信息和家庭信息以寻找其他密切接触者,当该自然人个体的生命体征恢复正常且意识清醒之后,倘若国家整体的情势尚不明朗,医疗资源周转尚显艰难,个人信息处理者未在个人脱离生命危险之后立刻告知便不能认为不及时,因为对于自然人整体所面临的紧迫危险尚未消除。

【参考条文】

一、国内立法

1.《深圳经济特区数据条例》

第十五条 紧急情况下为了保护自然人的人身、财产安全等重大合法权益,无法依照本条例第十四条规定进行事前告知的,应当在紧急情况消除后及时告知。

处理个人数据有法律、行政法规规定应当保密或者无需告知情形的,不适用本条例第十四条规定。

二、专家建议稿

1. 张新宝、葛鑫:《个人信息保护法(专家建议稿)》

第三十一条 免于告知的情形

符合下列情形之一时,信息业者在必要限度内,可免为第三十条规定的告知义务:

(一)信息主体已知第三十一条第一款规定的各项事项;

(二)间接收集个人信息时,向信息主体告知第三十条第一款规定的各项事项,代价极高;

(三)间接收集个人信息时,所收集的为信息主体自行公开或其他合法公开的个人信息;

(四)向信息主体告知第三十条第一款规定的各项事项,有可能严重影响国家机关行使职权;

(五)向信息主体告知第三十条第一款规定的各项事项,有可能严重损害国家利益、社会公共利益;

（六）法律、行政法规规定的其他情形。

三、比较法

1. 欧盟《通用数据保护条例》

第14条　个人数据已从数据主体获得要提供的信息

5. 若存在以下情况,第1至4款不适用:

（a）数据主体已经拥有该信息;

（b）受制于第89条（1）所述的条件和保障,提供该类信息证明不可能或会涉及不相称的努力,特别是为公众利益存档目的、科学或历史研究目的或统计目的处理,或若本条第1款所述的义务使实现该处理目标成为不可能或使其严重受损。在这种情况下,控制方应采取适当措施保护数据主体的权利和自由和合法利益,包括使信息公开可用;

（c）获取或披露是由控制方须遵守的欧盟或成员国法律明文规定,该法律规定保护数据主体合法利益的适当措施;或

（d）若个人数据受制于欧盟或成员国法律规定的职业保密义务（包括法定保密义务）必须保密。

2. 日本《个人信息保护法修正案》

第18条　收集个人信息时对使用目的等的告知

（4）前三款（告知个人信息适用目的）不适用于:

（i）告知或公开使用目的将会损害信息主体或他人的生命、身体或财产权益;

（ii）告知或公开使用目的将会损害个人信息处理业者的权利或正当利益;

（iii）为配合中央机关或地方政府执行法定任务确有必要,但将适用目的告知本人或公开有可能妨碍任务执行的;

（iv）就收集个人信息的具体情形,其使用目的十分明确。

3. 印度《个人数据保护法》

35. 中央政府豁免任何政府机构采取行动的权力

中央政府认为必要或者合宜的情形:

（i）为了印度的主权和完整、国家安全、与外国的友好关系、公共秩序;或

（ii）为了防止煽动实施任何与印度主权和完整、国家安全、与外国的友好

关系、公共秩序有关的可识别罪行,可以出于书面记录的目的,以命令的形式,指示本法的全部或任何规定不适用于处理此类个人数据的政府机构,但该机构须遵守本法规定的程序、安全保障及监督机制。

解释 — 就本节而言,

(i)"可识别的犯罪"是指 1973 年《刑事诉讼法》第 2 条第(c)项所定义的犯罪;

(ii)"处理此类个人数据"一词包括由数据受托人、数据处理者或数据主体与该政府机构共享数据。

36. 对某些个人数据处理的规定的豁免

第二章(除第 4 条外),第三章至第五章,第六章(除第 24 条外),第七章的规定不适用于以下情况:

(a)为预防、侦查、调查和起诉现行有效的任何罪行或任何其他违反法律的行为而进行的个人数据处理;

(b)在即将进行的法律程序中,为执行法律权利或申诉、寻求救济、控罪辩护、反对申诉或从律师处获取法律意见而必需的个人数据披露;

(c)对于印度法院或法庭行使司法职能所必需的个人数据处理;

(d)自然人为个人或家庭目的而进行的个人数据处理,但涉及向公众披露或与任何专业或商业活动有关的处理除外;

(e)符合印度新闻委员会或媒体自律组织发布的道德规范,出于新闻目的或与新闻目的有关的个人数据处理。

37. 中央政府豁免某些数据处理者的权力

中央政府可通过通知豁免本法的适用,根据在印度法律下成立的数据处理者或任何类别的数据处理者与印度境外的人(包括在印度境外注册成立的公司)签订的合同,处理不在印度境内的数据主体的个人数据。

38. 研究、存档或统计目的的豁免

出于研究、存档或统计目的处理个人数据时,保护局可以豁免以下情形:

(a)遵守本法的规定将不成比例地将资源从这一目的转移;

(b)如果个人数据被匿名化处理,则无法达到处理的目的;

(c)数据受托人已按照第 50 条所规定的任何业务准则进行了去识别化,如果该个人数据是以去识别化的形式提供,则处理目的可达到;

(d)个人数据将不被用作针对数据主体作出的特定决定或采取任何针对

数据主体的行动；

(e)处理个人数据时不会对数据主体带来重大损害风险。

可通过通知豁免此类研究、存档或统计目的,使其不适用本法的任何规定。

【参考案例】

梁雅冰与北京汇法正信科技有限公司
网络侵权责任纠纷上诉案①

案件事实:

汇法正信公司旗下的汇法网是国内大型法律资讯信息网站,该网站转载了在中国裁判文书网中公开的梁雅冰作为当事人的裁判文书,内容未做任何删改。原告认为网站转载的行为侵犯了个人信息、隐私权和名誉权。

案例分析:

裁判文书虽经过脱敏处理,但仍能将姓名、事件纠纷与特定民事主体相关联,在性质上属于个人信息。汇法征信公司转载公开的裁判文书,是对公开个人信息的二次利用,就该利用行为的合法性,应考虑个人信息处理者是否需要告知,是否需要取得个人的同意。就前者,尽管在"注意力"经济的经营模式之下,汇法征信公司使用公开裁判文书是为了获得更多流量,但二次公开本身并未收取任何的费用,也未对原载内容进行任何的加工,反而可以保障和便捷公众对相关信息的知情权,与初始公开目的相符,可认定为《个人信息保护法》第18条之"不需要告知的情形"。就后者,根据《个人信息保护法》第13条第1款第6项的规定,个人信息处理者可以依法在合理范围内处理已经合法公开的个人信息的,而无需经过个人同意。由此,汇法征信公司在合法、合理范围内二次使用公开的裁判文书是合法的。

<h2 style="text-align:center">第十九条(个人信息保存期限)</h2>

第十九条　除法律、行政法规另有规定外,个人信息的保存

---

① 参见北京市第四中级人民法院(2021)京04民终71号民事判决书。

期限应当为实现处理目的所必要的最短时间。

【本条主旨】

本条是关于个人信息保存期限的规定。

【核心概念】

个人信息的保存期限

是指个人信息处理者为实现个人信息处理目的而对个人信息进行存储的最短时间,超出该期限的,应将其删除或进行匿名化处理。

【条文详解】

对个人信息存储时限的限制是个人信息处理活动必要性原则的要求。在必要性原则之下,个人信息处理者只能处理旨在实现处理目的的个人信息,且个人信息类型和处理方案对个人的权益损害最小。自然,个人信息存储的期限也与处理目的挂钩,随处理目的的达成而走向终结,否则,不定期限的个人信息存储行为会增加信息泄露与信息过度使用的风险。存储期限的限制还有其他理论支持,如维克托·迈尔·舍恩伯格在《删除·大数据取舍之道》中指出"遗忘能给那些失败的人第二次机会"[①],而数字化时代下廉价的存储器、易于提取和全球性覆盖的特征让不良信息的影响放大,且不可磨灭,使得偶然犯错的个人深深背负这一负面印记。因此,个人信息处理者有必要限定存储个人信息的最短时限,超出该期限的,应将其删除或进行匿名化处理。

此外,个人信息处理者不得在告知中设定"永久""无限期"或者过分长的期限(如1000年),在实质上排除个人信息主体对其个人信息的控制。这与《最高院关于审理使用人脸识别技术处理个人信息相关民事案件适用法律若干问题的规定》(法释〔2021〕15号)第11条相通,自然人可基于《民法典》第497条确认该格式条款无效。且在CNIL对谷歌开出5000万欧元的罚单一案中,其中一项理由即为谷歌没有明确个人信息的存储期限,而是采取诸如"保

---

① 〔英〕维克托·迈尔·舍恩伯格:《删除·大数据取舍之道》,袁杰译,浙江人民出版社2013年版,第19页。

留信息直至删除"等模糊化表达。① 由此,处理期限的设定应当明确具体且合理正当。

然而,法律、行政法规对个人信息的保存期限另有规定的,从其规定。"法律、行政法规另有规定"包括如下几种情况:一是在电商平台等线上交易场景中,当事人缺乏面对面的实体接触,也没有纸质版的单证留存,消费者在出现纠纷时面临举证难题,因此《中华人民共和国电子商务法》第31条规定,"电子商务平台经营者应当记录、保存平台上发布的商品和服务信息、交易信息,并确保信息的完整性、保密性、可用性。商品和服务信息、交易信息保存时间自交易完成之日起不少于三年;法律、行政法规另有规定的,依照其规定。"将交易记录保存时间与诉讼时效接轨。

二是出于维护金融管理秩序的目的,《中华人民共和国反洗钱法》第19条第3款规定,"客户身份资料在业务关系结束后、客户交易信息在交易结束后,应当至少保存五年。"金融管理机构建立客户身份资料与客户交易信息留存制度有利于识别可疑交易活动,并为查处违法犯罪行为提供依据。

三是为避免不良信息长期留存对个人权益产生持久影响,给予改过自新的个人从负面评价中解脱出来以及重新开始的机会,《征信业管理条例》第16条第1款规定,"征信机构对个人不良信息的保存期限,自不良行为或者事件终止之日起为5年;超过5年的,应当予以删除。"

四是当资料除了具有证据留存作用,还服务于公共管理与学术研究等目标时,法律一般规定较长的信息保存期限,②如《中华人民共和国精神卫生法》第47条规定,"医疗机构及其医务人员应当在病历资料中如实记录精神障碍患者的病情、治疗措施、用药情况、实施约束、隔离措施等内容,并如实告知患者或者其监护人。患者及其监护人可以查阅、复制病历资料;但是,患者查阅、复制病历资料可能对其治疗产生不利影响的除外。病历资料保存期限不得少于三十年。"

---

① 参见 *The CNIL's restricted committee imposes a financial penalty of 50 Million euros against GOOGLE LLC.* 载 CNIL., https://www.cnil.fr/EN/CNILS-RESTRICTED-COMMITTEE-IMPOSES-FINANCIAL-PENALTY-50-MILLION-EUROS-AGAINST-GOOGLE-LLC,2021 年 7 月 24 日访问。

② 部门规章如《医疗机构管理条例实施细则》第53条规定:医疗机构的门诊病历的保存期不得少于十五年;住院病历的保存期不得少于三十年。

此外,《中华人民共和国证券法》第 137 条、《中华人民共和国证券投资基金法》第 102 条、《互联网信息服务管理办法》第 14 条等也都对个人信息的保存期限作出特别要求。

【参考条文】

一、国内立法

1.《信息安全技术·个人信息安全规范》

6.1 个人信息存储时间最小化

对个人信息控制者的要求包括:

a)个人信息存储期限应为实现个人信息主体授权使用的目的所必需的最短时间,法律法规另有规定或者个人信息主体另行授权同意的除外;

b)超出上述个人信息存储期限后,应对个人信息进行删除或匿名化处理。

6.4 个人信息控制者停止运营

当个人信息控制者停止运营其产品或服务时,应:

a)及时停止继续收集个人信息;

b)将停止运营的通知以逐一送达或公告的形式通知个人信息主体;

c)对其所持有的个人信息进行删除或匿名化处理。

二、比较法

1. 欧盟《通用数据保护条例》

"序言"第 39 条　个人资料应与数据处理的目的相关且适量,不得超出必要的范畴。这便需要把个人资料的存储时间控制在最短期限内。只有在尽一切其他合理手段均无法实现目的的情况下,方才需要处理个人资料。为了确保个人资料的保存时间不超出必要长度,控制者应规定一定的时限,以便清除数据和进行定期审查。应当采取一切合理的措施来纠正或删除不准确的个人资料。处理个人资料时,应确保个人资料具有适当的安全性和保密性,包括防止未经授权的访问或使用个人资料,以及擅自操作处理数据所用的设备。

第 13 条　个人数据从数据主体收集要提供的信息

2. 除第 1 款所述的信息外,控制方应在获得个人数据时向数据主体提供以下对确保公平和透明的处理必要的信息：

（a）该个人数据将被保存的期限，如果这不可能，确定该期限使用的标准；

2. 印度《个人数据保护法》

9. 保留个人数据的限制

（1）数据受托人不得保留任何超出处理目的所需期限的个人数据，并应在处理结束时删除个人数据。

（2）无论第（1）款如何规定，如获取了数据主体的明确同意或遵守任何现行生效法律下的义务所必需，个人数据可能会被保留更长时间。

（3）数据受托人应进行定期审查，以确定是否有必要继续保留其拥有的个人数据。

（4）根据第（1）款或第（2）款，如果数据受托人已没有必要保留个人数据，则此个人数据应按法规规定的方式被删除。

3. 泰国《个人数据保护法》

第 23 条　在收集个人数据时，数据控制者应在收集开始前或收集时通知数据主体以下详细信息，但数据主体已知道此类详细信息的情况除外：

（3）收集的个人数据及个人数据的使用期限。若无法明确规定该期限，则应根据一般的数据保留期限标准确定其预期使用期限。

【参考案例】

凌某某诉北京微播视界科技有限公司隐私权、
个人信息权益网络侵权责任纠纷案[①]

基本案情：

2019 年 2 月 9 日，原告在手机通讯录除本人外没有其他联系人的情况下，使用手机号码 158 ＊＊＊＊3941（以下称涉案手机号码）注册登录抖音 App，在"关注"列表中发现大量好友被推荐为"可能认识的人"，包括多年未联系的同学、朋友。而抖音 App 通过如下方式使用、收集被告信息：第一阶

---

① 参见北京互联网法院（2019）京 0491 民初 6694 号民事判决书。

段是 2019 年 2 月 9 日前被告通过向其他手机用户申请授权收集并存储了其他手机用户的手机通讯录信息,其中包含了原告的姓名和手机号码,此时原告尚未注册使用抖音 App;第二阶段是 2019 年 2 月 9 日原告使用手机号码注册抖音 App 时,被告收集并存储了原告注册时提供的手机号码;第三阶段是被告使用原告第二阶段注册使用的手机号码与第一阶段从其他手机用户手机通讯录中收集、存储的手机号码进行匹配,并向原告推荐"可能认识的人"。

案例分析:

抖音 App 收集手机号码与通讯录等信息的目的在于提供互动功能或服务,即"你使用推荐通讯录好友功能时,在获得你的明示同意后,我们会将你通讯录中的信息进行高强度加密算法处理后,用于向你推荐通讯录中的好友。"如此,匹配好友的逻辑应当是抖音 App 获取手机号码与通讯录信息之后,对应用户的通讯录中已经注册了抖音账户的好友并向用户推荐,而不是将用户的手机号码与他人的通讯录进行数据碰撞,进而推荐存储了用户手机号码的自然人。对于用户的通讯录中没有注册抖音账户的好友,该个人信息的存储应符合正当、合法且必要的原则。首先,若个人信息主体自始未注册抖音账户,并未同意隐私政策,在信息比对之后继续存储个人信息缺乏合法性基础。其次,个人信息存储的必要性判断包括该个人信息能否无需存储(如在采集终端直接进行数据分析,仅存储摘要信息等),能否匿名化处理,能否存储更短的时间。抖音 App 在将通讯录信息与后台数据库比对之后所发现的未注册的手机号码,并无向用户推荐的需求,属于不必要信息,应及时删除。

因此就本案而言,抖音 App 第一阶段的行为不仅因缺乏个人信息主体同意而丧失合法性基础,而且超出了服务于匹配好友目的的必要存储期限,侵害了个人信息权益。

第二十条(共同处理个人信息)

第二十条 两个以上的个人信息处理者共同决定个人信息的处理目的和处理方式的,应当约定各自的权利和义务。但是,该约定不影响个人向其中任何一个个人信息处理者要求行使本法规定的权利。

　　个人信息处理者共同处理个人信息,侵害个人信息权益造成损害的,应当依法承担连带责任。

【本条主旨】

　　本条是关于共同处理个人信息的权利义务和相关责任的规定。本条有 2 款,第 1 款规定共同处理个人信息的处理者之间的约定权利义务以及个人信息主体的权利行使的关系;第 2 款规定共同处理个人信息的处理者侵害个人信息权益的连带责任。

【核心概念】

共同处理个人信息

　　1. 共同处理个人信息是指,两个以上的个人信息处理者共同决定个人信息的处理目的和处理方式的情形。共同决定个人信息的处理目的和处理方式,是判断共同处理个人信息关系的实质要件,但这种共同决定并不要求每个共同处理个人信息的处理者必须发挥同等程度的作用。

　　2. 共同处理个人信息并不取决于数个个人信息处理者之间的约定,即使个人信息处理者之间未将处理关系约定为共同处理关系,但只要在具体的个人信息处理活动中存在着处理目的、处理方式上的共同决定状态,不妨碍此状态下对共同处理个人信息的认定①。

　　3. 实践中,共同处理个人信息关系可能并不足够明显,或者个人信息处理者之间并没有意识到实质上形成了共同处理的关系,在根据共同决定处理目的和处理方式这一核心标准结合具体的个人信息处理活动加以判断时,应

---

① 欧盟对此曾提供过一个实例,E 公司要求 H 公司帮助招聘新员工,合同中明确约定 H 公司只是代表 E 公司行事,但 E 公司仍然是唯一的数据控制者(即指个人信息处理者),但是在 H 公司惯常提供的增值服务中,其会在 E 公司直接收到的简历和其广泛的数据库所已有的简历中按照自己的服务标准寻找合适的候选人,这种方式实际上直接大大加强了求职者和相应工作机会之间的匹配可能性,并且使得 H 公司获取了更多报酬。尽管 E 公司相对 H 公司更为强势,但从处理个人信息的目的、方式来看,至少在招聘业务上,H 公司和 E 公司是共同处理个人信息的关系。See Article 29 Data Protection Working Party, *Opinion 1/2010 on the Concepts of "Controller" and "Processor"* (00264/10/EN WP 169), 2010, p.19.

当更侧重从个人信息主体角度判定。①

共同侵权行为

1. 对于共同侵权行为,立法例和学理上有不同意见,主要包括主观说(也称意思说)和客观说(也称行为关联说),差异主要在于共同侵权行为的构成上是否需要数个侵权人主观上共同的故意或者过失,前者认为应当具备此种主观要件,后者认为只需要客观上具备行为的相互联系即可。由于《民法典》第1168条规定了"共同实施侵权行为",又在第1172条后半段规定"难以确定责任大小的,平均承担责任"而未采连带责任之规定,主观说的解释更为合理准确。

2. 本条采用了"共同处理"的表述,与《民法典》第1168条在共同侵权行为上所采用的"共同实施"相对应,同时鉴于《民法典》第1168条在解释上更符合主观说,本条共同处理个人信息情形下的共同侵权行为指的是共同故意或者共同过失的积极侵权行为。

连带责任

1. 本条的连带责任是指共同处理个人信息的个人信息处理者对被侵权人在整体上承担不可分割的全部侵权责任,且每一个共同处理个人信息的侵权人都承担全部的侵权责任。

2. 连带责任包括外部关系和内部关系,外部关系是指全体共同侵权人和被侵权人之间的关系,被侵权人可以向全体共同侵权人整体要求承担侵权责任,也可以请求任何部分共同侵权人承担侵权责任,任何部分共同侵权人对侵权责任的承担视为全体共同侵权人的承担,但只要全部或部分共同侵权人承担了全部侵权责任,被侵权人不可以再次就该责任向任一或全体共同侵权人作主张;内部关系是指全体共同侵权人之间的关系,共同侵权人之间仅就应当承担的份额承担最终责任,承担超过自己份额责任的共同侵权人可以就超出的部分向其他未承担相应责任的共同侵权人追偿。共同侵权人不得以内部关

① 例如,根据《信息安全技术 个人信息安全规范》第9.6条的规定,如果个人信息处理者在提供产品或服务的过程中部署了收集个人信息的第三方插件(例如,网站经营者与在其网页或应用程序中部署统计分析工具、软件开发工具包SDK、调用地图API接口),且该第三方并未单独向个人信息主体征得收集个人信息的授权同意,此时个人信息处理者和第三方在收集个人信息阶段实际上处于共享目的方式的状态,在个人信息收集阶段被认为是共同个人信息处理者。

系对抗被侵权人要求承担连带责任的主张。

【条文详解】

一、共同处理个人信息的权利义务

（一）共同处理个人信息的概念

个人信息处理者指的是自主决定处理目的、处理方式等事项的主体，当两个以上的个人信息处理者共同决定个人信息的处理目的和处理方式时，即构成共同处理个人信息之情形。事实上，随着信息流通、数据共享的不断发展，个人信息的利用效率、水平逐步增高，共同处理个人信息的场景会愈加增多，不同的个人信息处理者可以通过共同处理个人信息的方式提供更多元化的服务产品或者获取更高质量的个人信息利用结果。例如旅行社、连锁酒店和航空公司共同建立一个互联网平台，推动旅游预订服务管理方面的流程化合作，通过共同处理客户的个人信息开展综合营销行动；再如金融机构利用专业的金融数据平台服务对其客户进行信用评价，而该数据平台同样基于不同金融机构提供的客户信息形成数据库以提供更好的信用评级服务，二者在处理相应客户的个人信息活动中属于共同处理个人信息的关系。在共同处理个人信息的认定上，既不能狭义地限定其范围从而有损对个人信息权益的保护，也不宜过分放宽，责任主体的不当扩大可能会削弱责任对个人信息处理者尽到谨慎注意义务的倒逼作用。

（二）权利义务的约定和个人信息主体权利的行使

本条第 1 款规定了共同处理个人信息的处理者之间应当约定各自的权利义务，以及该约定与个人信息主体权利行使之间的关系。个人信息处理目的和方式等事项对个人信息权益保护而言至关重要，个人信息处理者与其他处理者共同处理个人信息时，自应当与单独处理个人信息时相同，符合本法第 1 章第 5—10 条的规定，遵守合法、正当、必要、诚信、目的合理明确、公开透明、质量、数据安全等原则的要求。由于共同处理个人信息涉及更多的个人信息处理者，以及可能存在更为复杂的个人信息处理过程，每一处理者在个人信息处理过程中产生的个人信息安全风险，都可能在共同处理个人信息的过程中被放大，因此有必要对共同处理的情形给予更明确的规范。本条即基于共同处理个人信息的此种特性，规定共同处理个人信息的处理者之间应当达成约定,以明确其各自在处理个人信息上的权利与义务。每个共同处理个人信息的处理者都应当就共同处理的目的、方式、性质、范围,甚至每个处理者所面对的个人信息安全风险等重要内容作出考虑与安排,明确每个处理者之间的权利义务,完善适当的管理或技术等方面的措施,从而确保也便于证明其共同处理符合法律之规定。《信息安全技术 个人信息安全规范》第9.6条还明确了共同处理个人信息的处理者应当共同确定应满足的个人信息安全要求,以及在个人信息安全方面分别应当承担的责任和义务,并应向个人信息主体明确告知。同时,共同个人信息处理者之间关于权利义务的约定,并不能约束个人信息主体就其个人信息权益,尤其是本法第4章所确定的知情权、决定权、查阅权、复制权、可携带权、更正权、补充权、删除权等提出主张,共同处理个人信息的处理者之间的权利义务分配,仅在处理者内部之间发生效力,不能对抗个人信息主体向任何一方处理者就其权益提出的合理主张。

二、共同处理个人信息侵权责任

(一)共同处理个人信息侵权行为

本条第2款规定了共同处理个人信息的数个个人信息处理者,侵害个人信息权益的,构成共同侵权行为,应当依法承担连带责任。共同侵权行为,首先是侵权行为,其构成应当符合侵权行为的全部要件。侵害个人信息权益的侵权行为认定需结合本法第69条加以判断。本法第69条第1款规定,"个人信息权益因个人信息处理活动受到侵害,个人信息处理者不能证明自己没有过错的,应当承担损害赔偿等侵权责任",由此可见,侵害个人信息权益的侵权行为以过错责任为归责原则,同时法律推定个人信息处理者具有过错。过错推定意味着当个人信息处理者能够证明自己没有过错时无须承担侵权责任,如果不能证明自己没有过错,在同时符合侵权责任其他要件(侵权行为、损害、因果关系)的情况下,需承担侵权责任。根据主观说的观点,共同处理个人信息侵权行为的要件应当包括:一是存在共同侵权行为,此时共同侵权行为指的是共同故意或者共同过失的积极侵权行为;二是该行为应造成个人信息权益方面的损害,包括人身、财产或者精神方面的损害;三是共同侵权行为与损害之间应当具有侵权责任法上的因果关系;四是共同处理个人信息的个人信息处理者无法证明自己不具有过错。四个要件满足时构成本条所规定的侵害个人信息权益的共同侵权行为,此时的法律后果为共同处理个人信息的个人信息处理者承担连带责任。

（二）连带责任

本条规定了共同处理个人信息的个人信息处理者之间的连带责任。尽管在共同处理个人信息时，不同处理者可能不同程度地参与到了处理个人信息的不同阶段，在损害发生上有着不同程度的过错和不同大小的原因力等，但连带责任的规定使得被侵权人有权要求任何一个或者数个共同侵权的个人信息处理者承担全部或部分侵权责任，同时，被侵权人只能在损失范围内向共同侵权人主张连带责任，任何共同侵权人承担完全部侵权责任都视为全部共同侵权人对被侵权人承担完责任。连带责任是较为严格的责任方式，任何一方都有可能承担超过自己责任份额的责任，但是就共同侵害个人信息权益而言，连带责任是保护个人信息权益、规范共同处理个人信息行为的规则设计。在向被侵权人承担完全部责任之后，各共同侵权人在应当承担的责任份额内承担最终责任，各自的责任份额可以通过协商确定，不能协商确定的按份平均承担，法院可以在发生争议时适当考虑过错程度、原因力大小以及赔偿能力能因素加以适当调整①，以确定各共同侵权人最终应承担的责任份额。实际承担责任超出其份额的共同侵权人，有权在超出部分向其他未承担相应责任份额的共同侵权人追偿，如果被追偿的共同侵权人不能承担其责任份额，其他共同侵权人在相应范围内按比例分担。

【参考条文】

一、国内立法

1.《中华人民共和国民法典》

第一百七十八条 二人以上依法承担连带责任的，权利人有权请求部分或者全部连带责任人承担责任。连带责任人的责任份额根据各自责任大小确定；难以确定责任大小的，平均承担责任。实际承担责任超过自己责任份额的连带责任人，有权向其他连带责任人追偿。连带责任，由法律规定或者当事人约定。

第五百一十九条 连带债务人之间的份额难以确定的，视为份额相同。

实际承担债务超过自己份额的连带债务人，有权就超出部分在其他连带

---

① 参见张新宝：《中国民法典释评（侵权责任编）》，中国人民大学出版社2020年版，第25页。

债务人未履行的份额范围内向其追偿,并相应地享有债权人的权利,但是不得损害债权人的利益。其他连带债务人对债权人的抗辩,可以向该债务人主张。

被追偿的连带债务人不能履行其应分担份额的,其他连带债务人应当在相应范围内按比例分担。

第一千一百六十八条 二人以上共同实施侵权行为,造成他人损害的,应当承担连带责任。

2.《最高人民法院关于审理人身损害赔偿案件适用法律若干问题的解释(2020修正)》

第二条 赔偿权利人起诉部分共同侵权人的,人民法院应当追加其他共同侵权人作为共同被告。赔偿权利人在诉讼中放弃对部分共同侵权人的诉讼请求的,其他共同侵权人对被放弃诉讼请求的被告应当承担的赔偿份额不承担连带责任。责任范围难以确定的,推定各共同侵权人承担同等责任。

3.《信息安全技术 个人信息安全规范》(GB/T 35273—2020)

第9.6条 共同个人信息控制者

对个人信息控制者的要求包括:

a)当个人信息控制者与第三方为共同个人信息控制者时,个人信息控制者应通过合同等形式与第三方共同确定应满足的个人信息安全要求,以及在个人信息安全方面自身和第三方应分别承担的责任和义务,并向个人信息主体明确告知;

b)如未向个人信息主体明确告知第三方身份,以及在个人信息安全方面自身和第三方应分别承担的责任和义务,个人信息控制者应承担因第三方引起的个人信息安全责任。

注:如个人信息控制者在提供产品或服务的过程中部署了收集个人信息的第三方插件(例如,网站经营者与在其网页或应用程序中部署统计分析工具、软件开发工具包SDK、调用地图API接口),且该第三方并未单独向个人信息主体征得收集个人信息的授权同意,则个人信息控制者与该第三方在个人信息收集阶段为共同个人信息控制者。

二、比较法

1. 欧盟《通用数据保护条例》

第26条 联合控制者

1. 若两个或更多个控制者联合决定数据处理的目标和方式,则这些控制者是联合控制者。它们应以透明的方式决定各自在履行本条例项下义务时承担的责任,尤其是数据主体权利的行使,按照第13条、第14条所述履行提供信息的义务,均应作出安排,除非且仅当管辖控制者的欧盟或成员国法律已决定控制者各自的责任。此安排可能会为数据主体指派联络点。

2. 第1段中所述安排应充分反映联合控制者各自的职责及其与数据对象的关系。此安排的实际情况应告知数据主体。

3. 不考虑第1段中所述安排条款,数据主体可以行使他或她在本条例项下有关或不利于每一位控制者的权利。

2. 德国《联邦数据保护法》

第63条　共同控制者

如果由两个或两个以上的控制者共同确定处理的目的和方式,则应视为共同控制者。除非其任务和责任已由法律确定,否则共同控制者应在协议中以透明的方式确定其在数据保护法下的各自任务和责任。尤其是该协议必须指明哪些人必须履行哪些信息义务,以及哪些信息主体可以如何行使其权利。此类协议不得阻却数据主体对每个共同控制者主张其权利。

【参考案例】

黄某与被告腾讯科技(深圳)有限公司广州分公司、
腾讯科技(北京)有限公司隐私权、个人信息权益网络侵权责任纠纷案[①]

基本案情:

原告于使用腾讯广州分公司(注销后由腾讯深圳公司承继)所开发的微信读书应用过程中,发现腾讯北京公司所开发的微信应用未经其单独同意,将其微信好友关系交予微信读书应用,其微信好友可以通过微信读书软件查看其默认被公开的微信读书信息,原告认为此侵犯了其个人信息权益和隐私权,并主张两款应用的开发公司和腾讯计算机公司共同承担责任。

本案的主要争议点在于微信应用将原告好友关系交予微信读书应用以及微信读书应用向其微信好友展示微信读书信息的行为是否侵害了原告的个人

---

① 参见北京互联网法院民事判决书,(2019)京0491民初16142号。

信息权益和隐私权,与本条相关的争议点在于腾讯深圳公司、腾讯北京公司和腾讯计算机公司之间的责任关系,是共同处理个人信息还是腾讯作为主体在单独处理个人信息。

案例分析:

法院认为无论是微信还是微信读书的相关协议,在主体上都使用的是"腾讯公司"这一并不明确的表述,普通用户难以对不同应用软件、不同公司之间的关系产生清晰认知,且根据微信和微信读书的不同产品定位和用户预期,二者的运营者不具有共享其处理的个人信息的正当性,因此根据《中华人民共和国侵权责任法》第8条,由腾讯深圳公司、腾讯北京公司、腾讯计算机公司承担共同侵权责任。

本案体现了个人信息处理场景下共同侵权主体之间的连带责任关系。在处理用户个人信息的活动中,数被告之间虽然有一定的关联关系,但作为法律意义上相互独立的主体,相关服务协议中含糊的主体表述,并不能得出个人信息主体对其他相关联的独立个人信息处理者处理其个人信息活动的知情同意,数个主体之间并不具备所谓"共享"个人信息的合法性基础。

第二十一条(委托处理个人信息)

第二十一条 个人信息处理者委托处理个人信息的,应当与受托人约定委托处理的目的、期限、处理方式、个人信息的种类、保护措施以及双方的权利和义务等,并对受托人的个人信息处理活动进行监督。

受托人应当按照约定处理个人信息,不得超出约定的处理目的、处理方式等处理个人信息;委托合同不生效、无效、被撤销或者终止的,受托人应当将个人信息返还个人信息处理者或者予以删除,不得保留。

未经个人信息处理者同意,受托人不得转委托他人处理个人信息。

【本条主旨】

本条是关于委托处理个人信息的规定。本条有3款,第1款是关于委托人与受托人之间的约定以及委托人对受托人处理个人信息活动进行监督的规定;第 2 款是关于受托人应当按照约定处理个人信息以及在委托合同不生效、无效、被撤销或者终止情况下返还、删除不得保留相关个人信息的规定;第 3 款是关于除委托人同意,受托人不得转委托他人处理个人信息的规定。

【核心概念】

委托合同

1. 委托合同是委托合同是委托人和受托人约定,由受托人处理委托人事务的合同。委托合同的目的在于委托处理事务,委托合同建立于委托人对受托人具备处理好委托事务能力的信任关系之上,受托人应当在委托人的指示范围内亲自、妥善地处理委托事务。

2. 委托他人处理个人信息即个人信息处理者作为委托人与受托人之间成立的以处理个人信息为标的的委托合同关系。委托处理个人信息属于特别委托事项,委托处理个人信息作为委托事项应当获得委托人明确的授权,基于个人信息权益保护目的,委托人应当充分考虑受托人在处理个人信息和保障信息安全等方面的能力,委托关系双方应当就处理个人信息活动的相关事项作明确约定,委托处理个人信息应当符合个人信息主体知情同意权的要求。在委托合同倚赖双方信赖关系的特点,委托人往往享有任意解除权,委托人应当尽到对受托人的监督义务,并在受托人有违个人信息权益保护之情形下充分行使相应权利。

转委托

1. 转委托又称复委托,指受托人将其受托处理事务的部分或者全部交由第三人处理。鉴于委托合同下受托人应尽到亲自、妥善处理受托事务的义务,转委托原则上应取得委托人同意或基于特别正当事由。转委托不会影响原委托合同关系,受托人仍应按照原委托合同关系的约定和委托人的指示履行合同义务。

2. 经委托人同意或追认的转委托,受托人仅就第三人的选任及其对第三人的指示承担责任;违法的转委托,受托人就转委托的第三人的行为承担责任。

【条文详解】

一、委托处理个人信息的约定和委托人的监督义务

本条第 1 款是关于委托处理个人信息时委托方应当与受托方达成约定、

委托方对受托方负有监督义务的规定。实践中,个人信息处理者可能基于自身不具备充分的个人信息处理能力或者追求更高效率、高质量的个人信息处理结果等原因,从而委托他人处理个人信息,形成了个人信息处理者作为委托人与受托人之间以处理个人信息事务为标的的委托合同关系。处理者利用第三方云服务提供者提供数据存储服务,企业通过电子合同签署管理平台使用其账户管理、合同签署服务等,都是实践中委托他人处理个人信息的场景。委托处理是促进信息增益和数据流通效率的重要实践方式,就委托人身份而言,个人信息处理者委托他人处理事务为其当然权利,但同时,鉴于个人信息处理关涉委托关系之外的信息主体的特殊性质,事实上处理个人信息的主体增多,将会在个人信息安全方面带来更大的风险,因此相较于其他事务之委托,委托他人处理个人信息还应当满足保护个人信息权益的要求,遵守法律法规的相关规定,委托行为、受托行为以及受托方对个人信息的处理,均受制于个人同意或应当符合法律明确规定的其他情形。于此基础上,本条进一步明确了个人信息处理者委托他人处理个人信息时委托关系双方应尽到的法律义务。

个人信息处理者委托他人处理个人信息前,需要综合权衡、考量委托处理个人信息的必要性、受托人的个人信息处理技术能力以及信息安全保护等因素,委托关系的基础应当建立在委托人对受托人具备相应的技术能力和数据安全保护能力的合理信赖之上。本法第55条即明确了个人信息控制者在委托他人处理个人信息时,具有对委托行为进行个人信息安全影响评估并对处理情况作出记录的义务,以确保受托人具备充分的数据安全能力。委托人应当与受托人就处理个人信息事项作出明确的约定,以确保受托人处理个人信息的活动有明确且规范的要求,本条第1款列举了委托人和受托人应当明确约定的内容,包括处理目的、期限、处理方式、个人信息的种类、保护措施以及双方的权利和义务等,明确受托人处理个人信息活动的权限范围,并对受托人的信息安全义务等作出合理提示。同时本条第1款强调了委托人对受托人处理个人信息的监督义务,依据处理个人信息活动的性质,监督义务要求的应当是持续、有意义的监督,存在完备的监督制度或流程等,例如要求对委托个人信息采取文档化管理,或者后续对受托人进行数据安全审计等,以确保具备个人信息处理和数据安全保障能力的受托人合法、合理地按照约定内容处理个人信息。

二、受托人的义务

本条第 2 款是关于受托人义务的规定。从处理个人信息主体的内部关系来看,委托处理区别于共同处理,受托人不具有自主决定处理个人信息目的、方式等事项的权利,而应当依委托人的指示处理委托事务,委托他人处理个人信息作为特别委托事项,委托人与受托人就处理个人信息活动的相关事项作出约定后,受托人应当在约定的权限范围内进行个人信息处理活动。本条第 2 款即规定了受托人按约定处理个人信息的义务,强调了受托人不得超出约定的处理目的、处理方式等处理个人信息,否则受托人等同于独立的个人信息处理者,远远超出了委托关系中其作为受托人的应有权限。同时,本条第 2 款规定了委托合同不生效、无效、被撤销或者终止情况下受托人返还、删除而不得保留相关个人信息的义务,无论委托事务是否被正常履行完毕,受托人处理个人信息的合理性建立在委托关系的存续之上,当委托关系不存在时,受托人应当及时删除或者向委托人返还相关个人信息,不得作保留。该义务的明确对于个人信息权益保护及信息安全保障十分重要。

三、转委托

本条第 3 款是对转委托行为的规定。委托关系维系于委托人对受托人信息处理和数据安全能力的信任,故原则上,除非经过委托人同意,受托人应当亲自、妥善处理委托事项,而不能擅自转委托他人处理个人信息。委托人既可以就转委托作出事前同意,也可以在受托人处理事务过程中作出同意,但转委托同样需要符合个人信息权益保护之要求,一方面委托人的个人信息处理者对转委托的同意同样受制于信息主体的个人同意或者应当符合法律规定的其他情形,另一方面次受托人受委托处理个人信息,仍应遵守法律法规之规定,并受到原委托合同权利义务的约束,本条对受托人义务之规定,对次受托人同样适用,本条对委托人义务之规定,在次受托人处理事项时对委托人同样适用。此外,《民法典·合同编》第 923 条对转委托作出了相应规定,相较之下,本法第 3 款并没有明确将"紧急情况下为了维护委托人利益"规定为可未经委托人同意进行转委托之例外,此时在委托处理个人信息情形之下是否适用,本释义认为,传统的委托关系往往只涉及与委托人利益有关的事项,而委托处理个人信息事项必然关涉委托关系之外的信息主体个人信息权益保护,加之委托处理个人信息本身即受制于个人同意或应当符合本法 13 条规定之其他情形,因此仅以"紧急情况下为了维护委托人利益"为理由不足以满足未经同意处理转委托处理个人信息的合法性,而理应同时应考虑到个人信息主体之利益。

作为委托处理个人信息情形下的专门规范,本条是从委托关系双方义务的角度对委托处理个人信息活动进行规制。尽管受托人仅能在明确约定的处理目的、方式等范围内处理个人信息,但就委托处理个人信息活动的特点来看,委托人对是否允许具体的受托方处理个人信息以及其处理的目的、方式等关键内容具有决定性影响和相当的控制能力并负有监督义务,受托人于事实上更直接地对个人信息进行处理,就外部关系(即与个人信息主体之间的关系)而言,二者实际上共同进行了处理个人信息之活动,构成了委托情形下处理个人信息行为的整体,当委托处理个人信息的过程产生了对个人信息权益的侵害时,委托人和受托人对信息主体构成共同侵权,应当按照规定对外(即对个人信息主体)承担连带责任。本条仅规定了委托方与受托方之间的权利义务关系,没有规定与个人即个人信息主体之间的关系,在适用上应该注意到这一点,所有关于处理者与个人关系的规定以及相关的义务和责任在委托处理个人信息情形也是当然适用的。

【参考条文】

一、国内立法

1.《中华人民共和国民法典》

第九百二十二条　受托人应当按照委托人的指示处理委托事务。需要变更委托人指示的,应当经委托人同意;因情况紧急,难以和委托人取得联系的,受托人应当妥善处理委托事务,但是事后应当将该情况及时报告委托人。

第九百二十三条　受托人应当亲自处理委托事务。经委托人同意,受托人可以转委托。转委托经同意或者追认的,委托人可以就委托事务直接指示转委托的第三人,受托人仅就第三人的选任及其对第三人的指示承担责任。转委托未经同意或者追认的,受托人应当对转委托的第三人的行为承担责任;但是,在紧急情况下受托人为了维护委托人的利益需要转委托第三人的除外。

2.《信息安全技术　个人信息安全规范》(GB/T 35273—2020)

9.1　委托处理

个人信息控制者委托第三方处理个人信息时,应符合以下要求:

a)个人信息控制者作出委托行为,不应超出已征得个人信息主体授权同意的范围或应遵守 5.6 所列情形;

b)个人信息控制者应对委托行为进行个人信息安全影响评估,确保受委托者达到 11.5 的数据安全能力要求;

c)受委托者应:

1)严格按照个人信息控制者的要求处理个人信息。受委托者因特殊原因未按照个人信息控制者的要求处理个人信息的,应及时向个人信息控制者反馈;

2)受委托者确需再次委托时,应事先征得个人信息控制者的授权;

3)协助个人信息控制者响应个人信息主体基于 8.1—8.6 提出的请求;

4)受委托者在处理个人信息过程中无法提供足够的安全保护水平或发生了安全事件的,应及时向个人信息控制者反馈;

5)在委托关系解除时不再存储相关个人信息。

d)个人信息控制者应对受委托者进行监督,方式包括但不限于:

1)通过合同等方式规定受委托者的责任和义务;

2)对受委托者进行审计。

e)个人信息控制者应准确记录和存储委托处理个人信息的情况;

f)个人信息控制者得知或者发现受委托者未按照委托要求处理个人信息,或未能有效履行个人信息安全保护责任的,应立即要求受托者停止相关行为,且采取或要求受委托者采取有效补救措施(如更改口令、回收权限、断开网络连接等)控制或消除个人信息面临的安全风险。必要时个人信息控制者应终止与受委托者的业务关系,并要求受委托者及时删除从个人信息控制者获得的个人信息。

二、专家建议稿

1. 张新宝、葛鑫:《个人信息保护法(专家建议稿)》

第四十五条　委托他人进行个人信息处理

信息业者委托其他信息业者进行个人信息处理,应当对受托方个人信息安全保护措施、能力和水平进行评估,不得委托不具备本法规定的个人信息安全保护水平的信息业者。信息业者应当通过合同等方式,与受托方信息业者明确授权范围,包括受托处理个人信息的类型、范围、处理目的等,并对受托方信息业者的个人信息安全管理进行监督。信息业者接受其他信息业者委托进行个人信息处理,应当遵守本法和其他法律、行政法规的有关个人信息保护的规定,确保个人信息安全,并按照与委托方信息业者的约定妥善进行个人信息处理,接受委托方信息业者的监督,并向委托方信息业者报告个人信息处理情况,不得超出委托方信息业者的授权范围处理个人信息。

三、比较法

1. 欧盟《通用数据保护条例》

"序言"第 81 条 为了确保处理者代控制者进行的数据处理符合本条例的要求,当委托处理者开展数据处理活动时,控制者只可任用能够在各方面,尤其是在专业知识、可靠性和资源方面,提供充分保证的处理者,由其采取符合本条例要求的技术和组织措施,包括保障数据处理安全性的措施。处理者遵守经核准的行为准则或认证机制规定,可作为证明其遵从控制者义务的元素。处理者应依照合同规定或欧盟或成员国法律下的其他法案进行数据处理,此等合同或法案须责成处理者按照控制者的要求行事,规定数据处理的标的事项和时长、数据处理的性质和目的、个人资料的类型与数据主体的类别,并考虑到处理者在数据处理过程中的具体任何和责任,以及给数据主体的权利与自由带来的风险。控制者与处理者可选择采用独立的合同或由欧委会或监督机构在一致性机制基础上直接采纳的以及之后被欧委会采纳的标准合同条款。代表控制者完成数据处理之后,处理者应按照控制者的选择返还或删除个人资料,但处理者须遵守的欧盟或成员国法律要求将个人数据妥善保存的,则另作别论。

第 28 条 处理者

1. 若控制者进行数据处理,则控制者仅可使用提供足够保证的处理者,以保证相应技术和组织措施的实行方式可以确保此数据处理满足本条例的要求,并确保数据主体的权利得到保护。

2. 若控制者未事先给出一般或具体书面授权,则处理者不应聘请其他处理者。若为一般书面授权,处理者应通知控制者有关增加或更换其他处理者的任何预定更改,从而给予控制者反对此更改的机会。

3. 处理者的数据处理应受到欧盟或成员国法律项下合同或其他法律行为的管辖,使控制者约束处理者,规定主题事宜和数据处理时限、数据处理的性质和目的、个人资料的类型和数据主体的类别以及控制者的义务和权利。合同或其他法律行为应规定以下内容,尤其是针对处理者:

(a)除非管辖处理者的欧盟或成员国法律要求,否则仅根据控制者提供的文件指导处理个人资料,包括将个人资料转移至第三国或国际组织;若管辖处理者的欧盟或成员国法律要求,则处理者应在数据处理前通知控制者此法律要求,但因重要公共利益原因而导致法律禁止通知的情况除外。

(b)确保获得个人资料处理授权的人承诺保密,或须遵守相应的法定保密义务;

(c)采取第 32 条要求的所有措施;

(d)遵守第 2 段、第 4 段中聘请其他处理者的条件要求;

(e)考虑数据处理的性质后,如有可能,通过相应的技术和组织措施协助控制者,履行控制者的义务,满足第三章数据主体行使权利的要求。

(f)考虑数据处理的性质和处理者可以获得的信息,协助控制者,确保其履行第 32—36 条项下义务。

(g)依照控制者的选择,删除所有个人资料,或在与数据处理相关的服务结束后将其返回至控制者,并删除现有复件,除非欧盟或成员国法律要求储存此私人数据;

(h)向控制者提供所有证明履行本条款项下义务的信息,并允许控制者或控制者任命的其他审计员进行包括检查在内的审计,或为其提供帮助。

4. 若处理者聘请其他处理者代表控制者执行特定数据处理活动,则此其他处理者应按照欧盟或成员国法律项下合约或其他法律行动的要求,履行第 3 段中所述控制者和处理者之间的合约或其他法律行动中规定数据保护义务,尤其是应提供实行相应技术和组织措施的充足保证,以满足本条例的要求。若此其他处理者未能履行其数据保护义务,则对此其他处理者的义务履行,最初的处理者应向控制者承担全部责任。

2. 日本《个人信息保护法》

第 22 条　个人信息处理业者委托他人实施全部或者部分个人数据的处理业务的,应当对被委托人采取必要且适当的监督,以保障对被委托处理的个人数据进行安全管理。

3. 韩国《个人信息保护法》

第26.1条 数据控制者将个人信息处理外包给第三方时,应当办理下列书面手续:

(1)防止将个人信息用作非外包用途;

(2)个人数据的技术和管理保障;

(3)总统令规定的其他安全管理个人信息的事项。

第26.5条 承包方不得在外包的工作范围之外使用任何个人信息,也不得向第三方提供个人信息。

4. 菲律宾《数据隐私法》

第14条 个人信息分包

个人信息控制者可以将个人信息的处理进行分包。个人信息控制者应负责确保适当的保护措施以保证处理的个人信息的机密性,防止其用于未经授权的目的,并且通常应遵守本法案和其他法律有关处理个人信息的要求。个人信息处理者应遵守本法案和其他适用法律的所有要求。

第二十二条(主体变更情形的转移与接收)

> 第二十二条 个人信息处理者因合并、分立、解散、被宣告破产等原因需要转移个人信息的,应当向个人告知接收方的名称或者姓名和联系方式。接收方应当继续履行个人信息处理者的义务。接收方变更原先的处理目的、处理方式的,应当依照本法规定重新取得个人同意。

【本条主旨】

本条是关于在个人信息处理者发生合并、分立、解散、被宣告破产等情况下告知、继续履行以及重新取得个人同意等义务的规定。

【核心概念】

个人信息处理者的合并

1. 个人信息处理者的合并是指两个以上的个人信息处理者合并为一个民事主体,包括新设合并和吸收合并两类情形,前者是指两个以上的个人信息处理者合并为新的民事主体资格,此时原个人信息处理者民事主体资格消灭,产生一个新的民事主体;后者是指一个或数个个人信息处理者并入一个现存的民事主体当中,被吸收的个人信息者民事主体资格消灭。

2. 个人信息处理者合并后,可能产生转移个人信息需求的情形包括:一是新设合并下,新的民事主体仍继续处理个人信息;二是吸收合并下,吸收原个人信息处理者的现存民事主体需要继续处理个人信息处理。

个人信息处理者的分立

1. 个人信息处理者的分立是指,基于特定原因一个个人信息处理者分立成两个以上的民事主体,包括新设分立和派生分立两类情形,新设分立中原个人信息处理者民事主体资格消灭,派生分立中原个人信息处理者作为民事主体仍继续存续。

2. 个人信息处理者分立后,可能产生转移个人信息需求的情形包括:一是新设分立下,分立出来的民事主体需要继续处理个人信息;二是派生分立下,原民事主体不再进行处理个人信息的活动,由派生出来的民事主体继续处理个人信息。

个人信息处理者的解散

1. 个人信息处理者的解散主要包括自行解散和强制解散,自行解散往往源于个人信息处理者设立目的完成或无法完成、约定存续期限届满或约定解散事由已被满足、个人信息处理者成员决议解散等原因,强制解散是相关主管机关按照法定条件、程序强制命令个人信息处理者解散,此处的解散不包括合并或者分立的情形,个人信息处理者解散并完成法定义务(例如清算等)后,其民事主体资格消灭。

2. 个人信息处理者因解散消灭民事主体资格后,若新的民事主体依据法律规定仍继续进行个人信息处理活动,此时会产生转移个人信息的需求。

个人信息处理者被宣告破产

1. 个人信息处理者被宣告破产是指个人信息处理者因不能清偿到期债务或者出现其他法定事由时,由法定的相关主体向人民法院申请破产还债的法定程序。个人信息处理者被宣告破产并完成法定程序后,其民事主体资格消灭。

2. 个人信息处理者因被宣告破产消灭民事主体资格后,若新的民事主体依据法律规定继续进行个人信息处理活动,此时会产生转移个人信息的需求。

【条文详解】

一、个人信息处理者民事主体资格变动

本条是对于个人信息处理者因合并、分立、解散、被宣告破产等原因需要转移个人信息的义务规定。当个人信息处理者作为组织体时,往往会因为意定或法定原因发生主体资格上的变动,从而发生个人信息转移之问题。本条主要借鉴了《信息安全技术　个人信息安全规范》第9.3条关于因合并、分立等原因变更个人信息处理者的规定,明确了个人信息处理者由于主体资格变动而需要转移个人信息时其应尽的义务以及接收方接收个人信息后应尽的义务。

在引起主体资格变动的原因上,本条主要列举了合并、分立、解散、被宣告破产这四类典型情形,相较于委托、提供、公开等更为积极地使其他主体获得个人信息的场景,本条关注的是个人信息处理者自身民事主体资格于法律意义上发生变动后转移个人信息的问题。除了这四类情形外,还存在其他的法律规定会导致主体资格变动的原因,其仍须适用本条之规定。

当个人信息处理者因为合并、分立、解散或被宣告破产等原因,主体身份发生法律意义上的变化之时,可能出现以下几种情形:一是原个人信息处理者民事主体资格仍存续,且仍然进行个人信息处理活动;二是原个人信息处理者民事主体资格虽未消灭,但其不再进行个人信息处理活动;三是原个人信息主体民事主体资格已不再存续,其衍生出的新的民事主体继续进行个人信息处理活动;四是原个人信息主体民事主体资格已不再存续,没有新的民事主体承继或者新的民事主体不再进行个人信息处理活动。第一种情形自无须讨论,在第二、第三种情形下,可能会产生向新的民事主体转移个人信息的问题,而第四种情形下,原个人信息处理者应按照本法第47条之规定,删除个人信息或停止除存储和采取必要的安全保护措施之外的处理。

二、转移个人信息时的告知义务

在理解本条所指的个人信息处理者主体身份变动时,应当与共同处理、委托处理、向他人提供、公开披露等情形作区分,其仅是基于原个人信息处理主体身份法律意义上的变化而产生的个人信息转移,实质上仍符合个人信息主

体知情同意所指向的个人信息处理活动,仍未超出原个人信息处理者的处理范围、内容及流程等。因此,当转移个人信息行为未超出合法性基础范围时,个人信息处理者仅须尽到相应的告知义务,而无须就转移行为获得个人信息主体的同意。根据本条规定,个人信息处理者告知个人的内容至少应当包括接收方的身份、联系方式,即使得个人信息主体知悉个人信息转移的事实和接收方的基础信息,确保个人足以获知处理其个人信息的主体变化,保障其对个人信息处理活动的知情权,以及便于信息主体后续向接收方提出权利主张。

三、接收方的义务

(一) 继续履行个人信息处理者的义务

本条明确了在尽到合理的告知义务后,作为个人信息转移的接收方,应当继续履行个人信息处理者的义务,包括法律规定的个人信息处理者应尽到的法定义务和原个人信息处理者与个人信息主体就处理个人信息活动约定的义务等。接收方仍应在原先的处理目的、方式等范围内处理个人信息,这是知情同意规则作为原则性的合法性基础的必然要求,接收方作为承继个人信息处理活动的个人信息处理者,就其处理个人信息的行为承担相应的义务和责任。

(二) 改变处理目的和处理方式时须重新获得个人同意

最后,本条规定了接收方重新取得个人同意的规则,适用于接收方改变原先的处理目的和处理方式之情形,当接收方的个人信息处理行为超出了原定的处理目的、方式的范围,应当按照本法规定再次确定处理个人信息的合法性基础,重新获得个人信息主体的有效同意。如果接收方在个人信息处理活动作不涉及变更原先的处理目的、处理方式,则无需重新取得同意。

【参考条文】

一、国内立法

1.《中华人民共和国民法典》

第六十七条　法人合并的,其权利和义务由合并后的法人享有和承担。法人分立的,其权利和义务由分立后的法人享有连带债权,承担连带债务,但是债权人和债务人另有约定的除外。

第六十八条　有下列原因之一并依法完成清算、注销登记的,法人终止:

（一）法人解散；

（二）法人被宣告破产；

（三）法律规定的其他原因。

法人终止，法律、行政法规规定须经有关机关批准的，依照其规定。

2.《信息安全技术　个人信息安全规范》（GB/T 35273—2020）

第9.3条　收购、兼并、重组、破产时的个人信息转让

当个人信息控制者发生收购、兼并、重组、破产等变更时，对个人信息控制者的要求包括：

a）向个人信息主体告知有关情况；

b）变更后的个人信息控制者应继续履行原个人信息控制者的责任和义务，如变更个人信息使用目的时，应重新取得个人信息主体的明示同意；

c）如破产且无承接方的，对数据做删除处理。

二、比较法

1. 美国《加州消费者隐私法案》议案 AB1355 个人信息

第7.5节（t）（2）（D）企业将个人信息作为合并、收购、破产或其他交易的一部分的资产向第三方转让，在此交易中第三方取得对该信息的全部或部分控制权，前提是信息的使用或共享与第1798.110和1798.115节的规定一致。如果第三方实质上改变其使用或分享消费者的个人信息的方式，与收集时所作承诺存在实质性不一致，则第三方应向消费者提前通知新的或改变的做法。通知应足够突出和健全，以确保现有消费者可以轻松地按照第1798.120节的要求作出他们的选择。本项没有授权企业以违反《不公平和欺诈行为法》（第5章（从17200节开始）第7部分"商业和专业守则"第2部分）的方式对其隐私政策进行重大的、追溯性修改或其他修改。

2. 日本《个人信息保护法》

第16.2条　个人信息处理业者因合并以及其他事由自其他个人信息处理业者处承袭业务并取得个人信息的，未经本人事先同意，不得超出承袭该业务前为达到该个人信息的使用目的所必要的范围，处理该个人信息。

3. 韩国《个人信息保护法》

第27条　业务转移后个人信息的转移限制

1. 数据控制者如因其部分或全部业务转让、合并等原因而将个人信息转

交予第三者,须按照总统令所规定的方式,预先通知数据主体下列事项:

(1)个人信息被转移的事实;接收人(以下称为业务受让人)的姓名(法人为公司名称)、地址、电话等联系方式;

(3)如数据主体不希望转移其个人信息,应告知撤回同意的方法及程序。

2. 在接收个人数据时,业务受让人应立即以总统令规定的方式通知数据主体数据转移的事实,但控制者已根据第 1 款将转让事实通知数据主体的除外。

3. 业务受让人接收因业务转让、合并等原因而产生的个人信息,仅可在个人信息最初目的范围内使用或提供给第三方。在这种情况下,业务受让人应被视为个人信息控制者。

第二十三条(提供与接收个人信息情形的义务)

第二十三条　个人信息处理者向其他个人信息处理者提供其处理的个人信息的,应当向个人告知接收方的名称或者姓名、联系方式、处理目的、处理方式和个人信息的种类,并取得个人的单独同意。接收方应当在上述处理目的、处理方式和个人信息的种类等范围内处理个人信息。接收方变更原先的处理目的、处理方式的,应当依照本法规定重新取得个人同意。

【本条主旨】

本条是关于在提供与接收个人信息情形提供方和接收方义务的规定。

【核心概念】

提供个人信息

1. 提供个人信息指的是个人信息处理者将个人信息提供给第三方个人信息处理者的情形,包括向他人传输个人信息数据副本或提供个人数据访问、检索途径等。① 提供个人信息情形下,由于处理个人信息的主体的增加和个人信息数据链条的延长等,个人信息安全风险增加,并在一定程度上削弱信

---

① 参见张新宝、葛鑫:《个人信息保护法(专家建议稿)及立法理由书》,中国人民大学出版社 2021 年版,第 115 页。

息主体和合法的个人信息处理者对个人信息的控制能力,但同样基于个人信息利用的实践需求,提供个人信息往往成为实践中较为广泛的适用场景,因此有必要将其列为单独、典型的个人信息处理场景并进一步明确相关规则。

2.《民法典》《网络安全法》等法律法规都对不得非法向他人提供个人信息作出强调,提供个人信息应当满足合法性基础的要求。提供个人信息与其他个人信息处理活动有所区别:一是与民事主体资格变动引发的个人信息转移相比,提供个人信息往往为提供方主动发起的场景,从而在提供方之外增加了新的个人信息处理者;二是与共同处理个人信息相比,接收方在处理个人信息的过程中并不能与提供方共同决定个人信息的处理目的和处理方式,接收方仅得在获得知情同意的范围内处理个人信息;三是与委托处理个人信息相比,接收方作为新的个人信息处理者开展个人信息处理活动,提供方在与提供方的基础关系上不具备任意解除权,接收方往往基于自身的利益追求处理个人信息,不具有按照提供方指示处理个人信息的义务。

3. 提供个人信息包括既可能为有偿的提供行为,也可能为无偿的提供行为。实践中多见个人处理者将其处理的个人信息视为商业资源并通过有偿提供获取一定利益之情形,但个人信息背后的商业价值绝非是完全被个人信息处理者垄断、自主决定的对象,个人信息的商业化利用更应当建立在个人信息主体知情同意的合法性基础之上。无偿的提供行为可能源于法律义务或公共利益的要求,有时可能会突破知情同意规则,但仍需符合本法所规定的合法性基础。无论提供行为是否有偿,都不会影响提供方和接收方尽到个人信息权益保护义务方面的责任。

重新同意

重新同意是提供个人信息场景下个人信息接收方变更原先的处理目的、处理方式时继续处理个人信息的合法性基础。提供个人信息取得个人信息主体的单独同意时,应当尽到充分的告知义务,原则上接收方仅得在个人信息主体知情同意所关涉的处理目的和处理方式等范围内处理个人信息,当接收方改变原先的处理目的和处理方式时应当重新确认处理个人信息行为的合法性基础,即重新获得个人信息主体的同意。

【条文详解】

一、概述

本条是关于个人信息处理者向他人提供个人信息情形的义务规定。数字技术和市场的逐步发展,推动越来越多的主体挖掘个人信息作为可商业化利用数据的价值,为数据共享提供了现实基础,个人信息处理者将其处理的个人信息提供给第三方的场景逐渐增多,例如网络服务平台将自己的用户信息提供给第三方社交应用平台,第三方平台利用此类信息继而扩大其用户群等。但同时,广泛的个人信息收集、分享等行为也为个人信息权益保护带来了挑战。因此本条专门针对向他人提供个人信息之情形作出规定,明确了个人信息处理者向他人提供个人信息时的义务与合法性基础,接收方处理个人信息时的义务,以及接收方变更处理目的、方式时须重新取得个人同意的规则。

二、提供个人信息时的告知义务与单独同意

一般而言,个人信息处理者提供个人信息的行为将会扩大处理该个人信息的主体,必然对作为信息主体的个人信息权益产生一定影响,自应当保障相关信息主体于此情形下的知情同意,这构成了提供、接收情形下个人信息处理活动的合法性基础。故本条首先明确了,当个人信息处理者向他人提供其处理的个人信息时,提供方应当尽到告知义务并取得信息主体的单独同意。在个人信息处理活动中,个人信息处理者往往会从中获益并享受更多的信息优势,而个人信息主体是信息不对称下弱势的一方,在作出向他人提供个人信息的行为前,提供者应当尽到相应义务,个人信息处理者应当事前就提供行为对个人信息保护造成的影响做充分考量,以确保接收者能够合法、合理地处理个人信息以保障信息安全,故本法第55条明确了向他人提供个人信息时个人信息处理者的事前影响评估以及对处理情况进行记录的义务。更为重要的是,当信息主体对个人信息处理活动并不具有充分知悉了解的条件时,其无法有意义地作出是否同意处理的决定,此时,告知义务构成了单独同意机制有效性的重要前提,通过促进信息主体知情权的实现,以夯实提供个人信息行为的合法性基础。

告知义务的目的,在于促进信息主体对提供行为的理解,为信息主体能够

理性且自由地作出是否同意的决定提供信息基础。作为强制性的信息披露义务,个人信息处理者应当以清晰、易懂的用语告知信息主体与向其他个人信息处理者提供个人信息有关的重要事项。本条对告知义务所应当包含告知事项作了不完全列举,总体来看分为两类:一类是与接收方相关的信息,本法在披露接收方信息上采取了更细致严格的规定①,提供方应当披露接收方的姓名或名称以及联系方式,便于作为信息主体的个人在此场景中能够便捷对接收方作出甄别以及后续的权利主张等;另一类是与处理个人信息相关的事项,包括处理目的、处理方式以及个人信息的种类,便于作为信息主体的个人对提供行为以及接收方的个人信息处理活动等进行判断,就是否允许其个人信息被提供给他人作出合理的决定。

尽管提供场景下的惯常逻辑为个人信息处理者在处理个人信息的过程中需要提供给他人其处理的个人信息,此时再向个人信息主体作出告知并征得同意,但实践中不乏个人信息处理者以获取个人信息主体概括同意的方式处理其个人信息的情形,其中往往包含了将其提供给第三方的内容。此时产生的问题在于,如果个人信息处理者在取得同意时,已经告知信息主体会将处理的个人信息提供给他人,是否还需要单独告知? 从保护个人信息权益的目的来看,本条中告知义务与获取单独同意的规定都是为了保障相关的个人信息主体知情权的实现,使其得以基于自身利益考量决定是否同意个人信息提供给第三方的行为,故重点在于该同意的取得是否建立在个人信息者已经充分履行了通知义务之上。如果提供方在最初取得同意时只是对将来提供行为做了提示,并没有对本条列举的事项作出充分且显著的说明,例如并未提供具体的接收方信息,未能说明接收方处理个人信息的目的方式等,不能认为此时信息主体的同意属于对将来提供行为的概括同意,个人信息处理者仍负有相应的告知义务。本条中告知义务和单独同意并未对单独同意的时间、阶段设限,个人信息处理者可以在收集个人信息时就对提供行为作告知以获取同意,但在实践中适用本条时,仍需注意与不符合个人信息权益保护、未尽到充分告知义务的概括同意情形做区分。

三、接收方的义务

在获取个人信息主体对提供情形的单独同意后,接收方负有在告知义务

---

① 相较之下,欧盟《通用数据保护条例》第13(e)条允许只披露个人数据接收者或接收者类别。

中信息主体所明确同意的处理目的、处理方式和个人信息的种类等范围内处理个人信息的义务,这是知情同意作为个人信息处理活动原则性合法基础的必然要求,如果接收方在未经个人同意的情况下超出原定的处理目的、处理方式和个人信息的种类等范围处理个人信息,属于违法处理个人信息,应承担相应的法律责任。同时,提供方在提供个人信息的流程中具有比信息主体更强的控制能力,往往可以基于提供行为获有利益,其义务不仅体现为事前进行影响评估和对信息主体的告知义务,《信息安全技术 个人信息安全规范》第9.2条第(e)、(f)、(h)项还规定了提供方负有通过合同约定接收方责任和义务,发现接收方违法处理个人信息时采取一定措施控制安全风险,以及帮助信息主体向接收方主张个人信息权益等的义务。当因共享、转让个人信息发生安全事件而对个人信息主体合法权益造成损害时,提供方和接收方的应当按照本法第69条之规定承担相应的责任。

四、改变原先处理目的、处理方式时须重新获得个人同意

最后,基于目的合理、明确原则的要求,接收方超出获取单独同意时确定的特定目的、方式范围内作出的个人信息处理,构成对原先处理目的、处理方式的变更,应当再次确定个人信息处理活动的合法性基础,重新获得信息主体的同意。此时的重新同意仍需符合本条对提供、接收情形的规定要求,应当是在对信息主体尽到充分的告知义务基础上所获取的个人信息主体的同意。

【参考条文】

一、国内立法

1.《中华人民共和国民法典》

第一千零三十八条 信息处理者不得泄露或者篡改其收集、存储的个人信息;未经自然人同意,不得向他人非法提供其个人信息,但是经过加工无法识别特定个人且不能复原的除外。

信息处理者应当采取技术措施和其他必要措施,确保其收集、存储的个人信息安全,防止信息泄露、篡改、丢失;发生或者可能发生个人信息泄露、篡改、丢失的,应当及时采取补救措施,按照规定告知自然人并向有关主管部门报告。

2.《中华人民共和国网络安全法》

第四十四条　任何个人和组织不得窃取或者以其他非法方式获取个人信息，不得非法出售或者非法向他人提供个人信息。

3.《信息安全技术　个人信息安全规范》(GB/T 35273—2020)

9.2　个人信息共享、转让

个人信息控制者共享、转让个人信息时，应充分重视风险。共享、转让个人信息，非因收购、兼并、重组、破产原因的，应符合以下要求：

a)事先开展个人信息安全影响评估，并依评估结果采取有效的保护个人信息主体的措施；

b)向个人信息主体告知共享、转让个人信息的目的、数据接收方的类型以及可能产生的后果，并事先征得个人信息主体的授权同意。共享、转让经去标识化处理的个人信息，且确保数据接收方无法重新识别或者关联个人信息主体的除外；

c)共享、转让个人敏感信息前，除 b)中告知的内容外，还应向个人信息主体告知涉及的个人敏感信息类型、数据接收方的身份和数据安全能力，并事先征得个人信息主体的明示同意；

d)通过合同等方式规定数据接收方的责任和义务；

e)准确记录和存储个人信息的共享、转让情况，包括共享、转让的日期、规模、目的，以及数据接收方基本情况等；

f)个人信息控制者发现数据接收方违反法律法规要求或双方约定处理个人信息的，应立即要求数据接收方停止相关行为，且采取或要求数据接收方采取有效补救措施(如更改口令、回收权限、断开网络连接等)控制或消除个人信息面临的安全风险；必要时个人信息控制者应解除与数据接收方的业务关系，并要求数据接收方及时删除从个人信息控制者获得的个人信息；

g)因共享、转让个人信息发生安全事件而对个人信息主体合法权益造成损害的，个人信息控制者应承担相应的责任；

h)帮助个人信息主体了解数据接收方对个人信息的存储、使用等情况，以及个人信息主体的权利，例如，访问、更正、删除、注销账户等；

i)个人生物识别信息原则上不应共享、转让。因业务需要，确需共享、转让的，应单独向个人信息主体告知目的、涉及的个人生物识别信息类型、数据接收方的具体身份和数据安全能力等，并征得个人信息主体的明示同意。

二、专家建议稿

1. 张新宝、葛鑫:《个人信息保护法(专家建议稿)》

第三十六条　个人信息对外提供的同意

信息业者向他人提供信息主体个人信息的,应当及时告知信息主体个人信息对外提供具体事项,包括个人信息的类型、方式、接收方基本信息及其个人信息处理目的等个人信息对外提供事项,征求信息主体的同意。信息业者向接受其委托、为其提供个人信息处理服务的其他信息业者提供信息主体个人信息的,不属于前款规定的对外提供个人信息。

三、比较法

1. 欧盟《通用数据保护条例》

第13(1)条(e):若关于数据主体的个人数据从数据主体收集,控制方应在获得个人数据时向数据主体提供所有以下信息……(e)个人数据接收者或接收者类别(如有)。

第14(1)条(e):若个人数据已从数据主体获得,控制方向数据主体提供以下信息……(e)个人数据接收者或接收者类别(如适用)。

2. 日本《个人信息保护法》

第23.2条　个人信息处理业者对于向第三人提供的个人数据,应本人的申请应当停止将可识别该本人的个人数据提供给第三人的,对以下事项,如事先已通知本人或者使相关内容置于本人容易获知的状态,则无论前一款规定如何,均可以将该个人数据提供给第三人。

(1)以向第三人提供为其目的的;

(2)向第三人提供的个人数据的项目;

(3)向第三人提供的手段或者方法;

(4)应本人申请停止将可识别该本人的个人数据提供给第三人的事实;

(5)本人要求的处理方法。

第23.3条　个人信息处理业者变更前一款第(2)项或者第(3)项或者第(5)项所规定的事项的,应当实现将其变更的内容通知本人或者使相关内容置于本人容易获知的状态,并向个人信息保护委员会申报。

3. 韩国《个人信息保护法》

第17.1条 数据控制者在下列情况下,可以与第三方分享或提供数据主体个人信息:

(1)取得数据主体同意的……

第17.2条 数据控制者在取得第1款第(1)项的同意后,须就下列事项通知数据主体:(下列事项有变更的也应通知数据主体)

(1)个人信息的接收者;

(2)接收者使用个人数据的目的;

(3)须提供的个人数据的详情;

(4)接收者保留和使用个人数据的期限;

(5)数据主体有权拒绝同意的事实,以及拒绝同意所造成的不利影响。

4. 越南《网络信息安全法》

第17条 个人信息的收集和使用:

1. 处理个人信息的组织、个人应当……(c)除非经个人信息所有者同意或主管国家机构要求,否则不得将收集、访问或控制的个人信息分享、散布给任何第三方。

【参考案例】

案例1:黄某与被告腾讯科技(深圳)有限公司广州分公司、
腾讯科技(北京)有限公司隐私权、个人信息权益网络侵权责任纠纷①

本案案情:原告于使用腾讯广州分公司(注销后由腾讯深圳公司承继)所开发的微信读书应用过程中,发现腾讯北京公司所开发的微信应用未经其单独同意,将其微信好友关系交予微信读书应用,其微信好友可以通过微信读书软件查看其默认被公开的微信读书信息,原告认为此侵犯了其个人信息权益和隐私权,并主张两款应用的开发公司和腾讯计算机公司共同承担责任。

本案的主要争议点:争议点在于微信应用将原告好友关系交予微信读书应用以及微信读书应用向其微信好友展示微信读书信息的行为是否侵害了原告的个人信息权益和隐私权,与本条相关的争议点在于微信与微信读书两款应用之间的关系,在对本案中设计的微信好友关系、微信读书信息的处理上,

① 参见北京互联网法院民事判决书,(2019)京0491民初16142号。

究竟是同一的个人信息处理者使用个人信息,还是独立的个人信息处理者向第三方提供其处理的个人信息。

法律适用:最终法院基于微信读书的产品定位,认定其与微信之间应属于相对独立的应用软件,不能认为用户已经或应当知道微信读书是基于微信关系链的阅读应用。两个软件共用好友关系并不符合用户的一般预期,微信应用向微信读书应用提供好友关系,微信读书应用向微信好友提供读书信息,都应当通过显著告知取得用户的明确同意,根据《中华人民共和国网络安全法》第四十一条认定被告构成了对原告个人信息权益的侵害。

本案涉及个人信息处理者向其他个人信息处理者提供个人信息之情形,即使个人信息处理者意图在收集个人信息阶段,同时就向他人提供个人信息行为取得个人信息主体同意,也应当尽到充分的告知义务,取得个人信息主体对提供行为的单独同意,从相关服务协议中含糊的主体表述以及相应的授权内容来看,并不符合未尽到充分告知义务,也并未取得个人信息主体的单独同意。

案例 2:北京淘友天下技术有限公司等与北京微梦
创科网络技术有限公司不正当竞争纠纷①

本案案情:微梦公司在其所运营的新浪微博平台上发布了开放式应用 Open API,第三方应用方可以通过此应用接口获取利用其数据资源,微梦公司通过与合作方签订《开发者协议》以及控制合作方的访问资源权限来实现管理。淘友公司通过前述方式与微梦公司形成合作后,其运营的脉脉软件被允许利用 Open API 接口获取微博客户的头像、名称、标签信息,但微梦公司发现淘友公司存在抓取、使用未被授权的微博用户教育信息和职业信息等行为,于是终止合作并诉讼主张淘友公司存在不正当竞争行为。其中,微梦公司在与微博用户达成的《微博服务使用协议》中将用户公开的个人信息列为商业披露给第三方时无需征得用户另外同意的情形,在与第三方应用达成的《开发者协议》中将用户数据定性为其商业秘密,并只能在为应用程序运行及功能实现目的而必要的范围内,在尽到告知义务获得用户知情同意后方可使用相应的个人信息。

---

① 参见北京知识产权法院民事判决书,(2016)京 73 民终 588 号。

本案主要争议点在于法律层面上如何判定微梦公司的数据利用模式和淘友公司的数据利用行为。

二审法院认为 Open API 的合作开发模式在收集、使用用户个人信息应当建立在充分尊重用户隐私权、知情权和选择权基础上,应当坚持"用户授权"+"新浪授权"+"用户授权"的三重授权原则,淘友公司作为第三方应用开发者应当按照约定的内容取得用户同意并经网络运营者授权后合法获取、使用,最后法院依据《反不正当竞争法》认定淘友公司抓取、使用未被授权的数据构成不正当竞争行为,应当承担相应的民事责任;同时本案也暴露出作为新浪微博管理者的微梦公司 Open API 的接口权限设置上存在巨大技术漏洞,没有在网络安全方面尽到充分的管理义务,应当在今后注意提升其信息安全风险防范能力。

本案中个人信息处理者在涉及上向其他个人信息处理者提供个人信息的开放式应用上,采用的"三重授权"模式,形式上看符合向他人提供个人信息情形下取得个人信息主体单独同意的要求,未取得个人信息主体单独同意的接收方,其处理个人信息的行为为违法处理行为。

第二十四条(利用个人信息进行自动化决策)

第二十四条 个人信息处理者利用个人信息进行自动化决策,应当保证决策的透明度和结果公平、公正,不得对个人在交易价格等交易条件上实行不合理的差别待遇。

通过自动化决策方式向个人进行信息推送、商业营销,应当同时提供不针对其个人特征的选项,或者向个人提供便捷的拒绝方式。

通过自动化决策方式作出对个人权益有重大影响的决定,个人有权要求个人信息处理者予以说明,并有权拒绝个人信息处理者仅通过自动化决策的方式作出决定。

【本条主旨】

本条是关于利用个人信息自动化决策的规则的规定。本条有三款,第 1 款规定了利用个人信息自动化决策时应保证决策透明、结果公平公正,禁止对个人在交易条件上实行不合理差别待遇;第 2 款规定了个人信息主体在自动化决策提供个性化内容时的选择权；第 3 款规定了当自动化决策作出对个人权益有重大影响时，个人可以要求个人信息者解释和对仅通过自动化决策方式作出决定的拒绝权。

【核心概念】

自动化决策

1. 本法第 73 条第(2)项将"自动化决策"定义为"通过计算机程序自动分析、评估个人的行为习惯、兴趣爱好或者经济、健康、信用状况等，并进行决策的活动"，该定义更多地着眼于数据画像(profiling)领域，即通过对个人信息的自动处理用于评估(特别是分析或预测)个人从而进行决策。界分本概念的关键在于是否符合利用个人信息进行"分析、评估并进行决策"的目的，不以此为目的的个人信息收集、分类或总结等活动即使包含自动处理过程，也并非本条所涵摄的自动化决策场景。

2. 欧盟《通用数据保护条例》第 22 条规定了"包括特征分析在内的自动化个人决策权(automated individual decision-making, including profiling)"，但并未对自动化个人决策作出明确定义，仅于第 4 条对数据画像作出定义①，从表述来看自动化个人决策与数据画像概念仍有所区别，自动化个人决策不仅限于数据画像情形，任何对个人存在影响的具有法律效力的自动处理都被包含在内，例如决策支持系统(decision-making support system)。这是由于第 22 条的目的在于对仅依靠(solely on)自动化过程的自动化个人决策进行规制。

3. 欧盟的数据保护机构(Article 29 Working Party)②在《关于自动化个人决策和数据画像的指引》中将自动化个人决策分为数据画像(profiling)和自动决策(automated decision-making)两个部分，前者的特征主要在于是一种自动处理形式、作用于个人数据之上、目的为评估自然人的个人方面，后者强调的是通过技术手段作出决策的能力，在个人数据处理活动中，二者除了结合状

---

① 定义为"这种形式的个人数据自动处理，包括使用个人数据评估与自然人有关的某些个人情况，特别是分析或预测与该自然人的工作表现、经济状况、健康、个人喜好、兴趣、可靠性、行为、位置或行动有关的方面"。

② 全称为"在处理个人数据方面保护个人的工作组"(The Working Party on the Protection of Individuals with regard to the Processing of Personal Data)，是欧盟的数据保护咨询机构，由每个欧盟成员国的数据保护机构、欧洲数据保护监督员和欧盟委员会的一名代表组成。

态以外,数据画像可能不包括自动决策,自动决策也可能在没有数据画像的情况下进行,二者还可以在过程中发生转换,因此自动决策与数据画像部分重合或以数据画像为基础,关键在于数据利用的方式。① 《通用数据保护条例》并未过多着眼于两个概念的界分,更多的是从不同场景下个人数据权益保护的角度进行规定,数据画像可能在不同的意义层面被使用,例如通常的数据画像、基于数据画像的决策或者对数据主体产生重大影响的完全仅依靠自动化过程的自动决策(包含数据画像)②。

【条文详解】

一、自动化决策的基本规则

(一) 决策的透明度和结果公平公正

本条第 1 款是对于利用个人信息进行自动化决策时保证决策透明度和结果公平、公正,不得对个人在交易条件上实行不合理差别待遇的规定。从长远来看,过分依赖基于个人信息的自动分析、评估和决策会产生极大的风险,其可能将个人锁定于特定类别并限制于被提供的建议偏好之中,这将损害个体于选择上的自由与公平,而当自动化决策的不准确性无法被个体知悉时,会进而加剧可能存在的不合理歧视。③ 由此本条第 1 款首先明确了利用个人信息进行自动化决策的首要规则,即应当保证决策的透明度和结果公平公正。保证决策的透明度体现了本法第 7 条公开透明原则的基本要求,意味着关涉利用个人信息进行自动化决策的相关过程和结果应当易于被个人获取、理解,而结果公平公正则意味着自动化决策应确保其决策形成的准确、必要与合理,以明确自动化决策在形成决策结果上的价值要求,二者共同组成了利用个人信息进行自动化决策的基本规则。

(二) 防范大数据"杀熟""杀生"等不合理的差别待遇

本条第 1 款在规定决策透明和结果公平公正基本规则的同时,就不得对

---

① See Article 29 Data Protection Working Party, *Guidelines on Automated individual decision-making and Profiling for the purposes of Regulation* 2016/679, 2018, pp.6-8.

② See Article 29 Data Protection Working Party, *Guidelines on Automated individual decision-making and Profiling for the purposes of Regulation* 2016/679, 2018, p.8.

③ See Article 29 Data Protection Working Party, *Guidelines on Automated individual decision-making and Profiling for the purposes of Regulation* 2016/679, 2018, pp.5-6.

个人在交易价格等交易条件上实行不合理的差别待遇作出特别强调,主要针对的是当下颇具争议的大数据"杀熟""杀生"现象,即个人信息处理者通过对消费页面浏览历史、价格耐受度、支付能力、选择偏好等个人信息收集、整合、分析和挖掘的过程,对(已有或潜在)消费者进行个性分析、精准画像,来预估消费者的消费意愿和能力,继而利用此类特征分析以实现区分定价、诱导消费陷阱等从而获取不正当商业优势的现象。实践中诸如外卖、网络购物以及网约车等软件都被曝光过存在通过用户画像对不同类型的客户就同样的商品、服务定制不同价格的问题,这类现象加剧了个人信息处理者和消费者之间信息上的不对称与地位上的不平等,大大超出了传统消费方式中"明码标价"等所能满足的知情保护范围,因此本款从法律层面对当前利用个人信息进行自动化决策的行为给出更明确的规范要求,就当前大数据"杀熟""杀生"现象为消费者权益保护提供更充分的法律依据。同样,从条文表述来看,本条款规制的对象为交易条件上的不合理差别待遇,结合立法理由来看,本条款并非旨在禁止一切差别化的交易条件,确保自动化决策透明和结果公平公正才是规制的实质所在,因此实践中对不合理差别待遇的理解应当结合前述规则加以考虑。①

二、个人信息主体对自动化决策下个性化营销的选择权

本条第 2 款规定了个人信息主体对自动化决策下个性化内容的选择权。随着大数据技术的发展与成熟,利用个人信息自动化决策推送信息、推销商品和服务的场景逐渐增多,个人信息处理者通过对消费者个性特征、行为数据等个人信息的个性化分析,可以更高效地向个人精准投放信息以增强商业竞争优势,消费者也往往能更加有效地获取信息,但同时在应用程序和商业推广实践中,个性化推荐的使用可能会产生侵扰信息主体安宁、信息茧房等问题,这意味着数字时代下个人享受数字技术便利的同时,也催生了增强个人信息权益保护的新的法律需求。个人作为信息主体,在面对个人信息处理者提供的个性化信息服务时,应当有选择是否接受的权利。本条第 2 款即在法律层面保证了信息主体对个性化内容的选择权,明确了个人信息处理者应当在利用自动化决策进行信息推送、商业营销时提供非针对个人特征的选项或便捷的

---

① 例如,美国《加州隐私法案》认为,当交易条件上的区分对待与消费者通过提供数据产生的价值合理相关时,则可以被允许。

拒绝方式,同时个人信息处理者应当向信息主体提供真实有效的机制以确保个人能够有便捷的途径知悉、选择和拒绝个性化信息服务内容。相较于《电子商务法》第18条中确定的电子商务经营者在提供商品或服务搜索结果时提供不针对个人特征选项之规定,本条将规制场景扩充为利用个人信息进行自动化决策进行信息推送、商业营销的所有场景,将规制主体拓宽为所有个人信息处理者,并且增加了个人信息处理者向个人提供便捷拒绝方式之规定,以在自动化决策普遍化的现实中为个人信息主体提供更周延的保护。

三、自动化决策下对个人权益有重大影响的决定

本条第3款规定了当自动化决策作出对个人权益有重大影响时,个人所可以主张的权利,包括要求个人信息处理者对自动化决策作出说明和拒绝仅通过自动化决策方式作出决定的权利。"通过自动化决策作出对个人权益有重大影响"为本款的适用前提,自动化决策必然会对个人权益产生一定影响,个人信息处理者应当对此类影响有所评估,因此在明确信息主体可以主张的权利同时,本法第55条第2项还明确规定了利用个人信息进行自动化处理时,个人信息处理者应当尽到事前评估个人信息保护影响并对处理情况进行记录的义务,此外《信息安全技术　个人信息安全规范》也对个人信息处理者在自动化决策中形成个人信息安全影响评估机制的要求作出进一步指引。个人信息处理者对自动化决策影响安全评估的义务,和个人权利的主张相辅相成,对于自动化决策情形下保障个人信息权益不可或缺。并且,尽管本款并未对"重大影响"作出明确列举或给出定义等,但结合本条的立法目的,应当更全面、综衡地考虑影响之程度,而不能仅简单地从量化损失的角度予以认定。①

---

① 欧盟《通用数据保护条例》中采用的是"产生的法律效力涉及数据主体或者类似的重大影响"这一标准,但并未对其做进一步定义,欧盟WP29工作组在《关于数据自动化处理的指引》对此作出进一步解释,将"法律效力涉及数据主体"这一标准上解释为关于"取消合同;享有或不享有法律规定的某项社会福利;拒绝进入一个国家或拒绝给予公民身份"的法律效果,将"类似的重大影响"解释为"严重影响有关个人的情况、行为或选择;对数据当事人有长期或长久的影响;在最极端的情况下,导致个人的排斥或歧视"的程度,并且列举了"影响财务状况的决定,例如信贷资格;影响获得健康服务的决定;剥夺就业机会或使其处于严重不利地位的决定;影响接受教育的决定,例如大学录取"四类场景。See Article 29 Data Protection Working Party, *Guidelines on transparency under Regulation 2016/679*, 2018, pp.21-22.

本条第 3 款一方面明确了个人要求个人信息处理者对自动化决策作出说明的权利,这是保证自动化决策透明度的必然要求,即确保个人获得其个人信息在包含自动处理的场景下得以被公平、透明地处理的进一步信息,以及对此类决策向个人信息处理者进行确认和沟通的权利①。本条第 3 款另一方面明确了在个人信息处理者仅通过自动化决策方式作出决定时,个人享有拒绝此类决定的权利。"仅通过自动化决策方式作出决定"是指自动化决策作出决定仅基于计算机程序,而完全排除人的参与。根据自动化决策依赖于计算机程序分析、评估并作出决策的性质,个人应当具有获得人工干预的权利,任何与个人权益有重大关联的决定都不应当完全仅由机器决定,这既是从伦理上保障对人格尊严的尊重,也是防范数据、算法歧视,确保自动化决策准确、公平和合理的必然要求。因此本款通过确认个人享有对仅由自动化决策方式作出决定的拒绝权,以确保个人在自动化决策过程中获得人工干预的可能。这种人工干预应当体现为人在决定形成的过程中保有实质意义的监督影响等②,个人信息处理者应当保有改变自动化决策作出决定的权利与能力,但这并非要求其必须对自动化决策所形成的决定作出事实上的改变,尤其当人对于自动化决策形成的决定具有包含其他考虑因素的审查时,就不能简单认为完全排除了人的参与。

【参考条文】

一、国内立法

1.《中华人民共和国民法典》

第六条 民事主体从事民事活动,应当遵循公平原则,合理确定各方的权利和义务。

第七条 民事主体从事民事活动,应当遵循诚信原则,秉持诚实,恪守承诺。

2.《中华人民共和国电子商务法》

第十八条 电子商务经营者根据消费者的兴趣爱好、消费习惯等特征向

---

① See Article 29 Data Protection Working Party, *Guidelines on transparency under Regulation 2016/679*, 2018, p.7.

② See Article 29 Data Protection Working Party, *Guidelines on Automated individual decision-making and Profiling for the purposes of Regulation 2016/679*, 2018, p.21.

其提供商品或者服务的搜索结果的,应当同时向该消费者提供不针对其个人特征的选项,尊重和平等保护消费者合法权益。电子商务经营者向消费者发送广告的,应当遵守《中华人民共和国广告法》的有关规定。

3.《中华人民共和国消费者权益保护法》

第二十九条 经营者收集、使用消费者个人信息,应当遵循合法、正当、必要的原则,明示收集、使用信息的目的、方式和范围,并经消费者同意。经营者收集、使用消费者个人信息,应当公开其收集、使用规则,不得违反法律、法规的规定和双方的约定收集、使用信息。经营者及其工作人员对收集的消费者个人信息必须严格保密,不得泄露、出售或者非法向他人提供。经营者应当采取技术措施和其他必要措施,确保信息安全,防止消费者个人信息泄露、丢失。在发生或者可能发生信息泄露、丢失的情况时,应当立即采取补救措施。经营者未经消费者同意或者请求,或者消费者明确表示拒绝的,不得向其发送商业性信息。

4.《深圳经济特区数据条例》

第二十九条 数据处理者基于提升产品或者服务质量的目的,对自然人进行用户画像的,应当向其明示用户画像的具体用途和主要规则。自然人可以拒绝数据处理者根据前款规定对其进行用户画像或者基于用户画像推荐个性化产品或者服务,数据处理者应当以易获取的方式向其提供拒绝的有效途径。

第三十条 数据处理者不得基于用户画像向未满十四周岁的未成年人推荐个性化产品或者服务。但是,为了维护其合法权益并征得其监护人明示同意的除外。

5.《网络交易监督管理办法》

第十六条 网络交易经营者未经消费者同意或者请求,不得向其发送商业性信息。网络交易经营者发送商业性信息时,应当明示其真实身份和联系方式,并向消费者提供显著、简便、免费的拒绝继续接收的方式。消费者明确表示拒绝的,应当立即停止发送,不得更换名义后再次发送。

6.《信息安全技术 个人信息安全规范》(GB/T 35273—2020)

第7.5条 个性化展示的使用

对个人信息控制者的要求包括:

a)在向个人信息主体提供业务功能的过程中使用个性化展示的,应显著

区分个性化展示的内容和非个性化展示的内容;

注:显著区分的方式包括但不限于:标明"定推"等字样,或通过不同的栏目、版块、页面分别展示等。

b)在向个人信息主体提供电子商务服务的过程中,根据消费者的兴趣爱好、消费习惯等特征向其提供商品或者服务搜索结果的个性化展示的,应当同时向该消费者提供不针对其个人特征的选项;

注:基于个人信息主体所选择的特定地理位置进行展示、搜索结果排序,且不因个人信息主体身份不同展示不一样的内容和搜索结果排序,则属于不针对其个人特征的选项。

c)在向个人信息主体推送新闻信息服务的过程中使用个性化展示的,应:

1)为个人信息主体提供简单直观的退出或关闭个性化展示模式的选项;

2)当个人信息主体选择退出或关闭个性化展示模式时,向个人信息主体提供删除或匿名化定向推送活动所基于的个人信息的选项。

d)在向个人信息主体提供业务功能的过程中使用个性化展示的,宜建立个人信息主体对个性化展示所依赖的个人信息(如标签、画像维度等)的自主控制机制,保障个人信息主体调控个性化展示相关性程度的能力。

第7.7条　信息系统自动决策机制的使用

个人信息控制者业务运营所使用的信息系统,具备自动决策机制且能对个人信息主体权益造成显著影响的(例如,自动决定个人征信及贷款额度,或用于面试人员的自动化筛选等),应:

a)在规划设计阶段或首次使用前开展个人信息安全影响评估,并依评估结果采取有效的保护个人信息主体的措施;

b)在使用过程中定期(至少每年一次)开展个人信息安全影响评估,并依评估结果改进保护个人信息主体的措施;

c)向个人信息主体提供针对自动决策结果的投诉渠道,并支持对自动决策结果的人工复核。

7.《App违法违规收集使用个人信息行为认定方法》

第3(6)点以下行为可被认定为"未经用户同意收集使用个人信息"……6. 利用用户个人信息和算法定向推送信息,未提供非定向推送信息的选项。

8.《互联网信息服务算法推荐管理规定(征求意见稿)》

第四条 算法推荐服务提供者提供算法推荐服务,应当遵守法律法规,尊重社会公德和伦理,遵守商业道德和职业道德,遵循公正公平、公开透明、科学合理和诚实信用的原则。

第十条 算法推荐服务提供者应当加强用户模型和用户标签管理,完善记入用户模型的兴趣点规则,不得将违法和不良信息关键词记入用户兴趣点或者作为用户标签并据以推送信息内容,不得设置歧视性或者偏见性用户标签。

第十一条 算法推荐服务提供者应当加强算法推荐服务版面页面生态管理,建立完善人工干预和用户自主选择机制,在首页首屏、热搜、精选、榜单类、弹窗等重点环节积极呈现符合主流价值导向的信息内容。

第十二条 算法推荐服务提供者应当综合运用内容去重、打散干预等策略,并优化检索、排序、选择、推送、展示等规则的透明度和可解释性,避免对用户产生不良影响、引发争议纠纷。

第十四条 算法推荐服务提供者应当以显著方式告知用户其提供算法推荐服务的情况,并以适当方式公示算法推荐服务的基本原理、目的意图、运行机制等。

第十五条 算法推荐服务提供者应当向用户提供不针对其个人特征的选项,或者向用户提供便捷的关闭算法推荐服务的选项。用户选择关闭算法推荐服务的,算法推荐服务提供者应当立即停止提供相关服务。

算法推荐服务提供者应当向用户提供选择、修改或者删除用于算法推荐服务的用户标签的功能。

用户认为算法推荐服务提供者应用算法对其权益造成重大影响的,有权要求算法推荐服务提供者予以说明并采取相应改进或者补救措施。

第十八条 算法推荐服务提供者向消费者销售商品或者提供服务的,应当保护消费者合法权益,不得根据消费者的偏好、交易习惯等特征,利用算法在交易价格等交易条件上实行不合理的差别待遇等违法行为。

二、专家建议稿

1. 张新宝、葛鑫:《个人信息保护法(专家建议稿)》
第三十九条 个人信息自动化分析与决策

　　个人信息自动化分析是指信息业者对信息主体的个人信息进行自动化处理,获得对信息主体工作表现、经济状况、健康状况、个人偏好等的分析。除经信息主体同意或法律、行政法规另有规定的情形,信息业者不得收集信息主体的个人敏感信息用于进行个人信息自动化分析。信息业者获得信息主体的个人信息自动化分析,用于决定是否向信息主体授信、承保、提供就业机会等影响信息主体合法权益或对信息主体有重大影响的事项时,应当向信息主体说明个人信息自动化处理的目的、范围、内容,并经其同意。未经其同意,信息主体有权要求人工介入或拒绝该决定的约束,但法律、行政法规另有规定的除外。

三、比较法

1. 欧盟《通用数据保护条例》

　　"序言"第71条　若某一决定(包括某一措施)要求仅依靠自动化处理对数据主体进行个人方面的评估,且会给数据主体带来法律上的影响或对其产生类似的重大影响,例如不经人工干预便自动拒绝网上信贷申请或网络招聘,数据主体有权不遵从此项决定。此类处理包括了"特征分析",即对个人资料进行任何形式的自动化处理,从而对自然人进行个人方面的评估,尤其是对数据主体的工作表现、经济状况、健康状况、个人喜好或兴趣、可靠性或行为、位置或移动轨迹进行分析或预判,而这类处理会给数据主体带来法律上的影响或对其产生类似的重大影响。但是,控制者须遵守的欧盟或成员国法律有明确授权的,应允许基于自动化处理(包括特征分析)作出决定,包括根据欧盟机构或本国监督机构的法规、标准及建议以监控与预防欺诈和逃税行为为目的所做的决定,以及为确保控制者所提供的服务的安全性与可靠性所做的决定,或者遵照必要性原则,就数据主体与控制者双方订立或履行合同所作的决定,或在数据主体已给予明确同意后所做的决定。在任何情况下,此类处理应具有适当的保护措施,包括向数据主体提供具体信息,给予数据主体获得人工干预、表达观点、要求就评估后所做的决定进行解释以及质疑决定的权利。此等措施均与儿童无关。为了确保数据处理对数据主体持续公平透明,考虑到具体情况和处理个人资料的背景,控制者应采用适当的数学或统计程序来进行特征分析,采取适当的技术和组织措施来纠正会导致个人资料不准确的因素以及把出现错误的风险降到最低点,并通过考量数据主体的权益与权利所涉及的潜在风险以及防止自然人因其种族或人种、政治观点、宗教或信仰、工会会籍、遗传或健康状况、性取向、或其他会引发歧视的因素而受到歧视,保障个人资料的安全。只有在特定条件下,才允许基于特殊类别的个人资料进行自动化决策与特征分析。

第21条　反对权

1. 若与数据主体特定情况相关,根据第6(1)条(e)或(f)点,他或她应随时有权反对与自己相关的个人资料处理,包括根据这些规定拟制进行特征分析。除非控制者证明存在超越数据主体利益、权利和自由的合法强制性数据处理依据,或为法律索赔的立案、调查或辩护,否则控制者不应处理此个人资料。

2. 若个人资料的处理以营销为直接目的,则数据主体应有权随时反对此营销中对他或她个人资料的数据处理,包括与此直接营销相关的特征分析。

3. 若数据主体反对以直接营销为目的进行数据处理,则个人资料应不再以此为目标进行数据处理。

第22条　包括特征分析在内的自动化个人决策权

1. 对于仅基于自动化数据处理的决策,包括特征分析,若其产生的法律效力涉及数据主体,或对他或她有类似的重要影响,则他或她应有权不成为此决策的对象。

2. (c)若此决策符合以下要求,则第1段不适用……决策以数据主体的明示同意为基础。

3. 在第2段(a)和(c)点中所述情况中,数据控制者应实行合适的措施保护数据主体的权利、自由以及合法权益,数据主体至少应获得对控制者一方实施人为干预、表达自身观点和同意决定的权利。

4. 第2段中决策不应以第9(1)条中所述特殊类别个人资料为基础,除非第9(2)条中(a)或(g)点适用,且已制定保护数据主体权利、自由以及合法权益的合适措施。

2. 德国《联邦数据保护法》

第54.1条　仅以自动处理为基础作出的决定,如果对数据主体产生不利的法律影响或对其产生重大影响,则只有在法律授权的情况下才能允许。

3. 南非《个人信息保护法》

第71(1)条　除第(2)款另有规定外,数据主体可以不受对其产生法律后果或实质影响的决定,该决定仅基于个人信息的自动处理就旨在提供了包括工作表现、信用、可靠性、所在地、健康状况、个人喜好或行为在内的个人画像。

【参考案例】

胡红芳、上海携程商务有限公司侵权责任纠纷案[①]

本案案情:原告为被告所运营的携程 App 平台上享受 8.5 折优惠的钻石贵宾客户,在使用 App 预订酒店并入住后发现,其通过 App 所支付的价格高于酒店实际挂牌价格一倍以上,原告认为被告采集个人非必要信息以进行"大数据杀熟"等行为,要求被告退一赔三,并在 App 上增加不同意《服务协议》和《隐私政策》时仍可继续使用服务的选项。

本案的争议点:被告在价格提供上是否存在侵权,现有的"服务协议"和"隐私政策"在要求用户概括授权的内容、范围以及方式上是否合理。

法院观点:被告作为中介平台应当对标的实际价值尽到如实报告义务,并且被告对原告承诺了优惠价格但没有配以相应的价格监管措施,向原告展示了溢价 100% 的失实价格,存在虚假宣传和价格欺诈行为,根据《消费者权益保护法》第 55 条应当退一赔三;被告在 App 设计上要求用户必须对《服务协议》和《隐私政策》的全部内容进行同意授权方可使用该软件,而从内容上来看,《服务协议》和《隐私政策》中要求用户特别授权其可以与关联公司、业务合作伙伴共享用户的注册信息、交易、支付数据,并对数进行分析和对分析结果进一步商业利用,在《隐私政策》中要求用户授权其自动收集用户的个人信息,包括日志信息、设备信息、软件信息、位置信息,要求用户许可其使用用户信息进行营销活动、形成个性化推荐,同时要求用户同意其对订单数据进行分析,从而形成用户画像以便了解用户偏好。这些内容超出了个人信息的合理收集使用范围,并存在强制用户授权,违规分析数据进行商业利用等问题,法院判定被告应当增加不同意《服务协议》和《隐私政策》仍可使用 App 的选项,或者去除《服务协议》和《隐私政策》中对用户非必要信息采集和使用的相关内容。

本案中个人信息处理者通过对用户个人信息的分析形成用户画像,并在

[①]　参见浙江省绍兴市柯桥区人民法院民事裁定书,(2020)浙 0603 民初 9440 号。

此基础上向用户提供个性化营销,但其取得用户对此类行为的同意上采取了强制授权的方式,也没有向个人信息主体提供相应的退出机制。

第二十五条(不得公开及例外)

第二十五条　个人信息处理者不得公开其处理的个人信息,取得个人单独同意的除外。

【本条主旨】

本条是关于个人信息处理者不得公开处理的个人信息以及例外情况的规定。

【核心概念】

个人信息的公开

个人信息的公开是指处理者向社会或不特定人群发布个人信息。例如,处理者在社交网站上发布某人的个人信息,并使得他人可通过网络搜索合法获取此等个人信息,即属于个人信息的公开。在网络空间中完善的数字记忆甚至是永久记忆的背景下,公开个人信息可能对个人的权益保护造成重大影响。[1] 个人信息被公开后不仅会为不特定的人群所知悉,而且还有可能在互联网上留下难以彻底清除的痕迹。因此,相较于收集、存储、使用、加工等个人信息处理活动而言,处理者公开个人信息应当适用更为严格的法律标准。

【条文详解】

一、处理者原则上不得公开其处理的个人信息

《个人信息保护法》第 13 条第 1 款采取正面列举的方式规定了处理者处理个人信息的合法性事由,处理者在具备该条款规定的 7 项情形之一时方可处理个人信息。与前述规定相比,本条对处理者公开个人信息采取原则上禁止的规范模式,更加强调对此等处理活动的限制。理由在于,其一,个人信息的收集、存储、使用、加工等处理活动仅涉及个人与处理者双方主体。与此相

---

[1]　参见张新宝、葛鑫:《个人信息保护法(专家建议稿)及立法理由书》,中国人民大学出版社2021 年版,第 120 页。

比,个人信息的公开除了涉及个人与处理者之外,还涉及不特定的第三方主体,[①]其可能导致的后果具有一定程度的不可控制性。其二,个人信息一旦以上传至互联网等形式被公开,处理者很难将其彻底移除。[②] 由于以数据形式承载的个人信息可以被低成本地无限复制与传播,即使个人请求处理者删除其公开的个人信息,也很难将网络上留存的痕迹彻底清除。在部分情况下,删除个人信息从技术上可能也难以实现,依照《个人信息保护法》第47条第2款的规定,处理者只能停止除存储和采取必要的安全保护措施之外的处理。由此可见,个人信息的公开可能导致的后果还具有一定程度的不可逆转性。基于前述两点理由,处理者公开个人信息可能对个人权益造成重大影响,原则上应当予以禁止。《信息安全技术　个人信息安全规范》(GB/T 35273—2020)第9.4条规定:"个人信息原则上不应公开披露。个人信息控制者经法律授权或具备合理事由确需公开披露时,应符合以下要求:a)事先开展个人信息安全影响评估,并依评估结果采取有效的保护个人信息主体的措施;b)向个人信息主体告知公开披露个人信息的目的、类型,并事先征得个人信息主体的明示同意;c)公开披露个人敏感信息前,除b)中告知的内容外,还应向个人信息主体告知涉及的个人敏感信息的内容;d)准确记录和存储个人信息的公开披露的情况,包括公开披露的日期、规模、目的、公开范围等;e)承担因公开披露个人信息对个人信息主体合法权益造成损害的相应责任;f)不应公开披露个人生物识别信息;g)不应公开披露我国公民的种族、民族、政治观点、宗教信仰等个人敏感数据的分析结果。"

二、取得个人单独同意的,处理者可以公开其处理的个人信息

本条同时针对处理者不得公开个人信息的原则规定了例外情况。如果处理者在公开个人信息前取得了个人的单独同意,则表明个人对处理者公开其个人信息的处理活动具有清楚的认识,并自愿承受公开个人信息所可能导致的不利后果。本条所规定的单独同意既可以是处理者在收集个人信息时针对未来可能实施的公开行为取得的个人单独同意,也可以是处理者在处理过程

[①]　参见张新宝:《〈民法总则〉个人信息保护条文研究》,载《中外法学》2019年第1期,第70页。
[②]　参见丁晓东:《被遗忘权的基本原理与场景化界定》,载《清华法学》2018年第6期,第100—101页。

中另行取得的个人单独同意。

【参考条文】

一、国内立法

1.《中华人民共和国民法典》

第一百一十一条 自然人的个人信息受法律保护。任何组织或者个人需要获取他人个人信息的,应当依法取得并确保信息安全,不得非法收集、使用、加工、传输他人个人信息,不得非法买卖、提供或者公开他人个人信息。

第一千零三十二条第一款 自然人享有隐私权。任何组织或者个人不得以刺探、侵扰、泄露、公开等方式侵害他人的隐私权。

二、专家建议稿

1. 张新宝、葛鑫:《个人信息保护法(专家建议稿)》

第三十七条 公开披露个人信息

除符合下列规定之一的情形外,信息业者不得公开披露信息主体的个人信息:

(一)征得信息主体同意;

(二)执行国家机关依法作出的命令;

(三)依照法律、行政法规的规定。

信息业者依照前款规定公开披露信息主体个人信息的,应当事先开展个人信息保护影响评估,记录个人信息公开披露的具体情况。

三、比较法

1. 俄罗斯《联邦个人数据法》

(2006年7月8日 国家杜马通过 2006年7月14日 联邦委员会赞成)

第7条 个人数据保密

除非联邦法律另有规定,未经个人数据主体的同意处理者和其他能够访问个人数据的人员不得向第三方揭露、传播其个人数据。

2. 泰国《个人数据保护法》[B.E.2562(2019)]

第27条 除根据本法第24条或第26条未经同意收集的,其他个人数据,如未经数据主体同意,数据控制者均不得使用或披露。

根据第 1 款获得个人数据的自然人或法人,不得用于向数据控制者发出请求通知以获取个人数据目的以外的其他目的。

若数据控制者使用或披露根据第 1 款获得的个人数据,数据控制者应按照本法第 39 条的规定,保存使用或披露该个人数据的记录。

第二十六条（图像采集、个人身份识别规则）

第二十六条　在公共场所安装图像采集、个人身份识别设备,应当为维护公共安全所必需,遵守国家有关规定,并设置显著的提示标识。所收集的个人图像、身份识别信息只能用于维护公共安全的目的,不得用于其他目的;取得个人单独同意的除外。

【本条主旨】

本条是关于在公共场所安装图像采集、个人身份识别设备的规则之规定。

【核心概念】

公共场所

公共场所是指对社会公众开放的、供不特定人出入和活动的场所。[1] 在对个人信息保护法草案二审稿进行审议的过程中,有的全国人大常委会组成人员建议将公共场所定义为"向不特定公众开放,供其使用的区域"。[2] 依照《民法典》第 1198 条第 1 款的规定,宾馆、商场、银行、车站、机场、体育场馆、娱乐场所属于典型的公共场所。此外,邮局、公园、动物园等其他向社会公众开放的场所也属于公共场所。

图像采集设备

图像采集设备是指摄像头、摄像机、扫描仪等带有拍照功能,可对涉及人体外部形象的相关信息进行采集以供后续处理的设备。

个人身份识别设备

个人身份识别设备是指利用个人信息(尤其是具有高度识别性的人脸信

---

[1]　参见程啸:《侵权责任法》(第 3 版),法律出版社 2021 年版,第 525 页。

[2]　参见张伟杰:《任意、无序采集人脸等个人信息需严管》,载中国法院网,https://www.chinacourt.org/article/detail/2021/05/id/6016244.shtml,2021 年 9 月 14 日访问。

息、虹膜信息、指纹信息等生物识别信息)识别特定个人的设备。例如,人脸识别系统通常由人脸检测(寻找图像中人脸的位置并返回包含每张人脸的边界框的坐标)、人脸对齐(使用一组位于图像中固定位置的参考点来缩放和裁剪人脸图像)、人脸表征(将人脸图像的像素值转换成紧凑且可判别的特征向量)、人脸匹配(比较不同人脸图像的特征向量并得出一个相似度分数,该分数给出了不同人脸图像属于同一个主体的可能性)等组件组成。①

公共安全

公共安全是指不特定人或者众多人的生命、身体健康以及重大财产的安全。② 欧盟《通用数据保护条例》第 23 条以及"前言"部分第 73 条规定,欧盟或成员国的法律可对个人数据处理的基本原则、数据主体的权利以及数据控制者的相应义务等作出限制,只要此等限制对于保障公共安全而言是必要且适当的。在我国,依照《个人信息保护法》第 13 条第 1 款第 3 项的规定,负有维护公共安全的法定职责或者法定义务的处理者(例如公安机关)可以在履行法定职责或者法定义务所必需的范围和限度内处理个人信息。

【条文详解】

一、对在公共场所安装图像采集、个人身份识别设备的行为作出特别规定的必要性

随着风险社会的到来,在公共场所安装图像采集、个人身份识别设备成为实现社会有序治理、维护社会公共安全的必要手段。社会中风险的遍在性与不可感知性增加了公众对风险的不安感,对安全问题深度关切也成为了风险社会的重要特征,体现在社会治理领域,就是强调要加强风险预防和风险规避。国家为了保障公共安全、防范社会风险,在部分情况下可以适当放宽对个人信息权益以及隐私权保护的要求,从而实现安全保障与个人利益保护的共生共存。③ 例如,在公共场所安装视频监控以打击和预防犯罪、维护社会治安

---

① 参见 Daniel Sáez Trigueros,Li Meng,Margaret Hartnett:《人脸识别技术全面总结:从传统方法到深度学习》,机器之心编译,载微信公众号"机器之心",2019 年 2 月 10 日。
② 参见曲新久:《论刑法中的"公共安全"》,载《人民检察》2010 年第 9 期,第 17—22 页。
③ 参见刘艳红:《公共空间运用大规模监控的法理逻辑及限度——基于个人信息有序共享之视角》,载《法学论坛》2020 年第 2 期,第 8—9 页。

是世界各国的普遍做法。① 2015 年 5 月 6 日,国家发展改革委等九部委联合颁布了《关于加强公共安全视频监控建设联网应用工作的若干意见》(发改高技[2015]996 号),指出到 2020 年应当基本实现"全域覆盖、全网共享、全时可用、全程可控"的公共安全视频监控建设联网应用,在加强治安防控、优化交通出行、服务城市管理、创新社会治理等方面取得显著成效。

但是,在公共场所安装的图像采集、个人身份识别设备同样可能被滥用,从而引发个人信息权益遭受非法侵害的风险。例如,近年来人脸识别技术的应用范围得到飞速扩张的主要原因在于其具有易收集性与无感知性。② 与指纹识别、虹膜识别以及语音识别等识别技术不同,个人只需要处于图像采集设备的视野内,现代人脸识别系统就可以在个人根本不知情的情况下收集其人脸信息并进行后续处理。③ 因此,人脸识别技术天然存在着被滥用的内在倾向,处理者很有可能超出必要限度或者以其他违法方式处理人脸信息,并放大人脸识别技术的安全风险。例如,2021 年"3·15"晚会曝光科勒卫浴、宝马等多家知名商店安装人脸识别摄像头,在消费者不知情的情况下抓拍人脸图像并自动生成编号。苏州万店掌网络科技有限公司某经理称,他们已经为不少商家安装了人脸识别系统,其平台目前拥有的人脸数据量已经上亿。④ 此外,人脸识别系统在公共场所的全面覆盖使得监控设备可以迅速地在公共空间中识别出特定个人,从而导致监视权力的扩张。借助人脸识别技术,监控设备可以对个人进行持续的追踪和监视,构成了一座"超级全景监狱",进而对人权以及个人权利的保障带来负面影响。⑤ 由此可见,为了在维护公共安全与保护个人信息权益之间取得平衡,有必要对在公共场所安装图像采集、个人身份

① 王秀哲:《公共安全视频监控地方立法中的个人信息保护研究》,载《东北师大学报(哲学社会科学版)》2019 年第 5 期,第 57 页。

② 参见洪延青:《保护人脸信息　规范行业健康发展的有效司法路径》,载微信公众号"人民法院报",2021 年 7 月 28 日。

③ 参见《法学教授的一次维权:人脸识别的风险超出你所想》,载搜狐网,https://www.sohu.com/a/426242453_260616,2021 年 9 月 15 日访问。

④ 参见《3·15 晚会曝光　科勒卫浴、宝马、MaxMara 商店安装人脸识别摄像头,海量人脸信息已被搜集!》,载央视网,https://news.cctv.com/2021/03/15/ARTIieo9QjynMSX-TVDb224QE210315.shtml? spm=C94212.Ps9fhYPqOdBU.S51378.9,2021 年 9 月 15 日访问。

⑤ 参见韩旭至:《刷脸的法律治理:由身份识别到识别分析》,载《东方法学》2021 年第 5 期,第 72—73 页;顾理平、王飏濛:《社会治理与公民隐私权的冲突——从超级全景监狱理论看公共视频监控》,载《现代传播(中国传媒大学学报)》2017 年第 6 期,第 34—35 页。

识别设备的行为作出特别规定。

2021 年 7 月 27 日,最高人民法院发布《关于审理使用人脸识别技术处理个人信息相关民事案件适用法律若干问题的规定》(法释〔2021〕15 号,以下简称《人脸识别司法解释》),为人脸识别相关民事案件的审判提供了裁判指引。《人脸识别司法解释》在起草过程中紧紧围绕"保护当事人合法权益,促进数字经济健康发展"的制定宗旨,在规则设计上充分注重个人利益和公共利益的平衡。①关于在公共场所安装图像采集、个人身份识别设备的行为,《人脸识别司法解释》第 2 条第 1 项规定,处理者在宾馆、商场、银行、车站、机场、体育场馆、娱乐场所等经营场所、公共场所违反法律、行政法规的规定使用人脸识别技术进行人脸验证、辨识或者分析的,人民法院应当认定属于侵害自然人人格权益的行为。其第 5 条第 2 项规定,处理者为维护公共安全,依据国家有关规定在公共场所使用人脸识别技术并主张其不承担民事责任的,人民法院依法予以支持。其第 10 条规定,物业服务企业或者其他建筑物管理人以人脸识别作为业主或者物业使用人出入物业服务区域的唯一验证方式,不同意的业主或者物业使用人请求其提供其他合理验证方式的,人民法院依法予以支持。

二、在公共场所安装图像采集、个人身份识别设备的前提条件

依照本条规定,在公共场所安装图像采集、个人身份识别设备应当满足三个前提条件:其一,为维护公共安全所必需。在公共场所安装图像采集、个人身份识别设备应当对于维护公共安全具有直接促进作用,并且符合个人信息处理的必要原则。例如,酒店安装人脸识别系统的目的在于提升身份识别的准确性,进而有效侦测犯罪嫌疑人的行踪,并防止无关人员通过冒用旅客房卡等方式进出酒店,以保障旅客的人身和财产安全。其二,遵守国家有关规定。处理者处理个人信息应当遵守法律法规的规定以及国家其他有关规定,这是个人信息处理合法原则的基本要求。同时,当处理者在未取得个人单独同意的情况下利用此等设备收集个人图像、身份识别信息时,处理者遵守国家有关规定履行维护公共安全的法定职责或者法定义务也是其处理活动必须具备的合法性基础。其三,设置显著的提示标识。实践中存在的"公共视频监控系

---

① 参见孙航:《强化人脸信息司法保护　促进数字经济健康发展》,载《人民法院报》2021 年 7 月 29 日。

统正在运行"或者"您已进入视频监控区域"等标识均属于此等提示标识。由于人脸识别系统等图像采集设备、个人身份识别设备具有无感知性的特点,处理者应当将此等设备的安装与运行情况主动告知个人,从而保障个人的知情权以及拒绝作出同意的权利。

处理者在公共场所安装的设备应当同时具备图像采集功能与身份识别功能。如果某设备只具有图像采集功能但不具有身份识别功能,则此等设备的运行不涉及个人信息处理,故不属于本条的调整对象;如果处理者安装的设备只具有身份识别功能但不具有图像采集功能,则此等设备的运行不会给个人带来超出通常情况下处理个人信息所可能产生的风险。例如,处理者在车站安装身份证识别设备并对乘客进行安检,此等个人信息处理活动不需要满足本条所规定的严格条件。

此外,在非公共场所安装图像采集、个人身份识别设备可能对个人的个人信息权益以及隐私权等人格权造成严重侵害,因此原则上应当予以禁止,除非此等行为对于维护社会公共利益具有显著的必要性。

三、在公共场所安装图像采集、个人身份识别设备的具体实施规则

对于在公共场所安装的图像采集、个人身份识别设备,处理者在使用时应当满足两个方面的具体要求:其一,将收集的个人图像、身份识别信息严格用于维护公共安全目的。例如,处理者基于防疫工作的要求在公共场所使用人脸识别系统收集人脸信息后,只能将此等信息用于疫情防控目的(如识别被检测者是否佩戴口罩),不得将其用于日常管理等其他目的。其二,处理者原则上不得公开或者向他人提供其收集的个人图像、身份识别信息。依照《个人信息保护法》第23条的规定,处理者向其他处理者提供其处理的个人信息的,应当取得个人的单独同意。依照《个人信息保护法》第25条的规定,处理者不得公开其处理的个人信息,取得个人单独同意的除外。

【参考条文】

一、国内立法

1.《最高人民法院关于审理使用人脸识别技术处理个人信息相关民事案件适用法律若干问题的规定》(法释〔2021〕15号)

第二条　信息处理者处理人脸信息有下列情形之一的,人民法院应当认

定属于侵害自然人人格权益的行为：

（一）在宾馆、商场、银行、车站、机场、体育场馆、娱乐场所等经营场所、公共场所违反法律、行政法规的规定使用人脸识别技术进行人脸验证、辨识或者分析；

（二）未公开处理人脸信息的规则或者未明示处理的目的、方式、范围；

（三）基于个人同意处理人脸信息的，未征得自然人或者其监护人的单独同意，或者未按照法律、行政法规的规定征得自然人或者其监护人的书面同意；

（四）违反信息处理者明示或者双方约定的处理人脸信息的目的、方式、范围等；

（五）未采取应有的技术措施或者其他必要措施确保其收集、存储的人脸信息安全，致使人脸信息泄露、篡改、丢失；

（六）违反法律、行政法规的规定或者双方的约定，向他人提供人脸信息；

（七）违背公序良俗处理人脸信息；

（八）违反合法、正当、必要原则处理人脸信息的其他情形。

第三条　人民法院认定信息处理者承担侵害自然人人格权益的民事责任，应当适用民法典第九百九十八条的规定，并结合案件具体情况综合考量受害人是否为未成年人、告知同意情况以及信息处理的必要程度等因素。

第四条　有下列情形之一，信息处理者以已征得自然人或者其监护人同意为由抗辩的，人民法院不予支持：

（一）信息处理者要求自然人同意处理其人脸信息才提供产品或者服务的，但是处理人脸信息属于提供产品或者服务所必需的除外；

（二）信息处理者以与其他授权捆绑等方式要求自然人同意处理其人脸信息的；

（三）强迫或者变相强迫自然人同意处理其人脸信息的其他情形。

第五条　有下列情形之一，信息处理者主张其不承担民事责任的，人民法院依法予以支持：

（一）为应对突发公共卫生事件，或者紧急情况下为保护自然人的生命健康和财产安全所必需而处理人脸信息的；

（二）为维护公共安全，依据国家有关规定在公共场所使用人脸识别技术的；

（三）为公共利益实施新闻报道、舆论监督等行为在合理的范围内处理人脸信息的；

（四）在自然人或者其监护人同意的范围内合理处理人脸信息的；

（五）符合法律、行政法规规定的其他情形。

第十条　物业服务企业或者其他建筑物管理人以人脸识别作为业主或者物业使用人出入物业服务区域的唯一验证方式，不同意的业主或者物业使用人请求其提供其他合理验证方式的，人民法院依法予以支持。

物业服务企业或者其他建筑物管理人存在本规定第二条规定的情形，当事人请求物业服务企业或者其他建筑物管理人承担侵权责任的，人民法院依法予以支持。

2.《深圳经济特区数据条例》（2021 年 6 月 29 日深圳市第七届人民代表大会常务委员会第二次会议通过）

第十九条　处理生物识别数据的，应当在征得该自然人明示同意时，提供处理其他非生物识别数据的替代方案。但是，处理生物识别数据为处理个人数据目的所必需，且不能为其他个人数据所替代的除外。

基于特定目的处理生物识别数据的，未经自然人明示同意，不得将该生物识别数据用于其他目的。

生物识别数据具体管理办法由市人民政府另行制定。

二、比较法

1. 欧盟《通用数据保护条例》（2016 年 4 月 27 日　欧洲议会及欧盟理事会 2016/679 号法规）

"前言"部分第 91 条

数据保护影响评估尤其适用于用来处理区域、国家或超国家级别的大量个人数据的、会影响到大量数据主体的、以及由于灵敏度等原因有可能带来高风险的大规模处理操作，以及会给数据主体的权利与自由带来高风险的其他处理操作，其中前者往往会大规模运用最新的技术知识和新技术，后者则会增加数据主体行使其权利的难度。若处理个人数据的目的是针对特定自然人作出决定，则在基于特征分析对自然人进行任何系统性的、广泛的个人方面的评估之后，或在处理完特殊类别的个人数据、生物识别数据、或关于刑事定罪与罪行或相关安全措施的数据之后，也应进行数据保护影响评估。对公共开放区域实施大规模的监测(特别是使用光学电子设备时)时,或者进行有关监督机构认为有可能会给数据主体的权利与自由带来高风险的任何其他数据处理操作时,由于这些操作会妨碍数据主体行使权利、获得服务或执行合同,或需要系统性地大规模处理数据,均须进行数据保护影响评估。

第2条　适用情形

2. 本条例不适用于下列个人数据的处理:

(d)主管机构为预防、调查、侦查或起诉罪行,为执行刑事处罚,包括对防范和预防公共安全威胁目的所做的处理。

2. 韩国《个人信息保护法》(行政安全部(个人信息保护政策)02-2100-4105;2017年7月26日生效)

第25条　视觉数据处理装置的安装和操作限制

1. 任何人不得在露天地方安装和操作可视数据处理装置,但有下列情形之一的除外:

(1)法律以具体方式允许的;

(2)需要预防和侦查犯罪的;

(3)为保障设施安全和防火需要的;

(4)为进行必要的交通管制;

(5)为收集、分析和提供交通信息的。

2. 任何人不得在可能威胁个人隐私的场所安装和操作任何可视化数据处理设备,如公共浴室、卫生间、桑拿浴室和更衣室。但不适用总统令规定的设施,如惩教设施和精神卫生保健中心,这些设施根据法律对人员进行拘留或保护。

3. 公共机构依照第1款规定安装、操作视觉数据处理装置,或依照第2款但书规定安装、操作视觉数据处理装置的,应当按照总统令规定的听证会、新闻发布会等手续,听取有关专家和利害关系人的意见。

4. 拟根据第1款安装和操作视觉数据处理装置的人员(以下称为VDPD运营商)应采取必要措施以使数据主体能够容易识别这些装置,包括在招牌上张贴以下事项:(声明:本规定不适用于《保护军事基地和设施法》第2条第2款、《联合国防法》第2条第13款规定的重要国家设施以及总统令规定的其他设施)

(1)安装的目的和地点;

(2)拍摄范围和时间;

（3）管理人员的姓名、联系方式；

（4）总统令规定的其他事项。

5. VDPD 运营商不得为其他目的任意处理可视化数据处理设备；不得将所述装置指向不同的场所；不得使用录音功能。

6. VDPD 运营商应按照第 29 条的规定采取必要措施，以确保个人信息不会丢失、被盗、泄露、伪造、变造或损坏。

7. VDPD 运营商应根据总统令规定制定相应的政策，对视觉数据处理设备进行操作和管理。在这种情况下，他可以根据第 30 条作出隐私政策。

8. VDPD 运营商可以将视觉数据处理设备的安装和运营外包给第三方，但公共机构将视觉数据处理设备的安装和运营外包给第三方时，应遵守总统令规定的程序和要求。

3.《南非个人信息保护法》（英文文本经总统签署；2013 年 11 月 19 日批准）

第 6 条　除外责任

（1）处理以下个人信息，不适用本法：

（c）公众团体或代表公众团体：

（i）涉及国家安全的，包括协助识别恐怖融资及相关活动、防务活动或者公共安全活动；

（ii）其目的是进行预防、检测，包括协助确认非法活动的收益，打击洗钱活动，对犯罪分子进行调查、取证、起诉、执行判决或采取安全措施，只要有关法律法规中对保护个人信息提供了充分的保障措施。

【参考案例】

郭兵与杭州野生动物世界有限公司服务合同纠纷案

案例来源：《"人脸识别第一案"二审宣判》，载《人民法院报》2021 年 4 月 10 日；浙江省杭州市富阳区人民法院（2019）浙 0111 民初 6971 号民事判决书

案件事实

2019 年 4 月 27 日，郭兵购买野生动物世界双人年卡，郭兵与其妻子叶某留下姓名、身份证号码、拍照并录入指纹。后野生动物世界将年卡入园方式由

指纹识别调整为人脸识别,并向郭兵发送短信通知相关事宜,要求其进行人脸激活。郭兵向野生动物世界工作人员提出其妻子不同意注册人脸,并咨询在不注册人脸识别的情况下能否退卡费,双方未能就退卡方案达成一致。后郭兵向法院提起诉讼,提出判令被告野生动物世界退还年卡卡费、赔偿交通费、删除其于办理年卡及之后使用年卡时提交的全部个人信息(包括但不限于姓名、身份证号码、手机号码、照片、指纹信息)等诉讼请求。

法院判决

浙江省杭州市中级人民法院审理认为,郭兵在知悉野生动物世界指纹识别店堂告示内容的情况下,自主作出办理年卡的决定并提供相关个人信息,该店堂告示对双方均具约束力,且不符合格式条款无效的法定情形;而人脸识别店堂告示并非双方的合同条款,对郭兵不发生效力。野生动物世界为游客游览提供了不同入园方式的选择,郭兵知情同意后办理指纹年卡,其选择权未受到侵害。野生动物世界亦不存在欺诈行为,但其单方变更入园方式构成违约,应承担违约责任。一审法院判决野生动物世界赔偿郭兵合同利益损失678元、交通费360元均属适当。野生动物世界欲将其已收集的照片激活处理为人脸识别信息,超出事前收集目的,违反了正当性原则,故应当删除郭兵办卡时提交的包括照片在内的面部特征信息。鉴于野生动物世界停止使用指纹识别闸机,致使原约定的入园服务方式无法实现,亦应当删除郭兵的指纹识别信息。

案例点评

该案中,动物园属于对社会公众开放的、供不特定人游玩的公共场所。被告野生动物世界使用人脸识别系统作为游客的入园验证方式,属于本条所规定的"在公共场所安装图像采集、个人身份识别设备"。被告野生动物世界安装此等设备的目的在于管理游客入园等事项,而非维护公共安全,因而不属于《人脸识别司法解释》第5条第2项所规定的情形。依照《人脸识别司法解释》第5条第4项的规定,被告野生动物世界如主张其不承担民事责任,应当证明其已取得原告同意并在其同意的范围内合理处理人脸信息。由于原告明确表示其不同意注册人脸识别,被告野生动物世界处理原告人脸信息的行为不具有相应的合法性基础。

第二十七条（处理已公开的个人信息）

第二十七条 个人信息处理者可以在合理的范围内处理个人自行公开或者其他已经合法公开的个人信息；个人明确拒绝的除外。个人信息处理者处理已公开的个人信息，对个人权益有重大影响的，应当依照本法规定取得个人同意。

【本条主旨】

本条是关于处理已公开个人信息的规则的规定。

【核心概念】

已经公开的个人信息

已经公开的个人信息包括个人自行公开的个人信息、其他已经合法公开的个人信息以及不合法公开的个人信息。例如，个人在社交网站上公开的真实姓名、联系方式或者分享的实时定位等个人信息，都属于个人自行公开的个人信息。媒体实施新闻报道时在合理程度内公开的个人信息，人民法院在裁判文书中公开的当事人姓名以及与案件纠纷相关的其他个人信息，国家机关为疫情防控公开的患者的行踪轨迹等个人信息，都属于其他已经合法公开的个人信息。《最高人民法院关于人民法院在互联网公布裁判文书的规定》（法释〔2016〕19号）第11条规定："人民法院在互联网公布裁判文书，应当保留当事人、法定代理人、委托代理人、辩护人的下列信息：（一）除根据本规定第八条进行隐名处理的以外，当事人及其法定代理人是自然人的，保留姓名、出生日期、性别、住所地所属县、区；当事人及其法定代理人是法人或其他组织的，保留名称、住所地、组织机构代码，以及法定代表人或主要负责人的姓名、职务；（二）委托代理人、辩护人是律师或者基层法律服务工作者的，保留姓名、执业证号和律师事务所、基层法律服务机构名称；委托代理人、辩护人是其他人员的，保留姓名、出生日期、性别、住所地所属县、区，以及与当事人的关系。"《中央网络安全和信息化委员会办公室关于做好个人信息保护利用大数据支撑联防联控工作的通知》第3条规定："为疫情防控、疾病防治收集的个人信息，不得用于其他用途。任何单位和个人未经被收集者同意，不得公开姓名、年龄、身份证号码、电话号码、家庭住址等个人信息，因联防联控工作需要，且经过脱敏处理的除外。"

对个人有重大影响的个人信息处理活动

个人信息权益承载着个人的个人尊严、人身财产安全以及通信自由和通信秘密等利益,处理者的个人信息处理活动可能会给此等利益带来重大影响。例如,处理者利用个人已经公开的个人信息进行自动化决策,可能导致个人遭受歧视性或者其他不公正待遇。处理者大量收集并存储个人已经公开的个人信息,可能会放大个人信息泄露给个人的人身财产安全所带来的风险。此外,处理者的个人信息处理活动还可能对个人的重大潜在经济利益产生影响。例如,处理者收集、整理明星已公开的个人信息并将其提供给他人(例如粉丝),可以获取大量的经济利益。处理者利用已公开的个人信息进行此等对个人权益有重大影响的个人信息处理活动,应当依照法律的规定取得个人的同意。

【条文详解】

一、处理者在合理范围内处理个人已经公开的个人信息,原则上不需要取得个人同意

个人信息是个人标识自己的工具,也是他人识别特定个人的工具。一个人要进入社会或参加社会活动,就需要向他人披露、公开身份,封闭个人信息就意味着与世隔绝。从社会的角度出发,社会也需要利用个人提供的个人信息和散落于各处的、可被搜集掌握到的相关个人信息来了解、判断某个人。①出于社会交往以及社会治理的必要性,个人在部分情况下会选择向社会公众主动公开自己的部分个人信息,社会中的其他主体在部分情况下也有权依法公开个人的部分个人信息。当个人自行公开其个人信息时,个人已经通过此等行为传递出对他人在合理范围内处理其已公开个人信息的默示同意;当社会中的其他主体依照法律的规定合法公开个人信息时,此等个人信息具有较强的公共属性,处理者有理由期待个人会对其在合理范围内进行的个人信息处理活动作出同意。因此,处理者在合理范围内处理个人已经公开的个人信息,原则上不需要另行取得个人同意。但是,前述默示同意或者推断同意的成立需要满足两个前提条件:其一,处理者对已公开个人信息的处理没有超出合

---

① 参见高富平:《个人信息保护:从个人控制到社会控制》,载《法学研究》2018 年第 3 期,第 93 页。

理范围。如果处理者的个人信息处理活动超出合理范围,违背一般理性人对于已公开个人信息之利用限度的通常理解,则前述推断难以成立。其二,处理者处理的是合法公开的个人信息。由于违法公开个人信息的行为构成对个人信息权益的非法侵害,此等个人信息处于公开状态的事实本身就已经违背了个人的意愿,个人一般也不可能同意处理者对此等个人信息做任何进一步处理。

在制定个人信息保护法的过程中,个人信息保护法草案二审稿第 28 条对于前述处理规则尚未予以明确规定。在对草案二审稿进行审议时,一些常委会组成人员和地方、部门、企业、专家建议,进一步做好草案有关条款与民法典有关规定的衔接。宪法和法律委员会经研究,建议将草案二审稿第 28 条修改为,个人信息处理者可以在合理的范围内处理已合法公开的个人信息,个人明确拒绝的除外;对个人权益有重大影响的,应当取得个人同意,[①]由此形成本条规定。

二、个人明确拒绝的,处理者无权处理个人已经公开的个人信息

已公开的个人信息虽然可以被社会公众自由获取,但是其依然保留个人信息的基本属性,个人对于此等个人信息享有的个人信息权益也不会因其处于公开状态而遭受克减。因此,处理者处理已公开的个人信息依然应当符合个人信息处理的基本规则,个人也可依法行使其同意(或者拒绝)的权利以及其他相关权利。当个人自行公开或者社会中的其他主体依法公开个人信息时,处理者可基于个人的默示同意或者推断同意处理其个人信息。但是,不论个人信息处理活动是否会对个人权益产生重大影响,个人都可以通过明确拒绝处理的方式推翻此等默示同意或者推断同意。依照《个人信息保护法》第 13 条的规定,当个人明确拒绝处理者处理其已公开的个人信息时,处理者不得进行处理,除非其处理活动具备该条第 1 款第 2—7 项所规定的法定事由。

---

① 参见《全国人民代表大会宪法和法律委员会关于〈中华人民共和国个人信息保护法(草案)〉审议结果的报告》,载北大法宝网,https://www.pkulaw.com/protocol/85f9202330bfd1d416-293206208bd50bbdfb.html,最后访问日期 2021 年 9 月 14 日。

三、处理者利用已公开个人信息进行对个人权益有重大影响的个人信息处理活动,应当依照本法规定取得个人同意

处理者利用已公开个人信息进行对个人权益有重大影响的个人信息处理活动,属于处理者超出合理范围处理已公开个人信息的典型情形,因此应当依照《个人信息保护法》第 13 条第 1 款第 1 项以及其他相关条文的规定取得个人同意。例如,敏感个人信息的泄露或者非法使用容易导致个人的人格尊严受到侵害或者人身财产安全受到危害,因此即使个人的敏感个人信息已被合法公开,处理者处理此等信息对个人权益产生重大影响的可能性依然较高。依照《个人信息保护法》第 29 条的规定,如果处理者处理敏感个人信息确实会对个人权益产生重大影响,则其应当取得个人的单独同意;法律、行政法规规定处理敏感个人信息应当取得书面同意的,从其规定。再如,依照《个人信息保护法》第 23 条的规定,处理者向其他处理者提供其处理的个人信息的,应当向个人告知接收方的名称或者姓名、联系方式、处理目的、处理方式和个人信息的种类,并取得个人的单独同意。处理者在未取得个人单独同意的情况下,从互联网等公共空间获取大量个人信息并向他人非法出售,导致个人的人身财产安全更容易受到不法分子的侵害,可能构成《刑法》第 253 条之一规定的侵犯公民个人信息罪。[1] 又如,中国人民大学法学院网站公开了张新宝的个人基本信息,但是如果有人试图通过此等个人信息编写一本“张新宝年谱”或者写一本传记,则此等处理属于对个人潜在经济利益有重大影响的个人信息处理活动,因而需要取得张新宝同意。

【参考条文】

一、国内立法

1.《中华人民共和国民法典》

第一千零三十六条　处理个人信息,有下列情形之一的,行为人不承担民事责任:

---

[1]　参见刘艳红:《公共空间运用大规模监控的法理逻辑及限度——基于个人信息有序共享之视角》,载《法学论坛》2020 年第 2 期,第 14—15 页;云南省昆明市中级人民法院(2019)云 01 刑终 901 号刑事裁定书。

（二）合理处理该自然人自行公开的或者其他已经合法公开的信息，但是该自然人明确拒绝或者处理该信息侵害其重大利益的除外；

2.《最高人民法院关于审理利用信息网络侵害人身权益民事纠纷案件适用法律若干问题的规定》（2020 修正）

（法释〔2020〕17 号）

第九条　网络用户或者网络服务提供者，根据国家机关依职权制作的文书和公开实施的职权行为等信息来源所发布的信息，有下列情形之一，侵害他人人身权益，被侵权人请求侵权人承担侵权责任的，人民法院应予支持：

（一）网络用户或者网络服务提供者发布的信息与前述信息来源内容不符；

（二）网络用户或者网络服务提供者以添加侮辱性内容、诽谤性信息、不当标题或者通过增删信息、调整结构、改变顺序等方式致人误解；

（三）前述信息来源已被公开更正，但网络用户拒绝更正或者网络服务提供者不予更正；

（四）前述信息来源已被公开更正，网络用户或者网络服务提供者仍然发布更正之前的信息。

二、专家建议稿

1. 张新宝、葛鑫：《个人信息保护法（专家建议稿）》

第二十九条　个人信息处理合法性依据

信息业者处理个人信息应当具有特定目的，并符合下列情形之一：

（六）所处理信息为信息主体自行公开或通过其他方式合法公开的个人信息，且个人信息处理未超出个人信息初始公开目的的合理范围；

三、比较法

1. 欧盟《通用数据保护条例》

（2016 年 4 月 27 日　欧洲议会及欧盟理事会 2016/679 号法规）

第 9 条　特殊种类的个人数据处理

1. 揭示种族或民族、政治观点、宗教或哲学信仰、或工会成员的个人数据的处理，和遗传数据、唯一标识某自然人的生物特征数据、关于健康或关于自然人的性生活或性倾向的数据处理均应予以禁止。

2. 在满足下述任一条件的情形下,本条第 1 款将不适用:

(e)处理涉及由数据主体明显公开的个人数据;

2. 俄罗斯《联邦个人数据法》

(2006 年 7 月 8 日　国家杜马通过　2006 年 7 月 14 日　联邦委员会赞成)

第 6 条　个人数据处理条件

1. 应遵循现行联邦法律规定的原则和规则处理个人数据。下列情况允许处理个人数据:

(10)处理个人数据时,个人数据主体向非限制群体提供访问其个人数据的权力或根据个人数据主体的请求非限制群体可访问其个人数据(以下称为个人数据主体公开的个人数据);

第 10 条　特殊范畴的个人数据

1. 不得处理涉及种族、民族、政治观点、宗教信仰或者哲学信仰、健康状况、私生活的特殊范畴的个人数据,本条第 2 款规定的情形除外。

2. 允许在以下情况下处理属于本条第 1 款规定的特殊范畴的个人数据:

(2)个人数据主体公开其个人数据;

3. 南非《个人信息保护法》

(英文文本经总统签署;2013 年 11 月 19 日批准)

第 12 条　直接从数据主体收集

(1)个人信息必须直接从数据主体收集,但第(2)款另有规定的除外。

(2)在以下情形下,第(1)款的规定不需要遵守:

(a)该信息包含在公共记录中或从公共记录中可以获取,或是由数据主体故意公开。

第 27 条　特殊个人信息的一般授权

(1)禁止处理第 26 条所述的个人信息,不适用:

(e)数据主体故意公开信息。

4. 日本《个人信息保护法》

(平成十五年法律第 57 号;2017 年 5 月 30 日全面实施)

第 17 条　正当获取

2. 除下述情形之外,个人信息处理业者未经本人事先同意,不得获取需注意的个人信息。

（5）该需注意的个人信息根据本人、国家机关、地方公共团体、第 76 条第 1 款中各项或其他个人信息委员会规则的规定公开的情形。

【参考案例】

苏州贝尔塔数据技术有限公司与伊日克斯庆一般人格权纠纷案

案号：江苏省苏州市中级人民法院（2019）苏 05 民终 4745 号

案件事实

2017 年贝尔塔公司将中国裁判文书网上发布的（2017）京 03 民终 13693 号民事判决书、（2017）京 0102 民初 11779 号民事判决书等公告文书，转载至启信宝网站，任何人均可在该网站上搜索、查询到上述文书。原告系上述文书的案件当事人，上述法律文书分别记述了涉及原告的相关纠纷情况。贝尔塔公司转载上述文书时，未获得中国裁判文书网和人民法院公告网主办单位的授权，亦未征询原告的意见。此后，原告与贝尔塔公司联系要求删除文书，贝尔塔公司未予删除。原告向法院提起诉讼，请求法院判令贝尔塔公司删除在启信宝网站转载的上述文书，并赔偿经济损失。

法院判决

江苏省苏州市中级人民法院审理认为，个人信息主体对信息传播控制的人格权益显然高于已经合法公开的个人信息流通所产生的潜在财产权益，个人信息主体对其个人信息传播控制的权利更不因个人信息已经合法公开而被当然剥夺。本案中，中国裁判文书网和人民法院公告网登载涉原告的裁判文书和公告文书，系基于司法解释的强行性规定，原告对此负有容忍之义务。贝尔塔公司转载并公开涉原告等主体的法律文书，系基于法律文书已被中国裁判文书网和人民法院公告网合法公开，且就法律文书内容而言并不能判别是否涉及自然人值得保护的重大利益，故不违法。但对贝尔塔公司的转载和再次公开行为是否违反正当性和必要性原则、是否对所涉自然人值得保护的重大利益造成影响，应更多考量个人信息主体对其个人信息传播控制的权利及其对个人利益影响程度的评判，即应尊重原告本人对于其已被合法公开信息进行二次传播的个人意愿，赋予原告应有的选择权利。本案中，原告诉前和诉讼中曾多次要求贝尔塔公司删除其网上公开的相关裁判文书和公告文书,并在诉讼中陈述,贝尔塔公司之转载及再次公开行为对其后续就业及生活等造成了重大影响。贝尔塔公司收到原告要求后仍未及时删除相关裁判文书和公告文书,有悖于原告对已公开信息进行传播控制的意思表示,违反了合法性、正当性和必要性原则,应该认为对原告构成重大利益影响,侵犯了其个人信息权益。

案例点评

该案中,人民法院在裁判文书中公开的原告相关个人信息,属于本条所规定的"其他已经合法公开的个人信息",故贝尔塔公司将案涉裁判文书转载至启信宝网站原则上不需要取得原告同意。但是,原告此后与贝尔塔公司联系要求删除案涉裁判文书,对贝尔塔公司处理其已公开个人信息的行为作出明确拒绝。此外,原告在诉讼中表示,贝尔塔公司转载案涉裁判文书的行为对其后续就业及生活等造成了重大影响。因此,依照本条的规定,贝尔塔公司处理原告已公开个人信息的行为不具有合法性基础,构成对原告个人信息权益的侵害。

第二节　敏感个人信息的处理规则

第二十八条(敏感个人信息的处理规则)

第二十八条　敏感个人信息是一旦泄露或者非法使用,容易导致自然人的人格尊严受到侵害或者人身、财产安全受到危害的个人信息,包括生物识别、宗教信仰、特定身份、医疗健康、金融账户、行踪轨迹等信息,以及不满十四周岁未成年人的个人信息。

只有在具有特定的目的和充分的必要性,并采取严格保护措施的情形下,个人信息处理者方可处理敏感个人信息。

【本条主旨】

本条是关于处理敏感个人信息的规定。本条有 2 款,第 1 款是关于个人敏感信息概念的规定;第 2 款规定处理敏感个人信息需要具有特定的目的和充分的必要性,并采取严格保护措施。

【核心概念】

敏感个人信息

本条采纳了"基本权利面临高侵害风险"的标准,从人格尊严与人身财产安全的不利后果方面对敏感个人信息予以认定。所谓"敏感"是对特定的因素具有高反应度,个人信息的敏感度描述的是个人信息对信息主体造成伤害或影响的程度。敏感度,即对信息主体的风险。[1] 某些信息具有高敏感度,一旦泄露可能导致人格受损,引发歧视和妨害人格尊严,这是需对其进行特殊保护的根本原因。[2] 国外学者 Fred H.Cate 认为,个人敏感信息需要被加强保护,是因为其会使信息主体面临特别风险。[3] 敏感度越高的信息,可能对信息主体造成的伤害越大,反之则越小。具有高敏感度的个人信息意味着其给该信息主体带来损害或损害风险的程度更强。侵害敏感个人信息的方式包括泄漏和非法使用。

相较于欧盟 GDPR 封闭式列举的"特殊类型个人数据",本条以定性的方式确立了敏感个人信息的概念内涵,同时结合开放式列举的方式,使敏感个人信息的概念更具有开放性,并可面向未来的技术进一步修正。

一般个人信息则是除个人敏感信息之外的其他个人信息。

人格尊严

是个人作为一个人所应有的最基本的社会地位并且应当受到社会和他人的最基本的尊重。[4] 人格尊严要求将人视为首要价值,维护人格尊严是所有法律的终极目的。我国《宪法》第 38 条规定:"中华人民共和国公民的人格尊严不受侵犯。禁止用任何方法对公民进行侮辱、诽谤和诬告陷害。"我国《民法典》第 109 条规定:"自然人的人身自由、人格尊严受法律保护。"

---

[1]　参见韩旭至:《个人信息类型化研究》,载《重庆邮电大学学报(社会科学版)》2017 年第 4 期。

[2]　参见胡文涛:《我国个人敏感信息界定之构想》,载《中国法学》2018 年第 5 期。

[3]　参见韩旭至:《个人信息类型化研究》,载《重庆邮电大学学报(社会科学版)》2017 年第 4 期。

[4]　参见王利明:《人格权法研究》,中国人民大学出版社 2018 年版,第 149—150 页。

人身安全

人身安全权是指人人享有生命、健康和身体完整性不受侵犯的权利。① 中国政府于 1998 年 10 月签署了《公民权利及政治权利国际公约》，公约第 9 条专门规定了人身自由与安全权。生命权、身体权和健康权是自然人最重要的法益，也是个人作为民事主体存在并享有其他各项民事权利的基础和条件。我国《民法典》第 1002 条、1003 条和 1004 条分别规定：自然人享有生命权、身体权和健康权。任何组织或者个人不得侵害他人的生命权、身体权和健康权。在个人信息处理活动中，法律应当优先保护个人的人身安全。

财产安全

财产权利是神圣不可侵犯的权利，我国《宪法》第 13 条第 1 款规定："公民的合法的私有财产不受侵犯。"我国《民法典》第 113 条规定："民事主体的财产权利受法律平等保护。"个人财产安全是个人生存和发展的基础，也是维护和发展整个社会公共利益的基础。

【条文详解】

一、强化敏感个人信息保护的意义

个人信息包括敏感个人信息与一般个人信息，就二者的类型区分，涉及民法学上的价值判断问题，而敏感个人信息的概念本身是为民法学上的解释选择问题。在理论上，确定敏感个人信息类型的因素包括伤害的可能性、引发伤害的几率、信任关系的存在、是否属多数人关心的风险等，② 正因敏感个人信息具备一经泄露对权益侵害性高、给信息主体带来的损害几率大、受社会关注广等特征，是故较一般个人信息具有更高的法益，进而决定了其受法律保护的程度。③

强化对敏感个人信息的保护有如下意义：

第一，有利于保护自然人的合法权益。首先包括自然人的人格尊严，人格尊严是人应当受到的最基本的礼遇和尊重，蕴含人格平等、不受歧视与冒犯之

---

① 参见李步云主编：《人权法》，高等教育出版社 2005 年版，第 127 页。

② See Paul Ohm, *Sensitive Information*, 88 S.Cal.L.Rev.1161(2015).转引自胡文涛：《我国个人敏感信息界定之构想》，载《中国法学》2018 年第 5 期，第 249 页。

③ 参见张新宝：《个人信息收集：告知同意原则适用的限制》，载《比较法研究》2019 年第 6 期，第 10 页。

意,它保障人格形成与发展之自由,免受他人非法干涉与操控,使人成为人。而敏感个人信息与人格尊严紧密相关,如希特勒对犹太人的种族灭绝和卢旺达的种族清洗,使人们认识到在身份证中记录种族的危险。[1] 维护人格尊严对强化敏感个人信息的保护提出了要求。其次包括自然人的人身权和财产权。《民法典》第 1 条开宗明义,其首要目的即为保护民事主体的合法权益,而第 3 条指出合法权益包括人身权利、财产权利以及其他合法权益,人身安全与财产安全是维护社会与经济秩序的基础,是衡量社会主义法治的标尺。实践中,消费者航班信息等敏感个人信息的泄漏,给消费者造成重大财产损失的案例时有发生,[2]更有因敏感个人信息被不法分子非法使用,实施“精准诈骗”,导致被害人死亡的惨剧。[3] 敏感个人信息被泄露或非法使用对人身权利的威胁具有高风险性,对财产权利的威胁具有直接性,法律有必要强化对敏感个人信息的保护。最后包括未成年人这一特殊群体的利益。未成年人心智发育尚未成熟,缺乏足够的理解能力与判断能力,无法预估行为后果;同时缺乏足够的自我保护与风险防范能力,权益更易受到侵害。为未成年人提供特殊保护是为应然之理。

第二,有利于调和个人信息保护与利用的需求冲突,实现利益平衡。[4] 产品和服务的推陈出新、商业与经济的欣欣向荣、公共管理与社会治理的现代化推进与个人信息的合理利用同频共振,密不可分。但盲目统一个人信息利用规则以在合法、合理范围最大限度地挖掘其价值,而对不同类型个人信息之上所承载利益差异置若罔闻,势必会降格敏感个人信息的保护力度,造成人格尊严、人身安全、财产安全以及未成年人权益处于岌岌可危的状态。由此,同时

---

[1]　参见郭瑜:《个人数据保护法研究》,北京大学出版社 2012 年版,第 201—202 页。

[2]　如“林念平与四川航空股份有限公司侵权责任纠纷上诉案”,四川省成都市中级人民法院(2015)成民终字第 1634 号民事判决书;“庞理鹏与北京趣拿信息技术有限公司等隐私权纠纷上诉案”,北京市第一中级人民法院(2017)京 01 民终 509 号民事判决书;“李某与中国保险监督管理委员会隐私权纠纷上诉案”,北京市第二中级人民法院(2016)京 02 民终 3276 号民事判决书;“黄广伟诉中国东方航空股份有限公司航空旅客运输合同纠纷上诉案”,上海市第一中级人民法院(2016)沪 01 民终 5263 号民事判决书;“马春艳与中国南方航空股份有限公司网络侵权责任纠纷上诉案”,江苏省南京市中级人民法院(2016)苏 01 民终 3947 号民事判决书等。

[3]　参见山东省高级人民法院(2017)鲁刑终 281 号刑事裁定书。

[4]　参见张新宝:《从隐私到个人信息:利益再衡量的理论与制度安排》,载《中国法学》2015 年第 3 期,第 50 页。

强化敏感个人信息的保护与一般个人信息的利用,能有的放矢地设计行为规范,兼顾交织的多方利益诉求。

第三,有利于强调该类信息的特殊性,对利益相关主体作出预警。敏感个人信息的外延处于动态变化之中,就其判断切莫陷入循环论证的文字游戏。但外延的动态性并不意味着概念本身无用,本条所列举的生物识别、宗教信仰、特定身份、医疗健康、金融账户、行踪轨迹的个人信息经由价值判断确定为敏感个人信息的类型,均可直接用于指导个人信息处理者进行合规管理、警示个人信息主体在日常生活中加强防备。

二、敏感个人信息的概念

(一) 敏感个人信息的界定

根据本款规定,敏感个人信息分为三类:一是一旦泄露或者非法使用容易导致自然人人格尊严受到侵害的个人信息,如人脸信息等生物识别信息、宗教信仰和特定身份信息、医疗健康信息等;二是一旦泄露或者非法使用容易导致自然人人身、财产安全受到危害的个人信息,如生物识别信息、行踪轨迹信息、金融账户及相关的信息等;三是不满十四周岁未成年人的个人信息。

但本法之外的法律行政法规和其他规范性文件对敏感个人信息类型的规定并不一致。① 《征信业管理条例》第 14 条列举了"宗教信仰、基因、指纹、血型、疾病和病史信息"以及"个人的收入、存款、有价证券、商业保险、不动产的信息和纳税数额信息"。② 2012 年《个人信息保护指南》认可了个人的身份证

---

① 如"电话号码"在《互联网公布裁判文书的规定》第 10 条中,被划分为非敏感的个人信息,而《个人信息安全规范》中却将"电话号码"纳入敏感个人信息范畴中。在《征信业管理条例》第 14 条和《个人信息保护指南》3.7 条中,将"用户的宗教信仰"纳入敏感范畴,而在现行其他法律规范中,却未将其纳入敏感个人信息之列。通过对比,"种族""政治观点""宗教信仰"在《个人信息保护指南》中被明确纳入个人敏感信息范畴,但在《个人信息安全规范》中却没有体现。根据最高人民法院颁布的《互联网公布裁判文书的规定》第 10 条,"通讯方式"不属于消费者的个人敏感信息,而《个人信息安全规范》将"电话号码"纳入个人敏感信息范畴;"宗教信仰"在《征信业管理条例》和《个人信息保护指南》中被纳入个人敏感信息范畴,但在《个人信息安全规范》等其他规范性文件中均没有特殊规定。

② 《征信业管理条例》第 14 条 禁止征信机构采集个人的宗教信仰、基因、指纹、血型、疾病和病史信息以及法律、行政法规规定禁止采集的其他个人信息。征信机构不得采集个人的收入、存款、有价证券、商业保险、不动产的信息和纳税数额信息。但是,征信机构明确告知信息主体提供该信息可能产生的不利后果,并取得其书面同意的除外。

号码、手机号码等,同时指出各行业的敏感个人信息可以根据信息主体的意愿和各自业务特点确定。① 而 2020 年《个人信息安全规范》则采用注释的方式,除了规定《个人信息保护指南》中的类型外,还包括个人的银行账户、交易信息等。②

事实上,界定敏感个人信息时需把握如下几点:第一,敏感个人信息具有本土性。各国家和地区因历史发展、文化背景、意识形态互不相同,对信息的敏感度亦不尽一致。③ OECD《隐私框架》指出各国的文化传统差异是导致各国立法中规定的敏感个人信息种类存在差别的主要原因。如欧盟可能不太介意对肤色、国籍等个人数据的处理,而美国则认为处理这些数据极可能导致歧视的后果;在一个国家通用的个人标志可能被认为是有用无害的,而在另一个国家则可能被认为具有高度敏感性,其使用会受到限制甚至禁止;在一个国家可能对团体或类似实体的相关数据予以保护,而在另一个国家则可能根本不提供此种保护。由此,敏感个人信息的列举需立足于我国的文化传统、社会普遍价值观、法律传统、风俗习惯等因素。④ 第二,敏感个人信息的定义还具有场景性。如姓名、电话号码在平时仅为一般个人信息,但在疫情防控的特殊情况下,若被用于追踪或隔离,且一旦泄露极易引起公众的网络暴力、频繁骚扰时,则可"升格"为敏感个人信息。⑤ 第三,敏感个人信息具有时代性。与2012 年发布的《信息安全技术公共及商用服务信息系统个人信息保护指南》相比,2020 年的《信息安全技术 个人信息安全规范》部分扩充了敏感个人信息的范围,增加声纹、掌纹、耳廓、虹膜、面部识别特征等生物识别信息,以适应大数据与人工智能高速发展下人脸识别、语音交互等技术在公共管理、金融安全、产品服务等领域广泛应用的现状。因此,敏感个人信息的外延需与时俱

---

① 2012 年《个人信息保护指南》第 3.7 条:个人敏感信息(personal sensitive information)一旦遭到泄露或修改,会对标识的个人信息主体造成不良影响的个人信息。各行业个人敏感信息的具体内容根据接受服务的个人信息主体意愿和各自业务特点确定。例如个人敏感信息可以包括身份证号码、手机号码、种族、政治观点、宗教信仰、基因、指纹等。

② 《信息安全技术个人信息安全规范》(GB/T 35273—2020)3.2 条注 1:个人敏感信息包括身份证件号码、个人生物识别信息、银行账户、通信记录和内容、财产信息、征信信息、行踪轨迹、住宿信息、健康生理信息、交易信息、14 岁以下(含)儿童的个人信息等。

③ 参见胡文涛:《我国个人敏感信息界定之构想》,载《中国法学》2018 年第 5 期,第 244 页。

④ 参见张新宝:《从隐私到个人信息:利益再衡量的理论与制度安排》,载《中国法学》2015 年第3 期,第 51 页。

⑤ 参见《2020 数字医疗:疫情防控新技术安全应用分析报告》。

进,灵活修正。

就立法技术而言,本法对敏感个人信息的规定,除了以维护人格尊严或避免歧视为出发点,基本遵循从人格尊严到人身安全再到财产安全的顺序,还用"等"字保持了外延的开放性。《现代汉语词典》把"等"的列举义分为两类,一是表示列举未尽;二是表示列举后煞尾。对"等"的解释将直接决定法律的适用范围。从比较法及我国现行法律法规和其他规范性文件来看,敏感个人信息的范围和类型非常广泛,不可能在一个条文里穷尽列举,考虑到各行业的特点和科技的发展,以及社会公共利益的需求,"等"字的表述应是一个开放性的接口,为"等外等"的兜底之意。

那么,对于本款尚未穷尽列举之敏感个人信息的种类,应包括通讯信息、性生活和性取向信息、基因信息等。其中通讯信息可以还原自然人何时在何种场合与谁基于何种原因接触以及接触的具体内容等自然人社交的完整四维图景;性生活与性取向信息则属于自然人自我决定权的范畴,处于社会关系同心圆中的最核心地带,与自古以来的性羞耻文化息息相关;基因信息控制着自然人的性状,记载着个人和家庭的生理信息,其泄露易导致基因被不当检测、复制、修饰,引发基因歧视。上述信息的敏感度极高,可纳入"等"的解释范围之中。

(二) 敏感个人信息与《民法典》的私密信息的关系

敏感个人信息与一般个人信息的分类肇始于《信息安全技术公共及商用服务信息系统个人信息保护指南》,经《信息安全技术 个人信息安全规范》,由《个人信息保护法》沿袭。而根据《民法典》第 1032 条、第 1033 条及第 1034 条,个人信息分为私密信息与非私密信息,其中私密信息同时属于隐私的下位概念。如此,私密信息与敏感个人信息有何关系,不无疑问。

依据《民法典》第 1032 条第 2 款,私密信息是不愿为他人知晓、尚未公开的私人信息,而个人信息中的私密信息是能够单独或者与其他信息结合识别特定自然人的私密信息,二者为交叉关系(如下图),非私密的个人信息包括自然人姓名,私密个人信息包括性生活或性取向,非属个人信息的私密信息包括独特的观点或见解等。[1] 但私密个人信息的范围广泛且概念模糊,在司法实践中,与个人信息的界分亦有一定难度,[2]若以个人信息的私密与否作为区

---

[1] 参见石佳友:《隐私权与个人信息关系的再思考——兼论私密信息的法律适用》,载《上海政法学院学报(法治论丛)》2021 年第 5 期,第 17 页。

[2] 如北京互联网法院(2019)京 0491 民初 16142 号民事判决书。

分保护的标准,会对个人信息的利用构成不当的限制,对敏感的非私密信息的保护却存不足。而敏感个人信息的内涵明确且客观,排除不满十四周岁未成年人的个人信息,其与私密信息构成交叉关系(如下图),譬如,个人珍藏的生活挫折等特殊经历属于非敏感的私密个人信息,通讯信息属于敏感的私密个人信息,人脸信息属于敏感的非私密个人信息。① 因此,私密信息与非私密信息、敏感个人信息与一般个人信息有着不同的分类标准,私密信息与敏感个人信息的外延出现部分重叠。

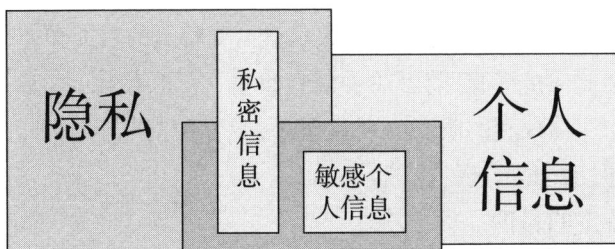

图 1　私密信息与敏感个人信息关系

三、敏感个人信息的强化保护

(一) 强化保护之概述

敏感个人信息与隐私有部分重合,根据权利不得减损原则,敏感个人信息的保护程度不得低于隐私权的保护程度。如此,处理敏感个人信息首先需符合处理私密信息的要求,即信息处理应基于法律规定或权利人明确同意(《民法典》第 1033 条)。其次,处理敏感个人信息与隐私权限制理论相通,当隐私权与更高位阶的人格权或与其他利益冲突时,需考虑利用利益衡量原则评估权利的边界,而比例原则是一项重要的分析工具。比例原则要求处理目的正当,处理手段适当且必要,否则信息处理行为具有违法性。由此,敏感个人信息的处理活动形成了以法律规定或权利人明确同意为形式要件,以目的正当、手段适当且必要为实质要件的框架格局。

就隐私权尚未作出规定的部分,敏感个人信息适用《个人信息保护法》中的特殊规则。因敏感个人信息相较于一般个人信息而言,一经泄露或非法利

---

① 参见程啸:《论我国个人信息保护法中的个人信息处理规则》,载《清华法学》2021 年第 3 期,第 69—70 页。

用所造成的后果更为严重,《个人信息保护法》在信息处理的全周期均对敏感个人信息加强保护,防止其被滥用或泄露。第一,个人信息处理者告知内容更详细(第 30 条),并应取得个人的单独同意,在法律作出特别规定时为书面同意(第 29 条);第二,应当事前进行个人信息保护影响评估,并对处理情况进行记录(第 55 条);第三,为敏感个人信息采取相应的防范措施如实行分类管理,以防止非法访问以及信息泄露、篡改、丢失(第 51 条);第四,指定个人信息保护负责人对信息处理活动进行监管时所要求的敏感个人信息数量更低(第 52 条)。①

总而述之,本款规定处理敏感个人信息需要特定的目的和充分的必要性,并应采取严格的保护措施,前者关乎信息收集、存储、使用、加工、传输、提供、公开等过程中实体权利的限制与利益衡量,后者强调风险评估、安全管理、内部监督等程序性配套措施的保障。

(二) 特定的目的

在解释上,"特定的目的"首先意味着敏感个人信息的用途是具体的而不是抽象的,是确定的而不是概括的。明确预定目的是进行个人信息处理的前提条件。敏感个人信息处理活动的目的,应当在信息处理行为之前予以确定,之后的处理行为应当紧紧围绕该目的展开,不允许没有目的而进行个人信息的处理。

其次,敏感个人信息的用途是符合目的事业的。"特定"是指法定或约定的明确限制,处理敏感个人信息必须出于法律明确规定的履行职责的目的,或者出于合同约定的明确目的。"特定目的原则"不是要求各主体具有相同的特定目的,而是要结合主体自身的存在意义加以认定。由于处理敏感个人信息的主体不尽相同,对于"特定目的"很难整齐划一的予以具体限定,只能区分主体的情况加以认定。② 信息处理者是国家机关的,认定其"特定目的"

---

① 《个人信息保护法》第 52 条第 1 款规定:"处理个人信息达到国家网信部门规定数量的个人信息处理者应当指定个人信息保护负责人,负责对个人信息处理活动以及采取的保护措施等进行监督。"目前网信部门虽未作出相关规定,但由国家标准化管理委员会发布的《信息安全技术 个人信息安全规范》11. 1(d)规定:"满足以下条件之一的组织,应设立专职的个人信息保护负责人和个人信息保护工作机构,负责个人信息安全工作:

  1)主要业务涉及个人信息处理,且从业人员规模大于 200 人;

  2)处理超过 100 万人的个人信息,或预计在 12 个月内处理超过 100 万人的个人信息;

  3)处理超过 10 万人的个人敏感信息的。"

② 参见张晓军:《论征信活动中保护个人信用信息隐私权之目的特定原则》,载《中国人民大学学报》2006 年第 5 期。

的判断因素包括信息处理者的性质、职权范围、法律特别授权、其他机关的委托等。国家机关进行与敏感个人信息相关活动的目的往往与社会公共利益有关，一般是涉及健康、劳动、社会保险等领域的公共利益等或者是基于个人的重大利益。信息处理者是国家机关以外的非营利性组织的，对"特定目的"的判断因素包括是否对信息数据主体的基本权利和利益是必要的；是否出于科学或历史研究或统计等目的并采取了合理的保护措施等。

信息处理者是国家机关以外的营利性组织或者个人的，认定其"特定目的"的判断因素包括法律规定、合同约定、信息处理者的目的事业等。目的事业是指企业为实现其利润增长目的所提供的产品或服务的业务功能。

最后，敏感个人信息的用途是不可逾越的，也即特定目的不可逾越。特定目的原则贯穿于敏感个人信息处理的全过程、覆盖其中的每一个环节。在处理敏感个人信息的过程中，不得超出预先明确设定的目的；在特定目的的达到或消失后，应当停止相关的处理敏感个人信息的行为；即使要变更具体目的，也不得超出原先设定目的的合理范围。

（三）充分的必要性

"充分的必要性"在必要性原则的基础上强调了充分，是对必要性原则的强化，意味着对敏感个人信息的收集应当保持最大的克制。必要性原则，又称"最小够用原则"，是个人信息处理的基本原则之一。《个人信息保护指南》的八大基本原则是以欧盟的《个人数据保护指令》为蓝本，①其中第二项"最少够用原则"指出"只处理与处理目的有关的最少信息"。此外，2017 年《网络安全法》第 41 条、2020 年《App 收集使用个人信息最小必要评估规范》第 4条②以及《个人信息保护法》第 6 条均作出了相关规定。③

---

① 《信息安全技术　公共及商用服务信息系统个人信息保护指南》4.2b："最少够用原则——只处理与处理目的有关的最少信息，达到处理目的后，在最短时间内删除个人信息。"

② 《App 收集使用个人信息最小必要评估规范》规定：App 进行个人信息处理时应遵循以下最小必要原则，即处理个人信息应当具有明确、合理的目的，并应当限于实现处理目的的最小范围，不得进行与处理目的无关的个人信息处理。对移动互联网行业收集使用用户人脸、通讯录、短信、位置、图片等敏感个人信息进行了明确的规范，要求从事 App 个人信息处理活动，不得超出用户同意范围或者与服务场景无关。

③ 《个人信息保护法(二次审议稿)》第 6 条规定，处理个人信息应当具有明确、合理的目的，并应当限于实现处理目的所必要的最小范围、采取对个人权益影响最小的方式，不得进行与处理目的无关的个人信息处理。

必要性原则是指信息处理者收集个人信息范畴应与实现产品或服务的业务功能有直接关联,只处理与处理目的有关的最少信息,不得处理与特定目的无关的个人信息。必要性原则要求信息处理者处理个人信息的类型、数量和期限必须以实现特定目的为必要,"最小"包括类型最少、数量最少、期限最短,"最小"的判定则以是否为特定目的所必须为标准。这些是形式上的要求。而从实质上看,必要性原则要求所收集的信息具有直接相关性和不可替代性。直接关联性是指没有敏感个人信息的参与,产品或者服务的业务功能无法实现。不可替代性是指"有且仅有"的信息,不能被其他信息所替换。产品或服务提供者(信息收集者)收集的个人信息是否为"必要信息",应着眼于该信息是否为信息收集者提供的具体服务项目之必需,例如,在网约车的适用场景下,信息主体必须向信息处理者提供自己的手机号码和位置信息,否则网约车因基本功能受限而无法提供相应的服务,手机号码和位置信息即为网约车服务的"必要信息"。

(四)严格保护措施

而"严格保护措施",是指处理者应当采取与一般个人信息处理相比更为充分的保护措施,以保障其所处理的敏感个人信息的安全,包括事前进行个人信息保护影响评估、制定相应内部管理制度和操作规程、提高敏感个人信息处理的操作权限、制定并组织实施敏感个人信息安全事件应急预案,以及对敏感个人信息作去标识化、匿名化处理等。①

【参考条文】

一、国内立法

1.《中华人民共和国民法典》

第一千零三十二条第二款 隐私是自然人的私人生活安宁和不愿为他人知晓的私密空间、私密活动、私密信息。

第一千零三十三条 除法律另有规定或者权利人明确同意外,任何组织或者个人不得实施下列行为:

......

(五)处理他人的私密信息;

---

① 参见张新宝:《敏感个人信息的强化保护》,载微信公众号"教授加",2021年9月1日。

(六)以其他方式侵害他人的隐私权。

第一千零三十四条第三款 个人信息中的私密信息,适用有关隐私权的规定;没有规定的,适用有关个人信息保护的规定。

2.《信息安全技术 个人信息安全规范》

3.2

个人敏感信息 personal sensitive information

一旦泄露、非法提供或滥用可能危害人身和财产安全,极易导致个人名誉、身心健康受到损害或歧视性待遇等的个人信息。

注1:个人敏感信息包括身份证件号码、个人生物识别信息、银行账户、通信记录和内容、财产信息、征信信息、行踪轨迹、住宿信息、健康生理信息、交易信息、14岁以下(含)儿童的个人信息等。

注2:关于个人敏感信息的判定方法和类型参见附录B。

注3:个人信息控制者通过个人信息或其他信息加工处理后形成的信息,如一旦泄露、非法提供或滥用可能危害人身和财产安全,极易导致个人名誉、身心健康受到损害或歧视性待遇等的,属于个人敏感信息。

5.4 收集个人信息时的授权同意

b)收集个人敏感信息前,应征得个人信息主体的明示同意,并应确保个人信息主体的明示同意是其在完全知情的基础上自主给出的、具体的、清晰明确的意愿表示;

c)收集个人生物识别信息前,应单独向个人信息主体告知收集、使用个人生物识别信息的目的、方式和范围,以及存储时间等规则,并征得个人信息主体的明示同意;

注:个人生物识别信息包括个人基因、指纹、声纹、掌纹、耳廓、虹膜、面部识别特征等。

d)收集年满14周岁未成年人的个人信息前,应征得未成年人或其监护人的明示同意;不满14周岁的,应征得其监护人的明示同意。

6.3 个人敏感信息的传输和存储

对个人信息控制者的要求包括:

a)传输和存储个人敏感信息时,应采用加密等安全措施;

注:采用密码技术时宜遵循密码管理相关国家标准。

b)个人生物识别信息应与个人身份信息分开存储;

c)原则上不应存储原始个人生物识别信息(如样本、图像等),可采取的措施包括但不限于:

1)仅存储个人生物识别信息的摘要信息;

2)在采集终端中直接使用个人生物识别信息实现身份识别、认证等功能;

3)在使用面部识别特征、指纹、掌纹、虹膜等实现识别身份、认证等功能后删除可提取个人生物识别信息的原始图像。

注1:摘要信息通常具有不可逆特点,无法回溯到原始信息。

注2:个人信息控制者履行法律法规规定的义务相关的情形除外。

附录 B

(资料性附录)

个人敏感信息判定

个人敏感信息是指一旦泄露、非法提供或滥用可能危害人身和财产安全,极易导致个人名誉、身心健康受到损害或歧视性待遇等的个人信息。通常情况下,14岁以下(含)儿童的个人信息和涉及自然人隐私的信息属于个人敏感信息。可从以下角度判定是否属于个人敏感信息:

泄露:个人信息一旦泄露,将导致个人信息主体及收集、使用个人信息的组织和机构丧失对个人信息的控制能力,造成个人信息扩散范围和用途的不可控。某些个人信息在泄漏后,被以违背个人信息主体意愿的方式直接使用或与其他信息进行关联分析,可能对个人信息主体权益带来重大风险,应判定为个人敏感信息。例如,个人信息主体的身份证复印件被他人用于手机号卡实名登记、银行账户开户办卡等。

非法提供:某些个人信息仅因在个人信息主体授权同意范围外扩散,即可对个人信息主体权益带来重大风险,应判定为个人敏感信息。例如,性取向、存款信息、传染病史等。

滥用:某些个人信息在被超出授权合理界限时使用(如变更处理目的、扩大处理范围等),可能对个人信息主体权益带来重大风险,应判定为个人敏感信息。例如,在未取得个人信息主体授权时,将健康信息用于保险公司营销和确定个体保费高低。

表 B.1 给出了个人敏感信息举例。

表 B.1　个人敏感信息举例

个人财产信息	银行账户、鉴别信息(口令)、存款信息(包括资金数量、支付收款记录等)、房产信息、信贷记录、征信信息、交易和消费记录、流水记录等,以及虚拟货币、虚拟交易、游戏类兑换码等虚拟财产信息
个人健康心理信息	个人因生病医治等产生的相关记录,如病症、住院志、医嘱单、检验报告、手术及麻醉记录、护理记录、用药记录、药物食物过敏信息、生育信息、以往病史、诊治情况、家族病史、现病史、传染病史等
个人生物识别信息	个人基因、指纹、声纹、掌纹、耳廓、虹膜、面部识别特征等
个人身份信息	身份证、军官证、护照、驾驶证、工作证、社保卡、居住证等
其他信息	性取向、婚史、宗教信仰、未公开的违法犯罪记录、通信记录和内容、通讯录、好友列表、群组列表、行踪轨迹、网页浏览记录、住宿信息、精准定位信息等

二、比较法

1. 欧盟《通用数据保护条例》

第 9 条　特别类别个人数据的处理

1. 揭示种族或民族、政治观点、宗教或哲学信仰、或工会成员的个人数据的处理,和遗传数据、唯一标识某自然人的生物特征数据、关于健康或关于自然人的性生活或性倾向的数据处理均应予以禁止。

2. 如果以下之一适用,则第 1 款不适用:

(a)数据主体明确同意为一个或多个特定目的处理这些个人数据,除非欧盟或成员国法律规定涉及第 1 款的禁止不得被数据主体取消;

(b)处理对在雇佣和社会保障和社会保护法律领域履行数据主体或控制方义务和行使其特定权力是必要的,只要它是由欧盟或成员国法律授权,或由根据规定适当保障数据主体的基本权利和利益的成员国法律签署的集体协议授权;

(c)若数据主体身体上或法律上无能力给予同意,处理对保护数据主体或另一自然人的切身利益是必要的;

(d)处理由具有政治、哲学、宗教或工会目的的基金会、协会或其他任何非营利组织在其具有适当保障的合法活动中实施,并且条件是该处理仅涉及该组织成员或前成员或与其目的相关而经常与其接触者及个人数据未经数据

主体同意不得向该组织外披露;

（e）处理涉及由数据主体明显公开的个人数据;

（f）处理对法律索偿的成立、行使或辩护，或法院在按其司法能力行为时是必要的;

（g）基于与追求的宗旨相称、尊重数据保护权利的实质并规定合适和具体的措施保障数据主体的基本权利和利益的欧盟或成员国法律，处理因重大公共利益是必要的;

（h）基于欧盟或成员国法律或依据与保健专业人员的合同并受制于第3款所述的条件和保障，为评估员工的工作能力、医疗诊断、保健或社会护理或治疗的提供或保健和社会护理系统和服务的管理，处理对预防或职业医学目的是必要的;

（i）基于规定合适和具体的措施保障数据主体的基本权利和利益（尤其是职业秘密）的欧盟或成员国法律，处理因公共健康领域的公共利益是必要的，如防止严重的跨境健康威胁或确保高标准卫生保健和药用产品或医疗设备的质量和安全;或

（j）基于与追求的宗旨相称、尊重数据保护权利的实质并规定合适和具体的措施保障数据主体的基本权利和利益的欧盟或成员国法律，处理对依据第89条（1）的为公众利益存档目的、科学或历史研究目的或统计目的是必要的;

3. 当第1款所述的个人数据是由须遵守欧盟或成员国法律或国家主管机构制定的准则项下的职业保密义务的专业人员或在其负责下处理，或由须遵守欧盟或成员国法律或国家主管机构制定的准则项下的保密义务的另一人处理，这些数据可能为第2款（h）项所述的目的进行处理。

4. 成员国可以就基因数据、生物特征数据或关于健康数据的处理维持或采用更进一步的条件（包括限制）。

2. 日本《个人信息保护法》

第2条 3. 本法所称的"需注意的个人信息"系指含有政令规定的、为避免发生针对本人的人种、信条、社会身份、病历、犯罪经历、因犯罪而被害的事实及其他方面的不当歧视、偏见以及其他不利而需要在处理上予以特别注意的记述等之个人信息。

3. 印度《个人数据保护法案》

3. 定义

（36）"个人敏感数据"是指可能揭示或构成以下类别或与之相关的个人数据：

（i）财务数据；

（ii）健康数据；

（iii）官方标识符；

（iv）性生活；

（v）性取向；

（vi）生物数据；

（vii）基因数据；

（viii）跨性别身份；

（ix）双性人身份；

（x）种姓或部落；

（xi）宗教或政治信仰或联盟；或者

（xii）根据第 15 条被归类为敏感个人数据的任何其他数据。

解释 —— 就本条而言，以下表述为：

（a）"双性人身份"（intersex status）表示数据主体的情况是——

（i）女性或者男性的组合；

（ii）既不完全是女性也不完全是男性；或者

（iii）既不是女性也不是男性；

（b）"跨性别身份"（transgender status）系指数据主体的性别意识与出生时分配给该主体的性别不匹配的状况，无论他们是否经历过性别再调整手术、激素治疗、激光治疗或其他类似医疗程序。

15. 将个人数据归类为个人敏感数据

（1）中央政府应与保护局和有关部门监管机构协商，通知此类个人数据类别为"个人敏感数据"，考虑到以下因素：

（a）处理此类个人数据可能对数据主体造成重大损害的风险；

（b）对此类个人数据之保密性的预期；

（c）明显可识别的一类数据主体是否会因处理此类个人数据而受到重大伤害；和

（d）适用于个人数据的一般规定所提供的充分保护。

（2）保护局可以通过法规，对旨在通过重复、连续或系统地收集个人敏感数据以进行个人数据画像的行为规定额外的保护措施或限制。

【参考案例】

庞理鹏诉中国东方航空股份有限公司、
北京趣拿信息技术有限公司隐私权纠纷上诉案[①]

案件事实：

庞理鹏委托第三人通过去哪儿订购了一张机票，当日，趣拿公司向第三人尾号 1850 手机发送短信，提示航班机票已出票，并注明星旅航空客服电话及订单查询和退票改签的网址；同时还向第三人发送了警惕以飞机故障、航班取消为诱饵的诈骗短信的提醒短信。两日后，庞理鹏尾号 9949 手机收到号码来源不明的发件人发来短信称涉案航班因飞机故障取消，并要求其拨打4008-129-218 改签。后经确认，该短信为诈骗短信。

案例分析：

本案的争议焦点之一为庞理鹏被泄露的姓名、手机号以及行程安排（包括起落时间、地点、航班信息）是否属于个人隐私。一般而言，姓名、手机号、行程信息是为满足社会交往需求而在合理社交范围内流通的个人信息，单独泄露姓名、手机号、行程信息均不足以产生严重侵害个人人格尊严、人身权益和财产权益的后果。但三者之结合构成了信息主体的一段完整行踪轨迹，是对信息主体在一段时间内所处的空间位置的具体描述。在隐私的视角下，该信息有关个人不愿为他人知晓的私人活动，属于私密信息的范畴；在个人信息的视角下，该信息泄露和非法利用之后对信息主体造成的伤害大、引发伤害的几率高，应升格为敏感个人信息进行保护。

第二十九条（单独同意与书面同意）

第二十九条　处理敏感个人信息应当取得个人的单独同意；

法律、行政法规规定处理敏感个人信息应当取得书面同意的，从

---

① 参见北京市第一中级人民法院(2017)京 01 民终 509 号民事判决书。

其规定。

【本条主旨】

本条是关于基于同意处理敏感个人信息需要单独同意以及依法律法规需要书面同意的规定。本条有 2 句,前句是关于单独同意的规定;后句是关于依据法律、行政法规应当取得书面同意的规定。

【核心概念】

单独同意

单独同意是相对于概括同意而言的一种特别同意。概括同意和单独同意,都要求"特定、明确、自愿",但概括同意并不一定针对一个具体的事项,可以是针对将来信息处理行为概括的、一揽子的同意。[1] 单独同意不是就多种信息和多种目的所为的一揽子同意,而是通过单独展示的方式告知并获得个人的明确、真实、自愿并且具体的同意,以敦促个人更慎重地考虑和决定。[2]

书面同意

书面同意是指以书面形式作出同意,根据《民法典》第 469 条的规定,书面形式是合同书、信件、电报、电传、传真等可以有形地表现所载内容的形式。以电子数据交换、电子邮件等方式能够有形地表现所载内容,可以随时调取查用的数据电文,视为书面形式。

行政法规

行政法规是指国务院根据宪法和法律制定的、由总理签署国务院令公布(有关国防建设的行政法规,可以由国务院总理、中央军事委员会主席共同签署国务院、中央军事委员会令公布)的规范性文件。行政法规的名称一般称"条例",也可以称"规定""办法"等。国务院根据全国人民代表大会及其常务委员会的授权决定制定的行政法规,称"暂行条例"或者"暂行规定"。

指引性条文

本条为不完全法条中的指引性法条,亦称为引用性法条、参引性法条。当

---

[1]　参见韩旭至:《个人信息保护中告知同意的困境与出路——兼论〈个人信息保护法(草案)〉相关条款》,载《经贸法律评论》2021 年第 1 期。

[2]　参见许可:《〈个人信息保护法(草案)〉视野下个人金融信息保护》,载《中国银行业》2021 年第 1 期。

法律、行政法规对个人信息主体同意处理敏感个人信息的书面形式作出特别规定时,则行为的构成要件与法律效果一并参照适用其他法条。

【条文详解】

一、处理敏感个人信息同意规则的概述

《个人信息保护法》第 14 条规定了同意的实质要件为"充分知情""自愿、明确",本条在此一般规则之外又增加了单独同意和书面同意的特殊情形。概括同意是目前个人信息处理者广泛采用的同意形式,典型做法为个人信息主体在页面上勾选"我同意""我接受"等类似复选框。相比于具体的同意,概括的同意具有经济效益方面的优势,但它在一定程度上令用户被迫接受一揽子条款,使用户无法具体清楚地了解关于个人信息如何被使用的全部内容,不利于同意的特定表达。且概括同意让个人信息收集者一劳永逸地获得用户的授权,在一定程度上架空了告知同意原则。而单独同意规则有利于个人从同意过频、同意麻木和疲于应对的状态中解放出来,减少个人应付告知同意的时间和精力,同时使个人对可能影响其人身和财产权益的敏感个人信息处理行为更加敏感和谨慎,从而集中精力处理此类同意,提高同意的质量。

由于敏感个人信息高度敏感性,未经信息主体"自愿、明确"同意而进行的处理,会对信息主体造成无可挽回的严重不利后果,例如名誉的下降、生物识别特征被终身破解等。因此,对处理敏感个人信息提出更高更严格的单独同意和书面同意要求,正是为了强化对敏感个人信息的保护,具体表现为:

第一,同意要特定化。单独同意必须是信息主体根据敏感个人信息处理的特定目的而作出的特定同意,即处理目的和同意内容具有一一对应关系。同意不可用于个人信息处理者所追求的"任何合法目的",而应确指某一具体处理目的所必要而合理的信息处理活动。只有个人信息主体进行特定授权的同意表达,对敏感个人信息的保护才能落实。

第二,同意要具体化。个人信息主体的同意必须是具体的,数据控制者须对同意所覆盖的个人信息类型、数据活动的形式(收集、使用抑或转让)及其目的予以具体说明。同时,静态的一次性的同意授权形式需改为动态的方式,当个人信息使用目的发生变更或被共享、转让时,数据控制者应当及时通知个人信息主体,并获取相应的同意。此外,同意必须针对信息处理的各个方面作

出,也即信息处理者就每一个类型的每一项敏感个人信息,需获得分别同意、逐项同意。

第三,同意要可视化。根据《民法典》第 469 条规定,书面形式是合同书、信件、电报、电传、传真等可以有形地表现所载内容的形式。以电子数据交换、电子邮件等方式能够有形地表现所载内容,并可以随时调取查用的数据电文,视为书面形式。可靠的电子签名作为同意形式的效力加强版本,或可成为敏感个人信息采集同意的形式要件。

二、处理敏感个人信息原则上应当取得个人的单独同意

处理敏感个人信息存在如下两种情况:第一,个人信息处理者依据法律规定,出于维护自然人的重大人身、财产利益或公共利益的目的进行;第二,个人信息处理者在法律、行政法规无禁止性规定的情形下,为实现精准营销或其他合法目的而进行。前者的合法性基础为法律规定,后者的则为个人同意。本条适用于个人信息处理者基于同意的个人信息处理活动,而不适用于《个人信息保护法》第 13 条第 1 款第 2—7 项规定的情形。譬如,在疫情防控时期,为制订治疗方案,无需经过个人同意,个人信息处理者便可处理医疗健康信息。

相较于处理一般个人信息的同意要素,本条规定处理敏感个人信息原则上要取得个人的单独同意。由此充分知情、自愿、明确与单独构成了同意处理敏感个人信息的四大基本条件。充分知情意味着在获取同意之前,个人信息处理者应告知个人信息的处理目的、处理方式、处理的个人信息种类、保存期限、处理敏感个人信息的必要性以及对个人权益的影响等信息,以履行信息披露义务,缩小信息鸿沟,这是个人自由行使同意权的前提。自愿要求个人在知悉一切与决策相关的信息之后,权衡得失利弊,自主作出同意,即便个人不同意处理敏感个人信息,依然可以使用产品或服务的基本功能,服务质量也不会明显减低。明确是指个人的同意是清晰明白的,一般体现为点击"同意"、输入验证码等肯定性行为。单独强调同意处理敏感个人信息的界面不应包含其他信息处理事宜,若征求同意的敏感个人信息有多种类型,则应在每一处理目的项下罗列对应的信息种类并分别设置同意的选项。

强化处理敏感个人信息的同意要件,让同意的内容更具针对性、方式更加

显著,无疑有利于信息主体更加审慎地作出决定,并重视对敏感个人信息的风险防范与安全管理。

单独同意的另一作用在于细化了同意的颗粒度,如欧盟《通用数据保护条例》"序言"(32)(43)分别指出,"同意应涵盖为相同的一个或多个目的进行的所有数据处理活动。数据处理涉及多个目的的,每一个目的均须征得数据主体的同意。""若不允许就不同的个人资料处理操作分别给予同意……则应假定同意不是由数据主体自由给予的。"单独同意带来的直接效益是个人信息处理者将提供更为翔实的有关处理目的、处理规则和权益影响的信息,以及让信息主体分别同意的空间,由此,实践中"强制收集"等极大限制同意权自由行使的难题便会迎刃而解:"强制收集"表现为强制捆绑多项服务或功能,征求"一揽子"的同意,以及扩大单个服务或功能的信息收集范围,①而当处理敏感个人信息的同意独立于其他个人信息处理行为时,就其同意与否并不会影响其他服务或功能的正常使用,也就打破了捆绑同意的强制;同时,当敏感个人信息非为使用某项服务或功能所必需时,个人可以单独表示拒绝,个人信息处理者不得因此拒绝提供产品或服务。② 因此,单独同意在加强信息主体对个人信息的控制力度的同时保障了个人同意的自愿性。

三、有特别规定时处理敏感个人信息应当取得个人的书面同意

本条后句是一个指引性条文,指向了规定处理敏感个人信息应当取得个人的书面同意的法律法规。目前我国并无对此作出专门规定的法律,行政法规有如下两类:其一为特殊信息。如基因信息不仅对国家生物科学技术的发展具有战略性意义,而且对个体而言,它编码着从出生到死亡的整个生命过程,一旦泄露或非法利用,可能会对生命健康与人格尊严造成严重侵害。因此,《中华人民共和国人类遗传资源管理条例》第 12 条第 1 款为该类信息收集的同意设定了更高的标准:"采集我国人类遗传资源,应当事先告知人类遗传资源提供者采集目的、采集用途、对健康可能产生的影响、个人隐私保护措施及其享有的自愿参与和随时无条件退出的权利,征得人类遗传资源提供者

---

① 参见洪延青:《过度收集个人信息如何破解》,载《中国信息安全》2019 年第 1 期。

② 需承认,单独同意在第二种场景所发挥的作用较为有限,更多的是依赖于《个人信息保护法》第 16 条的规则。

书面同意。"①

　　其二为特殊行业。如征信业是提供信用信息服务的行业,个人的信用信息一头联结着个人信息,另一头联结着信用信息的使用者。个人信息经收集、加工与分析形成信用报告,而报告的利用可能会对信用不良的人产生严重的负面影响,包括贷款利率高、贷款周期短、交易机会少、保险费率高以及其他商业、生活上的不利后果。基于此,《征信业管理条例》严格规范了征信行业中收集、公开、提供个人信息等处理行为:1)征信机构不得采集个人的收入、存款、有价证券、商业保险、不动产的信息和纳税数额信息。但是,征信机构明确告知信息主体提供该信息可能产生的不利后果,并取得其书面同意的除外。2)向征信机构查询个人信息的,应当取得信息主体本人的书面同意并约定用途。但是,法律规定可以不经同意查询的除外。3)金融信用信息基础数据库为信息主体和取得信息主体本人书面同意的信息使用者提供查询服务。国家机关可以依法查询金融信用信息基础数据库的信息。4)从事信贷业务的机构向金融信用信息基础数据库或者其他主体提供信贷信息,应当事先取得信息主体的书面同意。

　　书面同意限缩了单独同意之"明确"要件的外延,是对同意的形式强制。形式强制是家父主义立法模式对私法自治之形式自由的干预,需具有足够充分且正当的理由。以基因信息为例,它不同于其他敏感个人信息,其家族性、民族性、地域性尤为显著,所承载的利益不限于自然人个体,而关乎整个人类遗传资源库,其涉的法益重大、利益主体众广,可以成为获得高强度保护的缘由。此外,书面同意还有如下意义:第一,说明功能。个人信息处理者与信息主体经济地位悬殊,谈判能力不等,以书面形式践行信息透明化是缓解信息不对称、防止强势方施加不当影响的有力手段。第二,警告功能,劝诫信息主体谨慎行事,不可鲁莽为之。第三,庄重承诺功能,同意处理敏感个人信息不仅仅是同意处理行为本身,更是个人对信息利用过程中可能出现的风险进行预判之后予以接纳的承诺,书面形式可用以确保同意是由本人作出,让同意态度更为明确、坚定。第四,证据功能,固定告知、同意的内容便于厘清当事人之

---

① 人类遗传资源包括含有人体基因组、基因及其产物的器官、组织、细胞等取自人体的遗传材料,也包括以这些遗传材料为载体、反映遗传特征的相关信息。

间的权利义务和责任,降低举证上的难度。[①]

【参考条文】

一、国内立法

1.《最高人民法院关于审理利用信息网络侵害人身权益民事纠纷案件适用法律若干问题的规定》

第十二条 网络用户或者网络服务提供者利用网络公开自然人基因信息、病历资料、健康检查资料、犯罪记录、家庭住址、私人活动等个人隐私和其他个人信息,造成他人损害,被侵权人请求其承担侵权责任的,人民法院应予支持。但下列情形除外:

(一)经自然人书面同意且在约定范围内公开;

(二)为促进社会公共利益且在必要范围内;

(三)学校、科研机构等基于公共利益为学术研究或者统计的目的,经自然人书面同意,且公开的方式不足以识别特定自然人;

(四)自然人自行在网络上公开的信息或者其他已合法公开的个人信息;

(五)以合法渠道获取的个人信息;

(六)法律或者行政法规另有规定。

网络用户或者网络服务提供者以违反社会公共利益、社会公德的方式公开前款第四项、第五项规定的个人信息,或者公开该信息侵害权利人值得保护的重大利益,权利人请求网络用户或者网络服务提供者承担侵权责任的,人民法院应予支持。

国家机关行使职权公开个人信息的,不适用本条规定。

2.《最高人民法院关于审理使用人脸识别技术处理个人信息相关民事案件适用法律若干问题的规定》

第二条 信息处理者处理人脸信息有下列情形之一的,人民法院应当认定属于侵害自然人人格权益的行为:

(一)在宾馆、商场、银行、车站、机场、体育场馆、娱乐场所等经营场所、公共场所违反法律、行政法规的规定使用人脸识别技术进行人脸验证、辨识或者

---

① 参见王泽鉴:《民法总则》,北京大学出版社2014年版,第290页。

分析；

（二）未公开处理人脸信息的规则或者未明示处理的目的、方式、范围；

（三）基于个人同意处理人脸信息的，未征得自然人或者其监护人的单独同意，或者未按照法律、行政法规的规定征得自然人或者其监护人的书面同意；

（四）违反信息处理者明示或者双方约定的处理人脸信息的目的、方式、范围等；

（五）未采取应有的技术措施或者其他必要措施确保其收集、存储的人脸信息安全，致使人脸信息泄露、篡改、丢失；

（六）违反法律、行政法规的规定或者双方的约定，向他人提供人脸信息；

（七）违背公序良俗处理人脸信息；

（八）违反合法、正当、必要原则处理人脸信息的其他情形。

3. 汽车数据安全管理若干规定（试行）（未生效）

第九条　汽车数据处理者处理敏感个人信息，应当符合以下要求或者符合法律、行政法规和强制性国家标准等其他要求：

（一）具有直接服务于个人的目的，包括增强行车安全、智能驾驶、导航等；

（二）通过用户手册、车载显示面板、语音以及汽车使用相关应用程序等显著方式告知必要性以及对个人的影响；

（三）应当取得个人单独同意，个人可以自主设定同意期限；

（四）在保证行车安全的前提下，以适当方式提示收集状态，为个人终止收集提供便利；

（五）个人要求删除的，汽车数据处理者应当在十个工作日内删除。

汽车数据处理者具有增强行车安全的目的和充分的必要性，方可收集指纹、声纹、人脸、心律等生物识别特征信息。

二、比较法

1. 欧盟《通用数据保护条例》

第10条　特别类别个人数据的处理

2. 揭示种族或民族、政治观点、宗教或哲学信仰、或工会成员的个人数据的处理，和遗传数据、唯一标识某自然人的生物特征数据、关于健康或关于自然人的性生活或性倾向的数据处理均应予以禁止。

5. 如果以下之一适用,则第 1 款不适用:

(a)数据主体明确同意为一个或多个特定目的处理这些个人数据,除非欧盟或成员国法律规定涉及第 1 款的禁止不得被数据主体取消;

2. 印度《个人数据保护法案》

11. 处理个人数据所必需的同意

(1)个人数据不得被处理,除非在数据开始处理时得到数据主体的同意。

(2)数据主体的同意无效,除非此类同意是

(a)自愿的,考虑到是否符合 1872 年《印度合同法》第 14 条的标准;

(b)知情的,考虑到数据主体是否已获知第 7 条规定的信息;

(c)具体的,考虑到数据主体是否可以确定与处理目的相关的同意范围;

(d)清晰的,考虑到是否以在特定背景下具有意义的肯定性行为作出;以及

(e)能够被撤回的,考虑到撤回同意的容易程度是否与给予同意的容易程度相当;

(3)除第(2)款所提出的要求外,处理任何个人敏感数据必须基于数据主体的明确同意——

(a)在通知数据主体可能对其造成重大损害的处理目的或操作后;

(b)使用清晰的条款而不依赖于对某个场景下的行为进行推断;以及

(c)在让他分别同意处理相关的不同类别的个人敏感数据的目的、操作和使用后。

【参考案例】

基本案情:无锡洲樾房地产有限公司在其经营场所设有 4 台具有人脸识别、抓拍功能的"旷视"摄像机,在未经消费者知情同意且明示收集、使用人脸信息的目的、方式和范围的情况下,擅自在其开发的楼盘售楼大厅处,使用上述摄像设备采集购房消费者人脸信息。依据《侵害消费者权益行为处罚办法》第十四条、《中华人民共和国消费者权益保护法》第五十六条第一款第(九)项的规定,无锡洲樾房地产有限公司被处以 10 万元罚款。[①]

---

① 参见《省市场监督管理局公布非法采集消费者人脸信息典型案例》,载微信公众号"江苏市场监督",2021 年 9 月 1 日。

案例分析:人脸识别信息是个人生物识别信息,属于敏感个人信息。无锡洲樾房地产有限公司收集人脸信息的目的在于判别来访客户途径,以此确定业务员及中介公司佣金,这种以商业利益为导向的信息处理行为不能以《个人信息保护法》第 13 条第 1 款第 2—7 项为合法性基础。由此,该公司应当根据《个人信息保护法》第 13 条第 1 款第 1 项以及第 29 条的规定取得个人的单独同意。然而,该公司未经消费者同意、在个人无感知的情况下即收集了人脸信息,不符合《个人信息保护法》的要求。

第三十条(特别告知事项)

第三十条　个人信息处理者处理敏感个人信息的,除本法第十七条第一款规定的事项外,还应当向个人告知处理敏感个人信息的必要性以及对个人权益的影响;依照本法规定可以不向个人告知的除外。

【本条主旨】

本条是关于处理敏感个人信息情形特别告知事项的规定。

【核心概念】

处理敏感个人信息的必要性

因为敏感的个人信息属于一旦泄露或非法使用,可能会导致个人受到歧视,或人身、财产安全受到严重危害,故法律上应当给予更强的保护。对敏感个人信息的处理原则上应被禁止而例外才允许,例外的情形即是处理敏感个人信息的必要性,包括敏感个人信息的处理可能显著的增进个人利益或者公共利益。

【条文详解】

一、敏感个人信息告知概述

处理敏感个人信息,应当告知本法第 17 条第 1 款规定的事项,包括个人信息处理者的名称或者姓名和联系方式;个人信息的处理目的、处理方式,处理的个人信息种类、保存期限;个人行使本法规定权利的方式和程序。除前述告知事项之外,还应告知处理敏感个人信息的必要性以及对个人的影响。

不过,本法第18条与第35条对告知义务的履行作出了例外规定:一为"法律、行政法规规定应当保密"的。相关法律法规包括但不限于《刑事诉讼法》第152条、《人民警察法》第16条、《反恐怖主义法》第45条、《中华人民共和国反洗钱法》第8条等。

二为"不需要告知的"。所谓不需要告知的情形,至少应当包括如下几类:(1)合理处理自然人自行公开的或者其他已经合法公开的信息;(2)个人信息主体已经知悉了告知内容的;(3)履行告知义务代价极大的。

三为"告知将妨碍国家机关履行法定职责的"。该情形仅适用于国家机关,以及法律、法规授权的具有管理公共事务职能的组织,此时法律、行政法规虽然没有规定国家机关的保密义务,但是如果处理个人信息前告知个人,会使得国家机关无法履行法定职责,则告知义务应被豁免。例如,依据《税收征收管理法》第54条的规定,税务机关有权检查纳税人的账簿、记账凭证、报表和有关资料,检查扣缴义务人代扣代缴、代收代缴税款账簿、记账凭证和有关资料。在这种情形下,处理个人信息不仅无须取得同意,也不必提前告知,否则个人可能转移、篡改甚至销毁账簿、记账凭证、报表和有关资料,导致税务机关无法履行税收征收管理的法定职责。

二、必要性告知

个人信息处理者告知敏感个人信息处理的必要性是强化敏感个人信息保护的重要手段。在处理敏感个人信息之前,个人信息处理者需就处理行为的必要性展开评估与自查,及时停止不符合法律法规的信息收集、加工、存储和公开等活动,从源头上预防敏感个人信息的过度使用。而告知事项中对必要性的附加说明能起到提起个人注意与警觉的作用,使其自行审度该信息处理行为是否是对个人权益侵害最小的方案,以此增强个人对敏感个人信息的控制力,并提高对处理活动的参与度。另外,根据本法第54条和第56条,评估敏感个人信息的处理目的与方式是否必要是个人信息处理者开展处理活动的程序性要求,监管部门可依循该评估内容查处、打击违法利用敏感个人信息的行为,从外部形成约束机制。

需注意,在个人信息处理活动的每一阶段,个人信息处理者均应向个人告知必要性:收集敏感个人信息时,需指明为实现合法、特定的目的,该信息处理方案是充足、相关且不过量的,并不存在其他可替代的对个人影响更小的路径。[①] 存储敏感个人信息时,需告知处理目的之达成,能否无需存储信息(如在采集终端直接进行数据分析,仅存储摘要信息等),能否利用匿名化信息,能否存储更短的时间。[②] 公开敏感个人信息时,则需说明不公开、脱敏公开、一定范围内公开等方式均不足以实现处理目的。如在疫情防控期间,为满足社会一般公众对疫情状况的知情权,为满足确诊或疑似病例所在地区的公众的知情权,为准确定位并联系"密切接触者",国家机关对敏感个人信息采取的态度分别为不予公开、脱敏公开、一定范围内公开。[③] 由此,个人信息处理者的必要性告知是对敏感个人信息处理行为的正向解释与说明,同时也是对其处理行为合法性的反向证成或证伪。

三、个人权益影响告知

对个人权益的影响是另一特别告知事项。因为敏感个人信息利益重大,一旦泄露或非法使用可能会对个人的人格尊严、人身安全、财产安全造成侵害,向个人附加告知其权益受到的可能影响以及风险发生的概率,可以弥补个人信息主体在信息处理活动及其潜在后果等专业性知识方面的欠缺,满足个人知情权的要求。若敏感个人信息处理行为的合法性基础为个人同意,则能辅助个人自主判断同意与否的利弊得失,个人得以在全盘考虑之后作出决策;若敏感个人信息处理行为的合法性基础为其他法定事由,能提高个人警惕,加强防备,尤其是对于诸如诈骗等个人配合度较高的情形,信息主体的警觉可以减少事件发生的概率。

对于告知的具体内容,依据《个人信息安全影响评估指南》中所列举的个人权益影响的几个维度,包括:1)限制个人自主决定权,如被蓄意推送影响个人价值观判断的资讯;2)引发差别性待遇,如疾病、性取向等信息泄露造成的针对个人权利的歧视;3)个人名誉受损或遭受精神压力,如被监视追踪、频繁

---

① 参见张新宝:《个人信息收集:告知同意原则适用的限制》,载《比较法研究》2019 年第 6 期,第 14 页。

② 参见国家市场监督管理总局、国家标准化管理委员会《信息安全技术　个人信息安全规范》GB/T 35273—2020。

③ 参见中央网络安全和信息化委员会办公室:《关于做好个人信息保护利用大数据支撑联防联控工作的通知》,http://www.cac.gov.cn/2020-02/09/c_1582791585580220.html,最近访问:2021 年 9 月 7 日。

骚扰等;4)人身财产受损,如引发人身伤害、资金账户被盗等。

四、告知的方式与形式

无论个人信息处理活动的法律依据为本法第13条第1款第1项还是第2—7项,告知均应与第29条对同意的要求保持一致,即原则上为单独告知,例外为书面告知。原因在于,当信息处理行为是基于个人同意时,若同意单独,但告知笼统、概括,并与一般个人信息的处理规则混杂在一起,个人信息主体不仅会因不知晓同意具体针对的是何种信息处理行为而陷入困惑与迷茫,还会因反复翻阅《隐私条款》而徒增时间成本。单独同意以单独告知为前提条件,通过单独告知提高敏感个人信息处理行为的透明度、增强同意的针对性,才能实现单独同意之充分知情、自愿、明确与单独的目标。例外时书面告知的缘由亦然,否则会降低制度实效,与立法初衷相违。当信息处理行为是基于法律其他规定时,不能因与本法第29条不具有体系一致性而降低对敏感个人信息的保护强度,如仅采用更醒目、更容易理解的告知方式。法律基础不同并不是区分保护敏感个人信息的理由,单独告知与书面告知的高标准应当被一体适用,如此方能达到强化保护敏感个人信息的效果。

对于告知的方式,一是弹窗等增强式告知;二是即时提示,即在用户使用过程中以即时通知的方式向用户提供有关具体个人信息处理行为的提示;三是在开启具体业务功能时的单独告知,如在用户点开某些具体业务时,产品和服务的提供者可能还会提供一次单独的告知;四是逐一告知,即个人信息的处理者在处理个人信息前,以一对一的方式向每一个自然人告知,并逐一取得同意。

【参考条文】

一、国内立法

1.《信息安全技术　个人信息安全规范》

9.4 个人信息公开披露

个人信息原则上不应公开披露。个人信息控制者经法律授权或具备合理事由确需公开披露时,应符合以下要求:

a)事先开展个人信息安全影响评估,并依评估结果采取有效的保护个人信息主体的措施；

b)向个人信息主体告知公开披露个人信息的目的、类型,并事先征得个人信息主体明示同意；

c)公开披露个人敏感信息前,除 b)中告知的内容外,还应向个人信息主体告知涉及的个人敏感信息的内容；

d)准确记录和存储个人信息的公开披露的情况,包括公开披露的日期、规模、目的、公开范围等；

e)承担因公开披露个人信息对个人信息主体合法权益造成损害的相应责任；

f)不应公开披露个人生物识别信息；

g)不应公开披露我国公民的种族、民族、政治观点、宗教信仰等个人敏感数据的分析结果。

二、比较法

1. 印度《个人数据保护法案》

11. 处理个人数据所必需的同意

(3)除第(2)款所提出的要求外,处理任何个人敏感数据必须基于数据主体的明确同意——

(a)在通知数据主体可能对其造成重大损害的处理目的或操作后；

(b)使用清晰的条款而不依赖于对某个场景下的行为进行推断；以及

(c)在让他分别同意处理相关的不同类别的个人敏感数据的目的、操作和使用后。

【参考案例】

柯某某侵犯公民个人信息案①

基本案情：

被告人柯某某创建"房利帮"网站及 App,直接从房产中介人员处收购房源信息,并安排话务员冒充房产中介人员,套取房主准确房源地址、联系电话,

---

① 参见上海市金山区人民法院(2018)沪 0116 刑初 839 号刑事判决书。

再以包月价格在"房利帮"网站上打包出售。法院判决被告人柯某某犯侵犯公民个人信息罪。

案例分析:

本案中,被告人在网站上公开的涉案房源信息包括房东联系方式、房源具体地址、门牌号码、房屋出售、出租价格等信息,部分信息还含有房东姓氏或姓名,能单独或与其他信息结合识别特定自然人身份,属于个人信息。此外,该房产信息详细具体,而住宅本身承载着人身安全、住宅安宁与空间隐私等人身利益,以及所有权等财产利益,信息的泄露与非法使用对个人侵害性较大,属于敏感个人信息。

本案辩护人认为,"房源信息系房主主动向市场公开的信息,在案证据显示大多数房主愿意公开,故不宜对收集后出售或者提供的行为要求二次授权。"首先,房东的信息向特定房屋中介披露、在微信群披露属于在特定范围内公开,而网站在互联网时代具有放大效应,面向不特定第三人,其公开范围变大,应当向个人告知处理敏感个人信息的必要性以及对个人权益的影响以及其他事宜;其次,即便是已经公开的个人信息,若二次利用并不改变初始公开的目的,属于《个人信息保护法》第18条豁免告知的情形。本案中被告人并非以促进房产交易,而系将房源信息作为商品用于出售牟利的目的利用信息,不得主张豁免告知义务。

第三十一条(不满十四周岁未成年人个人信息处理)

第三十一条 个人信息处理者处理不满十四周岁未成年人个人信息的,应当取得未成年人的父母或者其他监护人的同意。

个人信息处理者处理不满十四周岁未成年人个人信息的,应当制定专门的个人信息处理规则。

【本条主旨】

本条是关于不满十四周岁未成年人个人信息处理规则的规定。本条有两款,第1款是关于处理不满14周岁未成年人个人信息应当取得其父母或者其他监护人同意的规定;第2款是关于处理不满14周岁未成年人个人信息,处理者应当制定专门的个人信息处理规则的规定。

【核心概念】

未成年人/不满14周岁未成年人

未成年人是指未达到成年年龄标准的自然人,我国《民法典》第17条规定,十八周岁以上的自然人为未成年人。不满14周岁未成年人则指年龄为14岁及以下的未成年人。

监护人

监护人是指由法律明确规定,或由自然人协商确定,代理与其具有血缘或其他关系的无民事行为能力人或限制民事行为能力人实施民事法律行为,并保护该不完全民事行为能力人的人身权利、财产权利以及其他合法权利的自然人。

【条文详解】

一、处理未成年人个人信息的特殊规则

（一）立法沿革

在本法出台之前,《网络安全法》《未成年人保护法》以及《儿童个人信息网络保护规定》均为未成年人个人信息提供了保护,但在适用范围上具有一定的局限性,一是适用于线上情形(通过网络处理);二是主体多限缩为网络运营者;三是包括一些特殊场合如国家机关披露有关案件事实。而本条则不区分线上或线下,国家机关或其他个人信息处理者,只要是处理不满十四周岁未成年人的个人信息,就应当被一体适用。

《个人信息保护法》在立法过程中就有关不满14周岁未成年人个人信息的规则进行了体系上的调整和内容上的删减。首先,在《个人信息保护法》草案至二审稿中,本条均位于第二章"个人信息处理规则"之第一节"一般规定"项下,但三审稿将不满14周岁未成年人个人信息纳入敏感个人信息保护范围。这就意味着个人信息处理者处理不满14周岁未成年人个人信息需增加告知处理的必要性以及对个人权益的影响等特别事项(第30条)、取得监护人单独同意或书面同意(第29条)、并采取更严格的保护措施(第28条)。原因在于未成年人正处于人生观和价值观的形成期,其信息化人格尚不完整,若据此进行个性化推荐或其他方式的处理,极易扭曲未成年人的自身人格,甚至误导其朝着不当方向发展；另外，未成年人在成长阶段较为脆弱敏感，易因个人信息的泄露或非法利用而使人格尊严、人身权或财产权受到侵害，该不利后果将产生深远的影响。由此，有必要借助敏感个人信息的概念强化对未成年人个人信息的保护。

其次，在一审稿中，本条的表述为："个人信息处理者知道或者应当知道其处理的个人信息为不满十四周岁未成年人个人信息的，应当取得其监护人的同意。"也即取得监护人同意的前提为个人信息处理者"知道或者应当知道"相关事实，就其具体判断，如若推定个人信息处理者为善意，则未成年人与监护人一方举证责任加重；如若出于保护弱势群体的考量，由个人信息处理者证明"不知道"，在缺乏硬性技术标准，亦未专门向未成年人提供产品或服务的情况下又较易证成。这无疑给予了个人信息处理者不采取区分保护措施的有力抗辩，打破了为未成年人个人信息所编织的保护之网。本条不以主观状态而以客观事实作为提供保护的依据，对所有不满十四周岁的未成年人一视同仁，实则施加了个人信息处理者年龄核实的积极作为义务，相较于"知道或者应当知道"之做法，降低个人信息处理者成本、促进商业发展和保护未成年人个人信息的天平稍向后者倾斜，价值判断的转变尤为明显。

最后，为与《未成年人保护法》第 72 条后句的用语保持一致，本条将"监护人"修改为"未成年人的父母或者其他监护人"，是法律形式一致性的要求与体现。

（二）取得监护人同意的理论基础

《民法典》第 34 条第 1 款指出，"监护人的职责是代理被监护人实施民事法律行为，保护被监护人的人身权利、财产权利以及其他合法权益等。"《未成年人保护法》第 16 条亦规定，未成年人的父母或者其他监护人应当履行为未成年人提供生活、健康、安全等方面的保障等监护职责。未成年人心智发育尚未成熟，缺乏足够的理解能力与判断能力，无法预估行为后果；同时缺乏足够的自我保护与风险防范能力，权益更易受到侵害。在处理个人信息时，未成年人"可能不太了解相关风险、后果、保障措施以及他们在处理个人数据方面的权利"，[①]此时个人信息处理者应当取得其父母或者其他监护人的同意，以弥补自身理解、判断与同意能力的不足。

---

① 欧盟《通用数据保护条例》"序言"（38）。

就监护人的认定,《民法典》第 27 条规定,"父母是未成年子女的监护人。未成年人的父母已经死亡或者没有监护能力的,由下列有监护能力的人按顺序担任监护人:(一)祖父母、外祖父母;(二)兄、姐;其他愿意担任监护人的个人或者组织,但是须经未成年人住所地的居民委员会、村民委员会或者民政部门同意。"实践中,多由父母承担监护职责,将其列为第一顺位的监护人毋庸置疑。但当未成年人父母死亡或没有监护能力时,则由其他监护人承担监护职责。

（三） 年龄的设定

在比较法上,欧盟《通用数据保护条例》将儿童年龄设定为 16 周岁,并赋予成员国自由设定年龄的裁量权,但不得低于 13 岁,比如德国为 14 周岁,荷兰为 16 周岁。而我国《信息安全技术公共及商用服务信息系统个人信息保护指南》所划定的年龄标准为 16 周岁,[①]2017 年版的《信息安全技术 个人信息安全规范》将之调整为 14 周岁,并由 2020 年版的《信息安全技术 个人信息安全规范》与本法所沿袭。

值得注意的是,14 岁至 18 周岁的未成年人所作出的受害人承诺,在理论上未经其法定代理人同意,该承诺同样无效,而本条并未将之与未满 14 周岁的未成年人同等对待,对此可做如下两种解释:第一,14—18 周岁未成年人的个人信息并非全是敏感个人信息,故未在"敏感个人信息的处理规则"一节予以规定,而就其处理行为直接适用《民法典·总则编》有关代理的规范,无需作出专门说明;第二,受害人允诺并不以行为能力作为判断标准,而取决于行为人是否具有同意能力,[②]本条则以 14 周岁为分界线,14 周岁以上的未成年人通常具备自主同意的能力。目前我国《信息安全技术 个人信息安全规范》(GB/T 35273—2020)采取的态度是,未成年人或其监护人的明示同意均可为处理年满 14 周岁未成年人个人信息的合法依据。

关于未成年人的年龄核实,美国《儿童网络隐私保护法》的修订说明中指出,核实的方式包括但不限于电子扫描或视频传输技术;政府签发的身份证明;驾照、社保号的部分片段;金钱交易凭证;替代性网上支付系统;电子签名;

---

① 5.2.7 不直接向未满 16 周岁的未成年人等限制民事行为能力或无行为能力人收集个人敏感信息,确需收集其个人敏感信息的,要征得其法定监护人的明示同意。

② 主张受害人同意的构成要件之一为受害人须具有同意能力的观点,参见程啸:《侵权责任法教程(第三版)》,中国人民大学出版社 2017 年版,第 126 页。

家长同意平台;核实邮件;安全港规则等。

二、应为未成年人个人信息制定专门的处理规则

本条第一款在实施过程中存有被规避的可能,比如目前国家严格管控未成年人的游戏时间,这同样以甄别未成年人为前提,但代为刷脸、购买账号等迂回手段便突破了对未成年人的管制。因此,除了强调监护人的配合,还需注重规范未成年人个人信息处理活动本身。

本条第 2 款为个人信息处理者设定了进一步针对未成年人个人信息制定专门的处理规则的义务,在具体内容上可能包括:1) 个人信息处理者应对未成年人年龄与同意是否确为监护人作出予以核查;2) 核查的所需的个人信息应符合必要性原则;3) 未成年人个人信息的查阅、复制、更正、删除等权利的行使规则;4) 未成年人达到法定年龄之后,父母此前同意的效力;5) 对个人信息处理活动的限制,如将处理限于有利于未成年人生活、成长等特定目的;6) 存储规则与安全措施;7) 与第三方共享或委托第三方处理的规则等。

【参考条文】

一、国内立法

1.《中华人民共和国民法典》

第十七条 十八周岁以上的自然人为成年人。不满十八周岁的自然人为未成年人。

第二十七条 父母是未成年子女的监护人。

未成年人的父母已经死亡或者没有监护能力的,由下列有监护能力的人按顺序担任监护人:

(一)祖父母、外祖父母;

(二)兄、姐;

(三)其他愿意担任监护人的个人或者组织,但是须经未成年人住所地的居民委员会、村民委员会或者民政部门同意。

2.《中华人民共和国未成年人保护法》

第七十二条 信息处理者通过网络处理未成年人个人信息的,应当遵循合法、正当和必要的原则。处理不满十四周岁未成年人个人信息的,应当征得

未成年人的父母或者其他监护人同意,但法律、行政法规另有规定的除外。

未成年人、父母或者其他监护人要求信息处理者更正、删除未成年人个人信息的,信息处理者应当及时采取措施予以更正、删除,但法律、行政法规另有规定的除外。

第七十三条　网络服务提供者发现未成年人通过网络发布私密信息的,应当及时提示,并采取必要的保护措施。

第一百零三条　公安机关、人民检察院、人民法院、司法行政部门以及其他组织和个人不得披露有关案件中未成年人的姓名、影像、住所、就读学校以及其他可能识别出其身份的信息,但查找失踪、被拐卖未成年人等情形除外。

3.《中华人民共和国网络安全法》

第十三条　国家支持研究开发有利于未成年人健康成长的网络产品和服务,依法惩治利用网络从事危害未成年人身心健康的活动,为未成年人提供安全、健康的网络环境。

4.《儿童个人信息网络保护规定》

第二条　本规定所称儿童,是指不满十四周岁的未成年人。

第九条　网络运营者收集、使用、转移、披露儿童个人信息的,应当以显著、清晰的方式告知儿童监护人,并应当征得儿童监护人的同意。

5.《信息安全技术　个人信息安全规范》

5.4 收集个人信息时的授权同意

d)收集年满14周岁未成年人的个人信息前,应征得未成年人或其监护人的明示同意;不满14周岁的,应征得其监护人的明示同意。

二、比较法

1. 欧盟《通用数据保护条例》

第8条　在数据社会服务方面儿童表达同意应具备的条件

1. 若第6条(1)的(a)适用,关于数据社会服务直接给儿童的提议,儿童个人数据的处理在其年满16岁的情况下合法。若儿童未满16岁,该处理只有经该儿童的父母责任承担者同意或授权才合法。

成员国可依法为该目的规定较低的年龄,但不得低于13岁。

2. 控制方应作出合理努力并考虑现有的技术,以确认在这种情况下该同意由该儿童的父母责任承担者给出或授权。

3. 第 1 款规定不应影响成员国的一般合同法,如关于儿童的合同效力、构成或法律效力的准则。

2. 印度《个人数据保护法案》

16. 处理儿童的个人数据和个人敏感数据

(1)每位数据受托人均应以保护儿童的权利并符合其最大利益的方式处理儿童的个人数据。

(2)数据受托人应在处理儿童的任何个人数据之前,以法规规定的方式核实其年龄并获得其父母或监护人的同意。

(3)第(2)款规定的核实儿童年龄的方式应由法规规定,考虑到以下因素:

(a)处理的个人数据量;

(b)这些个人数据可能是儿童个人数据的比例;

(c)因处理个人数据而对儿童造成伤害的可能性;和

(d)由保护局规定的其他因素。

(4)保护局应按法规将以下数据受托人归类为监护型数据受托人——

(a)运营针对儿童的商业网站或在线服务;或者

(b)处理大量儿童的个人数据。

(5)监护型数据受托人不得对儿童进行画像、跟踪、行为监控或投放定向广告,并不得采取可能对儿童造成重大伤害的其他个人数据处理行为。

(6)第(5)款可在修改后适用于保护局通过法规所规定的向儿童提供咨询或儿童保护服务的数据受托人。

(7)专门为儿童提供咨询或儿童保护服务的监护型数据受托人,无需根据第(2)款取得儿童的父母或监护人的同意。

解释 —— 就本节而言,"监护型数据受托人"一词是指根据第(4)款被归类为监护型数据受托人的任何数据受托人。

3. 泰国《个人数据保护法》

第 20 条 如数据主体数据非因婚姻关系获得完全行为能力的未成年人,或根据《民商法典》第 27 条规定不具有完全行为能力,则对该数据主体的许可请求应如下:

(1)如未成年人的行为属于《民商法典》第 22 条、第 23 条或第 24 条规定的未成年人有权独立行使权利的行为,则该行为还需要征得其监护人的许可;

（2）如未成年人未满十岁，则对该数据主体的请求应征得其监护人的许可。

如数据主体为无行为能力人，则对该数据主体的请求应征得其监护人的许可。

如数据主体为准无行为能力人，则对该数据主体的请求应征得其监护人的许可。

本条第1—3款的规定适用于数据主体撤回其许可、向数据主体发出的通知、数据主体权利的行使、数据主体的申诉及本法对未成年人、无行为能力人和准无行为能力人规定的其他行为。

【参考案例】

US v.Playdom,Inc.,SACV11−00724（C.D.C.2011）

基本案情：

Playdom 是迪士尼公司的子公司，运营着大约 20 个面向全球的线上虚拟世界（online virtual worlds），其中 Pony Stars 的受众为十三周岁以下的儿童，其他的则为普通大众（也包括相当一部分的儿童）。以 Pony Star 为例，其注册流程如下：1）首先要求用户提供用户名、密码、电子邮箱、出生年份与性别；2）如果用户年龄不足 13 岁，则要求输入父母或监护人的电子邮箱；3）当监护人输入后，儿童可以直接使用网站，同时监护人会收到"欢迎"的邮件；4）此后，公司开始收集 cookie、IP 地址、儿童自行公开与发布的信息。

案例分析：

13 周岁以下的儿童个人信息属于敏感个人信息，处理该信息之前应当取得父母或其他监护人的同意。同意以充分知情为前提，本案中，被告既未在网站上提供《隐私政策》，以清晰易懂的语言、完整地告知儿童个人信息的收集、使用、披露和其他相关内容，亦未在向征求监护人电子邮箱时作出特别说明。

此外，被告未获得监护人可验证的同意（verifiable parental consent）。2013年 COPPA 第 312.5 条列举的"可验证的家长同意"包括：父母签名的邮件、传真件或电子扫描件；金钱交易凭证；电话同意；视频连线同意；政府签发的身份认证系统;邮件回复双重确认。其目的在于保证同意确实由监护人作出。本案中仅仅要求输入电子邮箱,而缺乏其他认证操作,极易规避监护人的同意,架空法律规定。

第三十二条(其他法律法规适用规则)

第三十二条 法律、行政法规对处理敏感个人信息规定应当取得相关行政许可或者作出其他限制的,从其规定。

【本条主旨】

本条是关于处理敏感个人信息涉及其他法律、行政法规有关行政许可和其他限制之适用的规定。

【核心概念】

行政许可

根据《行政许可法》第 2 条,行政许可是指行政机关根据公民、法人或者其他组织的申请,经依法审查,准予从事特定活动的行为。

【条文详解】

本条是指引性规定,指向对处理敏感个人信息作出限制的法律、行政法规,如《人类遗传资源管理条例》第 11 条规定:"采集我国重要遗传家系、特定地区人类遗传资源或者采集国务院科学技术行政部门规定种类、数量的人类遗传资源的,应当符合下列条件,并经国务院科学技术行政部门批准:(一)具有法人资格;(二)采集目的明确、合法;(三)采集方案合理;(四)通过伦理审查;(五)具有负责人类遗传资源管理的部门和管理制度;(六)具有与采集活动相适应的场所、设施、设备和人员。"又如《征信业管理条例》第六条规定:"设立经营个人征信业务的征信机构,应当符合《中华人民共和国公司法》规定的公司设立条件和下列条件,并经国务院征信业监督管理部门批准:(一)主要股东信誉良好,最近3 年无重大违法违规记录;(二)注册资本不少于人民币 5000 万元;(三)有符合国务院征信业监督管理部门规定的保障信息安全的设施、设备和制度、措施;(四)拟任董事、监事和高级管理人员符合本条例第八条规定的任职条件;(五)国务院征信业监督管理部门规定的其他审慎性条件。"

第三节　国家机关处理个人信息的特别规定

第三十三条（国家机关处理个人信息的法律适用规定）

第三十三条　国家机关处理个人信息的活动,适用本法;本节有特别规定的,适用本节规定。

【本条主旨】

本条是关于国家机关处理个人信息法律适用问题的原则性规定。

【核心概念】

国家机关

国家机关是指依据宪法和法律规定行使国家权力的机关,包括中央国家机关和地方各级国家机关。按照中央和地方各级国家机关所具有的权能的不同,其可分为权力机关、行政机关、监察机关、审判机关、检察机关等。

【条文详解】

一、国家机关处理个人信息,适用本法的规定

在个人信息处理活动中发挥主体作用的国家机关可以分为两类:一类是《个人信息保护法》第 6 章所规定的履行个人信息保护职责的国家机关,例如国家网信部门。此类国家机关本身不处理个人信息,其职能在于对处理者的个人信息处理活动进行监督和管理,并维护各方主体权利义务关系的平衡和持续。另一类是作为特殊个人信息处理者的国家机关,例如财政税收、文化、教育、卫生等行政部门。此类国家机关在履行法定职责的过程中生成、采集和保存了海量的个人信息,是最大的个人信息收集、处理、储存和利用者。本条将作为特殊个人信息处理者的国家机关处理个人信息的活动纳入《个人信息保护法》的调整范围,规定国家机关处理个人信息应当和其他主体(主要是企业)适用相同的原则和基本规则,体现了个人信息保护全面性和普遍性的理念。在比较法上,多数立法例(例如欧盟《通用数据保护条例》第 4 条第 7 项、《俄罗斯联邦个人数据法》第 3 条第 2 款、《印度个人数据保护法案》第 3 条第

13 款、《南非个人信息保护法》第 1 条、《韩国个人信息保护法》第 2 条第 5 款
等)所规定的个人信息处理者既包括一般个人信息处理者,也包括作为特殊
个人信息处理者的国家机关。

依照本条规定,国家机关处理个人信息原则上应当适用本法的全部规定,
但是法律条文明确规定仅仅适用于一般个人信息处理者的除外。例如,《个
人信息保护法》第 24 条第 2 款规定:"通过自动化决策方式向个人进行信息
推送、商业营销,应当同时提供不针对其个人特征的选项,或者向个人提供便
捷的拒绝方式。"该条款是对企业利用个人信息从事信息推送、商业营销等经
营性活动的规定,不适用于国家机关。又如,《个人信息保护法》第 58 条的规
定针对的是"提供重要互联网平台服务、用户数量巨大、业务类型复杂的个人
信息处理者"。该条规定专门适用于处理个人信息的头部企业,不适用于国
家机关。

二、国家机关处理个人信息,本节有特别规定的适用本节的规定

本节所规定的国家机关处理个人信息的特别规定,包括对国家机关履行
法定职责处理个人信息所应当符合的要求的特别规定、对国家机关处理个人
信息履行告知义务的特别规定以及对国家机关处理个人信息境内存储与境外
提供安全评估的特别规定。本节对国家机关处理个人信息作出特别规定的目
的不是排除本法关于个人信息处理的原则、规则的适用,而是对国家机关处理
个人信息提出更高的标准,并在合理限度内满足国家机关履行法定职责的特
殊要求,以利于本法立法目的的实现和国家机关依法行使职权。例如,依照
《个人信息保护法》第 13 条的规定,处理者可以在为履行法定职责或者法定
义务所必需的情况下处理个人信息。但是,依照本节第 34 条的规定,国家机
关为履行法定职责处理个人信息,还应当依照法律、行政法规规定的权限、程
序进行,不得超出履行法定职责所必需的范围和限度。又如,依照《个人信息
保护法》第 18 条第 1 款的规定,有法律、行政法规规定应当保密或者不需要告
知的情形的,处理者可以不向个人履行告知义务。但是,本节第 35 条规定,除
第 18 条第 1 款规定的情形外,如果告知将妨碍国家机关履行法定职责,国家
机关也可以不向个人履行告知义务。再如,《个人信息保护法》第 38 条规定,
个人信息处理者向境外提供个人信息应当具备该条第 1 款所规定的四项条件
之一。但是,依照本节第 36 条的规定,国家机关向境外提供个人信息必须经

过安全评估,因此排除第 38 条的适用。此外,国家机关之外的一般个人信息处理者通常不适用本节的规定。

三、其他法律法规对国家机关处理个人信息有规定的,一并适用

除《个人信息保护法》的相关规定外,其他法律法规对国家机关处理个人信息有规定的(例如《民法典》《刑法》《数据安全法》《网络安全法》《保守国家秘密法》《政府信息公开条例》等法律法规的相关规定),应当一并适用。

【参考条文】

一、国内立法

1.《中华人民共和国民法典》

第九十七条 有独立经费的机关和承担行政职能的法定机构从成立之日起,具有机关法人资格,可以从事为履行职能所需要的民事活动。

第九十八条 机关法人被撤销的,法人终止,其民事权利和义务由继任的机关法人享有和承担;没有继任的机关法人的,由作出撤销决定的机关法人享有和承担。

二、专家建议稿

1. 张新宝、葛鑫:《个人信息保护法(专家建议稿)》

第九十四条 其他国家机关参照适用

权力机关、审判机关、检察机关、军事机关等其他国家机关涉及公民个人信息处理事项的,除法律、行政法规另有规定外,应遵守本法相关规定。

三、比较法

1. 欧盟《通用数据保护条例》(2016 年 4 月 27 日 欧洲议会及欧盟理事会 2016/679 号法规)

第 4 条 定义

为实施本条例:

(7)"控制方"是指自然人或法人、公共机构,政府机构或其他团体,它单独或与他人共同决定个人数据处理的目的和方式;若该处理的目的和手段由

欧盟或成员国法律规定,控制方或其提名的具体标准可由欧盟或成员国法律规定;

(8)"处理方"是指代表控制方处理个人数据自然人或法人、公共机构、政府机构或其他团体;

(9)"接收方"是指作为个人数据披露对象的自然人或法人、公共机构、政府机构或其他团体,无论是否是第三方。然而,在根据欧盟或成员国法律的特别调查框架下可能获得个人数据的公共机构不得视为接收方;这些公共机构对这些数据的处理应符合与处理目的相一致的适用的数据保护准则;

(10)"第三方"是指除数据主体、控制方、处理方以及直属控制方或处理方被授权处理个人数据者之外的自然人或法人,公共机构,政府机构或组织人;

2. 俄罗斯《联邦个人数据法》(2006 年 7 月 8 日 国家杜马通过 2006 年 7 月 14 日 联邦委员会赞成)

第 1 条 本联邦法律的效力范围

1. 本联邦法律调整与个人数据处理相关的关系,该个人数据处理主体为联邦国家权力机关、俄罗斯联邦各主体的国家权力机关、其他国家机关(以下简称国家机关)、地方自治机关、其他市政机关(以下简称市政机关)、使用或不使用自动化方式的法人和自然人,其中使用自动化方式包括使用信息电信网络,若不使用自动化方式,个人数据处理应符合使用自动化方式完成的个人数据处理行为(操作)特点,即能根据给定的个人数据检索算法处理个人数据和(或)访问个人数据,此类个人数据应记录在物质载体上及包含在文献或其他有体系的个人数据汇编中。

第 3 条 在本联邦法律中使用的基本概念

本联邦法律使用以下基本概念:

2.处理者——独立或同他人一起组织并(或)处理个人数据,确定个人数据处理目的、被处理的个人数据的成分及对个人数据的实施的行为(操作)的国家机关、市政机关、法人或自然人;

3. 日本《个人信息保护法》

(平成十五年法律第 57 号;2017 年 5 月 30 日全面实施)

第 2 条 定义

5. 本法所称的"个人信息处理业者"系指将个人信息数据库用于其业务的当事人。但下述几项除外。

（1）国家机关；

（2）地方公共团体；

（3）独立行政法人等［指《关于保护独立行政法人等所持个人信息的法律》,平成十五年〔03〕(2003 年法律第 59 号),第 2 条第 1 项所规定的独立行政法人等。以下相同]；

（4）地方独立行政法人［指《地方独立行政法人法》(平成十五年法律第 118 号)第 2 条第 1 款中规定的地方独立行政法人,以下相同]。

4. 韩国《个人信息保护法》［行政安全部(个人信息保护政策)02-2100-4105;2017 年 7 月 26 日生效］

第 2 条　定义

本法使用的术语定义如下：

5. 个人信息控制者:指为公务或者业务所需直接或者间接处理个人信息并操作个人信息档案的公共机构、法人、组织、个人等。

5. 印度《个人数据保护法案》

（由下议院人民院引入,2019 年第 373 号法案)

第 3 条　定义

在本法案中,除非另有规定：

（13）"数据受托者"系指单独或与他人共同决定处理个人数据的目的和手段的任何人,包括邦、公司、任何法律实体或任何个人。

（15）"数据处理者"系指代表数据受托者处理个人数据的任何人,包括邦、公司、任何法律实体或任何个人。

6. 泰国《个人数据保护法》［B.E.2562(2019)］

第 6 条　根据本法规定：

"数据控制者"是指有权或有义务对个人数据进行收集、使用或披露的自然人或法人；

"数据处理者"是指对数据控制者或代表数据控制者发出的命令而进行个人数据收集、使用或披露的自然人或法人,而该自然人或法人不是数据控制者；

7. 南非《个人信息保护法》(英文文本经总统签署;2013 年 11 月 19 日批准)

第 1 条　定义

"责任主体"是指可以单独或与他人共同决定处理个人信息的目的和方式的公共与私人机构或其他人。

<h2 style="text-align:center">第三十四条(依法处理与不得超出
履行法定职责规则)</h2>

第三十四条　国家机关为履行法定职责处理个人信息,应当依照法律、行政法规规定的权限、程序进行,不得超出履行法定职责所必需的范围和限度。

【本条主旨】

本条是关于国家机关履行法定职责处理个人信息应当依照法律、行政法规规定的权限、程序进行,不得超出履行法定职责所必需的范围和限度的规定。

【核心概念】

国家机关履行法定职责

国家机关履行法定职责,是指各类国家机关的职责内容和权限由宪法和法律加以规定,履行职责的程序由宪法和法律加以规定。国家机关为了履行法定职责而处理个人信息,应当依照法律、行政法规规定的权限、程序进行。

与民事主体不同,国家机关履行法定职责,其职责的内容和权限以及履行程序均须有宪法、法律和行政法规上的依据。例如,落实到行政机关,则体现为依法行政。而民事主体遵循"法不禁止即合法",即只要不是法律禁止的即可实施法律行为。

【条文详解】

一、法治政府与依法行政的一般原理对国家机关履行法定职责处理个人信息的要求

2014 年 10 月 23 日,中国共产党第十八届中央委员会第四次全体会议通

过《中共中央关于全面推进依法治国若干重大问题的决定》，提出"加快建设职能科学、权责法定、执法严明、公开公正、廉洁高效、守法诚信的法治政府"①的战略目标。2020 年 10 月 29 日，中国共产党第十九届中央委员会第五次全体会议通过的《中共中央关于制定国民经济和社会发展第十四个五年规划和二〇三五年远景目标的建议》再次强调"建设职责明确、依法行政的政府治理体系。"②中共中央、国务院印发的《法治政府建设实施纲要（2021—2025 年）》指出："坚持法定职责必须为、法无授权不可为，着力实现政府职能深刻转变，把该管的事务管好、管到位，基本形成边界清晰、分工合理、权责一致、运行高效、法治保障的政府机构职能体系。"③根据法治政府与依法行政的一般原理，当法律、行政法规授予国家机关处理个人信息的法定职责时，国家机关应当切实履行此等职责，并且严格依照法律、行政法规的规定处理个人信息。

二、国家机关履行法定职责处理个人信息的具体要求

依照本条规定，国家机关履行法定职责处理个人信息应当满足三个方面的具体要求：其一，国家机关处理个人信息是为了履行法律、行政法规授予的法定职责。其二，国家机关履行法定职责处理个人信息应当符合法律、行政法规规定的权限范围。依照《个人信息保护法》第 6 条的规定，处理者处理个人信息应当遵循目的原则，采取对个人权益影响最小的方式，收集个人信息应当限于实现处理目的的最小范围，不得过度收集个人信息。此等规定同样适用于国家机关履行法定职责处理个人信息的情形。其三，国家机关履行法定职责处理个人信息的程序应当符合法律、行政法规的规定。例如，依照《婚姻登记条例》第 2 条和第 15 条的规定，婚姻登记机关负有办理婚姻登记的法定职责，其应当建立婚姻登记档案并长期保管。依照《婚姻登记档案管理办法》第 5 条的规定，《结婚登记审查处理表》等办理结婚登记形成的材料应当归档。基于此，婚姻登记机关及其婚姻登记员引导符合结婚条件的

① 《中共中央关于全面推进依法治国若干重大问题的决定》，人民出版社 2014 年版，第 15 页。
② 《中共中央关于制定国民经济和社会发展第十四个五年规划和二〇三五年远景目标的建议》，载《人民日报》2020 年 11 月 4 日。
③ 《中共中央　国务院印发〈法治政府建设实施纲要（2021—2025 年）〉》，载中国政府网，http://www.gov.cn/zhengce/2021-08/11/content_5630802.html，2021 年 9 月 23 日访问。

当事人填写《结婚登记审查处理表》并在结婚登记完成后将其归档,属于国家机关履行法定职责处理个人信息的行为。依照《婚姻登记工作规范》第38条的规定,《结婚登记审查处理表》中当事人应当填写的项目包括申请人姓名、出生日期、身份证件号、国籍、提供证件情况、审查意见、结婚登记日期、结婚证字号、结婚证印制号、承办机关名称等,此外还应当在"照片"处粘贴当事人提交的照片,并在骑缝处加盖钢印。如果婚姻登记机关及其婚姻登记员在办理结婚登记时超出该条规定的范围,要求当事人提供宗教信仰等其他无关个人信息,则此等行为属于超出法定权限范围处理个人信息的行为。依照《婚姻登记工作规范》第72条第3项的规定,婚姻登记机关及其婚姻登记员要求当事人提交《婚姻登记条例》和本规范规定以外的证件材料的,对直接负责的主管人员和其他直接责任人员依法给予行政处分。依照《婚姻登记工作规范》第37条的规定,婚姻登记员应当对当事人提交的证件、证明、声明进行审查,只有在当事人符合结婚条件的情况下,才可引导其填写《结婚登记审查处理表》。如果婚姻登记机关及其婚姻登记员在未审查前述材料的情况下即要求当事人填写《结婚登记审查处理表》并将其归档,则此等行为属于违反法定程序处理个人信息的行为。依照《婚姻登记工作规范》第72条第2项的规定,婚姻登记机关及其婚姻登记员违反程序规定办理婚姻登记的,同样应当对直接负责的主管人员和其他直接责任人员依法给予行政处分。

三、国家机关履行法定职责处理个人信息不需要取得个人同意

《个人信息保护法》第13条第2款规定:"依照本法其他有关规定,处理个人信息应当取得个人同意,但是有前款第二项至第七项规定情形的,不需取得个人同意。"依照《个人信息保护法》第13条第1款第3项的规定,处理个人信息为履行法定职责或者法定义务所必需的,个人信息处理者可以处理个人信息。因此,国家机关为履行法定职责,在履行法定职责所必需的范围和限度内处理个人信息,可以不基于个人同意。但是,本条不是对国家机关处理个人信息之合法性事由的排他性规定。国家机关在符合法治政府与依法行政的一般原理的前提下,同样可以基于个人同意等其他合法性事由处理个人信息。

【参考条文】

一、国内立法

1.《中华人民共和国民法典》

第一千零三十九条 国家机关、承担行政职能的法定机构及其工作人员对于履行职责过程中知悉的自然人的隐私和个人信息,应当予以保密,不得泄露或者向他人非法提供。

2.《中华人民共和国刑法》

第二百五十三条之一 【侵犯公民个人信息罪】违反国家有关规定,向他人出售或者提供公民个人信息,情节严重的,处三年以下有期徒刑或者拘役,并处或者单处罚金;情节特别严重的,处三年以上七年以下有期徒刑,并处罚金。

违反国家有关规定,将在履行职责或者提供服务过程中获得的公民个人信息,出售或者提供给他人的,依照前款的规定从重处罚。

窃取或者以其他方法非法获取公民个人信息的,依照第一款的规定处罚。

单位犯前三款罪的,对单位判处罚金,并对其直接负责的主管人员和其他直接责任人员,依照各该款的规定处罚。

3.《中华人民共和国数据安全法》

第三十八条 国家机关为履行法定职责的需要收集、使用数据,应当在其履行法定职责的范围内依照法律、行政法规规定的条件和程序进行;对在履行职责中知悉的个人隐私、个人信息、商业秘密、保密商务信息等数据应当依法予以保密,不得泄露或者非法向他人提供。

第九十一条 市网信部门以及其他数据监督管理部门及其工作人员,应当对在履行职责过程中知悉的个人数据、商业秘密和需要保守秘密的其他数据严格保密,不得泄露、出售或者非法向他人提供。

4.《中华人民共和国保守国家秘密法》

第三条 国家秘密受法律保护。

一切国家机关、武装力量、政党、社会团体、企业事业单位和公民都有保守国家秘密的义务。

任何危害国家秘密安全的行为,都必须受到法律追究。

第九条 下列涉及国家安全和利益的事项,泄露后可能损害国家在政治、经济、国防、外交等领域的安全和利益的,应当确定为国家秘密:

(一)国家事务重大决策中的秘密事项;

(二)国防建设和武装力量活动中的秘密事项;

(三)外交和外事活动中的秘密事项以及对外承担保密义务的秘密事项;

(四)国民经济和社会发展中的秘密事项;

(五)科学技术中的秘密事项;

(六)维护国家安全活动和追查刑事犯罪中的秘密事项;

(七)经国家保密行政管理部门确定的其他秘密事项。

政党的秘密事项中符合前款规定的,属于国家秘密。

第十六条 国家秘密的知悉范围,应当根据工作需要限定在最小范围。

国家秘密的知悉范围能够限定到具体人员的,限定到具体人员;不能限定到具体人员的,限定到机关、单位,由机关、单位限定到具体人员。

国家秘密的知悉范围以外的人员,因工作需要知悉国家秘密的,应当经过机关、单位负责人批准。

第二十四条 机关、单位应当加强对涉密信息系统的管理,任何组织和个人不得有下列行为:

(一)将涉密计算机、涉密存储设备接入互联网及其他公共信息网络;

(二)在未采取防护措施的情况下,在涉密信息系统与互联网及其他公共信息网络之间进行信息交换;

(三)使用非涉密计算机、非涉密存储设备存储、处理国家秘密信息;

(四)擅自卸载、修改涉密信息系统的安全技术程序、管理程序;

(五)将未经安全技术处理的退出使用的涉密计算机、涉密存储设备赠送、出售、丢弃或者改作其他用途。

第二十五条 机关、单位应当加强对国家秘密载体的管理,任何组织和个人不得有下列行为:

(一)非法获取、持有国家秘密载体;

(二)买卖、转送或者私自销毁国家秘密载体;

(三)通过普通邮政、快递等无保密措施的渠道传递国家秘密载体;

(四)邮寄、托运国家秘密载体出境;

(五)未经有关主管部门批准,携带、传递国家秘密载体出境。

第二十六条　禁止非法复制、记录、存储国家秘密。

禁止在互联网及其他公共信息网络或者未采取保密措施的有线和无线通信中传递国家秘密。

禁止在私人交往和通信中涉及国家秘密。

5.《中华人民共和国地方各级人民代表大会和地方各级人民政府组织法》

第五十五条第三款　地方各级人民政府必须依法行使行政职权。

6.《中华人民共和国网络安全法》

第四十五条　依法负有网络安全监督管理职责的部门及其工作人员，必须对在履行职责中知悉的个人信息、隐私和商业秘密严格保密，不得泄露、出售或者非法向他人提供。

7.《政府信息公开条例》

（2019年4月3日中华人民共和国国务院令第711号修订）

第十三条　除本条例第十四条、第十五条、第十六条规定的政府信息外，政府信息应当公开。

行政机关公开政府信息，采取主动公开和依申请公开的方式。

第十五条　涉及商业秘密、个人隐私等公开会对第三方合法权益造成损害的政府信息，行政机关不得公开。但是，第三方同意公开或者行政机关认为不公开会对公共利益造成重大影响的，予以公开。

第三十二条　依申请公开的政府信息公开会损害第三方合法权益的，行政机关应当书面征求第三方的意见。第三方应当自收到征求意见书之日起15个工作日内提出意见。第三方逾期未提出意见的，由行政机关依照本条例的规定决定是否公开。第三方不同意公开且有合理理由的，行政机关不予公开。行政机关认为不公开可能对公共利益造成重大影响的，可以决定予以公开，并将决定公开的政府信息内容和理由书面告知第三方。

第三十五条　申请人申请公开政府信息的数量、频次明显超过合理范围，行政机关可以要求申请人说明理由。行政机关认为申请理由不合理的，告知申请人不予处理；行政机关认为申请理由合理，但是无法在本条例第三十三条规定的期限内答复申请人的，可以确定延迟答复的合理期限并告知申请人。

第三十七条　申请公开的信息中含有不应当公开或者不属于政府信息的内容，但是能够作区分处理的，行政机关应当向申请人提供可以公开的政府信息内容，并对不予公开的内容说明理由。

8.《深圳经济特区数据条例》

(2021年6月29日深圳市第七届人民代表大会常务委员会第二次会议通过)

第三十七条　公共管理和服务机构收集数据应当符合下列要求：

(一)为依法履行公共管理职责或者提供公共服务所必需,且在其履行的公共管理职责或者提供的公共服务范围内;

(二)收集数据的种类和范围与其依法履行的公共管理职责或者提供的公共服务相适应;

(三)收集程序符合法律、法规相关规定。

公共管理和服务机构可以通过共享方式获得的数据,不得另行向自然人、法人和非法人组织收集。

第三十八条　公共管理和服务机构应当按照有关规定保存公共数据处理的过程记录。

第四十三条　公共管理和服务机构可以根据依法履行公共管理职责或者提供公共服务的需要提出公共数据共享申请,明确数据使用的依据、目的、范围、方式及相关需求,并按照本级政务服务数据管理部门和数据提供部门的要求,加强共享数据使用管理,不得超出使用范围或者用于其他目的。

公共数据提供部门应当在规定时间内,回应公共数据使用部门的共享需求,并提供必要的数据使用指导和技术支持。

第四十四条　公共管理和服务机构依法履行公共管理职责或者提供公共服务所需要的数据,无法通过公共数据共享平台共享获得的,可以由市人民政府统一对外采购,并按照有关规定纳入公共数据共享目录,具体工作由市政务服务数据管理部门统筹。

第四十八条　公共数据按照开放条件分为无条件开放、有条件开放和不予开放三类。

无条件开放的公共数据,是指应当无条件向自然人、法人和非法人组织开放的公共数据;有条件开放的公共数据,是指按照特定方式向自然人、法人和非法人组织平等开放的公共数据;不予开放的公共数据,是指涉及国家安全、商业秘密和个人隐私,或者法律、法规等规定不得开放的公共数据。

二、专家建议稿

1. 张新宝、葛鑫:《个人信息保护法(专家建议稿)》

第五十二条 个人信息处理的合法性依据

政务部门处理个人信息应当在法定职权范围内,具有特定目的,并符合下列情形之一:

(一)行使法定职权;

(二)经信息主体同意;

(三)为保护信息主体或第三人的重大人身、财产利益所必要,但依其情形,难以获得信息主体的同意;

(四)为了国家利益、社会公共利益的需要,依照法律规定权限和程序处理个人信息;

(五)法律、行政法规规定的其他情形。

三、比较法

1. 欧盟《通用数据保护条例》

第6条 处理的合法性

1. 只要以下中至少有一个适用,处理应为合法:

(a)数据主体同意为一个或多个特定目的处理其个人数据;

(b)处理对履行数据主体作为当事人的合同或为在订立合同前采取数据主体请求的步骤是必要的;

(c)处理对遵循控制方须遵守的法律义务是必要的;

(d)为保护数据主体或另一自然人的切身利益,处理是必要的;

(e)处理对履行为公共利益或行使赋予控制方的正式权力而开展的任务是必要的;

(f)处理对控制方或第三方追求合法权益的目的是必要的,除非该利益被要求保护个人数据的数据主体的自由和基本权利或利益否决,尤其是若该数据主体为儿童。

第1款的(f)不得适用于公共机构在履行其任务中实施的处理。

2. 俄罗斯《联邦个人数据法》

第6条个人数据处理条件

1. 应遵循现行联邦法律规定的原则和规则处理个人数据。下列情况允许处理个人数据：

（2）为达到由俄罗斯联邦国际条约或法律规定的目的，为实现并履行俄罗斯联邦法律委托给处理者的职责、权利和义务处理个人数据；

（4）联邦执法机构、国家非财政预算基金机构、俄罗斯联邦主体地区国家权利执法机构、为国家和市政提供服务的地方自治机构和功能组织为了行使权力而必须处理个人数据，为国家和市政提供的服务由 2010 年 7 月 27 日联法字第 210 号《提供国家和市政服务的组织法》规定，服务包括个人数据主体注册到统一的国家和市政服务门户网站及（或）国家和市政府服务地区门户网站；

3. 韩国《个人信息保护法》

第 15 条　个人信息的收集和使用

1. 数据控制者在下列情况下可以收集个人信息，并在收集目的的范围内使用：

（3）公共机构履行法律法规等规定的职责不可避免的；

4. 印度《个人数据保护法案》

第 12 条　在特定情况下无须同意处理个人数据的依据

尽管有第 11 条的规定，如果存在以下必要，可以处理个人数据：

（a）为履行任何法律授权的邦的以下职能：

（i）由邦向数据主体提供任何服务或利益；或者

（ii）由邦为数据主体的任何行动或行为颁发任何证明、授权或许可。

（b）依据议会或邦立法机关制定的任何现行有效的法律。

5. 南非《个人信息保护法》

第 11 条　同意、正当性和提出反对

（1）处理个人信息必须符合以下条件：

（e）处理是公共机构履行公法责任所必需的。

【参考案例】

2020 年 6 月 28 日，杭州市委出台《关于做强做优城市大脑打造全国新型智慧城市建设"重要窗口"的决定》，提出充分发挥"杭州健康码"在公共卫生体系中的重要作用，推动健康码与就医、养老、健身等功能相集成，与特定行业从业资质相整合,与重大赛事会展活动相关联,加快健康码使用从疫情防控向日常服务应用转变,使健康码在提升公共卫生现代化水平中发挥更重要作用。①

为履行疫情防控的法定职责,国家机关可以在法律、行政法规规定的权限范围内不基于个人同意而处理个人信息。《传染病防治法》第 12 条第 1 款规定:"在中华人民共和国领域内的一切单位和个人,必须接受疾病预防控制机构、医疗机构有关传染病的调查、检验、采集样本、隔离治疗等预防、控制措施,如实提供有关情况。"《突发公共卫生事件应急条例》第 21 条规定:"任何单位和个人对突发事件,不得隐瞒、缓报、谎报或者授意他人隐瞒、缓报、谎报。"依照前述规定,政府和相关机构有权要求个人申报与疫情有关的个人健康状况,个人也有义务如实提供相关信息。② 因此,政府和相关机构基于疫情防控目的推行健康码不需要取得个人同意。但是,如果政府希望推动健康码使用从疫情防控向日常服务应用转变,则推行转变后的健康码已经超出疫情防控工作的需要。根据比例原则,政府出于提升社会治理水平、为公众提供更为便利的公共服务等目的,不宜在未取得个人同意的情况下处理个人信息。因此,政府推行转变后的健康码不属于为履行法定职责处理个人信息的情形,应当以取得个人同意为前提。

第三十五条(履行法定职责处理个人
信息情形告知规则)

　　第三十五条　国家机关为履行法定职责处理个人信息,应当依照本法规定履行告知义务;有本法第十八条第一款规定的情形,或者告知将妨碍国家机关履行法定职责的除外。

【本条主旨】

本条是关于国家机关履行法定职责处理个人信息情形告知规则之适用的规定。

---

① 参见《中共杭州市委关于做强做优城市大脑打造全国新型智慧城市建设"重要窗口"的决定》,载杭州市人民政府门户网站,http://www.hangzhou.gov.cn/art/2020/7/13/art_1345197_50355573.html,2021 年 9 月 23 日访问。

② 参见宁园:《健康码运用中的个人信息保护规制》,载《法学评论》2020 年第 6 期,第 116 页。

【核心概念】

妨碍国家机关履行法定职责

国家机关履行法定职责是国家意志的体现,其目的在于维护社会公共秩序。《刑法》第 277 条规定了妨碍公务罪,其是指行为人以暴力、威胁方法阻碍国家机关工作人员依法执行职务,或者以暴力、威胁方法阻碍全国人大代表大会和地方各级人民代表大会代表依法执行代表职务,或者在自然灾害和突发事件中,以暴力、威胁方法阻碍红十字会工作人员依法履行职责,或者虽未使用暴力、威胁方法,但故意阻碍国家安全机关、公安机关依法执行国家安全工作任务,且造成严重后果的行为。此处的"妨碍国家机关履行法定职责"主要是指国家机关履行告知义务后可能导致其履职的不便等情况。

【条文详解】

一、国家机关履行法定职责处理个人信息原则上应当履行告知义务

依照《个人信息保护法》第 7 条的规定,处理者处理个人信息应当遵循公开透明原则,公开个人信息处理规则,明示处理的目的、方式和范围,而处理者履行告知义务是实现个人信息处理公开透明的主要途径。由于公开透明原则所具有的制度价值具有普遍适用性,处理者履行告知义务也不仅仅局限于其基于个人同意处理个人信息的情形。当国家机关履行法定职责处理个人信息时,其原则上也应当履行告知义务。因此本条规定,本法对处理者履行告知义务的规定(包括内容、方式等)适用于国家机关履行法定职责处理个人信息。《个人信息保护法》第 17 条、第 18 条第 2 款、第 22 条、第 23 条、第 30 条、第 39 条等条文都是对处理者履行告知义务的规定,此等规定原则上均适用于国家机关履行法定职责处理个人信息的情形。

此外,其他法律法规对于国家机关履行法定职责处理个人信息应当履行告知义务有规定的,应当一并适用。对于行政机关而言,其在行使行政权的过程中,应当将行政行为依法定程序告知行政相对人。在行政程序法中创设行政行为告知程序,既是对行政相对人的尊重,也是防止行政机关滥用行政职权的法律机制。① 例如,《政府信息公开条例》第 15 条规定:"涉及商业秘密、个

---

① 参见章剑生:《现代行政法基本理论》(第 2 版),法律出版社 2014 年版,第 655—656 页。

人隐私等公开会对第三方合法权益造成损害的政府信息,行政机关不得公开。但是,第三方同意公开或者行政机关认为不公开会对公共利益造成重大影响的,予以公开。"《政府信息公开条例》第 32 条同时规定了相应的告知程序:"依申请公开的政府信息公开会损害第三方合法权益的,行政机关应当书面征求第三方的意见。第三方应当自收到征求意见书之日起 15 个工作日内提出意见。第三方逾期未提出意见的,由行政机关依照本条例的规定决定是否公开。第三方不同意公开且有合理理由的,行政机关不予公开。行政机关认为不公开可能对公共利益造成重大影响的,可以决定予以公开,并将决定公开的政府信息内容和理由书面告知第三方。"

二、国家机关履行法定职责处理个人信息在例外情况下无需履行告知义务

依照本条规定,国家机关履行法定职责处理个人信息无需履行告知义务共有两种情形:其一,有本法第 18 条第 1 款规定的情形。《个人信息保护法》第 18 条第 1 款规定:"个人信息处理者处理个人信息,有法律、行政法规规定应当保密或者不需要告知的情形的,可以不向个人告知前条第一款规定的事项。"因此,《个人信息保护法》第 18 条第 1 款规定的情形是指法律、行政法规对处理者不需要履行告知义务作出特别规定的情形。其二,告知将妨碍国家机关履行法定职责。此项例外情形既要求国家机关处理个人信息的行为属于其履行法定职责的行为,也要求国家机关履行告知义务确实会妨碍其履行法定职责。国家机关的部分法定职责可能具有保密性质并且涉及国家利益、社会公共利益或者第三人的重大利益。为了保障此等利益的实现,国家机关可以优先确保其法定职责的顺利履行,例外地不履行告知义务。例如,刑事诉讼中的侦查程序具有较强的封闭性和秘密性,如果要求侦查机关在处理被追诉人的个人信息时向其履行告知义务,可能会妨碍侦查机关对刑事案件的侦查。因此,侦查机关向被追诉人履行告知义务可以适当延迟至侦查工作基本完成或侦查阶段结束后,从而保障刑事侦查这一具有最强烈封闭秘密特性阶段的工作顺利完成。[1]《刑事诉讼法》第 40 条规定:"辩护律师自人民检察院对案件审查起诉之日起,可以查阅、摘抄、复制本案的案卷材料。其他辩护人经人

---

[1]　参见郑曦:《刑事诉讼个人信息保护论纲》,载《当代法学》2021 年第 2 期,第 118 页。

民法院、人民检察院许可,也可以查阅、摘抄、复制上述材料。"依照该条规定,在刑事案件审查起诉前的侦查阶段,被追诉人及其辩护律师无法通过查阅案卷材料的方式获知侦查机关处理被追诉人个人信息的具体情况。

【参考条文】

一、国内立法

1.《中华人民共和国数据安全法》

第二十九条　开展数据处理活动应当加强风险监测,发现数据安全缺陷、漏洞等风险时,应当立即采取补救措施;发生数据安全事件时,应当立即采取处置措施,按照规定及时告知用户并向有关主管部门报告。

2.《政府信息公开条例》

(2019 年 4 月 3 日中华人民共和国国务院令第 711 号修订)

第三十六条　对政府信息公开申请,行政机关根据下列情况分别作出答复:

(一)所申请公开信息已经主动公开的,告知申请人获取该政府信息的方式、途径;

(二)所申请公开信息可以公开的,向申请人提供该政府信息,或者告知申请人获取该政府信息的方式、途径和时间;

(三)行政机关依据本条例的规定决定不予公开的,告知申请人不予公开并说明理由;

(四)经检索没有所申请公开信息的,告知申请人该政府信息不存在;

(五)所申请公开信息不属于本行政机关负责公开的,告知申请人并说明理由;能够确定负责公开该政府信息的行政机关的,告知申请人该行政机关的名称、联系方式;

(六)行政机关已就申请人提出的政府信息公开申请作出答复、申请人重复申请公开相同政府信息的,告知申请人不予重复处理;

(七)所申请公开信息属于工商、不动产登记资料等信息,有关法律、行政法规对信息的获取有特别规定的,告知申请人依照有关法律、行政法规的规定办理。

第四十一条　公民、法人或者其他组织有证据证明行政机关提供的与其自身相关的政府信息记录不准确的,可以要求行政机关更正。有权更正的行政机关审核属实的,应当予以更正并告知申请人;不属于本行政机关职能范围的,行政机关可以转送有权更正的行政机关处理并告知申请人,或者告知申请人向有权更正的行政机关提出。

3.《深圳经济特区数据条例》

(2021年6月29日深圳市第七届人民代表大会常务委员会第二次会议通过)

第十五条第二款　处理个人数据有法律、行政法规规定应当保密或者无需告知情形的,不适用本条例第十四条规定。

第八十六条　发生数据泄露、毁损、丢失、篡改等数据安全事件的,数据处理者应当立即启动应急预案,采取相应的应急处置措施,及时告知相关权利人,并按照有关规定向市网信、公安部门和有关行业主管部门报告。

二、专家建议稿

1. 张新宝、葛鑫:《个人信息保护法(专家建议稿)》
第五十三条　对信息主体的告知义务
政务部门收集个人信息,应当通过通知、公告等方式,以清晰、易懂的用语告知信息主体下列事项:

(一)政务部门的名称、联系方式、个人信息保护规则等基本信息;

(二)个人信息处理的基本事项,包括个人信息的性质、法律依据、处理目的、方式、范围和存储期限等;

(三)个人信息处理的特殊事项,包括可能进行的个人信息公开、共享、开放事项;

(四)信息主体是否负有提供个人信息的法定义务及依据;

(五)信息主体同意或拒绝个人信息的处理可能对其造成的影响;

(六)信息主体享有的同意、查询、更正、删除等各项权利及行使途径;

(七)收集个人敏感信息时,还应当特别提示信息主体所收集的为个人敏感信息;

(八)收集未成年人个人信息时,还应当告知其监护人;

(九)间接收集个人信息时,还应当向信息主体告知获取个人信息的来源。

从信息主体处直接收集其个人信息时,应当在收集个人信息前告知信息主体前款事项;间接收集信息主体个人信息时,应当在收集个人信息后不超过一个月的合理期限内告知信息主体前款事项;间接收集的个人信息用于联络信息主体时,应当在初次联络信息主体时告知其前款事项。

第五十四条 免于告知的情形

符合下列情形之一时,政务部门在必要限度内,可免为本法第五十三条第一款规定的告知义务:

(一)信息主体已知第五十三条第一款的规定的各项事项;

(二)间接收集个人信息时,向信息主体告知第五十三条第一款规定的各项事项,代价极高;

(三)间接收集个人信息时,所收集的为信息主体自行公开或其他合法公开的个人信息;

(四)向信息主体告知第五十三条第一款规定的各项事项,有可能对政务部门行使法定职权造成严重不利影响;

(五)向信息主体告知第五十三条第一款规定的各项事项,有可能严重损害国家利益、社会公共利益;

(六)法律、行政法规规定的其他情形。

三、比较法

1. 欧盟《通用数据保护条例》

(2016 年 4 月 27 日 欧洲议会及欧盟理事会 2016/679 号法规)

"序言"部分第 61 条

就处理与数据主体有关的个人数据而言,应于自数据主体收集个人数据时向其告知有关数据处理的信息;若个人数据来自于其他渠道,则应在合理期限内向数据主体告知有关数据处理的信息,合理期限的长短视具体情况而定。凡个人数据可合法披露给其他接收方的,应在做首次披露时通知数据主体。若控制者拟就有别于收集目的的其他目的处理个人数据,控制者应在做进一步处理之前向数据主体提供涉及其他目的的信息以及其他必要的信息。由于个人数据收集自各种渠道,致使无法向数据主体提供具体来源的,应提供一般信息。

"序言"部分第 62 条

数据主体已掌握相关信息的、法律在个人数据的记录或披露方面有明确规定的、或者向数据主体提供信息被证明是不可能的或所需工作量是不相称的,则没有必要迫使控制者履行提供信息的义务。若处理个人数据的目的是为维护公共利益而留档,或出于科学或历史研究、统计的目的,便属于后一种情况。在这一方面,应考虑到数据主体的数量、数据的保存期限、以及所采用的适当保障措施。

2. 俄罗斯《联邦个人数据法》

(2006 年 7 月 8 日 国家杜马通过 2006 年 7 月 14 日 联邦委员会赞成)

第 18 条 在收集个人数据时处理者的义务

1. 处理者有义务在收集个人数据时根据个人数据主体的请求向其提供本联邦法律第十四条第 7 款规定的信息。

3. 如果个人数据不是从个人数据主体处获得,除本条第四款规定的情况外,处理者在开始处理此类个人数据前有义务向个人数据主体提供以下信息:

(1)处理者或其代表的名称或姓、名、父称和住址;

(2)处理个人数据的目的和法律依据;

(3)拟定的个人数据使用人;

(4)本联邦法律确定的个人数据主体的权利;

(5)个人数据获取来源。

4. 处理者在以下情况下没有义务向个人数据主体提供本条第三部分规定的信息:

(1)处理者已经告知个人数据主体有关处理其个人数据的事宜;

(2)处理者根据法律或因履行个人数据主体作为受益人或委托人的合同获得个人数据;

(3)个人数据被个人数据主体公开或由公共渠道获得;

(4)处理者处理个人数据是为了实现统计或其他研究目的、为了完成记者的职业工作或科学、文学或其他创造性工作,且不侵犯个人数据主体权利和合法利益;

(5)向个人数据主体提供本条第三款规定的信息违反第三方的权利和合法利益。

3. 韩国《个人信息保护法》

［行政安全部（个人信息保护政策）02-2100-4105；2017 年 7 月 26 日生效］

第 18 条　限制在处理目的外使用和提供个人信息

4. 公共机构使用个人数据，或依第 2 款第 2 项至第 6 项、第 8 项及第 9 项将个人数据超出使用目的提供给第三方时，应将使用或提供该等个人数据的法律依据、目的、范围以及其他必要事项，依内政部及安全事务监督条例，刊登于政府公报或其官方网站上。

4. 印度《个人数据保护法案》

（由下议院人民院引入，2019 年第 373 号法案）

第 7 条　收集或处理个人数据的通知要求

（3）如果该通知会实质损害第 12 条规定的处理个人数据的目的，则第（1）款的规定不适用。

5. 南非《个人信息保护法》

（英文文本经总统签署；2013 年 11 月 19 日批准）

第 18 条　个人信息收集时告知数据主体

（4）以下情形，责任方无须遵守第（1）款的规定：

（a）数据主体同意可以不遵守规定，数据主体为儿童的，需要取得监护人的同意。

（b）不遵守规定不会损害数据主体在本法的合法利益。

（c）不遵守是必要的：

（i）为避免损害公共机构对法律秩序的维护，包括预防、侦查、调查、检控及惩罚犯罪；

（ii）遵守法律规定的义务或执行《1997 年南非税收服务法》（1997 年第 34 号法令）第 1 节关于征收税款的规定；

（iii）在法院或审判庭进行法律程序的需要；或

（iv）为了国家安全。

（d）遵守规定会损害收集的合法目的。

（e）在特定情况下，遵守规定并不合理。或者

（f）该信息将：

（i）不得以可识别数据主体的方式使用；或者

(ii)用于历史、统计或研究目的。

第 38 条 职能的豁免

(1)以履行相关职能为目的的个人信息处理,如果适用处理个人信息的规定将会影响职能的正当履行,则免受第 11 条第 3 款及第 4 款、第 12 条、第 15 条及第 18 条规定的约束。

(2)就第 1 款而言,"相关职能"是指以下的职能:

(a)公共机构的职能;或

(b)根据法律授权,防止公共机构的成员在履行职能中免遭:

(i)在银行、保险、投资等金融服务活动中或在法人机构的管理过程中,因行为人没有诚信、渎职或其他严重不正当行为,或不适当、不称职而造成的经济损失;

(ii)没有诚信、渎职及其他严重不正当行为,或不适当、不称职的被授权人从事专业或其他活动。

第三十六条(境内存储与向境外提供进行安全评估规则)

第三十六条 国家机关处理的个人信息应当在中华人民共和国境内存储;确需向境外提供的,应当进行安全评估。安全评估可以要求有关部门提供支持与协助。

【本条主旨】

本条是关于国家机关处理个人信息境内存储与境外提供安全评估的规定。

【核心概念】

个人信息的境内存储

个人信息的境内存储是指处理者依照某国法律法规的规定,使用该国境内的服务器或其他介质来存储个人信息。个人信息的境内存储是国家数据主权的体现,也是国家对个人信息的跨境流动进行管控的限制性措施。

个人信息的境外提供

个人信息的境外提供是指处理者将其存储于某国境内的个人信息传输至其他国家或国际组织等境外主体。个人信息的境外提供属于数据跨境流动的一部分,但其同时也具有一定的特殊性。欧盟《通用数据保护条例》第 5 章所调整的是个人数据的跨境流动,而非个人数据的跨境流动则由欧盟《非个人数据自由流动条例》予以规范。对于个人信息的境外提供,国家互联网信息办公室会同有关部门起草了《个人信息出境安全评估办法(征求意见稿)》,并于 2019 年 6 月 13 日向社会公开征求意见。①

安全评估

个人信息境外提供的安全评估是指检验个人信息境外提供的合法合规程度,判断其对国家利益、社会公共利益以及个人利益造成损害的各种风险,以及评估处理者用于保护前述利益的各项措施之有效性的过程。依照《个人信息保护法》第 40 条的规定,关键信息基础设施运营者和处理个人信息达到国家网信部门规定数量的个人信息处理者向境外提供个人信息的,也应当通过国家网信部门组织的安全评估;法律、行政法规和国家网信部门规定可以不进行安全评估的,从其规定。

【条文详解】

一、国家机关处理的个人信息应当在中华人民共和国境内存储

国家机关将其处理的个人信息存储于我国境内是数据主权原则的要求。数据主权是指一国独立自主地对本国数据进行占有、管理、控制、利用和保护的权力,其对内体现为一国对其政权管辖地域内任何数据的生成、传播、处理、分析、利用和交易等拥有最高权力;对外表现为一国有权决定以何种程序、何种方式参加到国际数据活动中,并有权采取必要措施保护数据权益免受其他国家侵害。② 就个人信息而言,虽然个人对其个人信息享有一定程度的支配力,可以使个人信息在一定范围内根据其意愿自由流动(例如《个人信息保护法》第 45 条第 3 款规定个人在个人信息处理活动中享有转移其个人信息的权利),但特殊个人信息及其组合的跨境流动可能涉及国家利益、社会公共利益

---

① 参见《国家互联网信息办公室关于〈个人信息出境安全评估办法(征求意见稿)〉公开征求意见的通知》,载北大法宝网,https://www.pkulaw.com/protocol/1130add1b4817d60a9e-779d10b2448dcbdfb.html,2021 年 9 月 24 日访问。

② 参见齐爱民、盘佳:《数据权、数据主权的确立与大数据保护的基本原则》,载《苏州大学学报(哲学社会科学版)》2015 年第 1 期,第 67 页。

与个人重大利益的保护,因此应当受到国家的监管。① 国家对个人信息的跨境流动进行监管的首要措施即是要求处理者将其处理的个人信息存储于本国境内,从而使得此等个人信息处于该国的实际控制范围内。与一般个人信息处理者相比,国家机关处理个人信息更有可能关涉国家利益、社会公共利益与个人重大利益,因此本条要求国家机关应当将其处理的个人信息存储于我国境内,以实现对前述重大利益的保护。

二、国家机关向境外提供其处理的个人信息应当进行安全评估

基于数据主权原则,除境内存储之外,国家还可以对个人信息的跨境流动采取其他限制性措施。对于一般个人信息处理者而言,依照《个人信息保护法》第 38 条的规定,一般个人信息处理者向境外提供个人信息应当具备该条第 1 款规定的四项条件之一,其中就包括通过国家网信部门组织的安全评估。依照《个人信息保护法》第 40 条的规定,关键信息基础设施运营者和处理个人信息达到国家网信部门规定数量的个人信息处理者向境外提供个人信息的,应当通过国家网信部门组织的安全评估,但法律、行政法规和国家网信部门规定可以不进行安全评估的,从其规定。与前述处理者相比,本条对国家机关向境外提供个人信息规定了最为严格的要件:国家机关应当进行安全评估且未设置但书。这既是保护国家安全、公共安全以及个人安全的需要,也是根据依法行政原则对国家机关处理个人信息是否符合法律法规规定的全面检验。《个人信息出境安全评估办法(征求意见稿)》第 2 条第 1 款规定:“网络运营者向境外提供在中华人民共和国境内运营中收集的个人信息(以下称个人信息出境),应当按照本办法进行安全评估。经安全评估认定个人信息出境可能影响国家安全、损害公共利益,或者难以有效保障个人信息安全的,不得出境。”其第 6 条规定:“个人信息出境安全评估重点评估以下内容:(一)是否符合国家有关法律法规和政策规定。(二)合同条款是否能够充分保障个人信息主体合法权益。(三)合同能否得到有效执行。(四)网络运营者或接收者是否有损害个人信息主体合法权益的历史、是否发生过重大网络安全事件。(五)网络运营者获得个人信息是否合法、正当。(六)其他应当评估的内容。”

---

① 参见吴玄:《数据主权视野下个人信息跨境规则的建构》,载《清华法学》2021 年第 3 期,第 84—86 页。

三、安全评估可以要求有关部门提供支持与协助

依照《个人信息保护法》第 38 条和第 40 条的规定，一般个人信息处理者向境外提供个人信息的安全评估由国家网信部门组织。本条对国家机关向境外提供个人信息的安全评估未做进一步规定。考虑到国家机关处理个人信息的特殊性，对国家机关向境外提供个人信息进行安全评估可以要求有关部门提供支持与协助。此等支持与协助主要指国家网信部门以及国家安全部门的支持与协助，必要时可以要求商务管理部门、市场监管部门以及工信部门等部门提供支持与协助。依照本条以及本法第 60 条和第 61 条等条文的规定，国家网信部门作为履行个人信息保护职责的主要部门，应当建立起对国家机关向境外提供个人信息进行安全评估的相应协调机制。

【参考条文】

一、国内立法

1.《中华人民共和国网络安全法》

第三十七条　关键信息基础设施的运营者在中华人民共和国境内运营中收集和产生的个人信息和重要数据应当在境内存储。因业务需要，确需向境外提供的，应当按照国家网信部门会同国务院有关部门制定的办法进行安全评估；法律、行政法规另有规定的，依照其规定。

2.《中华人民共和国数据安全法》

第三十一条　关键信息基础设施的运营者在中华人民共和国境内运营中收集和产生的重要数据的出境安全管理，适用《中华人民共和国网络安全法》的规定；其他数据处理者在中华人民共和国境内运营中收集和产生的重要数据的出境安全管理办法，由国家网信部门会同国务院有关部门制定。

第三十六条　中华人民共和国主管机关根据有关法律和中华人民共和国缔结或者参加的国际条约、协定，或者按照平等互惠原则，处理外国司法或者执法机构关于提供数据的请求。非经中华人民共和国主管机关批准，境内的组织、个人不得向外国司法或者执法机构提供存储于中华人民共和国境内的数据。

3.《深圳经济特区数据条例》

（2021 年 6 月 29 日深圳市第七届人民代表大会常务委员会第二次会议

通过)

第八十二条 数据处理者向境外提供个人数据或者国家规定的重要数据,应当按照有关规定申请数据出境安全评估,进行国家安全审查。

4.《网络安全审查办法》

(国家互联网信息办公室、中华人民共和国国家发展和改革委员会、中华人民共和国工业和信息化部、中华人民共和国公安部、中华人民共和国国家安全部、中华人民共和国财政部、中华人民共和国商务部、中国人民银行、国家市场监督管理总局、国家广播电视总局、国家保密局、国家密码管理局令第6号)

第二条 关键信息基础设施运营者(以下简称运营者)采购网络产品和服务,影响或可能影响国家安全的,应当按照本办法进行网络安全审查。

二、比较法

1. 欧盟《通用数据保护条例》

(2016年4月27日 欧洲议会及欧盟理事会2016/679号法规)

第49条 特定情况的克减

1. 若无第45条第3款中的充分性决定,或第46条中的相应保障措施,包括约束性企业规则,个人数据向第三国或国际组织的一次转移或一组转移仅可在满足以下条件之一时进行:

(d)由于重要的公共利益原因而必须转移;

(e)为了法律索赔的立案、调查或辩护而必须转移;

(f)数据主体由于身体或法律原因而无法给出同意,为了保护数据主体或其他人的切身利益,必须进行转移;

(g)转移通过登记执行,根据欧盟或成员国法律,登记用于向公众提供信息,公众或任何证明存在合法权益的人可以公开咨询,但仅限欧盟或成员法律中载明的程度,以便满足特定案例的咨询要求。

3. 第1款第1小段(a)项、(b)项、(c)项和第2小段不适用于政府当局行使公共权力时开展的活动。

2. 印度《个人数据保护法案》

(由下议院人民院引入,2019年第373号法案)

第 33 条　禁止在印度境外处理个人敏感数据和关键个人数据

（1）在符合第 34 条第 1 款条件的前提下，个人敏感数据可传输到印度境外，但此类个人敏感数据应继续存储在印度。

（2）关键个人数据仅可在印度进行数据处理。

解释——就第 2 款而言，"关键个人数据"一词是指中央政府可能通知为关键个人数据的个人数据。

第 34 条　传输个人敏感数据和关键个人数据的条件

（2）无论第 33 条第 2 款有任何规定，关键个人数据都只能在以下情况下向印度境外传输：

（a）数据传输到从事提供医疗服务或急救服务的个人或实体，同时传输是根据第 12 条规定的迅速采取行动且必须进行的；或

（b）数据传输到根据第 1 款第 b 项中央政府允许进行数据传输的某个国家，或某个国家的实体或一类实体，或某个国际组织，且数据传输不会损害国家的安全和战略利益。

（3）根据第 2 款第 a 项进行的任何传输，均应在法规规定的期限内通知保护局。

第三十七条（法律、法规授权的具有管理公共事务职能的组织准用规则）

第三十七条　法律、法规授权的具有管理公共事务职能的组织为履行法定职责处理个人信息，适用本法关于国家机关处理个人信息的规定。

【本条主旨】

本条是关于法律、法规授权的具有管理公共事务职能的组织为履行法定职责处理个人信息，适用本法关于国家机关处理个人信息的规定。

【核心概念】

法律、法规授权的具有管理公共事务职能的组织

法律、法规授权的具有管理公共事务职能的组织，是指某些特定的组织尽管不是国家机关，但是依据法律、法规的授权具有管理公共事务的职能的事业

单位、人民团体等。例如,中国证券监督管理委员会①及其分支机构、中国银行保险监督管理委员会②及其分支机构虽然不是国家行政机关的组成部分,但是依据法律和法规的授权监管金融市场,属于"法律、法规授权的具有管理公共事务职能的组织"。又如,中国法学会③是中国共产党领导的人民团体,是法学界、法律界的全国性群众团体、学术团体和政法战线的重要组成部分,不属于国家机关,但是依据国家有关规定其对全国法学研究机构行使统一管理职能,故而也属于"法律、法规授权的具有管理公共事务职能的组织"。

【条文详解】

法律、法规授权的具有管理公共事务职能的组织虽然不属于行政机关,但是此等组织在行使法律、法规所授予的行政职权时是行政主体,具有与行政机关基本相同的法律地位。《行政许可法》第 23 条规定:"法律、法规授权的具有管理公共事务职能的组织,在法定授权范围内,以自己的名义实施行政许

---

① 《证券法》第 7 条规定:"国务院证券监督管理机构依法对全国证券市场实行集中统一监督管理。国务院证券监督管理机构根据需要可以设立派出机构,按照授权履行监督管理职责。"中国证监会为国务院直属正部级事业单位,依照法律、法规和国务院授权,统一监督管理全国证券期货市场,维护证券期货市场秩序,保障其合法运行。中国证券监督管理委员会网站,http://www.csrc.gov.cn/pub/newsite/zjhjs/zjhjj/,2021 年 9 月 24 日访问。

② 《第十三届全国人民代表大会第一次会议关于国务院机构改革方案的决定》提出:"组建中国银行保险监督管理委员会。将中国银行业监督管理委员会和中国保险监督管理委员会的职责整合,组建中国银行保险监督管理委员会,作为国务院直属事业单位。将中国银行业监督管理委员会和中国保险监督管理委员会拟订银行业、保险业重要法律法规草案和审慎监管基本制度的职责划入中国人民银行。不再保留中国银行业监督管理委员会、中国保险监督管理委员会。"《中国银行保险监督管理委员会职能配置、内设机构和人员编制规定》第 2 条规定:"中国银行保险监督管理委员会是国务院直属事业单位,为正部级。"其第 3 条规定:"中国银行保险监督管理委员会贯彻落实党中央关于银行业和保险业监管工作的方针政策和决策部署,在履行职责过程中坚持和加强党对银行业和保险业监管工作的集中统一领导。"

③ 《民政部关于国务院授权中国法学会作为社会团体业务主管单位的通知》规定:"依据《社会团体登记管理条例》,国务院已授权中国法学会作为社会团体业务主管单位。请司法部与中国法学会加强合作,按照各自职责分工,协商处理好有关社团的移交事宜。中国法学会已组建并开展活动的研究会应当依法到民政部注册登记。中国法学会承担社团业务主管单位职责后,应当明确专门机构和人员,切实加强对社会团体的监督管理工作。"《中国法学会章程》第 4 条规定:"法学会按照自身特点,依照法律、法规和本章程独立自主地开展活动。"中国法学会网站,https://www.chinalaw.org.cn/portal/page/index/id/19661.html,2021 年 9 月 24 日访问。

可。被授权的组织适用本法有关行政机关的规定。"《行政强制法》第 70 条规定:"法律、行政法规授权的具有管理公共事务职能的组织在法定授权范围内,以自己的名义实施行政强制,适用本法有关行政机关的规定。"法律、法规授权的具有管理公共事务职能的组织依照法律、法规的规定行使行政职权时,其代表国家实施行政管理活动,享受行政优益条件,与相对人形成的是行政法律关系,相对人则有服从和协助其实施行政管理的义务。① 基于此,本条规定,法律、法规授权的具有管理公共事务职能的组织履行法定职责处理个人信息的,应当适用本法关于国家机关处理个人信息的规定。但是,法律、法规授权的具有管理公共事务职能的组织如果在非行使行政职权的场合处理个人信息,由于其不具有行政主体地位,不应适用本法关于国家机关处理个人信息的规定,而应当适用本法关于一般个人信息处理者处理个人信息的规定。

　　本条所规定的法规除行政法规之外,还包括部门规章以及地方性法规。《行政诉讼法》第 2 条规定:"公民、法人或者其他组织认为行政机关和行政机关工作人员的行政行为侵犯其合法权益,有权依照本法向人民法院提起诉讼。前款所称行政行为,包括法律、法规、规章授权的组织作出的行政行为。"《上海市轨道交通管理条例》第 4 条第 2 款规定:"市人民政府确定的轨道交通企业具体负责本市轨道交通的建设和运营,并按照本条例的授权实施行政处罚。轨道交通企业执法人员应当取得执法身份证件,规范执法、文明执法。"其第32 条第 2 款规定:"轨道交通企业应当按照有关标准和操作规范,设置安全检查设施,并有权对乘客携带的物品进行安全检查,乘客应当予以配合。对安全检查中发现的携带危险物品的人员,轨道交通企业应当拒绝其进站、乘车;不听劝阻,坚持携带危险物品进站的,轨道交通企业应当立即按照规定采取安全措施,并及时报告公安部门依法处理。"

【参考条文】

一、国内立法

1.《中华人民共和国工会法》

第五条　工会组织和教育职工依照宪法和法律的规定行使民主权利,发挥国家主人翁的作用,通过各种途径和形式,参与管理国家事务、管理经济和

---

① 参见胡建森:《行政法学》(第 4 版),法律出版社 2015 年版,第 71 页。

文化事业、管理社会事务;协助人民政府开展工作,维护工人阶级领导的、以工农联盟为基础的人民民主专政的社会主义国家政权。

第六条　维护职工合法权益是工会的基本职责。工会在维护全国人民总体利益的同时,代表和维护职工的合法权益。

工会通过平等协商和集体合同制度,协调劳动关系,维护企业职工劳动权益。

工会依照法律规定通过职工代表大会或者其他形式,组织职工参与本单位的民主决策、民主管理和民主监督。

工会必须密切联系职工,听取和反映职工的意见和要求,关心职工的生活,帮助职工解决困难,全心全意为职工服务。

2.《律师法》

第四十六条　律师协会应当履行下列职责:

(一)保障律师依法执业,维护律师的合法权益;

(二)总结、交流律师工作经验;

(三)制定行业规范和惩戒规则;

(四)组织律师业务培训和职业道德、执业纪律教育,对律师的执业活动进行考核;

(五)组织管理申请律师执业人员的实习活动,对实习人员进行考核;

(六)对律师、律师事务所实施奖励和惩戒;

(七)受理对律师的投诉或者举报,调解律师执业活动中发生的纠纷,受理律师的申诉;

(八)法律、行政法规、规章以及律师协会章程规定的其他职责。

律师协会制定的行业规范和惩戒规则,不得与有关法律、行政法规、规章相抵触。

3.《中华人民共和国妇女权益保障法》

第七条第一款　中华全国妇女联合会和地方各级妇女联合会依照法律和中华全国妇女联合会章程,代表和维护各族各界妇女的利益,做好维护妇女权益的工作。

4.《中华人民共和国村民委员会组织法》

第二条　村民委员会是村民自我管理、自我教育、自我服务的基层群众性自治组织,实行民主选举、民主决策、民主管理、民主监督。

村民委员会办理本村的公共事务和公益事业,调解民间纠纷,协助维护社会治安,向人民政府反映村民的意见、要求和提出建议。

村民委员会向村民会议、村民代表会议负责并报告工作。

第十条　村民委员会及其成员应当遵守宪法、法律、法规和国家的政策,遵守并组织实施村民自治章程、村规民约,执行村民会议、村民代表会议的决定、决议,办事公道,廉洁奉公,热心为村民服务,接受村民监督。

5.《中华人民共和国城市居民委员会组织法》

第二条　居民委员会是居民自我管理、自我教育、自我服务的基层群众性自治组织。

不设区的市、市辖区的人民政府或者它的派出机关对居民委员会的工作给予指导、支持和帮助。居民委员会协助不设区的市、市辖区的人民政府或者它的派出机关开展工作。

第十二条　居民委员会成员应当遵守宪法、法律、法规和国家的政策,办事公道,热心为居民服务。

6.《中华人民共和国高等教育法》

第四十一条　高等学校的校长全面负责本学校的教学、科学研究和其他行政管理工作,行使下列职权:

(一)拟订发展规划,制定具体规章制度和年度工作计划并组织实施;

(二)组织教学活动、科学研究和思想品德教育;

(三)拟订内部组织机构的设置方案,推荐副校长人选,任免内部组织机构的负责人;

(四)聘任与解聘教师以及内部其他工作人员,对学生进行学籍管理并实施奖励或者处分;

(五)拟订和执行年度经费预算方案,保护和管理校产,维护学校的合法权益;

(六)章程规定的其他职权。

高等学校的校长主持校长办公会议或者校务会议,处理前款规定的有关事项。

二、专家建议稿

1. 张新宝、葛鑫:《个人信息保护法(专家建议稿)》

第九十三条　术语定义

（四）政务部门,指政府部门及法律法规授权具有行政职能的事业单位和社会组织。

三、比较法

1. 欧盟《通用数据保护条例》

（2016 年 4 月 27 日 欧洲议会及欧盟理事会 2016/679 号法规）

第 4 条 定义

为实施本条例:

（7）"控制方"是指自然人或法人、公共机构,政府机构或其他团体,它单独或与他人共同决定个人数据处理的目的和方式;若该处理的目的和手段由欧盟或成员国法律规定,控制方或其提名的具体标准可由欧盟或成员国法律规定;

（8）"处理方"是指代表控制方处理个人数据自然人或法人、公共机构、政府机构或其他团体;

（9）"接收方"是指作为个人数据披露对象的自然人或法人、公共机构、政府机构或其他团体,无论是否是第三方。然而,在根据欧盟或成员国法律的特别调查框架下可能获得个人数据的公共机构不得视为接收方;这些公共机构对这些数据的处理应符合与处理目的相一致的适用的数据保护准则;

（10）"第三方"是指除数据主体、控制方、处理方以及直属控制方或处理方被授权处理个人数据者之外的自然人或法人,公共机构,政府机构或组织人。

2. 韩国《个人信息保护法》

［行政安全部（个人信息保护政策）02-2100-4105;2017 年 7 月 26 日生效］

第 2 条 定义

6. "公共机构"是指下列机构:

（1）国民议会、法院、宪法法院和全国选举委员会的行政机构;中央行政机关（包括总统府、总理办公厅所属机关）及其所属单位;地方政府。

（2）总统令规定的其他国家机构和公共实体。

3. 南非《个人信息保护法》

（英文文本经总统签署;2013 年 11 月 19 日批准）

第 1 条　定义

"公共机构"是指：

(a)位于国家或省级政府范围内的国家部门或行政部门,或者位于地方政府范围内的市政当局。或

(b)其他职能人员或机构,包括：

(i)依照宪法或法律行使权力或履行义务;或

(ii)根据法律行使公共权力或履行公共职能。

第三章　个人信息跨境提供的规则

本法第三章个人信息跨境提供的规则从第 38 条到第 43 条共计 6 个条文,未分节。本章详细规定了向境外提供个人信息需要满足的条件(第 38 条)、向境外提供个人信息情形的告知和单独同意(第 39 条)、本地化要求(第 40 条)、国家司法协助或者行政执法协助下向境外提供个人信息的规则(第 41 条)、对境外限制或者禁止个人信息提供的清单以及对等措施规定(第 42 条)。

本章从法律层面明确了个人信息跨境提供的基本规则,回应了自《中华人民共和国网络安全法》第 37 条对关键信息基础设施运营者的数据本地化义务和跨境传输义务进行规定后,业务实践中就除关键信息基础设施运营者之外的个人信息跨境提供具体规则的广泛疑问,对个人信息跨境提供制度的落地起到极大的促进作用。

其中第 38 条所规定的向境外提供个人信息需要满足的条件,相较于《个人信息出境安全评估办法(征求意见稿)》,丰富了个人信息跨境提供的合法场景,便利企业的合规遵循。第 39 条提出了告知加单独同意的要求,取代了之前相关跨境传输规制规章草案中的同意和针对个人敏感信息的明示同意。第 40 条指出关键信息基础设施运营者和处理个人信息达到国家网信部门规定数量的个人信息处理者,原则上应当将在中华人民共和国境内收集和产生的个人信息存储在境内,如此,一方面延续了《网络安全法》第 37 条项下保护国家安全和公共利益的基本导向,另一方面也赋予了行政机构和其他法律、法规针对敏感性不高的个人信息允许便利跨境提供的裁量空间。第 41 条针对因国际司法协助或行政执法协助的跨境个人信息提供,将《草案》一审稿申请批准的规定,修改为严格限制未经境内监管机构批准向境外监管机构提供境内存储个人信息的行为。第 42 条和第 43 条分别针对境外组织及个人的违法、危害国家安全、公共利益的行为,以及其他国家、地区的歧视性禁止、限制行为提出了明确的惩罚和反制措施。

本章的规定与总则第 12 条的规定相互呼应,第 12 条规定国家积极参与个人信息保护国际规则的制定,促进个人信息保护方面的国际交流与合作,推动与其他国家、地区、国际组织之间的个人信息保护规则、标准等的互认。总体体现出《个人信息保护法》保障个人信息跨境安全流动的法律价值取向。

第三十八条(向境外提供个人信息需要满足的条件)

第三十八条　个人信息处理者因业务等需要,确需向中华人民共和国境外提供个人信息的,应当具备下列条件之一:

(一)依照本法第四十条的规定通过国家网信部门组织的安全评估;

(二)按照国家网信部门的规定经专业机构进行个人信息保护认证;

(三)按照国家网信部门制定的标准合同与境外接收方订立合同,约定双方的权利和义务;

(四)法律、行政法规或者国家网信部门规定的其他条件。

中华人民共和国缔结或者参加的国际条约、协定对向中华人民共和国境外提供个人信息的条件等有规定的,可以按照其规定执行。

个人信息处理者应当采取必要措施,保障境外接收方处理个人信息的活动达到本法规定的个人信息保护标准。

【本条主旨】

本条是关于向境外提供个人信息需要满足的条件的规定。本条有三款,第 1 款规定了个人信息处理者向境外提供个人信息所需满足的条件;第 2 款规定了可以按照国际条约协定等相关规定处理;第 3 款规定了"同等保护"原则。

【核心概念】

向中华人民共和国境外提供个人信息("数据出境")

网络运营者通过网络等方式,将其在中华人民共和国境内运营中收集和产生的个人信息,通过直接提供或开展业务、提供服务、产品等方式提供给境外的机构、组织或个人的一次性活动或连续性活动。[1]

安全评估

《网络安全法》第 37 条专门规定了个人信息和重要数据的出境安全评估制度。安全评估包括:网络运营者开展的个人信息和重要数据出境安全自评估,以及国家网信部门、行业主管部门组织开展的个人信息和重要数据出境安全评估。数据出境安全评估首先评估数据出境目的;数据出境目的不具有合法性、正当性和必要性,不得出境。在此基础上评估数据出境安全风险,将数据出境及再转移后被泄露、损毁、篡改、滥用等风险有效地降至最低限度。[2]

个人信息保护认证

"认证"在我国国家标准框架下具备如下定义:第三方对产品/服务、过程或质量管理体系符合规定要求作出书面保证的程序。[3]

本条所规定的个人信息保护认证为根据国家网信部门的另行规定经专业机构进行的个人信息保护认证,从而为个人信息向境外提供提供适当的保障措施,保障个人信息主体权利。

标准合同

起源于欧盟个人数据保护的制度框架,是通过国家网信部门制定,作为计划提供个人信息至境外的个人信息处理者对于境外接收方进行约束的合同依据,以提供适当的保障措施,为个人信息主体提供可执行的权利与有效的法律救济措施。

【条文详解】

本条规定为了保障个人信息流出国内依然能够享有不低于国内法的保护水平,保障个人信息主体权益,防范数据出境风险,个人处理者向境外提供个人信息的四种合法条件:国家网信部门组织的安全评估、经专业机构进行个人信息保护认证、与境外接收方订立国家网信部门制定的标准合同及法律,以及行政法规或者国家网信部门规定的其他条件。较之此前的《个人信息出境安

---

[1]　参见《信息安全技术　数据出境安全评估指南》(征求意见稿)。

[2]　参见《信息安全技术　数据出境安全评估指南》(征求意见稿)。

[3]　参见 GB/T 27000—2006《合格评定　词汇和通用原则》(ISO/IEC 17000:2004, IDT) "Conformity assessment-Vocabulary and general principles"。

全评估办法(征求意见稿)》("《安全评估办法》"),首先在主体范围上,将"网络运营者"调整为"个人信息处理者",涉及个人信息处理活动的主体,若想向境外提供个人信息,至少应满足上述四种情形之一;其次,丰富了个人信息跨境提供的合法条件,便利企业的合规遵循;如果国家缔结或者参加的国际条约、协定对向中华人民共和国境外提供个人信息的条件等有规定的,可以按照其规定执行;本条结尾处还专门规定了个人信息处理者应当采取必要措施,保障境外接收方处理个人信息的活动达到本法规定的个人信息保护标准这一"同等保护水平"标准。但是,本条并未明确安全评估或者个人信息保护认证所需满足的细节条件,法律中的原则性规定可以与国家行政法规或者国家标准的内容相互结合进行适用,鉴于目前尚无向境外提供个人信息的生效规定,因此,该条款中规定的具体内容的落地将有待进一步明确和实践的进一步探索。

本条第 1 款规定:个人信息处理者因业务等需要,确需向中华人民共和国境外提供个人信息的,应当至少具备下列一项条件。

首先,因业务等需要,确需向境外提供的规定体现了数据出境的必要性考量,如果并非必要的情形下进行的传输,则在正当性方面存在一定问题。

其次,向境外提供个人信息,该等规定沿袭了《网络安全法》第 37 条的措辞,与之相对的是彻底的数据本地化存储,即要求数据的存储、处理、访问都必须在境内进行。此处"提供"不仅包含直接向境外传输数据,还应当包含来自境外的访问,有两方面证据。

一是结合金融业的监管规定,中国人民银行规定"除法律法规及中国人民银行另有规定外,银行业金融机构不得向境外提供境内个人金融信息",对于此处的"提供",中国人民银行上海分行专门指出"境内银行业金融机构向境外总行、母行或分行、子行提供境内个人金融信息的,可不认为违规"。很明显,此处的"提供"包含了来自境外的数据访问请求。

二是《网络预约出租汽车经营服务管理暂行办法》第 27 条的规定。该办法要求网约车平台公司应在中国内地存储和使用个人信息和业务数据,且"除法律法规另有规定外,上述信息和数据不得外流"。该办法在《网络安全法(草案)》(二读)公布后才出台,而且沿袭使用了个人信息和业务数据。其"不得外流"的规定,很可能代表了《网络安全法(草案)》(二读)中"向境外提供"的含义。

（一）依照本法第40条的规定通过国家网信部门组织的安全评估

本法第40条是在《网络安全法》第37条针对关键信息基础设施运营者的个人信息本地化及出境安全评估义务的基础上的延伸。

对于数据保护来说，本地化存储具有一定积极意义。个人数据保护＝数据安全＋数据主体的信息自决权利＋数据控制者等相关方满足个人信息自决权利的义务。而个人信息自决权利范围、程度的大小，以及数据控制者等相关方承担的满足个人信息自决权利的义务等，往往是一个国家在平衡以下三方面利益时作出的选择：

a.个人信息自决利益：包括在一定程度上控制个人信息的收集、使用、共享、披露，以及控制基于数据作出的各项决定对个人的影响；

b.发展利益：企业和产业充分利用个人信息，提供、改进、创新产品和服务的合理诉求；

c.公共利益：政府部门利用个人信息完成公共管理，以及社会发展所必须的信息自由流动和公众知情权。

很显然，每个国家在平衡利益冲突时做出的选择不尽相同。因此从个人数据保护的角度来说，数据留存本地能确保个人的权利、数据控制者等相关方的义务等，能够遵循这个国家作出的特定的利益平衡选择。①

但应该注意到，如果通过合同、公司内部准则等形式，能够确保数据传输至国外后依然能够享有和境内相同的安全水平、个人信息自决的权利配置等。因此，基本上各个国家也都允许此种情形豁免于数据本地化存储的要求。当然，也有部分国家仅要求数据主体明示同意即可豁免于本地化存储。

第40条在关键信息基础设施运营者的基础上增加了处理个人信息达到国家网信部门规定数量的个人信息处理者作为义务主体，主要是出于对于公共利益的考量。详见第40条的释义分析。

（二）按照国家网信部门的规定经专业机构进行个人信息保护认证

目前，国家网信部门尚未对专业机构的资质、认证的流程和标准等情况进行规定，与个人信息保护关联度比较高的现行法律是《中华人民共和国网络安全法》。《网络安全法》第17条和第23条分别规定了鼓励进行认证、网络关键设备和网络安全专用产品的强制认证制度。我国目前能够批准认证机构

---

① 如前文所述，欧盟赋予个人被遗忘权，而被遗忘权在美国则不那么被认可。

的监管部门为中国国家认证认可监督管理委员会,在网络安全领域,中国网络安全审查技术与认证中心(CCRC,原中国信息安全认证中心,国家市场监督管理总局直属事业单位)是依据《网络安全法》和国家有关强制性产品认证、网络安全管理法规,负责实施网络安全审查和认证的专门机构,目前可以提供产品认证、体系认证、服务认证等认证服务,其开展认证时均依据相应的法律、法规和国家标准展开。

本条项下的专业机构和认证要求将会如何设定?我们下文将结合 GDPR 第 42 条及第 43 条项下的认证制度进行分析。

关于 GDPR 项下的认证机构,GDPR 第 42 条第 5 款规定:符合本条的认证应当为第 43 条所规定的认证机构所批准,应当建立在第 58(3)条的有权监管机构或第 63 条的欧盟数据保护委员会所批准的标准之上。当标准被欧盟数据保护委员会所批准,这可以产生一个通用性认证——欧盟数据保护印章。而第 43 条第 2 款规定了认证机构所应具备的具体条件:(a)已经证明在准则所规定事项方面具有独立性与专业性,满足有权监管机构的要求;(b)采取措施遵从第 42(5)条所规定的标准,并且已经为第 55 条所规定的有权监管机构或第 63 条规定的欧盟数据保护委员会所批准;(c)建立了发行、定期审查和撤回数据保护认证、印章和标记的程序;(d)已经设立了解决关于违反准则,或关于控制者或处理者已经实施、或正在实施准则的方式的申诉程序和体系,并且数据主体和公众已知悉此类程序和体系;且(e)已经表明其符合有权监管机构的要求,其任务和职责不存在利益冲突的情形。第 4 款至第 7 款规定了认证机构的有效时限、取消认证机构资格的情形以及认证机制公开要求。

关于 GDPR 项下个人数据保护认证特别是跨境数据传输所需的认证,GDPR 第 42 条第 2 款规定:控制者或处理者除了受本条例约束之外,也可以设立符合本条第 5 段的数据保护认证机制、印章或标记,以便证明,对于根据第 3 条不受本条例约束的情形,已经对第 46(2)条(f)点所规定的将个人数据转移到第三国或国际组织的情形采取了合适的安全措施。为了提供此类合适的安全措施,包括和数据主体权利相关的安全措施,此类控制者或处理者应当通过合同或其他具有法律强制力的措施制定有约束力和可执行的承诺。

具体到 GDPR 项下的认证要求而言,第 42 条第 3 款规定:认证应当是自愿的,而且可以通过透明程序而获得。第 4 款规定:认证机构对发证以及撤销发证的评估工作承担责任,但该责任并不对数据控制者和处理者自己应当承担的合规义务造成减损,也不妨碍有权监管机构根据《条例》第 55 条、第 56 条之规定赋予的任务和权力。第 5 款规定:那些将其处理提交认证机制的控制者或处理者,应当将进行认证程序所必需的所有信息与访问权提交给第 43 条规定的认证机构,在适用的情形下,还应当提交给有权监管机构。第 6 款规定:那些将其处理提交认证机制的控制者或处理者,应当将进行认证程序所必需的所有信息与访问权提交给第 43 条规定的认证机构,在适用的情形下,还应当提交给有权监管机构。第 7 款规定:颁发给控制者或处理者的认证的有效期最长是三年,如果相关条件满足,同样的情形下有效期可以延长。当认证的条件不满足或不再满足时,在适用的情形下,第 43 条规定的认证实体或有权监管机构可以撤回认证。第 8 款规定:欧盟数据保护委员会应当核查所有已登记的验证机制、数据保护印章和标记,而且应当以恰当的方式使得公众能够获取。最后,GDPR 第 42 条及第 43 条还规定了认证的期限,以及欧盟委员会可以制定相关实施法案。必须强调的是,认证标准以及包含认证标准的认证机制要考虑区分企业规模,针对微型、小型和中型企业要区别对待。

可见,认证机构的作用是基于认证机制和标准颁发、审查、更新和撤销认证。控制者和处理者进行认证需要遵循一定的流程和要求,并且该等认证存在有效期限,在不符合认证标准时有随时被撤销认证的可能性。必须强调的是,根据 GDPR 第 42 条第 1 款的规定,认证标准以及认证机制要考虑区分企业规模,针对微型、小型和中型企业要区别对待。

2019 年 6 月,欧盟数据保护委员会发布了《针对 GDPR 第 42 条和第 43 条有关认证和识别认证标准的指南》(以下简称《指南》),对认证制度的可重复性原则、归责工具性、关键概念和认证范围等作进行了更加详细的阐释。

上述规定和《指南》对于我国建立个人信息保护认证制度具有重要的借鉴意义。

(三) 按照国家网信部门制定的标准合同与境外接收方订立合同,约定双方的权利和义务

本条所规定的跨境传输"标准合同"很明显借鉴了欧盟个人数据保护框架的要求,《个人信息保护法》草案一审稿中并未要求合同为国家网信部门制定的标准合同,而在二审稿和正式发布的文本中加入了网信部门制定的标准合同的要求,与 GDPR 的规定愈加相似。早在 2019 年颁布的《个人信息出境安全评估办法(征求意见稿)》中,即可反映出监管机构已经在借鉴 GDPR 跨境传输机制中的"标准合同条款 SCC"。欧盟对 SCC 的基本思路是通过合同的权利义务安排,弥补跨境传输后对数据法定保护的不足,通过合同设定数据控制者和处理者面向数据主体的民事义务,及面向监管机关的行政义务。如果数据控制者和处理者违反合同条款的义务和责任,则会面临民事赔偿责任和行政处罚责任。

《个人信息出境安全评估办法(征求意见稿)》第 13 条规定:网络运营者与个人信息接收者签订的合同或者其他有法律效力的文件(统称合同),应当明确:(一)个人信息出境的目的、类型、保存时限。(二)个人信息主体是合同中涉及个人信息主体权益的条款的受益人。(三)个人信息主体合法权益受到损害时,可以自行或者委托代理人向网络运营者或者接收者或者双方索赔,网络运营者或者接收者应当予以赔偿,除非证明没有责任。(四)接收者所在国家法律环境发生变化导致合同难以履行时,应当终止合同,或者重新进行安全评估。(五)合同的终止不能免除合同中涉及个人信息主体合法权益有关条款规定的网络运营者和接收者的责任和义务,除非接收者已经销毁了接收到的个人信息或作了匿名化处理。(六)双方约定的其他内容。第 14 条规定:合同应当明确网络运营者承担以下责任和义务:(一)以电子邮件、即时通信、信函、传真等方式告知个人信息主体网络运营者和接收者的基本情况,以及向境外提供个人信息的目的、类型和保存时间。(二)应个人信息主体的请求,提供本合同的副本。(三)应请求向接收者转达个人信息主体诉求,包括向接收者索赔;个人信息主体不能从接收者获得赔偿时,先行赔付。第 15 条规定:合同应当明确接收者承担以下责任和义务:(一)为个人信息主体提供访问其个人信息的途径,个人信息主体要求更正或者删除其个人信息时,应在合理的代价和时限内予以响应、更正或者删除。(二)按照合同约定的目的使用个人信息,个人信息的境外保存期限不得超出合同约定的时限。(三)确认签署合同及履行合同义务不会违背接收者所在国家的法律要求,当接收者所在国家和地区法律环境发生变化可能影响合同执行时,应当及时通知网络运营者,并通过网络运营者报告网络运营者所在地省级网信部门。第 16 条规定:合同应当明确接收者不得将接收到的个人信息传输给第三方,除非满足以下条件:(一)网络运营者已经通过电子邮件、即时通信、信函、传真等方式将个人信息传输给第三方的目的、第三方的身份和国别,以及传输的个人信息类型、第三方保留时限等通知个人信息主体。(二)接收者承诺在个人信息主体请求停止向第三方传输时,停止传输并要求第三方销毁已经接收到的个人信息。(三)涉及个人敏感信息时,已征得个人信息主体同意。(四)因向第三方传输个人信息对个人信息主体合法权益带来损害时,网络运营者同意先行承担赔付责任。

上述条文很明显借鉴了欧盟于 2021 年之前颁布的数据跨境传输标准合同的内容(包括 SCC2001C,SCC2001P 和 SCC2004C)。鉴于 Schrems Ⅱ 案的判决的深远影响,欧盟于 2021 年 6 月 4 日通过了新的两组标准合同条款(Standards Contractual Clauses,以下简称为"SCCs"),其中跨境传输 SCCs 的修改将 Schrems Ⅱ 案的判决纳入考量,对欧盟境外的数据接收方所在国的法律、数据接收方应对其所在国政府机关提出的具有法律约束力的披露个人数据的请求等情形作出规定,对数据传输各方提出了更为严格的实质审核和安全保证要求。该等修改对于我国网信部门制定我国的跨境传输标准合同具有重要借鉴意义。

(四) 法律、行政法规或者国家网信部门规定的其他条件

个人信息是一类实践中广泛流动的信息类型,单纯以本条规定的合法性要件的要求进行规制可能难以对实践中的多样情形进行规制,由此第四种情况进行了法律另行规定的保留。现行中国法律框架下已经对部分特殊类型的信息出境的要求进行了详细的规定,其中部分信息类型有可能与个人信息产生竞合,由此应当适用特殊法优于一般法的原则,例如《生物安全法》第 56 条规定,将我国人类遗传资源材料运送、邮寄、携带出境,应当经国务院科学技术主管部门批准。基于个人信息的定义,人类遗传资料很可能落入个人信息的范围,涉及向境外主体提供时,应当经国务院科学技术主管部门批准。

本条第 2 款规定:中华人民共和国缔结或者参加的国际条约、协定对向中华人民共和国境外提供个人信息的条件等有规定的,可以按照其规定执行。

该款是观察到跨境传输国际协作的趋势,针对国家缔结或者参加的国际条约、协定中对向中华人民共和国境外提供个人信息的条件等有规定的情况,可以按照其规定执行。

本条第 3 款规定:个人信息处理者应当采取必要措施,保障境外接收方处理个人信息的活动达到本法规定的个人信息保护标准。

该款借鉴了 GDPR 第五章的精神,在法规中明确了"同等保护"原则,要求个人信息处理者应当采取必要措施保障境外接收方的处理活动达到本法规

定的个人保护标准。

【参考条文】

一、国内立法

1.《中华人民共和国网络安全法》

第三十七条 关键信息基础设施的运营者在中华人民共和国境内运营中收集和产生的个人信息和重要数据应当在境内存储。因业务需要,确需向境外提供的,应当按照国家网信部门会同国务院有关部门制定的办法进行安全评估;法律、行政法规另有规定的,依照其规定。

2.《中国人民银行关于发布金融行业标准做好个人金融信息保护技术管理工作的通知》

d)在中华人民共和国境内提供金融产品或服务过程中收集和产生的个人金融信息,应在境内存储、处理和分析。因业务需要,确需向境外机构(含总公司、母公司或分公司、子公司及其他为完成该业务所必需的关联机构)提供个人金融信息的,具体要求如下:

· 应符合国家法律法规及行业主管部门有关规定;

· 应获得个人金融信息主体明示同意;

· 应依据国家、行业有关部门制定的办法与标准开展个人金融信息出境安全评估,确保境外机构数据安全保护能力达到国家、行业有关部门与金融业机构的安全要求;

· 应与境外机构通过签订协议、现场核查等方式,明确并监督境外机构有效履行个人金融信息保密、数据删除、案件协查等职责义务。

3.《互联网个人信息安全保护指南》

5.3.1 云计算安全扩展要求

a)应确保个人信息在云计算平台中存储于中国境内,如需出境应遵循国家相关规定;

6.2 保存

个人信息的保存行为应满足以下要求:

a)在境内运营中收集和产生的个人信息应在境内存储,如需出境应遵循国家相关规定;

4.《信息安全技术公共及商用服务信息系统个人信息保护指南》

5.4.5 未经个人信息主体的明示同意,或法律法规明确规定,或未经主管部门同意,个人信息管理者不得将个人信息转移给境外个人信息获得者,包括位于境外的个人或境外注册的组织和机构。

5.《汽车数据安全管理若干规定(试行)》

第三条　本规定所称汽车数据,包括汽车设计、生产、销售、使用、运维等过程中的涉及个人信息数据和重要数据。

汽车数据处理,包括汽车数据的收集、存储、使用、加工、传输、提供、公开等。

汽车数据处理者,是指开展汽车数据处理活动的组织,包括汽车制造商、零部件和软件供应商、经销商、维修机构以及出行服务企业等。

个人信息,是指以电子或者其他方式记录的与已识别或者可识别的车主、驾驶人、乘车人、车外人员等有关的各种信息,不包括匿名化处理后的信息。

敏感个人信息,是指一旦泄露或者非法使用,可能导致车主、驾驶人、乘车人、车外人员等受到歧视或者人身、财产安全受到严重危害的个人信息,包括车辆行踪轨迹、音频、视频、图像和生物识别特征等信息。

重要数据是指一旦遭到篡改、破坏、泄露或者非法获取、非法利用,可能危害国家安全、公共利益或者个人、组织合法权益的数据,包括:

(一)军事管理区、国防科工单位以及县级以上党政机关等重要敏感区域的地理信息、人员流量、车辆流量等数据;

(二)车辆流量、物流等反映经济运行情况的数据;

(三)汽车充电网的运行数据;

(四)包含人脸信息、车牌信息等的车外视频、图像数据;

(五)涉及个人信息主体超过 10 万人的个人信息;

(六)国家网信部门和国务院发展改革、工业和信息化、公安、交通运输等有关部门确定的其他可能危害国家安全、公共利益或者个人、组织合法权益的数据。

第十一条　重要数据应当依法在境内存储,因业务需要确需向境外提供的,应当通过国家网信部门会同国务院有关部门组织的安全评估。未列入重要数据的涉及个人信息数据的出境安全管理,适用法律、行政法规的有关规定。

我国缔结或者参加的国际条约、协定有不同规定的,适用该国际条约、协定,但我国声明保留的条款除外。

第十二条　汽车数据处理者向境外提供重要数据,不得超出出境安全评估时明确的目的、范围、方式和数据种类、规模等。

国家网信部门会同国务院有关部门以抽查等方式核验前款规定事项,汽车数据处理者应当予以配合,并以可读等便利方式予以展示。

第十三条　汽车数据处理者开展重要数据处理活动,应当在每年十二月十五日前向省、自治区、直辖市网信部门和有关部门报送以下年度汽车数据安全管理情况:

(一)汽车数据安全管理负责人、用户权益事务联系人的姓名和联系方式;

(二)处理汽车数据的种类、规模、目的和必要性;

(三)汽车数据的安全防护和管理措施,包括保存地点、期限等;

(四)向境内第三方提供汽车数据情况;

(五)汽车数据安全事件和处置情况;

(六)汽车数据相关的用户投诉和处理情况;

(七)国家网信部门会同国务院工业和信息化、公安、交通运输等有关部门明确的其他汽车数据安全管理情况。

第十四条　向境外提供重要数据的汽车数据处理者应当在本规定第十三条要求的基础上,补充报告以下情况:

(一)接收者的基本情况;

(二)出境汽车数据的种类、规模、目的和必要性;

(三)汽车数据在境外的保存地点、期限、范围和方式;

(四)涉及向境外提供汽车数据的用户投诉和处理情况;

(五)国家网信部门会同国务院工业和信息化、公安、交通运输等有关部门明确的向境外提供汽车数据需要报告的其他情况。

二、比较法

1. 欧盟《通用数据保护条例》

第五章　将个人数据转移到第三国或国际组织

第44条　转移的一般性原则

对于正在处理或计划进行处理的个人数据,将其转移到第三国或国际组织,包括将个人数据从第三国或国际组织转移到另一第三国或另一国际组织,控制者和处理者只有满足本条例的其他条款,以及满足本章规定的条件才能进行转移。为了保证本条例对于自然人的保护程度不会被削弱,本章的所有条款都应当被遵守。

第45条　基于认定具有充足保护的转移

1.当欧盟委员会作出认定,认为相关的第三国、第三国中的某区域或一个或多个特定部门、国际组织具有充足保护,可以将个人数据转移到第三国或国际组织。此类转移不需要特定的授权。

2.当评估保护程度的充足性时,欧盟委员会应当特别考虑如下因素:

(a)法治、对人权与基本自由的尊重、包括关于公共安全、国防、国家安全、刑法和公共机构访问个人数据的一般性与部门性立法,以及此类立法的实施、数据保护规则、职业规则和安全措施,包括将个人数据转移到另一第三国或国际组织所必须遵循的第三国或国际组织的规则、判例法以及有效可执行的数据主体权利、对其个人数据正在转移的数据主体的司法救济;

(b)在国际组织是主体的情形中,第三国内存在一个或多个有效运作的独立监管机构,保证数据保护规则的实施,包括具有充分的执行权力,在数据主体行使其权利时和与成员国的监管机构合作时提供帮助和建议;

(c)第三国或国际组织已经许下的国际性承诺,或者承诺愿意承担有法律约束力的条约或法律文件所引起的其他责任,以及参加多边或地区性的体系,特别是和数据保护相关的体系所引起的其他责任。

3.在评估了保护程度的充足性之后,欧盟委员会可以通过制定实施性法案,确定本条第2段含义内的第三国、第三国内的领地或一个或多个特定部门或一个国际组织是否具有充足的保护。实施性法案应当提供一种周期性审查,至少每四年对第三国或国际组织的所有相关发展进行审查。实施性法案应当细化其领域性与部门性的实施,以及在适用的情况下确定本条第2段(b)点所规定的一个或多个监管机构。实施性法案的制定应当遵循第93(2)条所规定的验证程序。

4.欧盟委员会应当持续性地监控第三国或国际组织的某些可能会影响根据本条第3款而作出的决定和建立在95/46/EC指令第25(6)条基础之上的决定发挥作用的某些发展。

5.当已有信息显示,第三国或第三国内的一个或多个特殊部门或国际组织不再提供本条第2段所规定的充足的保护,欧盟委员会应当——尤其是在经过第3段所规定的核查后——通过制定不具有溯及力的实施性法案,在必要限度内废止、修正或中止本条第3段所规定的决定。此类实施性法案的制定应当遵循第93(2)条所规定的验证程序。

在具有高度正当性的紧急状态情形中,欧盟委员会应当立即根据第93(3)条规定的程序而制定实施性法案。

6.为了补救导致第5条决定的情形,欧盟委员会应当与第三国或国际组织磋商。

7.符合本条第5段的决定不会影响到将个人数据转移到第三国、第三国内的领地或一个或多个部门、或者第46条至49条所规定的相关国际组织。

8.欧盟委员会应当在欧盟的官方杂志及其网站上发表名单,列明其确定已经具备充足保护或不再具有充足保护的第三国、第三国内的特定部门和国际组织。

9.欧盟委员会在95/46/EC指令第25(6)条基础上而作出的决定,在被欧盟委员会根据本条第3段或第5段而修改、替代或废止前应具有效力。

第46条 转移所需要的适当安全保障

1.如果没有根据第45(3)条而做出的决定,控制者或处理者只有提供适当的保障措施,以及为数据主体提供可执行的权利与有效的法律救济措施,才能将个人数据转移到第三国或一个国际组织。

2.在不要求监管机构提供任何具体授权的情形下,第1段所规定的适当保障措施可以如下方式提供:

(a)公共机构或实体之间之间签订的具有法律约束力和可执行性的文件;

(b)符合第47条的有约束力的公司规则;

(c)欧盟委员会根据第93(2)条规定的核查程序而制定的数据保护标准条款;

(d)监管机构根据第93(2)条规定的核查程序制定并且为欧盟委员会批准的数据保护标准条款;

(e)根据第40条制定的行为准则,以及第三国的控制者或处理者为了采取合适的安全保障而作出的具有约束力和执行力的承诺,包括数据主体的权

利;或者

(f)根据第 42 条而被批准的验证机制,以及第三国的控制者或处理者为了采取合适的安全保障而作出的具有约束力和执行力的承诺,包括数据主体的权利。

3.在需要有权监管机构授权的情形下,第 1 段所规定的合适安全措施尤其可以通过如下方式进行规定:

(a)控制者或处理者与控制者、处理者或第三国或国际组织的个人数据接收者之间的合同条款;或者

(b)公共机构或公共实体之间在行政性安排中所插入的条款,包括可执行的与有效的数据主体权利。

4.在本条第 3 段所规定的情形中,监管机构应当适用第 63 段所规定的一致性机制。

5.成员国或监管机构根据 95/46/EC 指令的第 26(2)条而作出的授权,在被监管机构修改、替代或废止之前应当一直有效。欧盟委员会根据 95/46/EC 指令第 26(4)条而作出的决定,在欧盟委员会按照本条第 2 段作出必要性的修改、替换或废止决定前应当一直有效。

第 47 条　有约束力的公司规则

1.在满足如下条件时,对于符合第 63 条所规定的一致性机制的有约束力的公司规则,有权监管机关应当批准:

(a)具有法律约束力,适用于进行联合经济活动的企业集团或一系列经济主体的所有相关成员——包括其雇员,并且为他们所执行。

(b)在处理个人数据方面明确赋予数据主体以可执行的权利;以及

(c)满足第 2 段所规定的要求。

2.第 1 段所规定的有约束力的规则应当至少明确:

(a)进行联合经济活动的企业集团或一系列经济主体,及其每一个成员的架构和详细联系方式;

(b)数据转移或一系列的数据转移,包括个人数据的类型;处理类型及其目的;受影响的数据主体的类型;以及涉及的对第三国或多个第三国的确定;

(c)规则的法律约束效力,既包括内部的约束力,也包括外部的约束力;

(d)对一般数据保护原则的适用,特别是目的限定、数据最小化、有限的储存期限、数据质量、通过设计的数据保护与默认的数据保护、处理的法律基

础、对特定类型个人数据的处理;保障数据安全的措施;以及将数据转移到不受约束性公司规则所约束的实体所做的要求;

(e)和处理相关的数据主体的权利以及行使这些权利的方式,包括有权不被仅仅根据自动化处理——包括符合第22条的用户画像——而对数据主体作出决定,有权按照第79条向有权监管机构和成员国的有权管辖的法庭申诉,以及有权在违反有约束力的公司规则的情形下获取救济和——如果适用的话——赔偿;

(f)对于任何不在欧盟设立的控制者或处理者的相关成员违反约束性公司规则,在成员国的领域内设立的控制者或处理者愿意承担责任;只有当控制者或处理者证明,该成员对于导致损害的事件没有责任,控制者或处理者的此种责任才能被免除;

(g)关于约束性公司规则的信息如何提供给数据主体,特别是第13条和第14条之外关于本段所规定的(d)(e)(f)点的信息如何提供给数据主体;

(h)根据第37条所委任的所有数据保护官的任务,或者企业集团、或进行联合经济活动的一系列经济主体内部负责监控遵守约束性公司规则、监控培训和处置申诉的所有人或实体的任务;

(i)申诉程序;

(j)企业集团或进行联合经济活动的一系列经济主体,为了核实对约束性公司规则的遵守的而在内部所设立机制。此类机制应当包括数据保护核查以及能够确保采取矫正性活动保护数据主体权利的方法。此类核实结果应当告知(h)点所规定的个人或实体,企业集团或进行联合经济活动的一系列经济主体,而且在有权监管机构的要求下应当能够提供其核实结果;

(k)报告和记录规则变化的机制,以及将此类变化报告给监管机构的机制;

(l)为了保证企业集团或进行联合经济活动的一系列经济主体的合规性而和监管机构一起设立的合作机制,特别是向监管机构提供(j)点所规定的方法的核查结果;

(m)企业集团或进行联合经济活动的一系列经济主体的成员是第三国的主体,可能会对约束性企业规则所提供的保障产生实质性的负面影响,向有权监管机构报告对此类主体是否有法律要求的机制;以及

(n)对于可永久性或经常性访问个人数据的员工进行的适当数据保护

培训。

3.欧盟委员会可以明确控制者、处理者和监管机构之间为了本条含义内的约束性公司规则而进行信息交换的形式和程序。此类实施性法案的制定应当遵循第93(2)条所规定的验证程序。

第49条　特殊情形下的克减

1.如果不存在根据第45(3)而作出的充足保护认定或根据第46条而制定的适当安全措施——包括约束性公司规则,将个人数据转移到第三国或国际机构,只有满足如下情形之一才能进行:

(a)数据主体被明确告知,不存在充足保护或适当的安全措施,预期的数据转移存在风险,但之后数据主体仍然明确表示同意预期的数据转移;

(b)转移对于履行数据主体与控制者之间的合同,或者履行数据主体在签订契约前所提出要求是必要的;

(c)控制者和另一自然人或法人之间签订或履行合同时,转移对于实现数据主体的利益是必要的;

(d)转移对于实现公共利益是必要的;

(e)转移对于确立、行使或辩护法律性主张是必要的;

(f)当数据主体基于身体性或法律性原因无法表达同意,为了保护数据主体或其他人的关键利益是必要的;

(g)转移是根据登记册而进行的——这种登记册是欧盟法或成员国法律为了向具有正当利益的一般性公众或个人提供咨询。但是,只有满足欧盟法或成员国法对咨询所规定必要条件,此类个案中的转移才能进行克减。

当转移无法基于第45条或第46条,包括基于约束性公司规则的条款的规定而进行,且从(a)点到(g)的克减条件都不符合,将数据转移到第三国或国际组织,这只有在转移满足如下条件时才可以:转移是非重复性的;关乎很小一部分数据主体的权利;对于实现控制者压倒性的正当利益是必要的,并且不会违反数据主体的有限性的利益或权利与自由;控制者已经对围绕数据传输的情形进行评估,而且基于这种评估对个人数据保护采取了合适的安全保障。控制者除了提供第13条和第14条所规定的信息之外,应当将转移和追求的压倒性正当利益告知数据主体。

2.符合第1段(g)点的转移不应当包括登记册里的全部个人数据或所有类型的个人数据。当登记册是为了给具有正当利益的人提供咨询的,只有那些人提出要求,或者那些人是接收者的情形才能进行转移。

3.对于公共机构在行使其公共权力时的活动,第 1 段的(a)(b)(c)点以及第 1 段的第二分段不适用。

4.第 1 段(d)点规定的公共利益应当为欧盟或成员国为控制者所制定的法律所确认。

5.如果不存在充足保护的认定,欧盟或成员国的法律可以基于公共利益而明确作出限制,限制将个人数据转移到第三国或国际组织的特定类型。成员国应当将此类条款告知欧盟委员会。

2. 俄罗斯《个人信息保护法》

第 12 条

应根据本联邦法律将个人数据跨境传输到欧洲委员会《个人数据自动化处理时个人保护公约》的公约国及其他充分维护个人数据主体权利的国家。为维护俄罗斯联邦宪法制度原则、道德、健康、权利和公民合法利益以及保障国防和公民安全,个人数据的跨境传输可能会被禁止或限制。

维护个人数据主体权利的授权机构批准欧洲委员会《个人数据自动化处理时个人保护公约》的公约国和充分维护个人数据主体权利的国家的名单。只要相关国家的现行法规和所采取的保证个人数据安全的措施与该项公约的规定相符,即便该国家不属于欧洲委员会《个人数据自动化处理时个人保护公约》的公约国,也可列入充分维护个人数据主体权利的国家名单中。

在开始跨境传输个人数据之前,处理者有义务确保在个人数据传输到的外国境内对个人数据主体的权利提供充分的保护。

向不能对个人数据主体权利提供充分保护的外国境内传输个人数据可在以下情况下进行:

个人数据主体以书面形式同意跨境传输其个人数据;

俄罗斯联邦国际条约规定的情况;

联邦法律以维护俄罗斯联邦宪法制度原则、保障国防和国家安全以及为保障运输系统安全稳定运行、在运输系统方面保护个人、社会和国家的利益不受非法干涉为目的规定的情况;

个人数据主体作为合同当事人履行合同;

不能取得个人数据主体的书面形式同意,但为了保护个人数据主体或他人的生命、健康和其他切身利益。

3. 加拿大《跨境处理个人数据指南》(*Guidelines for Processing Personal Data Across Borders*)

数据输出者应为跨境流通的数据安全负责,确保传输至境外第三方的个人数据得到充足保护。具体来说,数据输出者应当以契约或其他方式,确保:1)防止第三方在处理数据过程中,出现未经授权使用或披露的情形;2)确认第三方具有完善的数据保护政策或流程;3)定期稽核第三方处理或储存个人数据的安全性。①

4. 韩国《个人信息保护法》

第 17 条　个人信息的提供

(1)个人信息控制者可以在以下任何情况下向第三方提供(或分享;下同)数据主体的个人信息

1. 在获得数据主体的同意的情况下。

2. 当个人信息是在收集目的的范围内提供时

根据第 15(1)2、3、和 5 条以及第 39—3(2)2 和 3 条。

(2)个人信息控制者在获得以下事项时应告知信息主体

根据第(1)款 1 的同意。当以下任何一项被修改时,同样应适用。

1. 个人信息的接收者。

2. 个人信息的接收者使用这些信息的目的。

3. 要提供的个人信息的具体内容。

4. 收件人保留和使用个人信息的期限。

5. 数据主体有权拒绝同意的事实,以及因拒绝同意而产生的不利因素(如有)。

(3)个人信息控制者应将第(2)款规定的事项告知信息主体,并获得其同意,以便向第三方提供个人信息并不得在违反本法的情况下签订跨境转移个人信息的合同。

---

① 加拿大"跨境处理个人数据指南"全文,见 https://www.priv.gc.ca/information/guide/2009/gl_dab_090127_e.asp,访问日期:2021 年 8 月 8 日。

【参考案例】

欧盟 GDPR 项下关于跨境传输的
标志性案例——Schrems 系列案件

Schrems 案的名字的名字来源于一位名叫 Maximilian Schrems 的奥地利律师,Schrems Ⅰ案和 Schrems Ⅱ案均是指其与 Facebook 的法律纠纷。

Schrems Ⅰ案

本案事实乃原告 Schrems 本身为 Facebook 用户,2013 年,其请求爱尔兰个人信息保护主管机关调查 Facebook 爱尔兰公司传输用户个人信息,并将该等个人信息储存于美国一事,遭到主管机关拒绝,且原告亦提出因 2013 年斯诺登所揭发美国国家安全局(National Security Agency, NSA)的"棱镜计划"(PRISM),而认美国无法达到欧盟所规范的适当保护的水平,因此原告主张请求禁止 Facebook 爱尔兰公司将欧盟公民个人信息传输到美国,因美国未能达到欧盟规范适当保护水平(adequate level of protection);而被告爱尔兰个人信息保护主管机关则主张依据安全港协议,原告并无理由,且认为本身无权调查。

本案所涉及的相关法律规范分列如下:一、欧盟基本权利宪章(the Charter of Fundamental Rights of the European Union),包括第 7 条关于隐私尊重(Respect for private and family life)、第 8 条关于个人信息保护(Protection of personal data)及第 47 条关于有效救济与公平审判(Right to an effective remedy and to a fair trial)等规定;二、欧盟个人信息保护指令(Directive 95/46/EC)第 25 条第(6)项关于数据传输至第三国的适当保护水平要求,與第 28 条关于主管机关(Supervisory authority)的规范;三、安全港协议(Commission Decision 2000/520/EC)下的第 1 条规范主体、适当保护水平、救济,以及第 3 条关于权限的分配。

而前述本案所涉法规,对应到本案两处争议要点:首先,本案欲审查关于欧盟委员会(EU Commission)与各国个人信息保护主管机关(Data Protection Authority, DPA)间的权限分配,针对"评估第三国是否达到适当保护水平"的权限分配,法院认为个人信息保护主管机关独立性是保护人民基本权利与自由的要素,不得以任何方式限制,因此个人信息保护主管机关应拥有完整调查权,并有权调查第三国是否达适当保护水平,若个人信息保护主管机关认为当事人提出于法有据,则应由主管机关处理,否则当事人则有权向国家法院起诉,否则主管机关必须将此申诉提交该国法院作出判决,向欧盟法院声请作出先决裁判(preliminary ruling)。

其次,法院审查安全港的有效性,强调适当保护的水平应等同于欧盟保护规范,由于个人数据本质上易受侵害,且其传输到第三国时,若未能确保适当保护水平,则欧盟委员会关于第三国的保护规范是否适当降低,其裁量权应受到严格的限制。

而关于本案最重要的冲击在于法院宣告安全港无效,判决中提到安全港协议第1条无效的理由,即法院认为该条只规范自我认证(self-certified)的私人组织,而非美国官方机构,因此认为该条允许限制数据传输原则的减损,在合法利益(如公共利益、国家安全)下未设有任何限制,且欧盟委员会未能说明美国实际上达到适当保护水平,且未提供适当救济,有违欧盟基本权利宪章第47条。另安全港协议第3条亦无效,因该条限制了个人信息保护主管机关审查第三国是否达到适当保护水平的权力,逾越立法授权范围,因此安全港协议第1条、第3条无效,影响协议实质内涵,故法院判决安全港全部无效。

Schrems Ⅱ案

在Schrems Ⅰ案的基础上,Schrems再次就Facebook的数据转移活动向爱尔兰DPC投诉,即Schrems Ⅱ案。该案于2018年被移交至欧盟法院,争议的核心问题即SCC是否符合GDPR的数据保护要求,最终该案于2020年7月16日得到判决。正式宣布欧盟—美国有关个人数据的隐私盾协议(EU-US Privacy Shield)无效。该判决不仅是对欧盟与美国之间数据流动的规制,同时也会对从欧盟向其他国家/地区的数据跨境传输产生深远的影响。

欧盟法院认为,通过签署标准合同条款(简称"SCC")将数据从欧盟/欧洲经济区以内转移到其他地区符合欧盟《通用数据保护条例》的要求。但包含SCC的转移协议是否有效还取决于一个前提条件,即该等协议中必须包含有效的机制,以确保在实践中按照欧盟法律所要求的水平对所转移的数据进行保护。一旦协议方违反了SCC或者无法履行SCC的约定,则个人数据的转移应被终止或禁止。美国基于国家安全等目的进行的政府监控项目(基于美国的《外国情报监控法》及相关修正案,"Foreign Intelligence Surveillance Act") 允许政府收集外国人用户相关信息,对于监控实施的限制有限且不明确,不满足严格必要 (strictly necessary) 以及与目的成比例 (proportional) 的要求。隐私盾缺乏对于该等情形的特殊规定,美国企业即使加入隐私盾,其接收的欧盟用户的个人数据依然可能会基于政府监控项目而被美国政府机构处理,同时美国并未向欧盟数据主体提供可以实际行使的数据权利,也并未赋予其相应的司法救济手段,欧盟居民无法在美国获得与欧盟境内同等的充分保护 (adequate protection),违反了《欧盟基本权利宪章》(*Charter of Fundamental Rights of the European Union*)。

根据 GDPR 第五章的规定,除了包含"隐私盾"机制在内的充分性认定之外,另外两种合规的跨境传输机制主要包括数据传输方和数据接收方签署的标准合同条款 (Standard Contractual Clause, SCC) 以及有约束力的公司规则 (Binding Corporate Rules, BCRs)。其中,BCRs 主要适用于大型跨国企业在企业内部的数据跨境流通。对于与欧盟境内企业、个人数据主体存在数据交互的多家欧盟境外的企业而言,除了位于获得欧盟充分性决定区域之外的情况下,最普遍适用的传输机制则为 SCC。

该案判决中虽未否定 SCC 的效力,但提出公司应当基于个案对数据跨境传输活动进行审核,确保数据接收方所在国家/地区的法律能够为欧盟个人数据提供充分的保护,不会在实质上违反 SCC 中的约定。如果发现数据接收方所在国家/地区的数据保护法律无法充分保护欧盟个人数据,传输双方必须采取额外的安全措施或者停止传输。这意味着 SCC 将逐渐从纸面落实到具体的实践中,且与数据接收方所在国家的法律环境直接关联,需要数据传输双方尽到更为严格的审核和安全保证责任。

那么,企业是否仍然可以依据 SCC 将欧盟个人数据跨境转移?答案是可以,但是需要完成个案评估,至少应该包括三部分:(1) 目的国的整体法律环境评估;(2) 具体个人数据转移场景下的风险评估;(3) 如果前两者叠加仍不能提供与欧盟基本同等的保护,那么企业应该考虑额外的安全措施和补充措施。

此案件的后续为,2021 年 6 月 4 日,欧盟委员会通过了两套新的标准合同条款 (新 SCC):一套适用于将个人数据从欧盟转移至第三国 (跨境 SCC);另一套则是针对数据控制者—数据处理者协议中的条款设置 (DPA-SCC)。

新 SCC 在欧盟委员会公开征求公众意见后 7 个月左右通过。

第三十九条（告知和单独同意）

第三十九条　个人信息处理者向中华人民共和国境外提供个人信息的,应当向个人告知境外接收方的名称或者姓名、联系方式、处理目的、处理方式、个人信息的种类以及个人向境外接收方行使本法规定权利的方式和程序等事项,并取得个人的单独同意。

【本条主旨】

本条是关于个人信息处理者向境外提供个人信息应当向个人告知的内容以及取得单独同意的规定。

【核心概念】

单独同意

（见第 14 条释义内容）

【条文详解】

本条规定了个人信息处理者在向境外提供个人信息时应当向个人告知的内容,以保障个人的知情权,使其在充分知悉跨境提供具体内容的前提下作出是否同意的决定。同时,本条对个人信息处理者的告知提出了个人的单独同意要求,取代了《个人信息出境安全评估办法（征求意见稿）》中的同意和针对个人敏感信息的明示同意。[①]

该条要求个人信息主体的单独同意作为向境外提供个人信息的前置条件,个人信息处理者应当将个人信息出境事宜单独、明确地向个人信息主体进行告知,应与其他不涉及出境的数据处理活动进行显著区分。其具体实现形式可能还需要结合国家网信部门后续颁布的具体规定确定,但是该条本身并

① 《个人信息出境安全评估办法（征求意见稿）》第 16 条规定,合同应当明确接收者不得将接收到的个人信息传输给第三方,除非满足以下条件：……（三）涉及个人敏感信息时,已征得个人信息主体同意。……

未提及"法律、行政法规另行规定除外",实质赋予了个人信息主体就数据出境这一行为较强的控制权,对于企业等个人信息处理者在合规运营中提出了较大挑战。

【参考条文】

一、国内立法

1.《中国人民银行关于发布金融行业标准做好个人金融信息保护技术管理工作的通知》

d)在中华人民共和国境内提供金融产品或服务过程中收集和产生的个人金融信息,应在境内存储、处理和分析。因业务需要,确需向境外机构(含总公司、母公司或分公司、子公司及其他为完成该业务所必需的关联机构)提供个人金融信息的,具体要求如下:

·应符合国家法律法规及行业主管部门有关规定;

·应获得个人金融信息主体明示同意;

·应依据国家、行业有关部门制定的办法与标准开展个人金融信息出境安全评估,确保境外机构数据安全保护能力达到国家、行业有关部门与金融业机构的安全要求;

·应与境外机构通过签订协议、现场核查等方式,明确并监督境外机构有效履行个人金融信息保密、数据删除、案件协查等职责义务。

2.《个人信息出境安全评估办法(征求意见稿)》

第十六条　合同应当明确接收者不得将接收到的个人信息传输给第三方,除非满足以下条件:

(一)网络运营者已经通过电子邮件、即时通信、信函、传真等方式将个人信息传输给第三方的目的、第三方的身份和国别,以及传输的个人信息类型、第三方保留时限等通知个人信息主体。

(二)接收者承诺在个人信息主体请求停止向第三方传输时,停止传输并要求第三方销毁已经接收到的个人信息。

(三)涉及个人敏感信息时,已征得个人信息主体同意。

(四)因向第三方传输个人信息对个人信息主体合法权益带来损害时,网络运营者同意先行承担赔付责任。

二、比较法

1. 欧盟《通用数据保护条例》

第 13 条　收集数据主体个人数据时应当提供的信息

1.当收集和数据主体相关的个人数据时,控制者应当为数据主体提供如下信息:

(f)如果适用的话,控制者期望将数据转移到第三国或国际组织的事实、欧盟委员会作出或未作出充分决定的事实,或者,在第 46 条或第 47 条或者第 49(1)条的第二小段所规定的转移情形中,所采取的适当保障措施的参考资料、获取它们备份的方式,或者在那里可以获取它们。

第 14 条　未获得数据主体个人数据的情形下,应当提供的信息

1.当个人数据还没有从数据主体那里收集,控制者应当向数据主体提供如下信息:

(f)如果适用的话,控制者期望将数据转移到第三国或国际组织、欧盟委员会作出或未作出的充足保护的认定,或者,在第 46 条或第 47 条或者第 49(1)条的第二小段所规定的转移情形中,所采取的适当保障措施的参考资料、获取它们备份的方式,或者在那里可以获取它们。

第 49 条　特殊情形下的克减

1.如果不存在根据第 45(3)条而作出的充足保护认定或根据第 46 条而制定的适当安全措施——包括约束性公司规则,将个人数据转移到第三国或国际机构,只有满足如下情形之一才能进行:

(a)数据主体被明确告知,不存在充足保护或适当的安全措施,预期的数据转移存在风险,但之后数据主体仍然明确表示同意预期的数据转移;……

2. 日本《个人信息保护法》

第 24 条

原则上禁止向境外第三方传输个人数据,除非:

(a)境外接收个人数据的第三方位于 PPC 规则所指定的,建立了公认的与日本具有同等标准的个人信息保护体系的国家或地区。

(b)境外接收个人数据的第三方已建立了符合 PPC 规则标准的保护体系,以便继续采取与个人信息处理业务经营者根据 APP1 处理个人数据所应采取的措施相同的措施。

（c）主体同意向境外第三方提供个人数据。

3. 韩国《个人信息保护法》

第 17 条　个人信息的提供

（1）个人信息控制者可以在以下任何情况下向第三方提供（或分享；下同）数据主体的个人信息

1. 在获得数据主体的同意的情况下。

2. 当个人信息是在收集目的的范围内提供时

根据第 15（1）2、3 和 5 条以及第 39—3（2）2 和 3 条。

（2）个人信息控制者在获得以下事项时应告知信息主体

根据第（1）款 1 的同意。当以下任何一项被修改时，同样应适用。

1. 个人信息的接收者。

2. 个人信息的接收者使用这些信息的目的。

3. 要提供的个人信息的具体内容。

4. 收件人保留和使用个人信息的期限。

5. 数据主体有权拒绝同意的事实，以及因拒绝同意而产生的不利因素（如有）。

（3）个人信息控制者应将第（2）款规定的事项告知信息主体，并获得其同意，以便向第三方提供个人信息并不得在违反本法的情况下签订跨境转移个人信息的合同。

【参考案例】

日本著名社交软件 Line 因未披露跨境传输事实被调查[①]

日本政府于 2021 年 3 月 17 日表示，它将调查软银公司旗下 Z 控股公司的信息应用 Line，因为日本媒体报道其让上海一家分公司的中国工程师在没有通知用户的情况下访问日本用户的数据。

根据日本《个人信息保护法》（以下称"APP1"）第 24 条规定，原则上禁止向境外第三方传输个人数据，除非：境外接收个人数据的第三方位于 PPC（日

---

① 参见 REUTERS：Japan to probe Line after reports it let Chinese engineers access user data，https://www.reuters.com/article/us-japan-line-access-idUSKBN2B901E，访问时间：2021 年 8 月 7 日。

本的隐私执法机构）规则所指定的，建立了公认的与日本具有同等标准的个人信息保护体系的国家或地区；或境外接收个人数据的第三方已建立了符合PPC 规则标准的保护体系，以便继续采取与个人信息处理业务经营者根据APP1 处理个人数据所应采取的措施相同的措施；或主体同意向境外第三方提供个人数据。

据当地政府官员披露："我们还不能说 Line 是否违反了法规，我们正在进行调查以查明真相。如果发现 Line 有不正当行为，那么内阁办公室可以指示它进行改进。"

在 Line 随后发布在其网站上的声明中，该公司为引起任何担忧和没有向用户充分解释有关数据管理的政策而道歉，同时说明没有发生不适当的访问。

当地媒体称，中国一家公司的四名工程师为 Line 公司进行系统维护，他们被允许从 2018 年开始访问日本的服务器，其中包含用户的姓名、电话号码和电子邮件地址。

该公司发言人说，Line 在全球拥有 1.86 亿用户，其中不到一半在日本，并此后封锁了对中国分支机构用户数据的访问。

第四十条（本地化要求规定）

第四十条　关键信息基础设施运营者和处理个人信息达到国家网信部门规定数量的个人信息处理者，应当将在中华人民共和国境内收集和产生的个人信息存储在境内。确需向境外提供的，应当通过国家网信部门组织的安全评估；法律、行政法规和国家网信部门规定可以不进行安全评估的，从其规定。

【本条主旨】

本条是关于关键信息基础设施运营者和处理个人信息达到国家网信部门规定数量的个人信息处理者的个人信息本地化要求的规定。

【核心概念】

关键信息基础设施运营者

《中华人民共和国网络安全法》第 31 条规定，国家对公共通信和信息服务、能源、交通、水利、金融、公共服务、电子政务等重要行业和领域，以及其他一旦遭到破坏、丧失功能或者数据泄露,可能严重危害国家安全、国计民生、公共利益的关键信息基础设施,在网络安全等级保护制度的基础上,实行重点保护。该等关键信息基础设施的运营者即为关键信息基础设施运营者。

安全评估

(见第 38 条释义)

【条文详解】

该条款对关键基础设施运营者和处理个人信息达到国家网信部门规定数量的个人信息处理者这两类特殊主体的个人信息本地化要求,一方面延续了《网络安全法》第 37 条①项下保护国家安全和公共利益的基本要求,另一方面也赋予了行政机构和其他法律、法规针对敏感性不高的个人信息允许便利跨境提供的裁量空间。

一、关于个人信息相关的数据本地化所实现的法益保护分析

《个人信息保护法》保护主体主要是个人,但相关的数据保护制度中,数据权利的另外一个主体是国家,当个人信息汇聚到一定数量或者能够与其他数据相结合时,很有可能为国家带来国家安全和公共利益的重大风险。

据阿里巴巴 2016 年 11 月 2 日公布的 2016 年 9 月底的季度业绩显示,淘宝中国平台活跃买家高达 4.39 亿户。② 根据淘宝的隐私权政策,淘宝买家至少需要提交以下信息:姓名、性别、出生年月日、身份证号码、护照姓、护照名、护照号码、电话号码、电子邮箱、地址等。③ 结合上述信息推知,阿里巴巴至少掌握了 4 亿我国公民的基础个人信息;而且借助于买家支付、收货等场景,其掌握的数据真实性甚至远超政府机关。单个公民的基础信息,无疑属于应当保护的个人信息。而一家私营企业汇聚了如此海量的公民个人信息库,其意

---

① 见《网络安全法》第 37 条,关键信息基础设施的运营者在中华人民共和国境内运营中收集和产生的个人信息和重要数据应当在境内存储。因业务需要,确需向境外提供的,应当按照国家网信部门会同国务院有关部门制定的办法进行安全评估;法律、行政法规另有规定的,依照其规定。

② 参见阿里巴巴集团:"里巴巴集团公布 2016 年 9 月底季度业绩",http://www.alibabagroup. com/cn/news/article? news=p161102。

③ 参见淘宝网:"法律声明",https://www.taobao.com/go/chn/tb-fp/2014/law.php? spm = a21bo.50862.1997523009.38.26IY3m。

义显然超脱了保护个人权益的层面。

以上例子标明，大数据对国家发展、治理、安全等方面越来越重要的意义。首先，阿里巴巴掌握的人口信息，规模和颗粒度均可比拟公安机关的国家人口基础信息库，准确性甚至更胜一筹。对国家来说，人口基础数据一旦泄露，很可能对国家安全造成严重危害，[①]因此，国家人口基础信息库是作为涉密系统来建设和管理。所以，国家层面的数据保护首先应要求阿里保障其掌握的大数据的安全，也就是前文讲到的保密性、完整性、可用性。

其次，除数据安全之外，由于某些特定大数据对国家来说具有基础性、战略性的作用，国家应当具有一定的支配权。例如阿里巴巴汇聚的我国人口大数据，如果不将其划成涉密系统的话，则国家至少应当有权要求其不得对外共享、交易，并且不得向境外的组织、个人提供。另一角度是如果说安全大数据可以用于提升安全水平，反过来，安全大数据当然可以很轻易地被恶意分子用于分析系统和空间的漏洞和脆弱性，找到攻击的切入点，因此有必要严格管控。

在示例中，淘宝、顺丰等企业显然拥有了海量的快递订单数据，而目前，支付宝、微信等应用集成了生活缴费功能，获得越来越多家庭的青睐。上述两类数据并非属于国家秘密。但两者一结合，很容易综合分析得出受严格保护的国家机密数据。大数据的发展，事实上导致了国家秘密和非国家秘密之间的界限不断在模糊。对于"单独或者与其他信息相结合分析后，有可能对国家安全和公共利益造成不利影响的数据"，本书称为敏感数据。显然，敏感数据要比实践中认定的"国家秘密"范围要大得多。虽然将所有敏感数据都纳入"国家秘密"这样由公权力直接管控的强制机制内不是个现实的选项，但客观上确实存在强烈的需求来防范敏感数据被敌对国家或势力恶意使用（malicious use of big data），例如在关键时间节点恶意发布有关信息危害我国经济安全。

因此，国家层面的数据保护，除了数据安全及对数据一定的支配权外，还包括控制敏感数据可出于何种目的，面向何种对象范围，通过何种途径扩散和

---

① 土耳其现有人口 8 千万。2016 年 4 月，土耳其国家警察部门所持有的将近 5 千万土耳其公民的个人信息遭泄漏，并在黑市上售卖。这些数据中包含土耳其前任、现任国家领导人的个人和亲属信息。见 Doug Olenick，"50 million exposed in Turkish data breach"，April 04，2016，https://www.scmagazine.com/50-million-exposed-in-turkish-data-breach/article/528739/。

披露。综上所述,国家层面的数据保护＝数据安全＋数据支配权＋防止敏感数据遭恶意使用对国家安全的威胁。

如前文论述的,国家层面的数据保护＝数据安全＋数据支配权＋防止敏感数据遭恶意使用对国家安全的威胁。而在网络世界中,能够威胁到国家安全的也主要是敌对国家,或具有国家背景的敌对势力。目前,已有各种具备国家背景的黑客组织,对我国境内组织、机构发动了许多高级持续性威胁(Advance Persistent Threat,简称 APT)。[1] 这些事例都说明,即便强制数据存放国内,无法避免敌对国家或具有国家背景的敌对势力的黑手,因此,就数据安全来说,强制本地化事实上不能保障数据安全。

但强制数据存放在国内,确实能杜绝一类特定的风险——境外国家利用法律、行政等手段,合法、秘密地获取传输至其境内的数据,特别是敏感数据。在斯诺登曝光的美国"棱镜"计划中,正是利用了经互联网传输的数据大部分都要途经美国的有利条件,美国安局得以直接截取了海量数据,同时还合法、秘密地要求美国互联网公司与其合作,获得了大量的境内外用户数据。在这个例子中,美国政府通过对其境内的数据光缆、数据中心行使主权,成功地监听了全世界。[2] 因此,在"棱镜门"曝光之后,德国等欧洲国家当即提出建立自己的电子邮件系统、云数据中心、不途经美国的光缆等技术手段,这些措施的共通之处在于使美国主权之手无法触及数据存储、传输的全过程。[3]

---

[1] 天眼实验室,"OceanLotus(海莲花)APT 报告摘要"。在报告中,360 公司的安全团队揭露从 2012 年 4 月起至今,某境外黑客组织对中国政府、科研院所、海事机构、海域建设、航运企业等相关重要领域展开了有组织、有计划、有针对性的长时间不间断攻击 http://blogs. 360. cn/blog/oceanlotus-apt/。另见"360 追日团队 APT 报告:摩诃草组织(APT-C-09)",摩诃草组织是一个来自于南亚地区的境外 APT 组织,该组织已持续活跃了 7 年。摩诃草组织主要针对中国、巴基斯坦等亚洲地区国家进行网络间谍活动,其中以窃取敏感信息为主。相关攻击活动最早可以追溯到 2009 年 11 月,至今还非常活跃。在针对中国地区的攻击中,该组织主要针对政府机构、科研教育领域进行攻击,其中以科研教育领域为主。http://bobao. 360. cn/learning/detail/2935. html。

[2] 参见 Lorenzo Franceschi-Bicchierai, "The 10 Biggest Revelations From Edward Snowden's Leaks", Jun 05, 2014, http://mashable.com/2014/06/05/edward-snowden-revelations/#NSc. Xn8fSiq2。

[3] 欧洲方面提出的各种技术手段,见 Mirko Hohmann, Tim Maurer, Robert Morgus and Isabel Ski-erka, 2014, "Technological Sovereignty: Missing the Point? An Analysis of European Proposals after June 5, 2013", http://www.gppi.net/publications/global-internet-politics/article/technolog-ical-sovereignty-missing-the-point/。

另一个例子是最近美欧就"隐私盾"产生的一系列纷争。"隐私盾"的诞生是由于原有的"安全港"协议被宣判无效,其根本原因是"棱镜门"让欧洲意识到:虽然可以通过合同等手段约束美国公司,要求其在美国境内也提供与欧洲相同的数据保护水平,但美国政府,特别是国家安全局,能通过法律或行政手段,合法、秘密地要求美国公司将数据交出来;而美国公司自然要受美国法律的管辖,就算心里不情愿,也只能乖乖就范。因此,"隐私盾"协议的重点内容之一,就是约束美国的主权——美国政府明确承诺其情报机关将暂停大规模、无差别收集数据的行为。[①] 2020 年 Schrems 一案的判决废除了"隐私盾",说明欧盟监管机构就数据流动的风险进行了更为实质、深入的关注。

总结而言,数据本地化存储可能实现的目的包括数据安全、个人数据保护、国家层面的数据保护,每一目的包含不同的内容,如

数据安全=保密性+完整性+可用性;

个人数据保护=数据安全+个人信息自决权利+数据控制者等相关方满足个人信息自决权利的义务;

国家层面的数据保护=数据安全+数据支配权+防止敏感数据遭恶意使用对国家安全的威胁。

经分析可知,对保障数据安全,数据本地化贡献度较小;对数据保护,数据本地化存储主要在于使数据能遵循每个国家就个人信息自决方面作出的权利、义务配置选择,具有一定的数据本地存储需要;对国家层面的数据保护,数据本地化存储的功效主要在于杜绝境外国家利用法律、行政等手段,合法、秘密地获取传输至其境内的数据,因此具有较高的数据本地存储需求。

为满足数据安全、个人数据保护而要求数据本地化时,国家主权通过事先设定数据跨境传输的原则或基本条件,以及对涉及的各个私主体通过规则事先设定权利义务即可,并无必要实际参与到各个场景中;在具体场景中,私主体事先知晓各自的权利义务、跨境传输的条件,只要达成的数据传输安排"过了门槛",即可开展传输。

当数据本地化是为了满足国家安全需求时,国家主权具有广泛的自由裁量权,应一事一议,按照个案实际情况作出裁量,同时可对各个私主体附加任

[①] 参见"European Commission launches EU-U.S.Privacy Shield:stronger protection for transatlantic data flows",12 July 2016,http://europa.eu/rapid/press-release_IP-16-2461_en.html。

何特定的要求,包括彻底的本地化存储,不允许来自境外的访问请求。这也是本条规定了两种特殊主体需要严格遵循本地化要求的原因。

二、关于国家网信部门组织的安全评估

对拟出境数据进行个人信息识别评估,如拟出境数据包含个人信息、个人敏感信息,则首先评估该出境活动的合规性,即其是否具有正当必要的目的、是否符合出境数据最小化原则、是否征得了个人信息主体的同意、是否被法律法规或国家有关部门明令禁止,若经评估后个人信息出境不满足合规性要求,则建议不得出境;在通过个人信息出境合规性评估的基础上,再评估个人信息出境的安全风险,安全风险评估结果为高或极高的,建议不得出境。将个人信息出境及再转移后被泄露、损毁、篡改、滥用等风险有效地降至最低限度。

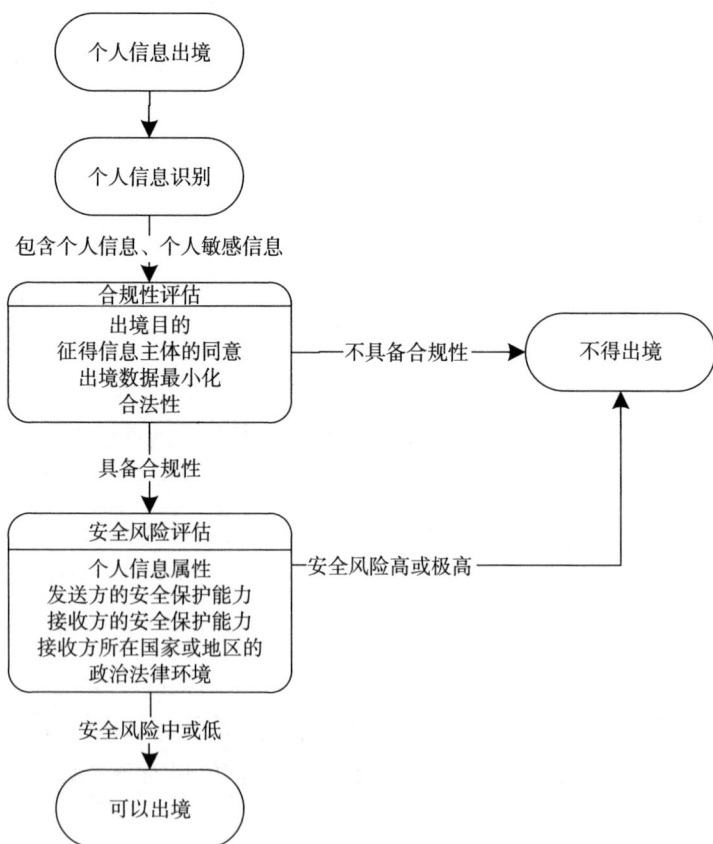

图2 个人信息出境安全评估总体流程

上述仅是结合目前法律及国家标准规定对于安全评估的流程和评估要点认识的基本总结,具体规定仍需结合国家网信部门制定的细则进行落实。

值得注意的是,即使是无需通过国家网信部门的跨境安全评估的个人信息处理者(除关键信息基础设施运营者和处理个人信息达到国家网信部门规定数量的个人信息处理者外)根据《个人信息保护法》第55条规定,个人信息处理者仍应对应当对向境外提供个人信息在事前进行风险评估,并对处理情况进行记录,风险评估的内容应当包括:(一)个人信息的处理目的、处理方式等是否合法、正当、必要;(二)对个人的影响及风险程度;(三)所采取的安全保护措施是否合法、有效并与风险程度相适应。风险评估报告和处理情况记录应当至少保存三年。

【参考条文】

一、国内立法

1.《中华人民共和国网络安全法》

第三十七条　关键信息基础设施的运营者在中华人民共和国境内运营中收集和产生的个人信息和重要数据应当在境内存储。因业务需要,确需向境外提供的,应当按照国家网信部门会同国务院有关部门制定的办法进行安全评估;法律、行政法规另有规定的,依照其规定。

2.《中华人民共和国保守国家秘密法》

第二十五条　机关、单位应当加强对国家秘密载体的管理,任何组织和个人不得有下列行为:

(一)非法获取、持有国家秘密载体;

(二)买卖、转送或者私自销毁国家秘密载体;

(三)通过普通邮政、快递等无保密措施的渠道传递国家秘密载体;

(四)邮寄、托运国家秘密载体出境;

(五)未经有关主管部门批准,携带、传递国家秘密载体出境。

第三十七条　涉密人员出境应当经有关部门批准,有关机关认为涉密人员出境将对国家安全造成危害或者对国家利益造成重大损失的,不得批准出境。

3.《生物安全法》

第五十六条　……从事下列活动,应当经国务院科学技术主管部门批准:

（一）采集我国重要遗传家系、特定地区人类遗传资源或者采集国务院科学技术主管部门规定的种类、数量的人类遗传资源；

（二）保藏我国人类遗传资源；

（三）利用我国人类遗传资源开展国际科学研究合作；

（四）将我国人类遗传资源材料运送、邮寄、携带出境。

境外组织、个人及其设立或者实际控制的机构不得在我国境内采集、保藏我国人类遗传资源，不得向境外提供我国人类遗传资源。

4.《人类遗传资源管理暂行办法》

第四条 国家对重要遗传家系和特定地区遗传资源实行申报登记制度，发现和持有重要遗传家系和特定地区遗传资源的单位或个人，应及时向有关部门报告。未经许可，任何单位和个人不得擅自采集、收集、买卖、出口、出境或以其他形式对外提供。

第十一条 凡涉及我国人类遗传资源的国际合作项目，须由中方合作单位办理报批手续。中央所属单位按隶属关系报国务院有关部门，地方所属单位及无上级主管部门或隶属关系的单位报该单位所在地的地方主管部门，审查同意后，向中国人类遗传资源管理办公室提出申请，经审核批准后方可正式签约。

国务院有关部门和地方主管部门在审查国际合作项目申请时，应当征询人类遗传资源采集地的地方主管部门的意见。本办法施行前已进行但尚未完成的国际合作项目须按规定补办报批手续。

第十六条 携带、邮寄、运输人类遗传资源出口、出境时，应如实向海关申报，海关凭中国人类遗传资源管理办公室核发的出口、出境证明予以放行。

5.《对外合作开采海洋石油资源条例》

第十四条 外国合同者在执行石油合同从事开发、生产作业过程中，必须及时地、准确地向中国海洋石油总公司报告石油作业情况；完整地、准确地取得各项石油作业的数据、记录、样品、凭证和其他原始资料，并定期向中国海洋石油总公司提交必要的资料和样品以及技术、经济、财会、行政方面的各种报告。

第二十一条 为执行石油合同所取得的各项石油作业的数据、记录、样品、凭证和其他原始资料，其所有权属于中国海洋石油总公司。

前款数据、记录、样品、凭证和其他原始资料的使用和转让、赠与、交换、出售、公开发表以及运出、传送出中华人民共和国,都必须按照国家有关规定执行。

6.《邮件快件实名收寄管理办法》

第十六条 寄递企业在中华人民共和国境内实名收寄活动中收集和产生的用户信息和重要数据应当在境内存储。

7.《地图管理条例》

第三十四条 互联网地图服务单位应当将存放地图数据的服务器设在中华人民共和国境内,并制定互联网地图数据安全管理制度和保障措施。县级以上人民政府测绘地理信息行政主管部门应当会同有关部门加强对互联网地图数据安全的监督管理。

8.《征信业管理条例》

第二十四条 征信机构在中国境内采集的信息的整理、保存和加工,应当在中国境内进行。

征信机构向境外组织或者个人提供信息,应当遵守法律、行政法规和国务院征信业监督管理部门的有关规定。

9.《网络招聘服务管理规定》

第二十二条 从事网络招聘服务的人力资源服务机构因业务需要,确需向境外提供在中华人民共和国境内运营中收集和产生的个人信息和重要数据的,应当遵守国家有关法律、行政法规规定。

10.《网络出版服务管理规定》

第八条 图书、音像、电子、报纸、期刊出版单位从事网络出版服务,应当具备以下条件:

(一)有确定的从事网络出版业务的网站域名、智能终端应用程序等出版平台;

(二)有确定的网络出版服务范围;

(三)有从事网络出版服务所需的必要的技术设备,相关服务器和存储设备必须存放在中华人民共和国境内。

11.《网络预约出租汽车经营服务管理暂行办法》

第二十七条 网约车平台公司应当遵守国家网络和信息安全有关规定,所采集的个人信息和生成的业务数据,应当在中国内地存储和使用,保存期限不少于两年,除法律法规另有规定外,上述信息和数据不得外流。

12.《网络借贷信息中介机构业务活动管理暂行办法》

第二十七条 在中国境内收集的出借人与借款人信息的储存、处理和分析应当在中国境内进行。除法律法规另有规定外,网络借贷信息中介机构不得向境外提供境内出借人和借款人信息。

13.《中国人民银行关于银行业金融机构做好个人金融信息保护工作的通知》

六、在中国境内收集的个人金融信息的储存、处理和分析应当在中国境内进行。除法律法规及中国人民银行另有规定外,银行业金融机构不得向境外提供境内个人金融信息。

14.《保险公司开业验收指引》

三、"开业验收标准"中的"(九)信息化建设符合中国保监会要求"规定:"业务数据、财务数据等重要数据应存放在中国境内,具有独立的数据存储设备以及相应的安全防护和异地备份措施。

15.《工业和信息化部关于同意中国移动通信集团有限公司、中国电信集团有限公司、中国联合网络通信集团有限公司开展物联网等领域 eSIM 技术应用服务的批复》

(二)落实用户个人信息和网络数据保护责任,完善管理制度和技术手段,规范用户个人信息和网络数据采集、传输、存储、使用和销毁等行为,防止用户信息和数据泄露与滥用。因业务需要确需向境外提供的数据,应按照有关法律法规要求进行安全评估。加强对业务合作方的约束管理,签订数据安全协议,细化明确业务合作方的数据使用权限、安全保护责任、必要的安全保护措施。

16.《国务院办公厅关于促进"互联网+医疗健康"发展的意见》

1. 患者信息等敏感数据应当存储在境内,确需向境外提供的,应当依照有关规定进行安全评估。(国家卫生健康委员会、国家网信办、工业和信息化部负责)

二、比较法

1. 俄罗斯《第 242-FZ 号联邦法》

第 2 条 在个人数据收集期间,包括通过因特网,运营人应确保使用位于俄罗斯联邦境内的数据库以记录、系统化、积累、存储、澄清(更新或修改)和取回俄罗斯联邦公民的个人数据。除本联邦法第 6 条第 1 部分第 2、3、4、8 条规定的情况外。

【参考案例】

华大基因未经许可将部分人类遗传资源信息传递出境行政处罚案

根据中华人民共和国科学技术部颁布的国科罚〔2015〕2号行政处罚决定书显示,根据《人类遗传资源管理暂行办法》(国办发〔1998〕36号)、《中华人民共和国行政处罚法》等有关规定,中国人类遗传资源管理办公室(以下简称"遗传办")对深圳华大基因科技服务有限公司(以下简称"华大科技")执行"中国女性单相抑郁症的大样本病例对照研究"国际科研合作情况进行了调查,现已调查终结。经查明,存在以下违法违规行为:

华大科技与华山医院未经许可与英国牛津大学开展中国人类遗传资源国际合作研究,华大科技未经许可将部分人类遗传资源信息从网上传递出境。

上述行为违反了《人类遗传资源管理暂行办法》第4条、第11条、第16条规定。现根据《人类遗传资源管理暂行办法》第21条及《中华人民共和国行政处罚法》有关规定,决定处罚如下:

1.你单位应于接到本决定书之日起立即停止该研究工作的执行。

2.销毁该研究工作中所有未出境的遗传资源材料及相关研究数据。

3. 自本决定书送达之日起停止华大科技涉及我国人类遗传资源的国际合作,整改验收合格后,再行开展。

华大基因公司在收到该行政处罚后,高度重视此事并第一时间快速推进了整改工作,对相关合作的资质要求、合作流程、效果评价均进行了重新规范和全面整改。经对整改报告进行核查并现场验收后,科技部已批准公司恢复开展人类遗传资源国际合作工作。公司将秉承遵守国家法律法规的一贯要求,审慎开展相关国际合作工作。

第四十一条(国家司法协助或者行政执法协助下向境外提供个人信息的规则)

第四十一条　中华人民共和国主管机关根据有关法律和中华人民共和国缔结或者参加的国际条约、协定,或者按照平等互惠原则,处理外国司法或者执法机构关于提供存储于境内个人信息的请求。非经中华人民共和国主管机关批准,个人信息处理者不得向外国司法或者执法机构提供存储于中华人民共和国境内的个人信息。

【本条主旨】

本条是关于国家司法协助或者行政执法协助下向境外提供个人信息的规则的规定。

【条文详解】

一方面,国家司法协助或者行政执法协助中的信息提供行为是一种国际间的信息往来,与一般的商业往来或者个人间的往来存在差异,对国家利益、国家安全的影响更为密切;另一方面,国际司法协助或者行政执法协助需要的个人信息,往往具备更高的敏感性。因此,本条对上述行为中涉及的个人信息提供行为设置了未经批准不得提供的要求,区别于一般个人信息提供行为的安全评估要求,对个人信息的境外提供进行更加严格的把控,是对美国 Cloud 法案、欧盟 GDPR 等域外扩展管辖权的法案的有力"封阻"回应,有效地捍卫我国的数据主权。对于参加的国际条约、协定有规定的情况,按照其规定执行或者按照平等互惠原则处理的规定体现了捍卫主权的前提下对于我国参与的国际条约、协定的尊重。

一、跨境司法协助、执法机关调取域外数据的通用框架的局限

通常来说,本国执法机关调取存储在国外的数据,以及外国执法机构调取存储在本国的数据,均需要通过数据存储地所在国家有权机关的同意和协助,而不能越俎代疱,如此方能体现对主权的尊重。[①] 在国际法框架内存在如下五种典型方式:一是国际公约中包含部分司法协助的条款;二是国家之间签署的司法协助程序;[②]三是基于互惠原则,以一事一议方式展开具体的司法协

[①] 参见 Maruša T.Veber and Maša Kovič Dine,*Big Data and Economic Cyber Espionage:An International Law Perspective*,Routledge,2014,p.11。

[②] 参见 Valsamis Mitsilega,New EU-USA Cooperation on Extradition,Mutual Legal Assistance and the Exchange of Police Data,Vol.8(4),*European Foreign Affairs Review*,515-536(2003)。

助;四是司法协助函,即一国的法院向另一国法院提出正式协助请求;五是双多边警务合作。

上述五种形式共同的特征是国家主权充分的参与:公约和司法协助条约的内容由主权国家共同协商,并需要主权国家签署批准;其他形式的协助请求和警务合作,也需要国家有权机关的共同参与和执行。但也正是因为不能"绕过"主权,使其实践存在较高的"门槛",例如寻求协助的事项必需在被请求国家中也被认定为犯罪、是否提供协助由被请求国家自行决定等。

事实上,除了门槛高、需要大量协调合作外,上述五种形式在现实中最大的缺陷在于效率低下。据美国学者研究,外国向美国政府提交法律协助请求,平均的处理时间要耗时 10 个月。[①] 显然,这样的速度完全无法满足执法机关的需求,特别是在瞬息万变的网络时代。

外界的新变化也导致执法机关对司法协助程序愈发不满。随着通信加密技术广泛采用,执法部门在数据传输过程中通过拦截通信方式只能截获无法成功解密的加密数据包,无法获知通信内容,因此,"搜查"通信内容"落地"的服务器、终端、云端成为执法必需,但通信服务提供商出于成本等考虑往往将其部署在境外,客观上加强了执法跨境调取数据的必要。[②] 此外,还存在变换通信工具和渠道的问题。

司法协助程序应对互联网时代的犯罪显得苍白无力,也倒逼执法部门在司法协助程序框架外探索其他方式。随着组织的跨国化和信息化程度越来越高,执法部门发现掌握境外数据的组织如在境内设有总部或分支,便意味着对该组织具有管辖权,由此可以通过境内法律流程和文书,直接要求或强迫组织在境内总部或分支将境外数据"带到"境内。

二、美欧关于跨境司法协助、执法机关调取域外数据的制度设计

我们以美国和欧洲两种模式而分析"取"和"防"的制度设计。

就美国而言,从证据开示程序制度,到美国国会于 2018 年快速通过《澄清

---

① 参见 Peter Swire and Justin Hemmings,Mutual Legal Assistance in an Era of Globalized Communications:The Analogy to the Visa Waiver Program.Vol.71(4)*NYU Annual Survey of American Law*,687–740(2017)。

② 参见 Peter Swire,From Real-time Intercepts to Stored Records:Why Encryption Drives the Government to Seek Access to the Cloud,Vol.2(4),*International Data Privacy Law*,200–206(2012)。

合法使用境外数据法》(*the Clarifying Lawful Overseas Use of Data Act*,本书简称
"云法案"),均体现了美国模式的要旨——将自己的企业变成领土的延伸。
从"取"的维度看,云法案对于数据管辖权的判定标准在于数据控制者而非存
储地,事实上达成的客观效果是美国政府可以经由美国数据控制者直接调取
全球数据,仅在数据涉及未在美国境内的非美国人时,才允许服务提供者据此
提出抗辩,并由美国法院加以判断。立基于庞大的全球互联网产业背景,叠
加云法案精细化的法律制度构建,美国政府的数据调取之手方便地延伸到
国境之外,实现了"境内外一盘棋"。从"防"的维度看,云法案也实现了对
之前的《存储通信法案》(SCA)的改革,仅在满足特定条件时,才认可适格
外国政府直接向服务提供者调取数据。由此,美国既能够继续对受美国法
管辖的企业所掌握的数据保持绝对控制,也可以借机要求意欲直接调取数
据的外国政府必须遵守美国式人权和隐私保护基线,并给予美国政府对等
待遇。

就欧盟而言,结合 GDPR、欧盟的典型司法判例①以及相关立法进展②的
情况来看,欧盟模式的要旨——将规则的管辖范围扩展到域外,并以整个欧盟
单一数字市场作为筹码,使得全球接受其规则扩张,进而在网络空间中变相地
延伸了自己的领土。欧盟在执法跨境数据调取的扩张思路之所以行得通,在
于欧盟背靠整个单一数字市场,以约 5 亿全球相对富裕的人群的消费为筹码,
使得跨国企业在进入欧盟市场的同时,"自愿"遵守其规定。从"取"的方面来
看,欧盟基本认同数据控制者标准,但针对数据控制者不在欧盟境内的情形采
取了两类措施:一是境外数据控制者有意识地针对欧盟提供服务,即应该接受

---

① 参见 Cass.18 januari 2011,nr.P.10.1347.NVol.8,*Digital Evidence and Electronic Signature Law Review*,216,217(2011)。

　　2010 年,比利时执法机关要求 Yahoo 提供能够识别特定用户的 IP 地址、电子邮件地址等身份类信息,Yahoo 宣称其为美国公司且在比利时境内没有办公室,不受比利时法律管辖。比利时最高法院认为,任何实体"只要积极活跃地将比利时消费者作为其经济活动的主要目标",即便在境内没有实体存在,也要遵守披露数据的命令;并进一步指出,要求 Yahoo 披露数据的命令并不需要比利时政府向境外派遣执法人员或在境外采取实质性动作,而是由 Yahoo 将数据"带入"比利时境内后向比利时当局披露,因此披露数据的命令并非在境外执行,没有超过管辖权的地域限制。与"微软诉美国政府"案中的美国法院相比,比利时法院更加激进。

② 如《欧洲议会和欧盟理事会关于刑事犯罪电子证据的调取令和保全令的规定的提案》、《数字服务法》草案。

欧盟管辖;二是对数据控制者及其分支机构做紧密联系,如欧盟境内分支机构相关活动场景能够囊括发生在境外的数据处理,则境外真正进行数据处理的控制者也应接受欧盟管辖。由此,欧盟在网络空间中变相地延伸了自己的领土。从"防"的方面来看,欧盟还是坚持地域的概念,并且坚持的是借助扩张解释加以延伸后的领土。结合"取"和"防"两方面,欧盟在网络空间中变相地延伸了自己的领土,远远超过真实的欧盟地理领土;而欧盟在网络空间中领土有多大,对领土形式的主权就覆盖到哪里。

三、阻断域外司法、执法机关调取数据的尝试

一些国家从境外"取"数据有创新,一些国家也开始在"防"的方面提出针对性措施。最具代表性的操作,当属大陆法系国家的"封阻法令"(blocking statutes)。

在众多封阻法令的立法中,以法国最为著名,甚至封阻法令的名称即来自法国的立法。1980 年,为了阻止美国针对法国航运公司的反垄断调查,法国通过了专门的《封阻法令》。① 该法案第一条规定,在没有法国法院命令的情况下,禁止任何法国个人出于提交证据的目的,向境外司法或行政机关披露关于经济、商业、工业、金融、技术方面的信息。法国不是唯一向美国说"不"的国家。德国、英国等许多国家也有类似的封阻法令。例如,英国 1980 年通过贸易利益保护法(*Protection of Trading Interests Act of* 1980),授权国务大臣基于英国主权或贸易利益,可以要求禁止配合外国法院或其他公权力机关的证据开示要求。② 此外,也有从客户信息保护的角度实现"封阻"的立法:由于执法跨境调取数据需求经常发生在银行业,各国银行业相关法律中有关客户信息严格保密的规定,也被认为在事实上构成一种封阻法令,例如瑞士、卢森堡、新加坡等国的规定;③另外是个人信息保护方面的法律,又以欧盟 2018 年生效的《通用数据保护条例》(*General Data Protection Regulations*,英文简称

---

① 参见 The French Blocking Statute,(Law No.80-538 of 16 July 1980)。
② 参见 Protection of Trading Interests Act 1980,http://www.legislation.gov.uk/ukpga/1980/11,最近访问时间[2020-09-30]。
③ 参见 Christopher H.McGrath and Neil J.Schumacher,Beyond Blocking Statutes:Revisiting Foreign Discovery Under the Hague Convention,*Paul Hastings*,3 February 2015,https://www.paulhastings.com/publications-items/details/? id=719ce369-2334-6428-811c-ff00004cbded,最近访问时间[2020-09-30]。

GDPR)最为典型。

四、跨境数据调取的中国方式

与美、欧的"锐意进取"形成鲜明对比的是,我国坚守传统地域管辖的主权原则,强调对于发生在领土之外的事项应当采取主权合作的路径。在《数据安全法》和《个人信息保护法》颁布之前,对于境外调取我国境内数据,我国历来强调应当尊重国家主权,通过司法协助方式获取。这也是我国拒绝加入《网络犯罪公约》的原因所在。该公约第 32 条所规定的通过互联网直接获取境外电子数据的取证方式,一直被我国视为侵犯他国主权的行为。出于维护国家主权和安全的考虑,我国一直拒绝加入该公约,并选择在联合国层面推动形成新的网络犯罪国际条约。①

2018 年 10 月,《国际刑事司法协助法》通过,将我国涉外刑事司法协助上升至法律层面。就执法跨境调取数据而言,该法第 4 条规定:"非经中华人民共和国主管机关同意,中华人民共和国境内的机构、组织和个人不得向外国提供证据材料和本法规定的协助。"全国人大对其说明时明确提及,该条的增加在于应对实践中有外国司法执法机关未经我国主管机关准许要求我国境内的机构、组织和个人提供相关协助的情况,应抵制外国的"长臂管辖"要求。②

因此,不论立法还是实践,不论是"取"还是"防",我国对执法跨境调取数据的基本立场均是强调主权不容侵犯,坚持应通过主权国家之间的平等互惠合作来开展。2021 年 6 月,《数据安全法》正式发布,其中第 36 条和本条也与《国际刑事司法协助法》第 4 条一脉相承,足见我国对前述基本立场的坚守。此外,《个人信息保护法》第 3 条和《数据安全法》第 2 条也对"长臂管辖"进行了规定。简言之,在面对执法跨境调取数据的利益考量时,通过两部数据领域的基本法规定,我国在国家主权、安全和发展利益的平衡之上,攻防兼备,考虑国家主权和安全利益。

---

① 参见胡生健、黄志雄:《打击网络犯罪国际法机制的困境与前景——以欧洲委员会〈网络犯罪公约〉为视角》,《国际法研究》2016 年第 6 期。

② 参见《全国人民代表大会宪法和法律委员会关于〈中华人民共和国国际刑事司法协助法(草案)〉审议结果的报告》,http://www.npc.gov.cn/zgrdw/npc/xinwen/2018-10/26/content_2064519.html,最近访问时间[2020-09-30]。

【参考条文】

一、国内立法

1.《中华人民共和国国际刑事司法协助法》

第四条 非经中华人民共和国主管机关同意,中华人民共和国境内的机构、组织和个人不得向外国提供证据材料和本法规定的协助。

2.《中华人民共和国数据安全法》

第三十六条 中华人民共和国主管机关根据有关法律和中华人民共和国缔结或者参加的国际条约、协定,或者按照平等互惠原则,处理外国司法或者执法机构关于提供数据的请求。非经中华人民共和国主管机关批准,境内的组织、个人不得向外国司法或者执法机构提供存储于中华人民共和国境内的数据。

二、比较法

1. 英国《贸易利益保护法》(*Protection of Trading Interests Act of* 1980)

1. 影响英国贸易利益的海外措施。

(1)如果国务大臣认为

(a)任何海外国家的法律已经采取或拟采取调节或控制国际贸易的措施;并且

(b)这些措施,只要它们适用于或将适用于在英国开展业务的人在该国领土管辖范围以外所做或将要做的事情,正在损害或有可能损害英国的贸易利益,国务大臣可通过命令指示,本条应普遍适用于这些措施,或适用于命令中可能指定的情况。

(2)国务卿可通过命令规定,要求或使国务卿能够要求在英国开展业务的人向国务卿发出通知,说明根据任何措施对该人实施或威胁实施的任何要求或禁令,只要本条根据上述第(1)款的命令适用于他们。

(3)国务大臣可向在英国经营业务的任何人发出他认为适当的指示,禁止遵守上述任何要求或禁令,以避免损害英国的贸易利益。

(4)国务大臣根据上述第(1)或(2)款发布命令的权力应通过法定文书行使,但可根据议会两院的决议予以废除。

（5）根据上述第（3）款发出的指示可以是一般性的，也可以是特别的，可以绝对禁止遵守任何要求或禁令，也可以在指示中规定的情况下或在同意或其他条件下禁止遵守；根据该款发出的一般性指示应以国务大臣认为适当的方式公布。

（6）在本条中，"贸易"包括在任何种类的业务过程中进行的任何活动，"贸易利益"应作相应解释。①

2. 法国《封阻法令》②

第 1 条 在没有法国法院命令的情况下，禁止任何法国个人出于提交证据的目的，向境外司法或行政机关披露关于经济、商业、工业、金融、技术方面的信息。

第四十二条（对境外限制或者禁止个人信息提供的清单）

第四十二条 境外的组织、个人从事侵害中华人民共和国公民的个人信息权益，或者危害中华人民共和国国家安全、公共利益的个人信息处理活动的，国家网信部门可以将其列入限制或者禁止个人信息提供清单，予以公告，并采取限制或者禁止向其提供个人信息等措施。

【本条主旨】

本条是关于境外组织、个人侵害中国公民个人信息权益、危害国家安全、公共利益的个人信息处理者列入清单，予以禁止或者限制性措施的规定。

【条文详解】

在全球化浪潮下，国际间的个人信息流动不可避免，但随着我国的不断发展壮大，所面临的境外不法分子的违法行为也越来越多，个人信息对个人的利益、公共利益以及国家利益和安全都具有重要意义，因此国家层面坚决维护公

---

① 参见 Protection of Trading Interests Act 1980, http://www.legislation.gov.uk/ukpga/1980/11, 最近访问时间[2020-09-30]。

② 参见 The French Blocking Statute, (Law No.80-538 of 16 July 1980)。

民及国家的权益,并且坚决打击相关不法行为,本条规定将通过黑名单的方式对危害国家安全和公共利益的个人信息处理行为予以限制和禁止,对于境外数据接收方的非法数据处理行为进行威慑,从而更好地捍卫我国的数字主权以及个人信息主体的合法权益。

【参考条文】

一、比较法

1. 欧盟《通用数据保护条例》

第58条 权力

2.每个监管机构都有所有如下矫正性权力:

(a)对控制者或处理者颁发警告,警告预期的处理操作可能会侵犯本条例的条款;

(b)当处理操作侵犯本条例条款的时候,对控制者或处理者进行申诫;

(c)命令控制者或处理者尊重数据主体行使符合本条例的权利;

(d)命令控制者或处理者的处理操作符合本条例条款,如果适合的话,应当在特定的期限内以特定的方式完成;

(e)命令控制者将个人数据泄露的情况告知数据主体;

(f)对处理施加暂时性或具有明确期限的禁令;

(g)要求对个人数据进行纠正或擦除,或根据第16条、第17条和第18条而对处理进行限制以及将此类行动告知第17(2)条和第19条规定的个人数据披露给的接收者;

(h)撤回认证,或命令认证机构撤回根据第42条和第43条而颁发的认证,或者当认证的要求不满足或不再满足时,命令认证机构不要颁发认证;

(i)视每个案例的情形不同,在本段所规定的措施之外,或者替代本段所规定的措施而采取第83条规定的行政处罚;

(j)要求中止将数据传输到第三国或国际组织。

【参考案例】

德国巴伐利亚数据监管机构叫停使用
美国服务提供商 Mailchimp 的服务①

在"Standard"一案中提出的裁决涉及在没有正式监督措施的情况下完成的关于数据主体投诉的补救程序,其中使用 Mailchimp 的控制者(某公司)在巴伐利亚数据监管机构要求就 Schrems Ⅱ 裁决的后果提出意见和详细信息后,宣布它现在已经不再使用 Mailchimp。

巴伐利亚数据监管机构给投诉人的最后通知中包括了以下措辞(以下为非正式的翻译)。

"……我们指的是你对……有关使用'Mailchimp'的数据保护投诉。由于我们的干预,该公司已通知我们,它曾两次使用 Mailchimp 来发送新闻简报。由于我们的干预,该公司现在已经通知我们,它将不再使用 Mailchimp,并立即生效。

"该公司还告知我们,它只是在上述使用的情况下将电子邮件地址传送给 Mailchimp。它还提到,欧洲数据保护委员会关于向第三国转移个人数据的所谓补充措施的建议尚未有最终版本,但仍在进行公开咨询,确实如此。

"根据我们的评估,……在上述两个案例中使用 Mailchimp,因此也将您的电子邮件地址转移到 Mailchimp,这是您投诉的数据处理活动。根据数据保护法是非法的,因为……没有审查除了欧盟标准数据保护条款(已使用)之外,欧洲法院裁决'Schrems II'(欧洲法院,16.7 的判决)。在本案中,至少有迹象表明,根据美国法律规定 FISA702(50 U.S.C. § 1881),Mailchimp 作为一个可能的所谓的电子通信服务提供商,原则上可能会被美国情报部门获取数据,因此,只有采取额外措施(如果可能并足以补救问题),转让才是合法的。"

我们通知该公司,由于上述原因,上述向美国转移个人数据的行为是不合法的。

"对你的投诉的处理就此结束。这封信构成了法律规定的关于您的投诉

---

① 参见 EDPB:Bavarian DPA(BayLDA)calls for German company to cease the use of"Mailchimp"tool,https://edpb.europa.eu/news/national-news/2021/bavarian-dpa-baylda-calls-german-company-cease-use-mailchimp-tool_en,访问时间:2021 年 8 月 7 日。

处理结果的信息,根据 GDPR 第 77(2)条。"

本案是德国巴伐利亚数据监管机构监督执行欧洲法院裁决要求的典范,与反复出现的批评相反,即使没有公开感知的调查或制裁,该监管机构也已经高度重视,并且迄今为止以高于平均水平的频率成功达成了协议。

第四十三条(对等措施规定)

第四十三条　任何国家或者地区在个人信息保护方面对中华人民共和国采取歧视性的禁止、限制或者其他类似措施的,中华人民共和国可以根据实际情况对该国家或者地区对等采取措施。

【本条主旨】

本条是关于我国可以根据实际情况对其他国家和地区在个人信息保护方面对我国采取歧视性的禁止、限制或者其他类似措施的,采取对等措施的规定。

【条文详解】

在中美关系紧张的局势背景下,美国以维护国家安全为由对中国尤其是中国企业采取了一系列限制性措施,并且还通过系列多边行动将该等限制性措施推广到其他国家,例如与出口管制相关的瓦森纳安排,2019 年瓦森纳安排的修订导致相关成员国今后对中国的相关技术出口均需设置相应管制要求。同时,除美国外,包括欧盟、日本等国家和地区均对中国设有相应的军事禁运和特别出口管制要求。鉴于该等严峻的国际形势,外国很可能在个人信息保护层面对我国采取歧视性禁止、限制措施,对此,本条规定了我国可以就类似行为采取反制措施,切实维护我国公民、企业的合法权益。

【参考条文】

一、国内立法

1.《中华人民共和国数据安全法》
第二十六条　任何国家或者地区在与数据和数据开发利用技术等有关

的投资、贸易等方面对中华人民共和国采取歧视性的禁止、限制或者其他类似措施的，中华人民共和国可以根据实际情况对该国家或者地区对等采取措施。

2.《中华人民共和国出口管制法》

第四十八条　任何国家或者地区滥用出口管制措施危害中华人民共和国国家安全和利益的，中华人民共和国可以根据实际情况对该国家或者地区对等采取措施。

3.《中华人民共和国反外国制裁法》

第三条　中华人民共和国反对霸权主义和强权政治，反对任何国家以任何借口、任何方式干涉中国内政。

外国国家违反国际法和国际关系基本准则，以各种借口或者依据其本国法律对我国进行遏制、打压，对我国公民、组织采取歧视性限制措施，干涉我国内政的，我国有权采取相应反制措施。

4.《阻断外国法律与措施不当域外适用办法》

第一条　为了阻断外国法律与措施不当域外适用对中国的影响，维护国家主权、安全、发展利益，保护中国公民、法人或者其他组织的合法权益，根据《中华人民共和国国家安全法》等有关法律，制定本办法。

第二条　本办法适用于外国法律与措施的域外适用违反国际法和国际关系基本准则，不当禁止或者限制中国公民、法人或者其他组织与第三国（地区）及其公民、法人或者其他组织进行正常的经贸及相关活动的情形。

第六条　有关外国法律与措施是否存在不当域外适用情形，由工作机制综合考虑下列因素评估确认：

（一）是否违反国际法和国际关系基本准则；

（二）对中国国家主权、安全、发展利益可能产生的影响；

（三）对中国公民、法人或者其他组织合法权益可能产生的影响；

（四）其他应当考虑的因素。

第七条　工作机制经评估，确认有关外国法律与措施存在不当域外适用情形的，可以决定由国务院商务主管部门发布不得承认、不得执行、不得遵守有关外国法律与措施的禁令（以下简称禁令）。

工作机制可以根据实际情况，决定中止或者撤销禁令。

二、比较法

1. 欧盟《阻断法案》①(European Union's blocking statute)

第 4 条

位于共同体以外的法院或法庭的判决和行政当局的决定,如果直接或间接地实施附件中规定的法律或基于此的行动或由此产生的行动,则不应得到承认或以任何方式执行。

第 11 条所述人员不得直接或通过子公司或其他中间人,主动或故意不遵守基于或直接或间接由附件规定的法律或基于或产生的行动的任何要求或禁令,包括外国法院的要求。

第 5 条

第 11 条所述人员不得直接或通过子公司或其他中间人,主动或故意不遵守基于或直接或间接由附件规定的法律或基于或产生的行动的任何要求或禁令,包括外国法院的要求。

根据第 7 条和第 8 条规定的程序,在不遵守会严重损害其利益或共同体利益的情况下,可以授权个人完全或部分遵守。适用这一规定的标准应根据第 8 条规定的程序来确定。当有足够的证据表明不遵守规定会对自然人或法人造成严重损害时,委员会应迅速向第 8 条所述的委员会提交一份根据本条例规定采取的适当措施草案。

---

① 参见 https://ec.europa.eu/info/business-economy-euro/banking-and-finance/international-relations/blocking-statute_en。

第四章　个人在个人信息处理活动中的权利

　　本法第四章"个人在个人信息处理活动中的权利"从第 44 条到第 50 条，共计 7 个条文，未分节。本章详细规定了个人的知情权和决定权（第 44 条）、查询权、复制权和转移权（第 45 条）、更正权和补充权（第 46 条）、删除权（第 47 条）、个人信息处理规则说明权（第 48 条）、死者个人信息保护（第 49 条）、个人信息处理中的程序性权利（第 50 条）。

　　本章鲜明体现了《个人信息保护法》保护个人信息权益的立法目标。在结构安排上，第 44 条是本章的基础性、总括性条款，确立了个人对其个人信息处理的知情权和决定权。第 45 条到第 48 条，逐一列举了个人对其信息的查阅权、复制权、转移权、更正权、补充权、删除权以及对个人信息处理规则的说明权。第 50 条规定了个人在个人信息处理活动中的程序性权利，包括了要求个人信息处理者建立便捷的申请受理、处理机制以及拒绝请求后的诉权。此外，第 49 条特别规定了死者个人信息的保护，这也是本法唯一一条关于死者个人信息保护的规定。本章结构严谨，层次分明，呈现出"概括性权利——实体性具体权利——程序性具体权利——死者特殊利益"的权利构造。

　　本章在《个人信息保护法》中发挥着枢纽和转轴的功能。其向前，为本法第二章"个人信息处理规则"、第三章"个人信息跨境提供的规则"中有关知情同意、自动化决策、敏感个人信息保护等制度提供权利基础和价值指引；其向后，为本法第五章"个人信息处理者的义务"、第七章"法律责任"中的义务设定和责任承担提供规范依据和逻辑前提。本章是个人信息私权属性、《个人信息保护法》私法属性的集中展现，宣示了《个人信息保护法》以人民为中心的立法宗旨。

第四十四条（个人的知情权和决定权）

第四十四条 个人对其个人信息的处理享有知情权、决定权，有权限制或者拒绝他人对其个人信息进行处理；法律、行政法规另有规定的除外。

【本条主旨】

本条是关于个人享有知情权和决定权的规定。

【核心概念】

知情权

个人就其个人信息，请求个人信息处理者提供与其个人信息处理活动相关信息的权利。

决定权

个人就其个人信息，对信息处理者主张信息处理活动的选择处理、干预处理、限制处理、拒绝处理等权利。

【条文详解】

一、知情权、决定权是个人信息权益中的概括性权利

保护个人信息权益是本法第 1 条宣誓的核心立法目标，为此，本法延续了《民法典》中"个人信息权益"作为一项重要民事权益的规定，并将《民法典》第 1037 条所列举的个人查询权、复制权、更正权、删除权，进一步提升、抽象为"个人知情权、决定权"，成为统领本法第 45 条个人信息查阅权、复制权和有条件的转移权；第 46 条个人信息更正、补充权；第 47 条个人信息删除权；第 48 条个人说明权；第 24 条个人对自动化决策的选择权、说明权和拒绝权，并成为本法第二章"个人信息处理规则"、第三章"个人信息跨境提供的规则"中告知、同意规定的权利基础。

作为概括性权利，个人知情权、决定权发挥着如下两大功能：其一，价值指引功能。作为个人信息权益的总括性规定，与《宪法》第 33 条第三款"国家尊重和保障人权"、第 38 条"中华人民共和国公民的人格尊严不受侵犯"、第 40

条"中华人民共和国公民的通信自由和通信秘密受法律的保护"相勾连,成为彰显个人信息价值内核,宣誓个人信息保护目的,落实宪法人权保障的重要条款。其二,权利创设功能。个人信息权益均有法定性和开放性,其法定性体现在本法所规定的具体个人信息权利之中,其开放性根植于个人信息权益和人格尊严的关联上。既有法定权利的列举可能无法回应技术快速迭代、社会迅猛变迁和利用场景的日新月异,因此,后续法律、法规和司法判决可以经由本条而创制新的个人信息权益。正因如此,在具体适用上,本条是补充性的、兜底性的,只有在其他个人信息权益无法提供充分救济之时,才有本条适用的余地,以保证法律的确定性和安定性。

二、个人知情权、决定权的对象:"个人信息处理活动"

本法以"个人信息处理活动"为规范对象,本条亦将"个人信息处理活动"作为权利对象。根据本法第4条第2款的规定,"个人信息的处理"包括了个人信息的收集、存储、使用、加工、传输、提供、公开、删除等活动。据此,本条的"知情权、决定权"即个人向信息处理者和接受委托处理个人信息的受托人,主张告知其信息处理的目的、方式、处理信息的种类等事项,并明确、自愿作出决定的权利。有必要说明,"个人信息"并非知情权、决定权的对象,本条也并未赋予个人针对个人信息的控制权,而是通过"个人信息处理活动中的一系列权利",以防范个人信息处理对个人的侵害,维护人的主体地位和人格自由发展,避免个人沦为由他人操纵的客体,有损其人性尊严。

三、个人知情权的含义

个人对其个人信息处理活动相关事项的知情,是对其人格权益的尊重,也是保护其人格权益的先决性条件,个人只有知晓其个人信息处理活动中与其利益密切相关的重要事项,才能理性地作出决策,否则便不能保护自己的权益。个人对其个人信息处理活动相关事项的知情,体现为个人对其个人信息处理相关事项享有知情权。个人对其个人信息处理相关事项享有知情权,源于其身份的相关性,是基于其身份而享有知悉的权利。[1] 知情权一方面表现

---

[1] 参见张新宝、葛鑫:《个人信息保护法(专家建议稿)及立法理由书》,中国人民大学出版社2021年版,第33—34页。

为个人向个人信息处理者主张的请求权,即有权要求后者提供与其个人信息处理相关事项的信息;另一方面表现为个人信息处理者的法定义务,只要个人未明确放弃其知情权,即便其未主动行使其知情权,个人信息处理者亦应依法或依约主动告知个人与其个人信息处理相关事项的信息。

知情权中的请求权体现在本法第 45 条中的"查阅权、复制权"、第 48 条中的"个人有权要求个人信息处理者对个人信息处理规则解释说明权"、第 50 条中的"个人信息处理者应当建立便捷的个人行使权利的申请受理和处理机制。拒绝个人行使权利的请求的,应当说明理由。个人信息处理者拒绝个人行使权利的请求的,个人可以依法向人民法院提起诉讼"的救济权利。知情权所指向的法定义务体现在本法的第 17 条、第 23 条、第 30 条。第 17 条规定个人信息处理者应当以显著方式、清晰易懂的语言真实、准确、完整地向个人告知以下事项:个人信息处理者的名称或者姓名和联系方式;个人信息的处理目的、处理方式,处理的个人信息种类、保存期限;个人行使本法规定权利的方式和程序等。第 23 条针对个人信息处理者向其他个人信息处理者提供其处理的个人信息的情况,规定还应当向个人告知接收方的名称或者姓名、联系方式、处理目的、处理方式和个人信息的种类等内容。第 30 条针对个人信息处理者处理敏感个人信息的,规定还应当向个人告知处理敏感个人信息的必要性以及对个人权益的影响。

四、个人决定权的含义

个人对其个人信息处理活动享有决定权,即对于其个人信息如何收集、存储、使用、加工、传输、提供、公开、删除的自主决定权,以实现个人自治、维持个人尊严,避免处于完全被操控的他决地位。需要指出,本法的"个人决定权"并非德国"个人信息自决权"的中国翻版。发轫于德国 1983 年"人口普查案"的"个人信息自决权",意指个人对于其个人信息拥有决定在何种范围内、于何时、向何人、以何种方式加以揭露或使用的自主权。与个人信息自决权相比,本法的"个人决定权"有三点不同:(1)在权利性质上,自决权是针对国家的"宪法性权利",而决定权是一项针对私主体和国家机关的部门法权利;(2)在权利对象上,自决权是指向个人信息的权利,而决定权是指向个人信息处理活动的权利;(3)在权利内容上,自决权强调个人对个人信息主动支配和控制权,信息决定权强调个人对信息处理者信息处理活动的选择处理权、干预处理权、限制处理权、拒绝处理权,就此而言,它是针对个人信息处理给个人人格或财产带来之加害危险的事先防御机制。①

在本法中,个人决定权主要有如下体现:(1)个人对处理个人信息的同意。个人有权在充分知情的前提下自愿、明确作出,个人信息的处理目的、处理方式和处理的个人信息种类发生变更的,应当重新取得个人同意;(2)个人在特殊情形下的单独同意和书面同意,在向他人提供个人信息、公开其所处理的个人信息、所收集的个人图像、身份识别信息用于维护公共安全以外的目的,处理敏感个人信息都需要获得个人的单独同意,而法律、行政法规规定应当取得书面同意的情况下应当取得书面同意;(3)个人可以随时撤回其同意,个人信息处理者应当提供便捷的撤回同意的方式;(4)个人的删除权;(5)个人对于自动化决策的选择和干预权;(6)对公开信息处理的拒绝权;等等。

五、个人知情权和决定权的相对性

个人知情权和决定权并非绝对性的、不可克减的权利。本法第 1 条明确将“个人信息保护”与“个人信息合理利用”作为并列的立法目标,欧盟 GDPR“序言”第 4 条亦规定:“保护个人数据的权利不是绝对权,必须根据比例原则,考虑其在社会中的作用,并与其他的基本权利相较权衡。本条例尊重所有基本权利,并且遵守《宪章》所承认的载于《条约》中的自由和原则,特别是尊重私人和家庭生活、家庭和通讯、个人数据的保护、思想自由、道德和宗教自由、表达和信息自由、开展生意的自由、有效救济和公平审判的权利,以及文化、宗教和语言的多样性。”

在本法中,对知情权的限制体现在第 18 条“个人信息处理者处理个人信息,有法律、行政法规规定应当保密或者不需要告知的情形的,可以不向个人告知前条第一款规定的事项。紧急情况下为保护自然人的生命健康和财产安全无法及时向个人告知的,个人信息处理者应当在紧急情况消除后及时告知”。对决定权的限制主要体现在:(1)第 13 条中无需同意的其他处理事由;(2)第 40 条中对关键基础设施运营的个人信息以及达到一定数量个人信息出境的限制;(3)第 26 条中对公共场所安装图像采集、个人身份识别设备;等等。其他法律、行政法规亦有对知情权、决定权的限制。例如,《征信业管理

---

① 参见杨芳:《个人信息自决权理论及其检讨》,《比较法研究》2015 年第 6 期。

条例》第 15 条规定："信息提供者向征信机构提供个人不良信息,应当事先告知个人本人。但是,依照法律、行政法规规定公开的不良信息除外。"最后有必要指出,对个人知情权和决定权的克减只能通过法律、行政法规进行,地方法规、部门规章、规范性文件均无权予以限制。

【参考条文】

一、国内立法

1.《中华人民共和国民法典》

第一千零三十六条　处理个人信息,有下列情形之一的,行为人不承担民事责任:

(一)在该自然人或者其监护人同意的范围内合理实施的行为;

(二)合理处理该自然人自行公开的或者其他已经合法公开的信息,但是该自然人明确拒绝或者处理该信息侵害其重大利益的除外;

(三)为维护公共利益或者该自然人合法权益,合理实施的其他行为。

2.《网络安全法》

第四十二条　网络运营者不得泄露、篡改、毁损其收集的个人信息;未经被收集者同意,不得向他人提供个人信息。但是,经过处理无法识别特定个人且不能复原的除外。

3.《征信业管理条例》

第十四条　禁止征信机构采集个人的宗教信仰、基因、指纹、血型、疾病和病史信息以及法律、行政法规规定禁止采集的其他个人信息。

征信机构不得采集个人的收入、存款、有价证券、商业保险、不动产的信息和纳税数额信息。但是,征信机构明确告知个人提供该信息可能产生的不利后果,并取得其书面同意的除外。

第十五条　信息提供者向征信机构提供个人不良信息,应当事先告知个人本人。但是,依照法律、行政法规规定公开的不良信息除外。

二、比较法

1. 欧盟《通用数据保护条例》

第 12.1 条:控制方应采取适当的措施为数据主体提供关于处理的第 13

条和第 14 条所述的任何信息及第 15—22 条和第 34 条规定的任何沟通,提供的形式应简洁、透明、易懂并容易获取,语言应清楚明白,特别是针对儿童的任何信息。信息应以书面形式或通过其他手段提供,包括在适当情况下通过电子手段提供。当数据主体请求时,信息可以口头方式提供,但该数据主体的身份应通过其他手段证实。

第 7.4 条针对用户被迫同意的问题,法律应明确真实知情同意的规则,禁止欺诈或强迫,否则视为未获取同意。

第 5.2 条针对用户对其信息收集不知情难以行权,法律可确立证明责任倒置、复数数据控制者连带责任等规则(GDPR 第 26 条、第 82.4 条)来缓解。

【参考案例】

一、国内案例

1. "微信读书案":个人信息的跨软件利用需获得用户有效的知情同意

2020 年 7 月 30 日,北京互联网法院一审宣判黄某诉"微信读书 3.3.0 版本"侵害其个人信息权益及隐私权一案[(2019)京 0491 民初 16142 号](以下称为"微信读书"案),原告黄某在使用微信读书时发现,在其不知情的情况下,该软件获取原告微信好友列表、向原告共同使用该应用的微信好友公开读书信息、为原告自动关注微信好友并使得关注好友可以查看原告读书信息,黄某认为侵害了其个人信息权益及隐私权。

法院认为就微信读书收集原告好友列表,向共同使用微信读书的微信好友公开读书信息这一整体行为,并未获得有效的用户知情同意。微信读书中的信息组合与人格利益较为密切,微信读书迁移微信好友关系、默认向未关注的微信好友公开读书信息等,存在较高的侵害用户隐私的风险,应就信息处理方式向用户显著告知并征得同意。而该案中微信读书没有征得原告有效的同意,构成对原告个人信息权益的侵害。在判决中,法院提出用户"合理预期"的概念,提出"从微信读书与微信的关系来看,两个软件共用好友关系不符合一般用户的合理预期",存在较高的侵害用户隐私的风险。微信读书并未以合理的方式告知原告并获得原告同意,侵害了原告的个人信息权益。但具体到本案场景,原告阅读的两本涉案书籍不具有"不愿为他人知晓"的"私密性",故该案中对原告主张腾讯公司侵害其隐私权,法院不予支持。

2."校友录"案:公开个人信息再利用

2020年9月10日,北京互联网法院公开宣判了"校友录"头像被爬一案【(2019)京0491民初10989号】,本案中原告主张百度公司非法收录并置顶原告在"chinaren校友录"网站上传的个人账户头像,涉案图片为其本人肖像,涉案图片以及其与原告姓名的关联关系涉及个人隐私、个人信息。原告曾于2018年10月23日通知百度公司删除证件照,百度公司未处理。

法院认为,涉案信息属于个人信息,但系其自行将涉案照片上传于社交网站中,主动向一定范围内的网络用户进行披露,可见,主观上原告并无强烈的将该信息作为隐私进行隐匿的意愿,客观上该信息亦未处于私密状态,更接近于在某些场景下支持积极使用的个人信息,不构成个人隐私。被告的行为在原告进行通知前不构成对原告个人信息权益的侵害、在原告进行通知后构成个人信息权益的侵害,不构成对原告隐私权的侵害。

3."启信宝"案:抓取公开文书判决、裁定书

2020年6月10日,苏州中院二审宣判了"启信宝抓取中国裁判文书网和人民法院公告网上文书判决、裁定书案"[(2019)苏05民终4745号],本案中,"启信宝"公司将中国裁判文书网发布的三条判决、裁定书和人民法院公告网上公开发布的送达判决的公告文书转载到了启信宝网站,任何人均可在该网站上搜索、查询到上述文书,本案原告系上述文书的案件当事人。本案的争议焦点之一是启信宝网站转载中国裁判文书网及人民法院公告网上发布的涉案文书是否侵犯原告的个人信息权益。法院认为,在原告通知启信宝网站删除相关文书之前,涉案文书已在互联网上合法公开,启信宝网站基于公开的渠道收集后在其合法经营范围内向客户提供、公开相关法律文书,属于对已合法公开信息的合理使用,原告对此负有容忍义务。但在原告通知被告删除之后,被告拒绝删除则构成对原告个人信息的非法公开使用。个人信息权益的核心在于自然人对其个人信息的知情同意权和对信息传播的控制权。因此,被告应尊重原告本人对于其已被合法公开信息进行二次传播的个人意愿,赋予原告应有的选择权利,当原告通知要求网站删除后,网站不予处理,有悖于原告对已公开信息进行传播控制的意思表示,违反了合法性、正当性和必要性原则,对原告构成重大利益影响,侵犯了其个人信息权益。

二、国外案例

1. 德国"小普查案（Mikrozensusurte1il, BVerfG 27,1）"

在 1969 年 7 月 16 日的"小普查案（Mikrozensus）"判决中,德国联邦宪法法院针对 1957 年 3 月 16 日通过"居民及职业生活抽样统计实施法"进行违宪审查。该案主要的争议条文规定:在本法有效范围内,从 1956 年到 1962 年为止,以每一季度为单位进行有关居民及职业生活的抽样统计调查,并以此作为联邦统计调查的一部分。[①]

德国联邦宪法法院的判决认为系争的法律条文并没有违反宪法,其判决要旨可归纳为如下四点:第一,国家强制性的抽象调查行为有可能使公民沦为国家的客体,干涉个人的自决权。第二,并不是每个收集个人生活信息的行为都侵害了个人的尊严,作为社会的一员,个人必须忍受一定程度上的个人信息收集和处理行为。第三,只有涉及个人"私密领域"的国家行为才被法律禁止,而为统计目的收集的个人信息通常不属于个人生活形成中不可侵犯的范围,本案中抽样调查内容并不涉及私密领域。第四,如果对调查结果采取匿名化处理,则可以切断被调查信息与被调查者之间的人格关联。[②]

2. "人口普查案（Volkszhlungsentscheidung, BVerfG 65,1）"

德国联邦政府于 1983 年制定人口普查法,试图进行全面的全国人口普查,这一举措引发了全社会的激烈争论和抗议。为数众多的民众向联邦宪法法院提起了违宪审查的宪法诉愿。

德国联邦宪法法院经过严密的论证后,判决该人口普查法违宪,并以源自《基本法》第 1 条第 1 款和第 2 条第 1 款的一般人格权为出发点,明确提出了个人信息自决权,并提出如下三项原则:第一,个人信息自决权是保护个人得以对抗无限制的信息收集行为的有力工具。[③] 法秩序应当保证个人得以知晓何人、因何事、于何时、在何种情形下知晓自己的个人信息。第二,在自动化信息处理工具面前,不再有不重要的个人信息,信息之间的结合可能性具有重要

---

① BVerfG 27,1.案情简介,参见陈志忠:《个人资料保护之研究——以个人资讯自决权为中心》,我国台湾地区司法部门 2000 年度研究发展项目研究报告,第 42—43 页。

② BVerfG 27,1,7.

③ BVerfG 65,1,41.

的标准。第三,个人信息自决权受到公共利益的限制。

3. IT-Grundrecht 案①

2008 年,德国宪法法院又通过"网上搜查"案确认和扩充了"个人信息自决权"的主要内容:保障个人信息的私密性和完整性、个人自主决定个人数据的公开和使用。这是宪法法院对因科技发展带来的特殊侵权形式的威胁,即对公民个人数据进行自动化处理而使公民人格权受到侵害所作出的回应。

4. Google 公司违反透明原则

2019 年 1 月 22 日,Google 公司因违反 GDPR 被法国国家互联网信息中心(以下简称"CNIL")处以 5000 万欧元罚款。CNIL 在裁定中分析:由于访问步骤复杂、书写分散,Google 用户在提供个人数据时难以了解被告知的信息;同时,用户也无法在之后的处理环节中获知个人数据被处理的程度,例如广告投放个性化服务,因此,Google 公司在数据获取与处理环节违背了信息披露的透明原则。

第四十五条(个人信息查阅权、复制权、转移权)

第四十五条 个人有权向个人信息处理者查阅、复制其个人信息;有本法第十八条第一款、第三十五条规定情形的除外。

个人请求查阅、复制其个人信息的,个人信息处理者应当及时提供。

个人请求将个人信息转移至其指定的个人信息处理者,符合国家网信部门规定条件的,个人信息处理者应当提供转移的途径。

【本条主旨】

本条是关于个人享有的查阅权、复制权、转移权的规定。本条有三款,第 1 款是关于个人查阅、复制权及其例外的规定;第 2 款规定了个人信息处理者应及时提供的义务;第 3 款是关于个人转移权的规定。

---

① BVerfG NJW 2008,822.

【核心概念】

查阅权

个人就其个人信息,请求个人信息处理者提供由其处理的个人信息的权利。

复制权

个人就其个人信息,请求个人信息处理者提供由其处理的个人信息副本的权利。

转移权

个人就其个人信息,在满足法定条件的情形下,请求个人信息处理者提供转移的路径,协助个人向第三方转移个人信息副本的权利。

【条文详解】

一、查阅权、复制权的含义

个人的查阅权、复制权,即个人有权向个人信息处理者请求查阅由其处理的个人信息,并取得相应副本的权利。查阅权、复制权不但落实了本法第 7 条"公开、透明原则",也是第 44 条个人信息知情权的重要内容。个人的知情权不仅仅体现在个人信息收集之时,也应延伸到后续的处理活动之中。个人在个人信息初始收集环节,往往因点击同意等行为,未能充分了解其个人信息处理的事项,即便有所了解,也不清楚个人信息处理在事实上究竟收集何种个人信息,其收集是否符合法律规定和约定。查阅权、复制权的设置,使得个人能够持续性地获悉其被处理的个人信息情况。同时,查阅权、复制权也是本条第三款"转移权"、本法第 46 条"更正权、补充权"和第 47 条"删除权"的基础性权利。对查阅权、复制权的理解,应注意如下两点:

第一,个人信息查阅权、复制权的对象是信息而非数据。关于数据和信息的关系有三种不同观点:(1)数据=信息。该观点认为:数据和信息具有天然的共生性和一致性,各国立法混用"数据"与"信息"概念,可资佐证。(2)数据>信息。该观点认为:单纯的数据本身并无实际意义,只有经过解释、对实体行为产生影响时才有意义,才能成为信息。基于此,数据是比信息更基础的素材,数据加上背景或者语境,进而演化成呈现序列的数据组合——信息,从信息中寻找出规律就成为了知识,数据、信息、知识及智慧之间形成一个金字塔结构,一个递进式 DIKW 体系(Data-Information-Knowledge-Wisdom)。就此而言,信息是数据的子集,数字是比信息更大的范畴。(3)数据<信息。该观点认为:数据只是信息表达的一种方式,除数据外,信息还可以通过其他方式来表达,亦即信息因其内容而具有意义,但这些具有特定意义的信息并不仅仅由数据来传播。与上述观点不同,我国《民法典》第 111 条、第 127 条以及《数据安全法》第 3 条采取了"数据和信息合一并区分"的观点,即数据是指任何以电子或者非电子形式对信息的记录,而信息是为数据所反映、为人所理解的内容。因此,个人信息查阅权、复制权以满足知情权为目的,在个人提出请求时,个人信息处理者应当提供可被人理解的个人信息而非只能被机器理解的数据,至于其是电子形式或是非电子形式,均在所不论。

第二,个人信息查阅权、复制权的范围限于个人信息处理者处理的个人信息,而非关于个人信息处理的各种信息。与本法规定不同,欧盟 GDPR 第 15 条赋予了个人非常宽泛的"访问权",数据主体有权要求数据控制者确认是否正在处理关于该数据主体的个人数据,并有权获得个人数据和以下信息:(a)处理的目的;(b)相关个人数据的类别;(c)作为个人数据披露对象的接收人或接收人类别,尤其是在第三国或国际组织的接收人;(d)如果可能,该个人数据将被保存的预计期限,或如果这不可能,确定该期限使用的标准。此外,若个人数据不是从数据主体获取,则控制者应当提供关于数据源的任何可用信息。类似地,《加州隐私法》(CCPA & CPRA)第 1798. 110、1798. 115、1798. 130 条对"访问权"的范围亦相当宽泛,包括了个人信息的具体部分、个人信息类别、信息是否会被出售或共享、存储期限等。从体系解释出发,可以认为:(1)个人信息以外个人信息处理活动中的其他信息并不为本条所涵设;(2)执法机关和司法机关必要时,可依据本法第 7 条"公开、透明原则"和第 44 条"知情权",要求个人信息处理者在个案中向个人提供个人信息处理活动中的其他信息。

二、个人信息查阅权、复制权的行使

查阅权、复制权的行使一般应采取如下方式或满足如下条件:

第一,个人行使查阅权、复制权应通过适当方式证明自身的真实身份。由于查阅、复制所指向的信息限于本人信息,因此个人在行使时证明其身份是必不可少的。例如,GDPR 在第 12 条规定:"个人要求以口头形式提供信息的,可以从其要求,该申请者身份的应以其他方式证明。"

第二,个人信息处理者处理个人信息时,法律、行政法规规定应当保密或者不需要告知,或者告知将妨碍国家机关履行法定职责的情形下,查阅权、复制权无法行使。

第三,个人信息查阅权、复制权的行使应秉承诚实信用原则,不得恶意行使。作为知情权的具体化,查阅权、复制权以满足个人正当、合法的"知情"为目的,而不应滥用。其正当、合法与否可以综合考虑如下要素:(1)个人提出请求的背景以及该人与个人信息处理者之间的关系;(2)查阅、复制个人信息与个人的相关程度,是否涉及第三人权益以及可能的权益损害程度;(3)查阅权、复制权行使的频度,多次请求之间的时间间隔;(4)查询、复制个人信息的范围和性质。英国信息专员委员会(Information Commission Office)对如何认定明显不正当和明显过度的要求给出了具有实操性的指引,可资参考。英国信息专员委员会认为,下述访问权的申请可以被认为明显"不正当":(1)个人显然没有意图行使访问权,比如以行使知情权作为利益交换,提出申请之后撤回申请,意图要求个人信息处理者支付一定的金钱阻碍此请求;(2)在提出的申请中明确表示妨碍个人信息处理者的正常业务活动;(3)在申请上体现出明显针对该个人信息提供者或特定员工;(4)频繁向个人信息处理者提出不同的申请,以造成干扰的后果。

第四,个人信息处理者在收到合格的查阅权、复制权请求后,应当及时提供。需要进一步明确的是,因查阅、复制产生的费用应如何承担?从比较法上看,因当事人行使权利而产生的费用,由其自行负担较为合理。例如,我国台湾地区关于"个人资料保护"的地方性法规规定:"查询或请求阅览个人资料或制给复制本者,公务机关或非公务机关得酌收必要成本费用。"不过,为了避免个人信息处理者以此为由变相拒绝个人行使查阅权、复制权,可以借鉴 GDPR 第 15.4 条"控制者应当对进行处理的个人数据提供一份副本。对于任何数据主体所要求的额外副本,控制者可以根据管理费用而收取合理的费用"以及《中华人民共和国政府信息公开条例》第 42 条"申请人申请公开政府信息的数量、频次明显超过合理范围的,行政机关可以收取信息处理费",对于超出合理范围的查阅权、复制权,酌情收取必要的成本费用。

三、个人信息转移权的含义

个人信息转移权,即个人在符合国家网信部门规定条件的情形下,有权请求个人信息处理者将个人信息转移至其指定的其他个人信息处理者,个人信息处理者应当提供转移的途径。在比较法上,个人信息处理权可以与GDPR中"个人数据携带权"有着相似性,但在立法目的、规范结构上均存在重大差异,需要明辨。

第一,立法目的的差异。个人数据携带权服务于两大目标:一是加强个人对其数据的控制,落实个人信息自决权;二是支持欧盟境内个人数据自由流动、促进控制者之间竞争,从而推动在数字化单一市场战略的背景下的企业创新。与此不同,本法并未以"个人信息自决权"为基石。如前所述,第44条中的"个人决定权"所指向的是"个人信息处理活动"而非"个人信息",其体现为对个人信息处理活动的选择权、干预权、限制权、拒绝权,而非个人信息的控制权,从而连接本法第1条中"保护个人信息权益"和"规范个人信息处理活动"。另一方面,本法将"个人信息合理利用"作为立法目的之一,但其主要体现为对个人信息所承载多元利益之肯认,平衡作为个人信息处理者的企业、国家机关与作为信息主体的个人之利益。无论文本含义、立法说明抑或体系解释,本法均无竞争法上的考量,本法删除了草案第1条中"保障个人信息依法有序自由流动"的表述,充分表明本法并不含有个人信息流动与市场竞争秩序建构的立法目标。作为查阅权、复制权的延伸,个人信息转移权为个人提供了更充分、更多样的保障自身权利的渠道,服务于"以人民为中心"的人格权利保障目的。个人健康医疗信息的转移可谓最典型的应用场景。当一名病人转院,或者在异地突发疾病之时,他就诊的医院只有全面掌握之前病历信息后,才能妥当诊治,此时,能否从其他医疗机构及时转移个人信息就显得意义重大。总之,个人信息转移权系为信息主体利益所设,与市场主体利益无涉。同时,我国法律并非没有考虑数据流通和公平竞争。《中华人民共和国数据安全法》第7条提出:保障数据依法有序自由流动,促进以数据为关键要素的数字经济发展,第51条的禁止规范进一步涵盖了"排除、限制竞争的数据处理活动",并将其引致《反垄断法》来处理。这是非常适切的回应之举。

第二,规范结构的差异。GDPR第15条规定了个人数据访问权(查阅权、复制权),第20条另外规定了个人数据携带权,后者可包括两种权能,一是

"个人数据获取权",即数据主体有权要求数据控制者向其传输结构化、普遍适用、机器可读的个人数据,以供其自行存储或传输给其他方,从而在访问权的基础上,进一步赋予数据主体管理和重复使用自身数据的方式下载与存储数据。二是"个人数据传输权",数据主体既可以接收其个人数据后自行将相关数据上传到新控制者,也可以在技术可行时请求数据控制者直接将其数据传输给新的数据控制者。与此不同,个人信息转移权承接查阅权、复制权而来,以充实个人知情权为依归,采取"三位一体"的规范结构。个人信息转移权也未赋予个人就结构化、普遍适用、机器可读的个人数据,向个人信息处理请求获取的权利。

四、个人信息转移权的行使

本条吸取了 GPDR 个人数据携带权在实施中的教训,采取了授权国家网信部门立法的形式,为个人信息转移权的行使保留了最大程度的灵活性。总体而言,个人信息转移权的行使可采取如下方式:(1)个人向个人信息处理者请求转移的是电子化、人类可读的个人信息副本,而并非结构化的、机器可读的数据。(2)可转移的个人信息应限于个人主动提供给个人信息处理者、被自动化收集的信息,且该信息不得包含有损第三人权益(如涉及第三方个人信息权益、隐私权、商业秘密)的信息。(3)个人信息转移权秉承诚实信用原则,不得恶意行使。(4)个人信息处理者在收到合格的个人信息转移请求后,鉴于其不存在数据携带权中技术兼容难题,应当及时提供转移的途径。

【参考条文】

一、国内规定

1.《中华人民共和国民法典》

第一千零二十九条　民事主体可以依法查询自己的信用评价;发现信用评价不当的,有权提出异议并请求采取更正、删除等必要措施。信用评价人应当及时核查,经核查属实的,应当及时采取必要措施。

第一千零三十七条　自然人可以依法向信息处理者查阅或者复制其个人信息;发现信息有错误的,有权提出异议并请求及时采取更正等必要措施。

2.《中华人民共和国电子商务法》

第二十四条　电子商务经营者应当明示用户信息查询、更正、删除以及用户注销的方式、程序,不得对用户信息查询、更正、删除以及用户注销设置不合理条件。

电子商务经营者收到用户信息查询或者更正、删除的申请的,应当在核实身份后及时提供查询或者更正、删除用户信息。用户注销的,电子商务经营者应当立即删除该用户的信息;依照法律、行政法规的规定或者双方约定保存的,依照其规定。

3.《征信业管理条例》

第十七条　个人可以向征信机构查询自身信息。个人个人有权每年两次免费获取本人的信用报告。

第十八条　向征信机构查询个人信息的,应当取得个人本人的书面同意并约定用途。但是,法律规定可以不经同意查询的除外。征信机构不得违反前款规定提供个人信息。

第二十八条　金融信用信息基础数据库为个人和取得个人本人书面同意的信息使用者提供查询服务。国家机关可以依法查询金融信用信息基础数据库的信息。

4.《信息安全技术个人信息安全规范》

8.1 个人信息查询

个人信息控制者应向个人个人提供查询下列信息的方法:

a)其所持有的关于该主体的个人信息或个人信息的类型;

b)上述个人信息的来源、所用于的目的;

c)已经获得上述个人信息的第三方身份或类型。

注:个人个人提出查询非其主动提供的个人信息时,个人信息控制者可在综合考虑不响应请求可能对个人个人合法权益带来的风险和损害,以及技术可行性、实现请求的成本等因素后,作出是否响应的决定,并给出解释说明。

8.6 个人个人获取个人信息副本

根据个人个人的请求,个人信息控制者宜为个人个人提供获取以下类型个人信息副本的方法,或在技术可行的前提下直接将以下类型个人信息的副本传输给个人个人指定的第三方:

a)本人的基本资料、身份信息;

b)本人的健康生理信息、教育工作信息。

二、比较法

1. 欧盟《通用数据保护条例》GDPR

"前言"部分第 63 条　数据主体应有权取阅其被收集的个人资料,且应不受阻碍地按照合理的时间间隔行使此项权利,以便了解与核实处理过程的合法性。这包括数据主体有权取阅与其健康有关的数据,例如含有诊断、检查结果、治疗医师评估以及治疗或干预记录等信息的病历内所记载的数据。因此,每一个数据主体均有权知悉与获得与处理个人资料的目的有关的通信,如有可能,应告知处理个人资料的时间段、个人资料的接收者、任何自动化个人资料处理的逻辑,至少,在依靠特征分析时,还应告知数据处理的结果。可能的话,控制者应提供远程访问安全系统的权限,使数据主体能够直接取阅其个人资料。此项权利不得有损他人的权利或自由,包括商业秘密或知识产权,尤其是对软件给予保护的版权。但是,这些因素不应成为拒绝向数据主体提供信息的理由。控制者处理大量与数据主体有关的信息时,应于提供信息之前请求数据主体指明相关的信息或处理活动。

"前言"部分第 64 条　控制者应采取一切合理措施来核实请求查阅数据的数据主体的身份,特别是涉及在线服务和在线标识符时。控制者不得就回应潜在请求此唯一目的而保留个人资料。

第 15 条

1. 数据主体应有权要求控制方确认是否正在处理关于该数据主体的个人数据,若是这样,有权获得个人数据和以下信息:

(a)处理的目的;

(b)相关个人数据的类别;

(c)作为个人数据披露对象的接收人或接收人类别,尤其是在第三国或国际组织的接收人;

(d)如果可能,该个人数据将被保存的预计期限,或如果这不可能,确定该期限使用的标准;

(e)从控制方请求整改或删除关于数据主体的个人数据或限制关于数据主体的处理的现有权利,或反对处理的权利;

(f)向监管机构提出投诉的权利;

(g)若个人数据不是从数据主体获取,关于数据源的任何可用信息;

（h）现有的第 22 条（1）和（4）所述的自动决策（包括扼要分析），及至少在这种情况下，关于所涉及逻辑的有意义信息和该处理对数据主体的设想后果和重要性。

2. 若个人数据被转移到第三国或国际组织，数据主体有权被告知有关转移的依据第 46 条的适当保障措施。

3. 控制方应提供正在处理的个人资料的副本。对数据主体要求的任何其他更多副本，该控制方可根据管理成本收取合理费用。若数据主体以电子手段提出请求，除非其另有要求，该信息应以常用电子手段提供。

4. 在第 3 款所述的获得副本的权利，不得对他人的权利和自由产生不利影响。

第 20 条

1. 数据主体有权收到有关他或她向控制者提供的个人资料，个人资料的格式应结构合理，常用，机器可读，数据主体应有权将这些数据转移给另一控制者，曾经获得此个人资料的控制者不得阻拦，其中：

（a）根据第 6（1）条（a）点或第 9（2）条（a）点，数据处理是以同意为基础，或根据第 6（1）条（b）点，数据处理以合约为基础；

（b）数据以自动化方式处理。

2. 若技术可行，在数据主体根据第 1 段行使数据迁移权时，他或她应有权将个人资料直接从一个控制者转移至另一控制者。

3. 行使本条款第 1 段中所述权利时不应损害第 17 条规定。该权利不适用于公共利益任务需要的数据处理，或为行使授予控制者的官方权力而进行的数据处理。

4. 第 1 段中所述权利不应对他人的权利和自由带来不利影响。

2. 美国《加利福尼亚州消费者隐私保护法案》（CCPA）

999. 301. 定义

（r）知悉请求是指消费者根据《加州民法典》1789. 100 条、1789. 110 款或1789. 115 款请求企业披露其收集的有关该消费者的个人信息，该等请求包括如下任何一项及所有：

（1）企业收集的有关该消费者的具体个人信息内容；

（2）该企业收集的关于消费者个人信息的类别；

（3）该企业收集个人信息的个人信息来源类别；

（4）该企业处于商业目的所出售或者披露的个人信息的类别；

（5）处于商业目的接收被出售或者披露的个人信息的第三方类别；

（6）收集或者出售个人信息的经营或商业目的

999.313.（c）对知悉请求的回应（10）用户有知悉请求权，企业应经过验证提供以下信息：

a.企业在过去12个月收集的关于该消费者的个人信息类别；

b.所收集的个人信息来源类别；

c.企业收集或出售个人信息的商业目的；

d.企业与之共享个人信息的第三方类别；

e.企业在过去12个月出售的个人信息类别，以及针对每个经识别的类别，企业出售该等具体类别个人信息的第三发类别；

f.企业在过去12个月为商业目的披露的个人信息类别，以及针对每个经识别的类别，企业披露该等具体类别个人信息的第三方类别；

g.企业应以易于消费者理解所列类别的方式，识别个人信息类别、个人信息来源类别以及对外出售或披露个人信息所对应的第三方类别；

1798.100（d）款　收到消费者提出的访问个人信息的可验证消费者请求的企业应立即采取措施，免费向消费者披露和交付本节要求的个人信息。信息可以通过邮件或电子方式传递，如果以电子方式提供，信息应采用便携、在技术上可行、易于使用的格式，使消费者可以不受阻碍地将此信息传输到另一个实体。

企业可以随时向消费者提供个人信息，但不得要求在12个月内向消费者提供两次以上的个人信息。

3. 俄罗斯《联邦个人数据法》

（2011年7月25日联法字第261号修订）

第十四条　个人数据主体对其个人数据的访问权

1. 个人数据主体有权获得本条第7款规定的信息，本条第8款规定的情况除外。若其个人数据不完整、过时、不准确、由非法手段获取或对于申请处理目的而言是非必须的，个人数据主体有权要求处理者明确、终止处理或销毁其个人数据，有权采取法律规定的措施维护自己的权利。

2. 本条第7款指定的信息应由处理者以可行的方式提供给个人数据主体，其中不应包含其他个人数据主体的个人数据，有合法理由公开披露此类个人数据的情况除外。

3. 在处理者被请求或收到个人数据主体或其代表的请求时,本条第 7 款指定的信息应由处理者提供给个人数据主体或其代表。请求内容应包括基本文件编号、该文件颁发日期及颁发机关、确认个人数据主体与处理者关系的信息(合同编号、合同签订日期、有条件的口头指示和(或)其他信息),或以其他方式确定处理者处理个人数据这一事实的信息,以及个人数据主体或其代表的签字。询问可按照俄罗斯联邦立法的规定以电子文件的形式发出并以电子签名的方式签字。

4. 若本条第 7 款指定的信息以及处理的个人数据已经根据个人数据主体的请求提供给个人主体供其了解,如果联邦法律、按照联邦法律的规定通过的法规或个人数据主体作为受益方或委托方的合同没有规定更短的期限,个人数据主体有权在首次请求处理者或向处理者发送首次请求三十天后再次请求处理者或向处理者发送二次请求以获得本条第 7 款指定的信息并了解这类个人数据。

5. 在本条第 4 部分指定的期限到期之前,若本条第 7 部分指定的信息和(或)处理的个人数据并未根据首次请求审核结果提供给个人数据主体供其完全了解,个人数据主体有权再次请求处理者或向处理者发送二次请求以获得类似信息并了解已处理的个人数据。再次请求和本条第 3 款指定的信息应包含发送再次请求的理由。

6. 处理者有权拒绝履行个人数据主体提出的不符合本条第 4 款和第 5 款规定的再次请求。这种拒绝应具备理由。处理者有义务提供证据证明拒绝履行再次请求的理由。

7. 个人数据主体有权获取有关处理其个人数据的信息,其中包括:

1)确认处理者处理个人数据的事实;

2)处理个人数据的法律依据和目的;

3)目的和处理者采用的处理个人数据的方法;

4)处理者的名称和位置,根据同处理者签署的合同或根按照邦法律能够访问或披露个人数据的人员信息(处理者的工作人员除外);

5)属于相应个人数据主体的已处理的个人数据,此类信息的来源,若联邦法律未规定提供此类个人数据的其他方式;

6)个人数据处理期限,其中包括个人数据保存期限;

7)个人数据主体行使本联邦法律规定的权利的程序;

8)有关已经完成或预计进行的跨境传输个人数据的信息;

9)根据处理者的委托处理个人数据的受委托方的名称或姓、名、父称和地址,如果已经或将要委托该人处理个人数据;

10)本联邦法律或其他联邦法律规定的其他信息。

8. 根据联邦法律的规定,个人数据主体访问其个人数据的权利可在以下情况下予以限制:

1)以国防、维护国家安全和法律制度为目的处理个人数据,包括因搜查活动、反侦查以及侦察活动所取得的个人数据;

2)个人数据是由因有犯罪嫌疑而拘押个人数据主体的机关或对个人数据主体提起刑事追诉的机关,或对个人数据主体在提起追诉之前采取强制措施的机关处理,但俄罗斯联邦刑事诉讼法规定的允许犯罪嫌疑人或者被起诉人了解此类个人数据的情形除外;

3)根据打击将通过犯罪途径获得的收入合法化(洗钱)及打击资助恐怖分子的立法处理个人数据;

4)个人数据主体对其个人数据的访问侵犯了第三方的权利及合法利益;

5)在俄罗斯联邦运输安全立法规定的情况下处理个人数据,以确保运输系统稳定安全运行,保护运输系统中个人,社会和国家的利益免受非法行为侵害。

4. 澳大利亚《数据权利规则》

3.3 CDR 消费者可以使用数据持有者的直接请求服务,请求数据持有者披露其部分或全部 CDR 数据。

4.4 如果(1)CDR 消费者已根据规则 4.3 向授权人提出有效请求;(2)规则 4.3 中提及的同意是有效的;则被授权人可以要求相关数据持有人向被授权人披露部分或全部 CDR 数据。

5. 巴西《个人信息保护法》

第18条 关于控制者正在处理的数据,个人数据主体有权在任何时候通过以下方式从控制者处:

I.确认处理的存在;

II.访问数据;

V.遵守商业和工业秘密,通过明确的请求,根据监管机构的规定,将数据携带到另一个服务或产品提供商;

Ⅶ.获取与控制者共享数据的公共和私人实体的信息。

6. 印度《2019 年个人数据保护法》

第 19 条　（1）如果处理是通过自动化手段进行的,数据主体有权:

(a)以结构化、通用化且机器可读的格式接收以下个人数据:

(i)向数据受托人提供的个人数据;

(ii)在数据受托人提供服务或在使用产品过程中产生的数据;或

(iii)构成数据主体画像的一部分,或者数据受托人以其他方式获得的数据;以及

(b)将(a)项中提到的个人数据以该条款中提到的格式传输给任何其他数据受托人。

(2)第(1)款在以下情况不适用:

(a)处理数据是为第 12 条规定的履行邦的某些职能或遵守相关法律或法院命令所必要的;

(b)遵守第(1)款中的要求,将披露数据受托人的商业秘密,或者在技术上不可行。

7. 印度《个人信息保护法》

17. 确认和访问权

(1)数据主体有权从数据受托人处获得如下信息:

(a)确认数据受托人是正在处理,还是已经处理过数据主体的个人数据;

(b)数据受托人正在处理或已经处理过的数据主体的个人数据,或其任何总结;

(c)数据受托人针对数据主体的个人数据进行的处理活动的简要总结,包括根据第 7 条通知中规定的与此类处理有关的任何信息。

(2)数据受托人应以理性人容易理解的清晰简洁的方式向数据主体提供第(1)款下的信息。

(3)数据主体有权按法规规定的方式,在任何地方访问数据受托人与之共享其个人数据的任何其他数据受托人的身份以及与他们共享的个人数据的类型。

第四十六条（个人信息更正权、补充权）

第四十六条　个人发现其个人信息不准确或者不完整的,有权请求个人信息处理者更正、补充。

个人请求更正、补充其个人信息的，个人信息处理者应当对其个人信息予以核实，并及时更正、补充。

【本条主旨】

本条是关于个人享有的更正权、补充权的规定。本条有两款，第1款是关于个人更正权、补充权的规定；第2款规定了个人信息处理者核实与及时更正、补充的义务。

【核心概念】

更正权

在个人信息不准确的情形下，个人请求个人信息处理者改正错误信息的权利。

补充权

在个人信息不完整的情形下，个人请求个人信息处理者补正遗漏信息的权利。

【条文详解】

一、更正权、补充权的含义

个人更正权、补充权，即在个人信息不准确或者不完整的情形下，个人有权请求个人信息处理者更正、补充，以保障个人信息在其处理目的范围内的完整性和准确性。该权利旨在落实本法第8条"处理个人信息应当保证个人信息的质量"的"个人信息质量原则"，避免因个人信息不准确、不完整对个人权益造成不利影响。所谓"准确"，是指所处理的个人信息必须与个人的客观事实相符，要求个人信息处理者所收集的个人信息不允许出现错误和偏差，从而在对个人作出决定之时，具有相当的公正性。所谓"完整"，是指为特定目的收集的个人信息应保证全面和无遗漏，避免因任何原因导致的个人信息收集上的偏颇性。判断完整与否以是否准确地实现处理目的为标准。某些信息在一个信息处理过程中可能被认为是完整的，而同样的信息在另一个信息处理过程中可能被认为是不完整的。因此，并不是说收集到信息主体的全部个人信息才符合完整的要求，只要就收集个人信息的特定目的而言是完整的，就被认为符合要求。因此,考虑到个人活动的连续性和个人信息处理的持续性,上述"准确"和"完整"应考虑时间维度,个人信息处理者必须随时更新个人信息,保证个人信息的时效性。

二、更正权、补充权的行使

《征信业管理条例》《个人信用信息基础数据库管理暂行办法》(中国人民银行令〔2005〕第 3 号)详细规定了个人信用信息更正权、补充权的行使方式,具体包括:(1)采取适当方式证明个人的真实身份;(2)个人就其异议的个人信息,应提出相应的证据材料;(3)个人信息处理者在收到请求后应在内部及时进行异议标注,并开展核查和处理;(4)经核查,确认相关信息确有错误、遗漏的,个人信息处理者应当予以更正或补充;经核查仍不能确认的,对核查情况和异议内容应当予以记载;(5)对于已经更正的信息,个人信息处理者有必要告知其对外提供或委托处理的个人信息接收者,以避免了个人多次单独提出更正或补充要求,同时限制或避免虚假信息的传播;对于已经补充的信息,由于其与处理目的密切相关,个人信息处理者在必要时可告知接受其委托处理个人信息的受托人,而不需告知其他个人信息处理者,对此,个人可以另行提出请求。

【参考条文】

一、国内规定

1.《中华人民共和国民法典》

第一千零二十九条　民事主体可以依法查询自己的信用评价;发现信用评价不当的,有权提出异议并请求采取更正、删除等必要措施。信用评价人应当及时核查,经核查属实的,应当及时采取必要措施。

第一千零三十七条　自然人可以依法向信息处理者查阅或者复制其个人信息;发现信息有错误的,有权提出异议并请求及时采取更正等必要措施。

2.《中华人民共和国网络安全法》

第四十三条　个人发现网络运营者违反法律、行政法规的规定或者双方的约定收集、使用其个人信息的,有权要求网络运营者删除其个人信息;发现网络运营者收集、存储的其个人信息有错误的,有权要求网络运营者予以更正。网络运营者应当采取措施予以删除或者更正。

3.《中华人民共和国未成年人保护法》

第七十二条　未成年人、父母或者其他监护人要求信息处理者更正、删除未成年人个人信息的，信息处理者应当及时采取措施予以更正、删除，但法律、行政法规另有规定的除外。

4.《征信业管理条例》

第二十五条　个人认为征信机构采集、保存、提供的信息存在错误、遗漏的，有权向征信机构或者信息提供者提出异议，要求更正。

征信机构或者信息提供者收到异议，应当按照国务院征信业监督管理部门的规定对相关信息作出存在异议的标注，自收到异议之日起20日内进行核查和处理，并将结果书面答复异议人。

经核查，确认相关信息确有错误、遗漏的，信息提供者、征信机构应当予以更正；确认不存在错误、遗漏的，应当取消异议标注；经核查仍不能确认的，对核查情况和异议内容应当予以记载。

5.《信息安全技术　个人信息安全规范》

8.2　个人信息更正

个人个人发现个人信息控制者所持有的该主体的个人信息有错误或不完整的，个人信息控制者应为其提供请求更正或补充信息的方法。

二、专家建议稿

1. 张新宝、葛鑫：《个人信息保护法（专家建议稿）》

第四十三条　个人发现信息业者处理的其个人信息存在错误、遗漏时，可以书面通知信息业者予以更正。信息业者经初步确认后，应当对相关个人信息作出存在异议的标注。

经核查，确认相关信息确有错误、遗漏的，信息业者应当予以更正；确认不存在错误、遗漏的，应当取消异议标注；经核查仍不能确认的，对核查情况和意义内容应当予以记载。

三、比较法

1. 欧盟《通用数据保护条例》

第15条　数据主体的访问权

1.数据主体应当有权从控制者那里得知,关于其的个人数据是否正在被处理,如果正在被处理的话,其应当有权访问个人数据和获知如下信息:

(a)处理的目的;

(b)相关个人数据的类型;

(c)个人数据已经被或将被披露给接收者或接收者的类型,特别是当接收者属于第三国或国际组织时;

(d)在可能的情形下,个人数据将被储存的预期期限,或者如果不可能的话,确定此期限的标准;

(e)数据主体要求控制者纠正或擦除个人数据、限制或反对对数据主体相关的个人数据进行处理的权利;

(f)向监管机构进行申诉的权利;

(g)当个人数据不是从数据主体那里收集的,关于来源的任何信息;

(h)存在自动化的决策,包括第22(1)和(4)条所规定的数据分析,以及在此类情形下,对于相关逻辑、包括此类处理对于数据主体的预期后果的有效信息。

2.当个人数据被转移到第三国或一个国际组织,数据主体应当有权获知和转移相关的符合第46条的恰当的保障措施。

3.控制者应当对进行处理的个人数据提供一份备份。对于任何数据主体所要求的额外备份,控制者可以根据管理花费而收取合理的费用。当数据主体通过电子方式而请求,且除非数据主体有其他请求,信息应当以通常使用的电子形式提供。

第16条　更正权

数据主体应当有权从控制者那里及时得知对与其相关的不正确信息的更正。在考虑处理目的的前提下,数据主体应当有权完善不充分的个人数据,包括通过提供额外声明的方式来进行完善。

第20条　数据携带权

1.当存在如下情形时,数据主体有权获得其提供给控制者的相关个人数据,且其获得个人数据应当是经过整理的、普遍使用的和机器可读的,数据主体有权无障碍地将此类数据从其提供给的控制者那里传输给另一个控制者:

(a)处理是建立在第6(1)条(a)点或9(2)条(a)点所规定的同意,或者6(1)条所规定的合同的基础上的;

（b）处理是通过自动化方式的。

2.在行使第 1 段所规定的携带权时,如果技术可行,数据主体应当有权将个人数据直接从一个控制者传输到另一个控制者。

3.行使第 1 段所规定的权利,不能影响第 17 条的规定。对于控制者为了公共利益,或者为了行使其被授权的官方权威而进行的必要处理,这种权利不适用。

4.第 1 段所规定的权利不能对他人的权利或自由产生负面影响。

2. 欧盟《隐私和电子通信条例》

第 15 条 3a.基于号码的人际通信服务提供者应向终端用户提供核实、更正和删除被纳入公开目录中的数据的方法。

3. 德国《联邦数据保护法》

第 58 条规定:(1)个人有权要求控制者及时纠正与本人相关但不准确的数据;①

第二章第 2 节专门规定"数据主体的权利",具体包括:第 19 条"获取答复权"、第 19a 条"被通知权"、第 20 条"更正、删除、封锁及反对权"。

4. 法国《信息、档案与自由法》

第五章第 2 节专门规定"数据主体对数据处理的个人权利",具体包括:第 38 条"反对权"、第 39 条"查阅权"、第 40 条"更正、补充完整、更新、封锁及删除权"。

5. 俄罗斯《信息、信息技术和信息保护法》

第 10 条

第 2 款:申请人的请求应当包含:

（1）姓、名、父称,护照资料,联系信息(电话和或传真号码、电子邮箱地址、通信地址);

（2）在本条第 1 部分指明的应当终止提供对其的连接的关于申请人的信息;

（3）本条第 1 部分指明的信息所位于的互联网网站网页的索引;

（4）搜索系统终止提供连接的依据;

---

① 参见崔聪聪:个人信息限制处理权的制度建构"数字时代个人信息保护的中国方案"圆桌会议,https://mp.weixin.qq.com/s/a4oXqr5cN44oGhu_nPOarw。

（5）申请人对处理其个人资料的同意。

第3款：搜索系统管理者在发现申请人请求中资料不完整、不准确或者错误时有权在自收到上述请求之日起十个工作日内通知申请人更正提交的资料。搜索系统管理者也有权通知申请人必须提交证明其身份的文件。上述通知可以一次性发给申请人。

第4款：申请人在自收到本条第3款指明的通知之日起十个工作日内采取措施补充未提交的资料，消除不准确的和错误的地方，并将更正后的资料以及（在必要情况下）将证明其身份的文件提交给搜索系统管理者。

第8款：搜索系统管理者有义务不泄露关于申请人向其提出本条第1款指明的请求的事实的信息，但联邦法律规定的情况除外。收到申请人更正后的材料之日起十个工作日内，在按照搜索系统使用者的查询显示包含申请人名和（或）姓的查找结果时，终止提供对申请人请求中指明的信息的链接，就此通知申请人，或者向申请人发出附理由的拒绝。

第6款：搜索系统管理者以与所收到的前述请求相同的形式向申请人发出关于满足本条第1款指明的申请人请求的通知或者发出附理由的拒绝满足其请求的通知。

第7款：申请人认为搜索系统管理者的拒绝缺乏理由的申请人，有权向法院起诉要求终止提供对申请人请求中指明的信息的链接。

6. 巴西《个人信息保护法》

第18条 关于控制者正在处理的数据，个人数据主体有权在任何时候通过以下方式从控制者处：

Ⅲ.更正不完整、不准确或过时的数据。

7. 印度《个人信息保护法》

18. 纠正和删除权

（1）如必要，数据主体考虑到处理个人数据的目的，并遵守法规所规定的条件和方式，有权采取如下行为：

（a）纠正不准确或者误导性的个人数据；

（b）完善不完整的个人数据；

（c）更新过时的个人数据；以及

（d）当处理个人数据的目的已完成时，删除个人数据。

（2）如果数据受托人根据第（1）款收到请求，数据受托人不同意基于处理目的的纠正、完善、更新或者删除的必要性,则数据受托人应向数据主体提供充分的理由,并且书面拒绝申请。

(3)如果数据主体不满足数据受托人在第(2)款规定的理由,数据主体可要求数据受托人采取合理步骤和相关的个人数据来证明数据主体对此提出的异议。

(4)如果数据受托人根据第(1)款纠正、完善、更新或删除个人数据,则数据受托人还应采取合理步骤将纠正、完善、更新或删除的情况通知可能已向其披露了此类个人数据的所有实体或个人,尤其是在此类行为会对数据主体的权利、利益或其相关决定产生影响的情况下。

【参考案例】

一、陈某与甲银行信息更正纠纷案①

甲银行与陈某于 2013 年 3 月 12 日签订《借款合同》,涉案贷款到期时,陈某未按时偿还本息。2014 年 9 月 30 日,账户状态为"结清"。2015 年 10 月 22 日,因办理贷款业务,乙银行向征信系统查询了陈某的征信信息,查询的结果显示陈某仍有 79353 元贷款逾期未还。陈某要求甲银行更正其征信信息,但甲银行未予更正。陈某遂起诉请求甲银行变更其征信信息,并要求其承担损害赔偿责任。甲银行在诉讼期间更正了征信信息,但认为该错误信息没有得到广泛传播,并未侵犯其个人名誉,故不构成侵权。

我国《征信业管理条例》第 40 条规定,向金融信用信息基础数据库提供或者查询信息的机构未按照规定处理异议或者对确有错误、遗漏的信息不予更正,给个人造成损失的,应依法承担民事责任。该条规定并未将错误信息的广泛传播作为责任构成要件。甲银行以错误信息未广泛传播为由主张不构成侵权的理由,欠缺法律依据。再审申请人为排除侵权行为,历经自行维权和诉讼,产生多项费用,其损失与甲银行未及时更正错误信息的行为之间存在相当因果关系,甲银行应予赔偿。法院酌情确定赔偿金额为 1 万元。

---

① 参见上海市高级人民法院(2018)沪民再 13 号民事判决书。

二、徐某某与郫县第二人民医院信息更正纠纷①

原告徐某某曾系被告长林食品公司员工,2012年4月1日在工作期间受伤,被告长林公司员工于当日将原告徐某某送至被告郫县第二人民医院住院治疗。被告郫县第二人民医院入院病历记录上载明:姓名汤某某,性别男,年龄51岁。2012年4月7日、4月8日原告徐某某分别在被告郫县第二人民医院出具的《郫县第二人民医疗麻醉知情同意书》与《手术同意书》中患者签名与具同意书人签字处以"汤某某"的名字签字确认。徐某某称,因被告长林食品公司未给原告购买社保及其他保险,因此被告长林公司将已购买保险的被告汤某某的身份证作为原告徐某某受伤后的住院登记证件。上述行为导致原告徐某某无法取得病历、申请工伤认定等。故请求将"汤某某"住院病历上的患者名字更改为原告徐某某并支付误工损失及精神损害赔偿金50000元。

一审法院认为,从原告徐某某向法院提交的证明、录音,被告长林公司提交的报销单和认可原告徐某某受伤住院的事实以及被告汤某某否认其在2012年受伤并入被告郫县第二人民医院入院治疗等事实能证实该次住院的患者应为本案原告徐某某,而不系汤某某。故徐某某要求被告郫县第二人民医院将汤某某"住院病历"上的患者名字更改为原告徐某某的诉讼请求,有事实依据和法律基础,予以支持。

二审法院则认为,虽然各方当事人均认可在郫县第二人民医院治疗的患者为徐某某,现有证据也能够证实上述事实,但是病历的书写是医务人员按照《病历书写基本规范》等相关规定的要求进行,是否修改,如何修改以及修改程序不属于人民法院民事案件的受理范围,法院不予处理。最终改判驳回原告诉讼请求。

三、捷克某公司未满足数据主体权利实现要求②

申诉人与受诉公司2017年9月1日至2017年12月31日存在劳动雇佣关系。2018年2月15日申诉人从公司领取收入证明材料后发现,有3张收据在收据金额上填写的地址和社会保险号等信息错误,要求公司对错误信息

① 参见四川省成都市中级人民法院(2016)川01民终2461号民事判决书。
② 参见中兴通讯数据保护合规部,数据法盟:GDPR执法案例精选白皮书。

进行修改。2018 年 3 月 22 日,根据公司要求,申诉人通过电子邮件反馈了雇员卡信息,其中包含姓名、头衔、永久地址、出生日期、出生地、国籍、性别、地位、身份证号码、健康状况、电子邮件地址、电话号码、纳税申报单、工作类型和合规启示。当数据主体要求更正错误个人数据时,数据控制者应当及时响应数据主体的行权要求,立即更正与其有关的错误数据。将受雇时间等个人信息发送给相关会计人员。截至 2019 年 1 月 28 日,申诉人仍然尚未收到信息更正的通知。针对此次事件,捷克数据保护监管机构对该公司作出 194 欧元的处罚决定。

第四十七条(个人信息删除权)

第四十七条　有下列情形之一的,个人信息处理者应当主动删除个人信息;个人信息处理者未删除的,个人有权请求删除:

(一)处理目的已实现、无法实现或者为实现处理目的不再必要;

(二)个人信息处理者停止提供产品或者服务,或者保存期限已届满;

(三)个人撤回同意;

(四)个人信息处理者违反法律、行政法规或者违反约定处理个人信息;

(五)法律、行政法规规定的其他情形。

法律、行政法规规定的保存期限未届满,或者删除个人信息从技术上难以实现的,个人信息处理者应当停止除存储和采取必要的安全保护措施之外的处理。

【本条主旨】

本条是关于个人信息删除权的规定。本条有两款,第 1 款是关于行使个人信息删除权的情形的规定;第 2 款规定了删除的例外。

【核心概念】

删除权

个人就其个人信息,向个人信息处理者请求销毁、去除相关信息,使之不可被检索、访问，或者无法回溯、关联到该主体的权利。

【条文详解】

一、我国删除权的沿革

2012年《全国人大常务委员会关于加强网络信息保护的决定》第8条规定："公民发现泄露个人身份、散布个人隐私等侵害其合法权益的网络信息，或者受到商业性电子信息侵扰的，有权要求网络服务提供者删除有关信息或者采取其他必要措施予以制止。"该条源于《中华人民共和国侵权责任法》第36条"网络用户、网络服务提供者利用网络侵害他人民事权益的，应当承担侵权责任。网络用户利用网络服务实施侵权行为的，被侵权人有权通知网络服务提供者采取删除、屏蔽、断开链接等必要措施。网络服务提供者接到通知后未及时采取必要措施的，对损害的扩大部分与该网络用户承担连带责任。网络服务提供者知道网络用户利用其网络服务侵害他人民事权益，未采取必要措施的，与该网络用户承担连带责任"之规定，本质上是网络侵权制度中的"通知—删除"规则，其在适用条件、法律后果上，与个人信息删除权均不相同，仅仅在客观形式和现实影响上有着相似性，可谓"貌合神离"。

2017年《中华人民共和国网络安全法》第43条在法律层面上首次确立了个人信息删除权。该条规定："个人发现网络运营者违反法律、行政法规的规定或者双方的约定收集、使用其个人信息的，有权要求网络运营者删除其个人信息；发现网络运营者收集、存储的其个人信息有错误的，有权要求网络运营者予以更正。网络运营者应当采取措施予以删除或者更正。"不过，该删除权限于网络运营者"违反法律、行政法规的规定"或者"违反与个人之间约定"的情形下，包括但不限：(1)收集、使用个人信息未获得用户同意且无法律依据；(2)用户的同意为无效或已撤回；(3)个人信息的收集、使用超出约定或法定的范围；(4)收集、使用信息的特定目的已经实现或消失，如因网络服务提供者终止、解散、营业变更，或者因用户和网络服务提供者之间的用户协议、隐私条款终止导致特定目的不存在时。2021年《民法典》第1037条延续了上述规定，同时采用了"信息处理者"取代"网络服务提供者"，扩展了义务主体的边界，但此时的个人信息删除权依然是非常有限的。

二、删除权的含义

个人信息删除权,即个人就其个人信息,向个人信息处理者请求销毁、去除相关信息,使之不可被检索、访问,或者无法回溯、关联到该主体的权利。删除权不但是本法第 44 条个人决定权的具体化,也是第 5 条"遵循合法、正当、必要的处理原则"和第 19 条"个人信息的保存期限应当为实现处理目的所必要的最短时间"的要求,还是第 13 条"同意作为个人信息处理基础"以及第 15条"撤回同意"的必然结果。个人信息的生命周期,始于收集、存储,经过了使用、加工、传输、提供,终于删除。就此而言,没有永远保存的个人信息,一旦保存的正当性事由消失,就应予以删除。因此,本条包含了双重结构:(1)个人信息处理者的删除义务;(2)个人信息删除权。

三、个人信息处理者删除义务的履行

个人信息处理者删除义务的发生以其处理不具备正当事由为前提,根据本法第 5 条、第 13 条、第 19 条的规定,在个人信息处理者保存个人信息不再合法、正当、必要时,其负有相应的个人信息删除义务,下表总结了个人信息处理者处理个人信息的正当性事由与删除义务发生的多种情形。

表 1　删除义务的类型

处理正当性事由	删除义务的履行条件	个人信息处理原则
取得个人的同意	个人撤回同意、同意无效或不存在或违反约定	欠缺正当性
为订立、履行个人作为一方当事人的合同所必需,或者按照依法制定的劳动规章制度和依法签订的集体合同实施人力资源管理所必需	个人信息处理者停止提供产品或者服务,或者约定的保存期限已届满	欠缺必要性
为履行法定职责或者法定义务所必需	处理目的已实现、无法实现或者为实现处理目的不再必要	欠缺必要性
为应对突发公共卫生事件,或者紧急情况下为保护自然人的生命健康和财产安全所必需	处理目的已实现、无法实现或者为实现处理目的不再必要	欠缺必要性

续表

为公共利益实施新闻报道、舆论监督等行为,在合理的范围内处理个人信息	处理目的已实现、无法实现或者为实现处理目的不再必要	欠缺必要性
依照本法规定在合理的范围内处理个人自行公开或者其他已经合法公开的个人信息	个人明确拒绝或未获得同意	欠缺正当性
法律、行政法规规定的其他情形	违反法律、行政法规处理个人信息	欠缺合法性

在处理正当性事由消失后,个人信息处理者应该采取如下任一方式履行删除义务:第一,个人信息处理者可以通过物理方式销毁、破坏个人信息的电子或非电子载体实现"删除",使之不可检索、访问和调取。第二,个人信息处理者可以采取匿名化措施,即采取数据抽样(Sampling)、数据聚合(Aggregation)、确定性加密(Deterministic Encryption)、同态加密(Homomorphic Encryption)、信息压制(Suppression)、抽象化(Generalization)、随机化(Randomization)、数据合成(Synthetic Data)等技术,使得个人信息无法识别该主体且不能复原,从而成为本法第四条的"非个人信息",从而实现效果上的删除。

个人信息处理者删除义务并不是绝对的,本条规定了两项例外:(1)法律、行政法规规定的保存期限未届满。例如,《反洗钱法》第19条第3款规定:"客户身份资料在业务关系结束后、客户交易信息在交易结束后,应当至少保存五年。"《电子商务法》第31条规定:"电子商务平台经营者应当记录、保存平台上发布的商品和服务信息、交易信息,并确保信息的完整性、保密性、可用性。商品和服务信息、交易信息保存时间自交易完成之日起不少于三年;法律、行政法规另有规定的,依照其规定。"《证券法》第153条规定:"证券登记结算机构应当妥善保存登记、存管和结算的原始凭证及有关文件和资料。其保存期限不得少于二十年。"《证券投资基金法》第102条第2款规定:"基金份额登记机构应当妥善保存登记数据,并将基金份额持有人名称、身份信息及基金份额明细等数据备份至国务院证券监督管理机构认定的机构。其保存期限自基金账户销户之日起不得少于二十年。"(2)删除个人信息在技术上难以实现。这主要体现为利用区块链(Blockchain)技术处理的个人信息。作为一套采取分散机制而可得共享及即时同步的数位库,区块链透过共识机制在多个节点上加以储存并据此组成点对点网络架构。它的加密算法、分布式共识和时间戳机制使其具有了不可篡改的特性,这也令删除区块链上的个人信息变得十分困难。在上述法定不可删除和客观不可删除个人信息的情形下,个人信息处理者应采取"限制处理"措施,即对相关个人信息进行标记,除存储和必要的安全保护措施外,不得进行其他处理。此时,个人信息仅为存档之目的而存储,只供国家机关为履行法定职责或个人信息处理者为履行法定义务而访问,其他任何加工、提供等利用活动均被"锁定"。

最后,个人信息处理者不论采取何种删除措施或限制处理措施,均应在告知个人,以满足其知情权,并有助于其删除权的行使。

四、个人信息删除权的行使

在个人信息处理者未履行个人信息删除义务时,个人有权请求删除其个人信息。尽管该权利规定在本条第 1 款中,但从立法目的看,如个人信息处理者未履行本条第 2 款的个人信息限制处理义务,个人亦有权请求其履行,此应为删除权的题中之义。就删除权的行使而言,还应注意:第一,除同意无效、不存在或撤回同意外,个人提出删除请求时,应就个人信息正当性事由已经消失提供相应证据。第二,个人可以向个人信息直接收集者提出,也可以向个人信息间接收集者提出。鉴于不同的个人信息处理者往往基于相对独立且差异化的正当性事由处理信息,各个人信息处理者一般仅对自己处理的数据负责,而无需告知第三方,这与 GDPR 中"被遗忘权"截然不同。

GDPR 第 17 条第 2 款规定:"如果数据主体已将个人数据公开,并且根据第 1 款有义务删除这些个人数据,控制者在考虑现有技术及实施成本后,应当采取包括技术措施在内的合理步骤,通知正在处理个人数据的控制者:数据主体要求他们删除这些个人数据的任何链接、副本或复制件。"据此,数据控制者不仅要删除自己所控制的个人数据,还要对其公开传播的个人数据承担责任,尽可能地通知正在处理其个人数据的第三方停止利用、删除。GDPR 的"被遗忘权"引发了大量争议。一方面,欧盟的被遗忘权难以实施,一旦个人信息公开,就不可能阻止网络用户未经授权地复制数据,也不可能阻止他们登录欧盟以外的网站,与其说被遗忘权是一项彻底遗忘的措施,毋宁说是一项"抑制和删除信息获取渠道的权利"。另一方面,被遗忘权存在严重的价值分歧。首当其冲的就是言论自由,美国学者杰弗里·罗森教授直言:"被遗忘权是互联网言论自由接下来十年最大的威胁。"被遗忘权给网络服务提供者增加了巨量的审查和删除义务,可以预见,为了避免高额赔偿或罚款,后者不得不从中立服务方变成了审查者,而过于宽泛的限制,最终对言论自由产生寒蝉效应,戕害了意见市场。同时,被遗忘权可能损及公共知情权。由于信息所具有"部分之和大于整体"的"涌现性"(Emergentproperties),信息流动、汇聚以及由此带来的信息透明对于公共利益意义重大。被遗忘权不但减少了信息的总量,甚至"助纣为虐"地帮助公众人物抹去不光彩的经历,导致蓄意"改写历史"。

本法并没有采纳 GDPR"被遗忘权",根据本法第 13 条、第 27 条,在合理的范围内处理个人自行公开或者其他已经合法公开的个人信息系独立于个人同意以外的个人信息处理正当性基础,在个人自行公开或授权公开的前提下,个人可以通过行使拒绝权,要求收集、使用公开信息的个人信息处理者予以删除。

【参考条文】

一、国内法

1.《中华人民共和国民法典》

第一千零三十七条　自然人可以依法向信息处理者查阅或者复制其个人信息;发现信息有错误的,有权提出异议并请求及时采取更正等必要措施。自然人发现信息处理者违反法律、行政法规的规定或者双方的约定处理其个人信息的,有权请求信息处理者及时删除。

2.《中华人民共和国网络安全法》

第四十三条　个人发现网络运营者违反法律、行政法规的规定或者双方的约定收集、使用其个人信息的,有权要求网络运营者删除其个人信息;发现网络运营者收集、存储的其个人信息有错误的,有权要求网络运营者予以更正。网络运营者应当采取措施予以删除或者更正。

3.《最高人民法院关于审理使用人脸识别技术处理个人信息相关民事案件适用法律若干问题的规定》

第十二条　信息处理者违反约定处理自然人的人脸信息,该自然人请求其承担违约责任的,人民法院依法予以支持。该自然人请求信息处理者承担违约责任时,请求删除人脸信息的,人民法院依法予以支持;信息处理者以双方未对人脸信息的删除作出约定为由抗辩的,人民法院不予支持。

二、比较法

1. 欧盟《通用数据保护条例》

第17条 1. 数据主体应有权要求控制者消除与他或她相关的个人资料,且不得无故拖延,控制者在以下条件之一适用时,应有义务消除个人资料,且不得无故拖延。

（a）就收集或处理个人资料的目标而言,已不再需要个人资料;

（b）数据主体根据第6(1)条(a)点和第9(2)条(a)点撤回对数据处理的同意,且已不存在处理数据的法律依据;

（c）数据主体根据第21(1)条反对数据处理,且不存在等级更高的数据处理法律依据,或数据主体根据第21(2)条反对数据处理;

（d）个人资料曾被非法处理;

（e）按照管辖控制者的欧盟或成员国法律要求,个人资料必须被消除。

（f）由于提供第8(1)条中所述信息社会服务的关系,个人资料已被收集。

2. 若控制者已公开个人资料,并有义务按照第1段的要求消除个人资料,则与个人资料有任何关联或已复制个人资料的控制者应考虑可用技术和实施成本,然后采取包括技术措施在内的合理措施通知正在处理个人资料的控制者数据主体的消除要求。

3. 第1、2段不适用于以下必须进行数据处理的情况:

（a）行使自由表达权和信息权;

（b）为了遵守管辖控制者的欧盟或成员国法律,执行以维护公共利益为目标的任务,或行使授予控制者的官方权力,使得控制者有法定义务处理个人资料;

（c）根据第9(2)条(h)和(i)点以及第9(3)条,维护公共卫生领域的公共利益;

（d）根据第89(1)条,为实现公共利益、科学或历史研究目标或统计目标,前提是第1段中所述权利很可能导致数据处理目标不可能实现或对其造成严重阻碍;或

（e）为了法律索赔的立案、调查或辩护。

2. 俄罗斯《联邦个人数据法》

第8条:"个人数据主体的信息应当可以在任何时候按照个人数据主体的要求或者按照法院或其他授权国家机关的决定从个人数据公共来源中删除。"

第16条:"个人数据应在终止处理后,在活动和技术可行的范围内予以删除,或授权存储用于以下目的:Ⅰ.数据控制者遵守法律或监管义务;Ⅱ.由研究实体进行研究,尽可能确保个人数据的匿名化;Ⅲ.以遵守本法规定的数据处理要求为前提,转让数据给第三方;或Ⅳ.由数据控制者独占使用,禁止第三方访问,并且数据已匿名化。"

3. 巴西《通用数据保护法》

第18条 关于控制者正在处理的数据,个人数据主体有权在任何时候通过以下方式从控制者处:

Ⅳ.匿名化、阻止或删除不符合本法规定的、不必要的或多余的数据;

Ⅳ.删除经数据主体同意处理的个人数据,本法第16条所规定的情况除外。

4. 印度《个人数据保护法案》

18.(1)如必要数据主体考虑到处理个人数据的目的,并遵守法规所规定的条件和方式有权采取如下行为:(a)纠正不准确或者误导性的个人数据;(b)完善不完整的个人数据;(c)更新过时的个人数据;以及(d)当处理个人数据的目的已完成时,删除个人数据。

(2)如果数据受托人根据第(1)款收到请求,数据受托人不同意基于处理目的的纠正、完善、更新或者删除的必要性,则数据受托人应向数据主体提供充分的理由,并且书面拒绝申请。

(3)如果数据主体不满足数据受托人在第(2)款规定的理由,数据主体可要求数据受托人采取合理步骤和相关的个人数据来证明数据主体对此提出的异议。

(4)如果数据受托人根据第(1)款纠正完善、更新或删除个人数据,则数据受托人还应采取合理步骤将纠正完善更新或删除的情况通知可能已向其披露了此类个人数据的所有实体或个人,尤其是在此类行为会对数据主体的权利、利益或其相关决定产生影响的情况下。

20.(1)数据主体有权限制或阻止数据受托人继续披露其个人数据,若该披露是——（a）已达到数据收集目的或不再为该使用目的所必需；（b）是经数据主体根据第11条的同意而作出的，且该同意已被撤回；或（c）被认定为违反本法案或现行有效的其他法律的规定。

（2）第（1）款规定的权利，仅可在裁判官根据数据主体提交的申请发出的命令后，以可能规定的形式和方式，根据第（1）款（a）、（b）或（c）项的理由予以强制执行；除非数据主体表明其就防止或限制持续披露个人数据享有的权利或利益优先于言论和表达自由权以及其他公民的知情权，否则不得根据本条款作出命令。

（3）裁判官在根据第（2）款作出命令时，需考虑：（a）个人数据的敏感性；（b）寻求限制或防止披露（的个人数据）的规模和可获得程度；（c）数据主体在公共生活中的角色；（d）个人数据与公众的相关性；（e）披露的性质和数据受托人活动的性质，尤其是数据受托人是否系统地促进对个人数据的获取，以及若要限制或阻止有关性质的披露，该活动是否受到严重阻碍。

（4）若个人发现该个人数据的披露受到裁判官根据第（2）款作出命令的限制或阻止，不符合该款条件的，其可以按照规定的方式向裁判官申请对该命令进行复议，裁判官应复议该命令。

（5）若数据主体不服裁判官根据本条款作出的命令，可向上诉法庭提起上诉。

【参考案例】

一、国内案例

1. 任某某与北京百度网讯科技有限公司人格权纠纷①

任某某系人力资源管理、企事业管理等管理学领域的从业人员，其于2014年7月1日起在无锡陶氏生物科技有限公司从事相关的教育工作，2014年11月26日与公司解除劳动关系。从2015年2月初开始，任某某陆续在百度公司的网站上发现"陶氏教育任某某""无锡陶氏教育任某某""陶氏超能学习法"等字样的内容及链接。任某某就此向法院提交了一份《解除劳动合同协议》和部分交通住宿票据及公证业务费发票。《解除劳动合同协议》显示，北京某公司（甲方）与任某某（乙方）协商一致自愿解除劳动合同关系，解除理

---

① 参见（2015）一中民终字第09558号。

由是自聘用任某某并开始试用后,发现百度网络上显示"无锡陶氏教育任某某",陶氏教育被很多人称为骗子公司,甚至有人说是邪教,原定聘用任某某约定的60万元年薪,任某某同意甲方不支付。任某某主张百度公司搜索页面中显示的关键词给其造成了经济损失和精神痛苦,侵犯了其姓名权、名誉权和一般人格权中的被遗忘权,请求百度公司赔礼道歉、消除影响,在搜索结果中不得出现上述关键词,并请求百度公司赔偿其损失。

法院生效判决认为,我国现行法律中并无对被遗忘权的法律规定,亦无被遗忘权的权利类型。任某某依据一般人格权主张其被遗忘权应属一种人格利益,该人格利益若想获得保护,任某某必须证明其在本案中的正当性和应予保护的必要性,但任某某并不能证明上述正当性和必要性,故二审法院驳回任某某的上诉请求,维持原判。

2. 李轩与摩拜信息技术有限公司等不当得利纠纷①

李轩因共享单车超额计时计费诉至法院,诉请之一是立即彻底删除其留存于共享单车服务系统中的个人信息并提供删除凭证。摩拜公司认为根据协议需提交身份证用以核对,同意在法院核实其个人信息与系统中显示的个人信息一致的情况下删除。最终法院判令摩拜公司删除,但因删除义务系行为义务,摩拜公司无须就此提交删除凭证。

二、国外案例

1. 谷歌诉冈萨雷斯被遗忘权案

1998年,西班牙《先锋报》刊登了西班牙公民冈萨雷斯因无力偿还债务而遭拍卖房产的公告。2010年,冈萨雷斯发现,如果在谷歌输入他的名字,会出现指向《先锋报》关于其房产拍卖的网页链接。冈萨雷斯认为,相关债务问题很多年前就已经解决了,这些信息与其目前的状况已经没有关系了。冈萨雷斯向西班牙数据保护局(AEPD)投诉,要求《先锋报》删除或更改其网页上的相关信息,要求谷歌删除或更改搜索结果中显示的相关链接结果。西班牙数据保护局认为,拍卖信息是劳动和社会保障部为了广泛通知竞拍者参加拍卖而发布的,《先锋报》发布该消息是合法的,冈萨雷斯无权要求删除或更改。但网络搜索引擎是数据处理者,如果其对数据的定位和传播侵害了公民数据

---

① 参见(2018)京0108民初48223号。

受保护的基本权利,就应当将这些数据从搜索结果中删除。AEPD 命令谷歌将上述与冈萨雷斯相关的信息从搜索结果中删除。谷歌向西班牙国家高等法院提起诉讼。最终,法院认为,谷歌的行为属于《欧盟数据保护指令》规定的"数据处理",谷歌属于"数据控制者",应当承担删除链接义务。

2. 克里斯父亲要求删除去世儿子醉酒文章

2006 年,《加利福尼亚日报》一篇文章详细报道了在旧金山的脱衣舞俱乐部,克里斯·库尔茨醉酒后与员工冲突的事实。因为这篇报道克里斯离开了所在球队。克里斯在 2010 年去世后,其父哈维·库尔茨联系了《加利福尼亚日报》,要求从其在线档案中删除关于报道他儿子醉酒后发生冲突的文章,但是被拒绝了。美国法院没有支持库尔茨的主张,法官认为虽然他很同情库尔茨遭受的丧子之痛,但这并不能成为要求华森删除文章的法律上的理由。

3. 丹麦对不按规定删除客户个人数据的公司进行行政处罚

根据丹麦《市场营销法》第 10 条,客户就收到时事通讯给予同意的有效期为两年,两年后应删除相关电话号码。此外,如果客户在系统中删除了他的个人账户,则有关该用户的其他信息应在 6 个月内删除。根据以上关于数据存储期限的法律规定,丹麦一家名为 Taxa4x35 的出租车公司为客户提供订购和结算税款服务而收集、处理的个人数据应在两年后删除或进行匿名化处理,但 Taxa4x35 只删除了客户的姓名,依然留存着客户的电话号码、乘车记录(约 8873333 次出租车行程)。并且,留存下来的客户的税收信息包括收款及收货地址,仍可以结合电话号码反推、识别出特定自然人,风险较大。并且,Taxa4x35 的隐私政策直接违反了数据存储限制原则和丹麦的《市场营销法》,按照该公司规定,所收集的用户电话号码在五年后才会被删除。该出租车公司于 2019 年被处以 16 万欧元的行政罚款。

同年 6 月 30 日,丹麦一家名为 IDdesignA/S 的公司因为对其处理的大约 385000 名客户的个人数据的存储时间超出了实现处理目的必要的期限,并且,该公司在 IT 系统中存储的客户发票信息及人员招聘信息也没有在存储期限结束后予以删除。即便是对于其声称已删除的数据也无法进行举证,因为 IDdesign A/S 没有对删除个人数据的过程进行记录和存档,这又直接违反了 GDPR 的责任原则,也就是数据控制者应对自己遵守数据保护法基本原则予以证明。该公司最终被处以 20.085 万欧元的行政罚款。该案进一步提示了数据控制者不仅应及时、充分响应数据主体的"被遗忘权"请求,还要对响应的过程进行记录和存档。

4. 罗德里格斯要求删除与其关联新闻

阿根廷职业模特罗德里格斯要求谷歌公司和雅虎公司删除将自己的名字与性新闻相关联的搜索结果。2015年1月，阿根廷最高法院以谷歌、雅虎搜索引擎所提供的搜索服务具有技术中立性为由判决谷歌公司和雅虎公司胜诉。该判决也首次确立了搜索引擎不需要为第三方提供的内容侵权而承担责任的先例。

5. 西班牙电信公司因无视用户删除请求而被处罚

电信运营商西班牙Vodafone的客户曾在2015年要求Vodafone删除其个人数据，并且该请求已得到公司的确认，但自2018年起，他收到了Vodafone发送的200多条SMS。Vodafone声明，发生这种情况是因为投诉人的手机号码被错误地用于测试，并错误地出现在其他客户档案中。由于该公司同意付款和承担责任，因此根据西班牙行政法法院将罚款减少至27000欧元。希腊一家电信运营商也因未响应数据主体的"被遗忘权"请求，因未能按照要求删除8000名客户的个人数据被处以20万欧元的行政罚款。拉脱维亚也发生了这种数据主体要求行使被遗忘权，但作为数据控制者的有关企业不但没有履行删除义务，仍然继续向该数据主体发送短信广告最终被执法的案例。

6. 德国DeliveryHero快递公司因不按规定删除用户个人数据而被处罚

2019年8月，德国一家名叫快递英雄（DeliveryHero）的快递公司，被十名曾经的用户投诉称即使他们已经有十年不曾使用该公司的快递服务了，但该公司仍然没有删除他们的账户以及账户中的个人数据。其中的八位投诉者还举报了该公司未经其同意向他们发送电子邮件广告，并且其中一位还曾经明确反对将其个人数据用于广告投放，但仍然收到了15封电子邮件广告。德国柏林数据保护局经调查核实，对该公司作出19.5407万欧元的处罚决定。

7. 某金融机构拒绝删除客户个人数据

NAIH对一家未具名的金融机构处以罚款，理由是该公司非法拒绝客户要求删除其电话号码的请求，理由是保留该客户的电话号码对客户进行债务索偿符合公司的合法利益。NAIH在其决定中强调，客户的电话号码对于催收债务不是必需的，因为债权人也可以通过邮寄方式与债务人进行通信。因此，保留债务人的电话号码违反了数据最小化和目的限制的原则。根据法律规定,罚款的评估依据是公司年度净收入的 0.025%。

8. 某学校未满足数据主体权利实现要求

2018 年 8 月 16 日,一名某学校的前员工向捷克数据保护监管机构投诉。她在 2017 年在学校担任讲师,后来担任公司经理。离职后,2018 年 7 月上旬她发现学校 Facebook 网站上有她的照片和姓名,要求学校负责人从互联网上删除她的所有照片。但是学校没有删除。针对此次事件,捷克数据保护监管机构对该学校作出 388 欧元的处罚决定。

第四十八条(个人信息处理规则说明权)

第四十八条 个人有权要求个人信息处理者对其个人信息处理规则进行解释说明。

【本文主旨】

本条是关于个人信息处理规则说明权的规定。

【核心概念】

个人信息处理规则说明权

个人在对个人信息处理者制定的处理规则存在疑义时,请求个人信息处理者解释说明的权利。

【条文详解】

一、个人信息处理规则的含义

"个人信息处理规则"有着实质和形式两种不同的含义:其实质意义即本法第二章、第三章规定个人信息处理者处理个人信息的法律规则,其形式意义即本法第 17 条第 2 款规定的由个人信息处理者制定的公开规则,本条中"个人信息处理规则"就是在此层面言之。

形式意义的个人信息处理规则可追溯至 2012 年《全国人民代表大会常务委员会关于加强网络信息保护的决定》,其第 2 条第 2 款规定:"网络服务提供者和其他企业事业单位收集、使用公民个人电子信息,应当公开其收集、使用规则"。之后,《消费者权益保护法》《网络安全法》《电子商务法》等均延续这一规定,要求网络运营者公示其个人信息收集、使用规则,明示收集个人信息的目的、方式、范围。

实践中,个人信息处理规则往往表现为"隐私政策",即个人信息处理者对其收集、使用、保存、共享等个人信息处理行为以及个人享有何种权利的公开声明。根据本法第17条的规定,个人信息处理规则至少应当如下内容,并以显著方式、清晰易懂的语言真实、准确、完整地表述:(一)个人信息处理者的名称或者姓名和联系方式;(二)个人信息的处理目的、处理方式,处理的个人信息种类、保存期限;(三)个人行使本法规定权利的方式和程序。个人信息处理规则并不一定是静态地、一次性完整展示,还可以通过可视化、互动性的方式,在个人注册账号、安装程序以及使用互联网过程中,增强式告知和即时提示相关的处理规则。需要说明的是,作为英文 Privacy policy 的直译,隐私政策的名称具有误导性。与英美法将个人信息至于隐私权保护的法律体系不同,我国《民法典》和本法均严格区分了"隐私"和"个人信息",为避免给用户造成不必要的困扰,"隐私政策"可根据本条修改为"个人信息处理规则"。

二、个人信息处理规则说明权的含义

个人信息处理规则是企业履行告知义务的重要载体,同时也是政府监管和社会监督企业个人信息实践的主要抓手。在公法层面,个人信息处理规则展现了企业在具体业务场景中如何落实个人信息安全保障义务。近年来,国家网信办、工信部、公安部、国家标准化委员会等国家部门从个人信息处理规则入手,对 App 违法违规收集使用个人信息开展专项治理行动,以促进企业积极履行合规义务。在私法层面,个人信息处理规则是处理者对个人的承诺,在法律性质上存在"双方合同说"和"单方声明说"的分歧,本法对此亦未予明确。总体而言,如个人信息处理规则经过了《民法典》中合同订立程序,即可被视为合同。无论个人信息处理规则定性如何,其克服信息不对称导致的个人信息处理黑箱、保障个人知情权的功能已获得公认。不过,个人信息处理规则上述功能的发挥有赖于个人对相关规则的准确理解。但现实中,个人信息处理规则的用语通常较为宽泛、模糊,加之其内容专业、冗长,普通民众难以卒读,亦不辨其义。为此,本条借鉴《民法典》第496条"格式条款说明义务"的规定,赋予个人对个人信息处理规则的解释说明权。

三、个人信息处理规则说明权的行使

个人对个人信息处理规则存在疑义时,有权根据本法第50条中"申请受理和处理机制",请求个人信息处理者予以说明。后者在收到请求后,应通过与个人请求同等的方式(口头或电子方式),以常人能够理解的语言,解释个人信息处理规则的概念、内容和法律后果。说明权的行使,不但能够敦促个人信息处理者全面披露其个人信息处理活动,而且有助于本法第24条"自动化决策"解释权的实现。

【参考条文】

一、国内法

1.《中华人民共和国民法典》

第四百九十六条　格式条款是当事人为了重复使用而预先拟定,并在订立合同时未与对方协商的条款。

采用格式条款订立合同的,提供格式条款的一方应当遵循公平原则确定当事人之间的权利和义务,并采取合理的方式提示对方注意免除或者减轻其责任等与对方有重大利害关系的条款,按照对方的要求,对该条款予以说明。提供格式条款的一方未履行提示或者说明义务,致使对方没有注意或者理解与其有重大利害关系的条款的,对方可以主张该条款不成为合同的内容。

2.《信息安全技术个人信息安全规范》

5.5　隐私政策

对个人信息控制者的要求包括:

a)应制定隐私政策,内容应包括但不限于:

1)个人信息控制者的基本情况,包括主体身份、联系方式;

2)收集、使用个人信息的业务功能,以及各业务功能分别收集的个人信息类型。涉及个人敏感信息的,需明确标识或突出显示;

3)个人信息收集方式、存储期限、涉及数据出境情况等个人信息处理规则;

4)对外共享、转让、公开披露个人信息的目的、涉及的个人信息类型、接收个人信息的第三方类型,以及各自的安全和法律责任;

5)个人信息主体的权利和实现机制,如查询方法、更正方法、删除方法、注销账户的方法、撤回授权同意的方法、获取个人信息副本的方法、对信息系统自动决策结果进行申诉的方法等;

6)提供个人信息后可能存在的安全风险,及不提供个人信息可能产生的影响;

7)遵循的个人信息安全基本原则,具备的数据安全能力,以及采取的个人信息安全保护措施,必要时可公开数据安全和个人信息保护相关的合规证明;

8)处理个人信息主体询问、投诉的渠道和机制,以及外部纠纷解决机构及联络方式。

b)隐私政策所告知的信息应真实、准确、完整;

c)隐私政策的内容应清晰易懂,符合通用的语言习惯,使用标准化的数字、图示等,避免使用有歧义的语言;

d)隐私政策应公开发布且易于访问,例如,在网站主页、移动应用程序安装页、本标准附录 C 中的交互界面或设计等显著位置设置链接;

e)隐私政策应逐一送达个人信息主体。当成本过高或有显著困难时,可以公告的形式发布;

f)在本条 a)所载事项发生变化时,应及时更新隐私政策并重新告知个人信息主体。

二、比较法

1. 美国《加州消费者隐私法案实施条例》

999.301

"隐私政策",即《加州民法典》第 1798.130 款第(a)(5)项所指的政策,意为企业需向消费者提供描述该企业关于个人信息收集、使用、披露和出售,以及消费者就其个人信息享有的权利的相关实践的说明,包括线上和线下的实践。

999.308. 隐私政策

(a)目标和总原则

隐私政策的目的是向消费者提供有关企业在线上和线下实践中有关个人信息收集、使用、披露和出售以及消费者对其个人信息的权利的全面描述。

（c）隐私政策应包括以下信息：

（1）对收集、披露或出售的个人信息的知情权

a.关于消费者有权要求企业披露其收集、使用、披露和出售的个人信息之解释。

第四十九条（死者个人信息保护）

第四十九条　自然人死亡的,其近亲属为了自身的合法、正当利益,可以对死者的个人信息行使本章规定的查阅、复制、更正、删除等权利;死者生前另有安排的除外。

【本条主旨】

本条是关于死者个人信息保护的规定。

【条文详解】

一、死者个人信息保护的沿革

个人权利能力始于出生,终于死亡。我国对于死者权益保护问题,一直采取间接保护的路径,主张近亲属对死者生前形象享有怀念、祭奠、追思或美好情感的法律利益。如史尚宽先生指出:"于自然人死后,其遗属为保护死者之名誉、秘密或纪念,系根据自己之权利,因自己人格利益之受侵害而有诉权。此权利在内容上为另一新权利,其遗属为尽虔敬孝行,而有内部的利益。"[1] 2001年,《最高人民法院关于确定民事侵权精神损害赔偿责任若干问题的解释》第3条规定:自然人死亡后,以侮辱、诽谤、贬损、丑化或者违反社会公共利益、社会公德的其他方式,侵害死者姓名、肖像、名誉、荣誉或非法披露、利用、非法侵害死者隐私的,其近亲属因遭受精神痛苦,可以向人民法院起诉请求赔偿精神损害;自然人因侵权行为致死,或者自然人死亡后其人格或者遗体遭受侵害,死者的配偶、父母和子女或其他近亲属可以向人民法院起诉请求赔偿精神损害。

《民法典》延续了这一进路,其第994条规定:"死者的姓名、肖像、名誉、

---

[1]　史尚宽:《民法总论》,中国政法大学出版社2000年版,第126页。

荣誉、隐私、遗体等受到侵害的,其配偶、子女、父母有权依法请求行为人承担民事责任;死者没有配偶、子女且父母已经死亡的,其他近亲属有权依法请求行为人承担民事责任。"尽管该条并未明确列出"死者个人信息",但从死者人格利益保护的历史看,呈现出保护范围不断拓展、种类不断增多的趋势,因此这里的人格要素不是封闭的、穷尽的,其"等"字足以将"死者个人信息"纳入,据此,在死者的个人信息受到侵害时,其配偶、子女、父母有权依法请求行为人承担民事责任;死者没有配偶、子女且父母已经死亡的,其他近亲属有权依法请求行为人承担民事责任。2021年《最高人民法院关于审理使用人脸识别技术处理个人信息相关民事案件适用法律若干问题的规定》即采取该解释方法,其第15条规定:"自然人死亡后,信息处理者违反法律、行政法规的规定或者双方的约定处理人脸信息,死者的近亲属依据《民法典》第994条请求信息处理者承担民事责任的,适用本规定。"

二、死者个人信息的积极保护

随着信息技术和生活方式的演化,死者个人信息之上承载的利益和价值不断提升,甚至人们已经在探索"虚拟永生",即通过计算机对个人信息进行自动分析,模拟死者的性格、语气、反应和思考方式,进而在社交网络上以死者的名义继续与生者交流。现实中,美国《纽约时报》记者詹姆斯便通过录制父亲的声音和平生资料的数据化,建立了关于父亲的语料库,在人工智能的帮助下生成了虚拟的父亲,一家人得以随时与在数字世界里永生的父亲对话,以慰哀思。正是洞见到这一发展趋势,本法从《民法典》对死者个人信息的消极保护迈向了积极保护,鼓励死者生前对个人信息作出安排,并承认一定条件下死者的近亲属可以针对死者的相关个人信息行使查阅、复制、更正、删除等权利,为死者近亲属维护自身合法、正当利益提供了新途径。

三、死者个人信息的生前安排

本条鼓励自然人生前决定死后个人信息的安排,充分体现了对死者生前意愿的尊重。若死者生前对其死后个人信息的安排和其近亲属权利行使申请相冲突,则应当优先保护死者生前的决定。这是因为,美国的实证调查发现,70%的人认为在线通信和照片等信息死后仍应保持私密性,仅有10%的人同意他人全面访问私人通信。① 既然法律无法推定死者同意其近亲属全面获悉其个人信息，就应首先认可死者的选择。这里之所以使用"另有安排"，是因为它不但包括了《民法典》继承编中公证遗嘱、自书遗嘱、代书遗嘱、打印遗嘱、口头遗嘱或录音录像遗嘱等各种遗嘱形式，也包括合同、指示等多种形式。在实践中，死者在生前可以通过如下方式安排其个人信息：（1）与个人信息处理者达成的用户协议；（2）在用户协议的基础上，对个人信息处理者作出的特别通知；（3）在遗嘱中指明特定人士负责行使全部或部分个人信息权益。

　　为了保障死者的生前安排，个人信息处理者可以在用户协议中增加死后个人信息处理的内容，为其提供便捷的在线工具，帮助用户决定在死亡或丧失行为能力时欲如何处置个人信息，并遵循用户明确表达的意愿。目前，Facebook 已经推出了"遗产联系"（Legacycontact）服务，允许用户指定一位 Facebook 好友作为遗产联系人，并选择是否允许该人打包下载账户内容抑或彻底删除账户。遗产联系人可以修改用户头像，甚至代表已故用户处理新的好友请求。如果用户未在 Facebook 上选择遗产联系人，但在其遗嘱中指定了数字资产的遗嘱执行人，Facebook 亦认可该遗嘱执行人为遗产联系人。

四、死者个人信息的近亲属权益

　　在死者生前未作出个人信息的安排或安排无效的情形下，近亲属有权出于自身权益，行使死者的部分个人信息权益。对此，应注意如下几点：

　　第一，近亲属的范围和顺位。根据《民法典》第 1045 条，近亲属的范围为：配偶、父母、子女、兄弟姐妹、祖父母、外祖父母、孙子女、外孙子女。本条没有参考《民法典》第 994 条，对近亲属行使权利的位次作出规定。这是因为，与对死者人格权益的侵权法保护不同，每名近亲属均可能为维护各自的合法、正当权益，分别针对不同的个人信息内容，主张不同的个人信息权利，各方并行而不悖。

　　第二，近亲属权利行使的限制。只有在为了维护其自身合法、正当的利益时，近亲属才能对死者个人信息行使相关的权利，以体现对死者的尊重，防范近亲属滥用权利的不利后果。"合法、正当的利益"应当是不违反法律法规和公序良俗，真实且现实存在的利益。例如，近亲属为了解死者生前是否对死后

---

① 参见郭少飞：《论死者私人电子邮箱数据的处理规则》，《社会科学》2021 年第 7 期。

的财产分配作出相应的安排,了解死因等,需要登录死者的电子邮箱来查阅复制死者的个人信息。再如,当死者的个人信息存在不准确或者不完整的地方,而这导致了死者的名誉存在受损的危险,进而损害近亲属对死者的崇敬之情,近亲属有权要求个人信息处理者对死者的个人信息进行更正。[①] 为此,近亲属在行使权利时,应当向个人信息处理者证明其利益存在,其陈述应清晰、具体。

第三,近亲属权利行使的范围。在权利行使的对象上,限于与维护死者近亲属自身的合法、正当的利益具有直接、密切关系的个人信息,并非死者所有的个人信息,而是以满足近亲属利益为必要。在行使权利的种类上,限于本章规定的查询、复制、更正、删除等权利,不包括第二章同意或撤回同意的权利。需要特别说明的是,删除权的行使应根据本法第 47 条的规定,以处理正当性事由消失且个人信息处理者未主动删除为要件,近亲属无权通过行使死者撤回同意的权利,要求个人信息处理者删除个人信息。

【参考条文】

一、国内立法

1.《中华人民共和国民法典》

第九百九十四条　死者的姓名、肖像、名誉、荣誉、隐私、遗体等受到侵害的,其配偶、子女、父母有权依法请求行为人承担民事责任;死者没有配偶、子女且父母已经死亡的,其他近亲属有权依法请求行为人承担民事责任。

2.《最高人民法院关于确定民事侵权精神损害赔偿责任若干问题的解释》

第三条　死者的姓名、肖像、名誉、荣誉、隐私、遗体、遗骨等受到侵害,其近亲属向人民法院提起诉讼请求精神损害赔偿的,人民法院应当依法予以支持。

3.《最高人民法院关于审理使用人脸识别技术处理个人信息相关民事案件适用法律若干问题的规定》

第十五条　自然人死亡后,信息处理者违反法律、行政法规的规定或者双

---

① 参见程啸:《论死者个人信息的保护》,《法学评论》2021 年第 5 期。

方的约定处理人脸信息,死者的近亲属依据民法典第九百九十四条请求信息处理者承担民事责任的,适用本规定。

二、比较法

1. 美国《死后隐私期待与选择法》

第3条 如果死者通过生前删除记录或内容、通过网络服务提供商设置的机制明确表明其相反意愿,那么任何人都不得强制数据控制者向其提供相关的死者个人信息。

2. 美国《统一受托人访问数字资产法(修订)》

第7条 如果已故用户同意或法院指示披露用户的电子通信内容,托管人应向用户财产的个人代表披露用户发送或接收的电子通信内容,如果该代表向保管人提供:

(1)以物理或电子形式提出的书面披露请求;

(2)[经认证]的用户死亡证明复印件;

(3)[代表的任命书或小额遗产宣誓书或法院命令]的[经认证]副本;

(4)除非用户使用在线工具提供指示、用户的意愿、信托、授权书或其他证明用户同意披露电子通信内容的记录的副本;

(5)如果托管人要求:

(A)托管人为识别用户账户而分配的号码、用户名、地址或其他唯一的订阅者或账户标识符;

(B)账户与用户关联的证据;或

(C)法院裁定:

(i)用户在托管人处拥有特定账户,可通过(A)项中指定的信息进行识别;

(ii)披露用户的电子通信内容不会违反18 U.S.C.第2701条或其他适用法律;

(iii)除非用户使用在线工具提供指导,否则用户同意披露电子通信的内容;或

(iv)披露用户的电子通信内容对于管理遗产是合理必要的。

第8条 除非用户禁止披露数字资产或法院另有指示,否则托管人应向已故用户的遗产代理人披露用户发送或接收的电子通讯和数字资产的目录,

但电子内容除外。用户的通信,如果代表向保管人提供:

(1)以物理或电子形式提出的书面披露请求;

(2)用户死亡证明的[经认证]复印件;

(3)[代表的任命书或小额遗产宣誓书或法院命令]的[经认证]副本;

(4)如果托管人要求:

(A)托管人为识别用户账户而分配的号码、用户名、地址或其他唯一的订阅者或账户标识符;

(B)账户与用户关联的证据;

(C)一份宣誓书,说明披露用户的数字资产对于管理遗产是合理必要的;或

(D)法院裁定:

(i)用户在托管人处拥有特定账户,可通过(A)项中指定的信息进行识别;或

(ii)披露用户的数字资产对于管理遗产是合理必要的。

3. 新加坡《个人信息保护法》(2021 年)

第16条　对死者行使本法规定的权利

(1)对本法第(2)款中指定的个人可以就本法第二十四条或本法中有关个人数据的任何规定,对死亡时间不超过十年的个人的个人信息行使以下权利:

(a)为本法的目的给予或撤回任何同意的权利;

(b)提起诉讼的权利;

(c)根据本法提出投诉的权利。

(2)为第(1)款中“指定的个人”包括:

(a)根据死者生前的意愿委任行使第(1)款规定权利的个人或个人代表,除非该个人或个人代表已放弃该权利;

(b)如果没有(a)款中提及的个人或个人代表行使死者个人信息保护权,死者的近亲属有权行使相应的权利。

(3)根据《遗嘱认证和管理法》(第251章)(如果该法适用)的第二部分,放弃第(1)款授予的任何权利必须以书面形式明确作出。

(4)根据本法发出的有关第(1)款中提及的任何同意、行动或投诉的任何通知或其他通信,可发给可根据本条行使与该同意、行动或投诉相关的权利

的人。

（5）本条不适用于：

（a）无民事行为能力人授权个人以该个人的名义行使本条的权利；

（b）本条的适用不能影响任何人依据其他法律行使第（1）款规定的任何权利；

（6）就本条而言，个人不能进因为其已完成对死者的遗产管理就不再担任其个人代表。

近亲属的范围

1. 除第二款和第三款另有规定外，死者的近亲属依据下列顺序行使权利，若任一顺序中有两名或两名以上近亲属，则由其中最年长的近亲属行使权利：

（a）死者死亡时的配偶；

（b）死者的子女；

（c）死者的父母；

（d）死者的兄弟姐妹；

（e）死者其他的亲属。

2. 就第一款而言：

（a）死者的子女是指死者的亲生子女、继子女和养子女；

（b）死者的兄弟姐妹和其他近亲属分别包括死者的兄弟、姐妹和收养的亲属；

3. 如果本附表确定为死者近亲属的个人：

（a）死亡；

（b）为无民事行为能力人；

（c）不能或拒绝就本法第十六条行使权利；

则由该个人的下一顺位近亲属行使权利。

4. 就本附表而言，不应认为个人仅因暂时无法或暂时拒绝而视其为第3款（c）项的不能或拒绝。

4. 爱沙尼亚《个人信息保护法》

第13条　允许已亡数据主体特定的家庭成员处理其相关个人数据，但行使的期限不得超过数据主体死亡后的三十年。

【参考案例】

1. 曹继环、刘洪芬、周雨诉天津保险基金管理中心纠纷

2012 年,曹继环、刘洪芬、周雨分别为死者周玉维之妻、之母、之子,三人作为原告起诉被告天津保险基金管理中心,理由为当三原告请求被告支付死者的保险待遇时,被告声称已将不支付保险待遇的决定送达死者单位。原告则要求被告出具《天津市涉及民事伤害赔偿工伤赔偿保险待遇核定表》复印件,被告认为该材料属于个人信息,不能公开,由此三原告提请诉请,要求公开相关保险待遇核定表材料。审理此案时,法院通过类推适用《政府信息公开条例》第 14 条第 4 款和《中华人民共和国行政诉讼法》第 24 条第 2 款的规则,认定了原告三人申请公开个人信息的资格问题,认为三原告申请公开的信息原属于周玉维个人信息,本应由周玉维本人申请公开或者行政机关可以拒绝公开,但是周玉维已经死亡,曹继环、刘洪芬、周雨分别为周玉维之妻、之母、之子,属于其近亲属,理应成为周玉维个人信息的权利人,他们应当享有申请公开周玉维个人信息的权利。

2. 广东省开平市检察院诉林某侵犯个人信息纠纷

被告林某被检察院以侵犯公民个人信息罪起诉,而辩护律师在审理中对侵犯的公民个人信息数量有异议,认为死者不能以自然人论,故死者也不能以公民论。自然人享有民事权利的时间段从出生时起到死亡时止,死者已不再享有个人信息的受法律保护权,死者个人信息也就不受包括刑法在内的法律保护,属于死者的个人信息应予以剔除。一审法院认为,不论自然人实际处于何种状态,只要其信息属于能够识别特定自然人身份的信息,就应当将其考虑在犯罪数量之内。

3. Facebook 案

2012 年,原告的女儿在柏林的一座地铁站受列车碾压死亡。死者行为疑似自杀,但欠缺证据。悲痛的母亲希望找到女儿悲剧的原因,由于死者生前频繁使用 Facebook,因此她要求 Facebook 提供协助,使她能够查阅女儿在其 Facebook 账户中的活动和通信记录,但 Facebook 拒绝了这一要求。死者父母诉至法院。负责一审的柏林州中级法院于 2015 年 12 月 17 日作出判决,判 Facebook 向原告开放死者的账户。Facebook 不服提出上诉,负责二审的柏林州高等法院于 2017 年 12 月 17 日推翻一审结果,判决强调,基于通信秘密保

护,死者父母的主张不能得到支持。逝者母亲不服二审判决,又上诉至德国最高普通法院,德国最高普通法院于 2018 年 7 月 12 日宣布推翻二审判决,恢复一审判决。

4. 贾斯汀雅虎邮箱继承纠纷

在伊拉克服役的美国海军陆战队员贾斯汀(Justin Ellsworth)去世后,其家人向电子邮件提供商雅虎公司主张访问贾斯汀雅虎邮箱的权利,以知晓其最后的遗言。但雅虎公司以与其用户签订的 TOSA 协议中规定的"禁止第三方在用户死亡后的访问来保护用户的隐私"为由拒绝了贾斯汀家人的要求。最终,法院判决允许雅虎执行其隐私政策,没有强制要求其向贾斯汀家人披露贾斯汀的电子邮箱密码,但却要求其向后者提供邮箱中的电子邮件副本。

第五十条(个人信息处理中的程序性权利)

第五十条　个人信息处理者应当建立便捷的个人行使权利的申请受理和处理机制。拒绝个人行使权利的请求的,应当说明理由。

个人信息处理者拒绝个人行使权利的请求的,个人可以依法向人民法院提起诉讼。

【本条主旨】

本条规定了个人在个人信息处理活动中的程序性权利。本条有两款,第 1 款是关于个人信息处理者应通过技术和组织措施建构便捷的个人权利行使机制的规定;第 2 款规定了个人依法提起诉讼的权利。

【条文详解】

一、个人程序性权利:个人信息处理者的程序义务

个人在本章中的实体性权利只有在明确、相称、有效的程序支持下才能达到其目的。为本章个人信息的查阅权、复制权、转移权、删除权、说明权的落实,本条从个人信息处理者的程序性义务和个人诉权的层面,确立了个人信息处理中的程序性权利。

个人信息处理者的程序性义务可追溯至 2013 年工信部《电信和互联网用

户个人信息保护规定》,其第 12 条规定:电信业务经营者、互联网信息服务提供者应当建立用户投诉机制,公布有效的联系方式,接受与用户个人信息保护有关的投诉,并自接到投诉之日起十五日内答复投诉人。《中华人民共和国网络安全法》第 49 条第 1 款规定:网络运营者应当建立网络信息安全投诉、举报制度,公布投诉、举报方式等信息,及时受理并处理有关网络信息安全的投诉和举报。不过,既有法律主要是针对网络安全的事后投诉、举报机制,本条则要求通过技术和组织措施建构便捷的个人权利行使机制,两者有所不同。相关机制至少应包括如下内容:

(1)受理机制:个人信息处理者应为申请者提供两条以上的途径,个人可以通过填写指定的网站链接、发送电子邮件至指定收件人或拨打指定电话口头告知等途径要求信息处理者受理其申请。为了兼顾便捷性和证据保存的目的,个人在申请时提供其姓名和联系方式、要求查阅、更正、补充、转移、删除的个人信息种类、范围以及理由。申请未满足上述条件的,个人信息处理者应当通知个人及时补全事项,同时其还应将申请情况记录成册或使用其他易于保存的形式保存。(2)处理机制:个人信息处理者受理个人申请后,应审查申请者是否存在本法规定的不能行使信息权利的情形。例如,对于个人的更正或删除请求,由于特定个人信息的真实性、准确性还关涉到社会公众的知情权、社会管理和商业利用等利益,因此有必要通过个人信息处理者对是否确有更正、补充、删除事由加以审查,避免恶意的更正、删除请求。(3)回复机制:审查后,个人信息处理者应回复申请者相关处理结果。若处理结果为申请者可履行其信息权利,则信息处理者应将相关的信息送达给申请者或其指定的第三方,或者及时删除;处理结果若为申请者无法履行其信息权利,个人信息处理者应当告知不能行使权利的理由。

二、个人程序性权利:个人诉权

长期以来,法院为个人提供的救济耗时长、成本高、侧重事后补救,而行政监管也存在执法力量不均衡、激励不足的难题,因此,本法对个人信息保护采取行政监管(公法)和私人诉讼(私法)并行的混合保护路径。本条与本法第69 条共同构成了对个人信息的私法保护。就本条诉权的行使,应注意如下三点:

第一,本条的请求权基础为《民法典》第 995 条,"人格权受到侵害的,受害人有权依照本法和其他法律的规定请求行为人承担民事责任。受害人的停止侵害、排除妨碍、消除危险、消除影响、恢复名誉、赔礼道歉请求权,不适用诉讼时效的规定。"个人在本章规定的个人信息权利受到侵害或妨碍,但没有产生物质损害或非物质损害的情况下,就有权依照上述规定主张请求权,从而为其个人信息权益提供预防性的保护,避免侵权行为进一步产生实质化的损害后果。与本法第69条中"侵权损害赔偿"相比,本条包括"个人信息权利请求权"。首先,在构成要件上,其以回复个人信息权利的圆满状态为目的,因此无需考虑个人信息处理者的主观过错;其次,其旨在防患于未然,因此其行使不需要证明实际损害,而是通过事中的积极主张,有效维护人格的完整性;最后,其不属于债之关系,旨在要求停止侵害、排除妨碍、消除危险,因此不适用诉讼时效的规定。

第二,本条的诉权以"个人信息处理者拒绝个人行使权利的请求"为前提。在实践中,个人信息查阅、复制、更正、补充、删除等权利的行使频度高、范围广,如果动辄就诉诸法院,不但造成不必要的诉累,徒耗司法资源,还可能成为恶意诉讼人滥用权利的工具。为此,本条明确规定,只有在个人向个人处理者提出请求,且无正当理由被拒绝时,才有权向人民法院提起诉讼。有关"正当理由"的类型和判断标准,将来可以通过行政执法、司法解释和指导案例等方式加以确定。

第三,前置条件讨论。虽然本章未规定个人向法院起诉的前置条件,即是否需要有行政处理的前置条件。但是参考证券诉讼等,为避免过多诉讼造成对法院工作的压力,将来有可能通过司法解释设定起诉的前置条件,即只有在国家个人信息主管部门认定被告存在"拒绝个人行使权利的请求"事实的情况下方能提起诉讼。

【参考条文】

一、国内立法

1.《中华人民共和国网络安全法》

第四十九条 网络运营者应当建立网络信息安全投诉、举报制度,公布投诉、举报方式等信息,及时受理并处理有关网络信息安全的投诉和举报。

2.《电信和互联网用户个人信息保护规定》

第十二条 电信业务经营者、互联网信息服务提供者应当建立用户投诉机制,公布有效的联系方式,接受与用户个人信息保护有关的投诉,并自接到投诉之日起十五日内答复投诉人。

3.《信息安全技术个人信息安全规范》

8.7 相应个人信息主体的请求

对个人信息控制者的要求包括:

A)在验证个人信息主体身份后,应及时响应个人信息主体基于8.1—8.6提出的请求,应在三十天内或法律法规规定的期限内作出答复及合理解释,并告知个人信息主体外部纠纷解决途径;

B)采用交互式页面(如网站、移动互联网应用程序、客户端软件等)提供产品或服务的,宜直接设置便捷的交互式页面提供功能或选项,便于个人信息主体在线行使其访问、更正、删除、撤回授权同意、注销账户等权利;

C)对合理的请求原则上不收取费用,但对一定时期内多次重复的请求,可视情收取一定成本费用;

D)直接实现个人信息主体的请求需要付出高额成本或存在其他显著困难的,个人信息控制者应向个人信息主体提供替代方法,以保障个人信息主体的合法权益;

E)以下情形可不响应个人信息主体基于8.1—8.6提出的请求,包括:

1)与个人信息控制者履行法律法规规定的义务相关的;

2)与国家安全、国防安全直接相关的;

3)与公共安全、公共卫生、重大公共利益直接相关的;

4)与刑事侦查、起诉、审判和执行判决等直接相关的;

5)个人信息控制者有充分证据表明个人信息主体存在主观恶意或滥用权利的;

6)出于维护个人信息主体或其他个人的生命、财产等重大合法权益但又很难得到本人授权同意的;

7)响应个人信息主体的请求将导致个人信息主体或其他个人、组织的合法权益受到严重损害的;

8)涉及商业秘密的;

F)如决定不响应个人信息主体的请求,应向个人信息主体告知该决定的理由,并向个人信息主体提供投诉的途径。

8.8 个人信息控制者应建立投诉管理机制和投诉跟踪流程,并在合理的时间内对投诉进行响应。

二、比较法

1. 欧盟《通用数据保护条例》

第 12 条　信息、交流与模式的透明性——保证数据主体权利的行使

2. 数据控制者应当根据第 15—22 条的规定为数据主体行使权利提供便利。在第 11 条第 2 款的情形下,除非控制者说明自己不具有数据主体的认证职责,否则,对于数据主体根据第 15—22 条行使自身权利的要求,控制者不能拒绝。

3. 在数据主体根据第 15—22 条的规定提出请求后,控制者应当提供信息,不应无故拖延,在任何情形下应当在收到请求后一个月内提供信息。在必要的情形下,考虑到请求的复杂性和多样性,这个期限可以再延长两个月。如果有此类延长,控制者应当在收到请求的一个月内将此类延长以及延长原因告知数据主体。当数据主体以电子形式作出请求,在可行的情况下,对信息的提供也应当以电子形式提供,除非数据主体有不同请求。

4. 如果控制者没有采取相应的行动对数据主体的请求作出回应,那么应当及时告知该数据主体其在收到请求后一个月内未能采取行动的具体原因,同时可向监管机构提出申诉,寻求司法救济。

2. 美国《加州隐私保护法案实施规则》

第 999. 313. (c)(5)条

如果企业因联邦、州法律或本条例项下的例外规定而全部或部分拒绝消费者知悉特定个人信息的请求,除非法律有禁止规定,则应告知请求人并解释拒绝请求的依据,即说明拒绝的理由。

3. 俄罗斯《联邦个人数据法》

第 14 条第 6 款　处理者有权拒绝履行个人数据主体提出的不符合本条第 4 款和第 5 款规定的再次请求。这种拒绝应具备理由。处理者有义务提供证据证明拒绝履行再次请求的理由。

4. 日本《个人信息保护法》

第 31 条　个人信息处理业者必须恰当且迅速地处理与个人信息处理有关的投诉;个人信息处理业者必须为实现前款之目的完善必要的体制。

5. 印度《个人数据保护法》(2019 年)

第 25 条第 2 款　如果数据受托人不同意基于处理目的的纠正、完善或者更新的必要性,则数据受托人应向数据主体提供充分的理由,并且书面拒绝申请。

第 28 条第 4 款　如果根据本章提出的任何请求被数据受托人拒绝,数据受托人应根据本章规定以书面形式回复此类请求的数据主体,提供足够的理由,并告知数据主体有权在规定期限内以指定的方式向监管机构提出反对拒绝的投诉。

【参考案例】

一、国内案例

2020 年 9 月 17 日,杭州市公安局上城区分局民警在工作中发现杭州市小玩子网络科技有限公司的"你画我猜"App 未尽到保护用户信息职责,属不履行个人信息保护义务的行为。因此警方根据《网络安全法》第 41 条第 1 款、第 42 条第 1 款、第 49 条第 1 款、第 64 条第 1 款之规定,决定给予立即改正并处警告的行政处罚。①

二、国外案例

2018 年 12 月,某一匿名数据控制者由于未向数据主体提供 CCTV 记录,未告知数据主体其有向监管机构投诉的权利,没有响应数据主体行使权利的请求,因此受到了欧盟 3200 欧元罚款的惩罚。其中,数据控制者未告知数据主体有向监管机构投诉的权利违反了个人信息权利申请、处理机制告知的相关规定。

---

① 参见杭上公(望)行罚决字[2020]00794 号。

第五章　个人信息处理者的义务

本法第五章个人信息处理者的义务从第 51 条到第 59 条共计 9 个条文,未分节。本章是关于个人信息处理者的义务的规定,包括一般性个人信息保护义务(第 51 条)、个人信息保护负责人制定及职责(第 52 条)、境外个人信息处理者境内专职机构或代表(第 53 条)、定期合规审计(第 54 条)、个人信息保护影响评估(第 55—56 条)、个人信息安全事件通知(第 57 条)、"守门人"个人信息处理者的义务(第 58 条)、受托人个人信息保护法定义务(第 59 条)。

本章明确了个人信息处理者个人信息保护法定义务的具体内容,保障个人信息处理者落实本法第四章规定的个人在个人信息处理活动中的权利以及其他个人信息主体权益,同时也构成本法第六章履行个人信息保护职责的部门重点监督管理内容以及第七章法律责任设定的基本依据。本章从内部制度、技术、组织等多个维度明确个人信息处理者的一般性个人信息保护义务,也基于风险的进路,针对个人信息处理者的不同类型、个人信息处理的不同风险等设置了多项具体个人信息保护义务。依据个人信息处理者的不同规模、主体性质等,本章对处理个人信息达到国家网信部门规定数量的个人信息处理者、境外的个人信息处理者以及提供重要互联网平台服务、用户数量巨大、业务类型复杂的个人信息处理者,提出了具体的增强式义务要求。依据个人信息处理活动可能引发的风险程度不同,本章要求个人信息处理者应当对处理敏感个人信息、利用个人信息进行自动化决策等对个人权益有重大影响的个人信息处理活动提出事前个人信息保护影响评估的增强式义务要求,并通过个人信息安全事件双通知制度实现个人信息保护的闭环管理。同时,本章明确接受委托处理个人信息的受托人,除了应按照委托合同约定处理个人信息外,也负有保障个人信息安全的法定义务及对个人信息处理者的协助义务。

第五十一条（个人信息处理者一般性合规义务）

第五十一条　个人信息处理者应当根据个人信息的处理目的、处理方式、个人信息的种类以及对个人权益的影响、可能存在的安全风险等，采取下列措施确保个人信息处理活动符合法律、行政法规的规定，并防止未经授权的访问以及个人信息泄露、篡改、丢失：

（一）制定内部管理制度和操作规程；

（二）对个人信息实行分类管理；

（三）采取相应的加密、去标识化等安全技术措施；

（四）合理确定个人信息处理的操作权限，并定期对从业人员进行安全教育和培训；

（五）制定并组织实施个人信息安全事件应急预案；

（六）法律、行政法规规定的其他措施。

【本条主旨】

本条是关于个人信息处理者一般性合规义务的规定。

【条文详解】

一、个人信息处理者的一般性合规义务

作为本章的总括性条款，本条确定了个人信息处理者的一般性合规义务，通过适当的技术、组织和内部细则，确保个人信息处理活动符合法律、行政法规的规定，保障个人信息安全。尽管该条仅以"个人信息处理者"为规范对象，但根据本法第 59 条"接受委托处理个人信息的受托人，应当依照本法和有关法律、行政法规的规定，采取必要措施保障所处理的个人信息的安全，并协助个人信息处理者履行本法规定的义务"的规定，个人信息受托处理者亦应遵守本条中的一般性合规义务。

在比较法上，本条源自欧盟 1995 年《数据保护指令》第 17 条第 1 款"成员国应当规定数据控制者必须采取适当的技术措施和组织措施来保护个人数据以防止它们被意外或非法毁灭或意外遗失、变更、未经许可披露或访问"的

规定以及 GDPR 第 25 条第 1 款"考虑到行业最新水平、实施成本及处理的性质、范围、目的和内容以及处理给自然人的权利与自由造成的影响,数据控制者应当在决定数据处理方式以及进行处理时以有效的方式采取适当的组织和技术措施,并实施必要的保障措施以符合本条例要求,保护数据主体权利"的规定。据此,本条是覆盖系统、服务、产品的设计阶段以及全生命周期,综合各种治理要素的复合性义务,其包括了制度合规(如制定内部管理制度)、技术合规(对个人信息实行分类管理、采取相应的加密、去标识化等安全技术措施、制定并组织实施个人信息安全事件应急预案)和组织合规(制定操作规程、合理确定个人信息处理的操作权限,并定期对从业人员进行安全教育和培训)。为此,个人信息处理者应当从现有的"信息安全管理体系"(information security management system, ISMS)向"数据保护管理体系"(Data Protection Management System, DPMS)转变,以落实上述要求。如同 ISMS,DPMS 首先是技术系统,通过引入信息技术安全概念,拓展了 ISO 27001 和 ISO 27002 标准,规范了处理过程中的基础设施、数据管理和用户交互行为。但另一方面,DPMS 也是一套"内部合规"系统,体现为公司章程、章程细则和规章制度,以监督和督促公司内部成员遵守个人信息安全的要求。

鉴于个人信息合规纷繁芜杂,DPMS 不仅能够简化管理,还能让个人信息处理者有效降低合规成本。凭借 DPMS 的"协同"(synergies)功能,所有和个人信息有关的员工以及他们的个人信息处理活动,能够在统一平台上实施、记录和评价。同时,DPMS 还能帮助公司管理层培育个人信息保护理念,进行个人信息保护培训,并生成个人信息处理报告和文件。在已经设立个人信息负责人的组织,个人信息负责人可以成为 DPMS 内部运作的核心,其通过与合作伙伴的合同关系,以及与政府部门的监管关系,将 DPMS 和外部管理及监管相互连接,从而降低了个人信息保护的沟通和协调成本。

二、基于风险进路履行一般性合规义务

本条采取了"基于风险的进路"(risk-based approach),要求个人信息处理者"根据个人信息的处理目的、处理方式、个人信息的种类以及对个人权益的影响、可能存在的安全风险等",通过识别和评估个人信息处理中可能引发的风险,设置与之相适应的个人信息保护水平与规则。这里的风险应考虑到个人信息被意外或非法销毁、丢失、更改、未经授权公开或查阅传输、存储或以其

他方式处理的所带来身体的、物质或非物质损害。

"基于风险的进路"起源于欧盟1995年《数据保护指令》,其第17条"数据处理的安全"、第八条"特殊数据处理"、第20条"特殊危险处理活动的预先审查"均反映出数据处理者的技术、组织措施须与数据风险相适应的观念。一百零八号公约第10条进一步提出"以风险为基础,辅以数据性质和体量、处理行为的性质、范围和目的,以及控制者或处理者规模等考量"的数据控制者义务体系。2013年,第29条工作组对该机制背后的理由详加阐明:GDPR草案的部分条文可能会对某些负责处理个人数据的实体带来不对称(unbalanced)的负担,因此其将按其本身和所涉及的处理活动,负有各种相应程度的义务。故此,不同的负责处理个人数据的实体应采用不同方法保障个人数据,适用的合规性规定也因此存在差异。①"基于风险的进路"摒弃了"一刀切"的个人信息保护,转而采取动态的、多层次的、可扩展的保护制度,其不但致力于个人信息权利的实现,而且能协助个人信息处理者利用风险缓释、安全保障和其他控制措施,将风险降低到个人与社会可容忍的范围内,从而减轻合规成本和行政负担,推动个人信息的合理利用。在本条中,个人信息分类管理和去标识措施是实施风险进路的重要措施,前者通过区分个人购物信息、教育信息、交通信息、医疗信息、金融信息、社保信息、生物识别信息等采取不同的管理措施,后者通过区分个人信息与特定个人的识别程度实现风险缓释。根据GDPR第6条、第89条,处理去标识化信息的,可以适当放松"处理目的限定"的要求,转而使用"处理目的兼容"的柔性规制,同时可为公共利益、科学或历史研究或统计目的而处理,并可作为发生数据泄露责任的抗辩依据。日本2020年修订的《个人信息保护法》亦引入"去标识化个人信息"(假名化个人信息),豁免了包括"目的变更限制""泄露通知义务""持有的个人信息之相关事项的公布义务""个人信息公开义务""个人信息修正义务""个人信息停止利用义务""说明理由义务""请求权程序义务"等多项义务性规定。基于此,为激励个人信息处理者积极采取去标识化技术以降低风险,后续可进一步完善去标识化个人信息的处理规则。

---

① 参见 ARTICLE29 DATA PROTECTION WORKING PARTY,Statement on the role of a risk-based approach in data protection legal frameworks,2014。

【参考条文】

一、国内立法

1.《中华人民共和国民法典》

第一千零三十八条　信息处理者应当采取技术措施和其他必要措施,确保其收集、存储的个人信息安全,防止信息泄露、篡改、丢失;发生或者可能发生个人信息泄露、篡改、丢失的,应当及时采取补救措施,按照规定告知自然人并向有关主管部门报告。

第一千一百九十八条　宾馆、商场、银行、车站、机场、体育场馆、娱乐场所等经营场所、公共场所的经营者、管理者或者群众性活动的组织者,未尽到安全保障义务,造成他人损害的,应当承担侵权责任。

2.《中华人民共和国网络安全法》

第二十一条　国家实行网络安全等级保护制度。网络运营者应当按照网络安全等级保护制度的要求,履行下列安全保护义务,保障网络免受干扰、破坏或者未经授权的访问,防止网络数据泄露或者被窃取、篡改:

(一)制定内部安全管理制度和操作规程,确定网络安全负责人,落实网络安全保护责任;

(二)采取防范计算机病毒和网络攻击、网络侵入等危害网络安全行为的技术措施;

(三)采取监测、记录网络运行状态、网络安全事件的技术措施,并按照规定留存相关的网络日志不少于六个月;

(四)采取数据分类、重要数据备份和加密等措施;

(五)法律、行政法规规定的其他义务。

第三十四条　除本法第二十一条的规定外,关键信息基础设施的运营者还应当履行下列安全保护义务:

(一)设置专门安全管理机构和安全管理负责人,并对该负责人和关键岗位的人员进行安全背景审查;

(二)定期对从业人员进行网络安全教育、技术培训和技能考核;

(三)对重要系统和数据库进行容灾备份;

(四)制定网络安全事件应急预案,并定期进行演练;

（五）法律、行政法规规定的其他义务。

3.《中华人民共和国数据安全法》

第二十七条 开展数据处理活动应当依照法律、法规的规定,建立健全全流程数据安全管理制度,组织开展数据安全教育培训,采取相应的技术措施和其他必要措施,保障数据安全。利用互联网等信息网络开展数据处理活动,应当在网络安全等级保护制度的基础上,履行上述数据安全保护义务。

重要数据的处理者应当明确数据安全负责人和管理机构,落实数据安全保护责任。

4.《信息安全技术个人信息安全规范》

10 个人信息安全事件处置

10.1 个人信息安全事件应急处置和报告

对个人信息控制者的要求包括:

a）应制定个人信息安全事件应急预案;

b）应定期（至少每年一次）组织内部相关人员进行应急响应培训和应急演练,使其掌握岗位职责和应急处置策略和规程;

c）发生个人信息安全事件后,个人信息控制者应根据应急响应预案进行以下处置:

1）记录事件内容,包括但不限于:发现事件的人员、时间、地点,涉及的个人信息及人数,发生事件的系统名称,对其他互联系统的影响,是否已联系执法机关或有关部门;

2）评估事件可能造成的影响,并采取必要措施控制事态,消除隐患;

3）按照《国家网络安全事件应急预案》等有关规定及时上报,报告内容包括但不限于:涉及个人信息主体的类型、数量、内容、性质等总体情况,事件可能造成的影响,已采取或将要采取的处置措施,事件处置相关人员的联系方式;

4）个人信息泄露事件可能会给个人信息主体的合法权益造成严重危害的,如个人敏感信息的泄露,按照10.2的要求实施安全事件的告知。

d）根据相关法律法规变化情况,以及事件处置情况,及时更新应急预案。

10.2 安全事件告知

对个人信息控制者的要求包括:

a）应及时将事件相关情况以邮件、信函、电话、推送通知等方式告知受影

响的个人信息主体。难以逐一告知个人信息主体时,应采取合理、有效的方式发布与公众有关的警示信息;

b)告知内容应包括但不限于:

1)安全事件的内容和影响;

2)已采取或将要采取的处置措施;

3)个人信息主体自主防范和降低风险的建议;

4)针对个人信息主体提供的补救措施;

5)个人信息保护负责人和个人信息保护工作机构的联系方式。

11 组织的个人信息安全管理要求

11.1 明确责任部门与人员

对个人信息控制者的要求包括:

a)应明确其法定代表人或主要负责人对个人信息安全负全面领导责任,包括为个人信息安全工作提供人力、财力、物力保障等;

b)应任命个人信息保护负责人和个人信息保护工作机构,个人信息保护负责人应由具有相关管理工作经历和个人信息保护专业知识的人员担任,参与有关个人信息处理活动的重要决策直接向组织主要负责人报告工作;

c)满足以下条件之一的组织,应设立专职的个人信息保护负责人和个人信息保护工作机构,负责个人信息安全工作:

1)主要业务涉及个人信息处理,且从业人员规模大于200人;

2)处理超过100万人的个人信息,或预计在12个月内处理超过100万人的个人信息;

3)处理超过10万人的个人敏感信息的。

d)个人信息保护负责人和个人信息保护工作机构的职责应包括但不限于:

1)全面统筹实施组织内部的个人信息安全工作,对个人信息安全负直接责任;

2)组织制定个人信息保护工作计划并督促落实;

3)制定、签发、实施、定期更新个人信息保护政策和相关规程;

4)建立、维护和更新组织所持有的个人信息清单(包括个人信息的类型、数量、来源、接收方等)和授权访问策略;

5)开展个人信息安全影响评估,提出个人信息保护的对策建议,督促整

改安全隐患;

6)组织开展个人信息安全培训;

7)在产品或服务上线发布前进行检测,避免未知的个人信息收集、使用、共享等处理行为;

8)公布投诉、举报方式等信息并及时受理投诉举报;

9)进行安全审计;

10)与监督、管理部门保持沟通,通报或报告个人信息保护和事件处置等情况。

e)应为个人信息保护负责人和个人信息保护工作机构提供必要的资源,保障其独立履行职责。

11.2 个人信息安全工程

开发具有处理个人信息功能的产品或服务时,个人信息控制者宜根据国家有关标准在需求、设计、开发、测试、发布等系统工程阶段考虑个人信息保护要求,保证在系统建设时对个人信息保护措施同步规划、同步建设和同步使用。

11.5 数据安全能力

个人信息控制者应根据有关国家标准的要求,建立适当的数据安全能力,落实必要的管理和技术措施,防止个人信息的泄漏、损毁、丢失、篡改。

11.6 人员管理与培训

对个人信息控制者的要求包括:

a)应与从事个人信息处理岗位上的相关人员签署保密协议,对大量接触个人敏感信息的人员进行背景审查,以了解其犯罪记录、诚信状况等;

b)应明确内部涉及个人信息处理不同岗位的安全职责,建立发生安全事件的处罚机制;

c)应要求个人信息处理岗位上的相关人员在调离岗位或终止劳动合同时,继续履行保密义务;

d)应明确可能访问个人信息的外部服务人员应遵守的个人信息安全要求,与其签署保密协议,并进行监督;

e)应建立相应的内部制度和政策对员工提出个人信息保护的指引和要求;

f)应定期(至少每年一次)或在个人信息保护政策发生重大变化时,对个人信息处理岗位上的相关人员开展个人信息安全专业化培训和考核,确保相关人员熟练掌握个人信息保护政策和相关规程。

二、比较法

1. 欧盟《通用数据保护条例》

第24条 控制者的责任

1. 考虑到数据处理的性质、范围、环境和目标,自然人权利与自由的变化风险和严重性,控制者应采取相应的技术和组织措施,确保且证明数据处理的执行符合本条例要求。如有必要,应评审和更新这些措施。

2. 第一段中所述措施应与数据处理活动相一致,并包括控制者实行的相应数据保护政策。

3. 按照第40条所述遵守批准的行为准则或按照第四十二条所述遵守批准的认证机制可以用于证明控制者履行自身义务。

第25条 通过设计和默认进行数据保护

1. 考虑到目前工艺水平,数据处理的实施成本、性质、范围、环境和目标,以及数据处理给自然人权利与自由带来的变化风险和严重性,控制者应在决定数据处理和数据处理方式时采取相应的技术和组织措施,例如设计用于执行数据保护原则的匿名化处理和数据最小化,以便采用有效的方式将必要的保障措施融入数据处理之中,从而符合本条例要求,保护数据主体的权利。

2. 控制者应采取相应的技术和组织措施,以确保默认仅处理特定目标必需的个人资料。此义务适用于收集的个人资料量、数据处理的程度、储存时限及可用性。具体而言,此措施应确保如果没有个人干预,个人资料默认不向无限数量的自然人开放。

3. 按照第四十二条,批准的认证机制可以用于证明控制者遵守本条款第1、2段中载明的要求。

第32条 数据处理的安全

1. 考虑到目前工艺水平、实施成本、数据处理的性质、范围、环境和目标,自然人权利与自由的变化风险和严重性,控制者和处理者应采取相应的技术和组织措施确保安全水平与风险水平相一致,此措施包括但不限于:

(a)匿名化处理和个人资料的加密;

(b)始终确保数据处理系统和服务机密性、完整性、可得性和弹性的能力；

（c）在出现物理或技术事件时及时恢复个人资料可得性和可访问性的能力；

（d）为保证数据处理安全而定期测试与评估技术和组织措施有效性的流程。

2. 在评估时，应采取相应水平的安全账户，尤其是针对数据处理、事故、非法损毁、丢失、更改、无授权披露时出现的风险，或访问传输、存储或处理的个人资料时出现的风险。

3. 按照第四十条所述遵守批准的行为准则或按照第四十二条所述遵守批准的认证机制可以用于证明满足本条款第一段中载明的要求。

4. 控制者和处理者应采取措施，确保任何按照控制者或处理者授权行动且已访问个人资料的人不处理这些数据，除非控制者指示且欧盟或成员国法律要求进行处理。

2.《欧盟—美国隐私盾》

4. 安全

a.创建、保管、使用或发布个人信息的组织必须采取合理且合适的措施防止这类信息遗失、误用和未授权存取、披露、更改和破坏，并应在处理个人资料时根据数据性质充分考虑上述风险。

3. 美国《加州民法典》

第 1798.100 条（e）项：收集消费者个人信息的企业应根据第 1798.181.5 条按照个人信息的性质实施合理的安全程序和做法，以保护个人信息免遭未经授权的或非法的访问、破坏、使用、修改或披露。

1798.81.5 条（b）：拥有、许可或维护加州居民个人信息的企业应实施和维护适合信息性质的合理安全程序和做法，以保护个人信息免遭未经授权的访问、破坏、使用、修改、或披露。

4. 俄罗斯《联邦个人数据法》

第 18 条　旨在确保处理者履行本联邦法规定义务的措施（引自 2011 年 7 月 25 日联邦法字第 261 号）

1. 处理者有义务采取必要且足够的措施保证履行本联邦法律和根据本联邦法律通过的法规规定的义务。除非本联邦法律或其他联邦法律另有规定，否则处理者应独立确定必要且足够的措施的内容和清单以保证履行本联邦法律和根据本联邦法律通过的法规规定的义务。该类措施可包括：

1）处理者作为法人指定负责人组织处理个人数据；

2）处理者作为法人出版规定个人数据处理政策的文件、有关个人数据处理问题的地区法令及旨在预防和发现违反俄罗斯联邦立法行为及消除其后果的过程的地区法令；

3）根据本联邦法第十九条采取法律、组织和技术措施保证个人数据的安全；

4）实行内部控制和（或）审计个人数据的处理是否符合本联邦法律和根据本联邦法律通过的法规的规定，个人数据保护的要求，处理者处理个人数据的政策和地区法令；

5）评估在违反本联邦法律的情况下个人数据主体可能遭受的损害，将该损害与处理者采取的旨在保证履行本联邦法律规定的义务的措施相互对比；

6）使直接完成个人数据处理的员工熟悉俄罗斯联邦法律有关个人数据的规定，其中包括保护个人数据的要求，规定个人数据处理政策的文件及有关个人数据处理问题的地区法令和（或）对员工进行培训。

5. 巴西《个人信息保护法》

第 46 条　数据处理代理人应采取安全、技术和行政措施，以保护个人数据免遭未经授权的访问以及意外或非法的破坏、丢失、篡改、交流，或者其他任何类型的不当或非法处理。

第 1 款　在考虑被处理信息类型、处理行为自身特点和当前技术状况（尤其是在处理个人敏感数据时）以及本法第六条首句所规定原则的情况下，国家机构可规定使本条规定适用的最低技术标准。

第 2 款　从产品或服务的设计阶段到落地阶段的整个流程，应执行本条所规定措施。

6. 印度《个人信息保护法》

24. 安全保障

（1）数据受托人和数据处理者应该考虑到有关个人数据处理的特点、范围、目的、处理中可能存在的风险，以及一旦造成损害产生的严重后果等，落实以下必要的安全保障措施：

（a）有关去识别化和加密技术等方法；

（b）保护个人数据完整性的必要措施；

（c）具备保障个人数据安全的相关必要措施，包括防止被滥用、未经授权访问，以及修改，披露或销毁等措施；

（3）数据受托人和数据处理者应按照法规规定的方式定期对其安全防护措施进行审查，并采取相应的措施。

第五十二条（个人信息保护负责人）

第五十二条　处理个人信息达到国家网信部门规定数量的个人信息处理者应当指定个人信息保护负责人，负责对个人信息处理活动以及采取的保护措施等进行监督。

个人信息处理者应当公开个人信息保护负责人的联系方式，并将个人信息保护负责人的姓名、联系方式等报送履行个人信息保护职责的部门。

【本条主旨】

本条是关于建立个人信息保护负责人制度的规定。

【核心概念】

个人信息保护负责人

个人信息处理者依法指定的全面统筹、组织、监督个人信息保护工作对个人信息安全负直接责任的人员。

【条文详解】

一、个人信息保护负责人的制度沿革

在本法之前，我国并无法定的个人信息保护负责人。2017年《网络安全法》第21条第1款规定了落实网络安全保护责任的"网络安全负责人"。2019年4月10日实施的《互联网个人信息安全保护指南》第4.3.1条规定："个人信息保护工作机构的最高管理者或授权专人负责个人信息保护的工作"。2019年8月22日发布实施的《儿童个人信息网络保护规定》第15条规定："工作人员访问儿童个人信息的，应当经过儿童个人信息保护负责人或者其授权的管理人员审批，记录访问情况，并采取技术措施，避免违法复制、下载

儿童个人信息。"2021 年 8 月 16 日实施的《汽车数据安全管理若干规定(试行)》第 13 条第 1 款第 1 项规定:"汽车数据处理者开展重要数据处理活动,应当在每年十二月十五日前向省、自治区、直辖市网信部门和有关部门报送以下年度汽车数据安全管理情况:(一)汽车数据安全管理负责人、用户权益事务联系人的姓名和联系方式;"《数据安全法》第 27 条第 2 款规定:"重要数据的处理者应当明确数据安全负责人和管理机构,落实数据安全保护责任。"

本条的"个人信息保护负责人"直接源于 GDPR 中"数据保护官制度"(Data Protection Officer)。GDPR 第 37 条第 1 款规定,在下述情形下:(1)公权力部门或机构进行数据处理活动的;(2)数据处理的核心活动涉及对数据主体进行经常性大规模系统化监控的;(3)特殊类别个人数据或与刑事违法行为相关的个人数据的大规模处理;个人数据控制者应当设立数据保护官,履行通知和建议数据控制者或处理者及其员工履行法定义务;监督数据控制者或控制者遵守相关法律规定;就数据保护影响评估提供建议,并监督其执行;配合监管机构;在事前咨询环节作为监管机构的联络人等职责。

二、个人信息保护负责人的设置与定位

个人信息保护负责人的设置同样遵循了基于风险的进路,并非所有的个人信息处理者均需设置个人信息保护负责人,只有存在大规模、高风险处理活动的,才负有法定义务。为便于明确义务主体,本条采取了"处理个人信息达到国家网信部门规定数量的个人信息处理者"的表述,至于具体数量应与本法第 40 条保持一致,避免误解。在定位上,个人信息保护负责人是沟通内部与外部的桥梁。对内部而言,承担着对个人信息处理者及其员工履行个人信息保护义务加以指导和监督的职责,对外面向个人和监管机构,回应个人的投诉、咨询,与监管机构密切沟通并协助执法。

三、个人信息保护负责人的制度设计

个人信息保护负责人作为个人信息保护机制的关键人物,其职能的发挥有赖于组织架构的整体性安排。为此,可以借鉴 GDPR 的经验,在如下方面进一步细化:

第一,个人信息保护负责人与现有组织架构的衔接和整合。个人信息保护负责人的设置是否能够为个人信息合规提供有效的保障,在一定程度上取

决于个人信息保护负责人是否能够与现有组织架构进行衔接和整合。一方面,整合内部现有的合规资源。个人信息保护负责人的设置,应对内部现有处理数据合规相关事宜的人员、资源及制度进行梳理,考虑既有网络安全负责人、数据安全负责人的职责分工,确定是否可由现有合规人员兼任个人信息保护负责人。另一方面,识别并避免与现有组织架构间的利益冲突。个人信息保护负责人承担着对个人信息处理活动合规情况的监督职责,其职责的履行应具备较强的独立性。因此,在设置个人信息保护负责人之前,对现有组织架构进行简单分析,识别现有组织架构中可能与个人信息保护负责人及其辅助人员职责存在利益冲突的人员及岗位,确保个人信息保护负责人及其辅助人员不应由与个人信息处理活动有关的人员担任,最大限度地保障个人信息保护负责人职责的履行。

第二,保障个人信息保护负责人与现有组织架构间的独立性。为了保障个人信息保护负责人履行职责所需要的独立性,要确保个人信息保护负责人在人事关系上独立于从事个人信息处理活动的相关人员,并赋予个人信息保护负责人直接向领导层汇报的权力,保障个人信息保护负责人在相关问题上能够形成独立的判断而不受他人影响。此外,个人信息保护负责人不应当因履行职责而受到惩戒。

第三,构建个人信息保护负责人对业务活动的参与机制。个人信息处理者可以建立明确的个人信息保护负责人对业务活动的内部参与机制,赋予个人信息保护负责人履行职责的具体权力,并规定相关部门的配合义务,确保个人信息保护负责人能够对企业上下的合规情况进行有效的监督。具体如下:(1)业务部门定期邀请个人信息保护负责人参加业务会议,促进个人信息保护负责人对于企业业务和基本情况的了解;(2)从设计着手保护隐私(Privacy by Design),即从产品或服务开发前期开始就应保障个人信息合规团队及人员与开发和设计团队的相互合作,从产品设计伊始即对产品及产品相关文本中所涉及的个人信息保护问题进行考量;(3)其他部门负有在涉及个人信息保护的相关问题时向个人信息保护负责人进行告知的义务,确保个人信息保护负责人能及时了解相关问题;(4)在数据泄露事件或其他数据问题事件发生时向个人信息保护负责人进行咨询,听从个人信息保护负责人的处理建议;(5)个人信息保护负责人对个人信息问题的建议或意见应当被相关业务人员听取并遵守,如果相关业务人员拒绝听取个人信息保护负责人的意见和建议,应当书面记录拒绝理由;(6)相关业务人员未就个人信息问题向个人信息保护负责人咨询或未遵守个人信息保护负责人的建议或意见即作出决策或采取行动,个人信息保护负责人表示反对的,应当将个人信息保护负责人的反对意见进行书面记录。

【参考条文】

一、国内立法

1.《中华人民共和国网络安全法》

第二十一条　国家实行网络安全等级保护制度。网络运营者应当按照网络安全等级保护制度的要求,履行下列安全保护义务,保障网络免受干扰、破坏或者未经授权的访问,防止网络数据泄露或者被窃取、篡改:

(一)制定内部安全管理制度和操作规程,确定网络安全负责人,落实网络安全保护责任。

2.《中华人民共和国数据安全法》

第二十七条第二款　重要数据的处理者应当明确数据安全负责人和管理机构,落实数据安全保护责任。

3.《儿童个人信息网络保护规定》

第十五条　网络运营者对其工作人员应当以最小授权为原则,严格设定信息访问权限,控制儿童个人信息知悉范围。工作人员访问儿童个人信息的,应当经过儿童个人信息保护负责人或者其授权的管理人员审批,记录访问情况,并采取技术措施,避免违法复制、下载儿童个人信息。

4.《互联网个人信息安全保护指南》

4.3.1　管理机构的岗位设置

a)应设置指导和管理个人信息保护的工作机构,明确定义机构的职责;

b)应由最高管理者或授权专人负责个人信息保护的工作;

c)应明确设置安全主管、安全管理各个方面的负责人,设立审计管理员和安全管理员等岗位,清晰、明确定义其职责范围。

5.《信息安全技术　个人信息安全规范》

10.1　明确责任部门与人员

对个人信息控制者的要求包括:

a）应明确其法定代表人或主要负责人对个人信息安全负全面领导责任，包括为个人信息安全工作提供人力、财力、物力保障等；

b）应任命个人信息保护负责人和个人信息保护工作机构，个人信息保护负责人应由具有相关管理工作经历和个人信息保护专业知识的人员担任，参与有关个人信息处理活动的重要决策直接向组织主要负责人报告工作；

c）满足以下条件之一的组织，应设立专职的个人信息保护负责人和个人信息保护工作机构，负责个人信息安全工作：

1）主要业务涉及个人信息处理，且从业人员规模大于 200 人；

2）处理超过 100 万人的个人信息，或预计在 12 个月内处理超过 100 万人的个人信息。

d）个人信息保护负责人和个人信息保护工作机构的职责应包括但不限于：

1）全面统筹实施组织内部的个人信息安全工作，对个人信息安全负直接责任；

2）组织制定个人信息保护工作计划并督促落实；

3）制定、签发、实施、定期更新隐私政策和相关规程；

4）建立、维护和更新组织所持有的个人信息清单（包括个人信息的类型、数量、来源、接收方等）和授权访问策略；

5）开展个人信息安全影响评估，提出个人信息保护的对策建议；

6）组织开展个人信息安全培训；

7）在产品或服务上线发布前进行检测，避免未知的个人信息收集、使用、共享等处理行为；

8）公布投诉、举报方式等信息并及时受理投诉举报；

9）进行安全审计；

10）与监督、管理部门保持沟通，通报或报告个人信息保护和事件处置等情况。

e）应为个人信息保护负责人和个人信息保护工作机构提供必要的资源，保障其独立履行职责。

6.《中国人民银行金融消费者权益保护实施办法》

第七条　建立金融消费者权益保护专职部门或者指定牵头部门，明确部门及人员职责，确保部门有足够的人力、物力能够独立开展工作，并定期向高级管理层、董(理)事会汇报工作开展情况。

7.《汽车数据安全管理若干规定(试行)》

第十三条第一款第一项　汽车数据处理者开展重要数据处理活动,应当在每年十二月十五日前向省、自治区、直辖市网信部门和有关部门报送以下年度汽车数据安全管理情况:

(一)汽车数据安全管理负责人、用户权益事务联系人的姓名和联系方式。

二、比较法

1. 欧盟《通用数据保护条例》

第 37 条第 1 款

在如下任一情形中,控制者和处理者应当委任数据保护官:

(a)处理是公共机构或公共实体进行操作的,法庭在履行其司法职能时除外;

(b)控制者或处理者的核心处理活动天然性地需要大规模性地对数据主体进行常规和系统性的监控;或者

(c)控制者或处理者的核心活动包含了第九条规定的对某种特殊类型数据的大规模处理和第十条规定的对定罪和违法相关的个人数据的处理。

2. 俄罗斯《联邦个人数据法》

第 22 条　负责组织处理组织内个人数据的人

1. 作为法人的处理者指定负责组织处理个人数据的人。

2. 负责组织处理个人数据的人直接接受作为处理者的执行机构组织的指令并有义务向该机构汇报工作。

3. 处理者有义务向负责组织处理个人数据的人提供该联邦法第二十二条第三款所指定的信息。

4. 负责组织处理个人数据的人有义务:

1)内部监督处理者或其工作人员是否遵守俄罗斯联邦个人数据法、包括是否遵守对保护个人数据的要求;

2)使处理者工作人员了解俄罗斯联邦个人数据立法条款、个人数据处理问题的地区法令和对保护个人数据的要求;

3)组织接收和处理个人数据主体或其代表的请求和要求,并(或)监督这些请求和要求的接收和处理。

3. 巴西《通用数据保护法》

第 41 条　控制者应任命数据保护官。

第 1 款　数据保护官的身份和联系信息应当公开、明确、客观地披露,最好在控制者的网站上公开披露。

第 2 款　数据保护官的职责包括:

Ⅰ.接受数据主体的投诉并沟通,提供澄清和采取措施;

Ⅱ.与国家机构沟通并采取措施;

Ⅲ.指导组织的员工和承包商在保护个人数据方面采取措施;和

Ⅳ.执行控制者决定的或补充规则中规定的其他职责。

第 3 款　国家机构可以根据企业的性质和规模或处理数据的数量,制定有关数据保护官角色和职责的补充规则,包括数据保护官的豁免任命情况。

【参考案例】

医疗公司未履行法定义务事件

某医疗公司不遵守收集信息告知义务,且没有任命个人信息保护负责人。针对该事件,奥地利数据保护局对该医疗公司作出 5 万欧元的处罚决定。该医疗公司作为数据控制者,其核心业务涉及大规模特殊类型个人数据(健康数据等)的处理,根据 GDPR 第 37 条,应当指定一名数据保护专员。该医疗公司未任命个人信息保护负责人(数据保护官),违反了 GDPR 相关规定。

第五十三条(境外机构代表)

第五十三条　本法第三条第二款规定的中华人民共和国境外的个人信息处理者,应当在中华人民共和国境内设立专门机构或者指定代表,负责处理个人信息保护相关事务,并将有关机构的名称或者代表的姓名、联系方式等报送履行个人信息保护职责的部门。

【本条主旨】

本条是关于中国境外个人信息处理者在境内设置专门机构或指定代表的规定。

【条文详解】

一、本法对境外个人信息处理者的管辖

伴随着互联网信息技术的飞速发展,网络空间的交互式和参与式信息通讯压缩了时间和空间。借用量子力学的宏观表达,作为个人数据载体的电子可在不同地方同时出现,廉价的存储器、便捷的访问和全球性的覆盖使得属地管辖无法完成保护公民的使命。为此,各国纷纷突破领土限制,将实际的不利影响行为作为管辖的边界。在 2014 年 Google Spain 诉 AEPD 及 Mario Costeja 案中,欧洲法院判定:即使个人数据的处理操作是谷歌公司在欧盟以外进行的,但由于谷歌母公司的经营活动与西班牙子公司的推广销售密不可分,谷歌仍然落入《数据保护指令》的地域效力范围。在美国的 *United States v. Galaxy* 案中,被告 Jay Cohen 是一家在线赌博组织(WSE)的负责人,被诉通过网站接受美国公民的赌注。面对被告依据 WSE 设在安提瓜岛这一事实提出的管辖异议申请,法庭基于 Jay Cohen 的美国国籍,驳回其请求。

在此基础上,欧盟 GDPR 拓展了 1995 年欧盟《第 95/46/EC 号保护个人在数据处理和自动移动中权利的指令》,以保护欧盟内自然人的利益为宗旨,不论数据控制者或处理者在欧盟之内还是欧盟之外,也不论处理行为是在欧盟之内还是之外发生,均适用欧盟法律。本法借鉴了上述保护性管辖的规定,在中华人民共和国境外、以向境内自然人提供产品或者服务为目的,或者分析、评估境内自然人行为的个人信息处理者亦应遵守本法的规定。

二、境外个人信息处理者合规义务的履行

为履行本法的合规义务,境外个人信息处理者应当在中国境内设立一个联络点,接受境外个人信息处理者指派的执行任务,负责处理中国的个人信息保护事务,协助、配合履行个人信息保护职责部门根据本法第 63 条、第 64 条的规定开展的执法活动,如询问和调查;提供与个人信息处理活动有关的合同、记录、账簿以及其他有关资料;提供个人信息处理活动有关的设备、物品;接受约谈;等等。

境外个人信息处理者可以通过设立专门机构(如中国子公司或合资公司、外国企业在华常驻代表机构)或指定代表来设置联络点。欧盟《关于

GDPR 适用地域范围(第 3 条)的解释指南》允许律师事务所、咨询公司或其他私营公司担任境外个人信息处理者的代表。与之不同,本条"代表的姓名、联系方式"的表述则暗示了"代表"限于自然人,实践中,该代表一般应具有中国国籍。

三、境外个人信息处理者的义务豁免及其责任承担

GDPR"序言"部分第 80 条从正反两方面确立了境外个人信息处理者的义务与责任。就反面而言,如境外数据控制者的处理行为是偶发性的,且不会大规模处理特殊类别的个人数据或与刑事犯罪有关的个人数据,且在考量数据处理行为的性质、背景、范围和目的后,认为自然人的自由和权利不太可能会产生风险,或数据控制者是公权机关,则无需设立联络点。就正面而言,如果数据控制者或处理者未遵守相关规定,被指派的代表应受到执法程序的约束。西班牙 GDPR 实施法第 30 条第 1 款规定,境内代表应当与境外控制者承担连带责任,为违反 GDPR 所造成的任何损害向数据主体提供赔偿。

本条并未涉及上述议题,但在未来执法中,可以适当豁免低风险个人信息处理者的义务,并采取有效措施进一步约束境内的专业机构和代表,以促进本法的境外管辖得到切实执行。

【参考条文】

一、国内立法

1.《个人信息出境安全评估办法(征求意见稿)》

第二十条　境外机构经营活动中,通过互联网等收集境内用户个人信息,应当在境内通过法定代表人或者机构履行本办法中网络运营者的责任和义务。

二、比较法

1. 欧盟《通用数据保护条例》

"序言"部分第 80 条　设于欧盟境外的控制者或处理者在处理欧盟境内数据主体的个人资料时,凡数据处理活动与向此等数据主体提供商品或服务有关的,不论付费与否,或与监测此等数据主体的行为有关,且行为发生在欧

盟境内的,控制者或处理者应指定一名代表,除非数据处理是非经常性的,不包括对特殊类别的个人资料所作的大规模数据处理或对关于刑事定罪与罪行的个人资料所作的处理,且考虑到数据处理活动的性质、范围、内容和目的,不太可能给自然人的权利与自由带来风险,亦或者控制者属于政府机构或组织。控制者或处理者的代表应代表控制者或处理者行事,并可接受任何监督机构的指示。代表由控制者或处理者以书面授权明确指派,代其履行本条例规定的义务。代表的指派不影响控制者或处理者承担在本条例下的责任与义务。代表应依据控制者或处理者给予的授权执行任务,包括配合相关监督机构采取措施,以确保遵守本条例的规定。若控制者或处理者未遵守本条例的规定,受指派的代表应服从强制执行程序。

第 27 条

1. 若第三条第二款适用,控制者或处理者应以书面行使委任欧盟内的代表。

2. 此义务不适用于:

(a)偶然的数据处理,其一般不包括第九条第一款中所述的特殊数据处理类别,或第十条中涉及刑事定罪或犯罪的个人资料处理,且考虑到数据处理的性质、环境、范围和目标,其应不大可能导致危及自然人权利和自由的风险;或

(b)政府当局或组织。

3. 代表应在数据主体所在的成员国之一委任,数据主体个人资料的数据处理应与货物或服务的提供有关,或其行为受到监控。

4. 就与数据处理相关的所有事宜,代表应由将要处理的控制者或处理者任命,除监督机构和数据主体为控制者或处理者委任的代表外,此代表也可被视为是代表,或者代替监督机构和数据主体为控制者或处理者委任的代表,以确保遵守本条例。

5. 控制者或处理者任命的代表不应对针对控制者或处理者自身的法律诉讼产生不良影响。

2.《关于 GDPR 适用地域范围(第 3 条)的解释指南》(EDPB 第 3/2018 号)

实践中,欧盟中的代表的职能可以根据与个人或组织签订的服务合同行使,因此可以由广泛的商业和非商业实体承担(只要这些实体在欧盟成立),

例如律师事务所,咨询公司,私营公司等。一位代表也可以代表多个非欧盟实体。

当代表的职能由公司或任何其他类型的组织承担时,建议指派单独个体为主要联系人,负责所代表的每个控制者或处理者。通常而言,有必要在服务合同中列明这点。

3. 澳大利亚《消费者数据权利规则》

9.7　数据接收方认证机构的审计

(1)数据接收方认可方可随时审核经认可的数据接收方对以下任何或所有方面的合规性:

(a)第5.12条规定的义务;

(b)对其认可施加的任何条件。

(2)为了进行审计或以其他方式监控合规性,数据接收方认可方可以向认可的数据接收方提供书面的通知要求经认可的数据接收者提供:

(a)本分部要求保存的记录副本;或

(b)来自此类记录的信息。

(3)经认可的数据接收者必须遵守第(2)款下的请求。

(4)数据接收方认可方必须向数据接收方提供任何审计报告的副本。

第五十四条(合规审计)

第五十四条　个人信息处理者应当定期对其个人信息处理活动遵守法律、行政法规的情况进行合规审计。

【本条主旨】

本条是关于个人信息处理者对其个人信息处理活动进行定期审计的规定。

【核心概念】

个人信息处理活动合规审计

个人信息处理者自身或委托第三方就个人信息合规体系及其执行情况进行监督和审计,并就审计的结果形成审计报告。

【条文详解】

一、合规审计:合规体系执行的监督

在本法中,合规审计包括两种类型,一种是本条规定的由个人信息处理者发起的自我合规评估(compliance assessment),另一种是第 64 条中"履行个人信息保护职责的部门在履行职责中,发现个人信息处理活动存在较大风险或者发生个人信息安全事件的……要求个人信息处理者委托专业机构对其个人信息处理活动进行合规审计"中的强制合规评估。在此仅围绕本条中"自我合规审计"展开。

基于自我审计的要求,个人信息处理者根据本法第 51 条构建起较为完善的内部合规体系之后,应当定期由内部审计部门对合规制度的执行情况进行梳理,从而实现对合规执行情况的监督和审计,并就审计的结果形成审计报告。审计报告应当交由包括个人信息保护负责人(如有)在内的管理层人员进行审阅。管理层审阅后,就审计结果中涉及的相关问题在内部进行通报,要求存在问题的业务部门根据审计报告的建议在个人信息保护负责人(如有)的监督下就相关问题进行整改,同时追究有关人员的相应责任。

二、针对特定处理活动的合规审计

个人信息处理者的内部审计部门可以业务模块中特定处理活动为依据划分,定期开展对合规制度落实和执行情况的审计。个人信息处理者在进行针对业务模块的合规情况的审计之前,可由审计人员向个人信息保护负责人(如有)进行咨询,共同确定出审计所要覆盖的范围并制定详细的审计方案,明确审计的目的、范围、程序、方法、技术、人员、期限等内容。在审计结束之后,可由审计人员就各个业务部门针对合规制度执行情况的充分性和有效性出具书面审计报告。

个人信息处理者业务模块审计报告中需载明:(1)该业务部门合规制度的整体执行概况;(2)审计依据;(3)审计中所发现的主要风险和执行问题;(4)针对审计中发现的问题提出的审计建议等。

三、定期全面的合规审计

个人信息处理者内部审计部门或委托的第三方,每年应当就个人信息合

规制度进行全面审计。不同于定期的业务模块合规审计,年度全面审计以定期的业务模块合规审计的结果为基础,对定期业务模块合规审计后的整改情况进行梳理,从整体上对合规制度和业务流程进行改进和优化,并对法律文本进行审查,保证法律文本同步作出调整和更新。

(1)对合规制度和业务流程的改进和优化

在进行年度全面审计时,个人信息处理者应就整体合规制度完善程度以及业务流程设置上的合理性,并结合定期业务模块合规审计过程中发现的不同业务环节和业务流程中的合规问题,在审计报告中进行披露,并就合规制度的完善以及业务流程的改进和优化提出审计建议,以最大限度地避免类似合规问题的重复出现。

(2)对内部文本和第三方文本的进一步调整和更新

结合其在定期业务模块合规审计中发现的问题,以及经审计后采取的整改措施,在年度全面审计中对企业内部及外部文本进行逐个排查,审查企业内外部文本的合规性。对于审计中发现的可能存在问题的法律文本,审计人员可就该文本及其对应的问题在审计报告中进行披露,并针对存在的问题和风险提出调整和更新的建议。

四、与监管机构的沟通与咨询

个人信息处理者对于合规制度执行及对审计过程中所涉及的事项存在疑问的,可以向个人信息保护负责人(如有)进行咨询。经其认为可能存在风险但无法进行确定性判断的,可以暂时停止可能存在风险的相关处理活动,由个人信息保护负责人(如有)就相关事项的风险性向履行个人信息保护职责的部门进行咨询,以确定是否可以继续相关处理活动或就相关事项采取整改措施。

【参考条文】

一、国内立法

1.《信息安全技术个人信息安全规范》

11.7 对个人信息控制者的要求包括:

(a)应对个人信息保护政策、相关规程和安全措施的有效性进行审计;

（b）应建立自动化审计系统，监测记录个人信息处理活动；

（c）审计过程形成的记录应能对安全事件的处置、应急响应和事后调查提供支撑；

（d）应防止非授权访问、篡改或删除审计记录；

（e）应及时处理审计过程中发现的个人信息违规使用、滥用等情况；

（f）审计记录和留存时间应当符合法律法规的要求。

二、比较法

1. 欧盟《通用数据保护条例》

第 28 条第 3 款

（g）处理者的数据处理应受到欧盟或成员国法律项下合同或其他法律行为的管辖，使控制者约束处理者，规定主题事宜和数据处理时限、数据处理的性质和目的、个人资料的类型和数据主体的类别以及控制者的义务与权利。合同或其他法律行为应规定以下内容，尤其是针对处理者：

（h）向控制者提供所有证明履行本条款项下义务的信息，并允许控制者或控制者任命的其他审计员进行包括检查在内的审计，或为其提供帮助。

2. 俄罗斯《联邦个人数据法》

处理者有义务采取必要且足够的措施保证履行本联邦法律和根据本联邦法律通过的法规规定的义务。除非本联邦法律或其他联邦法律另有规定，否则处理者应独立确定必要且足够的措施的内容和清单以保证履行本联邦法律和根据本联邦法律通过的法规规定的义务。该类措施可包括：实行内部控制和（或）审计个人数据的处理是否符合本联邦法律和根据本联邦法律通过的法规的规定，个人数据保护的要求，处理者处理个人数据的政策和地区法令。

3. 印度《个人数据保护法》

第 29 条　对政策和处理行为等的审计

（1）重要数据受托人的处理个人数据的政策和行为应每年由独立数据审计方根据本法进行审计。

（2）数据审计方依据本法对数据受托人的合规情况进行审计，应包括如下内容：

（a）第七条中规定的通知的明确性和有效性；

（b）第二十二条中规定的所采取措施的有效性；

(c)第二十三条中规定的有关数据处理活动的透明度;

(d)第二十四条规定的安全保障措施;

(e)第二十五条规定的有关数据泄露的应急处理机制,包括向保护局履行报告义务的及时性;

(f)第二十八条第三款规定的及时进行处理和有效履行义务;

(g)其他法规规定的事项。

(3)保护局应当对本条有关进行审计的形式和程序加以规定。

(4)保护局依据本法对数据审计方进行登记时应考虑的因素包括:在信息技术、计算机、数据科学、数据或隐私保护等领域具备相应的专业技能,在此基础上还需考察相关人员的独立性、品格以及能力等因素来综合判定其是否具备经验和资格。

(5)数据审计方可根据本条中的规定对数据受托人采取信用评级的方式进行打分。

(6)保护局需明确本条第二款中规定的内容在数据信用评级中的具体评价标准。

(7)无论本条第一款如何规定,保护局认为数据受托人正在以可能对数据主体造成损害的方式处理个人数据时,可以责令数据受托人进行数据审计并为此指定一名数据审计员。

第五十五条(事前进行影响评估)

第五十五条 有下列情形之一的,个人信息处理者应当事前进行个人信息保护影响评估,并对处理情况进行记录:

(一)处理敏感个人信息;

(二)利用个人信息进行自动化决策;

(三)委托处理个人信息、向其他个人信息处理者提供个人信息、公开个人信息;

(四)向境外提供个人信息;

(五)其他对个人权益有重大影响的个人信息处理活动。

【本条主旨】

本条是关于个人信息处理者应当进行个人信息保护影响评估的法定情形

的规定。

【核心概念】

个人信息保护影响评估

是指针对可能对个人权益有重大影响的个人信息处理活动,通过评估其处理目的、处理方式等是否合法、正当、必要、对个人权益的影响及安全风险、所采取保护措施是否有效及与风险的适应程度等,判断其对个人权益的影响程度及风险控制有效性的过程。

【条文详解】

个人信息保护影响评估是基于风险评估与管理理念,对有可能对个人权益有重大影响的个人信息处理活动,事先进行风险评估,从而超越"静态底线式"的个人信息保护合规,实现有效、全面地掌握信息处理行为对个人合法权益影响的风险变化,有针对性地提出安全保护措施,最终达到动态优化式的权益保护效果。在本法出台前,《儿童个人信息网络保护规定》《信息安全技术　个人信息安全规范》《个人金融信息保护技术规范》《互联网个人信息安全保护指南》等法律法规、推荐性文件中也已经提出了个人信息保护影响评估的要求。

从国际范围内看,个人信息保护影响评估已经成为个人信息保护领域内有效的风险管控机制,典型如欧盟在《通用数据保护条例》第24条、第35条、第36条作出的规定。GDPR第24条提出了应对数据处理风险的一般性规定,要求数据控制者考虑到个人数据处理的性质、范围、情境、目的,以及对自然人权利和自由的不同程度和大小的风险,采取合适的技术和组织方面的措施,以保证数据处理符合GDPR的规定,并且应当及时评估和更新前述措施,确保措施与数据处理的风险合乎比例。GDPR第35条明确针对高风险数据处理行为,要求数据控制者开展数据保护影响评估,督促数据控制者主动考虑风险,主动提出降低风险的方案:该条第1款规定了"在考虑数据处理性质、范围、情境、目的后,数据控制者如认为数据处理,特别是采用新技术的处理,可能导致个人权益有较高的风险被侵害的,应在处理前,进行数据保护影响评估"的一般性理念;该条第3款还提出了应当进行数据保护影响评估的具体情形,包括基于自动化数据处理(包括数据画像),对数据主体个人方面开展系统和广泛的评估,且评估对个人能产生法律效力,或类似重大的影响;对特定类别的数据进行大规模处理,或处理与刑事犯罪和刑事起诉相关的个人数据的;对公开区域进行大规模、系统性监控。此外,GDPR还在第36条明确,如数据保护影响评估表明,数据控制者不采取额外措施、数据处理将引发较高的风险的,数据控制者应在数据处理开始前,征求数据保护监管机构的意见。GDPR生效后作出的处罚第一案便与数据保护影响评估要求相关。该案中,学校采用人脸识别这一新技术处理了学生的特殊类型个人数据(生物特征信息)进行考勤,虽然学校事先进行了相应的风险评估,但未就数据处理行为对数据主体的权利和自由的影响作出评估,也未提出相应的风险应对措施以减少对数据主体权利的侵害,因而认定其构成对第35条和第36条中关于数据保护影响评估和事先协商规定的违反,对其作出处罚。除了欧盟外,日本、澳大利亚、加拿大、巴西、印度、新加坡、英国等主要国家的个人信息保护法律中,也有"个人信息保护影响评估"的类似规定,美国加利福尼亚州、弗吉尼亚州等隐私立法方面,也确立了类似制度。2011年以来,国际标准化组织、国际电工委员会先后发布ISO/IEC 29100:2011《信息技术 安全技术 隐私框架》、ISO/IEC 29134:2017《隐私影响评估》,形成了隐私保护标准体系,对隐私影响评估(Privacy Impact Assessment,PIA)的评估过程、评估报告的结构和内容等做了规定。

除了本条前四项明确列举的个人信息处理者应当事前进行个人信息保护影响评估的四种具体情形外,本条第5项还以兜底条款的形式要求个人信息处理者对于其他个人权益有重大影响的个人信息处理活动也应当进行个人信息保护影响评估。"其他对个人权益有重大影响的个人信息处理活动"首先应当包括其他法律、行政法规中明确规定应当进行以及国家标准、行业标准等推荐进行个人信息保护影响评估的情形。前者如《儿童个人信息网络保护决定》中规定委托第三方处理儿童个人信息、向第三方转移儿童个人信息的情形,由于本法在第20条将不满十四周岁的未成年人的个人信息作为敏感个人信息,因此该等情形被本条第一项"处理敏感个人信息"的情形吸收,并且不局限于儿童个人信息委托处理和转移情形;同时,随着未来产业实践的发展,未来其他法律、行政法规中可能会基于新的产业发展实践状况,规定应当进行个人信息保护影响评估的情形,本条第5项可以为后续新增法定情形预留制度接口。除此之外,在《信息安全技术 个人信息安全规范》《个人金融信息保护技术规范》《互联网个人信息安全保护指南》等国家标准、文件中也列举了推荐个人信息处理者进行个人信息保护影响评估的具体情形,可为个人信息处理者准确理解本条第 5 项中其他对个人权益有重大影响的个人信息处理活动提供指引和参照。如《信息安全技术　个人信息安全规范》,除了列举本条前四项的具体情形外,还推荐个人信息处理者在"基于不同业务目的将所收集个人信息进行汇聚融合""产品或服务发布前,或业务功能发生重大变化""法律法规有新的要求时,或在业务模式、信息系统、运行环境发生重大变更""发生个人信息安全事件后"等情形进行个人信息保护影响评估。

同时,个人信息保护影响评估也具有风险评估方法论的功能,个人信息处理者在本法第 55 条规定的法定情形外,也可以运用个人信息保护影响评估的基本原理和方法,对具体场景中个人信息处理活动可能对个人信息权益造成的影响、合规风险等进行分析,并在此基础上采取相应的风险应对措施,不断提升个人信息保护水平。通过实施个人信息保护影响评估,也有助于个人信息处理者对外展示其保护个人信息的努力,提升个人信息处理活动的透明度,增加个人及社会对个人信息处理者的信任。实践中,个人信息处理者可以参考国家标准《信息安全技术　个人信息安全影响评估指南》,从以下四个维度考虑个人信息处理活动对个人权益造成的影响:一是,限制个人自主决定权,比如被强迫执行不愿执行的操作、无法更正错误上传的个人信息、无法选择推送广告的种类、被蓄意推送影响个人价值观判断的资讯;二是,引发差别性待遇,比如隐私信息(疾病、婚史、种族等)泄露造成的歧视、故意设置个人福利、资格、权利的差别等;三是,个人名誉受损或遭受精神压力,比如公开不愿为人知的事实(生活习惯、过往经历等),被频繁骚扰、监视追踪等;四是,个人财产受损或遭受人身伤害,比如账户被盗、遭受诈骗、被勒索恐吓、限制自由等。另外,该指南也以附录的形式列举了高风险个人信息处理活动示例(附录 B)。

实践中,个人信息保护影响评估既可以由个人信息处理者指定内部专门负责评估、审计的岗位或角色开展,如法务部门、合规部门,也可以委托外部专业机构开展,如个人信息保护社会化服务机构。对于本法第 52 条规定处理个人信息达到国家网信部门规定数量的个人信息处理者,应当由个人信息保护负责人负责领导和监督个人信息保护影响评估工作,并对最终的评估质量负责。另外,作为风险评估和管理机制,个人信息处理者进行个人信息保护影响评估后,如发现个人信息处理活动对个人权益具有较大风险,应当提出风险预防和减轻措施以及针对性的安全保护措施,直至个人信息处理活动风险能够控制在可接受水平后方可进行,如无法提出有效的风险应对和减轻措施,应当停止相应的个人信息处理活动。《信息安全技术　个人信息安全规范》中建议个人信息处理者定期开展(至少每年一次)个人信息保护影响评估,根据业务现状、威胁环境、法律法规、标准要求等情况持续修正个人信息保护边界,调整安全控制措施,使个人信息处理过程处于风险可控的状态。

【参考条文】

一、国内立法

1.《儿童个人信息网络保护规定》

第十六条　网络运营者委托第三方处理儿童个人信息的,应当对受委托方及委托行为等进行安全评估,签署委托协议,明确双方责任、处理事项、处理期限、处理性质和目的等,委托行为不得超出授权范围。

第十七条　网络运营者向第三方转移儿童个人信息的,应当自行或者委托第三方机构进行安全评估。

二、比较法

1. 欧盟《通用数据保护条例》

第 35 条　数据保护影响评估

1. 当数据处理使用新技术,考虑到数据处理的性质、环境和目的,有可能引起对数据主体权益保护的高度风险时,数据控制者应当在进行数据处理前,评估将要进行的数据处理操作对数据保护的影响。单独的数据保护影响评估可以作为一系列类似高风险数据处理操作的解决方案。

2. 符合下列情形时,特别应当进行本条第 1 款规定的数据保护影响评估:

(a)基于包括数据画像在内的数据自动化处理形成对数据主体人格特征的系统化、大规模的评价,并且基于该评价将作出对数据主体有法律后果或其他类似重大后果的决策;

(b)大规模处理本条例第 9 条第 1 款规定的特殊类型数据或者第 10 条规定的与定罪量刑有关的数据;

(c)大规模公共场所的系统性监控。

4. 监管机构应当建立并公布一套需要根据第 1 款数据保护影响评估要求进行数据护理操作的清单。监管机构应当向本条例第 68 条所称数据保护委员会提交该清单。

5. 监管机构可以制定和公布不需要进行数据保护影响评估的数据操作的清单。监管机构应当向本条例第 68 条所称数据保护委员会提交该清单。

7. 数据保护影响评估应当包括：

（a）对将要进行的数据处理操作、数据处理目的，所追求的合法利益等的系统性描述；

（b）对数据处理操作与数据处理目的之间的必要性和比例性的评估；

（c）对数据处理操作可能对数据主体权益保护造成的风险的评估；

（d）应对数据处理操作可能对数据主体权益保护造成的风险的措施，包括保护、安全保障措施和机制以确保对数据主体的保护，并证实遵守本条例考虑数据主体和其他主体的权益保护。

11. 数据处理操作引起的风险发生变化时应当进行重新评估等必要情形下，数据处理控制者应当重新评估数据处理是否仍符合已经进行的数据保护影响评估。

第 36 条　事先咨询

1. 在依照本条例第 35 条进行数据保护影响评估，显示数据处理操作可能导致数据保护的重大风险并且数据处理控制者缺乏降低风险应对措施时，数据处理控制者应当在进行数据处理操作前，应当向监管机构进行事先咨询。

2. 如果监管机构认为将要进行的数据处理操作将构成对本条例的违反时，特别是数据处理控制者未能充分识别或者降低风险时，监管机构应当在收到数据处理控制者的事先咨询请求后的八周内，向数据处理控制者提出书面意见。如数据处理较为复杂，该期限可以延长六周。监管机构应当在收到实现咨询请求后一个月内通知数据处理控制者或数据处理者可能的延长情形及其理由。

第五十六条（评估的内容）

第五十六条　个人信息保护影响评估的内容应当包括：

（一）个人信息的处理目的、处理方式等是否合法、正当、必要；

（二）对个人权益的影响及安全风险；

（三）所采取的安全保护措施是否合法、有效并与风险程度相适应。

个人信息保护影响评估报告和处理情况记录应当至少保存三年。

【本条主旨】

本条是关于个人信息保护影响评估的内容和保存记录要求的规定。

【核心概念】

个人信息保护影响评估报告

是指个人信息处理者进行个人信息影响评估进行记录形成过程性文档，通常包括个人信息处理活动合法合规性、对个人权益影响、安全风险影响、保护措施有效性分析、风险处置及持续改进等内容。

处理情况记录

是指个人信息处理者在处理个人信息的过程中对处理者的姓名和联系方式、信息处理目的、处理的个人信息类型、数量和来源、风险处置和持续改进的处理情况等予以记录而形成的书面文档。根据《信息安全技术　个人信息安全规范》（GB/T 35273—2020）第 11.3 条，记录的内容可以包括：a）所涉及个人信息的类型、数量、来源（如从个人信息主体直接收集或通过间接获取方式获得）；b）根据业务功能和授权情况区分个人信息的处理目的、使用场景，以及委托处理、共享、转让、公开披露、是否涉及出境等情况；c）与个人信息处理活动各环节相关的信息系统、组织或人员。

【条文详解】

本条规定了个人信息保护影响评估的具体事项，并对个人信息保护影响评估报告的保存期限作出要求。

本条第 1 款规定了个人信息保护影响评估应当评估的内容。一是评估个人信息的处理目的、处理方式等是否合法、正当、必要。合法、正当、必要是自全国人大常委会《关于加强网络信息保护的决定》开始确立的个人信息处理应遵循的基本原则，《信息安全技术　个人信息安全规范》从权责一致、目的明确、最小必要、公开透明等几个方面对其进行了细化。处理目的、处理方式合法、正当、必要代表了法律法规对个人信息处理活动最基本的要求,因此个人信息保护影响评估该项内容在于对个人信息处理活动的合法合规性进行评估,确保个人信息处理活动符合法律、法规或标准的基线要求。二是评估个人信息处理活动对个人权益的影响及安全风险,既包括个人信息处理活动是否以及如何影响个人的合法权益的评估,也包括对个人信息处理活动所面临的风险源的识别分析。对于个人信息处理活动对个人权益的影响,《信息安全技术　个人信息安全影响评估指南》从限制个人自主决定权、引发差别性待遇、个人名誉受损或遭受精神压力、人身财产受损等四个维度细化理解对个人权益的影响。在具体开展个人信息保护影响评估时,个人信息处理者需要结合个人信息处理活动全生命周期对个人权益可能造成的影响,以及个人信息泄露、毁损、丢失、滥用等个人信息安全事件对个人权益可能造成的影响,通常包括对个人信息敏感程度、个人信息处理活动特点、个人信息处理活动问题分析以及个人权益影响程度综合分析多个阶段进行。对于个人信息处理活动的安全风险分析,首先需要识别个人信息处理活动所面临的威胁源,参考《信息安全技术　个人信息安全影响评估指南》,个人信息处理者可以从网络环境和技术措施、个人信息处理流程、个人信息处理活动的参与人员及相关第三方、个人信息处理活动的业务特点和规模及安全态势等四个方面着手,通过调研访谈、查阅支撑性文档、功能检查、技术测试等方式加以综合分析。三是评估针对个人信息处理活动所采取的安全保护措施是否合法、有效并与风险相适应。经过对个人信息处理活动合规性、对个人权益影响以及安全风险的综合分析后,个人信息处理者能够得出个人信息处理活动可能面临的风险等级的评估结果,个人信息处理者应当根据前述评估结果选取并实施相应的安全风险措施进行风险处置,通常情况下,可根据个人信息处理活动面临安全风险的评估等级,采取立即处置、限期处置、权衡影响和成本后处置、接受风险等不同处置方式。此外,个人信息处理者还应当持续跟踪风险处置的落实情况,评估剩余风险,将风险控制在可接受的范围内。

本条第2款规定个人信息处理者应当将个人信息保护影响评估报告和处理情况记录至少保存三年。个人信息保护影响评估报告是个人信息处理者进行个人信息保护影响评估后形成的过程性和结论性文档。首先,评估报告应当包括评估对象、评估依据、评估人员、评估方法等评估基本事项;评估对象也即待评估的个人信息处理活动,可以在评估开始前通过组织调研形成清晰的数据清单和数据映射图表,从而梳理出需评估的具体个人信息处理活动;评估依据是对个人信息处理活动进行合法合规性分析时所参考的个人信息保护相关法律法规和标准要求;评估人员既可以是个人信息处理者所指定专门的内部评估、审计的人员,也也可以是其委托的外部专业机构人员;评估方法则包括访谈、检查、测试等基本方法。其次,评估报告应当包括实施个人信息保护影响评估的过程性记录。开展评估前,个人信息处理者需要组建评估团队、制订评估计划,通过全面调研,在数据清单和数据映射图表的基础上明确评估对象,也即待评估的个人信息处理活动。开展评估时,评估人员需要进行个人信息处理活动的合法合规性分析、个人信息处理活动对个人权益的影响评估、个人信息处理活动的安全风险,形成合法合规性分析结果、个人权益影响分析结果、安全风险分析结果、风险处置建议等报告内容,进而形成评估报告。最后,评估报告应当由个人信息处理者指定的人员签署。此外,根据个人信息保护影响评估的结果中所判定的风险等级,个人信息处理者还需要采取相应的风险处置措施,持续跟踪风险处置的落实情况,对于此类风险处置和持续改进的处理情况也应当加以记录。

个人信息保护影响评估旨在发现、处置和持续监控个人信息处理过程中对个人合法权益造成不利影响的风险,是个人信息处理者履行个人信息保护法定义务及承担社会责任的重要体现,由此形成的个人信息保护影响评估报告和处理记录具有多重功能。首先,对于本法第55条规定应当进行个人信息保护影响评估的情形,个人信息保护影响评估报告及处理情况记录,能够帮助个人信息处理者向履行个人信息保护职责的部门证明其履行了本法第55条应当进行个人信息保护影响评估的法定义务,同时也能够向履行个人信息保护职责的部门证明其合法合规处理个人信息的积极性和主动性,因此,个人信息保护影响评估报告也是履行个人信息保护职责的部门进行监督检查的重要内容之一。实践中,为避免无从查证个人信息处理者是否履行、如何履行个人信息保护影响评估义务的情况,导致履行个人信息保护职责的部门难以判明事实,本条第2款规定个人信息处理者负有保留相关报告及处理情况的义务,要求其负有至少保存三年的备查义务。其次,在发生个人信息安全事件时,个人信息保护影响评估报告可提供证据证明个人信息处理者已经采取适当措施试图阻止风险的发生,或有利于个人信息处理者减轻法律责任、降低企业声誉负面影响。最后,个人信息保护影响评估报告也可以向外部合作伙伴等证明自身个人信息处理活动遵守个人信息保护相关法律、法规及标准的情况,也有利于增进社会、个人对个人信息处理者的信任。个人信息处理者也可以从敦促自身持续提升个人信息保护水平、配合履行个人信息保护职责的部门监督检查、增加商业伙伴以及社会信任等多重考虑,对外发布个人信息保护影响评估报告。

【参考条文】

一、国内立法

1.《信息安全技术　个人信息安全规范》

11.4 开展个人信息安全影响评估

对个人信息控制者的要求包括:

a)应建立个人信息安全影响评估制度,评估并处置个人信息处理活动存在的安全风险;

b)个人信息安全影响评估应主要评估处理活动遵循个人信息安全基本原则的情况,以及个人信息处理活动对个人信息主体合法权益的影响,内容包括但不限于:

1)个人信息收集环节是否遵循目的明确、选择同意、最小必要等原则;

2)个人信息处理是否可能对个人信息主体合法权益造成不利影响,包括是否会危害人身和财产安全、损害个人名誉和身心健康、导致差别性待遇等;

3)个人信息安全措施的有效性;

4)匿名化或去标识化处理后的数据集重新识别出个人信息主体或与其他数据集汇聚后重新识别出个人信息主体的风险;

5)共享、转让、公开披露个人信息对个人信息主体合法权益可能产生的不利影响;

6)发生安全事件时,对个人信息主体合法权益可能产生的不利影响。

c)在产品或服务发布前,或业务功能发生重大变化时,应进行个人信息安全影响评估;

d)在法律法规有新的要求时,或在业务模式、信息系统、运行环境发生重大变更时,或发生重大个人信息安全事件时,应进行个人信息安全影响评估;

e)形成个人信息安全影响评估报告,并以此采取保护个人信息主体的措施,使风险降低到可接受的水平;

f)妥善留存个人信息安全影响评估报告,确保可供相关方查阅,并以适宜的形式对外公开。

第五十七条(个人信息安全事件的补救和通知制度)

第五十七条　发生或者可能发生个人信息泄露、篡改、丢失的,个人信息处理者应当立即采取补救措施,并通知履行个人信息保护职责的部门和个人。通知应当包括下列事项:

(一)发生或者可能发生个人信息泄露、篡改、丢失的信息种类、原因和可能造成的危害;

(二)个人信息处理者已采取的补救措施和个人可以采取的减轻危害的措施;

(三)个人信息处理者的联系方式。

个人信息处理者采取措施能够有效避免信息泄露、篡改、丢失造成危害的,个人信息处理者可以不通知个人;履行个人信息保护职责的部门认为可能造成危害的,有权要求个人信息处理者通知个人。

【本条主旨】

本条是关于个人信息安全事件的补救和通知制度的规定。

【核心概念】

个人信息安全事件通知

在发生或者可能发生个人信息泄露、篡改、丢失的情形下,个人信息处理者应当通知履行个人信息保护职责的部门。而就个人的通知则视情况而定,除非个人信息处理者采取措施能够有效避免信息泄露、篡改、丢失造成危害,否则,应以短信、电子邮件、即时提醒等方式将发生或者可能发生个人信息泄露、篡改、丢失的信息种类、原因和可能造成的危害、个人信息处理者已采取的补救措施和个人可以采取的减轻危害的措施、个人信息处理者的联系方式等事项通知个人。

【条文详解】

本条规定了个人信息安全事件的补救和通知制度。个人信息处理者进行个人信息处理,首先要确保所处理的个人信息安全,既体现为个人信息处理者积极履行本法及其他个人信息保护相关法律法规、标准要求的个人信息保护义务,不得擅自泄露、篡改、毁损所处理的个人信息,也包括采取必要措施,如物理、技术、管理措施,确保个人信息安全,防止其被泄露、篡改、毁损、丢失。但是,应当承认的是,个人信息在电子化、网络化后,其面临的安全风险也随之增大,比如个人信息通过公共网络传输,容易被中途截取,数据库及内部网络也可能遭黑客侵入。因此,应当客观地承认个人信息安全事件可能无法全面避免,从发生个人信息安全事件后的补救和通知制度入手,以个人信息处理者的通知为连接,串联履行个人信息保护职责的部门和个人,以协力尽可能降低个人信息安全事件的影响和损失,成为应有之义。

本条第 1 款对个人信息安全事件的补救和通知作出一般性规定。对于个人信息安全事件的补救和通知制度,在我国此前个人信息保护相关法律法规中有所规定。2012 年全国人大常委会《关于加强网络信息保护的决定》中即已有所体现,要求网络服务提供者和其他企业事业单位应当采取技术措施和其他必要措施,确保信息安全,防止在业务活动中收集的公民个人电子信息泄露、毁损、丢失。在发生或者可能发生信息泄露、毁损、丢失的情况时,应当立即采取补救措施;2013 工信部《电信和互联网用户个人信息保护规定》中在此基础上增加了严重个人信息安全事件的报告义务,要求对于造成或者可能造成严重后果的个人信息泄露、毁损、丢失事件,电信业务经营者、互联网信息服务提供者应当立即向准予其许可或者备案的电信管理机构报告,配合相关部门进行的调查处理;2017 年《网络安全法》从法律层面确认了个人信息安全事件的补救和通知制度,并且新增了双告知要求,不仅向主管部门报告,也要及时告知用户。相较于此前法律法规要求,本条第 1 款对个人信息安全事件的补救和通知制度提出了进一步要求,体现在细化了向履行个人信息保护职责的部门通知的具体事项。通过列举通知事项的主要内容,既有利于为个人信息处理者切实履行通知义务提供指引和参考,也有利于履行个人信息保护职责的部门、个人相对清晰地了解个人信息安全事件的具体情况,进而作出有效应对。实践中,个人信息处理者应当事先制定个人信息安全事件应急预案,并组织内部相关人员进行应急相应训练和应急演练,一旦发生个人信息安全事件,应根据应急预案进行响应,包括记录个人信息安全事件的基本情况,评估个人信息安全事件可能造成的影响,并采取必要措施控制事态,消除隐患,同时将个人信息安全事件的具体情况通知履行个人信息保护职责的部门和个人。

本条第 2 款规定了豁免向个人通知以及应履行个人信息保护职责的部门要求向个人通知的情形。《网络安全法》第 42 条第 2 款并未区分个人信息安全事件的具体情形,均要求网络运营者及时告知用户并向有关主管部门报告。实践中,个人信息安全事件可以区分为不同安全风险等级,对于轻微安全事件等情形,个人信息处理者通过及时采取补救措施,能够有效避免个人信息安全事件造成危害的,仍向个人通知不仅增加了个人信息处理者不必要的通知成本,也会使得个人受到不必要的打扰。因此,本条第 2 款明确个人信息处理者采取措施能够有效避免信息泄露、篡改、丢失造成危害的,个人信息处理者可以不通知个人。同时,为了避免个人信息处理者滥用此项豁免,应通知用户而不通知,本条第 2 款规定了履行个人信息保护职责的部门的裁量权,如其认为信息泄露、篡改、丢失可能造成危害的,有权要求个人信息处理者通知个人。另外,本条并未对个人信息处理者如何通知个人的具体方式作出明确限定,实践中个人信息处理者应当本着能够及时、有效告知个人的原则,视具体情况可采取邮件、信函、电话、推送通知等方式告知受个人信息安全事件影响的个人;如难以逐一告知个人时,个人信息处理者也应采取公告等合理方式有效公示个人信息安全事件相关事项,尤其是个人能够主动防范和降低风险的建议。

从全球范围看,个人信息安全事件通知制度也是主要国家或地区的通行做法,欧盟、澳大利亚、英国、韩国、新加坡、美国各州法等均对各项制度作出了规定。以欧盟《通用数据保护条例》为参照,本条就个人信息安全事件的通知制度的规定存在差别。一是本条并未对个人信息处理者履行通知义务的时间作出明确限制,留有一定的灵活空间,交由个人信息处理者在不同的个人信息安全事件场景中具体判定。相反,GDPR 第 33 条严格限制了数据控制者向数据保护监管机构报告义务的时间要求,如个人数据泄露可能存在对自然人权利和自由的风险,数据控制者应当在知道个人数据泄露事件的 72 小时内,向监管机构报告。二是 GDPR 中豁免向数据主体告知的情形更为丰富。GDPR

第 34 条规定,如数据控制者已经采取适当的技术和组织措施,如加密等,使得未经授权的访问不能读取个人数据泄露事件中所涉及的个人数据;或者数据控制者已经采取后续措施确保个人数据泄露事件对数据主体权益保护的影响难以实现;或者如向数据主体告知个人数据泄露事件,需要付出不成比例的极高代价,均可豁免数据控制者向数据主体的告知义务。

【参考条文】

一、国内立法

1.《中华人民共和国网络安全法》

第四十二条第二款　网络运营者应当采取技术措施和其他必要措施,确保其收集的个人信息安全,防止信息泄露、毁损、丢失。在发生或者可能发生个人信息泄露、毁损、丢失的情况时,应当立即采取补救措施,按照规定及时告知用户并向有关主管部门报告。

2.《关于加强网络信息保护的决定》

四、网络服务提供者和其他企业事业单位应当采取技术措施和其他必要措施,确保信息安全,防止在业务活动中收集的公民个人电子信息泄露、毁损、丢失。在发生或者可能发生信息泄露、毁损、丢失的情况时,应当立即采取补救措施。

3.《电信和互联网用户个人信息保护规定》

第十四条　电信业务经营者、互联网信息服务提供者保管的用户个人信息发生或者可能发生泄露、毁损、丢失的,应当立即采取补救措施;造成或者可能造成严重后果的,应当立即向准予其许可或者备案的电信管理机构报告,配合相关部门进行的调查处理。

二、比较法

1. 欧盟《通用数据保护条例》

第 33 条　个人数据泄露事件向监管机构的报告

1. 除个人数据泄露事件不存在对数据主体权利和自由的威胁外,数据控制者在发现个人数据泄露事件后,在可行的情况下应当在 72 小时之内通知监管机构。如果未在 72 小时内通知监管机构,还应当向监管机构说明其迟延理由。

2. 数据处理者应当在发现个人数据泄露事件后立即通知数据控制者。

3. 个人数据泄露事件通知的具体内容至少包括：

（a）个人数据泄露事件的性质、所涉及的数据主体的类别及数量、所涉及的数据的类别及数量；

（b）数据保护官的姓名及联系方式或其他详细联系方式；

（c）个人数据泄露事件可能造成的后果；

（d）数据控制者为应对个人数据泄露事件已经采取或将要采取的措施，包括减轻不利后果的措施；

5. 数据控制者应当如实记录个人数据泄露事件相关情况，包括个人数据泄露事件的事实状况、影响、采取的补救措施，该记录可以用于监管机构判断数据控制者对本条规定的遵守情况。

第34条　个人数据泄露事件向数据主体的告知

1. 个人数据泄露事件会导致对数据主体权利和自由的高度风险时，数据控制者应当及时告知数据主体个人数据泄露事件。

2. 数据处理控制者应当以清晰、简单的用语向数据主体告知个人数据泄露事件的性质，至少包括数据保护官的联系方式、数据泄露的可能后果、采取的补救措施等内容。

3. 具有下列情形之一时，数据控制者免于向数据主体告知个人数据泄露事件：

（a）数据控制者已经采取适当的技术和组织措施，如加密等，使得未经授权的访问不能读取个人数据泄露事件中所涉及的个人数据；

（b）数据控制者已经采取后续措施确保个人数据泄露事件对数据主体权益保护的影响难以实现；

（c）如向数据主体告知个人数据泄露事件，需要付出不成比例的极高代价。在此种情形，可以通过公告或其他类似的有效方式告知信息主体。

第五十八条（提供重要互联网平台服务、用户数量巨大、业务类型复杂的个人信息处理者的特别义务）

第五十八条　提供重要互联网平台服务、用户数量巨大、业务类型复杂的个人信息处理者，应当履行下列义务：

（一）按照国家规定建立健全个人信息保护合规制度体系，成立主要由外部成员组成的独立机构对个人信息保护情况进行监督；

（二）遵循公开、公平、公正的原则，制定平台规则，明确平台内产品或者服务提供者处理个人信息的规范和保护个人信息的义务；

（三）对严重违反法律、行政法规处理个人信息的平台内的产品或者服务提供者，停止提供服务；

（四）定期发布个人信息保护社会责任报告，接受社会监督。

【本条主旨】

本条是关于互联网生态"守门人"个人信息保护特别义务的规定。

【核心概念】

提供重要互联网平台服务、用户数量巨大、业务类型复杂的个人信息处理者

又称为互联网生态中的"守门人"，是指控制移动互联网生态关键环节（技术环境和运营环境）、有资源或有能力影响其他个人信息处理者处理个人信息能力的互联网营运者。主要包括：应用程序分发平台，移动终端操作系统，平台型 App 等。

【条文详解】

网络空间与现实社会的最大差别之一在于网络空间的基本支撑主体是众多的互联网服务提供商或者中间平台，面对海量的个人信息处理者和个人信息处理业务，有效的个人信息保护法律规制需要抓住互联网生态中的关键环节，也即区分一般的个人信息处理者与充当"守门人"角色的个人信息处理者。本法在二审稿中新增本条规定，对扼守关键环节的"守门人"个人信息处理者设置必要的个人信息特别保护义务。

设置"守门人"个人信息保护特别义务也具有必要性、合理性和可能性。首先，设置"守门人"个人信息保护特别义务就有必要性。2012 年我国手机网民数量首次超越 PC 网民数量，正式迈入移动互联网时代，截至 2020 年 6 月，我国网民规模大 9.40 亿,手机网民规模达 9.32 亿,网民使用手机上网比例达 99.2%。换言之,移动互联网应用程序(移动 App)几乎与所有民众的生活当前个人信息利用最常见的技术和商业模式是通过移动 App 收集使用个人信息。因此,当前个人信息保护的主战场在于规范移动 App 个人信息处理行为。聚焦到移动互联网生态,移动 App 的巨量规模、快速迭代使得逐一治理不仅困难重重而且不具有现实可行性,因而面对移动互联网生态中海量的个人信息处理者,决定了难以仅仅依靠履行个人信息保护职责的部门以行政执法的力量实现全面监管,法律规制需要从源头入手,抓住关键环节,通过设置"守门人"的义务,发挥其对一般移动 App 的管控能力,实现对移动 App 处理个人信息的有效治理。其次,设置"守门人"个人信息保护特别义务在技术上具有可能性。以移动 App 上架为例,目前移动 App 大多通过主流应用程序分发平台(也即应用商店)上架供用户下载使用,因而在此环节如应用商店要求待上架的移动 App 以固定格式明确个人信息的常见类型及所指代的信息内容,既能够帮助用户了解移动 App 如何收集、使用个人信息,也提升了 App 收集、使用个人信息的透明度,从而能够有效应对移动 App 收集个人信息范围不清的问题。最后,设置"守门人"个人信息保护特别义务也符合控制者义务要求和经济上的合理性。法治的一般原理认为,任何人对自己控制的场所负有相应的安全保障义务,一方面通常从危险源中获取经济利益的一方被视为是具有制止危险义务的人;另一方面控制者具有专业知识、能力、技术,能够预见可能发生的危险和损害,从而对危险源具有控制能力。相较于众多分散环节和场景所投入的监管资源,在"守门人"上的监管资源投入更符合经济上的合理性,也不会影响"守门人"之间的公平竞争。

　　本条首先明确对于"守门人"的界定标准,是指"提供重要互联网平台服务、用户数量巨大、业务类型复杂的个人信息处理者"。理解"守门人"的界定和类型区分,可以回归到移动互联网生态中对于一般移动 App 具有决定与制约作用的角度加以理解。结合移动互联网生态的技术环境和运营环境,当前移动互联网生态中的"守门人"个人信息处理者包括移动终端操作系统、应用程序分发平台以及超级 App 三类。其一,"守门人"包括移动终端操作系统运营商,其能够决定操作系统的设计框架,移动 App 需要调用移动终端机操作系统所定义和提供的各种权限系统,才能够获取运行所需的各种技术资源,比如导航软件如需获得 GPS 位置信息,就需要向操作系统申请位置权限获取,即时通讯软件要访问用户相册,也需要向操作系统申请相册权限才可访问。其二,"守门人"包括应用程序分发平台,具体包括操作系统运营商的应用商店、移动智能终端自带的应用商店、第三方应用商店。基于设计理念和安全考虑,用户通过应用商店下载而非直接从移动 App 官方网页下载 App 是移动互联网生态中移动 App 触达用户的主要方式。因而,应用程序分发平台就能够对拟上架的 App 个人信息保护技术设置和行为具有事前审核、事中持续监督、事后下架的技术能力。其三,"守门人"还包括能够便利其他第三方小程序触达用户群体的超级 App。区别于传统移动 App,第三方小程序具有功能简单、使用便捷、开发成本低的特点,如能合理运转有效控制风险,对于超级 App、第三方小程序以及用户而言,属于三赢的业务模式:对于拥有庞大用户流量的平台型 App 而言,通过搭载第三方小程序,能够"提升流量资源的分发效率,满足用户多样化需求,进一步挖掘用户价值";对于第三方小程序而言,在移动互联网市场规模趋于饱和的趋势下,借助于超级 App,可以避免 App 开发推广成本高、周期长、市场生存空间小等不利因素;对于用户而言,则省掉了下载、安装、注册、卸载移动 App 的过程,实现了"即点即用"。具体到第三方小程序收集使用用户个人信息的问题,小程序所获取的系统权限、个人信息等均有赖于超级 App:小程序只能获取超级 App 已经从手机系统获取的权限;小程序在获得用户授权后,可以通过超级 App 获得用户提供给超级 App 的个人信息,如昵称、头像、身份证号码等个人信息以及设备信息、统计信息等。与此同时,在涉及个人信息保护问题时,超级 App 也能够从数据收集和存储与授权、数据使用规范、数据安全、地理位置等多方面对小程序提出要求。随着互联网业态的持续演进发展,不排除未来会有新的"守门人"角色出现,对"守门人"角色的类型理解,仍应坚持其对于一般个人信息处理者个人信息保护义务的履行具有关键和决定性影响力。

本条明确了"守门人"个人信息保护特别义务的具体内容。一是"守门人"应当按照国家规定建立健全个人信息保护合规制度体系,成立主要由外部成员组成的独立机构对个人信息保护情况进行监督。建立健全个人信息保护合规制度体系是"守门人"负有的基线性义务。本法在多处强调个人信息处理者的合法合规义务,"守门人"建立健全个人信息保护合规制度体系,不仅应当将本法中明确提及的个人信息处理者的一般性义务落实到位,同时还应当从体系化视角结合自身业务形态、业务模式和场景,将个人信息保护法律要求落实为自上而下的合规制度体系,涵盖个人信息保护的合规要求、方法、流程、机制等内容。与本法第 52 条规定"处理个人信息达到国家网信部门规定数量的个人信息处理者应当指定个人信息保护负责人"相比,本条要求"守门人"成立主要由外部成员组成的独立机构对个人信息保护情况进行监督,意在强调"外部""独立""监督",以补强内部个人信息保护可能对监督守门人个人信息处理活动力有不逮的情形。二是"守门人"应当遵循公开、公平、公正的原则,制定平台规则,明确平台内产品或者服务提供者处理个人信息的规范和保护个人信息的义务。相较于本法规定的个人信息处理者的一般性个人信息保护义务,"守门人"可以结合平台内产品或服务提供者个人信息处理活动的具体业务场景加以细化,形成本平台内的个人信息处理规则。但应当注意,"守门人"制定平台规则应当确保公开、公平、公正,避免对平台内不同的产品或服务提供者存在差别对待。三是"守门人"对严重违反法律、行政法规处理个人信息的平台内的产品或者服务提供者,应当停止提供服务。一方面,如履行个人信息保护职责的部门发现"守门人"平台内的产品或者服务提供者存在违反法律、行政法规处理个人信息的行为,可以履行法定程序通知"守门人"停止为其提供服务;另一方面,如"守门人"自身通过技术检测、接到用户举报、投诉等,发现平台内产品或服务提供者存在违反法律、行政法规处理个人信息的行为,一旦确认其违法情形严重,也应当停止提供服务。实践中,"守门人"可能难以独自判断平台内的产品或者服务提供者存在违反法律、行政法规处理个人信息的行为的严重程度,可以及时将相关情况与履行个人信息保护的职责的部门进行反馈沟通,征求其对于是否停止服务的意见建议,既避免疏于认定而构成本条义务的违反,也避免因误判停止服务面临平台内产品或服务提供者的索赔。四是"守门人"应当定期发布个人信息保护社会责任报告,接受社会监督。本条明确"守门人"负有社会责任本质是要求"守门人"在追求自身利润最大化的同时,应当维护和增进其他社会利益。对于社会责任的内容,本条考虑到"守门人"作为提供重要互联网平台服务、用户数量巨大、业务类型复杂的个人信息处理者,对于培植数字经济信任度具有较大影响,因而主要从外部社会监督的视角,要求"守门人"定期发布个人信息保护社会责任报告,接受社会监督。

【参考条文】

一、国内立法

1.《中华人民共和国网络安全法》

第九条 网络运营者开展经营和服务活动,必须遵守法律、行政法规,尊重社会公德,遵守商业道德,诚实信用,履行网络安全保护义务,接受政府和社会的监督,承担社会责任。

二、比较法

1. 欧盟《数字市场法案(草案)》

第3条 守门人的界定

1. 在下列情况下,核心平台服务提供者应被界定为守门人:

(a)其对内部市场有重大影响;

(b)其运营一项核心平台服务,构成商业用户接触终端用户的重要门户;

(c)其在运营中已经具有或者可预期具有稳固和持久的地位;

2. 核心平台服务提供者应推定满足:

(a)第1款(a)项的要求,即该服务提供者所属企业前三个财政年度内在欧洲经济区的年均营业额达到或超过65亿欧元,或者该服务提供者所属企业的平均市值或者等值市场公允价值在过去一个财政年度内达到650亿欧元,并且至少在三个成员国提供核心平台服务;

(b)第1款(b)项的要求,其所提供的核心平台服务在欧盟境内有4500万月活跃终端用户,并且在前一个财政年度在欧盟境内有10000家活跃商业用户;

考虑本条第1款的目的,月活跃终端用户应指前一财政年度中大部分时间中月活跃终端用户的平均数;

(c)前三个财政年度中每一个财政年度均达到(b)项中的标准则视为满足第1款(c)项的要求。

3. 当核心平台服务提供者达到第2款所述的全部要求,应在达到后三个月内通知委员会,并提交第2款所列的相关信息。该等通知应包括每一达到第二款(b)项要求的核心平台服务者的相关信息。其他核心平台服务达到第

2 款(b)款的要求时,应当对通知进行更新。

相关核心平台服务提供者如未能根据本款规定通知所要求的信息,不妨碍委员会在任何时间根据第 4 款的规定将该等服务提供者认定为守门人。

4. 委员会不得无故延迟,最迟在收到第 3 款所要求的完整信息后 60 日内,认定达到第 2 款要求的核心平台服务提供者为守门人,除非该等提供者能够提出充分理由,证明考虑到第 6 款所列因素,该提供者不符合第 1 款的要求。

守门人提供充分理由证明其不符合第 1 款的要求,委员会应根据第 6 款评估其是否达到第 1 款规定的标准。

5. 委员会有权根据第 37 条采取所授权的行为以指明确定是否达到第 2 款所规定的定量标准的方法,并在必要时根据市场和技术的发展定期调整,特别是第 2 款(a)项的标准。

6. 委员会可根据第 15 条规定的程序将达到第 1 款要求,但未能满足第 2 款各项具体标准,或者已经根据第 4 款提供充分理由的核心平台服务提供者认定为守门人。

为此目的,委员会应考虑下列因素:

(a)规模,包括核心平台服务提供者的营业额和市值、运营以及地位;

(b)业务用户数,取决于核心平台服务触达终端用户和终端用户的数量;

(c)源于网络效应的准入障碍和数据驱动优势,特别是提供者访问和收集个人、非个人数据或者分析的能力;

(d)提供者所受益的包括数据相关的规模和范围的效果;

(e)商业用户和终端用户的锁定效用;

(f)其他结构市场特征。

在进行评估时,委员会应考虑到这些因素可预期的发展。

当满足了第 2 款定量要求的核心平台服务提供者严重不遵守委员会下令采取的调查措施,且提供者在被要求在合理时间内遵守该等措施和提供意见后仍未能遵守,委员会有权该等提供者认定为守门人。

7. 对根据第 6 款或者第 4 款被认定为守门人,委员会应确定其所属的相关企业,并列出改动企业提供的如第 1 款(b)项所述可单独作为商业用户接触终端用户重要门户的相关核心平台服务。

8. 守门人应在一项核心平台服务被列入本条第 7 款清单后 6 个月内遵

守第 5 条、第 6 条规定的义务。

第五十九条（个人信息处理受托人的法定义务）

第五十九条　接受委托处理个人信息的受托人，应当依照本法和有关法律、行政法规的规定，采取必要措施保障所处理的个人信息的安全，并协助个人信息处理者履行本法规定的义务。

【本条主旨】

本条是关于委托处理个人信息中受托人应尽的义务的规定。

【条文详解】

一、个人信息处理受托人的地位、义务与责任

本法将"个人信息处理者"与"个人信息处理受托人"作为履行个人信息保护义务的两大主体，前者系在个人信息处理活动中自主决定处理目的、处理方式的组织、个人；后者系接受个人信息处理者的委托，按照委托处理的目的、期限、处理方式等约定处理个人信息的组织、个人。尽管个人信息处理者的义务与责任在本法中居于中心地位，但个人信息处理受托人毕竟对个人信息进行了存储、使用、加工和传输等处理，同样有可能侵害个人信息权益，引发个人信息处理风险，为此，其亦应负有如下义务：（1）委托合同下各项义务，包括遵循处理者的指导和指示、接受处理者的监督以及在合同不生效、无效、被撤销、终止时返还或删除个人信息等义务，这主要体现在本法第 21 条中；（2）个人信息安全保障义务；（3）针对个人信息处理者履行本法义务的协助义务。若个人信息处理受托者不履行上述义务，则承担如下责任：（1）委托合同下的违约责任，在超出约定的处理目的、处理方式等处理个人信息的情形下，个人信息处理受托者将转化为个人信息处理者，并承担相应责任；（2）本法第七章"法律责任"中第 66 条、第 67 条、第 71 条规定的没收违法所得、罚款、停业整顿、吊销业务许可或吊销营业执照等行政责任，记录信用档案并公示的责任，以及可能的刑事责任。

二、受托人的个人信息安全保障义务

受托人的个人信息安全保障义务包括但不限于下述内容：

第一,本法第 51 条规定的一般性合规义务,受托人应当根据个人信息的处理目的、处理方式、个人信息的种类以及对个人权益的影响、可能存在的安全风险等,采取相应措施确保个人信息处理活动符合法律、行政法规的规定,并防止未经授权的访问以及个人信息泄露、篡改、丢失。

第二,本法第 52 条规定的个人信息保护负责人设立义务,处理个人信息达到国家网信部门规定数量的受托人应当指定个人信息保护负责人,负责对个人信息处理活动以及采取的保护措施等进行监督。但是,由于受托人一般不对公众提供服务,其一般不需要公开个人信息保护负责人的联系方式。

第三,本法第 54 条规定的个人信息合规审计义务,以保障第 51 条中个人信息合规体系的执行。

第四,其他法律、行政法规下对数据安全和信息安全的规定。例如,《数据安全法》第 40 条规定,国家机关委托他人建设、维护电子政务系统,存储、加工政务数据的,受托方应当不得擅自留存、使用、泄露或者向他人提供政务数据。《网络安全法》第 10 条、第 42 条规定,建设、运营网络或者通过网络提供服务的网络运营者,应当依照法律、行政法规的规定和国家标准的强制性要求,采取技术措施和其他必要措施,保障网络安全、稳定运行,有效应对网络安全事件,防范网络违法犯罪活动,维护网络数据的完整性、保密性和可用性,防止信息泄露、毁损、丢失。

三、受托人的协助义务

为协助个人信息处理者履行本法规定的义务,受托人义务包括但不限于:

第一,保存个人信息处理活动的记录,以证明处理活动的合规。GDPR 第 30 条第 2 款规定,处理者应保留代表控制者执行的所有类别数据处理活动的记录,包括:(a)处理者及其代表、控制者及其代表以及数据保护官员的名称和详细联系信息;(b)代表每位控制者执行的数据处理类别;(c)若适用,个人资料至第三国或国际组织的转移,包括第三国或国际组织的身份;(d)若可行,对相关技术和组织安全措施的一般描述。

第二,个人信息泄露的通知义务。根据本章第 57 条,在受托人发生或者可能发生个人信息泄露、篡改、丢失时,应当没有拖延地通知数据处理者。

第三,协助个人信息权利的实现。受托人应当采取可行的、必要的技术和组织措施协助个人信息处理者,以满足第四章中个人对个人信息处理者主张的个人信息查阅权、复制权、转移权、删除权等权利。

第四,协助个人信息处理者履行合规审计。受托人应当提供与个人信息处理有关的记录、资料,以协助个人信息处理者完成合规审计。同时,若受托人认为个人信息处理者的指示违反法律、行政法规的规定,则应立即通知个人信息处理者。

【参考条文】

一、国内立法

1.《中华人民共和国数据安全法》

第四十条　国家机关委托他人建设、维护电子政务系统,存储、加工政务数据,应当经过严格的批准程序,并应当监督受托方履行相应的数据安全保护义务。受托方应当依照法律、法规的规定和合同约定履行数据安全保护义务,不得擅自留存、使用、泄露或者向他人提供政务数据。

二、比较法

1. 欧盟《通用数据保护条例》

"序言"部分第 81 条

为了确保处理者代控制者进行的数据处理符合本条例的要求,当委托处理者开展数据处理活动时,控制者只可任用能够在各方面,尤其是在专业知识、可靠性和资源方面,提供充分保证的处理者,由其采取符合本条例要求的技术和组织措施,包括保障数据处理安全性的措施。处理者遵守经核准的行为准则或认证机制规定,可作为证明其遵从控制者义务的元素。处理者应依照合同规定或欧盟或成员国法律下的其他法案进行数据处理,此等合同或法案须责成处理者按照控制者的要求行事,规定数据处理的标的事项和时长、数据处理的性质和目的、个人资料的类型与数据主体的类别,并考虑到处理者在数据处理过程中的具体任何和责任,以及给数据主体的权利与自由带来的风险。控制者与处理者可选择采用独立的合同或由欧委会或监督机构在一致性机制基础上直接采纳的以及之后被欧委会采纳的标准合同条款。代表控制者完成数据处理之后,处理者应按照控制者的选择返还或删除个人资料,但处理者须遵守的欧盟或成员国法律要求将个人数据妥善保存的,则另作别论。

第 28 条　处理者

1. 若控制者进行数据处理,则控制者仅可使用提供足够保证的处理者,以保证相应技术和组织措施的实行方式可以确保此数据处理满足本条例的要求,并确保数据主体的权利得到保护。

2. 若控制者未事先给出一般或具体书面授权,则处理者不应聘请其他处理者。若为一般书面授权,处理者应通知控制者有关增加或更换其他处理者的任何预定更改,从而给予控制者反对此更改的机会。

3. 处理者的数据处理应受到欧盟或成员国法律项下合同或其他法律行为的管辖,使控制者约束处理者,规定主题事宜和数据处理时限、数据处理的性质和目的、个人资料的类型和数据主体的类别以及控制者的义务与权利。合同或其他法律行为应规定以下内容,尤其是针对处理者:

(a)除非管辖处理者的欧盟或成员国法律要求,否则仅根据控制者提供的文件指导处理个人资料,包括将个人资料转移至第三国或国际组织;若管辖处理者的欧盟或成员国法律要求,则处理者应在数据处理前通知控制者此法律要求,但因重要公共利益原因而导致法律禁止通知的情况除外。

(b)确保获得个人资料处理授权的人承诺保密,或须遵守相应的法定保密义务;

(c)采取第 32 条要求的所有措施;

(d)遵守第 2、4 段中聘请其他处理者的条件要求;

(e)考虑数据处理的性质后,如有可能,通过相应的技术和组织措施协助控制者,履行控制者的义务,满足第三章数据主体行使权利的要求。

(f)考虑数据处理的性质和处理者可以获得的信息,协助控制者,确保其履行第 32—36 条项下义务。

(g)依照控制者的选择,删除所有个人资料,或在与数据处理相关的服务结束后将其返回至控制者,并删除现有复件,除非欧盟或成员国法律要求储存此私人数据;

(h)向控制者提供所有证明履行本条款项下义务的信息,并允许控制者或控制者任命的其他审计员进行包括检查在内的审计,或为其提供帮助。

就本小段中(h)点而言,若处理者认为控制者的指示违反本条例或欧盟或成员国的数据保护规定,则处理者应立即通知控制者。

4. 若处理者聘请其他处理者代表控制者执行特定数据处理活动,则此其他处理者应按照欧盟或成员国法律项下合约或其他法律行动的要求,履行第3段中所述控制者和处理者之间的合约或其他法律行动中规定数据保护义务,尤其是应提供实行相应技术和组织措施的充足保证,以满足本条例的要求。若此其他处理者未能履行其数据保护义务,则对此其他处理者的义务履行,最初的处理者应向控制者承担全部责任。

5. 若处理者按照第40条所述遵守批准的行为准则或按照第42条所述遵守批准的认证机制,则处理者可以用其证明自己已提供本条款第1、4段所述充足证明。

6. 在不损害控制者和处理者之间个体合约的情况下,本条款第3、4段中所述合约或其他法律行为可能全部或部分地基于本条款第7、8段中所述标准合同条款,包括当这些合约或其他法律行为是授予控制者或处理者的认证的一部分时(根据第42、43条)。

7. 欧盟委员会可能根据第93(2)条中所述检查程序为本条款第3、4段中所述事宜制定标准合同条款。

8. 监督机构可能根据第63条中所述一致性机制为本条款第3、4段中所述事宜制定标准合同条款。

9. 第3、4段中所述合约或其他法律行为应为书面形式,包括电子形式。

10. 在不损害第82、83、84条的情况下,若处理者对数据处理目的和方式的决定违反本条例,则处理者应被视为是此数据处理的控制者。

2. 巴西《通用数据保护法》

第6条第3—5款

3. 除非联邦法律另有规定,否则若个人数据主体同意,处理者与其他人签订包括国家级或市级的合同后,或者国家或市政机关采取相关决定后,处理者有权委托该人处理个人数据(以下称为处理者委托)。根据处理者的委托处理个人数据的人有义务遵守本联邦法律规定的个人数据处理的原则和条例。处理者委托过程中应当确定处理个人数据的人的个人数据处理行为(操作)列表和处理目的,应确定该人有义务在处理个人数据时维护个人数据的保密性并保证个人数据的安全,还应根据本联邦法律第19条明确对保护处理后的个人数据的要求。

4. 受处理者委托处理个人数据的人没有义务获得个人数据主体对其个人数据处理的同意。

5. 如果处理者委托其他人处理个人数据,则处理者将对个人数据主体负责,为该指定人员的行为承担责任。受处理者委托处理个人数据的人将对处理者负责。

3. 印度《个人数据保护法案》

第 10 条

数据受托人应负责遵守本法案中关于其自身或代表其进行的任何处理行为的规定。

第六章 履行个人信息保护职责的部门

　　本法第六章履行个人信息保护职责的部门从第 60 条到第 65 条共计 6 个条文,未分节。本章是关于履行个人信息保护职责的部门及其职责的规定,包括个人信息保护和监督管理体制(第 60 条)、履行个人信息保护职责的部门的监管职责(第 61 条)、国家网信部门统筹协调职责(第 62 条)、个人信息保护监督检查措施(第 63 条)、对个人信息处理者进行约谈或要求合规审计(第 64 条)、违法个人信息处理活动的举报、投诉机制(第 65 条)。

　　本章对履行个人信息保护职责的部门的规定,体现我国个人信息保护法治的中国特色,通过个人信息保护监管机制、监管职责、监督检查措施、举报及投诉机制等规定,保障个人信息保护法治秩序的实现。就个人信息保护监管机制的设置,本法既充分考虑到个人信息保护监管的实际需求,也兼顾我国既往网络法治监管实践传统,在第 60 条明确由国家网信部门负责个人信息保护的统筹协调和监督管理,各行业主管部门负责各自职责范围内的个人信息保护和监督管理工作,延续和突出国家网信部门的统筹协调职能,避免"九龙治水"的弊病,又强调各行业主管部门的监管职责,回应个人信息保护问题在全行业、领域泛在的治理需求。就履行个人信息保护职责的部门的监管职责,本法结合个人信息保护法治实践等,在第 61 条对履行个人信息保护职责的部门的监管职责作出一般性规定,并在第 62 条进一步明确了国家网信部门统筹协调职能的具体内容。就监督检查措施的规定,除明确履行个人信息保护职责的部门的一般性监督检查措施外,本法也基于风险进路,明确授权履行个人信息保护职责的部门针对存在较大风险的个人信息处理活动或个人信息安全事件实施约谈、合规审计等针对性监管措施。另外,本章也对个人信息保护宣传教育以及违法个人信息处理活动的投诉、举报事项作出规定,体现个人信息保护"综合治理"理念。

第六十条（监管部门）

第六十条　国家网信部门负责统筹协调个人信息保护工作和相关监督管理工作。国务院有关部门依照本法和有关法律、行政法规的规定,在各自职责范围内负责个人信息保护和监督管理工作。

县级以上地方人民政府有关部门的个人信息保护和监督管理职责,按照国家有关规定确定。

前两款规定的部门统称为履行个人信息保护职责的部门。

【本条主旨】

本条是关于监管部门的规定。本条有3款,第1款是关于中央监管部门的规定,第2款是关于地方监管部门的规定,第3款是关于监管部门同意称呼(履行个人信息保护职责的部门)的规定。

【核心概念】

履行个人信息保护职责的部门

是指依法负责个人信息保护和监督管理工作的部门,包括统筹协调个人信息保护工作和相关监督管理工作的国家网信部门、依照本法和有关法律、行政法规的规定负有个人信息保护和监督管理职责的国务院有关部门,以及按照国家有关规定负有个人信息保护和监督管理职责的县级以上地方人民政府有关部门。

【条文详解】

国家对于个人信息保护的制度性保障还体现为有效、权威的监管机构的设置,国家有义务通过统一、协作的监管和执法威慑体系,通过"履行个人信息保护职责的部门"推进事前、事中、事后全流程的监管与行政执法机制,有效预防、震慑侵害公民个人信息行为的发生,切实提升公民个人信息保护水平。相较于民事追责和刑事定罪,行政机执法可以及时高效地介入个人信息保护事项。在我国个人信息保护法相关研究和立法建议中,参考欧盟建立统一和独立的监管机构的呼声一度强烈。本法充分考虑个人信息保护监管的实际需求,兼顾我国既往网络法治监管实践传统,构建网信部门统筹协调与各部门共同监督管理的顶层设计。

对于个人信息保护监管模式选择,国际范围内存在专门监管和分散监管两大模式,前者以欧盟为典型,后者以美国为代表。欧盟在《关于个人数据处理中个人数据保护和自由流动的指令》(Directive/95/46/EC)便确认采用专门监管机构模式,体现为成员国构建专门数据保护监管机构、欧盟层面组建第 29 条工作组。2012 年欧盟通过《通用数据保护条例》替代升级 95 指令,延续并深化专门数据保护监管机构的模式:在成员国层面,GDPR 第六章专章就监管机构的独立性作出细化规定,要求成员国监管机构具有独立地位,对监管机构的独立性作出细致说明,同时对监管机构成员的任职条件、监管机构的设立规则、职权、职责等作出明确规定;在欧盟层面,将原有第 29 条工作组升级为数据保护委员会(EDPB),通 过 出 台 指 南(Guidelines)、建 议(Recommendations)、意 见(Opinions)、有拘束力的决定(Binding Decisions)等方式保证整个欧盟数据保护规则的统一理解和适用;另外,GDPR 还新设了"一致性协调机制",对于涉及多个成员国监管机构的情形,各成员国监管机构可以通过一致性机制相互合作、相互协作乃至联合运作,减轻监管机构的监管成本及企业合规成本。简言之,欧盟不论是在成员国层面,还是在欧盟层面,均十分重视个人信息保护监管机构的专门性、独立性、统一性。美国在联邦层面并未建立专门的数据保护机构,而是通过《公平信用报告法》《金融现代化法》《电子通信隐私法》《健康保险流通和责任法》《视频隐私保护法》《家庭教育权和隐私权法》《儿童在线隐私保护法》等多部法律授权金融、电信、健康、教育等各行业分散监管;同时,联邦贸易委员会(FTC)作为反垄断和消费者保护机构,可以《联邦贸易委员会法》中"不公平或欺骗性的商业行为"的监管授权,负责消费者领域内的个人信息保护事项,事实上,联邦贸易委员会在美国具有综合性、跨行业的个人信息保护执法机构的地位,并事实上成为大数据时代回应消费者隐私保护问题最为积极的监管机构。FTC 内部分为消费者保护局、竞争局、经济局,其中广告营销、隐私保护等归入消费者保护局,经济局作为内部专家局,可以为消费局提供立法和执法的相关专家知识。对于科技公司大规模收集使用数据而给消费者隐私保护带来的深远挑战,美国也有智库建议 FTC 内部创设类似于欧盟数据保护机构的数据保护局,强化和深化 FTC 的数据保护职能。

本条对个人信息保护监管机制的设置,既充分考虑到个人信息保护监管的实际需求,也兼顾我国既往网络法治监管实践传统。一方面,本条延续我国网络治理顶层设计方案,授权国家网信部门负责个人信息保护工作的统筹协调和监督管理两方面职责。国家网信部门在我国网络治理方面的综合性、协调性角色定位体现我国网络治理机制的实践经验和创新智慧所在。一直以来,我国在网络治理方面,被诟病"九龙治水",部分存在职责不清、各自为战乃至执法推诿的问题。2014 年 2 月,中央网络安全和信息化领导小组成立,全面统筹涉及经济、政治、文化、社会、军事等各领域内网络安全和信息化重大事项,实现最高决策,以中央网络安全和信息化办公室作为办事机构,国家互联网信息办公室行使具体职权;2014 年 8 月,国务院发出通告,授权重新组建的国家互联网信息办公室负责全国互联网信息内容管理工作,并负责监督管理执法,升级我国网络治理顶层设计;2016 年 11 月 7 日,《网络安全法》以法律形式明确国家网信部门的统筹协调职能。因此,以 2014 年中央网信领导小组的成立为标志,我国网络治理顶层设计迈入新阶段,重新组建后的网信部门在我国网络治理体系中更具主导性、综合性,在原有多部门各负职责的基础上,强化统筹协调能力。本条对国家网信部门对个人信息保护统筹协调和相关监督管理职责的授权实则与网信部门当前的治理角色定位一脉相承。另一方面,随着网络对社会生产生活各行业、领域的融合、渗透,个人信息保护问题已经并非某一行业、领域的单一性问题,而是全行业、领域所面临的共性问题,并呈现出复杂性、多样性和广泛性的需求,因此由各行业主管部门各司其职在各自职责范围内负责个人信息保护和监督管理工作,从监管模式选择的角度考虑,有其合理性和必要性所在,能够更加针对性、更加及时地回应本行业内个人信息保护需求。另外,我国此前对于个人信息监管职责的划分一直处于分散授权的状态,相应的监管职责授权涉及网信、工信、公安、市场监管总局、人民银行、银保监会、邮政等多个部门,若新设专门的个人信息保护监管机构,还需要将此前法律、行政法规已经明确授权的各主管部门个人信息保护相关监管职权加以剥离,统一由新设或新指定的专门监管机构行使,本身也是一个成本巨大的过程,新设监管机构也面临人手、经验、专业性等多方面考验。相比于合并建立单一机构,此种多部门统筹协调合作模式,无需涉及现有监管部门的调整,不影响日常监管执法工作。因此,此前法律、行政法规中对多部门共同负责个人信息保护监管事项的授权,也在一定程度上决定了我国个人信息保护监管职权分散配置的基本定位。

同时,本条在实施过程中还应当着力推进网信部门、各部门之间的合作与协力,确保多部门间个人信息保护监管执法的一致性,避免多部门监管交叉重叠可能出现的问题,而是扬长避短、充分发挥多部门统筹协作监管的优势。网信部门统筹协调、各部门负责各自职责内监管事项的多部门监管机制在《网络安全法》中即已有所体现。《网络安全法》在2017年6月1日正式实施,全国人大常委会在其刚刚实施三个月即启动了执法检查工作,显示网络安全监管"九龙治水"现象仍然存在:在发生信息泄露、滥用用户个人信息等信息安全事件后,用户又经常遇到投诉无门、部门之间推诿扯皮的问题;在遇到网络安全问题后,用户不知该向哪个部门举报和投诉,即使举报了也往往不予处理或者没有结果;参加座谈的多数网络运营单位反映,行政执法过程中存在不同执法部门对同一单位、同一事项重复检查且检查标准不一等问题,不同法律实施主管机关采集的数据还不能实现"互联互通",经常给网络运营商增加额外负担。此后,在网络安全领域,网信部门通过与其他部门开展联合执法工作,如中央网信办、工信部、公安部、市场监管总局联合开展"App违法违规收集使用个人信息专项治理行动",便是典型尝试。可预期的是,在本法实施过程中,必然也会面临不同主管部门之间执法需求、执法重点乃至执法标准不一致的问题,确实需要充分发挥网信部门的统筹协调职责,通过增进多部门之间自愿协作的意愿、加强多部门之间协作的制度约束等方式,促进不同行业、行业监管部门以及中央和地方不同层级监管机构之间的一致性。

最后,考虑到个人信息保护问题属于具有广泛性的民生问题,不仅包括当前互联网等线上业务模式收集使用个人信息,也包括传统线下消费者领域内的个人信息收集使用现象,本条规定履行个人信息保护职责部门包含县级以上地方人民政府有关部门以便更大范围内动员和利用个人信息保护监管执法力量,并且由县级以上地方人民政府有关部门属地监管执法,也有利于个人较为便利的维权。与此同时,对于部分个人信息保护监管事项对履行个人信息保护职责的部门的专业性具有较高要求,本法第66条第2款针对严重违反本法规定处理个人信息或者处理个人信息未履行本法规定的个人信息保护义务的认定与追责,仅省级以上履行个人信息保护职责部门有权处以责令改正,没收违法所得,并处五千万元以下或者上一年度营业额百分之五以下罚款,并可以责令暂停相关业务或者停业整顿、通报有关主管部门吊销相关业务许可或者吊销营业执照;对直接负责的主管人员和其他直接责任人员处十万元以上一百万元以下罚款,并可以决定禁止其在一定期限内担任相关企业的董事、监事、高级管理人员和个人信息保护负责人。该款规定了较为严格的法律责任,参考GDPR中规定实施高额罚款,采用"上一年度营业额"作为罚款计算标准,一旦实施对于个人信息处理者具有极大影响,为确保处罚的权威性和专业性,对于该条款的处罚权限由省级以上履行个人信息保护职责部门实施。

【参考条文】

一、国内立法

1.《中华人民共和国网络安全法》

第8条　国家网信部门负责统筹协调网络安全工作和相关监督管理工作。国务院电信主管部门、公安部门和其他有关机关依照本法和有关法律、行政法规的规定,在各自职责范围内负责网络安全保护和监督管理工作。

县级以上地方人民政府有关部门的网络安全保护和监督管理职责,按照国家有关规定确定。

二、比较法

1. 欧盟《通用数据保护条例》

第51条

1. 为保护与数据处理有关的自然人的基本权利和自由,便于欧盟内个人数据的自由流动,每个成员国应当提供一个或者多个独立的监管机构对本条例的适用情况进行监督。

2. 各监管机构应当致力于欧盟内对本条例一致性适用。为了该目的,监管机构应当相互配合,并根据本条例第七章的规定配合欧盟委员会工作。

3. 当成员国建立了多个监管机构时,成员国应当指定一个监管机构作为数据保护委员会的监管机构代表,应当制定机制保证其他监管机构遵守本条例第63条所述的一致性机制相关准则。

第六十一条（履行个人信息保护职责的
部门应当履行的职责）

第六十一条　履行个人信息保护职责的部门履行下列个人

信息保护职责：

（一）开展个人信息保护宣传教育，指导、监督个人信息处理者开展个人信息保护工作；

（二）接受、处理与个人信息保护有关的投诉、举报；

（三）组织对应用程序等个人信息保护情况进行测评，并公布测评结果；

（四）调查、处理违法个人信息处理活动；

（五）法律、行政法规规定的其他职责。

【本条主旨】

本条是关于履行个人信息保护职责的部门具体职责的规定。

【核心概念】

测评

是指履行个人信息保护职责的部门自行或者委托个人信息保护社会化服务组织，依据本法和其他个人信息保护相关法律法规、国家标准、评估规范性文件等评估标准，遵循科学的评估方法和要求，对应用程序个人信息保护情况进行评估的活动。

【条文详解】

本条是关于履行个人信息保护职责的部门的法定职责的规定。法定职责是行政主体依据法律、行政法规、地方性法规、自治条例和单行条例以及规章的规定或授权进行与其职权范围一致的某些行政管理活动，实现其具体行政管理职能所应承担的法定职业内容和责任义务。党的十八届四中全会通过《中共中央关于全面推进依法治国若干重大问题的决定》，专门提出"权责法定"原则，要求权力的取得、设定、行使方式和基本程序都必须由法律法规加以明确规定，既不能越权，也不能失职，更不能滥用权力。在法治语境中，权责法定既包括"法无授权不可为"和"法定职责必须为"两个方面。履行个人信息保护职责的部门作为行政机关，法律法规赋予的职权，既是权力，也是义务，更是责任。

本条明确履行个人信息保护职责的部门履行如下个人信息保护职责：

一是明确履行个人信息保护职责的部门开展个人信息保护宣传教育,指导、监督个人信息处理者开展个人信息保护工作。个人信息保护宣传教育对于提升全社会个人信息保护水平尤为重要。一方面,个人信息保护宣传教育工作面向个人信息处理者开展,对其进行个人信息保护法律、政策的宣传解读,提升其守法意识,使其知敬畏、守底线,确保个人信息处理行为不逾越法律的红线;另一方面,个人信息保护宣传教育工作也面向民众开展,在全社会范围内进行个人信息保护知识、技能、法规、政策等宣传教育,提升民众保护自身个人信息的意识和能力。如自 2014 年开始,中央网信办会同其他部门联合主办"国家网络安全宣传周",通过公益短信、公益短片、公众体验展、知识竞赛等各种方式向社会宣传网络安全知识。2019 年开始,"国家网络安全宣传周"设立个人信息保护专题论坛、展览等,向广大网民宣传个人信息保护知识。指导、监督个人信息处理者开展个人信息保护工作表现为履行个人信息保护职责的部门与个人信息处理者之间互动的两种方式:前者以劝告、指引、鼓励等非强制性方式引导个人信息处理者合法合规开展个人信息保护工作,后者以行政权的强制性方式迫使个人信息处理者履行个人信息保护法定义务。相较于其他行政行为,履行个人信息保护职责的部门指导个人信息处理者开展个人信息保护工作,更具灵活性,如以试点先行、示范引领的思路,引导个人信息处理者参与试点示范项目,探索形成可复制、可推广的个人信息保护优秀经验等。

二是明确履行个人信息保护职责的部门接受、处理与个人信息保护有关的投诉、举报。投诉、举报是履行个人信息保护职责的部门发现违法个人信息处理活动的重要线索来源,也是在个人与个人信息处理者之间发生争议的具体解决途径之一。履行个人信息保护职责的部门应当公布接受投诉、举报的联系方式,接受、处理与个人信息保护有关的投诉、举报,并将处理结果告知投诉、举报人,否则构成行政不作为。目前,我国并未建立统一的个人信息保护投诉、举报方式,而是由各履行个人信息保护职责的部门分别承担着受理、处理投诉、举报的职责。全国人大在就《网络安全法》的执法检查工作中发现,在发生信息泄露、滥用用户个人信息等信息安全事件后,还存在着用户投诉无门、用户不知该向哪个部门举报和投诉、甚至举报了也往往不予处理或者没有结果等问题。结合本法第 62 条、65 条相关内容来看,本法高度重视发挥投诉、举报工作机制的作用:第 62 条第 5 项明确国家网信部门统筹协调各部门推进完善个人信息保护投诉、举报工作机制;第 65 条明确履行个人信息保护职责的部门负有公布接受投诉、举报联系方式的信息公开义务,以及及时处理投诉、举报并告知投诉、举报人处理结果的义务。另外,需要注意的是,投诉和举报存在着一定差别,通常投诉具有自益性,也即投诉主体是自身利益受到了违法个人信息处理行为侵害,进而向履行个人信息保护职责的部门进行投诉,要求查处违法行为,维护自身利益;举报则没有主体的限定,任何公民、法人、其他组织发现存在违法个人信息处理活动的,均可向履行个人信息保护职责的部门进行举报,行使监督权,并不要求举报人受到违法个人信息处理活动的具体侵害。实践中,在个人信息保护领域内,个人信息处理者的竞争对手、个人信息保护组织、个人信息保护社会化服务机构等,均可向履行个人信息保护职责的部门举报违法个人信息处理活动。

三是组织对应用程序等个人信息保护情况进行测评,并公布测评结果。当前,移动互联网应用程序得到广泛应用,在促进经济社会发展、服务民生等方面发挥了不可替代的作用。同时,应用程序强制授权、过度索权、超范围收集个人信息的现象大量存在,也是个人信息权益保护的重灾区,鉴于此种情势,中央网信办、工信部、公安部、市场监管总局四部门在 2019 年开始,开展 App 违法违规收集使用个人信息专项治理行动,专项治理行动便主要通过组织相关专业机构,对用户数量大、与民众生活密切相关的 App 隐私政策和个人信息收集使用情况进行评估。本条的规定是将通过测评方式确认应用程序类个人信息处理者的合法合规性予以法定化,可以认为是对专项行动中有益经验的立法确认。从现有实践来看,履行个人信息保护职责的部门通过测评,可以详细了解应用程序收集使用用户个人信息情况;公布测评结果不仅会给应用程序运营者带来较大的舆论压力,从而敦促应用程序运营者依法处理、保护用户个人信息,而且能够借助应用商店下架等方式避免更多民众使用问题应用程序。

四是调查、处理违法个人信息处理活动。调查、处理违法个人信息处理活动,是履行个人保护职责的部门履行监督管理职责的重要方式。其中,行政调查是行政主体为了实现一定的行政目的,依其职权向行政相对人收集有关信息的活动。本法第 63 条规定了履行个人信息保护职责的部门在履行个人信息保护职责时,能够采取询问有关当事人、查阅或复制当事人与个人信息处理活动有关的资料、实施现场检查、检查与个人信息处理活动相关的设备或物品多项调查措施。行政处理是指行政主体为了实现相应法律、法规和规章所确定的行政管理目标和任务,而依行政相对人申请或依职权处理涉及特定行政相对人某种权利义务事项的具体行政行为,本法在法律责任章节规定了履行个人信息保护职责的部门确认个人信息处理者存在违反本法规定处理个人信息行为的,可以处理责令改正、警告、没收违法所得、责令暂停或者终止服务、罚款等多项行政处罚措施。

五是法律、行政法规规定的其他职责。本条是对履行个人信息保护职责的部门其他法定职责的引致性规定。我国自 2012 年《全国人大常委会关于加强网络信息保护的决定》开始,便以分散立法的方式逐步推进个人信息的法律保护,有关个人信息保护职责的规定也分散在《网络安全法》《治安管理处罚法》等法律、行政法规之中,本项通过引致性条款的方式对其他法律、行政法规中对履行个人信息保护职责的部门的职责授权予以确认。应当注意的是,本法仅认可法律、行政法规中对履行个人信息保护职责的部门的职责授权,而不包括部门规章、部门规范性文件,从而避免就个人信息保护事项出现部门立法倾向。另外,通过引致性条款的方式,也使得履行个人信息保护职责的部门的职责授权保持一定的开放性,为未来通过其他法律、行政法规作出职责授权留有制度接口。

【参考条文】

一、比较法

1. 欧盟《通用数据保护条例》

第 57 条　职责

1. 在不影响本条例规定的其他任务的情形下,各监管机构应当在其领域范围内:

(a)监督并执行本条例的适用;

(b)促进公众对与数据处理有关的风险、规则、保障和权利的认识和理解,特别是与儿童相关的活动;

(c)根据成员国的法律规定,就与数据处理相关的自然人的权利和自由采取立法和行政措施,向国家议会、政府和其他机构和团体提供建议;

(d)促进数据控制者和处理者理解本条例规定的义务;

（e）应数据主体请求，向数据主体提供与本条例规定的权利行使相关的信息，以及在适当的情况下，就此与其他成员国监管机构合作；

（f）根据本条例第80条的规定，处理由数据主体、机构、组织或者协会提交的申诉，并在适当的范围内调查或者与其他监管机构协调；

（g）与其他监管机构就确保本条例的适用和执行的异质性开展合作，如共享信息和提供互助；

（h）就本条例的适用进行调查，包括根据从其他监管机构或工农机构接收到的信息进行调查；

（i）监督可能影响个人信息保护的相关发展，尤其是信息通信技术与商业实践的发展；

（j）采用本条例第28条和第46条第2款（d）所述的标准合同条款；

（k）根据本条例第35条第4款所述的数据保护影响评估要求制定并更新相关清单；

（l）对本条例第36条第2款所述的处理操作提供建议；

（m）根据本条例第40条第1款的规定推进制定行为准则，并根据本条例第40条第5款规定就提供充分保障措施的行为准则提出具意见并批准该行为准则；

（n）鼓励建立数据保护认证机制以及根据本条例第42条第1款的规定设置数据保护印章和标识，并根据本条例第42条第5款的规定批准认证标准；

（o）在适当的情况下，根据本条例第42条第7款的规定对发布的认证进行定期审查；

（p）制定和公布根据本条例第41条的规定对监督行为准则的有关机构的资格认定，并根据本条例第43条规定的认证机构的资格认定；

（q）根据本条例第41条规定对监督行为准则的有关机构的资格进行认定，并对根据本条例第43条规定的认证机构的资格进行认定；

（r）批准本条例第46条第3款所述的合同条款；

（s）根据本条例第47条批准有拘束力的公司规则；

（t）对欧洲数据保护委员会的活动提供帮助；

（u）对违反本条例的情形，以及根据本条例第58条第2款规定采取的措施进行内部记录；

（v）完成与个人数据保护有关的其他任务。

第六十二条（国家网信部门的统筹协调）

第六十二条　国家网信部门统筹协调有关部门依据本法推进下列个人信息保护工作：

（一）制定个人信息保护具体规则、标准；

（二）针对小型个人信息处理者、处理敏感个人信息以及人脸识别、人工智能等新技术、新应用，制定专门的个人信息保护规则、标准；

（三）支持研究开发和推广应用安全、方便的电子身份认证技术，推进网络身份认证公共服务建设；

（四）推进个人信息保护社会化服务体系建设，支持有关机构开展个人信息保护评估、认证服务；

（五）完善个人信息保护投诉、举报工作机制。

【本条主旨】

本条是关于国家网信部门统筹协调职能的具体内容的规定。

【核心概念】

电子身份认证技术

是指用于公民身份认证的数字技术。根据认证凭证的不同，电子身份认证可以分为法定信任基础级、第三方作证级及业务凭证级三级认证生态体系：法定信任基础级使用国家有权机关签发、具有法定效力的身份证等真实身份证件信息形成的身份凭证；第三方作证级使用根据相关法规和行政许可设立的、由第三方签发、面向行业系统应用、可作为司法采证的电子签名证书等身份凭证；业务凭证级则是使用各业务系统签发、面向自身系统及其关联系统应用、作为业务凭证的身份凭证。

【条文详解】

本条第（1）项和第（2）项明确国家网信部门统筹协调有关部门制定行政

规范,既包括第(1)项中制定执行性的个人信息保护具体规则、标准的规定,也包括第(2)项中针对小型个人信息处理者等制定个人信息保护规则、标准的规定,从而在个人信息保护规则、标准等抽象行政行为层面实现统筹协调。行政规范是指行政机关依其法定职权和程序,制定和发布的、具有普遍拘束力的行为规范。从行为规范的具体内容看,包括行政立法和行政规定两种类型,前者是指国务院及其他特定的行政机关根据法定权限并按法定程序制定和发布行政法规和规章的活动,后者是指行政主体在执行行政法律规范,进行行政管理活动时,在法定权限范围内制定的除行政法规、规章以外的具有普遍拘束力的决定、命令及行政措施的行政活动。传统法治理论认为,为确保立法符合公共利益,立法职权只能由代表民意的立法机关行使,行政机关并非民意代表机关,仅可负责执行立法而不得制定规则。但现代社会治理日益复杂,面对日益繁重的立法任务,立法机关没有足够的人员、时间等事无巨细作出详细规定。在许多情况下,法律层面仅能作出原则性、概括性的规定,而由行政机关作出更为具体、更具可操作性的规则;同时,在人类进入风险社会的背景下,法律的滞后性凸显,面对社会管理过程中的不确定性,立法者难以在立法之时加以准确预测并事先作出规范,由行政机关后续制定普遍性行为规则,更具灵活性。相较于一般性地认可履行个人信息保护职能的部门能够通过制定行政规范的方式执行和实施本法,本条意在指出国家网信部门对于个人信息保护规则、标准方面的制定方面同样具有统筹协调职能,以便在行政规范层面实现个人信息保护规则、标准的一致性,避免部门利益法制化。事实上,在我国现有的实践中,网信部门已经在发挥统筹协调有关部门制定个人信息保护规则、标准的角色,如《App违法违规收集使用个人信息行为认定方法》,便以会同工业和信息化办公厅、公安部办公厅、市场监管总局办公厅的形式联合发布,从而统一各监督管理部门认定App违法违规收集使用行为的认定标准。可预期的是,未来我国个人信息保护相关规则、标准的制定也将更多地呈现为国家网信部门会同其他部门联合发布的形式,实现联合决策,并且多部门联合制定的行政规范优先于同层级的一个部门单独作出的规定。另外,除了联合发文的显性方式外,本条规定也会在事实上影响其他履行个人信息保护职能的部门,在自身制定个人信息保护规则、标准时,也会在行政规范制定过程中,事先征求国家网信部门的意见等隐性方式,事实上达到一定程度上联合决策的效果,确保规则、标准在各部门之间的一致性,增进监管协力。值得注意的是,本条第（2）项指出的小型个人信息处理者、处理敏感个人信息以及人脸识别、人工智能等新技术、新应用，具有规范的必要性但规范方案尚不成熟，为不影响本法的整体立法进程，因而明确由国家网信部门制定前述各领域个人信息保护规则、标准，也具有一定的授权性色彩。

本条第（3）项明确支持研究开发和推广应用安全、方便的电子身份认证技术，推进网络身份认证公共服务建设。网络身份是指可以在网络空间中识别参与网络活动各主体身份的标识，主要用于实现网络空间中身份认证、授权管理和责任认定等活动。网络身份可信对于营造、维系可信、安全的网络环境、促进网络健康发展具有重要战略意义。解决网络空间本身的虚拟性和参与网络活动行为主体的匿名性这一问题的关键就是要确认网络行为主体的身份，在保证身份可信的前提下进行各种网络活动，而网民直接使用真实身份信息验证或认证身份，又使得公民个人信息存在泄露风险。基于此，各国大力推进网络可信身份体系建设，如美国在 2011 年发布网络空间可信身份国家战略，欧盟也提出覆盖欧盟的身份管理体系。我国在此前《网络安全法》中便明确将网络可信身份建设提升到战略高度，并明确支持研究开发安全、方便的电子身份认证技术，推动不同电子身份之间的互认，以推动建立网络可信身份技术方案和规划实施。广义上来说，根据认证凭证的不同，电子身份认证可以分为法定信任基础级、第三方作证级及业务凭证级三级认证生态体系：法定信任基础级使用国家有权机关签发、具有法定效力的身份证等真实身份证件信息形成的身份凭证；第三方作证级使用根据相关法规和行政许可设立的、由第三方签发、面向行业系统应用、可作为司法采证的电子签名证书等身份凭证；业务凭证级则是使用各业务系统签发、面向自身系统及其关联系统应用、作为业务凭证的身份凭证。其中，法定信任基础级电子身份认证尤为重要，目前我国主要包括公安部第一研究所推进的居民身份网络可信凭证（简称"网证"或"CTID"）和公安部第三研究所推进的公民网络电子身份标识（简称 eID），二者均与公民真实法定身份相关，推进网络身份认证公共服务建设。

本条第（4）项明确推进个人信息保护社会化服务体系建设，支持有关机构开展个人信息保护评估、认证服务。在现代社会分工日益扩大化、专业化的背景下，单一主体碍于知识、技能、信息等原因，无法独立完成诸多专业性事项，有必要依托于社会化服务体系建设，由具有专业服务能力的企业、机构等提供专业性服务。我国在《网络安全法》等法律中也明确推进相关社会化服务体系建设,鼓励有关企业、机构开展认证、检测和风险评估等服务。个人信息保护同样离不开社会化服务的参与,社会化服务机构是参与和推进个人信息保护工作的重要力量,对提高我国个人信息保护整体水平能够发挥积极作用。个人信息保护评估、认证服务是按照相关标准和操作规程所进行的合格评定程序,是我国标准化法确立的重要制度,也是国际通行做法。在我国个人信息保护实践中,评估、认证服务发挥着越来越重要的作用。如中央网信办、工信部、公安部、市场监管总局连续两年开展 App 违法违规收集使用个人信息专项治理行动,专项工作的主要内容便是委托专业评估机构开展 App 隐私政策和个人信息收集使用情况,评估机构根据评估依据,通过文本核查、试用验证、技术测试等方式深入开展评估,同时出具评估报告,中央网信办等四部门结合评估报告中 App 出现的违法违规问题的严重程度、整改情况等,向社会公开相关评估结果,扎实 App 监管工作。除了监管部门自上而下引入第三方评估机制,评估机构也可以独立面向社会提供评估服务。同时,个人信息相关认证服务也在我国逐步推进,2019 年 3 月市场监管总局、中央网信办发布公告,决定开展 App 安全认证工作,鼓励 App 运营者自愿通过 App 安全认证,并鼓励搜索引擎、应用商店等明确标识并优先推荐通过认证的 App,目前该项认证工作已经有首批 18 款 App 通过认证,获颁"移动互联网应用程序(App)安全认证"。

本条第(5)项明确国家网信部门统筹协调各部门推进完善个人信息保护投诉、举报工作机制。一直以来,国家对公众参与个人信息保护工作具有深刻的认识,通过开设电话举报热线、举报网站、举报信箱等鼓励公众积极参与。人民群众离个人信息处理者最近,并且也是违法违规个人信息处理行为的直接受害者,因而也是个人信息保护最为可靠的力量来源。通过构建投诉、举报工作机制可以拓展公众参与个人信息保护治理的渠道,为监管部门发现和打击个人信息保护相关违规行为提供帮助,有效改善监管力量不足的问题,从而有助于构建社会共治的个人信息保护监管工作格局。比如,面对 400 余万款海量 App 治理,中央网信办、工信部、公安部、市场监管总局在联合开展 App 违法违规收集使用个人信息专项治理行动时,便专门设立了微信公众号"App 个人信息举报"等投诉举报渠道,便利广大网民提供 App 违法违规收集使用个人信息行为的相关线索,并通过对举报线索的梳理、核实,将问题反映集中、用户数量大、与民众生活密切相关的 App,纳入评估范围,从举报情况来看,广大网民已经成为个人信息违法违规行为线索发现的主力军。目前,我国尚未建立专门的个人信息保护投诉、举报渠道,全国人大在就《网络安全法》的执法检查工作中发现,在发生信息泄露、滥用用户个人信息等信息安全事件后,还存在着用户投诉无门、用户不知该向哪个部门举报和投诉、甚至举报了也往往不予处理或者没有结果等问题。本条明确网信部门统筹协调各部门推进个人信息保护投诉、举报工作机制,未来我国应当进一步顺畅投诉、举报工作机制,加大投诉、举报制度的宣传力度,确保人民群众知道用、敢于用、能够用投诉举报机制,参与个人信息保护工作。

【参考条文】

一、国内立法

1.《中华人民共和国网络安全法》

第十七条　国家推进网络安全社会化服务体系建设,鼓励有关企业、机构开展网络安全认证、检测和风险评估等安全服务。

第二十四条　网络运营者为用户办理网络接入、域名注册服务,办理固定电话、移动电话等入网手续,或者为用户提供信息发布、即时通讯等服务,在与用户签订协议或者确认提供服务时,应当要求用户提供真实身份信息。用户不提供真实身份信息的,网络运营者不得为其提供相关服务。

国家实施网络可信身份战略,支持研究开发安全、方便的电子身份认证技术,推动不同电子身份认证之间的互认。

2.《中华人民共和国数据安全法》

第十二条　任何个人、组织都有权对违反本法规定的行为向有关主管部门投诉、举报。收到投诉、举报的部门应当及时依法处理。

有关主管部门应当对投诉、举报人的相关信息予以保密,保护投诉、举报人的合法权益。

第六十三条（履行个人信息保护职责部门的具体措施）

第六十三条　履行个人信息保护职责的部门履行个人信息保护职责,可以采取下列措施:

（一）询问有关当事人,调查与个人信息处理活动有关的情况;

（二）查阅、复制当事人与个人信息处理活动有关的合同、记录、账簿以及其他有关资料；

（三）实施现场检查,对涉嫌违法的个人信息处理活动进行调查；

（四）检查与个人信息处理活动有关的设备、物品；对有证据证明是用于违法个人信息处理活动的设备、物品,向本部门主要负责人书面报告并经批准,可以查封或者扣押。

履行个人信息保护职责的部门依法履行职责,当事人应当予以协助、配合,不得拒绝、阻挠。

【本条主旨】

本条是关于履行个人信息保护职责的部门履行个人信息保护职责的措施和相关当事人义务的规定。本条有两款,第 1 款是关于履行个人信息保护职责的部门履行个人信息保护职责各种具体措施的规定;第 2 款是关于相关当事人协助、配合义务以及不得拒绝和阻扰的规定。

【核心概念】

现场检查

是指履行个人信息保护职责的部门派检查人员进入违法个人信息处理活动相关的个人信息处理者、受托处理者等所在的场地,通过听取汇报、查验有关资料等方式进行实地检查。

查封

是指履行个人信息保护职责的部门以张贴封条或其他必要措施,将有证据证明用于违法个人信息处理活动的设备、物品封存起来,未经查封部门许可,任何单位和个人不得启封、动用。

扣押

是指履行个人信息保护职责的部门将上述设备、物品等运到另外的场所予以扣留。

【条文详解】

本条第 1 款规定了履行个人信息保护工作职责的部门履行各自个人信息保护监督管理职责,对个人信息处理者个人信息处理活动进行监督检查时可以采取的监督检查措施。根据本法第 60 条的规定,县级以上人民政府履行个人信息保护职责的部门均有权采取本条第 1 款规定的各项监督检查措施,但各自履行监督管理职责的对象却有所不同,如电信产业主管部门主要针对电信、互联网行业内的个人信息处理者开展监督检查。从功能和性质上划分,本条第 1 款中所规定的监督检查措施可以分为行政检查措施和行政强制措施两类。"询问当事人""查阅、复制当事人与个人信息处理活动有关的合同、记录、账簿以及其他有关资料""实施现场检查""检查与个人信息处理活动有关的设备、物品"属于行政检查措施,是履行个人信息保护职责的部门处理违法个人信息处理活动,为了查处违法行为,或者为了收集和保全证据,在调查中所采取的行政措施。"对有证据证明是用于违法个人信息处理活动的设备、物品,向本部门主要负责人书面报告并经批准,可以查封或者扣押"属于行政强制措施,是履行个人信息保护职责的部门处理违法个人信息处理活动时,为制止违法行为、防止证据毁损、避免危害发生、控制危害扩大等情形下,依法对个人信息处理活动有关的设备、物品进行暂时性控制。本条规定一方面是对履行个人信息保护职责的部门行使检查权和强制权的确认和保障,使其能够依法积极防止和查处违法个人信息处理行为,保护公众的个人信息权益及其他人身财产安全以及社会公共利益等;另一方面也是对履行个人信息保护职责的部门行使检查权和强制权的规范和制约,避免行政检查措施、行政强制措施的滥用对个人信息处理者等主体的合法权益造成侵害。

根据本条第 1 款规定,履行个人信息保护职责的部门可以采取的具体措施包括以下四项:

一是询问有关当事人。即询问与被调查事件有关的单位和个人,要求其对与被调查事件有关的事项作出说明。履行个人信息保护职责的部门要了解事件的事实真相,需要从各个角度进行调查,其中包括询问当事人,要求其对与被调查事件有关的事项作出说明,然后去伪存真,真正做到处理决定以事实为依据。

二是查阅、复制有关资料。与个人信息处理活动相关的合同、记录、账簿以及其他有关资料(包括纸质资料和电子资料)具有很高的证明价值,查阅、复制前述资料是保证县级以上履行个人信息保护职责的部门依法履行个人信息保护监督检查职责,查清违法事实,获取书证的重要手段,通过查阅、复制有关资料,可以掌握是否存在违法个人信息处理活动,其行为性质、情节轻重、危害后果如何,从而为履行个人信息保护职责的部门作出处罚决定提供依据。

就个人信息处理活动而言,需要查阅、复制的资料包括但不限于:其一,个人信息处理活动合法性依据的证明材料,如基于个人同意进行的个人信息处理活动,应查阅、复制本法第17条规定的在处理个人信息前向个人信息主体履行告知义务、个人同意个人信息处理活动等的证明资料,如为订立、履行个人作为一方当事人的合同所必需进行个人信息处理,应查阅、复制相关合同;其二,委托他人进行个人信息处理、与其他个人信息处理者共同处理个人信息、与境外接收方签订的标准合同等相关合同情况;其三,个人向个人信息处理者行使其在个人信息处理活动中各项权利的记录、个人信息处理行为的操作日志记录;其四,个人信息处理者内部管理制度和操作规程、个人信息保护影响评估记录、合规审计记录等。执行该项措施的履行个人信息保护职责的部门不得滥用该项权力,查阅、复制的资料范围限于与个人信息处理活动有关的资料,不得扩大查阅、复制与个人信息保护监督检查无关的信息,并且应当依法对在履行职责中获取的资料加以保密。被检查的单位或个人必须如实提供,不得拒绝、转移、销毁有关资料,不得提供虚假的资料。

三是现场检查。履行个人信息保护职责的部门可以派检查人员进入违法个人信息处理活动相关的个人信息处理者、受托处理者等所在的场地,通过听取汇报、查验有关资料等方式进行实地检查。具体来说,可以对个人信息处理活动的合规性,如贯彻落实本法及其他个人信息保护法律、法规以及各项规定的情况进行检查,对前述主体个人信息处理活动的安全性进行检查,等等。在现场检查中,履行个人信息保护职责的部门可以通过查台账、采数据、看制度等多种方式,对个人信息处理操作行为、个人信息处理采取的加密、去标识化等安全技术措施、个人信息处理操作规程等进行全面检查,从而确认是否存在违法的个人信息处理活动。履行个人信息保护职责的部门实施现场检查,应当遵循一定的程序,避免影响被检查主体合法、正常的生产经营活动,对于违法个人信息处理活动无关的场所,不得进入检查;被检查主体不得拒绝、阻挠。否则,可以依照治安管理处罚法的有关规定给予治安管理处罚;构成犯罪的,可以依照刑法的有关规定追究刑事责任。

四是检查有关设备、物品并依法定程序进行查封、扣押。对与被调查个人信息处理活动有关的设备、物品,有可能被转移、隐匿或者销毁、毁坏的,为制止违法行为、防止证据损毁、避免危害发生、控制危险扩大等情形,履行个人信息保护职责的部门可以查封或者扣押,进行暂时性控制。"查封"是指履行个人信息保护职责的部门以张贴封条或其他必要措施,将有证据证明用于违法个人信息处理活动的设备、物品封存起来,未经查封部门许可,任何单位和个人不得启封、动用。"扣押"是指履行个人信息保护职责的部门将上述设备、物品等运到另外的场所予以扣留。应当注意的是,查封、扣押有关设备、物品属于比较严厉的行政强制措施,履行个人信息保护职责的部门在进行查封、扣押时必须符合法定条件,遵循法定程序,妥善行使行政强制权,对违法实施行政强制措施造成相对人损害的及时予以法律救济。除本条规定的向本部门主要负责人书面报告并经批准外,履行个人信息保护职责的部门决定实施行政强制措施的,需要遵守《行政强制法》第 18 条、第 19 条规定的程序,包括由两名以上行政执法人员实施、当场告知当事人采取行政强制措施的理由、依据以及当事人依法享有的权利、救济途径,听取当事人的陈述和申辩,制作现场笔录,并由当事人和行政执法人员签名或者盖章等程序;情况紧急,需要当场实施行政强制措施的,行政执法人员应当在二十四小时内向行政机关负责人报告,并补办批准手续。行政机关负责人认为不应当采取行政强制措施的,应当立即解除。同时,还应当按照《行政强制法》第 24 条的规定制作并当场交付查封、扣押决定书和清单。另外,本条并未对查封、扣押的期限作出特别规定,根据《行政强制法》第 25 条,查封、扣押的期限不得超过三十日;情况复杂的,经行政机关负责人批准,可以延长,但是延长期限不得超过三十日。

　　本条第 2 款规定了当事人对于履行个人信息保护职责的部门的协助、配合义务。协助、配合行政机关执法为公民的基本义务。具体来说,当事人对于履行个人信息保护职责的部门的协助、配合义务表现为:如实回答履行个人信息保护职责的部门的询问,不得虚假陈述;应履行个人信息保护职责的部门要求提供其所查阅、复制的有关资料,不得隐匿、销毁、伪造有关资料;不得阻挠甚至暴力抗拒履行个人信息保护职责的部门的检查人员实施现场检查、查封、扣押等。我国《行政处罚法》第 32 条明确当事人配合行政机关查处违法行为有立功表现的,构成从轻或减轻行政处罚的法定事由。

【参考条文】

一、国内立法

1.《中华人民共和国行政强制法》

第十八条　行政机关实施行政强制措施应当遵守下列规定:

（一）实施前须向行政机关负责人报告并经批准；

（二）由两名以上行政执法人员实施；

（三）出示执法身份证件；

（四）通知当事人到场；

（五）当场告知当事人采取行政强制措施的理由、依据以及当事人依法享有的权利、救济途径；

（六）听取当事人的陈述和申辩；

（七）制作现场笔录；

（八）现场笔录由当事人和行政执法人员签名或者盖章，当事人拒绝的，在笔录中予以注明；

（九）当事人不到场的，邀请见证人到场，由见证人和行政执法人员在现场笔录上签名或者盖章；

（十）法律、法规规定的其他程序。

第十九条　情况紧急，需要当场实施行政强制措施的，行政执法人员应当在二十四小时内向行政机关负责人报告，并补办批准手续。行政机关负责人认为不应当采取行政强制措施的，应当立即解除。

第二十四条　行政机关决定实施查封、扣押的，应当履行本法第十八条规定的程序，制作并当场交付查封、扣押决定书和清单。

查封、扣押决定书应当载明下列事项：

（一）当事人的姓名或者名称、地址；

（二）查封、扣押的理由、依据和期限；

（三）查封、扣押场所、设施或者财物的名称、数量等；

（四）申请行政复议或者提起行政诉讼的途径和期限；

（五）行政机关的名称、印章和日期。

查封、扣押清单一式二份，由当事人和行政机关分别保存

第二十五条　查封、扣押的期限不得超过三十日；情况复杂的，经行政机关负责人批准，可以延长，但是延长期限不得超过三十日。法律、行政法规另有规定的除外。

延长查封、扣押的决定应当及时书面告知当事人，并说明理由。

对物品需要进行检测、检验、检疫或者技术鉴定的，查封、扣押的期间不包括检测、检验、检疫或者技术鉴定的期间。检测、检验、检疫或者技术鉴定的期

间应当明确,并书面告知当事人。检测、检验、检疫或者技术鉴定的费用由行政机关承担。

2.《中华人民共和国行政处罚法》

第三十二条　当事人有下列情形之一,应当从轻或者减轻行政处罚:

(一)主动消除或者减轻违法行为危害后果的;

(二)受他人胁迫或者诱骗实施违法行为的;

(三)主动供述行政机关尚未掌握的违法行为的;

(四)配合行政机关查处违法行为有立功表现的;

(五)法律、法规、规章规定其他应当从轻或者减轻行政处罚的。

【参考案例】

国家互联网信息办公室等七部门进驻
滴滴出行科技有限公司开展网络安全审查①

网络安全审查办公室有关负责同志表示,按照网络安全审查工作安排,2021 年 7 月 16 日,国家网信办会同公安部、国家安全部、自然资源部、交通运输部、税务总局、市场监管总局等部门联合进驻滴滴出行科技有限公司,开展网络安全审查。

第六十四条(约谈、整改和移送)

第六十四条　履行个人信息保护职责的部门在履行职责中,发现个人信息处理活动存在较大风险或者发生个人信息安全事件的,可以按照规定的权限和程序对该个人信息处理者的法定代表人或者主要负责人进行约谈,或者要求个人信息处理者委托专业机构对其个人信息处理活动进行合规审计。个人信息处理者应当按照要求采取措施,进行整改,消除隐患。

履行个人信息保护职责的部门在履行职责中,发现违法处理个人信息涉嫌犯罪的,应当及时移送公安机关依法处理。

---

① 参见中华人民共和国国家互联网信息办公室,http://www.cac.gov.cn/2021-07/16/c_1628023601191804.html。

【本条主旨】

本条是关于约谈、整改和移送的规定。本条有两款,第1款是对约谈和整改的具体规定;第2款是关于移送的具体规定。

【核心概念】

约谈

是指依法享有监督管理职权的行政主体,发现行政相对人出现轻微违法或存在违法风险等特定问题,为了防止违法行为的发生,在事先约定的时间、地点与行政相对人进行约请谈话,以说明教导、警示、告诫行政相对人的非强制行政行为。

【条文详解】

本条是对履行个人信息保护职责的部门在履职过程中,发现较大个人信息安全风险、个人信息安全事件以及侵害公民个人信息事件处置机制的特别规定。

履行个人信息保护职责的部门在履行个人信息保护监督管理职责过程中,可能发现个人信息处理活动存在较大风险或者发生个人信息安全事件的情形。对于个人信息保护,本法不以个人信息处理活动对个人造成的实际损害为限,而是坚持风险导向或风险管理的理念,通过强化敏感个人信息保护、个人信息保护影响评估等制度实现对个人信息处理活动风险的源头控制。存在较大风险的个人信息处理活动大致区分为两类:其一是指个人信息处理活动将对个人的权益较大风险,如因所处理个人信息的类型、规模、处理手段、目的等,个人信息处理活动将会对个人的人身、财产利益等产生较大风险;其二是指个人信息处理活动本身存在较大的安全风险,如向境外提供个人信息等。个人信息安全是指个人信息处于有效保护和合法利用的状态,以及具备保障持续安全状态的能力。相应地,发生个人信息安全事件是指前述个人信息状态、能力受到破坏的情形。

履行个人信息保护职责的部门在履行职责过程中发现个人信息处理活动存在较大风险或者发生个人信息安全事件的,可以依法对个人信息处理者的法定代表人或者主要负责人进行约谈。行政法理论中认为,约谈是行政主体在相对人有违法之虞或轻微违法时,通过约请谈话、说明教导、提出警示的方式建议相对人纠正违法行为,以避免违法之风险的行为,并在实践中发展出决策参谋型、纠纷协调型、违法预警型、执法和解型、督办处罚型等多种模式。在我国实践中,约谈作为带有柔性色彩的规制工具,最早在2003年出现在税收征管领域,后来被扩展应用在价格管理、食品药品安全、环境保护等行政活动的各个领域。面对新的规制任务和挑战,行政机关一方面在信息、知识、资源等方面处于劣势地位,另一方面也可能存在法律缺位、规制无据的困境,但面对新兴事物、业态存在的诸多问题,行政机关不可听之任之。通过约谈这一柔性机制,便可以化解行政机关进退两难的状态,借助于约谈方式向相对人说明立场和态度。另外,相较于行政处罚、行政强制等,约谈尚未被纳入严格的程序束缚,在发生一些热点或公共事件后,行政机关能够通过约谈及时作出回应和反馈,因而更具效率。在网信领域,2015年国家互联网信息办公室发布《互联网新闻信息服务单位约谈工作规定》,明确约谈是指国家互联网信息办公室、地方互联网信息办公室在互联网新闻信息服务单位发生严重违法违规情形时,约见其相关负责人,进行警示谈话、指出问题、责令整改纠正的行政行为,并对约谈互联网新闻信息服务单位的具体情形、程序等作出了规定,明确网信部门可以通过约谈,及时指出互联网新闻信息服务单位存在的问题,并提出整改要求。2017年《网络安全法》正式实施,第56条规定省级以上人民政府有关部门在履行网络安全监督管理职责中,发现网络存在较大安全风险或者发生安全事件的,可以按照规定的权限和程序对该网络的运营者的法定代表人或者主要负责人进行约谈,从而在法律层面确认约谈制度。在实践中,一方面应当坚持行政约谈属于行政指导行为,通过劝导、协助、鼓励个人信息处理者采取相应行为达到行政目的,避免约谈强制化;另一方面应当避免约谈过度化,既包括避免过度依赖约谈出现"以谈代罚"不当豁免个人信息处理者违法行为法律责任的情形,也包括秉持谦抑品格谨慎适用约谈易造成对市场的不当干预,因为相较于行政处罚、行政强制等行政行为,目前约谈制度并未对相对人提供事后提起行政复议、行政诉讼的救济方式。

履行个人信息保护职责的部门在履行职责过程中发现个人信息处理活动存在较大风险或者发生个人信息安全事件的,也可以按照规定的权限和程序要求个人信息处理者委托专业机构对其个人信息处理活动进行合规审计。合规审计属于本法新设的制度机制,包括本法第54条中个人信息处理者定期进行合规审计和本条中所述履行个人信息保护职责的部门要求个人信息处理者委托专业机构进行合规审计两种情形,其目的在于确认个人信息处理活动遵守法律、行政法规的具体情况,通过合规审计的方式揭示个人信息处理活动中存在的具体问题或风险,发现、防止、纠正个人信息处理活动中出现的违法违规行为。本条中履行个人信息保护职责的部门要求个人信息处理者委托专业机构进行合规审计,属于社会审计的一种,由独立的专业机构进行,具有监督、评价和鉴证功能。具体来看,监督职能是指通过对个人信息处理者个人信息处理活动、落实本法及其他个人信息保护法律、法规的要求等情况的监督,实现揭露个人信息处理者个人信息处理活动中存在的违法违规、缺陷疏漏等情形;评价功能是指通过合规性审计,也可以对个人信息处理则内部操作规管理制度和操作规程等优缺点作出客观评价,有助于总结经验,查找问题和不足,通过整改完善,进一步提升个人信息处理者个人信息保护合规水平;鉴证功能是指通过对个人信息处理者所进行的个人信息处理活动、内部管理制度和操作规程的检查和验证,确定其个人信息保护合规情况及其真实、合法性,受委托的专业机构应当出具合规审计表等证明。

本条也明确个人信息处理者应当要求采取措施,进行整改,消除隐患。实践中,履行个人信息保护职责的部门在履行职责中,发现个人信息处理活动存在较大风险或者发生个人信息安全事件,但依照其风险或事件影响程度,尚未构成违法个人信息处理活动,通过约谈或合规审计向个人信息处理者提出了整改建议和要求,个人信息处理者及时进行整改,消除隐患。本法并未规定个人信息处理者未按照要求采取措施,进行整改,消除隐患的法律责任,但在《互联网新闻信息服务单位约谈工作规定》中提到互联网新闻信息服务单位未按要求整改,或经综合评估未达到整改要求的,将依照《互联网信息服务管理办法》《互联网新闻信息服务管理规定》的有关规定给予警告、罚款、责令停业整顿、吊销许可证等处罚;互联网新闻信息服务单位被多次约谈仍然存在违法行为的,依法从重处罚。实践中,个人信息处理者未按照要求采取措施,进行整改,消除隐患的,很可能触发履行个人信息保护职责的部门开展进一步的调查行动。

本条规定了涉嫌侵害公民个人信息犯罪案件的处理,旨在加强行政处罚与刑事责任追究之间的无缝衔接,规定了侵害公民个人信息犯罪案件的移送机制。非法处理个人信息的行为,还可能触犯刑法有关侵害公民个人信息罪的规定。我国在个人信息保护问题的立法进程上,呈现出"刑法先行"的特点,在本法出台前,率先通过《刑法修正案(七)》《刑法修正案(九)》明确了侵害公民个人信息罪,通过刑罚打击的方式提高震慑,具体包括:违反国家有关规定,向他人出售或者提供公民个人信息,情节严重的行为,或者违反国家有关规定,将在履行职责或者提供服务过程中获得的公民个人信息,出售或者提供给他人的行为。最高人民法院、最高人民检察院联合发布了《关于办理侵犯公民个人信息刑事案件适用法律若干问题的解释》,对公民个人信息、提供公民个人信息、非法获取公民个人信息、情节严重后果等作出具体解释。依照我国刑事诉讼法的规定,对一般刑事案件的侦查、拘留、执行逮捕、预审,由公安机关负责。除法律特别规定的以外,其他任何机关、团体和个人都无权行使这些权力。因此,涉嫌侵害公民个人信息的犯罪案件,履行个人信息保护职责的部门应当移送公安机关,不得以行政处罚代替移送,体现了先刑事后行政的责任追究机制。对于移送的时间节点、移送的具体程度等,应当按照国务院颁布的《行政执法机关移送涉嫌犯罪案件的规定》、最高人民检察院印发的《人民检察院办理行政执法机关移送涉嫌犯罪案件的规定》等执行。公安机关在接到移送案件后,应当及时审查,确认有犯罪实施需要追究刑事责任的,应当立案侦查。此外,实践中还可能存在公安机关经过侦查认为没有犯罪事实,或者犯罪事实显著轻微,不需要追究刑事责任,但依法应当追究行政责任的情形,公安机关应当及时将案件移送至履行个人信息保护职责的部门,由其依法追究行政责任。

【参考条文】

一、国内立法

1.《中华人民共和国网络安全法》

第五十六条　省级以上人民政府有关部门在履行网络安全监督管理职责中,发现网络存在较大安全风险或者发生安全事件的,可以按照规定的权限和程序对该网络的运营者的法定代表人或者主要负责人进行约谈。网络运营者应当按照要求采取措施,进行整改,消除隐患。

2.《互联网新闻信息服务单位约谈工作规定》

第二条　国家互联网信息办公室、地方互联网信息办公室建立互联网新闻信息服务单位约谈制度。

本规定所称约谈,是指国家互联网信息办公室、地方互联网信息办公室在互联网新闻信息服务单位发生严重违法违规情形时,约见其相关负责人,进行警示谈话、指出问题、责令整改纠正的行政行为。

3.《行政执法机关移送涉嫌犯罪案件的规定》

第三条　行政执法机关在依法查处违法行为过程中,发现违法事实涉及的金额、违法事实的情节、违法事实造成的后果等,根据刑法关于破坏社会主义市场经济秩序罪、妨害社会管理秩序罪等罪的规定和最高人民法院、最高人民检察院关于破坏社会主义市场经济秩序罪、妨害社会管理秩序罪等罪的司法解释以及最高人民检察院、公安部关于经济犯罪案件的追诉标准等规定,涉嫌构成犯罪,依法需要追究刑事责任的,必须依照本规定向公安机关移送。

知识产权领域的违法案件,行政执法机关根据调查收集的证据和查明的案件事实,认为存在犯罪的合理嫌疑,需要公安机关采取措施进一步获取证据以判断是否达到刑事案件立案追诉标准的,应当向公安机关移送。

第五条　行政执法机关对应当向公安机关移送的涉嫌犯罪案件,应当立即指定2名或者2名以上行政执法人员组成专案组专门负责,核实情况后提出移送涉嫌犯罪案件的书面报告,报经本机关正职负责人或者主持工作的负责人审批。行政执法机关正职负责人或者主持工作的负责人应当自接到报告之日起3日内作出批准移送或者不批准移送的决定。决定批准的,应当在24小时内向同级公安机关移送;决定不批准的,应当将不予批准的理由记录在案。

第七条　公安机关对行政执法机关移送的涉嫌犯罪案件,应当在涉嫌犯罪案件移送书的回执上签字;其中,不属于本机关管辖的,应当在24小时内转送有管辖权的机关,并书面告知移送案件的行政执法机关。

第八条　公安机关应当自接受行政执法机关移送的涉嫌犯罪案件之日起3日内,依照刑法、刑事诉讼法以及最高人民法院、最高人民检察院关于立案标准和公安部关于公安机关办理刑事案件程序的规定,对所移送的案件进行审查。认为有犯罪事实,需要追究刑事责任,依法决定立案的,应当书面通知移送案件的行政执法机关;认为没有犯罪事实,或者犯罪事实显著轻微,不需要追究刑事责任,依法不予立案的,应当说明理由,并书面通知移送案件的行政执法机关,相应退回案卷材料。

第九条　行政执法机关接到公安机关不予立案的通知书后,认为依法应当由公安机关决定立案的,可以自接到不予立案通知书之日起 3 日内,提请作出不予立案决定的公安机关复议,也可以建议人民检察院依法进行立案监督。

作出不予立案决定的公安机关应当自收到行政执法机关提请复议的文件之日起 3 日内作出立案或者不予立案的决定,并书面通知移送案件的行政执法机关。移送案件的行政执法机关对公安机关不予立案的复议决定仍有异议的,应当自收到复议决定通知书之日起 3 日内建议人民检察院依法进行立案监督。

公安机关应当接受人民检察院依法进行的立案监督。

第十条　行政执法机关对公安机关决定不予立案的案件,应当依法作出处理;其中,依照有关法律、法规或者规章的规定应当给予行政处罚的,应当依法实施行政处罚。

第十一条　行政执法机关对应当向公安机关移送的涉嫌犯罪案件,不得以行政处罚代替移送。

行政执法机关向公安机关移送涉嫌犯罪案件前已经作出的警告,责令停产停业,暂扣或者吊销许可证、暂扣或者吊销执照的行政处罚决定,不停止执行。

依照行政处罚法的规定,行政执法机关向公安机关移送涉嫌犯罪案件前,已经依法给予当事人罚款的,人民法院判处罚金时,依法折抵相应罚金。

第十二条　行政执法机关对公安机关决定立案的案件,应当自接到立案通知书之日起 3 日内将涉案物品以及与案件有关的其他材料移交公安机关,并办结交接手续;法律、行政法规另有规定的,依照其规定。

第十三条　公安机关对发现的违法行为,经审查,没有犯罪事实,或者立案侦查后认为犯罪事实显著轻微,不需要追究刑事责任,但依法应当追究行政责任的,应当及时将案件移送同级行政执法机关,有关行政执法机关应当依法作出处理。

【参考案例】

八部门联合约谈十家交通运输新业态平台①

2021 年 5 月 14 日上午,交通运输部、中央网信办、国家发展改革委、工业

---

① 参见中华人民共和国国家互联网信息办公室,http://www.cac.gov.cn/2021－05/14/c_1622573454851884.html。

和信息化部、公安部、人力资源社会保障部、市场监管总局、国家信访局等交通运输新业态协同监管部际联席会议 8 家成员单位对滴滴出行、首汽约车、曹操出行、美团出行、T3 出行、高德、嘀嗒出行、满帮、货拉拉、快狗打车等 10 家交通运输新业态平台公司进行联合约谈。

约谈指出,近期社会各界集中反映网约车平台公司抽成比例高、分配机制不公开透明、随意调整计价规则,以及互联网货运平台垄断货运信息、恶意压低运价、随意上涨会员费等问题,涉嫌侵害从业人员合法权益,引发社会广泛关注。约谈要求,各平台公司要正视自身存在的问题,认真落实企业主体责任,立即开展整改。

约谈要求,各平台公司整改情况向社会公开。各平台公司表示,将按照约谈要求,举一反三,对平台经营行为进行全面系统审视,认真履行企业主体责任,扎实做好整改工作,依法合规开展经营,切实保障交通运输新业态从业人员合法权益,推动交通运输新业态规范健康持续发展。

第六十五条（投诉、举报权益保障）

第六十五条　任何组织、个人有权对违法个人信息处理活动向履行个人信息保护职责的部门进行投诉、举报。收到投诉、举报的部门应当依法及时处理,并将处理结果告知投诉、举报人。

履行个人信息保护职责的部门应当公布接受投诉、举报的联系方式。

【本条主旨】

本条是关于投诉、举报的规定。本条有两款,第 1 款的关于任何组织和个人投诉、举报权力以及处理程序的规定;第 2 款是关于公布接收投诉、举报联系方式的规定。

【核心概念】

违法个人信息处理活动

是指个人信息处理者违反本法及其他个人信息保护相关法律法规规定进行个人信息处理,对个人权益造成影响的行为。

【条文详解】

本条是对公民就违法个人信息处理活动投诉、举报权利以及履行个人信息保护职责的部门依法处理投诉、举报义务的规定。个人信息处理者未依法履行义务或者履行义务不适当，使得个人合法权益在个人信息处理活动中受到侵害的，个人有权向履行个人信息保护职责的部门投诉。任何组织或个人有权举报违法个人信息处理活动，依法向履行个人信息保护职责的部门了解个人信息保护信息，对个人信息保护监督管理工作提出意见和建议。投诉、举报往往对履行个人信息保护职责的部门获取个人信息处理活动相关信息，取得个人信息处理者违法个人信息处理活动的证据，有针对性地打击违法行为具有重要意义。因此，及时对投诉、举报进行处理是体现社会共治、加强个人信息保护监督管理的需要。

本条第 1 款明确任何组织、个人有权就违法个人信息处理活动进行投诉、举报。就违法行为进行投诉、举报是公民监督权的具体内容。对于个人信息保护而言，投诉、举报机制的有效运转能够极大地提升履行个人信息保护职责的部门发现违法个人信息处理活动的效率，提升监管的有效性和针对性。比如，面对 400 余万款 App 治理，中央网信办、工信部、公安部、市场监管总局在联合开展 App 违法违规收集使用个人信息专项治理行动时，便专门设立了微信公众号"App 个人信息举报"等投诉举报渠道，便利广大网民提供 App 违法违规收集使用个人信息行为的相关线索，并通过对举报线索的梳理、核实，将问题反映集中、用户数量大、与民众生活密切相关的 App，纳入评估范围，从举报情况来看，广大网民已经成为个人信息违法违规行为线索发现的主力军。本条对违法个人信息处理活动的投诉、举报不限于收到违法个人信息处理活动侵害的具体个人，实践中个人信息保护社会化服务机构、消费者权益保护组织以及本法第 70 条中由国家网信部门确定的组织、新闻媒体乃至违法个人信息处理者的竞争对手，均可行使监督权，向履行个人信息保护职责的部门进行投诉、举报。同时，本法第 52 条规定处理个人信息达到国家网信部门规定数据量的个人信息处理者应当制定个人信息保护负责人，负责对个人信息处理活动以及采取的保护措施进行监督，由此，个人信息保护负责人作为最为了解个人信息处理活动的内部人员，不排除其在提醒、敦促个人信息处理者纠正违法个人信息处理行为无效后，向履行个人信息保护职责的部门举报个人信息处理者的违法个人信息处理活动。如果是个人信息保护负责人进行举报的，个人信息处理者不得以解除、变更劳动合同或者其他方式对其进行打击报复。

与任何组织、个人的投诉、举报权利相对应，本条第1款还规定了履行个人信息保护职责的部门在收到投诉、举报后，应当依法及时处理并将处理结果告知投诉、举报人的义务。"依法处理"要求履行个人信息保护职责的部门在收到投诉、举报时，应当首先对投诉、举报进行记录，包括投诉或者举报人姓名及联系方式、投诉或举报问题、个人信息处理者所采取的处理措施及处理结果等事项。对于属于本部门职责的，应当指定专人负责处理投诉、举报事项，根据投诉、举报内容对相关情况进行核查，确定投诉、举报是否属实；经核查投诉、举报问题属实的，应当根据问题情节严重情况，酌情决定是否针对个人信息处理者开展行政调查，并将处理结果告知投诉、举报者；经核查投诉、举报问题并不属实的，应当向投诉、举报者进行解释；对不属于本部门职责的，应当移交有权处理的部门并将结果告知投诉、举报人。"及时处理"要求履行个人信息保护职责的部门应当在法定期限内及时处理，不得推诿。关于"法定期限"并无统一的规定，应当依照相关法律、法规等的具体规定。如《消费者权益保护法》中对投诉时限作出了规定，按照该法第46条的规定，有关部门应当自收到投诉之日起7个工作日内，予以处理并告知消费者；《征信业管理条例》第26条规定信息主体认为征信机构或者信息提供者、信息使用者侵害其合法权益的，可以向所在地的国务院征信业监督管理部门派出机构投诉。受理投诉的机构应当及时进行核查和处理，自受理之日起30日内书面答复投诉人。此外，履行个人信息保护职责的部门应当对投诉、举报人的信息予以保密，保护其合法权益。无论以何种形式对投诉、举报人进行打击报复的，都应当依法承担法律责任，包括依照治安管理处罚法给予行政处罚，以及司法程序中按照打击报复证人罪追究刑事责任等。

本条第2款规定履行个人信息保护职责的部门应当公布接受投诉、举报的联系方式。履行个人信息保护职责的部门负有信息公开义务，应当公布接受投诉、举报的联系方式（包括电话、举报邮箱和地址等信息），便利投诉人和举报人快速获悉监管部门的联系方式，从而减轻投诉、举报成本。目前，我国尚未建立专门的个人信息保护投诉、举报渠道，全国人大在就《网络安全法》的执法检查工作中发现，在发生信息泄露、滥用用户个人信息等信息安全事件后，还存在着用户投诉无门、用户不知该向哪个部门举报和投诉、甚至举报了也往往不予处理或者没有结果等问题。本法第62条第(5)项明确国家网信部门统筹协调有关部门完善个人信息保护投诉、举报工作机制,有望在未来进一步顺畅投诉、举报工作机制,甚至类似于消费者权益保护领域设立投诉举报专用号码的形式。此外,中央网信办、工信部、公安部、市场监管总局在联合开展App违法违规收集使用个人信息专项治理行动时,设立专门投诉、举报微信公众号"App个人信息举报"的方式,也颇具参考性。

此外,应当注意的是,本条所称的"投诉、举报"不同于个人信息处理者内部的投诉和举报。本法在第50条明确个人信息处理者应当建立便捷的个人行使权利的申请受理和处理机制,其他如《网络安全法》第49条第1款规定网络运营者应当建立网络信息安全投诉、举报制度,公布投诉、举报方式等信息,及时受理并处理有关网络信息安全的投诉和举报;《电信和互联网用户个人信息保护规定》第12条电信业务经营者、互联网信息服务提供者应当建立用户投诉处理机制,公布有效的联系方式,接受与用户个人信息保护有关的投诉,并自接到投诉之日起十五日内答复投诉人。此处的个人行使权利申请受理和处理机制、网络信息安全投诉、举报制度为个人信息处理者内部设置、便于用户维护自身权益的权利行使和救济机制,并非本条所述带有监督属性的投诉、举报,但是二者在实践中能够联动发挥作用。对于个人信息处理者侵害个人在个人信息处理活动中的权利较为轻微的情形,或者其他轻微违反个人信息保护要求的情形,个人往往选择与个人信息处理者联系沟通,个人信息处理者应当抓住机会,妥当处理,及时纠正不当个人信息处理行为,避免激化矛盾。

【参考条文】

一、国内立法

1.《中华人民共和国消费者权益保护法》

第四十六条 消费者向有关行政部门投诉的,该部门应当自收到投诉之日起七个工作日内,予以处理并告知消费者。

2.《征信业管理条例》

第二十六条 信息主体认为征信机构或者信息提供者、信息使用者侵害其合法权益的,可以向所在地的国务院征信业监督管理部门派出机构投诉。

受理投诉的机构应当及时进行核查和处理,自受理之日起 30 日内书面答复投诉人。

信息主体认为征信机构或者信息提供者、信息使用者侵害其合法权益的,可以直接向人民法院起诉。

【参考案例】

中央网信办:已建立 App 违法违规收集使用个人信息举报渠道①

今年(2019 年)以来,中央网信办等国家四部门联合开展 App 专项治理行动。在 9 月 15 日举办的 2019 年网络安全博览会新闻发布会上,中央网信办相关同志介绍,目前已建立专门针对 App 违法违规收集使用个人信息的举报渠道,收到近 8000 条举报信息,实名举报占近三分之一。

---

① 参见光明网, http://news. eastday. com/eastday/13news/auto/news/china/20190916/u7ai8816-173. html。

第七章　法律责任

本法第七章法律责任从第 66 条到第 71 条共计 6 个条文,未分节。本章是法律责任的规定,包括行政责任(第 66 条)、失信记录(第 67 条)、国家机关及其工作人员的责任(第 68 条)、民事责任(第 69 条)、公益诉讼(第 70 条)以及以引致条款的方式规定治安管理处罚或者刑事责任(第 71 条)。

相关主体违反本法有关规定的,将依照本章规定承担相应的法律责任。具体内容如下:

其一,第 66 条规定了行政责任,其中全面且详细的规定了与不同主体、不同情节相适应的处罚类型和罚款数额。该条具有鲜明的特点,包括采取个人与企业双罚制,区别"情节严重"(第 2 款)与一般违法(第 1 款)从而适用不同的"天花板"最高限额、行政罚款与其他行政处罚及民事、刑事责任综合适用。此条规定将大幅提高违法者的违法成本,并将促使个人信息处理者加强个人信息保护。另外需要特别指出的是,本条的制裁对象为除国家机关以外的个人信息处理者。

其二,第 67 条规定了记入信用档案并公示的失信约束机制,由此可对个人信息处理者施加联合惩戒的影响。

其三,对于国家机关不履行本法规定的个人信息保护义务的责任,以及履行个人信息保护职责的部门的工作人员渎职的责任,第 68 条也做了相应规定。

其四,民事责任规定在本法第 69 条,该条文规定了个人信息处理者的侵权责任,更重要的是确定了过错推定的归责原则。对于侵害个人信息权益造成损害,个人信息处理者不能证明自己没有过错的,应当承担损害赔偿等侵权责任。

其五,本法第 70 条规定了个人信息保护公益诉讼制度,对提起公益诉讼的条件、主体做了规定。其中,人民检察院、法律规定的消费者组织和由国家网信部门确定的组织可以依法向人民法院提起诉讼。这一规定适应了大数据时代的发展要求,对于维护公民个人信息权益和规范个人信息处理活动,并且促进个人信息的合理利用均具有非常重要的意义。

其六,第71条以引致条款的方式规定,对违反本法且构成治安管理处罚或者刑事责任的行为,将依照相应的法律处置。

本章规定的法律责任既包括了民事侵权责任、行政处罚、治安管理处罚和刑事责任,又包括了失信约束机制和公益诉讼制度;主体上则涵盖了一般的个人信息处理者、国家机关及其责任人员以及履行个人信息保护职责的部门的工作人员。如此严密的法网为个人信息保护提供了有力的保障。

第六十六条(行政处罚)

第六十六条 违反本法规定处理个人信息,或者处理个人信息未履行本法规定的个人信息保护义务的,由履行个人信息保护职责的部门责令改正,给予警告,没收违法所得,对违法处理个人信息的应用程序,责令暂停或者终止提供服务;拒不改正的,并处一百万元以下罚款;对直接负责的主管人员和其他直接责任人员处一万元以上十万元以下罚款。

有前款规定的违法行为,情节严重的,由省级以上履行个人信息保护职责的部门责令改正,没收违法所得,并处五千万元以下或者上一年度营业额百分之五以下罚款,并可以责令暂停相关业务或者停业整顿、通报有关主管部门吊销相关业务许可或者吊销营业执照;对直接负责的主管人员和其他直接责任人员处十万元以上一百万元以下罚款,并可以决定禁止其在一定期限内担任相关企业的董事、监事、高级管理人员和个人信息保护负责人。

【本条主旨】

本条是关于违法处理个人信息行政处罚的规定。本条有两款,第1款是关于违反本法规定处理个人信息或者处理个人信息未履行本法规定的个人信息保护义务一般情节情况下行政处罚的规定;第2款是关于情节严重情况下行政处罚的规定。

【核心概念】

责令改正

责令改正的性质,因其适用对象的不同而有所不同,在适用于行政相对人时,责令改正是指行政机关在实施行政处罚的过程中对违法行为人发出的一种作为命令,主要目的是要求违法行为人履行法定义务,停止违法行为,消除不良后果,恢复原状。以往对责令改正的性质有所争议,但在《行政处罚法》修订时,已明确责令改正不属于行政处罚,其本质上是一种恢复性行为,是执法机关对违法行为的纠正,一般情况下属于行政命令。

对于本条而言,责令改正是指行政主体即履行个人信息保护职责的部门对违反本法规定的个人信息处理者作出的行政命令,要求行为人履行法定义务,停止和纠正违法处理个人信息的行为,以恢复原状,维持法定的秩序或者状态。

警告

警告是指行政主体对轻微违法行为人的谴责和告诫,是最轻微、对违法当事人影响最小的处罚形式,一般适用于违法情节轻微、未造成实际危害后果的行政相对人。警告的特点在于:第一,警告是对违法者的谴责和告诫,以声誉、名誉上的不利影响,给相对人施加精神压力,使其不敢再实施违法行为,因此也称"申诫罚"或"精神罚",不涉及人身和财产;第二,警告针对违法情节轻微、未造成实际危害后果的行为作出,是轻微的行政处罚。

没收违法所得

没收是指将行政相对人的违法所得收归国有的一种行政处罚。违法所得是指违法相对人通过非法经营或违法行为所获得的财产、个人信息等利益。没收违法所得后,必须收归国有,由国家依法进行收归国库、拍卖、销毁或其他依法处理方式。

罚款

罚款是指有行政处罚权的行政主体依法强制违反行政法律规范的行为人在一定期限内向国家缴纳一定数额的金钱的处罚方式,是剥夺行政相对人财产权的一种行政处罚。由于罚款不涉及相对人的人身自由或行为权利,一般裁量的幅度较大,行政机关可以根据实际情况作出裁量,因此罚款是现实中运用最为广泛的一种行政处罚。由于法定罚款的幅度往往较大,实践中行政机关必须根据违法行为的性质、情节及对社会的危害程度等确定罚款的数额,而不能随意确定。

暂停相关业务

行政主体对于违法从事处理个人信息业务的相对人作出的要求其暂时停止与处理个人信息有关联的一系列业务的行政处罚,属于"行为罚"的范畴。

停业整顿

停业整顿是指经营机构有违反法律法规的行为,并在主管部门规定的期限内没有改正的,由主管部门勒令其停止营业,组织人员对其日常业务进行监督,纠正其违法违规行为,使其恢复正常经营的一种措施。主要是责令经营机构在一定期限内整顿治理,属于"行为罚"。根据全国人大常委会法制工作委员会办公室给出的书面法律询问答复,停业整顿属于行政处罚种类下责令停产停业的范畴。[①]

吊销营业许可、吊销营业执照

吊销营业许可是指行政机关撤销违反法律规范的相对人已经获得的从事某项活动或业务的许可,剥夺其从事某项特许活动的权利的处罚。吊销则是对原行政许可的完全撤销,使相对人丧失从事某种活动的权利或资格,相对人如果希望再次行使行政许可所赋予的权利或资格,必须再次申请许可。吊销许可证必须以相对人取得许可证为前提,适用于行政许可领域内的违法行为。吊销许可证、吊销营业执照针对的是相对人从事特定活动的资格或能力,是一种"资格能力罚",由于这种资格或能力直接涉及相对人能否从事特定行为,因此,也可以将其作为"行为罚"。

【条文详解】

一、概述

本条规定了个人信息处理者违反本法规定处理个人信息或者处理个人信息未履行本法规定的个人信息保护义务时需要承担的行政责任,与本章规定的民事责任、刑事责任等一起共同构成了较为完善的个人信息保护综合法律责任体系。

---

① 参见全国人大常委会法制工作委员会办公室编:《法律询问答复选编》,中国民主法制出版社 2017 年版,第 34 页。

在《个人信息保护法》颁布之前,我国已经开始重视个人信息保护行政责任的构建。其中,以《消费者权益保护法》和《网络安全法》的规定为典型。①

从行政责任形式与承担的角度来说,《消费者权益保护法》规定了"责令改正""警告""没收违法所得""罚款""责令停业整顿""吊销营业执照"等行政处罚措施,形成了较为多元灵活的行政责任体系。《网络安全法》在《消费者权益保护法》基础上除了将"没收违法所得"的罚款上限由"五十万元"提高至"一百万元"之外,还新增了"责令暂停相关业务""责令关闭网站""吊销相关业务许可证"的处罚措施,并引入了对实施违法行为的单位与个人(包括直接负责的主管人员和其他直接责任人员)的行政处罚双罚制。

《个人信息保护法》第66条规定的个人信息保护行政责任较前述规定更加全面和严厉,顺应了全球加强行政监管的立法趋势,也契合了我国的迫切需求。本条规定的行政责任特点突出,具体而言:第一,注重多种行政处罚方式的综合适用,除了前述立法上的"责令改正""警告""没收违法所得""罚款""责令暂停相关业务""责令停业整顿""吊销营业执照""吊销相关业务许可证"责任形式,针对当下各类应用程序(App)违法处理个人信息的行为,增加规定了"责令暂停或者终止提供服务",与我国当前加强规范应用程序处理活动的政策导向相一致。第二,深化了单位和个人的行政处罚双罚制,在有相应违法行为的情形下,直接负责的主管人员和其他直接责任人员除了要承担行政罚款责任以外,处罚机关还可以决定"禁止其在一定期限内担任相关企业的董事、监事、高级管理人员和个人信息保护负责人"。第三,仍然延续以往立法,根据违法行为的情节轻重实施分级处罚制度,即区分为一般情节与情节严重。其中,在针对一般情节的处罚上,首先考虑实施"责令改正,给予警告,没收违法所得,对违法处理个人信息的应用程序,责令暂停或者终止提供服务"的处罚,只有当拒不改正违法行为时,更进一步的,才对单位和个人实施

---

① 《消费者权益保护法》第56条规定了在经营者侵害消费者个人信息权益时,由行政机关责令改正,根据情节单处或者并处警告、没收违法所得、处以违法所得一倍以上十倍以下的罚款,没有违法所得的,处五十万元以下的罚款;情节严重的,责令停业整顿、吊销营业执照。《网络安全法》第64条规定了网络运营者、网络产品或者服务的提供者侵害个人信息权益时,由行政机关责令改正,根据情节单处或者并处警告、没收违法所得、处违法所得一倍以上十倍以下罚款,没有违法所得的,处一百万元以下罚款,对直接负责的主管人员和其他直接责任人员处一万元以上十万元以下罚款;情节严重的,并可以责令暂停相关业务、停业整顿、关闭网站、吊销相关业务许可证或者吊销营业执照。

双罚制予以行政罚款。在针对情节严重的处罚上,本法规定了非常严厉的行政处罚责任,其中包括规定了高额罚款责任。此种宽严相济的做法,充分地体现了本法既保护个人信息权益,规范个人信息处理活动,也要促进个人信息合理利用的立法思想。第四,就行政罚款责任而言,罚款数额的计算各国有不同的立法例,包括乘积式、封顶式、数距式、封顶附加营业额百分比式等,①我国采取的是封顶附加营业额百分比式的方式。特别需要注意的是,本条规定对情节严重的违法行为处五千万元以下或者上一年度营业额百分之五以下罚款,即实施高额罚款,此举强化了行政执法,可以一定程度上解决侵害人违法与侵权的低成本问题,可以对信息处理者形成更强的威慑力。

需要指出的是,本条的规定仍然非常原则和抽象,为了实现执法的规范化,应当在理解本条的实施目标和任务基础上,在以后的实施中通过细则等形式明确本条规定的各类行政责任的构成要件、执法主体、执法对象、执法标准、执法程序等。

二、行政责任的构成要件

关于构成要件的规定,《个人信息保护法草案(一次审议稿)》和《个人信息保护法草案(二次审议稿)》采取的表述是"违反本法规定处理个人信息,或者处理个人信息未按照规定采取必要的安全保护措施的",但是在审议通过的文本中,将后者修改为了"处理个人信息未履行本法规定的个人信息保护义务"。根据下文的列举,可以看到,个人信息处理者的保护义务广泛,除了

---

① 第一,乘积式。例如,美国《联邦贸易委员会法》第5条(1),"联邦贸易委员会终局性的命令生效后,在其有效期限内,违反该命令的个人、合伙或公司,每违反一次,都应当支付不高于10000美元的民事罚金,该罚金归美国政府所有……。每次单独违反命令都被视为一次独立的违法行为;……"第二,封顶式。例如,韩国《个人信息保护法》34—2条,"公共行政和安全部长可以处以不超过5亿韩元的罚款。"第三,数距式,例如美国《公平信用报告法》,"当行为人为故意,造成实质性损害,每人应赔偿至少100以上,不超过1000……"第四,封顶附加营业额百分比式。例如欧盟《通用数据保护条例》第83条,"违反××规定……处以最高1000万欧元罚款或者前一财年营业额2%……违反数据处理、传输规则……处以最高2000万欧元罚款或者前一财年营业额4%……"印度《个人数据保护法2019》第57条"数据受托人如违反下列任何条款……应被处以最高十五亿卢比或者上一财政年度全球总营业额的4%的罚款……;数据受托人如违反下列任何条款……应被处以最高十五亿卢比或者上一财政年度全球总营业额的4%的罚款(以较高者为准)……"巴西《通用数据保护法》第52条,"……上一财政年度巴西境内私法人主体、集团或大型企业集团收入的最高百分之二(2%)的总计罚款,不含税,单次罚款最高可达五千万雷亚尔。"

"采取必要的安全保护措施"之外,还有"定期合规审计""个人信息保护影响评估"等内容,因此正式通过的文本表述能够囊括个人信息处理者更广泛的违法行为,可以尽量避免处罚漏洞。

具体而言,对"违反本法规定处理个人信息"和"违反处理个人信息未履行本法规定的个人信息保护义务"行为的理解需要结合本法对个人信息处理活动的规定来进行。本法对个人信息处理活动全流程规定了全面的原则与规则,包括了事前、事中、事后三个环节。在事前环节可能存在的违法行为主要包括:未事前取得同意、单独同意或者书面同意(第13条、第14条、第27条、第29条、第31条第1款);非提供该产品或服务所必需,在未取得同意时拒绝提供产品或服务(第16条);未依法告知或公开重要事项(第17条、第30条);未进行个人信息保护影响评估(第55条、第56条);大型互联网平台未制定平台规则(第58条)等。事中环节可能存在的违法行为主要包括:违规使用自动化决策(第24条);违反信息质量原则侵害个人更正权、补充权(第8条、第46条);分享个人信息的未取得个人单独同意(第23条、第25条);大型互联网平台服务未履行特别义务(第58条第1、3、4项);未履行确保个人信息安全义务(第9条、第51条、第57条)等。事后环节可能存在的违法行为主要包括:超期存储(第19条、第21条);未履行指定个人信息负责人等义务(第52条);未进行合规审计(第54条);在符合规定时未删除个人信息(第47条);未响应个人行使权利请求(第50条)等。

另外需要指出的是,在传统《行政处罚法》确立的架构下,《个人信息保护法》规定的个人信息保护行政责任仍然坚持"客观违法"的一元归责原则,并不考究个人信息侵权者的主观心态程度,亦即不区分信息处理者主观上是存有故意还是过失。

三、履行个人信息保护职责的部门的范围

根据《个人信息保护法》第56条的规定,所谓履行个人信息保护职责的部门,包括网信部门、国务院中负责个人信息保护和监管的部门、县级以上地方政府中负责个人信息保护和监管的部门。其中,网信部门范围明确,此处不赘。国务院中负责个人信息保护和监管的部门,范围则较宽泛。经过2018年的国务院机构改革,现行的国务院建制除国务院办公厅外,目前还设置有26

个组成部门。① 显然,这 26 个国务院部门均可能在各自职责的范围内涉及个人信息的保护与监管,在特定领域都可被解释为"履行个人信息保护职责的部门"。例如中国人民银行、发改委、工信部、工商行政管理部门(市场监督管理局)、公安机关等。就县级以上地方政府中负责个人信息保护和监管的部门而言,范围也同样很宽泛。根据我国法律法规和部门规章的规定,县级以上统计机构②;县级以上测绘地理信息主管部门③;县级以上卫生行政部门、卫生健康主管部门、卫生计生行政部门④;县级以上旅游行政管理部门⑤;县级以上建设(房地产)主管部门⑥等都具有针对侵害个人信息行为的行政处罚权。

如前所述,本条规定根据违法行为的情节轻重实施分级处罚制度,即区分为一般情节与情节严重,因此,对本条第 1 款中针对一般违法行为的执法主体即履行个人信息保护职责的部门的范围的理解,应包含前述所有主体。但是,本条第 2 款针对情节严重的违法行为的执法主体则应做限缩解释。根据第 2 款的规定可见,针对情节严重的行为,履行个人信息保护职责的部门应具有责令暂停相关业务、停业整顿、罚款和从业禁止等行政处罚权,而"通报有关主管部门吊销相关业务许可或者吊销营业执照"则反向说明高额罚款等责任的执法主体本身并非违法行为人的主管部门,执法主体本身不具备吊销相关业务许可或者吊销营业执照的处罚权。根据这两个条件进行选择,只有网信部门和市场监管部门有权作为执法主体。由于国家机构职能优化协同高效是推进国家治理体系和国家治理能力现代化的基本原则之一,因此高额罚款等责

---

① 2018 年 3 月 23 日,根据国务院总理李克强提请第十三届全国人民代表大会第一次会议审议的国务院机构改革方案的议案,改革后,除国务院办公厅外,国务院设置组成部门 26 个。包括:外交部、国家发展和改革委员会、科学技术部、国家民族事务委员会、国家安全部、司法部、人力资源和社会保障部、中华人民共和国生态环境部、交通运输部、农业农村部、文化和旅游部、退役军人事务部、中国人民银行、国防部、教育部、工业和信息化部、公安部、民政部、财政部、自然资源部、住房和城乡建设部、水利部、商务部、国家卫生健康委员会、应急管理部、审计署。

② 参见《统计法》第 39 条;《统计执法监督检查办法》第 46 条;《新闻出版统计管理办法》第 28 条、第 35 条。

③ 参见《测绘法》第 65 条;《地图管理条例》第 35 条、第 47 条。

④ 参见《结核病防治管理办法》第 35 条、第 36 条;《基本医疗卫生与健康促进法》第 102 条;《涉及人的生物医学研究伦理审查办法》第 46 条。

⑤ 参见《旅行社条例实施细则》第 50 条、第 65 条。

⑥ 参见《房地产经纪管理办法》第 25 条、第 37 条。

任的执法主体的确定要遵从科学合理和权责一致，并"坚持一类事项原则上由一个部门统筹、一件事情原则上由一个部门负责，避免政出多门、责任不明、推诿扯皮"，因此，要坚持有统有分、有主有次，即以网信办为牵头单位，其他部门共同参与的联合执法机制。在这一机制中，网信部门作为牵头单位负责联合调查的组织协调工作，其他部门根据各自管辖领域和执法权限参与其中，进而实现统筹协调，各司其职。

四、"情节严重"的认定

本条第 2 款针对高额罚款等行政责任规定了适用条件是情节严重的违法行为，但是对于情节严重的参考因素和认定标准仍有待进一步释明。目前无论是《个人信息保护法》还是《网络安全法》《数据安全法》对何谓"情节严重"并无具体规定，但我国《刑法》第 253 条之一规定了"侵犯公民个人信息罪"，并规定了"情节严重"和"情节特别严重"两个加重处罚情节。对此本书以刑法的规定作为参考，以违反本法第 10 条规定的"任何组织、个人不得非法收集、使用、加工、传输他人个人信息，不得非法买卖、提供或者公开他人个人信息"为例，来说明情节严重的认定方法。

例如，从行为加重的角度可以设定为 3 种，即（1）出售或者提供行踪轨迹信息，被他人用于违法行为的；（2）知道或者应当知道他人利用个人信息实施违法行为，向其出售或者提供；（3）曾因侵犯个人信息二年内受过行政处罚，又非法获取、出售或者提供个人信息的。从结果加重的角度，可以将"情节严重"设定为 5 种，即（1）非法获取、出售或者提供高度敏感个人信息三十条以上；（2）非法获取、出售或者提供次级敏感个人信息三百条以上；（3）非法获取、出售或者提供第一项、第二项规定以外的个人信息三千条以上；（4）违法所得三千元以上；（5）将在履行职责或者提供服务过程中获得的个人信息出售或者提供给他人，数量或者数额达到第一项至第三项规定标准一半以上。此外，虽然《个人信息保护法》等法律中没有规定"情节特别严重"的情形，但现实可能会发生违法处理个人信息从而导致人身伤害、经济损失和社会影响等结果。因此本书主张在后续的法律解释中，可以在"情节严重"的基础上增加"情节特别严重"的规定。"情节特别严重"可以包括四种情形：（1）造成被害人轻伤等后果；（2）造成较大经济损失或者较坏社会影响；（3）违反国家核心数据管理制度，危害国家主权、安全和发展利益；（4）数量或者数额达到前款规定标准五倍以上。

五、高额罚款数额的确定

我国《行政处罚法》第 4 条规定,设定行政处罚必须以事实为依据,与违法行为的事实、性质、情节以及社会危害程度相当。本条第 2 款规定的高额罚款作为一种行政处罚,也应遵循合理行政原则,即在进行罚款金额的设定时应考虑到罚款的有效性、成比例性和劝诫性。有效性指罚款应当切实得到实行,成比例性指个案的罚款金额应当结合主体种类、行为和情节加以确定,劝诫性指罚款金额应当足以警告和惩罚违法主体的违法行为。GDPR 第 83 条第 2 款同时从客观层面、主观层面和造成损害结果方面出发,规定了作出行政处罚的诸多参考因素,具体包括:结合相关处理的性质、范围或目的,被影响的信息主体的数量以及损害程度而确定的违法的性质、严重性与持续时间;违法的性质是基于故意还是过失;个人信息控制者或处理者为了减轻信息主体损失而采取的所有行动;结合控制者或处理者采取的符合 GDPR 的技术性与组织性措施而认定的控制者或处理者的责任程度;控制者或处理者之前的所有相关违法行为;为了纠正违法行为和减轻违法所造成的可能负面影响而和监管机构进行合作的程度;为违法行为所影响的个人信息类型;监管机构得知违法行为的方式,特别是控制者或处理者是否对违法行为进行了报告,以及在何种程度上进行了报告;如果对同一主题事项已经对控制者或处理者发布 GDPR 规定的措施,对这些措施是否遵守;遵守已生效的行为准则或认证机制;对于案件情形可以适用的所有加重或减轻因素,例如因为违法而直接或间接导致的经济收益、避免的损失。其在上述基础之上构建了高额罚款制度,并于第 83 条第 4、5、6 款规定了三种情况下不同的罚款额度。对此,我们可以予以借鉴。

探讨了高额罚款数额确定的参考因素之后,还需要明确如何适用"五千万元以下或者上一年度营业额百分之五以下"。《行政处罚法》第 29 条规定:"对当事人的同一个违法行为,不得给予两次以上罚款的行政处罚。同一个违法行为违反多个法律规范应当给予罚款处罚的,按照罚款数额高的规定处罚。"有学者指出罚款"就高"的具体适用规则,认为"就高"并非以具体执法的罚款数额为标准,而是以法律规范中罚款数额规定为标准;对于有固定数额的罚款,直接适用数额高的规定;对于有幅度的罚款,"就高"先比较罚款上限,适用罚款上限高的规定;没有罚款上限或者罚款上限一致的,适用罚款下限高的规定;对于形式上难以比较数额高低的,则需根据案情等实际情况作出判断。① 本书赞同这种看法,因此,如果"上一年度营业额百分之五"高于五千万,显然应当适用罚款上限较高的这种计算方法。对于此处"上一年度营业额"作何理解,有两种不同看法,一种是认为此处仅指本国区域内的营业额,一种是认为这里指全球营业额。以印度为例,《个人数据保护法案》规定,数据受托者违法的,应处以 1.5 亿印度卢比,或其上一财政年度全球总营业额4%的罚款(以两者中较高者为准),并规定"全球总营业额"系指利润亏损账目或与利润亏损账目同等性质、可适用的其他报表确认的总收入。该收入由印度境内外的销售、供应或分销货物或服务或由于提供服务或前述两者而产生的;数据受托者全球总营业额是数据受托者全球总营业额和数据受托者所有集团企业全球总营业额之和。②

【参考条文】

一、国内立法

1.《中华人民共和国网络安全法》

第六十四条　网络运营者、网络产品或者服务的提供者违反本法第二十二条第三款、第四十一条至第四十三条规定,侵害个人信息依法得到保护的权利的,由有关主管部门责令改正,可以根据情节单处或者并处警告、没收违法所得、处违法所得一倍以上十倍以下罚款,没有违法所得的,处一百万元以下罚款,对直接负责的主管人员和其他直接责任人员处一万元以上十万元以下罚款;情节严重的,并可以责令暂停相关业务、停业整顿、关闭网站、吊销相关业务许可证或者吊销营业执照。

违反本法第四十四条规定,窃取或者以其他非法方式获取、非法出售或者非法向他人提供个人信息,尚不构成犯罪的,由公安机关没收违法所得,并处违法所得一倍以上十倍以下罚款,没有违法所得的,处一百万元以下罚款。

2.《中华人民共和国消费者权益保护法》(2013 修正)

第五十六条　经营者有下列情形之一,除承担相应的民事责任外,其他有

---

① 参见黄海华:《新行政处罚法的若干制度发展》,载《中国法律评论》2021 年第 3 期,第 57 页。

② 参见张继红、姚约茜主编:《"一带一路"沿线国家数据保护与网络安全法律指南》,知识产权出版社 2020 年版,第 61 页。

关法律、法规对处罚机关和处罚方式有规定的,依照法律、法规的规定执行;法律、法规未作规定的,由工商行政管理部门或者其他有关行政部门责令改正,可以根据情节单处或者并处警告、没收违法所得、处以违法所得一倍以上十倍以下的罚款,没有违法所得的,处以五十万元以下的罚款;情节严重的,责令停业整顿、吊销营业执照:

（九）侵害消费者人格尊严、侵犯消费者人身自由或者侵害消费者个人信息依法得到保护的权利的;

经营者有前款规定情形的,除依照法律、法规规定予以处罚外,处罚机关应当记入信用档案,向社会公布。

二、比较法

1. 欧盟《通用数据保护条例》

第83条　行政罚款的一般条件

1. 每个监管机构都应当保证,其根据本条而对第4、5、6条所规定的违反本条例的行为进行罚款,在每个案件中都应当是有效的、成比例的和劝诫性的。

2.根据每个案件的具体情形,行政处罚应当在第58(2)条的(a)至(h)点以及(j)点规定的措施基础上进行追加,或者应当代替这些措施。当在每个具体案件中决定是否应当进行行政处罚,以及决定行政处罚的金额,应当充分考虑如下因素:

(a)结合相关处理的性质、范围或目的,被影响的数据主体的数量以及损害程度而确定的违法的性质、严重性与持续时间;

(b)违法的性质是基于故意还是过失;

(c)控制者或处理者为了减轻数据主体损失而采取的所有行动;

(d)结合控制者或处理者采取的符合第25条和第32条的技术性与组织性措施而认定的控制者或处理者的责任程度;

(e)控制者或处理者之前的所有相关违法行为;

(f)为了纠正违法行为和减轻违法所造成的可能负面影响而和监管机构进行合作的程度;

(g)为违法行为所影响的个人数据类型;

(h)监管机构得知违法行为的方式,特别是控制者或处理者是否对违法

行为进行了报告,以及在何种程度上进行了报告;

(i)如果对同一主题事项已经对控制者或处理者发布第58(2)条规定的措施,对这些措施是否遵守;

(j)遵守符合第40条的已生效的行为准则或符合第42条的已生效的认证机制;以及

(k)对于案件情形可以适用的所有加重或减轻因素,例如因为违法而直接或间接导致的经济收益、避免的损失。

3.如果控制者或处理者故意或过失性地因为同一或相关的处理操作而违反本条例的条款,行政罚款的总额不应当超过最严重违法所确定的额度。

4.违反如下条款,应当按第2段的规定施加最高10000000欧元的行政罚款,如果是企业的话,最高可处相当于其上一年全球总营业额2%的金额的罚款,两者取其高的一项进行罚款:

(a)第8、11、25、26、27、28、29、30、31、32、33、34、35、36、37、38、39、42和43条规定的控制者和处理者的责任;

(b)第42条和第43条规定的认证机构的责任;

(c)第41(4)条规定的监管机构的责任。

5.违反如下条款,应当按第2段的规定施加最高20000000欧元的行政罚款,如果是企业的话,最高可处相当于其上一年全球总营业额4%的金额的罚款,两者取其高的一项进行罚款:

(a)处理的基本原则,包括第5、6、7和9条规定的同意的条件;

(b)第12条至22条规定的数据主体的权利;

(c)第44条至第49条规定的将个人数据转移到第三国或一个国际组织的接收者;

(d)所有第九章规定的符合成员国法律的责任;

(e)违反监管机构根据第58(2)条对处理所发布的命令、或暂时性或确定性的限制,或对数据流动的中止,或违反第58(1)条拒绝提供访问。

6.违反第58(2)条规定的监管机构发布的命令,应当按第2段的规定施加最高20000000欧元的行政罚款,如果是集团的话,可以施加最高前一年全球总营业额4%的罚款,两者取其高的一项进行罚款。

2. 印度《个人数据保护法案》

第十章　处罚和赔偿

57. 违反本法案特定条款的处罚

(1)数据受托者若违反以下条款：

(a)本法案第25条规定的采取积极、合适措施保证数据安全的义务；

(b)为履行本法案第26条第(2)款规定在保护局注册登记；

(c)本法案第27条规定的重大数据受托者进行数据保护评估的义务；

(d)本法案第29条规定的重大数据受托者进行数据审计的义务；

(e)本法案第30条规定的重大数据受托者任命数据保护官的义务,应处以5000万印度卢比,或其上一财政年度全球总营业额2%的罚款(以两者中较高者为准)。

(2)数据受托者若违反以下条款：

(a)本法案第二章或第三章有关个人数据处理的规定；

(b)本法案第四章有关儿童个人数据处理的规定；

(c)本法案第24条规定实施安全保障措施；

(d)本法案第七章有关向印度境外传输个人数据的规定,应处以1.5亿印度卢比,或其上一财政年度全球总营业额4%的罚款(以两者中较高者为准)。

(3)就本条内容而言：

(a)"全球总营业额"系指利润亏损账目或与利润亏损账目同等性质、可适用的其他报表确认的总收入。该收入由印度境内外的销售、供应或分销货物或服务或由于提供服务或前述两者而产生的。

(b)特此澄清,数据受托者全球总营业额是数据受托者全球总营业额和数据受托者所有集团企业全球总营业额之和。该集团企业全球总营业额是指由于数据受托者的处理行为而产生的,需要考虑以下几个因素：

(i)该集团企业与数据受托者总体经济利益的一致性；

(ii)该集团企业与数据受托者的关系,尤其是与数据受托者处理行为之间的关系；

(iii)该集团企业对数据受托者的控制情况,以及视情况考虑,数据受托者对该集团企业的控制情况。

(c)邦违反本条所规定的内容,若违反本条第(1)款,罚款最高不超过5000万印度卢比;若违反本条第(2)款,罚款最高不超过1.5亿印度卢比。

58. 违反本法案第五章关于数据主体规定的处罚

当数据受托者没有任何合理解释,不履行依据本法案第五章关于数据主体规定提出的请求时,按其违法行为存续时间,对其可以每日最高 5000 印度卢比予以罚款。对于重大数据受托者,罚款总额最高不超过 100 万印度卢比,其他情况,罚款总额最高不超过 50 万印度卢比。

59. 未履行提交报告、汇报、信息等义务的处罚

数据受托者应按照本法案以及依据本法案制定的规则和条例要求,向保护局提交报告、汇报或信息。对未履行该义务的数据受托者,按其违法行为存续时间,对其可以每日最高 1 万印度卢比予以罚款。对于重大数据受托者,罚款总额最高不超过 200 万印度卢比,其他情况,罚款总额最高不超过 50 万印度卢比。

60. 未履行保护局指令或命令的处罚

数据受托者或数据处理者应履行保护局依照第 51 条作出的指令或者依照第 54 条作出的命令。对未履行相关指令或命令的数据受托者,按其违法行为存续时间,对其可以每日最高 2 万印度卢比予以罚款,罚款总额最高不超过 2000 万印度卢比。对于未履行相关指令或命令的数据处理者,按其违法行为存续时间,对其可以每日最高 5000 印度卢比予以罚款,罚款总额最高不超过 50 万印度卢比。

61. 对未处以单独处罚的违法行为的处罚

任何违反本法案以及依据本法案制定的规则和条例的行为未被处以单独处罚时,对重要数据受托者处以最高不超过 1000 万印度卢比的罚款;其他情况,处以最高不超过 250 万印度卢比的罚款。

3. 南非《个人信息保护法》

109. 行政罚款

(1)如果责任方被指控违法,监管机构可以向该人(以下称侵权人)当面送达侵权通知,通知必须包括第(2)款所述的内容。

(2)第(1)款所述的通知必须:

(a)写明侵权人的名称和地址。

(b)详细说明所指控罪行的细节。

(c)应缴纳罚款的具体数额。根据本款第(10)款的规定,罚款最高不超过 1000 万兰特。

(d)通知可以要求侵权人在不迟于侵权通知送达之日起 30 天内:

（i）缴纳罚款；

（ii）与监管机构商定分期缴纳罚款；

（iii）对指控所犯本法规定罪行要求进行开庭审判。

（e）写明在允许的时间内如未能遵守通知的要求，将会导致可以按照第（5）款的规定直接收取行政罚款。

（3）在确定罚款金额时，监管机构必须考虑以下因素：

（a）涉及个人信息的性质；

（b）违法行为的持续时间和范围；

（c）受违法行为影响或可能影响的数据主体数量，

（d）是否涉及社会公共利益的重大问题；

（e）实质性损害或困扰的可能性，包括数据主体遭受的情感伤害或焦虑程度；

（f）责任方或第三方是否能够阻止违法行为的发生；

（g）没有进行风险评估，或者没有实施良好的个人信息保护政策、程序和规范的；

（h）责任方是否曾犯本法规定的其他罪行。

（4）如果侵权人对指控违反本法的罪行选择开庭审判，监管机构必须将此案移交南非警察局，并通知侵权者。

（5）如果侵权人未能遵守通知的要求，则监管机构可以向有管辖权法院的书记员或注册人提交一份声明，列明侵权人应缴纳的行政罚款金额，如果法院支持监管机构在声明中的金额要求，则该声明具有民事判决的效力。

（6）责任方依据同一事实被控犯有本法规定之罪行，监管机构可以不按本条规定处以行政罚款。

（7）责任方就同一事实已按本款规定处以罚款的，不再另行追究。

（8）根据本条规定所处行政罚款不构成《1977年刑事诉讼法》（1977年第51号法令）第二十七章规定的既往定罪。

（9）按本条规定应缴纳的罚款，必须交至宪法第213条规定的国家收入基金账户。

（10）部长在与监管机构协商后，可以通过在宪报上发出通知来调整第（2）款第（c）项中提及的金额，即按照宪报不时公布的消费者价格指数的平均数，乘以第（2）款第（c）项所述金额固定不变的年数后得出的前12个月期间的金额。

【参考案例】

1. 重庆新东方非法收集使用消费者个人信息被予以行政处罚。①

主要违法事实:重庆新东方教育培训学校有限公司渝北区分公司未经消费者同意,非法收集、使用 1053 条消费者个人信息,其行为涉嫌违反了《中华人民共和国消费者权益保护法》相关规定,构成侵害消费者个人信息依法得到保护的权利的违法行为。《消费者权益保护法》明文规定,经营者收集、使用消费者个人信息,应当遵循合法、正当、必要的原则,明示收集、使用信息的目的、方式和范围,并经消费者同意。2021 年 8 月 10 日,重庆新东方教育培训学校有限公司渝北区分公司便因违法收集、使用消费者个人信息行为,被重庆市市场监督管理局处以 34 万元的罚款。

2. 违反信用信息采集等规定,交行、华夏、兴业被予以行政处罚。②

主要违法事实:央行 2021 年 8 月 20 日官网发布的行政处罚信息显示,交通银行、华夏银行、兴业银行因违反信用信息采集、提供、查询及相关管理规定,被罚款合计 553 万元。同时,时任交通银行太平洋信用卡中心风险管理和控制部操作风险管理团队经理、资深综合管理顾问的沈奕栋,对交通银行“违反信用信息采集、提供、查询及相关管理规定”违法违规行为负有责任,被罚款 7 万元。

3. 科勒公司因违法收集人脸信息被处罚 50 万元③

科勒公司与万店掌公司签订合约,由万店掌公司在科勒公司门店安装摄像设备,摄像设备自动抓取到店人员的人脸信息,并通过软件系统将收集到的人脸信息图片上传至万店掌公司租用的阿里云服务器,再经过算法计算用于精准统计客流,方便制定销售政策。但当事人在利用上述摄像设备收集消费者人脸信息时,并未取得消费者的明示或授权同意。由于未将消费者个人信息用于商业交易,故无违法所得。

当事人未经消费者同意擅自在门店安装摄像设备抓取人脸信息的行为违

---

① 参见行政处罚决定文书号:渝市监处字(2021)75 号,数据来源:信用中国。

② 参见行政处罚决定文书号:银罚字〔2021〕23 号、24 号、25 号、26 号,数据来源:中国人民银行官网。

③ 参见行政处罚决定文书号:沪市监静处〔2021〕062021000787 号,数据来源:上海市静安区市场监督管理局官网。

反《中华人民共和国消费者权益保护法》第 29 条第 1 款之规定,构成经营者未经消费者同意收集消费者个人信息的违法行为。被中央电视台"315"晚会报道,造成恶劣社会影响,且收集信息数量巨大,依据《中华人民共和国消费者权益保护法》第 56 条第 1 款第(九)项的规定,决定责令当事人改正违法行为并对当事人罚款人民币伍拾万元整。

第六十七条(失信记录)

第六十七条 有本法规定的违法行为的,依照有关法律、行政法规的规定记入信用档案,并予以公示。

【本条主旨】

本条是关于失信约束制度的规定。

【核心概念】

信用档案

信用档案是政府部门或者征信机构对个人、组织的信用信息进行采集、保存、加工而提供的信用记录,体现了个人、组织在市场活动中的可信度、公信力,是证实其是否诚实守信、遵纪守法或有无违法违约、欺诈等行为的重要凭证和依据,是出具信用报告和进行信用惩戒的基础。[①] 部分法律法规中也有采用信用记录这一内涵相近的表述。如《食品安全法》(2021 修正)第 113 条、《固体废物污染环境防治法》(2020 修订)第 28 条、《反不正当竞争法》(2019 修正)第 26 条、《港口法》(2018 修正)第 45 条等。

《国务院关于印发社会信用体系建设规划纲要(2014—2020 年)的通知》(国发〔2014〕21 号)指出,"加快推进信用信息系统建设,完善信用信息的记录、整合和应用,是形成守信激励和失信惩戒机制的基础和前提。"[②]依据《国务院办公厅关于进一步完善失信约束制度构建诚信建设长效机制的指导意见》精神,我们认为这一机制可称之为失信约束制度,即基于信用档案或信用记录,通过

---

① 参见杨合庆主编:《中华人民共和国网络安全法释义》,中国民主法制出版社 2016 年版,第 143 页。
② 《国务院关于印发社会信用体系建设规划纲要(2014—2020 年)的通知》(国发〔2014〕21 号)。

联合惩戒的方式对失信主体加以约束,促使个人、组织诚实守信、遵纪守法。

【条文详解】

一、概述

本条位于第七章法律责任之下,所规定的责任表述为"记入信用档案,并予以公示",我们可以将其称为失信约束制度。严格来说,这并非传统意义上的法律责任,其规范目的在于通过惩戒失信行为的失信约束机制,促使个人信息处理者遵守法律规定,履行个人信息保护的义务。如《国务院关于建立完善守信联合激励和失信联合惩戒制度加快推进社会诚信建设的指导意见》(国发〔2016〕33 号)所言,通过联合惩戒,会使失信者"一处失信,寸步难行",这对促使市场主体遵法守约具有积极意义。

最早对违反个人信息保护规定的行为课以记入信用档案责任的是《全国人民代表大会常务委员会关于加强网络信息保护的决定》(2012 年 12 月 28 日),该决定第 1 条规定,"任何组织和个人不得窃取或者以其他非法方式获取公民个人电子信息,不得出售或者非法向他人提供公民个人电子信息。"第 11 条进而规定,对有违反该决定的,可以记入社会信用档案并予以公布。《中华人民共和国网络安全法》沿袭了这一精神,其第 71 条的规定即与本法本条表述完全一致。此外,《中华人民共和国消费者权益保护法》第 56 条、《中华人民共和国旅游法》第 108 条、《儿童个人信息网络保护规定》(国家互联网信息办公室令第 4 号,2019 年 8 月 22 日发布)第 27 条都体现了这一精神。

对于记入信用档案这一责任形式,需要结合我国当前正在建设的社会信用体系进行理解。我国的社会信用体系建设已经历经十几年的发展并取得了长足的进步,[①]社会信用体系的内涵也在不断丰富和完善,涉及的领域范围,从开始时的经济、金融领域到政务诚信、商务诚信、社会诚信和司法公信,再到实行目录制管理

[①] 2007 年 3 月 23 日,国务院颁布《国务院办公厅关于社会信用体系建设的若干意见》(国办发〔2007〕17 号,现已失效)提出要加快推进社会信用体系建设,2014 年 6 月 14 日,国务院发布了《社会信用体系建设规划纲要(2014—2020 年)》,2016 年 5 月 30,国务院发布《关于建立完善守信联合激励和失信联合惩戒制度加快推进社会诚信建设的指导意见》(国发〔2016〕33 号),2019 年 7 月 9 日,国务院发布《国务院办公厅关于加快推进社会信用体系建设构建以信用为基础的新型监管机制的指导意见》(国办发〔2019〕35 号),2020 年 12 月 7 日,国务院发布《国务院办公厅关于进一步完善失信约束制度构建诚信建设长效机制的指导意见》(国办发〔2020〕49 号)。

界定其范围,其涉及的领域也不断扩充和拓宽。简单来说,社会信用体系建设围绕着建立健全守信激励和失信惩戒这一核心机制展开。这其中就出现了"信用记录""诚信档案""信用档案""失信惩戒""失信约束"等诸多提法。对于个人信息处理者而言,因违反本法规定而记入信用档案的,将有可能受到失信联合惩戒的约束,故为避免受到联合惩戒,个人信息处理者将更注重个人信息保护义务的履行。

二、对本条文的具体理解

本条规定,"有本法规定的违法行为的,依照有关法律、行政法规的规定记入信用档案,并予以公示",本条规定的适用对象是个人信息处理者,显然不包括履行个人信息保护职责的部门,在此不予赘述。

(一) 对"依照有关法律、行政法规的规定"的理解

就记入信用档案的具体实施,尽管国家对于社会信用体系建设出台了一系列政策和文件,但却没有颁布相应的法律和行政法规,而是鼓励各地先行探索,部分地方已经出台了地方性法规及政府规章。① 因此,此处"依照有关法律、行政法规的规定"中的法律、行政法规指向的应该是程序法规定,而非实体法规定。主要理由是,从规范目的的角度来说,本条位于第七章法律责任之下,意在通过失信约束机制,促使个人信息处理者遵守法律规定,履行个人信息保护义务,对此实体法依据即是本法。

以立法实践为例,《网络安全法》第71条与本条表述一致,在国家发展改革委2021年7月13日公布的《全国公共信用信息基础目录(2021年版)(征求意见稿)》中,《网络安全法》第71条被作为公共信用信息归集重点领域的法规政策依据。而《企业信息公示暂行条例》(国务院令第654号,2014年8月7日发布)第6条第1款也规定,"工商行政管理部门应当通过企业信用信息公示系统,公示其在履行职责过程中产生的下列企业信息:(四)行政处罚信息;(五)其他依法应当公示的信息。"据此,市场监督管理部门仅是据实对企业的行政处罚情况进行记录和公示,并不对违法行为作出认定。因此,个人

---

① 截至目前,有海南省(2004)、广东省(2007)、陕西省(2012)、湖北省(2017)、上海市(2017)、河北省(2017)、浙江省(2017)、辽宁省(2019)、河南省(2019)、山东省(2020)、天津市(2020)、内蒙古自治区(2021)、青海省(2021)、重庆市(2021)、江苏省(2021)共15个省级地方制定或修订了关于社会信用的地方性法规,此外还有若干地市的相关规章。这些地方性法规几乎都对守信激励、失信惩戒、失信约束、信用档案作出了规定。

信息处理者因"有本法规定的违法行为"受到了行政处罚的,属于应当记录的企业信用信息,也应进行公示。

不过,如上文所言,我国目前尚无专门的关于记入信用档案或信用记录的程序性法律和行政法规,因此尚需后续出台相应规定,其中或可借鉴《民办教育促进法实施条例》(2021修订)第47条、《粮食流通管理条例》(2021修订)第24条、《医疗器械监督管理条例》(2021修订)第78条、《食品安全法实施条例》(2019修订)第66条,由行政法规作出规定,授权相应主管部门建立对应行业的信用档案并纳入全国信用信息共享平台。

(二) 对"记入信用档案,并予以公示"的理解

如前所述,信用档案即是一种信用记录,两者基本通用。如全国人大常委会法工委经济法室副主任杨合庆所言,信用档案是进行信用惩戒的基础,但对于法律文本中所规定的记入信用档案这一责任形式,究竟属于何种法律责任形式,尚不明了,目前亦缺少相关研究。

我们认为,仅仅是记入信用档案并予以公示这一做法本身并不属于某种传统的法律责任形式,也不属于某种具体的责任承担方式,其仅是对违反法律规定这一事实进行记录并依法公示,是社会信用体系建设的一项具体措施,故而被记入信用档案并不一定会因此承担实质性的责任。不过,作为失信约束制度的一环,信用记录与守信激励和失信惩戒机制密切联系,在因违反本法规定而被记入信用档案之后,个人信息处理者仍有可能受到另一种形式的制裁,即失信惩戒。

如前所述,将违法行为记入信用档案的规定是随着社会信用体系建设的推进而大量出现在各类规范性法律文件中的,其中也包括涉及个人信息保护内容的法律法规。按照《国务院办公厅关于进一步完善失信约束制度 构建诚信建设长效机制的指导意见》(国办发〔2020〕49号)的要求,国家发展改革委2021年7月13日公布了《全国失信惩戒措施基础清单(2021年版)(征求意见稿)》,其中便列出了三类共14项失信惩戒措施。① 有学者将社会信用体

---

① 该清单所列失信惩戒措施包括三类,共14项:一是由国家机关依法依规实施的减损信用主体权益或增加其义务的措施,如限制市场或行业准入、限制任职、限制消费、限制出境、限制升学等;二是由国家机关根据履职需要实施的相关管理措施,不涉及减损信用主体权益或增加其义务,如限制申请财政性资金项目、限制参加评先评优、限制享受优惠政策和便利措施、纳入严重失信主体名单、共享公示失信信息、纳入重点监管范围等;三是由国家机关以外的组织自主实施的措施,如纳入市场化征信或评级报告、从严审慎授信等。

系建设活动总结为"法治分散""德治集中"与"规制强化"三种制度逻辑,①以此为据,具体到个人信息保护法领域,记入信用档案可能会对个人信息处理者产生三个不同方面的影响:第一,在"法治分散"的逻辑上,违法者之外的其他市场主体甚至自然人在知悉违法者的行为被记入信用档案这一事实后,可能会放弃与其交易的念头,这将使得违法者丧失交易机会。第二,在"德治集中"的逻辑上,政府部门对于被记入信用档案的主体,会依规采取失信惩戒的措施,可能使其权益减损或有所限制。第三,在"规制强化"的逻辑上,违法者会因顾忌这种代价而遵守法律的规定,从而使法律达到个人信息保护的目的。

对于信用信息的公示,我国建立了全国信用信息共享平台。该平台具备信用信息归集、共享、应用服务等功能,并可以向接入政务部门及地方平台提供核心数据机制化共享,以及信息查询、失信核验等服务,公开信息可通过"信用中国"网站面向社会公众服务。②

综上所述,作为一种失信约束机制,只要被认定有本法规定的违法行为的,依照有关法律、行政法规的规定,都可能被记入信用档案并予以公示。同时,被记入信用档案虽不一定会因此承担法律责任,但必然会为此付出相应代价。

【参考条文】

一、国内立法

1.《中华人民共和国网络安全法》

第四十一条　网络运营者收集、使用个人信息,应当遵循合法、正当、必要的原则,公开收集、使用规则,明示收集、使用信息的目的、方式和范围,并经被收集者同意。

网络运营者不得收集与其提供的服务无关的个人信息,不得违反法律、行政法规的规定和双方的约定收集、使用个人信息,并应当依照法律、行政法规的规定和与用户的约定,处理其保存的个人信息。

---

① 对于这一解读社会信用体系建设的整体视角,参见戴昕:《理解社会信用体系建设的整体视角:法治分散、德治集中与规制强化》,载《中外法学》2019 年第 6 期。

② 参见《全国信用信息共享平台简介》,载国家公共信用信息中心网站,2020 年 10 月 22 日,http://www.ncpci.org.cn/ztzl/202010/t20201022_213912. html。

第四十二条　网络运营者不得泄露、篡改、毁损其收集的个人信息;未经被收集者同意,不得向他人提供个人信息。但是,经过处理无法识别特定个人且不能复原的除外。

网络运营者应当采取技术措施和其他必要措施,确保其收集的个人信息安全,防止信息泄露、毁损、丢失。在发生或者可能发生个人信息泄露、毁损、丢失的情况时,应当立即采取补救措施,按照规定及时告知用户并向有关主管部门报告。

第七十一条　有本法规定的违法行为的,依照有关法律、行政法规的规定记入信用档案,并予以公示。

2.《中华人民共和国消费者权益保护法》(2013 年修正)

第五十六条　经营者有前款规定情形的,除依照法律、法规规定予以处罚外,处罚机关应当记入信用档案,向社会公布。

3.《中华人民共和国旅游法》(2018 修正)

第五十二条　旅游经营者对其在经营活动中知悉的旅游者个人信息,应当予以保密。

第八十六条第二款　监督检查人员对在监督检查中知悉的被检查单位的商业秘密和个人信息应当依法保密。

第一百零八条　对违反本法规定的旅游经营者及其从业人员,旅游主管部门和有关部门应当记入信用档案,向社会公布。

4.《全国人民代表大会常务委员会关于加强网络信息保护的决定》(2012 年 12 月 28 日第十一届全国人民代表大会常务委员会第三十次会议通过)

十一、对有违反本决定行为的,依法给予警告、罚款、没收违法所得、吊销许可证或者取消备案、关闭网站、禁止有关责任人员从事网络服务业务等处罚,记入社会信用档案并予以公布;构成违反治安管理行为的,依法给予治安管理处罚。构成犯罪的,依法追究刑事责任。侵害他人民事权益的,依法承担民事责任。

5.《企业信息公示暂行条例》(国务院令第 654 号,2014 年 8 月 7 日发布)

第六条　工商行政管理部门应当通过企业信用信息公示系统,公示其在履行职责过程中产生的下列企业信息:

（四）行政处罚信息；

（五）其他依法应当公示的信息。

6.《儿童个人信息网络保护规定》（国家互联网信息办公室令第4号，2019年8月22日发布）

第二十七条 违反本规定被追究法律责任的，依照有关法律、行政法规的规定记入信用档案，并予以公示。

第六十八条（国家机关及其工作人员的责任）

第六十八条 国家机关不履行本法规定的个人信息保护义务的，由其上级机关或者履行个人信息保护职责的部门责令改正；对直接负责的主管人员和其他直接责任人员依法给予处分。

履行个人信息保护职责的部门的工作人员玩忽职守、滥用职权、徇私舞弊，尚不构成犯罪的，依法给予处分。

【本条主旨】

本条是关于国家机关及其工作人员相关责任的规定。本条有两款，第1款规定上级机关或者履行个人信息保护职责的部门对相关国家机关不履行本法规定的个人信息保护义务的，责令改正及对直接负责的主管人员和其他直接责任人员的依法处分；第2款规定对履行个人信息保护职责部门的工作人员玩忽职守、滥用职权、徇私舞弊的处分。

【核心概念】

国家机关

国家机关是指国家为实现其政治统治职能和管理职能而设立的国家机构的总称，包括立法机关、行政机关、监察机关、审判机关、检察机关和军事机关，它们主要的活动经费都是由中央和地方各级财政负担。国家机关的设立都有相应的组织法依据，如宪法、国务院组织法、地方和各级人民代表大会和地方各级人民政府组织法、监察法、人民法院组织法、人民检察院组织法等法律。而依据《民法典》第97条的规定，承担行政职能的法定机构也具有机关法人资格，例如银保监会、证监会、社保机构等，它们本身不是行政机构，但又对国家政治、经济和社会公共事务进行管理，行使一定的行政管理职能。①

处分

处分是为了督促公职人员依法履行职责,由国家机关、事业单位对其所属的违反有关法律、法规、规章规定的公职人员实施的一种惩戒。在《中华人民共和国公职人员政务处分法》出台之后,我国实行的是政务处分与处分双轨并行的二元处分体制,即由监察机关对违法的公职人员给予政务处分,由公职人员任免机关、单位对违法的公职人员给予处分,两者相互协调,相互衔接。此外,对公职人员的同一违法行为,监察机关和公职人员任免机关、单位不得同时适用政务处分和处分,即一事不再罚。

滥用职权

滥用职权是指国家机关工作人员超越职权,违法决定、处理其无权决定、处理的事项,或者违反规定处理公务。② 其通常表现为:超越职权,擅自决定或者处理无权决定、处理的事项;玩弄职权,随心所欲地对事项作出决定或者处理;任意放弃履职,故意不履行应当履行的职责;以权谋私、假公济私,出于不当目的而实施职务行为等。③

玩忽职守

玩忽职守是指国家机关工作人员对本职工作严重不负责,不履行、不正确履行或者放弃履行其职责,包括作为与不作为。玩忽职守的作为,是指国家机关工作人员不正确履行职责义务的行为。玩忽职守的不作为,是指国家工作人员不尽职责义务的行为,即对自己应当履行且有条件履行的职责,未尽应尽的职责义务。要注意将玩忽职守与工作失误相区别,工作失误是行为人认真履行自己的职责义务,且往往是由于制度不完善、管理有弊端、方案不科学、能力有不足、经验不丰富等原因,导致在积极工作中发生错误,造成国家和人民利益重大损失。④

徇私舞弊

徇私舞弊是指国家机关工作人员为徇私情、私利,故意违背事实和法律,

---

① 参见最高人民法院民法典贯彻实施工作领导小组主编:《中华人民共和国民法典总则编理解与适用(上)》,人民法院出版社 2020 年版,第 492 页。
② 参见《最高人民检察院关于渎职侵权犯罪案件立案标准的规定》。
③ 参见刘静坤编:《刑法条文理解与司法适用(下)》,法律出版社 2021 年版。
④ 参见刘静坤编:《刑法条文理解与司法适用(下)》,法律出版社 2021 年版。

伪造材料,隐瞒情况,弄虚作假的行为。

【条文详解】

一、概述

本条第 1 款规定的是国家机关不履行个人信息保护义务时国家机关及其工作人员的法律责任,第 2 款规定的是履行个人信息保护职责的部门的工作人员渎职时的法律责任。此条规定延续了我国在国家机关实施违法行为时"机关—个人"双层责任的规范构造,例如《行政处罚法》第 76 条规定,行政机关实施行政处罚,在某些违法情形下,由上级行政机关或者有关机关责令改正,对直接负责的主管人员和其他直接责任人员依法给予处分。

在此需要注意到,本条第 2 款为三审稿新增,但所规定者与第 1 款截然不同。本条第 2 款规定的是履行个人信息保护职责的部门的工作人员有玩忽职守、滥用职权、徇私舞弊等渎职行为的,当不构成犯罪时,依法给予处分。

涉及个人信息保护且规定"责令改正"这一责任形式的条文亦见于其他法律法规。例如,《公共图书馆法》第 50 条第(二)项规定,公共图书馆及其工作人员出售或非法向他人提供读者的相关个人信息的,由文化主管部门责令改正;《社会救助暂行办法》第 66 条第(四)项规定,社会救助管理部门泄露在工作中知悉的公民个人信息,造成后果的,由上级行政机关或者监察机关责令改正;对直接负责的主管人员和其他直接责任人员依法给予处分。

对违反法律法规规定的国家机关或单位工作人员给予处分是法定的惩戒方式,大量法律法规对此作出了规定,包括诸多涉及个人信息保护的法律法规也有类似规定。例如,《统计法》第 39 条第(二)项规定,县级以上人民政府统计机构或者有关部门有泄露个人信息或者提供相关资料的,由有权机关依法对直接负责的主管人员和其他直接责任人员给予处分;《社会保险法》第 92 条规定,社会保险行政部门和其他有关机构及其工作人员泄露用人单位和个人信息的,对直接负责的主管人员和其他直接责任人员依法给予处分;此外还有《医疗保障基金使用监督管理条例》第 46 条、《居住证暂行条例》第 20 条第(四)项、《征信业管理条例》第 43 条、《中华人民共和国护照法》第 20 条第(五)项等。

二、国家机关不履行本法规定的个人信息保护义务的责任

本款对责任承担的两类主体进行了规定：一是不履行个人信息保护义务的国家机关；二是不履行个人信息保护义务的国家机关中直接负责的主管人员和其他直接责任人员。同时这两者并非是两者择其一的关系，而是分别课以"责令改正"和"处分"的法律责任。

（一）相关国家机关的责任

在责任的承担方式上，本款区分了不同主体。对于国家机关不履行个人信息保护义务的，本条规定由其上级机关或履行个人信息保护职责的部门责令其改正。

上级机关或履行个人信息保护职责部门的责令改正，是要求违反本法规定的国家机关为或不为一定行为的命令，即履行应当履行的义务，使原本偏离法律规定的行为得以纠正，以及失序的法律秩序恢复到应然的状态。因此在具体责任承担上，即在于违反本法规定的国家机关在被责令改正之后应作为或不作为。具言之，对于因主动作为而违法的，责令其停止行为；对于因不作为而违法的，责令其主动作为，履行义务。如国家机关违反本法第34条规定，违反权限、程序，超出履行法定职责所必需的范围和限度处理个人信息的，即可责令其停止该违法行为；国家机关处理个人信息，未依本法第51条采取安全保护措施，属于不作为，可责令其该主动作为，依法采取必要安全保护措施。

（二）直接负责的主管人员和其他直接责任人员的责任

国家机关并不是具体的个人，其职能的履行只能通过个人来进行，因此，国家机关不履行个人信息保护义务的，在微观上是该机关组成人员未能履行应尽的职责。一方面，我国在行政机关中实行的是首长负责制，即机构的长官对机构的行为负责，在具体的个人信息保护领域也是如此，即有直接负责的主管人员，因而某一国家机关不履行个人信息保护义务时，该机关的直接负责的主管人员自然需承担相应的责任。另一方面，在具体的个案中，国家机关不履行个人信息保护义务时，通常是具体的工作人员违法或违规致使国家机关违反有关个人信息保护义务，因此，自然也需对有直接责任的工作人员给予处分。

对于应予以处分的主管人员和责任人员，本款用"直接"对此加以限定和明确。首先，直接负责的主管人员应是在其职能分工上直接组织和领导国家

机关履行个人信息保护义务的管理人员。此时的"直接",意味着主管人员对国家机关履行个人信息保护义务与否及程度具有直接的决定力和影响力。其次,直接责任人员应是在具体个案中,与国家机关不履行个人信息保护义务的事件的发生有直接因果关系的工作人员。

此外,依据本法第37条的规定,法律、法规授权的具有管理公共事务职能的组织为履行法定职责处理个人信息,也适用本法关于国家机关处理个人信息的规定,因此,这类组织不履行本法规定的义务时,其直接负责的主管人员和其他直接责任人员也应参照上述分析作相同理解。

（三）直接负责的主管人员和其他直接责任人员的责任承担方式

对于不履行个人信息保护义务的国家机关中直接负责的主管人员和其他直接责任人员,其责任承担方式为处分。如前所述,处分是为了督促公职人员依法履行职责,对有违法违纪行为的公职人员实施的一种惩戒。对公职人员的处分,其依据为《中华人民共和国公务员法》《中华人民共和国公职人员政务处分法》和《行政机关公务员处分条例》。据《行政机关公务员处分条例》,处分的种类可分为:(一)警告;(二)记过;(三)记大过;(四)降级;(五)撤职;(六)开除。处分的期间相应为:(一)警告,六个月;(二)记过,十二个月;(三)记大过,十八个月;(四)降级、撤职,二十四个月。撤职即撤销公职人员的职位。开除即解除其与单位的人事关系,不得再担任公职。对于受到处分的公职人员,其薪资、职务等级、人事关系和劳动关系都会受到不同程度的影响。

法律、法规授权的具有管理公共事务职能的组织(如事业单位)不履行个人信息保护义务,其直接负责的主管人员和其他直接责任人员的处分,依据《事业单位人事管理条例》(国务院令第652号,2014年4月25日发布)和《事业单位工作人员处分暂行规定》(人社部、监察部令第18号,2012年8月22发布),处分的种类可分为:警告、记过、降低岗位等级或者撤职、开除,相应的处分期间为:警告,6个月;记过,12个月;降低岗位等级或者撤职,24个月。此处的开除即解除聘用合同,终止与事业单位间的人事关系。

三、履行个人信息保护职责的部门的工作人员渎职时的责任

履行个人信息保护职能的部门,是指本法第六章规定的国家机关,包括国家网信部门、国务院有关部门依照本法和有关法律及行政法规的规定在各自职责范围内负责个人信息保护和监督管理工作的部门、县级以上地方人民政府负责个人信息保护和监督管理职责的部门(第 60 条)。显然,这类部门在履职时的角色并非个人信息处理者,而是代表国家行使行政权力,是个人信息的保护者和监管者。因此这类部门的工作人员玩忽职守、滥用职权、徇私舞弊的渎职行为所违反的并非个人信息保护义务,不适用本条第 1 款规定。故而本法三审稿新增了本条第 2 款的规定。

在适用主体上,本款仅适用于履行个人信息保护职责的部门的工作人员。即本法第 60 条所规定的部门中的工作人员。这与第 1 款规定显著不同。

在行为表现上,本款规定了"玩忽职守、滥用职权、徇私舞弊"三种渎职行为,即只要存在其中一种,在不构成犯罪的情况下,均应予以处分。在刑法上,玩忽职守和滥用职权均需达到致使公共财产、国家和人民利益遭受重大损失的程度方才构成犯罪。对于徇私舞弊,刑法上并无徇私舞弊罪,且对于徇私和舞弊是主观要素抑或客观要素尚有争论,①则徇私舞弊能否在本款中成为单独的违法行为,尚有疑问。不过,本法将徇私舞弊与玩忽职守和滥用职权并列,应当认为其可成为独立的违法行为表现。

在法律责任上,本款规定,"尚不构成犯罪的,依法给予处分"。这有两层含义:第一,对履行个人信息保护职责的部门的工作人员渎职的行为,若依据《刑法》第九章渎职罪的规定属于犯罪的,则按《刑法》的有关规定处置,此处不赘;第二,尚不构成渎职犯罪的,则依法给予处分。此处的处分可参考上述关于"直接负责的主管人员和其他直接责任人员的责任承担方式",此处亦不再赘述。

【参考条文】

一、国内立法

1.《中华人民共和国刑法》

第三百九十七条　国家机关工作人员滥用职权或者玩忽职守,致使公共财产、国家和人民利益遭受重大损失的,处三年以下有期徒刑或者拘役;情节特别严重的,处三年以上七年以下有期徒刑。本法另有规定的,依照规定。

国家机关工作人员徇私舞弊,犯前款罪的,处五年以下有期徒刑或者拘

---

① 参见张明楷:《刑法学(下)》(第 5 版),法律出版社 2016 年版,第 1241—1243 页。

役;情节特别严重的,处五年以上十年以下有期徒刑。本法另有规定的,依照规定。

2.《中华人民共和国网络安全法》

第七十三条 网信部门和有关部门违反本法第三十条规定,将在履行网络安全保护职责中获取的信息用于其他用途的,对直接负责的主管人员和其他直接责任人员依法给予处分。

网信部门和有关部门的工作人员玩忽职守、滥用职权、徇私舞弊,尚不构成犯罪的,依法给予处分。

3.《中华人民共和国数据安全法》

第四十九条 国家机关不履行本法规定的数据安全保护义务的,对直接负责的主管人员和其他直接责任人员依法给予处分。

4.《中华人民共和国国家情报法》(2018 修正)

第三十一条 国家情报工作机构及其工作人员有超越职权、滥用职权,侵犯公民和组织的合法权益,利用职务便利为自己或者他人谋取私利,泄露国家秘密、商业秘密和个人信息等违法违纪行为的,依法给予处分;构成犯罪的,依法追究刑事责任。

5.《中华人民共和国电子商务法》

第八十七条 依法负有电子商务监督管理职责的部门的工作人员,玩忽职守、滥用职权、徇私舞弊,或者泄露、出售或者非法向他人提供在履行职责中所知悉的个人信息、隐私和商业秘密的,依法追究法律责任。

6.《中华人民共和国护照法》

第二十条 护照签发机关工作人员在办理护照过程中有下列行为之一的,依法给予行政处分;构成犯罪的,依法追究刑事责任:

(五)泄露因制作、签发护照而知悉的公民个人信息,侵害公民合法权益的;

7.《中华人民共和国统计法》(2009 修订)

第三十九条 县级以上人民政府统计机构或者有关部门有下列行为之一的,对直接负责的主管人员和其他直接责任人员由任免机关或者监察机关依法给予处分:

(二)泄露统计调查对象的商业秘密、个人信息或者提供、泄露在统计调查中获得的能够识别或者推断单个统计调查对象身份的资料的;

8.《中华人民共和国社会保险法》(2018 修正)

第九十二条 社会保险行政部门和其他有关行政部门、社会保险经办机构、社会保险费征收机构及其工作人员泄露用人单位和个人信息的,对直接负责的主管人员和其他直接责任人员依法给予处分;给用人单位或者个人造成损失的,应当承担赔偿责任。

9.《中华人民共和国公共图书馆法》(2018 修正)

第五十条 公共图书馆及其工作人员有下列行为之一的,由文化主管部门责令改正,没收违法所得:

(二)出售或者以其他方式非法向他人提供读者的个人信息、借阅信息以及其他可能涉及读者隐私的信息;

10.《居住证暂行条例》

第十七条 国家机关及其工作人员对在工作过程中知悉的居住证持有人个人信息,应当予以保密。

第二十条 国家机关及其工作人员有下列行为之一的,依法给予处分;构成犯罪的,依法追究刑事责任:

(四)将在工作中知悉的居住证持有人个人信息出售或者非法提供给他人;

(五)篡改居住证信息。

11.《社会救助暂行办法》(2019 修正)

第六十六条 违反本办法规定,有下列情形之一的,由上级行政机关或者监察机关责令改正;对直接负责的主管人员和其他直接责任人员依法给予处分:

(四)泄露在工作中知悉的公民个人信息,造成后果的;

12.《医疗保障基金使用监督管理条例》

第四十六条 医疗保障等行政部门、医疗保障经办机构、会计师事务所等机构及其工作人员,泄露、篡改、毁损、非法向他人提供个人信息、商业秘密的,对直接负责的主管人员和其他直接责任人员依法给予处分;违反其他法律、行政法规的,由有关主管部门依法处理。

13.《征信业管理条例》

第四十三条 国务院征信业监督管理部门及其派出机构的工作人员滥用职权、玩忽职守、徇私舞弊,不依法履行监督管理职责,或者泄露国家秘密、信息主体信息的,依法给予处分。给信息主体造成损失的,依法承担民事责任;构成犯罪的,依法追究刑事责任。

【参考案例】

邓飞诉宁波市海曙区市场监督管理局违法
向他人提供原告有关投诉举报信息案①

2014年5月29日,原告邓飞以好又多公司为被告向海曙法院提起民事诉讼。好又多公司为证明其诉讼主张,于同年8月5日向被告海曙市场监管局提出调查申请。被告海曙市场监管局根据调查申请,向好又多公司提供了有关原告在被告处进行消费投诉的相关记录共19份,包含10份12315消费者申诉转办单、6份消费者投诉登记表、1份举报登记表和2份终止调解通知书。原告对该行为不服,向宁波市市场监督管理局提起行政复议。复议机关2015年3月30日作出维持决定。原告遂提起行政诉讼。

人民法院认为,工商行政管理部门对投诉、举报事项、受理情况以及与举报人、投诉人相关的信息应予以保密,不得随意泄露、转交他人。因此,对举报投诉材料进行妥善保管,避免因泄露而影响消费者行使监督权,是被告在履行工商管理职权中应负的法律义务。在本案中,原告与好又多之间存在举报人与被举报人的关系,而被告仅依好又多公司的申请,将原告投诉举报信息转交好又多公司的行政行为,违反了《消费者权益保护法》第32条有关被告负有保护消费者合法权益的职权要求,是不当行使行政管理职权的表现。遂确认被告宁波市海曙区市场监督管理局向宁波好又多百货有限公司提供原告有关投诉举报信息的行为违法。

第六十九条(民事责任)

第六十九条 处理个人信息侵害个人信息权益造成损害,个人信息处理者不能证明自己没有过错的,应当承担损害赔偿等侵权责任。

前款规定的损害赔偿责任按照个人因此受到的损失或者个

---

① 参见浙江省宁波市海曙区人民法院(2015)甬海行初字第14号判决书。

人信息处理者因此获得的利益确定;个人因此受到的损失和个人
信息处理者因此获得的利益难以确定的,根据实际情况确定赔偿
数额。

【本条主旨】

本条是关于侵害个人信息权益的侵权责任的规定。本条有两款,第 1 款
是关于过错推定责任的规定;第 2 款是关于损害赔偿的规定。

【核心概念】

损害

损害是损害赔偿责任的必备构成要件,它是指因行为人的行为造成受害
人的权益遭受不利后果的状态,一般包括人身损害、财产损害和精神损害。人
身损害是侵犯他人生命健康权益造成致死、致残或致伤的后果,一般不存在侵
害个人信息权益导致人身损害的情形。财产损害又称为财产损失,可分为直
接损失、间接损失和纯粹经济损失。

损失

个人信息权益的"损失"通常仅指财产上的损害,根据本条规定,以"受到
的损失"作为一般损害赔偿责任的数额基数之一,按照被侵害利益的性质来
区分,受到的损失包括直接损失与间接损失。"直接损失是指已得利益之丧
失或说现有财产之减损。间接损失是指可得利益或说将来可得财产之减
损。"①对应了大陆法系的所受损害与所失利益。

个人信息权益的"损害",往往会同时造成人格权益与财产权益的"损
害",例如信息处理者处理个人信息本应基于合同支付一定的费用或者其他
对价财产利益给信息主体,但未经信息主体的同意也未支付合理对价,即是同
时造成个人信息主体人格权益与财产权益的双重"损害"后果。对此,信息主
体受到的"损失"是人格权益与财产权益的"损害"之和。

一方面,财产权益的"损害"转化计算为信息主体所受"损失"理应不存在
障碍,可以将个人信息的交易费用视为权利人的实际损失。交易费用是信息
主体授权他人"处理"个人信息所获得的一定财产利益。由于信息处理者未

---

① 张新宝:《侵权责任构成要件研究》,法律出版社 2007 年版,第 132 页。

经信息主体的"同意",擅自处理他人的个人信息,未向信息主体支付合理的交易费用,致使信息主体本可以基于"同意"规则从信息处理者处获得的交易费用丧失,即是可得利益的损失。

另一方面,人格权益的损害,亦即"无形损害"如何转化成为信息主体所受"损失"需要进一步讨论。《民法典》精神损害赔偿制度有着跨越式的发展,即是第996规定在"违约责任"中也可以请求精神损害赔偿,①但除了依然要求造成"严重精神损害"的条件之外,还要求受到损害的必须是人格权。然而,个人信息权益是否属于"人格权"尚存争议,加之即便认为个人信息权益是人格权,那些侵害个人信息权益但又未造成"严重的精神损害"的也无法通过精神损害赔偿制度获得赔偿。

【条文详解】

一、概述

本条第 1 款规定了个人信息处理者侵害个人信息权益时的侵权责任,更重要的是确定了过错推定。此外,本条第 2 款还对损害赔偿的范围及顺序做了规定。本条在草案一审稿中曾经规定,"因个人信息处理活动侵害个人信息权益的,按照个人因此受到的损失或者个人信息处理者因此获得的利益承担赔偿责任",从文义上看,此处只需存在侵害行为、有权益受侵害的结果和因果关系时即可要求个人信息处理者承担侵权责任,即可以认为采纳了无过错责任原则;不过草案一审稿中该条文的后半段又规定"个人信息处理者能够证明自己没有过错的,可以减轻或者免除责任",又可以理解为采纳了过错推定,草案一审稿的规定似乎互相矛盾。因此,草案二审稿修改为"个人信息权益因个人信息处理活动受到侵害,个人信息处理者不能证明自己没有过错的,应当承担损害赔偿等侵权责任",并在最终形成了现在的条文。

此前,涉及个人信息保护的诸多法律,对于侵害个人信息权益的民事责任多是仅仅提到"依法承担民事责任",如《全国人民代表大会常务委员会关于加强网络信息保护的决定》(2012 年 12 月 28)第 11 条和《网络安全法》第 74 条第 1 款,或是只规定"依法追究法律责任",如《电子商务法》第 87 条。与此

---

① 《民法典》第996条规定:"因当事人一方的违约行为,损害对方人格权并造成严重精神损害,受损害方选择请求其承担违约责任的,不影响受损害方请求精神损害赔偿。"

相比,修正于 2013 年的《消费者权益保护法》第 50 条反而规定得更为具体明确,因而更有利于个人信息权益的保护。该条文规定,经营者侵害消费者个人信息依法得到保护的权利的,应当停止侵害、恢复名誉、消除影响、赔礼道歉,并赔偿损失。但这一规定仅限于消费者权益保护领域,至于其他领域则须借助于《侵权责任法》第 36 条或此后的《民法总则》第 111 条与《侵权责任法》第 6 条的结合。本条确定侵害个人信息权益的侵权责任适用过错推定责任,具有重大意义。

二、侵害个人信息权益损害赔偿责任的构成要件

1. 推定的过错

在侵权法上,受害人因权益受到侵害而发生的损害,其可将损害赔偿之责任归于加害人的理由称为损害归责事由,即归责原则。我国《民法典》第 1165 条第 1 款规定了过错责任原则,第 2 款则规定了过错推定责任原则。过错责任原则要求行为人对加害行为具有过错始得承担责任。但是在某些场合,依据举证责任的规则,受害人要举证证明加害人存在过错难度很大,使得受害人难以得到救济,因此法律规定了在特定情形下,由加害人证明自己没有过错,如其举证不能则应承担侵权责任,此为过错推定责任原则。在大数据时代,掌握大量个人信息的主体通常也都具有强大的经济和技术实力,个人显然不具有与之相比的举证能力。因而本条第 1 款规定了个人信息处理者的过错推定责任,将举证责任倒置给个人信息处理者,其不能证明自己没有过错的,应当承担损害赔偿等侵权责任。

不论是过错责任抑或过错推定责任,核心在于过错的认定,目前对此存在主观过错、客观过错与综合过错的分歧。主观过错即行为人对自己行为及其后果所具有的主观心理状态;客观过错是指行为人违反了法定的义务或者未尽到一般人所能尽到的注意义务;综合过错则同时考量行为人的主观心理状态和具体行为。我们认为对于本条中的过错应采客观过错说,并且,我们进一步认为本条的推定过错应理解为行为违法性的推定,个人信息处理者存在违反本法规定侵害个人信息权益的行为,即可推定其存在过错,其应对个人信息处理行为的违法性提供反证。

首先,客观过错说将行为人的客观行为作为主要考量因素,实践中更易于对过错的把握,因而过错认定的客观化是当前的趋势。其次,《个人信息

保护法》对个人信息处理的全过程都设立了全面的规则与义务,违反本法规定的规则与义务,则显然可以认定个人信息处理者存在过错。如本法第51条所规定的确保个人信息安全的义务,其中已列举了较为全面的必要措施,若发生了未经授权的访问或者个人信息泄露、篡改、丢失的事件,应推定其安全保护措施未达到法律的要求,因而对损害的发生具有过错,这显然利于对过错的认定。再次,依据本条规定的过错推定责任原则,须由个人信息处理者对自己没有过错进行证明,而实践中,个人信息处理者也多是从其行为没有违反法律规定的义务和要求等客观行为来证明的,所以对个人信息处理者而言,自证行为没有违法性以证明其没有过错,客观上也是便利的。

2. 加害行为

加害行为是指行为人实施的侵害受害人受到法律保护的权利和合法权益的行为,通常要求此等行为具有违法性或称为不法性。对绝对权利的侵害,该行为的不法性是不需要加以证明的,但是行为人可以通过证明其实施加害行为具有法律上的授权而主张行为没有违法性。就侵害个人信息权益的侵权责任构成要件而言,所需要强调的是:(1)行为人实施了处理个人信息的行为,是在处理个人信息的过程中实施加害行为;(2)行为人处理个人信息的行为违反了个人信息保护法规定的义务,加害行为直接作用于受害人受到保护的个人信息权益。

3. 损害事实

损害是指因行为人的行为造成受害人的权益遭受不利后果的状态,一般包括人身损害、财产损失和精神损害。就个人信息权益受侵害后的损害而言,除直接的精神损害之外,其中的人身损害、财产损失多是新型的次生损害,且在一定程度上会陷入损害难以认定的困境。[①] 对于次生损害,典型如个人信息泄露之后遭到欺诈、勒索、盗用、冒领等造成的财产损失或者被用于犯罪造成人身损害。此外,还有为了制止侵权行为所支出的各项合理费用。

虽然对于本法所保护的个人信息权益究竟包含哪些内容尚有争议,不过

---

① 参见叶名怡:《个人信息的侵权法保护》,载《法学研究》2018年第4期,第88—90页。

其中至少含有人格权益是没有疑问的。① 本条所称的损害并未区分人身损害、财产损失和精神损害，所以当然包括精神损害在内。因此侵害个人信息权益，绝大多数时候产生的是精神损害。所谓精神损害，是指"被侵权人因为他人的侵害而产生的精神方面的痛苦、疼痛和严重的精神反常现象"。不过，对于精神损害赔偿，我国《民法典》第1183条要求达到"严重精神损害"的程度。这是否意味着本条所包括的精神损害也应达到严重程度方可获得赔偿，存在疑问。

我们认为，对于个人信息权益受侵害后的精神损害赔偿，不需达到严重精神损害的程度即可请求。首先，如前所述，本条所称的损害包含了精神损害，而本条后半同时规定，个人信息处理者不能证明自己没有过错的，应当承担损害赔偿等侵权责任，其中并没有特别指出对于精神损害赔偿应达到严重程度，也即只需存在损害即可请求赔偿。其次，精神上的痛苦本就难以量化，更难以举证。而现实中发生侵害个人信息权益造成精神损害的情况极为常见，并且大多数时候并没有伴随着直接或间接的财产损失，受害人无法主张财产损失，却又苦于难以证明精神损害达到严重程度，这在事实上使得受害人被侵害的权益无法得到救济。再次，《个人信息保护法》本就立意通过保护个人信息以彰显对公民人格尊严的重视，坚持精神损害需达到"严重"程度恐与此旨意不符。最后，《民法典》是民事领域的基本法和一般法，而《个人信息保护法》中关于侵害个人信息权益承担损害赔偿责任的规定相对《民法典》而言则是特别法，因此在适用上，将本条规定解释为不要求精神损害达到严重程度，在法理上无障碍。因此，依据本条规定请求精神损害赔偿不应要求达到严重精神损害的程度。

4. 因果关系

因果关系是指行为人的加害行为作为原因，损害事实作为结果，在二者之间存在的前者导致后者发生的客观关系。② 对于简单的侵权行为，因果关系的判断较为容易，但对于侵害个人信息权益造成损害的，如何证明存在因果关

---

① 参见程啸：《论我国民法典中个人信息权益的性质》，载《政治与法律》2020年第8期，第3页；陈吉栋：《个人信息的侵权救济》，载《交大法学》2019年第4期，第49页；刘金瑞：《个人信息与权利配置——个人信息自决权的反思和出路》，法律出版社2017年版，第109—119页。

② 参见黄薇编：《中华人民共和国民法典侵权责任编解读》，中国法制出版社2020年版，第11页。

系,困难较大。由于个人信息具有公共性,个人信息的处理行为涵盖了收集、存储、使用、加工、传输、提供、公开、删除等各个环节,即任何一个环节均有可能发生侵害个人信息权益的行为,并且其中可能会涉及各个不同的主体,导致因果关系的链条异常复杂。因此对于因果关系的判定,应结合具体案件综合分析。

三、侵害个人信息权益损害赔偿金额的确定

本条第二款规定了侵害个人信息权益的损害赔偿金额如何确定的方式。这与《民法典》第1182条极为相似,但《民法典》该条文规定的是侵害他人的人身权益造成财产损失时的赔偿数额确定方式,本款规定则并未将其范围限定为侵害他人的人身权益造成的财产损失。因此本款适用于侵害个人信息权益造成被侵权人财产损失、人身损害和精神损害的情况,是关于此类情况下财产损失、人身损害和精神损害的损害赔偿标准及其标准适用顺序的规定。

虽然本款并未限定其适用范围,但其规范内容基本上承继了《侵权责任法》第20条、《民法典》第1182条的规定,只是在几个赔偿标准的适用顺序上作出了适当调整。对于侵害他人人身权益造成财产损失的赔偿数额如何确定,我国侵权责任领域的新旧法律对此的规定并不一致。在《侵权责任法》第20条中,赔偿数额须按照"被侵权人因此受到的损失赔偿""侵权人因此获得的利益"、协商一致、"人民法院根据实际情况确定"四个步骤依次进行确定。而在《民法典》第1182条中,赔偿数额首先按照被侵权人因此受到的损失或者侵权人因此获得的利益确定,并未规定两者的顺序;其次,若这两者均难以确定的,则由双方协商;再次,无法协商一致时则由人民法院根据实际情况确定。① 而在知识产权领域,《著作权法》和《专利法》未规定"实际损失"与"获

---

① 《侵权责任法》第20条规定:"侵害他人人身权益造成财产损失的,按照被侵权人因此受到的损失赔偿;被侵权人的损失难以确定,侵权人因此获得利益的,按照其获得的利益赔偿;侵权人因此获得的利益难以确定,被侵权人和侵权人就赔偿数额协商不一致,向人民法院提起诉讼的,由人民法院根据实际情况确定赔偿数额。"《民法典》第1182条规定:"侵害他人人身权益造成财产损失的,按照被侵权人因此受到的损失或者侵权人因此获得的利益赔偿;被侵权人因此受到的损失以及侵权人因此获得的利益难以确定,被侵权人和侵权人就赔偿数额协商不一致,向人民法院提起诉讼的,由人民法院根据实际情况确定赔偿数额。"

得的利益"的先后顺序,《商标法》规定了先"实际损失"后"获得的利益"的确定顺序。①

本款只规定了两个步骤:首先是按照个人因此受到的损失或者个人信息处理者因此获得的利益确定;其次是由人民法院根据实际情况确定。其中,个人因此受到的损失和个人信息处理者因此获得的利益之间没有先后之别,而是并列的和可选择的,被侵权人可以选择其中对自己更为有利的确定方式。此外,虽然本款规定并未如《民法典》第1182条一样规定可以由被侵权人和侵权人就赔偿数额进行协商,但我们认为,鉴于民事领域的意思自治原则,在司法实践中仍可由被侵权人和侵权人对赔偿数额进行协商。

对于精神损害赔偿的具体数额,据《最高人民法院关于确定民事侵权精神损害赔偿责任若干问题的解释》第5条的规定,人民法院根据实际情况确定时应考虑以下因素:(1)侵权人的过错程度;(2)侵权行为的目的、方式、场合等具体情节;(3)侵权行为所造成的后果;(4)侵权人的获利情况;(5)侵权人承担责任的经济能力;(6)受理诉讼法院所在地的平均生活水平。

【参考条文】

一、国内立法

1.《中华人民共和国民法典》

第一千一百六十五条 行为人因过错侵害他人民事权益造成损害的,应

---

① 《著作权法》第54条第1款:"侵犯著作权或者与著作权有关的权利的,侵权人应当按照权利人因此受到的实际损失或者侵权人的违法所得给予赔偿;权利人的实际损失或者侵权人的违法所得难以计算的,可以参照该权利使用费给予赔偿。对故意侵犯著作权或者与著作权有关的权利,情节严重的,可以在按照上述方法确定数额的一倍以上五倍以下给予赔偿。"

《专利法》第71条第1款:"侵犯专利权的赔偿数额按照权利人因被侵权所受到的实际损失或者侵权人因侵权所获得的利益确定;权利人的损失或者侵权人获得的利益难以确定的,参照该专利许可使用费的倍数合理确定。对故意侵犯专利权,情节严重的,可以在按照上述方法确定数额的一倍以上五倍以下确定赔偿数额。"

《商标法》第63条第1款:"侵犯商标专用权的赔偿数额,按照权利人因被侵权所受到的实际损失确定;实际损失难以确定的,可以按照侵权人因侵权所获得的利益确定;权利人的损失或者侵权人获得的利益难以确定的,参照该商标许可使用费的倍数合理确定。对恶意侵犯商标专用权,情节严重的,可以在按照上述方法确定数额的一倍以上五倍以下确定赔偿数额。赔偿数额应当包括权利人为制止侵权行为所支付的合理开支。"

当承担侵权责任。

依照法律规定推定行为人有过错,其不能证明自己没有过错的,应当承担侵权责任。

第一千一百六十七条 侵权行为危及他人人身、财产安全的,被侵权人有权请求侵权人承担停止侵害、排除妨碍、消除危险等侵权责任。

第一千一百七十九条 侵害他人造成人身损害的,应当赔偿医疗费、护理费、交通费、营养费、住院伙食补助费等为治疗和康复支出的合理费用,以及因误工减少的收入。造成残疾的,还应当赔偿辅助器具费和残疾赔偿金;造成死亡的,还应当赔偿丧葬费和死亡赔偿金。

第一千一百八十三条 侵害自然人人身权益造成严重精神损害的,被侵权人有权请求精神损害赔偿。

因故意或者重大过失侵害自然人具有人身意义的特定物造成严重精神损害的,被侵权人有权请求精神损害赔偿。

第一千一百八十二条 侵害他人人身权益造成财产损失的,按照被侵权人因此受到的损失或者侵权人因此获得的利益赔偿;被侵权人因此受到的损失以及侵权人因此获得的利益难以确定,被侵权人和侵权人就赔偿数额协商不一致,向人民法院提起诉讼的,由人民法院根据实际情况确定赔偿数额。

2.《中华人民共和国网络安全法》

第七十四条 违反本法规定,给他人造成损害的,依法承担民事责任。

3.《中华人民共和国消费者权益保护法》

第二十九条 经营者收集、使用消费者个人信息,应当遵循合法、正当、必要的原则,明示收集、使用信息的目的、方式和范围,并经消费者同意。经营者收集、使用消费者个人信息,应当公开其收集、使用规则,不得违反法律、法规的规定和双方的约定收集、使用信息。

经营者及其工作人员对收集的消费者个人信息必须严格保密,不得泄露、出售或者非法向他人提供。经营者应当采取技术措施和其他必要措施,确保信息安全,防止消费者个人信息泄露、丢失。在发生或者可能发生信息泄露、丢失的情况时,应当立即采取补救措施。

经营者未经消费者同意或者请求,或者消费者明确表示拒绝的,不得向其发送商业性信息。

第五十条 经营者侵害消费者的人格尊严、侵犯消费者人身自由或者侵害消费者个人信息依法得到保护的权利的,应当停止侵害、恢复名誉、消除影响、赔礼道歉,并赔偿损失。

二、比较法

1. 欧盟《通用数据保护条例》

第 82 条　获取赔偿的权利与责任

1.任何因为违反本条例而受到物质或非物质性伤害的人都有权从控制者或处理者那里获得对损害的赔偿。

2.任何涉及处理的控制者都应当对因为违反本条例的处理而受到的损害承担责任。对于处理者,当其没有遵守本条例明确规定的对处理者的要求,或者当其违反控制者的合法指示时,其应当对处理所造成的损失负责。

3.控制者或处理者如果证明自己对引起损失的事件没有任何责任,那么其第 2 段所规定的责任可以免除。

4.当不止一个控制者或处理者,或控制者与处理者同时涉及同一处理,而且它们对第 2 段和第 3 段规定的处理所引起的所有损失承担责任,每个控制者或处理者都应当对损失负有连带责任,以便保证对数据主体的有效赔偿。

5.当控制者或处理者已经根据第 4 段的规定对所受损失进行全额赔偿,该控制者或处理者可以按照第 2 段所规定的条件,要求另一控制者或处理者返回其造成的那部分损失。

2. 德国《联邦数据保护法》

第 83 条　赔偿

1. 如果控制者因数据处理而违反本法或其他处理相关的法律规定并导致数据主体遭受损害,则控制者或其法人实体有义务向数据主体进行赔偿。如果属于非自动化处理并且损害不是由控制者造成的,则不予赔偿。

2. 数据主体可以要求对非物质损害给予适当的经济补偿。

3. 如果属于自动处理个人数据且无法确认多个控制者中哪一个造成的损害,则全体控制者或其法人实体均应承担责任。

4.《民法典》第 254 条适用于数据主体的共同过失。

5.《民法典》中对侵权行为的限制规定适用于法定时效。

3. 俄罗斯《信息、信息技术和信息保护法》

第 17 条　信息、信息技术和信息保护领域犯罪的责任

1. 违反本联邦法律的要求,应根据俄罗斯联邦法律承担纪律、民事、行政或刑事责任。

2. 因披露限制获取的信息或通过任何其他非法途径使用该信息,而被侵犯权利和合法权益的人,有权酌情诉诸司法以保护其权利,包括提起损害赔偿诉讼、精神损害赔偿诉讼,以保护其荣誉、尊严和商业信誉。如果索赔是由未能采取措施遵守信息保密性或违反俄罗斯联邦法律规定的信息保护要求的人提出的,并且其有义务采取这些措施和遵守这些要求,则该人的赔偿损失的索赔可能无法实现。

3. 当根据联邦法律限制或禁止传播特定信息时,提供与以下内容相关的服务的人不承担传播该信息的民事责任:

1)传播他人提供的信息,但并未修改、更正;

2)或存储信息并提供访问权限,前提是该人无法了解信息传播的非法性。

4. 根据本联邦法律的规定,托管服务提供商和互联网网站的所有者,对权利持有人和用户对信息访问的限制和/或信息传播的限制不承担责任。

4. 塞尔维亚《个人数据保护法》

第86条 赔偿权

任何因违反本法而遭受物质或非物质损害的人员,均有权向造成损害的控制者或处理者就其损害主张赔偿。

主管当局出于特定目的进行的非法处理或违反了处理此类数据的法律规定,造成了物质或非物质损害,则遭受损害的人有权向控制者或其他主管机构依法提起诉讼主张赔偿。

控制者应当对本条第1款所指的损害负责。控制者只有在没有履行本法特别针对控制者的义务,或行事超出了指示范围,或与依照本法对控制者的指示相反的情况下,才须对处理所造成的损害负有法律责任。

如果控制者或处理者能够证明自己对损害不承担任何责任,则免除其赔偿责任。

数据处理是由一个以上的控制者或处理者执行的,或者由控制者和处理者共同执行的,如果他们对处理过程所造成的损害负责的情况下,每个控制者或处理者都应当承担全部的损害赔偿。

控制者或处理者依照本条第5款承担了因损害所造成的全部赔偿,则该控制者或处理者有权按照本条第 3 款规定向参与同一处理的其他控制者或处理者追偿与其责任相对应的那一部分赔偿数额。

5. 泰国《个人数据保护法》

第 77 条　数据控制者或数据处理者对个人数据的行为违反本法规定的，从而对数据主体造成损害的，无论该行为是过失或故意，都应赔偿数据主体因此遭受的损害，除非数据控制者或数据处理者能够证明此类行为是由于以下原因造成的：

（1）不可抗力，或数据主体自己的作为或不作为；

（2）政府官员依法履行职责所采取的行动。

第 1 款规定的赔偿包括数据主体为预防可能发生的损害，或为制止已发生的损害所需要的一切必要费用。

第 78 条　法院有权命令数据控制者或数据处理者除适当的实际赔偿外，另外支付不超过实际赔偿金额两倍的惩罚性赔偿，但须说明相关情况，如数据主体遭受损害的严重性、数据控制者或数据处理者获得的利益、数据控制者或数据处理者的财务状况、数据控制者或数据处理者提供的补救措施、因数据主体的行为所导致的损害等。

根据本法对个人数据的不法行为提出的赔偿请求，应在受害人知道损害和数据控制者或数据处理者身份之日起的三年后，或从针对个人数据的不法行为发生之日起十年后予以驳回。

【参考案例】

庞理鹏诉中国东方航空股份有限公司、
北京趣拿信息技术有限公司隐私权纠纷案①

裁判要旨:庞理鹏被泄露姓名、尾号 9949 手机号、行程安排(包括起落时间、地点、航班信息)等属于个人信息，并且应该属于隐私信息。任何他人未经权利人的允许，都不得扩散和不当利用能够指向特定个人的整体信息。从机票销售的整个环节看，但庞理鹏和鲁某不存在故意泄露信息的可能，这表明东航和趣拿公司存在泄露庞理鹏个人隐私信息的高度可能，而东航公司和趣拿公司所提供的反证无法推翻上述高度可能。两被告在被媒体多次报道涉嫌

---

① 参见北京市第一中级人民法院(2017)京 01 民终 509 号。

泄露乘客隐私后,并未举证证明其迅速采取了专门的、有针对性的有效措施,以加强其信息安全保护。而本案泄露事件的发生,正是其疏于防范导致的结果,因而可以认定趣拿公司和东航具有过错,理应承担侵权责任。

综上所述,东航和趣拿公司存在泄露庞理鹏隐私信息的高度可能,并且存在过错,应当承担侵犯隐私权的相应侵权责任。庞理鹏请求趣拿公司和东航公司向其赔礼道歉,应予支持。

肖某诉某平台泄露个人信息纠纷案①

裁判要旨:公民的举报信息具有私密性,不应为被举报人知悉,属于应当保密的信息。肖某在某平台第三方店铺某化妆品专营店购买货物,后因订单超时未付款被取消。肖某事后向工商部门举报某化妆品专营店销售的产品涉嫌欺诈。某化妆品专营店通过平台协查的通知得知了肖某的个人信息。购物平台在接到工商部门的调查函后,以协查的名义将举报订单的编号告知被举报人,属于泄露个人私密信息的行为。涉案的订单编号对应的交易记录包含举报人的联系方式、收货地址等个人信息。被举报人可以通过上述信息了解并锁定举报对象。

平台泄露举报信息的行为违反了《中华人民共和国广告法》第53条的相关规定。平台违反相关规定,应承担相应侵权责任。平台接受了二审的处理意见,最终与肖某达成了和解协议,肖某在二审期间撤回了起诉。

罗某诉某保险公司隐私权纠纷案②

裁判要旨:非法收集、利用公民个人信息而又无法说明合法来源,属于违反个人信息保护的规定且不能证明自己没有过错,应承担侵权责任。在本案中,被告某保险公司多次向原告打电话推销保险,却又拒不说明是如何获取了原告个人信息,既是非法收集、利用原告个人信息,又侵害了原告隐私权,侵扰了原告正常生活,造成原告精神损害,且该案经媒体报道后在社会上造成了较大影响。法院判令被告某保险公司向原告赔礼道歉并赔偿原告罗某精神损害抚慰金人民币1元及通话费4.54元,共计5.54元。

---

① 参见北京市第四中级人民法院(2019)京04民终158号,北京互联网法院(2019)京0491民初320号。

② 参见湖南省郴州市北湖区人民法院(2014)郴北民二初字第947号。

第七十条（公益诉讼）

第七十条　个人信息处理者违反本法规定处理个人信息，侵害众多个人的权益的，人民检察院、法律规定的消费者组织和由国家网信部门确定的组织可以依法向人民法院提起诉讼。

【本条主旨】

本条是关于个人信息保护公益诉讼的规定。

【核心概念】

公益诉讼

公益诉讼是指为了维护社会公共利益而由法律规定的特定主体提起的追究侵害公共利益的行为人法律责任的诉讼。目前，我国的公益诉讼可分为民事公益诉讼与行政公益诉讼，两者存在差别。就民事公益诉讼而言，其核心应是涉及不特定主体的社会公共利益。与私益诉讼不同，公益诉讼的起诉主体与侵害行为并没有直接的利害关系，但该侵害行为所损害的是众多的不特定人的利益，因此只有法律规定的特定主体和特定的案件类型才适用公益诉讼。我国《民事诉讼法》第55条规定了对污染环境、侵害众多消费者合法权益等损害社会公共利益行为的公益诉讼，法律规定的机关和有关组织可以向人民法院提起诉讼。

【条文详解】

一、提起个人信息保护公益诉讼的条件

（一）违法处理个人信息

本法对个人信息处理活动的全流程规定了全面的原则与规则，个人信息处理者违反这些规定，侵害众多个人权益的行为的，相关主体有权依据《民事诉讼法》第55条及本条提起个人信息保护公益诉讼。此外，本条所称"违反本法"包括了其他法律中规定的相关违法处理个人信息的行为。

归纳而言，处理个人信息主要包括事前、事中、事后三个环节。在事前环节可能存在的违法行为主要包括：未事前取得同意、单独同意或者书面同意

（第 13 条、第 14 条、第 27 条、第 29 条、第 31 条第 1 款）；非提供该产品或服务所必需，在未取得同意时拒绝提供产品或服务（第 16 条）；未依法告知或公开重要事项（第 17 条、第 30 条）；未进行个人信息保护影响评估（第 55 条、第 56 条）；大型互联网平台未制定平台规则（第 58 条）等。

事中环节可能存在的违法行为主要包括：违规使用自动化决策（第 24 条）；违反信息质量原则侵害个人更正权、补充权（第 8 条、第 46 条）；分享个人信息的未取得个人单独同意（第 23 条、第 25 条）；大型互联网平台服务未履行特别义务（第 58 条第 1、3、4 项）；未履行确保个人信息安全义务（第 9 条、第 51 条、第 57 条）等。

事后环节可能存在的违法行为主要包括：超期存储（第 19 条、第 21 条）；未履行指定个人信息负责人等义务（第 52 条）；未进行合规审计（第 54 条）；在符合规定时未删除个人信息（第 47 条）；未响应个人行使权利请求（第 50 条）等。

（二）侵害众多个人的信息权益

关于"众多"的含义，《最高人民法院关于适用〈中华人民共和国民事诉讼法〉的解释》（以下简称《民事诉讼法司法解释》）对《民事诉讼法》第 53 条、第 54 条和第 199 条规定中的"众多"都进行了细化规定，[①]但却未对第 55 条规定中的"众多"作出解释。从立法本质来看，该条文实质是对社会公共利益的保护，由于公共利益高度抽象性与多样性的特点，所以《民事诉讼法司法解释》并未对该"公共利益"进行解释，而是保留该条文开放列举的方式定义公共利益的内涵，实践中多由法院运用法律解释方法于个案中加以具体化。[②]鉴于本条以及《民事诉讼法》第 55 条未对"众多"作出具体的规定，实践中需由最高人民法院出具相关司法解释或者由国家网信部门出台相关文件予以确定。

对"众多"的认定，可以考虑以下因素：

其一，参考消费者权益保护公益诉讼的启动标准。对于《消费者权益保护法》第 47 条中的"众多消费者"，主流观点认为，既要考虑数量上"众多"这

---

① 《民事诉讼法司法解释》第 75 条规定："民事诉讼法第 53 条、第 54 条和第 199 条规定的人数众多，一般指十人以上。"

② 参见杜乐其：《消费公益诉讼制度的局限及其矫正——〈中华人民共和国消费者权益保护法〉第 47 条之评析》，《理论月刊》2014 年第 10 期。

一形式标准,还应以"损害社会公共利益"作为实质标准。① 这更契合公益利益抽象化的特点,且得到司法实践的佐证。实践中仅对人数众多进行量化难度极大,所以法官在认定被告的行为是否构成对众多消费者合法权益的侵害时,通常会综合各方面客观因素,如从消费者的分布情况、实际受害人数、潜在不特定的受害人群等是否体现社会公共利益的角度考虑,而非仅作数量上的考量。

其二,参考比较法上的经验。实践中侵害个人信息往往涉及的信息类型与数量繁多,每个人可能被侵害的信息数量和种类又不尽一致,不宜仅从人数上界定量化标准。因此,大多数设立个人信息保护公益诉讼的国家更倾向于从抽象的角度定义"众多",即认为众多是指不特定的受害公众群体。

值得注意的是,2021 年 8 月最高人民检察院下发《关于贯彻执行个人信息保护法推进个人信息保护公益诉讼检察工作的通知》,指出判断个人信息处理者是否实施侵害众多个人的信息权益,应当着重考虑是否涉及侵害敏感的、特殊群体的、重点领域的、达到 100 万人以上大规模的个人信息以及因时间、空间等联结形成的特定对象的个人信息等因素。

二、提起个人信息保护公益诉讼的机构与被告

(一) 适格的起诉主体

1. 人民检察院

实践中,笔者检索到有关个人信息保护公益诉讼案件为 191 例,②人民检察院作为这类型案件起诉主体为 179 例,占比高达 94%。从案件的裁判结果来看,法院的判决基本是完全支持检察院的诉讼请求,仅有个别案件是人民检察院与被告调解结案。③ 在"实践先行,立法紧跟其后"的情境下,检察机关成为个人信息民事公益诉讼的主要起诉主体,已在司法实践中取得良好的实施效果。之所以如此,一方面,检察机关代表社会公共利益,当众多社会公民个

---

① 参见最高人民法院民事诉讼法修改研究小组编、奚晓明主编:《〈中华人民共和国民事诉讼法〉修改条文理解与适用》,人民法院出版社 2012 年版,第 93 页。
② 在北大法宝搜索工具栏中输入"个人信息""公益诉讼"两个关键字,检索出涉及个人信息的公益诉讼案件为 191 例,该数据获取时间截止于 2021 年 8 月 21 日。
③ 在"浙江省杭州市余杭区人民检察院诉某网络科技有限公司侵害公民个人信息民事公益诉讼案"中,浙江省杭州市余杭区人民检察院与被告调解结案。

人信息遭受损害时,检察机关提起公益诉讼,属于依法履行职责;另一方面,检察机关熟悉诉讼程序,有专业人员且具备充裕的资源,相比其他机关、组织和个人更有诉讼能力。① 基于此,本法将人民检察院作为个人信息保护公益诉讼的起诉主体之一以法律的形式固定下来,为实践中个人信息保护公益诉讼提供直接的法律依据。

此外在比较法上,赋予检察机关提起公益诉讼的职能,也是许多国家的选择。

综上可见,检察机关代表公共利益,作为个人信息保护公益诉讼的起诉主体,不仅具有客观必然性,也具有相当的合法性。②

2. 法律规定的消费者组织

消费者组织在本法草案及各审议稿中并未成为适格的个人信息公益诉讼起诉主体,但最终通过的法律将其纳入。对此,也有其合理性。

首先,《消费者权益保护法》第47条本就规定了消费者组织提起公益诉讼的权利,依法保护消费者个人信息权益也是其职责之一,本法赋予其提起个人信息公益诉讼的资格亦较为合理。其次,在现有的公益诉讼体系之下,部分消费者协会的公益诉讼起诉权已经获得了相关单行法的认可,③司法实践中也有相应个人信息保护公益诉讼案例。④ 此外,如此规定还可实现与《消费者权益保护法》中有关消费者保护公益诉讼规则的衔接,实现法律体系内在的协调性。

结合《消费者权益保护法》第47条的规定,有权提起个人信息保护公益诉讼的消费者保护组织是指"中国消费者协会以及在省、自治区、直辖市设立的消费者协会"。

3. 由国家网信部门确定的组织

本条规定,由国家网信部门确定的组织也可以成为个人信息保护公益诉讼的起诉主体。通过社会组织来执行个人信息保护具有天然的优势:较之公

---

① 参见别涛:《环境民事公诉及其进展》,《环境保护》2004年第4期;蔡彦敏:《中国环境民事公益诉讼的检察担当》,《中外法学》2011年第1期;吕忠梅:《环境司法理性不能止于"天价"赔偿:泰州环境公益诉讼案评析》,《中国法学》2016年第3期。

② 相关立法是指《民事诉讼法》第55条,《行政诉讼法》第25条第4款的规定。

③ 参见董储超:《论风险社会视域下个人信息保护公益诉讼的优化进路》,《学术探索》2020年第12期。

④ 参见江苏省南京市中级人民法院(2018)苏01民初1号民事裁定书。

权监管,其成本更低;较之私人维权,其更集中有力,因此以社会组织执行来补充公权监管、私人维权,符合功能适当原则。① 不过现有规定过于简略,有待后续进一步细化。

(二) 适格的被告

结合本条及本法第 73 条的规定来看,所有个人信息处理者均可成为适格被告。从个人信息保护公益诉讼的本质来看,个人信息保护公益诉讼主要解决侵害众多受害人个人信息权益的问题,而符合此要件的通常是具有大量个人信息处理需求和能力的头部(大型)企业。从国内与国外的实践经验来看,大规模侵害个人信息权益案件中的被告也通常是某些领域内的头部企业,因此个人信息保护公益诉讼中的被告大多数情况下应该是指大型企业。不过,本条并未对被告类型及其规模加以区分,在认定被告时也不应将中小规模企业排除在外。从目前既有的公益诉讼实践来看,中小规模企业如果存在违法处理个人信息,侵害众多个人的权益,以致于损害了社会公共利益的,相关主体也可对其提起个人信息保护公益诉讼。

本法规定不适用于国家机关,其不是本条规定的被告。虽然国家行政机关也是个人信息处理者,但是针对国家机关侵害众多个人信息权益的行为,本法及相关法律已有相应的解决路径,如本法第 68 条之规定。

在个人信息保护公益诉讼中,由于不涉及具体的受害人,损害赔偿并不是主要的法律责任。也不涉及精神损害赔偿,因为精神损害赔偿一定是针对个人的损害填补,受害人可以通过私益诉讼来解决。个人信息保护公益诉讼中的损害赔偿的内容主要是对起诉主体提起公益诉讼的合理支出费用的赔偿,具体可以参照消费者公益诉讼的规定予以明确。《最高人民法院关于审理消费民事公益诉讼案件适用法律若干问题的解释》第 17 条:原告为停止侵害、排除妨碍、消除危险采取合理预防、处置措施而发生的费用,请求被告承担的,人民法院应依法予以支持。

三、个人信息保护公益诉讼的诉讼请求

本条并未规定法律责任,我们认为公益诉讼的诉讼请求既包括要求被告赔偿相关主体提起公益诉讼支出的必要费用,同时也包括请求被告履行法律

---

① 参见王锡锌、彭錞:《个人信息保护法律体系的宪法基础》,载《清华法学》2021 年第 3 期。

规定的满足受害人的相关权利的其他义务。

（一）损害赔偿

在个人信息保护公益诉讼中，由于不涉及具体的受害人，损害赔偿并不是主要的法律责任。也不涉及精神损害赔偿，因为精神损害赔偿一定是针对个人的损害填补，受害人可以通过私益诉讼来解决。个人信息保护公益诉讼中的损害赔偿的内容主要是对起诉主体提起公益诉讼的合理支出费用的赔偿，具体可以参照消费者公益诉讼的规定予以明确。① 即个人信息保护公益诉讼的损害赔偿项目内容主要为：律师费、调查取证费、鉴定费、专家咨询费、交通费等必要合理支出费用。从成本效益的角度考虑，潜在的适格起诉主体或许会放弃提起个人信息保护公益诉讼，为了鼓励更多相关主体通过诉讼促进公共利益，适格起诉主体提起公益诉讼的经济负担的转移就成为了合乎逻辑的经济刺激选择，并且公益诉讼经济负担的转移在环境保护、消费者保护公益诉讼领域已经积累了丰富的实践经验。② 可以说，通过转移负担的方式，减轻适格的起诉主体在提起个人信息保护公益诉讼中所面临的经济压力，有利于充分调动相关主体开展公益诉讼活动的积极性，也符合当前的现实需要。

（二）强制履行法律规定的其他义务

在个人信息保护公益诉讼中败诉的被告方，除了应承担损害赔偿责任外，还应当强制履行起诉主体请求的本法规定的相应义务。如强制删除相关个人信息的义务、强制准许查阅、复制相关个人信息的义务、强制更正、补充相关个人信息的义务、强制解释说明其处理个人信息规则的义务、强制采取必要措施确保个人信息安全的义务、强制定期进行合规审计的义务等。除此之外，实践中还总结出其他强制义务，主要包括：登报赔礼道歉、关闭网站、注销涉案App、采取隐匿化技术处理等措施保护个人信息以及对存在的问题逐一开展

---

① 《最高人民法院关于审理消费民事公益诉讼案件适用法律若干问题的解释》第 17 条：原告为停止侵害、排除妨碍、消除危险采取合理预防、处置措施而发生的费用，请求被告承担的，人民法院应依法予以支持。第 18 条：原告及其诉讼代理人对侵权行为进行调查、取证的合理费用、鉴定费用、合理的律师代理费用，人民法院可根据实际情况予以相应支持。

② 参见高琪：《环境民事公益诉讼的律师费用转移负担规则：美国蓝本与中国借鉴》，载《中国地质大学学报》2016 年第 6 期。

对照整改及优化等。① 关于履行责任产生的费用以及验收评估费用,应该由败诉被告方自己承担。败诉被告方拒绝履行或者怠于履行相关义务的,具有个人信息保护职能的人民检察院或者相关公益组织可以代为履行,代为履行所发生的费用最终应该由败诉的被告方承担。

(三) 个人信息保护公益诉讼不适用惩罚性赔偿

在本法起草过程中,有些学者建议个人信息保护公益诉讼中应该增加惩罚性赔偿,不过,本条最终并未作此规定,因此个人信息保护公益诉讼不适用惩罚性赔偿。

首先,依据《民法典》第179条对惩罚性赔偿所作严格限制,适用惩罚性赔偿需要有法律的明确规定,学理解释上不宜突破。在个人信息保护公益诉讼案件中主张惩罚性赔偿,于法无据。其次,我国现有法律关于惩罚性赔偿的规定,是以私益诉讼为规制对象,并不适用于公益诉讼领域。盖因私益诉讼中的此类案件受害人众多却损失小,加之诉讼成本高,受害人缺乏提起诉讼的动力,不利于对侵权人追责,惩罚性赔偿可以鼓励受害人积极维权,并以较低社会成本发现并惩处违法者。但是在公益诉讼中并不存在受害人起诉困难的问题,并且公益诉讼同样能起到遏制侵权人的效果。此种做法与比较法上的经验相类似。复次,检察机关并非受害的消费者或其直接利害关系人,公益诉讼起诉人请求惩罚性赔偿存在正当性疑问,并且诉讼所得惩罚性赔偿金的归属如何确定也会是一个棘手的问题。最后,如果允许在个人信息保护公益诉讼中适用惩罚性赔偿金,那么被告就有可能因为实施一个违法行为受到多次惩罚。

四、个人信息保护公益诉讼与其他救济措施的关系

(一) 个人信息保护公益诉讼与私益诉讼的关系

1. 个人信息保护公益诉讼并不影响私益诉讼当事人维护自身利益

有学者提出:"从根本上讲,一切诉讼无不以对公益的保护为目的,公益

---

① 详见:杨某杰侵犯公民个人信息刑事附带民事公益诉讼案;杭州下城区检察院诉孙某个人信息保护民事公益诉讼案;杭州余杭区检察院诉某网络科技公司侵害个人信息案;保定市检察院诉李某侵害消费者个人信息和权益民事公益诉讼案;上海市宝山区检察院诉韩某某等人侵犯公民个人信息刑事附带民事公益诉讼案;安顺市西秀区检察院诉熊某某等人侵犯公民个人信息案;广东省广宁县检察院诉谭某某等人侵犯公民个人信息刑事附带民事公益诉讼案。

诉讼不过是传统私益诉讼对公益保护的深化,两者在本质上具有一致性。"①
又有持类似观点的学者提出,如果个人信息公共利益的实现足以预防或者救
济私人利益,那么是否另行提起个人信息私益诉讼的利益就不复存在了。应
该看到,个人信息保护公益诉讼的法律效果并不等于私益诉讼的法律效果的
总和。个人信息保护公益诉讼与私益诉讼在其所要保护的实体利益和程序利
益,在制度设计上都有着不同的表现。②

首先,两者的实体利益存在巨大差异。个人信息保护公益诉讼当事人行
使权利需要受到严格的限制。在个人信息保护公益诉讼中,适格的起诉主体
不能随意放弃或者变更自己的诉讼请求,不能随意通过调解或者和解解决纠
争。与此不同的是,个人信息保护私益诉讼则强调当事人对私益的处分自由,
原告可以任意处分自己的权利。个人信息保护公益诉讼的利益归属于众多被
侵害信息权益的主体,并非个人信息保护公益诉讼中的起诉主体。因此,作为
代为起诉的主体不能作出不利于公益诉讼案件中受害人的决定,其行使权利
需要受到严格的法律限制。其次,两者有着不同的程序利益。具体而言,个人
信息保护公益诉讼在程序构造上体现出较强的职权主义特征,此与我国个人
信息保护私益诉讼在程序构造上有着明显不同。在个人信息保护公益诉讼领
域,审判权会深度介入,协助起诉主体调查取证。而在个人信息保护私益诉讼
领域,则是强调对两造双方程序利益的平等保护,两造之间的平衡不被轻易打
破。③ 最后,两者的差异性还体现在制度的设计目的上。个人信息保护公益
诉讼之目的在于保护社会公众的信息利益,具有整体性。而个人信息保护私
益诉讼的目的在于调整平等民事主体之间因信息权益而产生的法律纠纷。

综上所述,两种诉讼在构造上差异,意味着个人信息保护公益诉讼并不能
抵消个人信息保护私益诉讼存在的合理性。此外,个人信息保护公益诉讼效
果只能起到防御作用,即公共的个人信息合法权益可能不再遭受损害,但却不
能使具体受害人的损害得到完全的填补,因此个人信息保护公益诉讼的救济
是不完全救济,此时个人信息保护私益诉讼仍有并行的必要性。

---

① 王太高:《论行政公益诉讼》,载《法学研究》2002 年第 5 期。转引自姜涛:《检察机关提起行
　政公益诉讼制度:一个中国问题的思考》,载《政法论坛》2015 年第 6 期。
② 参见段厚省:《环境民事公益诉讼基本理论思考》,载《中外法学》2016 年第 4 期。
③ 参见段厚省:《环境民事公益诉讼基本理论思考》,载《中外法学》2016 年第 4 期。

2. 个人信息保护公益诉讼的启动无需个人信息保护私益诉讼前置

《民事诉讼法司法解释》第288条规定："人民法院受理公益诉讼案件,不影响同一侵权行为的受害人根据《民事诉讼法》第119条规定提起诉讼。"从文义上理解,公益诉讼与对应的私益诉讼并没有明确的先后顺序要求。但是从既有的公益诉讼实施效果来看,不同的公益诉讼领域有着不同的制度安排。在消费者与环境公益诉讼领域中,公益诉讼与私益诉讼程序的启动并没有严格的先后顺序。[①] 而在英雄烈士人格权保护领域与未成年人权益保护领域,则有将私益诉讼前置的安排。[②]

对上述差异进行比较分析可以发现,适用私益诉讼程序前置安排的两类公益诉讼案件有其鲜明的特点。在起诉主体方面,具有优先起诉资格的主体与检察院相比,往往与案件的受害人(英雄烈士、未成年人)存在特殊情感联系,这些主体更具维护英雄烈士光荣形象与未成年人合法权益的情感诉求及诉讼动力。[③] 从案件的特征来看,英雄烈士人格权保护类型的案件通常不涉及受害人分布广、单个人损失小的问题,且受害人的近亲属或者监护人通常容易被确认。相比较而言,个人信息保护公益诉讼制度的出现正是为了回应受害人众多且受害人怠于起诉的现状。因此,在大规模侵害个人信息权益的案件中,关于个人信息保护公益诉讼的启动程序,不宜参照上述私益诉讼前置的规定,即无需个人信息私益诉讼前置。

(二) 个人信息保护公益诉讼不影响侵权人承担刑事与行政责任

侵权人侵害个人信息权益有可能同时引发多种法律后果,谓之法律责任聚合。对此,《民法典》第187条规定："民事主体因同一行为应当承担民事责任、行政责任和刑事责任的,承担行政责任或者刑事责任不影响承担民事责任;民事主体的财产不足以支付的,优先用于承担民事责任。"[④]根据行

[①] 参见肖建国、黄忠顺:《环境公益诉讼基本问题研究》,载《法律适用》2013年第12期。

[②] 参见张军:《最高人民检察院工作报告》,2020年5月25日在第十三届全国人民代表大会第三次会议上。

[③] 张军:《最高人民检察院工作报告》,2020年5月25日在第十三届全国人民代表大会第三次会议上;刘颖:《〈民法总则〉中英雄烈士条款的解释论研究》,载《法律科学》2018年第2期;黄忠顺:《英烈权益诉讼中的诉讼实施权配置问题研究——兼论保护英雄烈士人格利益的路径抉择》,载《西南政法大学学报》2018年第4期;赵信会,祝文莉:《未成年人权益的检察保护——以检察机关提起国家监护诉讼为例》,载《中国青年社会科学》2017年第1期。

[④] 《个人信息保护法》第71条也作出了规定:"违反本法规定,构成违反治安管理行为的,依法给予治安管理处罚;构成犯罪的,依法追究刑事责任。"

为人侵害的法益不同,行为人需要承担不同的责任。关于承担责任的先后顺序,依据私权优先原则,侵权人在就同一行为应当承担民事责任和刑事责任、行政责任,侵权人的财产不足以支付的情况下,就需要优先实现民事责任请求权。① 在个人信息诉讼案件中,只有当侵权人是个人、组织时才有可能会发生法律责任的聚合问题,当侵权人是行政机关时,由于主体的性质决定了行政机关承担的法律后果只可能是行政处罚,因此不存在责任聚合的问题。

【参考条文】

一、国内立法

1.《中华人民共和国民事诉讼法》(2017 修正)

第五十五条 对污染环境、侵害众多消费者合法权益等损害社会公共利益的行为,法律规定的机关和有关组织可以向人民法院提起诉讼。

人民检察院在履行职责中发现破坏生态环境和资源保护、食品药品安全领域侵害众多消费者合法权益等损害社会公共利益的行为,在没有前款规定的机关和组织或者前款规定的机关和组织不提起诉讼的情况下,可以向人民法院提起诉讼。前款规定的机关或者组织提起诉讼的,人民检察院可以支持起诉。

2.《中华人民共和国消费者权益保护法》(2013 修正)

第四十七条 对侵害众多消费者合法权益的行为,中国消费者协会以及在省、自治区、直辖市设立的消费者协会,可以向人民法院提起诉讼。

3.《中华人民共和国未成年人保护法》(2020 修订)

第一百零六条 未成年人合法权益受到侵犯,相关组织和个人未代为提起诉讼的,人民检察院可以督促、支持其提起诉讼;涉及公共利益的,人民检察院有权提起公益诉讼。

4.《中华人民共和国民法典》

第一百七十九条第二款 法律规定惩罚性赔偿的,依照其规定。

---

① 关于私权优先的具体论述可参见杨立新:《论侵权请求权的优先权保障》,载《法学家》2010年第 2 期。

二、比较法

1. 欧盟《通用数据保护条例》

第 80 条　对数据主体的代表

1.数据主体有权委托非盈利机构、实体或协会代表其行使第 77、78、79 条规定的权利,以及在成员国法律规定的情形下,代表其行使第 82 条规定的获得赔偿的权利。非营利机构、实体或协会应具备如下条件:按照成员国法律设立,其章程目标是实现公共利益,在为了保护数据主体的权利与自由而代表个人提起申诉方面表现积极。

【参考案例】

重庆市消费者权益保护委员会诉被告重庆扬啟企业营销策划有限公司消费者权益保护民事公益诉讼案

【案号】(2021)渝 01 民初 308 号

【案情】2020 年 7 月 14 日,有媒体刊发"沙坪坝区西部物流园一冷冻仓库部分厄瓜多尔进口冻南美白虾外包装新冠病毒核酸呈阳性"的消息。同年 7 月 16 日,重庆扬啟公司通过其微信公众号"扬啟策划推广",发布文章《重庆已购进口白虾顾客名单》,该名单涉及 10979 名消费者的住址、电话、姓名、身份证号等个人信息。几天内,该篇文章阅读数达 5225 次,被转载 198 次。

【裁判结果】调解结案,被告在《中国消费者报》上刊登道歉信,公开赔礼道歉;自调解书生效起 1 年内策划、制作、发布其原创的消费领域公益宣传活动 4 次以上。

第七十一条(刑事责任)

第七十一条　违反本法规定,构成违反治安管理行为的,依法给予治安管理处罚;构成犯罪的,依法追究刑事责任。

【本条主旨】

本条是关于违反本法规定的治安管理处罚、刑事责任的引致规定。

【核心概念】

治安管理处罚

治安管理处罚是指公安机关依据国家法律授权,依法对实施违反治安管理行为的公民、法人或其他组织,剥夺其人身自由、财产、名誉、资格或其他权利的行政法律制裁。[①] 违反治安管理的行为包括扰乱公共秩序,妨害公共安全,侵犯人身权利、财产权利,妨害社会管理,此类行为具有社会危害性、行政违法性和应受行政处罚性,但尚未构成犯罪,因此由公安机关对其给予治安管理处罚。治安管理处罚与刑法一道,构成了我国在社会治理中打击违法犯罪的"违法—犯罪"二元制裁模式。

刑事责任

刑事责任是刑法学中的重要概念,对其含义有多种观点。从法律责任的角度看,刑事责任是与民事责任和行政责任相对的,是犯罪人因犯罪行为而应承担的刑事法律所规定的责任。从法律后果来看,刑事责任是犯罪人因给社会造成严重危害而必须承受的一种否定性法律后果。否定评价说从国家本位角度出发,认为刑事责任是国家根据刑事法律对犯罪人及其犯罪行为作出的否定评价或谴责;而刑事义务说则认为刑事责任是犯罪人因犯罪行为而必须承担的刑事法律义务;刑事强制说认为,刑事责任是国家对犯罪人施行的一种强制方法或刑事处罚。[②]

【条文详解】

一、概述

本法第 66 条规定了个人信息处理者违反本法规定时应承担的行政责任,第 69 条规定了侵害个人信息权益的民事责任,本条则规定了违反本法规定的行为构成违反治安管理行为时依法给予治安管理处罚,构成犯罪时依法追究刑事责任。由此,我国立法对于个人信息的保护,形成了完整的包含民事责任、行政责任与刑事责任的综合法律责任体系。不过本条规定属于引致条款,

---

① 参见陈天本主编:《治安管理理论与实务教程》,对外经济贸易大学出版社 2012 年版,第 70 页。

② 参见刘宪权主编:《刑法学(上)》,上海人民出版社 2016 年版,第 263—264 页。

即本身没有独立的规范内涵,甚至不具有解释规则的意义,单纯引致到某一具体规范,法官需要从所引致的具体规范的目的去确定其效果的法律条款。因此,若有关主体违反了《个人信息保护法》,同时构成违反治安管理行为或者犯罪的,需要根据《治安管理处罚法》和《刑法》的规定,给予相应的治安管理处罚或追究刑事责任。同时应注意到的是,由于在当前我国刑法和治安管理处罚法二元制治理的情况下,部分违反治安管理的行为与犯罪行为的界限比较模糊,尚需理论与实践不断发展,以确定比较明确的划分原则。

二、对本条文的理解

(一) 违反本法规定的治安管理处罚责任的适用

《治安管理处罚法》第 2 条规定,"扰乱公共秩序,妨害公共安全,侵犯人身权利、财产权利,妨害社会管理,具有社会危害性,依照《中华人民共和国刑法》的规定构成犯罪的,依法追究刑事责任;尚不够刑事处罚的,由公安机关依照本法给予治安管理处罚。"据此,对于违反本法规定的行为,如若"扰乱公共秩序,妨害公共安全,侵犯人身权利、财产权利,妨害社会管理,具有社会危害性",并且"尚不够刑事处罚的",可由公安机关依照本法给予治安管理处罚。① 但这首先有赖于《刑法》中相关罪名的成立与否,下文详解之。其次,违反本法规定的行为还须具有社会危害性以及符合"扰乱公共秩序,妨害公共安全,侵犯人身权利、财产权利,妨害社会管理"中的具体情形之一。

现行《治安管理处罚法》修正于 2012 年,其将违反治安管理的行为分为扰乱公共秩序类、妨害公共安全类、侵犯人身权利、财产权利类、妨害社会管理类,每一类型之下规定了具体的违反治安管理行为及其应受到的处罚。但其中并未有关于违反个人信息保护的行为将受到治安管理处罚的具体规定,因此对于违反本法规定的行为,能否构成违反治安管理行为,事实上并没有相应的治安管理处罚规范可直接适用。有鉴于此,公安部于 2017 年在《治安管理处罚法(修订公开征求意见稿)》中新增了两条涉及违反个人信息保护义务的条文。其中第 32 条规定,网络服务提供者不履行"建立和执行信息网络安全

---

① 《中华人民共和国居民身份证法》第 19 条即规定,对于国家机关或者公共服务单位的工作人员泄露履职或提供服务过程中获得的居民身份证记载的公民个人信息,尚不构成犯罪的,由公安机关处十日以上十五日以下拘留,并处五千元罚款,有违法所得的,没收违法所得。

管理制度和措施"义务的,视情节轻重将受到不同程度的处罚;①第 57 条规定,非法获取、持有、使用、出售、提供、传播公民个人信息的,或者违反国家规定,将在履行职责或者提供服务过程中获得的公民个人信息出售或者提供给他人的,视不同情形给予拘留和罚款的处罚;因疏于管理,致使公民个人信息泄露的,对单位以及直接负责的主管人员和其他直接责任人员分别给予不同处罚。②

　　不过,上述征求意见稿至今尚未最终通过,现行规范仍是 2012 年的《治安管理处罚法》。因此,对于违反本法规定的行为,是否构成违反治安管理行为,目前仍需结合《治安管理处罚法》第 2 条的规范目的进行个案判断及衡量。从《治安管理处罚法(修订公开征求意见稿)》的新增规定来看,其第 32 条的规定位于"扰乱公共秩序的行为和处罚"一节中,第 57 条则位于"侵犯人身权利、财产权利的行为和处罚"一节中。可以认为,对于违反《个人信息保护法》规定的行为,如若构成扰乱公共秩序或侵犯人身权利、财产权利的,仍

---

① 《中华人民共和国治安管理处罚法(修订公开征求意见稿)》(2017 年 1 月 16 日)第 32 条:网络服务提供者不履行下列信息网络安全管理义务,经公安机关或者其他监管部门责令改正而拒不改正的,处五日以下拘留或者一千元以下罚款;情节较重的,处五日以上十日以下拘留:(一)用户信息登记和保护;(二)公共信息发布审核和巡查;(三)日志留存;(四)发现、拦截、处置违法信息并向公安机关报告;(五)为公安机关、国家安全机关依法履行职责提供技术支持与协助;(六)建立和执行信息网络安全管理制度和措施;(七)法律、行政法规规定的其他信息网络安全管理义务。

　　单位实施前款行为的,处五万元以上二十万元以下罚款;情节较重的,处二十万元以上五十万元以下罚款。

② 《中华人民共和国治安管理处罚法(修订公开征求意见稿)》(2017 年 1 月 16 日)第 57 条:非法获取、持有、使用、出售、提供、传播公民个人信息的,处十日以上十五日以下拘留,并处违法所得三倍以上五倍以下罚款;没有违法所得或者违法所得不足一千元的,并处三千元以上五千元以下罚款。情节较轻的,处五日以上十日以下拘留,并处违法所得一倍以上三倍以下罚款;没有违法所得或者违法所得不足一千元的,并处一千元以上三千元以下罚款。

　　违反国家规定,将在履行职责或者提供服务过程中获得的公民个人信息出售或者提供给他人的,处十日以上十五日以下拘留,并处违法所得五倍以上十倍以下罚款;没有违法所得或者违法所得不足一千元的,并处五千元以上一万元以下罚款。

　　因疏于管理,致使公民个人信息泄露的,对单位处一万元以上五万元以下罚款,对直接负责的主管人员和其他直接责任人员处五日以上十日以下拘留;情节较重的,对单位处五万元以上二十万元以下罚款,对直接负责的主管人员和其他直接责任人员处十日以上十五日以下拘留。

　　单位实施第一款行为的,处违法所得五倍以上十倍以下罚款;没有违法所得或者违法所得不足四万元的,处二十万元以上五十万元以下罚款。

可能构成违反治安管理行为。比如,鉴于个人信息的公共性,大规模侵害个人信息的行为,则既"侵害了私人利益,同时也侵害了公共利益和社会秩序"①。个人信息处理者违法处理大量个人信息,或未依法采取安全措施保障个人信息的安全导致泄露,一方面违反了本法的规定,另一方面侵害了人身权利,还引发了公共秩序的混乱,在不构成刑事犯罪的情况下,则可能构成违反治安管理行为而受到处罚。

另外,《治安管理处罚法》第42条第(六)项规定,偷窥、偷拍、窃听、散布他人隐私的,视情节轻重,可处不同期限的拘留或不同金额的罚款。对于违反《个人信息保护法》规定处理敏感个人信息,如非法披露或公开的,可构成《治安管理处罚法》第42条第(六)项规定的违反治安管理行为。

综上所述,对于违反本法规定,是否同时"构成违反治安管理行为",可以在部分个案中认定是否"构成违反治安管理行为"。不过,当前的《治安管理处罚法》无法有效应对侵害个人信息权益而违反治安管理的行为,仍需在后续修订中作出进一步的具体规定。

(二) 违反本法规定的刑事责任的适用

为了保护公民的个人信息,我国《刑法修正案(七)》增加了"出售或非法提供公民个人信息罪"和"非法获取公民个人信息罪"作为第253条之一,《刑法修正案(九)》则将其整合成为了"侵犯公民个人信息罪"。因此违反本法规定的,可能构成此罪。在具体个案中,也有可能构成其他犯罪。

1. 侵犯公民个人信息罪

第一,公民个人信息的范围。《最高人民法院、最高人民检察院关于办理侵犯公民个人信息刑事案件适用法律若干问题的解释》(法释〔2017〕10号,下称《个人信息刑事案件解释》)第1条规定,公民个人信息"是指以电子或者其他方式记录的能够单独或者与其他信息结合识别特定自然人身份或者反映特定自然人活动情况的各种信息,包括姓名、身份证件号码、通信通讯联系方式、住址、账号密码、财产状况、行踪轨迹等",该定义中的个人信息要件特征包括"识别特定自然人身份"或"反映特定自然人活动情况的各种信息",前者与《网络安全法》中的定义相同,而后者则稍有不同。我们认为,在《个人信息保护法》出台之后,其作为个人信息保护领域的基本法,此处的个人信息定义

---

① 参见孙莹:《大规模侵害个人信息高额罚款研究》,载《中国法学》2020年第5期,第107页。

应采《个人信息保护法》第 4 条中的规定。

第二，侵犯公民个人信息罪的三种行为类型：一是违反国家有关规定，向他人出售或者提供公民个人信息。提供的方式没有限定，凡是使他人可以知悉公民个人信息的行为，均属提供，其中出售最为常见。① 因此，依据本法规定，非经同意而公开个人信息的，属于违反国家有关规定向不特定人提供公民个人信息。二是违反国家有关规定，将在履行职责或者提供服务过程中获得的公民个人信息，出售或者提供给他人。此处的"获得"是合法获得，但违反了国家有关规定将合法获得的个人信息出售或者提供给他人。如国家机关工作人员将履职过程中获得的公民个人信息出售或者提供给他人，构成本罪。三是窃取或者以其他方法非法获取公民个人信息。本法规定了以同意为基础的个人信息处理规则，并在第 13 条第（二）至（七）项规定了若干例外情形，因此，违反本法第 13 条规定获取个人信息的行为，均可认定为非法获取。

第三，本罪要求的主观方面为故意，目的与动机不影响本罪的构成。因此过失行为不构成本罪。

第四，本罪的犯罪主体包括单位，并且对于单位犯罪的，依法实行双罚制，即对单位判处罚金；对其直接负责的主管人员和其他直接责任人员，依照本罪相应自然人犯罪的定罪量刑标准规定处罚。

第五，情节严重以及与治安管理处罚的衔接。本罪的三种类型均要求情节严重。对于情节严重及情节特别严重的认定，《个人信息刑事案件解释》第 5 条列举了 12 种情形，第 6 条列举了 2 种情形。具体而言，是从信息的类型及数量、违法所得数额、主观恶性、行为危害性这几个方面对情节严重与否进行认定，此处不赘。

需特别指出的是，由于情节严重与否影响本罪是否成立，故应注意与《治安管理处罚法》的衔接。侵害公民个人信息行为已具备本罪的其他要件，但尚未达到情节严重程度的，应当结合《治安管理处罚法》的规定，依法认定为"构成违反治安管理行为"并给予治安管理处罚。

第六，其他问题。按照《个人信息刑事案件解释》第 2 条的规定，违反法律、行政法规、部门规章有关公民个人信息保护的规定的，都应当认定为本罪规定的"违反国家规定"，因此，违反本法规定的，必然属于本罪的"违反国家

---

① 参见张明楷：《刑法学（下）》（第 5 版），法律出版社 2016 年版，第 922 页。

规定"这一构成要件。但需注意的是,本罪包括前述三种类型,因此对于违反本法的所有行为并非都能构成本罪,而是否构成其他犯罪或受到相关的行政处罚和治安管理处罚,须依据相应的法律法规进行规制。

2. 违反本法规定构成其他犯罪

如前所述,对于违反本法的所有行为并非都能构成侵犯公民个人信息罪,还可能构成其他相关的犯罪。此外,构成侵犯公民个人信息罪的,也可能同时构成《刑法》中的其他犯罪。如窃取、收买或者非法提供他人信用卡信息资料的,可能构成第177条之一窃取、收买、非法提供信用卡信息罪。非法侵入计算机信息系统或者采用其他技术手段,获取其中存储、处理或者传输的数据,该数据涉及个人信息的,可能构成第285条第2款规定的非法获取计算机信息系统数据罪。对于网络服务提供者,不履行法律、行政法规规定的信息网络安全管理义务,经监管部门责令采取改正措施而拒不改正,符合以下情形之一的,可构成第286条之一拒不履行信息网络安全管理义务罪:(1)致使违法信息大量传播的;(2)致使用户信息泄露,造成严重后果的;(3)致使刑事案件证据灭失,情节严重的;(4)有其他严重情节的。

同样,违反本法规定,尚未构成上述犯罪的,也应当结合《治安管理处罚法》的规定,依法认定是否"构成违反治安管理行为"。

【参考条文】

一、国内立法

1.《中华人民共和国刑法》

第一百七十七条之一　有下列情形之一,妨害信用卡管理的,处三年以下有期徒刑或者拘役,并处或者单处一万元以上十万元以下罚金;数量巨大或者有其他严重情节的,处三年以上十年以下有期徒刑,并处二万元以上二十万元以下罚金:

(四)出售、购买、为他人提供伪造的信用卡或者以虚假的身份证明骗领的信用卡的。

窃取、收买或者非法提供他人信用卡信息资料的,依照前款规定处罚。

银行或者其他金融机构的工作人员利用职务上的便利,犯第二款罪的,从重处罚。

第二百五十三条之一 违反国家有关规定,向他人出售或者提供公民个人信息,情节严重的,处三年以下有期徒刑或者拘役,并处或者单处罚金;情节特别严重的,处三年以上七年以下有期徒刑,并处罚金。

违反国家有关规定,将在履行职责或者提供服务过程中获得的公民个人信息,出售或者提供给他人的,依照前款的规定从重处罚。

窃取或者以其他方法非法获取公民个人信息的,依照第一款的规定处罚。

单位犯前三款罪的,对单位判处罚金,并对其直接负责的主管人员和其他直接责任人员,依照各该款的规定处罚。

第二百八十五条第二款 违反国家规定,侵入前款规定以外的计算机信息系统或者采用其他技术手段,获取该计算机信息系统中存储、处理或者传输的数据,或者对该计算机信息系统实施非法控制,情节严重的,处三年以下有期徒刑或者拘役,并处或者单处罚金;情节特别严重的,处三年以上七年以下有期徒刑,并处罚金。

第三款 提供专门用于侵入、非法控制计算机信息系统的程序、工具,或者明知他人实施侵入、非法控制计算机信息系统的违法犯罪行为而为其提供程序、工具,情节严重的,依照前款的规定处罚。

第四款 单位犯前三款罪的,对单位判处罚金,并对其直接负责的主管人员和其他直接责任人员,依照各该款的规定处罚。

第二百八十六条之一 网络服务提供者不履行法律、行政法规规定的信息网络安全管理义务,经监管部门责令采取改正措施而拒不改正,有下列情形之一的,处三年以下有期徒刑、拘役或者管制,并处或者单处罚金:

(一)致使违法信息大量传播的;

(二)致使用户信息泄露,造成严重后果的;

(三)致使刑事案件证据灭失,情节严重的;

(四)有其他严重情节的。

单位犯前款罪的,对单位判处罚金,并对其直接负责的主管人员和其他直接责任人员,依照前款的规定处罚。

有前两款行为,同时构成其他犯罪的,依照处罚较重的规定定罪处罚。

2.《中华人民共和国网络安全法》

第七十四条 违反本法规定,给他人造成损害的,依法承担民事责任。

违反本法规定,构成违反治安管理行为的,依法给予治安管理处罚;构成犯罪的,依法追究刑事责任。

3.《中华人民共和国电子商务法》

第七十九条　电子商务经营者违反法律、行政法规有关个人信息保护的规定,或者不履行本法第三十条和有关法律、行政法规规定的网络安全保障义务的,依照《中华人民共和国网络安全法》等法律、行政法规的规定处罚。

第八十八条　违反本法规定,构成违反治安管理行为的,依法给予治安管理处罚;构成犯罪的,依法追究刑事责任。

4.《中华人民共和国居民身份证法》(2011修正)

第十九条　国家机关或者金融、电信、交通、教育、医疗等单位的工作人员泄露在履行职责或者提供服务过程中获得的居民身份证记载的公民个人信息,构成犯罪的,依法追究刑事责任;尚不构成犯罪的,由公安机关处十日以上十五日以下拘留,并处五千元罚款,有违法所得的,没收违法所得。

5.《中华人民共和国基本医疗卫生与健康促进法》

第一百零五条　违反本法规定,扰乱医疗卫生机构执业场所秩序,威胁、危害医疗卫生人员人身安全,侵犯医疗卫生人员人格尊严,非法收集、使用、加工、传输公民个人健康信息,非法买卖、提供或者公开公民个人健康信息等,构成违反治安管理行为的,依法给予治安管理处罚。

6.《全国人民代表大会常务委员会关于加强网络信息保护的决定》

十一、对有违反本决定行为的,依法给予警告、罚款、没收违法所得、吊销许可证或者取消备案、关闭网站、禁止有关责任人员从事网络服务业务等处罚,记入社会信用档案并予以公布;构成违反治安管理行为的,依法给予治安管理处罚。构成犯罪的,依法追究刑事责任。侵害他人民事权益的,依法承担民事责任。

7.《最高人民法院、最高人民检察院关于办理侵犯公民个人信息刑事案件适用法律若干问题的解释》法释〔2017〕10号

第二条　违反法律、行政法规、部门规章有关公民个人信息保护的规定的,应当认定为刑法第二百五十三条之一规定的"违反国家有关规定"。

第五条　非法获取、出售或者提供公民个人信息,具有下列情形之一的,应当认定为刑法第二百五十三条之一规定的"情节严重":

(一)出售或者提供行踪轨迹信息,被他人用于犯罪的;

(二)知道或者应当知道他人利用公民个人信息实施犯罪,向其出售或者

提供的;

（三）非法获取、出售或者提供行踪轨迹信息、通信内容、征信信息、财产信息五十条以上的;

（四）非法获取、出售或者提供住宿信息、通信记录、健康生理信息、交易信息等其他可能影响人身、财产安全的公民个人信息五百条以上的;

（五）非法获取、出售或者提供第三项、第四项规定以外的公民个人信息五千条以上的;

（六）数量未达到第三项至第五项规定标准，但是按相应比例合计达到有关数量标准的;

（七）违法所得五千元以上的;

（八）将在履行职责或者提供服务过程中获得的公民个人信息出售或者提供给他人，数量或者数额达到第三项至第七项规定标准一半以上的;

（九）曾因侵犯公民个人信息受过刑事处罚或者二年内受过行政处罚，又非法获取、出售或者提供公民个人信息的;

（十）其他情节严重的情形。

实施前款规定的行为，具有下列情形之一的，应当认定为刑法第二百五十三条之一第一款规定的"情节特别严重":

（一）造成被害人死亡、重伤、精神失常或者被绑架等严重后果的;

（二）造成重大经济损失或者恶劣社会影响的;

（三）数量或者数额达到前款第三项至第八项规定标准十倍以上的;

（四）其他情节特别严重的情形。

第六条　为合法经营活动而非法购买、收受本解释第五条第一款第三项、第四项规定以外的公民个人信息，具有下列情形之一的，应当认定为刑法第二百五十三条之一规定的"情节严重":

（一）利用非法购买、收受的公民个人信息获利五万元以上的;

（二）曾因侵犯公民个人信息受过刑事处罚或者二年内受过行政处罚，又非法购买、收受公民个人信息的;

（三）其他情节严重的情形。

实施前款规定的行为，将购买、收受的公民个人信息非法出售或者提供的，定罪量刑标准适用本解释第五条的规定。

第七条　单位犯刑法第二百五十三条之一规定之罪的，依照本解释规定的相应自然人犯罪的定罪量刑标准,对直接负责的主管人员和其他直接责任人员定罪处罚,并对单位判处罚金。

8.《征信业管理条例》

第三十八条　征信机构、金融信用信息基础数据库运行机构违反本条例规定,有下列行为之一的,由国务院征信业监督管理部门或者其派出机构责令限期改正,对单位处 5 万元以上 50 万元以下的罚款;对直接负责的主管人员和其他直接责任人员处 1 万元以上 10 万元以下的罚款;有违法所得的,没收违法所得。给信息主体造成损失的,依法承担民事责任;构成犯罪的,依法追究刑事责任:

(一)窃取或者以其他方式非法获取信息;

(二)采集禁止采集的个人信息或者未经同意采集个人信息;

(三)违法提供或者出售信息;

(四)因过失泄露信息;

(五)逾期不删除个人不良信息;

(六)未按照规定对异议信息进行核查和处理;

(七)拒绝、阻碍国务院征信业监督管理部门或者其派出机构检查、调查或者不如实提供有关文件、资料;

(八)违反征信业务规则,侵害信息主体合法权益的其他行为。

经营个人征信业务的征信机构有前款所列行为之一,情节严重或者造成严重后果的,由国务院征信业监督管理部门吊销其个人征信业务经营许可证。

第四十条　向金融信用信息基础数据库提供或者查询信息的机构违反本条例规定,有下列行为之一的,由国务院征信业监督管理部门或者其派出机构责令限期改正,对单位处 5 万元以上 50 万元以下的罚款;对直接负责的主管人员和其他直接责任人员处 1 万元以上 10 万元以下的罚款;有违法所得的,没收违法所得。给信息主体造成损失的,依法承担民事责任;构成犯罪的,依法追究刑事责任:

(一)违法提供或者出售信息;

(二)因过失泄露信息;

(三)未经同意查询个人信息或者企业的信贷信息;

(四)未按照规定处理异议或者对确有错误、遗漏的信息不予更正;

(五)拒绝、阻碍国务院征信业监督管理部门或者其派出机构检查、调查或者不如实提供有关文件、资料。

第四十二条 信息使用者违反本条例规定,未按照与个人信息主体约定的用途使用个人信息或者未经个人信息主体同意向第三方提供个人信息,情节严重或者造成严重后果的,由国务院征信业监督管理部门或者其派出机构对单位处 2 万元以上 20 万元以下的罚款;对个人处 1 万元以上 5 万元以下的罚款;有违法所得的,没收违法所得。给信息主体造成损失的,依法承担民事责任;构成犯罪的,依法追究刑事责任。

【参考案例】

最高检发布六起侵犯公民个人信息犯罪典型案例之一: 韩某等侵犯公民个人信息案①

2014 年初至 2016 年 7 月期间,上海市疾病预防控制中心工作人员韩某利用其工作便利,进入他人账户窃取上海市疾病预防控制中心每月更新的全市新生婴儿信息,并出售给黄浦区疾病预防控制中心工作人员张某某,再由张某某转卖给被告人范某某。直至案发,韩某、张某某、范某某非法获取新生婴儿信息共计 30 万余条。

2015 年初至 2016 年 7 月期间,范某某通过李某向王某某、黄某出售上海新生婴儿信息共计 25 万余条。2015 年 6、7 月,吴某某从王某某经营管理的大犀鸟公司内秘密窃取 7 万余条上海新生婴儿信息。2015 年 5 月至 2016 年 7 月期间,龚某某通过微信、QQ 等联系方式,向吴某某出售新生婴儿信息 8 千余条,另分别向孙某某、夏某某二人出售新生儿信息共计 7 千余条。

被告违反国家规定,分别以窃取、出售、收买等方式侵犯公民个人信息,情节严重,其行为均已构成侵犯公民个人信息罪。国家工作人员利用职务便利非法获取公民个人信息出售,构成侵犯公民个人信息罪的,应当从重处罚。

---

① 参见上海市浦东新区人民法院(2016)沪 0115 刑初 4166 号。

第八章　附　则

本法第八章法律责任从第 72 条到第 74 条共计 3 个条文,未分节。本章是附则的规定,包括适用范围除外规定(第 72 条)、用语界定(第 73 条)、施行日期(第 74 条)。

附则一般是法律正文之后的补充性和说明性的条文。虽然这些条文规定在附则当中,不属于正文,但仍然是本法的重要组成部分并具有重要意义。如第 74 条规定了本法的生效日期;第 72 条则规定了不适用本法的情形,是对本法第 3 条的例外规定,这对正确界定本法的适用范围不可或缺;第 73 条规定了个人信息处理者、自动化决策、去标识化和匿名化四个重要用语的含义,这对本法正文中相关条文的理解和适用具有基础性的作用。

第七十二条(适用范围除外规定)

第七十二条　自然人因个人或者家庭事务处理个人信息的,不适用本法。

法律对各级人民政府及其有关部门组织实施的统计、档案管理活动中的个人信息处理有规定的,适用其规定。

【本条主旨】

本条是关于《个人信息保护法》适用客体的特别规定。

【核心概念】

自然人因个人或者家庭事务处理个人信息

指自然人对自己或者其家庭私人事务的记录、利用等信息处理活动,包括收集、储存他人通信联络方式,或在这些活动中进行的社交网络和在线活动的记录;也可以是包含他人个人信息的个人或者家庭的财务记录,但不包括个人或者家庭对外商业经营活动（涉及他人个人信息）的记录。如果是个体工商户等，处理客户消费者的个人信息，不属于"个人或者家庭事务"的范围。

【条文详解】

结合本法第 3 条对于适用范围的规定，以及本法第 73 条第 1 项对于个人信息处理者的定义，可见本法之适用范围广泛而全面，囊括了任何组织和个人在我国境内的个人信息处理活动，但本条对此做了两项特别规定。

一、自然人因个人或者家庭事务处理个人信息的，不适用本法

在主体方面，本款规定仅限于自然人；在范围方面则仅限于个人事务与家庭事务中处理个人信息的活动。欧盟《通用数据保护条例》（GDPR）第 2 条第 2 款（c）也有类似规定，自然人在纯粹个人或家庭活动中所进行的个人数据处理不适用该条例。这其中所谓的个人或家庭活动可以包括通信联络和持有地址，或在这些活动中进行的社交网络和在线活动。

本法第 13 条在规定处理个人信息必须取得个人的同意的同时，还规定了若干无须取得个人同意的情形，而这些情形几乎都是为进行某项事务而必需的，若一律要求取得同意将阻碍正常的生产和交流活动。同理，鉴于人所具有的社会性，必要的个人信息是人与人之间得以交流和沟通的前提，因此在个人与个人之间日常交往的场合，获得对方的姓名、联系方式、住址之类的个人信息是极为正常的，大可不必适用本法。此外，在家庭事务中，基于家庭关系的亲密性，家庭成员之间相互处理个人信息的情形，显然无本法适用的余地和必要；而在因家庭事务对外披露或提供家庭成员个人信息的情形，则类似于家事代理，通常情形已然取得相应成员的同意，且同时也是正常的社会交往所需。再者，对个人信息进行保护的广泛呼声是进入信息化和大数据时代，随着大规模的商业化个人信息处理活动而出现的，而在此之前，因个人或者家庭事务处理个人信息的情形本就广泛存在，是人们日常生活的一部分。彼时，人们并不需要个人信息保护法。欧盟《通用数据保护条例》（GDPR）"序言"部分第 18 条就指出，不适用该条例的纯粹的个人或家庭活动中对个人数据的处理，应与职业或商业活动无关。简言之，自然人因个人或者家庭事务处理个人信息的活动，"往往是为了维持正常的社会交往所必须的，并不涉及侵害个人信息权益的问题，无需给此等情形中的信息处理者施加各种法定义务，更无须个人信

息保护机关强制介入。"①

需要特别注意的是,自然人因个人或者家庭事务处理个人信息的活动不适用本法,并不意味着自然人在个人或家庭事务中所获得的个人信息不受保护。一方面,个人存在将其在个人或家庭事务中所获得的个人信息出售、非法披露或向他人提供等侵害个人信息权益行为的,此时显然已非个人或家庭事务,理应受到本法规范,自不待言。另一方面,在个人或者家庭事务中发生的侵害个人信息权益的行为,还可以由《民法典》中的姓名权、肖像权、隐私权和个人信息保护制度等加以调整。换言之,本款所称"不适用",其实质是自然人因个人或者家庭事务处理个人信息的,自然人不被视为个人信息处理者,因而也就不适用本法关于个人信息处理者的各项规定,但超出这一范围的,其个人信息处理活动仍将受到本法的调整。

二、法律对各级人民政府及其有关部门组织实施的统计、档案管理活动中的个人信息处理有规定的,适用其规定

本款是对本法适用范围的另一项特别规定,即对于各级人民政府及其有关部门组织实施的统计、档案管理活动中涉及的个人信息处理活动,若法律另有规定的,则适用相应的法律规定。欧盟《通用数据保护条例》(GDPR)也有类似的规定,其"序言"部分第 26 条指出,"本条例不涉及此类匿名信息的处理,也不涉及用于统计或研究目的的处理。"对于本款的理解首先要理解统计和档案活动。

统计是一项基础性工作,是国家管理、决策、计划、组织、建设活动的重要支撑,在了解国情国力、服务经济社会发展中发挥着重要作用。《政务院关于充实统计机构加强统计工作的决定》(1953 年 1 月 8 日,现已失效)就强调了统计工作的重要性,并提出要建立严格的、系统的科学统计制度。1983 年 12 月 8 日,我国颁布第一部《统计法》。为此,国务院先后出台《关于加强统计工作的决定》(1984 年 1 月 6 日 国发[1984]7 号)、《中华人民共和国统计法实施细则》(1987 年 2 月 15 日,现已失效)、《中华人民共和国统计法实施条例》(2017)。历经两次修改的《统计法》与相关实施条例一起,构成了我国完善的

---

① 程啸:《论我国个人信息保护法中的个人信息处理规则》,载《清华法学》2021 年第 3 期,第60—61 页。

统计制度。《统计法》(2009 修订)第 7 条规定,"国家机关、企业事业单位和其他组织以及个体工商户和个人等统计调查对象,必须依照本法和国家有关规定,真实、准确、完整、及时地提供统计调查所需的资料,不得提供不真实或者不完整的统计资料,不得迟报、拒报统计资料。"因此出于统计需要而对个人信息进行处理的,个人必须提供而非经过同意。另外,《社会保险法》(2018 修正)第 74 条规定,"社会保险经办机构通过业务经办、统计、调查获取社会保险工作所需的数据,有关单位和个人应当及时、如实提供。"因此在社会保险经办机构统计、调查获取社会保险工作所需数据的活动中,涉及个人信息的,单位和个人必须提供而非经过同意。是故,各级人民政府及其有关部门在组织实施档案活动中如若涉及个人信息的,鉴于统计活动的基础性和对于国家各项活动的重要性,其对信息的采集、处理与利用,应优先适用统计法律的相关规定。

依据我国《档案法》第 2 条第 2 款的规定,档案是指过去和现在的机关企事业单位等组织以及个人从事经济、政治、文化等各方面活动直接形成的对国家和社会具有保存价值的各种不同形式的历史记录。新中国成立后先后出台了一系列关于档案工作的政策,①并于 1987 年 9 月 5 日出台了我国第一部档案法。此后该法连同 1990 年 11 月 19 日颁布的《档案法实施办法》历经多次修改。可以说,档案工作在我国有着悠久的历史,并有着成熟的法律法规体系,已经形成了完善的管理和运行制度。此外,《国务院关于加强国家档案工作的决定》(1956 年 3 月 27 日)和《国务院关于加强档案工作的决定》(1956 年 4 月 6 日)均指出,"档案工作是一项专门业务,又是一项机要工作"。这体现了档案管理工作的政治性(机要性),所以为了维护国家和个人的利益,档案需要保持其真实性和机密性,也就自有其独立的运行制度。② 可见,档案涉及国家、社会和个人的方方面面,具有其独特的重要性和特殊性,已形成了成熟且相对独立的管理与运行制度,因此,各级人民政府及其有关部门组织实施档案活动中如若涉及个人信息的,应优先适用相应法律的规定。

---

① 如《国务院关于加强国家档案工作的决定》(1956 年 3 月 27 日)、《国务院关于加强档案工作的决定》(1956 年 4 月 6 日)、《改进档案、资料工作方案》(1957 年 9 月 6 日),以上政策文件均现行有效。

② 参见何权衡等主编:《档案与档案管理》,河南人民出版社 1988 年版,第 78—79 页;陶庆萍等编:《档案信息管理》,东南大学出版社 2015 年版,第 23—24 页。

此外尚需注意的是,本款所说的"法律"是否包括行政法规。我们认为,本款中的"法律"一词仅指狭义上的法律而不包括行政法规。首先从体系上看,本法存在多处提及"法律、行政法规"作为其他情形的情况,但本款并未如此规定,显然是有意为之而非立法疏忽。其次从规范精神看,个人信息保护涉及公民的人格尊严,应适用法律保留原则,限制行政法规对此作出例外规定。2021 年 8 月 17 日,全国人民代表大会宪法和法律委员会关于《中华人民共和国个人信息保护法(草案)》审议结果的报告提出,"我国宪法规定,国家尊重和保障人权;公民的人格尊严不受侵犯;公民的通信自由和通信秘密受法律保护。制定实施本法对于保障公民的人格尊严和其他权益具有重要意义",①因此,三审稿增加了"依据宪法"制定本法的表述。可见个人信息权益与公民的基本权利密切相关,也正因如此,《个人信息保护法》被称为个人信息保护领域的基本法。因而对于个人信息处理活动的例外规定,只能由法律保留,在法律无相应规定时应当适用本法。综上所述,本款所说的"法律"不包括行政法规。

【参考条文】

一、国内立法

1.《中华人民共和国民法典》

第一千零六十条 夫妻一方因家庭日常生活需要而实施的民事法律行为,对夫妻双方发生效力,但是夫妻一方与相对人另有约定的除外。

2.《中华人民共和国数据安全法》

第五十三条第二款 在统计、档案工作中开展数据处理活动,开展涉及个人信息的数据处理活动,还应当遵守有关法律、行政法规的规定。

3.《中华人民共和国统计法》(2009 修订)

第七条 国家机关、企业事业单位和其他组织以及个体工商户和个人等统计调查对象,必须依照本法和国家有关规定,真实、准确、完整、及时地提供统计调查所需的资料,不得提供不真实或者不完整的统计资料,不得迟报、拒

---

① 《全国人民代表大会宪法和法律委员会关于〈中华人民共和国个人信息保护法(草案)〉审议结果的报告》,载中国人大网,2021 年 8 月 20 日,http://www.npc.gov.cn/npc/c30834/202108/a528d76d41c44f33980eaffe0e329ffe.shtml。

报统计资料。

4.《中华人民共和国社会保险法》(2018 修正)

第七十四条 社会保险经办机构通过业务经办、统计、调查获取社会保险工作所需的数据,有关单位和个人应当及时、如实提供。

5.《中华人民共和国档案法》

第二条第二款 本法所称档案,是指过去和现在的机关、团体、企业事业单位和其他组织以及个人从事经济、政治、文化、社会、生态文明、军事、外事、科技等方面活动直接形成的对国家和社会具有保存价值的各种文字、图表、声像等不同形式的历史记录。

第九条 统计机构和统计人员对在统计工作中知悉的国家秘密、商业秘密和个人信息,应当予以保密。

6.《中华人民共和国档案法实施办法》(2017 修订)

第十二条 按照国家档案局关于文件材料归档的规定,应当立卷归档的材料由单位的文书或者业务机构收集齐全,并进行整理、立卷,定期交本单位档案机构或者档案工作人员集中管理;任何人都不得据为己有或者拒绝归档。

第十三条 机关、团体、企业事业单位和其他组织,应当按照国家档案局关于档案移交的规定,定期向有关的国家档案馆移交档案。

第十七条 属于国家所有的档案,任何组织和个人都不得出卖。

国有企业事业单位因资产转让需要转让有关档案的,按照国家有关规定办理。

各级各类档案馆以及机关、团体、企业事业单位和其他组织为了收集、交换中国散失在国外的档案、进行国际文化交流,以及适应经济建设、科学研究和科技成果推广等的需要,经国家档案局或者省、自治区、直辖市人民政府档案行政管理部门依据职权审查批准,可以向国内外的单位或者个人赠送、交换、出卖档案的复制件。

第二十三条第二款 属于集体所有、个人所有以及其他不属于国家所有的对国家和社会具有保存价值的档案,其所有者向社会公布时,应当遵守国家有关保密的规定,不得损害国家的、社会的、集体的和其他公民的利益。

二、比较法

1. 欧盟《通用数据保护条例》

"序言"部分第 18 条

本条例不适用于自然人在纯粹的个人或家庭活动过程中与职业或商业活动无关的对个人数据的处理。个人或家庭活动可以包括通信联络和持有地址,或在这些活动中进行的社交网络和在线活动。然而,本条例适用于为此类个人或家庭活动提供个人数据处理手段的控制者或处理者。

第 2 条　适用范围

2.本条例不适用以下情形:

(c)自然人在纯粹个人或家庭活动中所进行的个人数据处理;

"前言"部分第 26 条

……,因此,本条例不涉及此类匿名信息的处理,也不涉及用于统计或研究目的的处理。

第七十三条(用语界定)

第七十三条　本法下列用语的含义:

(一)个人信息处理者,是指在个人信息处理活动中自主决定处理目的、处理方式的组织、个人。

(二)自动化决策,是指通过计算机程序自动分析、评估个人的行为习惯、兴趣爱好或者经济、健康、信用状况等,并进行决策的活动。

(三)去标识化,是指个人信息经过处理,使其在不借助额外信息的情况下无法识别特定自然人的过程。

(四)匿名化,是指个人信息经过处理无法识别特定自然人且不能复原的过程。

【本条主旨】

本条是关于本法一些关键用语含义的规定。

【条文详解】

一、个人信息处理者的含义

　　本条第 1 项规定,"个人信息处理者,是指在个人信息处理活动中自主决定处理目的、处理方式的组织、个人。"我国的法律此前并未使用过个人信息处理者的表述。受欧盟《通用数据保护条例》(GDPR)的影响,学界多使用数据控制者或个人信息控制者的概念。GDPR 第 4 条第(7)项规定,"控制者指的是那些决定个人数据处理目的和方式的自然人或法人、公共机构、规制机构或其他实体,不论这样的决定是单独作出还是共同作出。"第(8)项规定,"处理者指的是代表数据控制者处理个人数据的自然人或法人、公共机构、规制机构或其他实体。"《信息安全技术　个人信息安全规范》(GB/T 35273—2017)中使用的即为个人信息控制者这一表述,即"有权决定个人信息处理目的、方式等的组织或个人"。这与本条的规定颇为相似。从定义来看,我国个人信息处理者的概念与欧盟的数据控制者概念基本上是一致的。对此概念可以从以下方面来理解。

　　首先是主体要素。个人信息处理者在类型上包括了组织和个人,具有全面性。个人信息处理者包括个人即意味着自然人也能成为个人信息处理者而受到本法的规范,在进行个人信息处理活动中也应遵守本法的各项规定。不过,由本法第 72 条第 1 款的规定可知,自然人在因个人或者家庭事务而处理个人信息的情形,虽然理论上也是个人信息的处理者,但此时并不适用于本法的规范。组织,是按照一定的宗旨和系统建立起来的团体。① 但组织一词并无法律上的定义。我国《民法典》第 2 条规定,"民法调整平等主体的自然人、法人和非法人组织之间的人身关系和财产关系。"第 3 条规定,"民事主体的人身权利、财产权利以及其他合法权益受法律保护,任何组织或者个人不得侵犯。"从逻辑上来说中,一个周延的民事主体概念,其外延就包括自然人、法人和非法人组织,而对于一个民事主体之外的任何组织或者个人,都不得侵犯此民事主体的合法权益,故而组织和个人包含了这一民事主体之外的任何他者,则除去自然人,组织的外延大于法人和非法人组织。简言之,组织一词外延很广,可以认为,组织是除个人之外的有组织性的团体。本法对于个人信息处理

---

① 　参见夏征农等主编:《辞海 3》,上海辞书出版社 2009 年版,第 3083 页。

者的主体要素层面的规定,意味着任何主体都有可能成为本法所称的个人信息处理者。

其次是责任要素。任何主体,只有在个人信息处理活动中能够自主决定处理目的、处理方式的,才能是个人信息处理者。无论出于何种目的,意欲采取何种方式对个人信息进行处理,这样的决定都应是基于个人信息处理者自主意志的结果。这里的自主决定体现了个人信息处理者对个人信息处理活动的决定力和控制力。《信息安全技术 个人信息安全规范》(GB/T 35273—2020)将2017年版本关于个人信息控制者的定义修改为"有能力决定个人信息处理目的、方式等的组织或个人"就是这种责任要素的佐证。因为有决定力和控制力所以能够自主决定,也因为能够自主决定所以体现了决定力和控制力。因而进一步的,这种决定力和控制力也就决定了个人信息处理者对个人信息处理活动必然具有应承担义务和责任的能力与可归责性。也即,作为个人信息处理者,对个人信息处理活动具有决定力与控制力,理应承担起并且有能力承担起本法所规定的责任与义务。由此,在委托处理个人信息的场合,受托人对个人信息处理活动具有自主决定力与控制力的,应承担本法所规定的义务与责任,反之则否。

最后是内容要素。本条第1项在草案中曾将"处理目的、处理方式"称为个人信息处理事项。这在本款中即为个人信息处理者定义的内容要素,即个人信息处理者所能自主决定的内容是处理的目的和方式。本法第4条第2款规定,"个人信息的处理包括个人信息的收集、存储、使用、加工、传输、提供、公开、删除等。"因而进行这些处理活动的目的与方式皆为个人信息处理者可能自主决定的内容。

二、自动化决策的含义

本条第2项规定,"自动化决策,是指通过计算机程序自动分析、评估个人的行为习惯、兴趣爱好或者经济、健康、信用状况等,并进行决策的活动。"

自动化决策是与人工决策相对而言的。随着信息技术的发展,自动化决策越来越多的应用到社会生活的方方面面。最为著名的例子当属美国威斯康星州诉卢米斯案(*State v. Loomis*)。该案的法官依靠COMPAS风险评估工具的决策结果对卢米斯量刑,因而被告卢米斯认为这侵害了他正当程序权利。简单而言,自动化决策就是计算机程序代替人工进行分析评估,最终作出决定的过程。欧盟《通用数据保护条例》第4条的定义(4)规定了"用户画像"这一自动化决策的典型,"用户画像指的是为了评估自然人的某些条件而对个人数据进行的任何自动化处理,特别是为了评估自然人的工作表现、经济状况、健康、个人偏好、兴趣、可靠性、行为方式、位置或行踪而进行的处理"。

自动化决策的实质仍然是对个人信息的处理利用,即分析评估。当前的自动化决策,主要是通过大数据的喂料而训练得到作出决策的能力。比如,日常生活中的个性化新闻推荐及个性化的商品营销,即是通过对大量数据的分析进而达到对用户精准推送。所以,在方式上,自动化决策是利用训练所得的计算机程序分析评估个人的行为习惯、兴趣爱好或者经济、健康、信用状况、个人偏好、可靠性、行为方式、位置或行踪等,最终得出决策结果。在目的上,自动化决策的目的可能用于商业营销或提供服务甚至做出某种决断,而对于行政部门来说,为了提高行政效能,也会采用某些自动化决策的解决方案提供公共服务,如某些政务服务中的自动审批。这种基于大数据训练得到的决策能力很可能没有考虑到被决策者的独特性,且因决策过程缺乏透明度,容易造成对个人权益的侵害。所以本法第24条规定自动决策应当保证决策的透明度和结果公平、公正,且不得对个人在交易价格等交易条件上实行不合理的差别待遇。同时,个人有权拒绝仅以此种方式作出决定。

三、去标识化的含义

本条第3项规定,"去标识化,是指个人信息经过处理,使其在不借助额外信息的情况下无法识别特定自然人的过程。"本项对去标识化的定义基本沿袭了《信息安全技术　个人信息安全规范》中所作的定义。

对标识的理解。《信息安全技术　个人信息安全规范》(GB/T 35273—2020)将"个人信息所标识或者关联的自然人"定义为个人信息主体。《信息安全技术　个人信息去标识化指南》(GB/T 37964—2019)定义3.6则将可以实现对个人信息主体的唯一识别的一个或多个属性定义为标识符,这些标识符又可以分为直接标识符和准标识符。常见的直接标识符有:姓名、身份证号、护照号、地址、电子邮箱地址、银行卡号、车牌号码等,因为仅凭一个标识符即可直接识别个人信息主体,因此称为直接标识符。常见的准标识符有:性别、出生日期或年龄、事件日期、地点、语言、原住民身份、职业、婚姻状况、受教育水平、宗教信仰等,在结合其他标识符时也可识别到个人信息主体,故称准标识符。因而标识是个人信息主体所具有的一些属性,且通过这样一些属性能够指示和关联到该主体。

对去标识化的理解。较早使用去标识化概念的是《征信机构信息安全规范》(JR/T 0117-2014),但该规范并没有对去标识化作出定义。该规范要求,超过保存期限的个人不良信息应当删除或者进行去标识化处理。"征信机构应当采取有效措施,确保个人不良信息去标识化处理后,个人身份不被直接或间接识别。"这在一定程度上表明了去标识化是去除个人信息中的识别性属性的一种方式。由本法第4条第一款及相关理论研究可知,个人信息概念的核心在于识别性。结合上文对标识的理解,标识符能够实现对个人信息主体的识别,因此去标识化的核心与关键即在于降低或消除个人信息中所具有的可识别性。《信息安全技术 个人信息去标识化指南》(GB/T 37964—2019)定义3.3的注释便指出去标识化即是"去除标识符与个人信息主体之间关联性"。因而具体而言,去标识化首先应是对标识符进行处理而去除或降低其与个人信息主体之间关联性和识别性的过程。

去标识化的方式。去标识化是去除或降低其与个人信息主体之间关联性和识别性的过程,但其本身并非具体的方式和手段。按《信息安全技术 个人信息安全规范》(GB/T 35273—2020)定义3.15的注释,去标识化可以采用的方式有假名、加密、哈希函数等技术手段。但本项所说的"个人信息经过处理"并未限定何种方式和手段,因此随着社会和技术的发展,任何能够去除或降低其与个人信息主体之间关联性和识别性的方式和手段,都可以成为去标识化的方式。

去标识化应达到的程度与效果。本项规定,经过处理的个人信息,须达到"在不借助额外信息的情况下无法识别特定自然人"的程度,方才称其为去标识化。这是对去标识化在程度上的规定。显然,这表明了个人信息的去标识化是一个场景化的、个案化的动态的过程。在仅含直接标识符的个人信息中,对其进行假名或加密即可完成去标识化,此时即使借助其他信息也无法识别特定自然人。而在含有各类准标识符的场合,随着技术和更多额外信息的加入,可能很轻易就能识别出特定自然人。因此在效果上,去标识化后的个人信息仍然还是个人信息,依然适用本法的规定。

此外,要特别指出的是,本项"个人信息经过处理"中的"处理"与本法第4条第2款规定中的处理含义并不一致,不可作相同理解。

四、匿名化的含义

本条第 4 项规定，"匿名化，是指个人信息经过处理无法识别特定自然人且不能复原的过程。"本项对匿名化的定义基本沿袭了《信息安全技术 个人信息安全规范》中所做的定义。

在对标识的理解上，匿名化与去标识化是一致的。从前文对去标识化的释义中可知，个人信息概念的核心是识别性，因此无论是去标识化还是匿名化，其核心都是通过对个人信息进行某些处理使其无法识别特定自然人，也即去除个人信息的识别性这一核心的过程。所以匿名化与去标识化关系密切，同时又与个人信息的概念紧密关联。

在程度上，匿名化所要求达到"无法识别特定自然人且不能复原"的程度，比去标识化所应达到的程度更强，在概念上是质的差别。对这种程度的把握在于对"不能复原"的理解。从逻辑上看，去标识化后的个人信息借助额外信息仍能识别特定自然人，那么不能复原的其中一种情形则应该是即便借助额外信息仍不能识别特定自然人。此时的匿名化可以理解为无法再通过再识别性和重关联识别到特定自然人。从匿名化技术的角度考虑，本书认为，此种个人信息经过匿名化后的"不可复原"还可以是技术上的不可复原。如同去标识化可采用假名、加密、哈希函数等技术手段，匿名化也采用某些技术手段，如数据随机化（Randomization）和数据概括化（Generalisation）①，此类技术手段如若可以实现不可逆的效果，则匿名化个人信息的不可复原可理解为在技术上的不可实现。

不过，当下的无法识别不意味着更大范围内和更长时间后的无法识别，因为技术是发展的，当前在技术上的不可实现也不意味着在未来不可实现。因此从这个层面来看，个人信息的匿名化同样是一个场景化的、个案化的动态的过程。所以有观点认为，"在技术角度以及法律目的看来，匿名并非绝对的，而是一个可识别程度问题。"②匿名化信息"能否复原取决于识别主体所掌握的外部信息与信息处理技术。外部信息的更新、聚合和新技术的发展，可能使

---

① 参见张涛：《欧盟个人数据匿名化治理：法律、技术与风险》，载《图书馆论坛》2019 年第 12 期，第 93 页。

② 韩旭至：《大数据时代下匿名信息的法律规制》，载《大连理工大学学报（社会科学版）》2018 年第 4 期，第 67 页。

以前不能复原的信息在某个特定时点后变得能够复原。"①因此匿名化所达到程度与去标识化相比虽然程度更强，但也仅是存在于概念上的质的差别。欧盟的《通用数据保护条例》"序言"部分第 26 条即表明，理解匿名化时，应综合考虑的因素是识别的成本和时间，以及技术可能性及其未来发展。因而，匿名化的方法并不是一劳永逸的，它并不意味着匿名化后的个人信息永久地不再适用本法。当出现新的额外信息或随着技术的发展，原本匿名化的信息可能会从匿名化信息"跌落"至去标识化的个人信息。

在效果上，依本法第 4 条第 1 款后半句的规定，个人信息"不包括匿名化处理后的信息"。即个人信息经过匿名化的处理后便不属于个人信息，因而个人信息处理者在处理匿名化之后的信息时，可不再适用本法。这是匿名化与去标识化最大的不同。《网络安全法》第 42 条规定，"网络运营者不得泄露、篡改、毁损其收集的个人信息；未经被收集者同意，不得向他人提供个人信息。但是，经过处理无法识别特定个人且不能复原的除外。"此处的但书情形与匿名化的效果相同。

在欧盟的《通用数据保护条例》中，其第 4 条的定义(5)，有学者翻译为"匿名化"，但从我国的规定来看，其实质应是去标识化。该定义规定，"'假名化(pseudonymisation)'是指个人数据经过某种方式的处理后，在没有额外信息加入的情况下，不能识别数据主体的处理方式。并且，此类额外信息应当单独保存并利用技术与组织方式来确保个人数据无法关联到某个已识别或可识别的自然人。"仅在"序言"部分第 26 条中，《通用数据保护条例》使用了匿名化的概念。其中规定，"数据保护原则不应适用于匿名信息(anonymous)，即与已识别或可识别的自然人或以匿名方式提供的个人数据无关的信息，即数据主体不再是或不再是可识别的。因此，本条例不涉及此类匿名信息的处理，也不涉及用于统计或研究目的的处理。"由定义(5)与"序言"部分第 26 条可知，欧盟对去标识化和匿名化的定义与本法实质相同。

同样，需要特别指出的是，本项"个人信息经过处理"中的"处理"与本法第 4 条第 2 款规定中的处理含义并不相同。

---

① 韩旭至：《大数据时代下匿名信息的法律规制》，载《大连理工大学学报(社会科学版)》2018年第 4 期，第 68—69 页。

【参考条文】

一、国内立法

1.《中华人民共和国网络安全法》

第四十二条　网络运营者不得泄露、篡改、毁损其收集的个人信息;未经被收集者同意,不得向他人提供个人信息。但是,经过处理无法识别特定个人且不能复原的除外。

2.《信息安全技术　个人信息安全规范》(GB/T 35273—2017)

3.4

个人信息控制者 personal data controller

有权决定个人信息处理目的、方式等的组织或个人。

3.《信息安全技术　个人信息安全规范》(GB/T 35273—2020)

3.4

个人信息控制者 personal information controller

有能力决定个人信息处理目的、方式等的组织或个人。

3.14 匿名化 anonymization

通过对个人信息的技术处理,使得个人信息主体无法被识别或者关联,且处理后的信息不能被复原的过程。

注:个人信息经匿名化处理后所得的信息不属于个人信息。

3.15 去标识化 de-identification

通过对个人信息的技术处理,使其在不借助额外信息的情况下,无法识别或者关联个人信息主体的过程。

注:去标识化建立在个体基础之上,保留了个体颗粒度,采用假名、加密、哈希函数等技术手段替代对个人信息的标识。

4.《信息安全技术　个人信息去标识化指南》(GB/T 37964—2019)

3.3　去标识化 de-indentification

通过对个人信息的技术处理,使其在不借助额外信息的情况下,无法识别个人信息主体的过程。

[GB/T 35273—2017,定义3.14]

3.6　标识符 identifier

微数据中的一个或多个属性,可以实现对个人信息主体的识别。

注:标识符分为直接标识符和准标识符。

3.7　直接标识符 direct identifier

微数据中的属性,在特定环境下可以单独识别个人信息主体。

注 1:特定环境指个人信息使用的具体场景,例如,在一个具体的学校,通过学号可以直接识别出一个具体的学生。

注 2:常见的直接标识符有:姓名、身份证号、护照号、驾照号、地址、电子邮件地址、电话号码、传真号码、银行卡号码、车牌号码、车辆识别号码、社会保险号码、健康卡号码、病历号码、设备标识符、生物识别码表、互联网协议(IP)地址号和网络通用资源定位符(URL)等。

3.8 准标识符 quasi-identifier

微数据中的属性,结合其他属性可唯一识别个人信息主体。

注:常见的准标识符有:性别、出生日期或年龄、事件日期(例如入院、手术、出院、访问)、地点(例如邮政编码、建筑名称、地区)、族裔血统、出生国、语言、原住民身份、可见的少数民族地位、职业、婚姻状况、受教育水平、上学年限、犯罪历史、总收入和宗教信仰等。

5.《征信机构信息安全规范》(JR/T 0117-2014)

9.6 信息保存

b)征信系统采集的个人不良信息应当按照法律法规规定的期限进行保存;超过保存期限的个人不良信息,应当从征信系统中删除,或者进行去标识化处理,移入非生产数据库保存。

c)征信机构应当采取有效措施,确保个人不良信息去标识化处理后,个人身份不被直接或间接识别。

二、比较法

1. 欧盟《通用数据保护条例》

"序言"部分第 26 条

数据保护原则应适用于任何有关已识别或可识别自然人的信息。已经过假名化处理的个人数据,通过借助额外信息而可关联至某个自然人的,应被视为可识别自然人的信息。为确定自然人是否可识别,应考虑控制者或其他人为直接或间接识别自然人而可能使用的所有合理的手段,例如单独选出。确定什么是可能被使用的合理地识别自然人的手段,应当综合考虑识别的成本和时间等所有客观因素,同时考虑识别时的可用技术以及技术的发展。因此,数据保护原则不应适用于匿名信息,即与已识别或可识别的自然人或以匿名方式提供的个人数据无关的信息,即数据主体不再是或不再是可识别的。因此,本条例不涉及此类匿名信息的处理,也不涉及用于统计或研究目的的处理。

第四条定义

(4)"用户画像"指的是为了评估自然人的某些条件而对个人数据进行的任何自动化处理,特别是为了评估自然人的工作表现、经济状况、健康、个人偏好、兴趣、可靠性、行为方式、位置或行踪而进行的处理。

(5)"假名化(pseudonymisation)是指个人数据经过某种方式的处理后,在没有额外信息加入的情况下,不能识别数据主体的处理方式。并且,此类额外信息应当单独保存并利用技术与组织方式来确保个人数据无法关联到某个已识别或可识别的自然人。"

(7)"控制者"指的是那些决定——不论是单独决定还是共同决定——个人数据处理目的与方式的自然人或法人、公共机构、规制机构或其他实体;如果此类处理的方式是由欧盟或成员国的法律决定的,那么对控制者的定义或确定控制者的标准应当由欧盟或成员国的法律来规定。

(8)"处理者"指的是为数据控制者而处理个人数据的自然人或法人、公共机构、规制机构或其他实体。

第七十四条(施行日期)

第七十四条　本法自 2021 年 11 月 1 日起施行。

【本条主旨】

本条是关于本法施行日期的规定。

【核心概念】

法律施行日期

我国《立法法》第 57 条明确规定:"法律应当明确规定施行日期"。法律施行日期,即法律的生效时间,是指法律何时开始生效,以及法律对于其生效前的事件或者行为是否具有溯及力的问题,是一部法律的重要组成部分。在我国,法律生效的时间一般都单独写一条,放在附则里作最后一条。没有附则的法律,施行时间放在法律的最后一条中规定。法律施行的时间是根据某法律的具体性质和实际需要决定的,一般有两种情形:(1)自法律颁布之日起生效;(2)法律颁布后经过一段时间开始生效。其中后者又包括:(1)该法律中的条文自行规定其生效的时间;(2)另由法律制定机关发布专门文件规定生效时间;(3)没有明文规定生效时间的,一般自公布之日起生效。法律应当明确规定施行时间,是因为只有明确了施行时间,才能做好准备,使法律进入实施状态,使其得到执行、适用和遵守。如果没有施行时间,法律就难以进入实施状态,难以发挥其应有的社会作用。

【条文详解】

2021 年 8 月 20 日,《中华人民共和国个人信息保护法》由中华人民共和国第十三届全国人民代表大会常务委员会第三十次会议通过,作为个人信息保护领域的基本法,其针对相关主体进行了较为完善的制度设计,因此需要留出一定的时间以备各方做好实施的准备工作。以个人信息处理者为例,其中规定的诸多规则与义务,个人信息处理者并不能在本法颁布之日就具备规定的条件或符合相关的要求,如本法第 52 条规定的指定个人信息保护负责人义务,第 55 条规定的事前个人信息保护影响评估义务,第 58 条规定的大型互联网平台的义务等,个人信息处理者不可能在法律颁布之日起便做好了相应的安排。因此,本条规定,"本法自 2021 年 11 月 1 日起施行"是妥当且必要的。

责任编辑:洪　琼

图书在版编目(CIP)数据

《中华人民共和国个人信息保护法》释义/张新宝 主编. —北京:人民出版社,
　2021.11
ISBN 978－7－01－023926－2

Ⅰ.①中…　Ⅱ.①张…　Ⅲ.①个人信息-法律保护-法律解释-中国
　Ⅳ.①D923.75

中国版本图书馆 CIP 数据核字(2021)第 217375 号

《中华人民共和国个人信息保护法》释义

ZHONGHUARENMINGONGHEGUO GEREN XINXI BAOHUFA SHIYI

张新宝　主编

人民出版社 出版发行
(100706　北京市东城区隆福寺街 99 号)

北京汇林印务有限公司印刷　新华书店经销

2021 年 11 月第 1 版　2021 年 11 月北京第 1 次印刷
开本:710 毫米×1000 毫米 1/16　印张:36.5
字数:610 千字

ISBN 978－7－01－023926－2　定价:128.00 元

邮购地址　100706　北京市东城区隆福寺街 99 号
人民东方图书销售中心　电话 (010)65250042　65289539